心に響くもの
それが、エンターテインメント

目次 CONTENTS

はじめに

映画は生きる力を観る人に与え、人生そのものを変える力を持っています。

サスペンス映画の神様、ヒッチコックはトリュフォーとの共著「映画術」で、「観客をほんとうに感動させるのはメッセージなんかではない。俳優たちの名演技でもない。原作小説のおもしろさでもない。観客の心をうつのは、純粋に映画そのものなのだ」とし、「大衆のエモーションを生み出すために映画技術を駆使することこそ、わたしたちの最大の歓びだ」と語っています。まさしく私も「映画はエモーション」だと思います。

なぜなら映画には、人生のエッセンスがすべて入っている。だからこそ、それぞれのシチュエーションで出会った映画の登場人物に共感・同化し、感情＝エモーションを大きくかきたてられる、と思うのです。たとえ記録に残らない小品、ほかの人からすれば何の変哲もない、おもしろくない作品だとしても、私個人の記憶に残り、死ぬまで心の奥深くにしまっておける作品はたくさんあります。

実際、私は映画からたくさんのことを学びました。さらに、プロとして映画の世界に携わってきた53年間、映画を通し、たくさんの人と出会いました。それが自分の糧となり、基礎となった。これまで観てきた映画だけでなく、担当したすべての作品が私を育ててくれたと思っています。

そんな映画の魅力、エネルギーを観客の皆さんにお届けすることがいちばん大切なことだと、ずっと信じて映画の仕事――宣伝、配給（ブッキング）、企画、製作をやってきました。

まさに映画は人生の学校だとも言えます。私はそんな「映画の力」を信じています。

古澤利夫

宣伝の仕事とは

はじめに人ありきで、優れた心を持った人間が最良のソフトであり、知的財産である映画と仲間を守り、下劣な職務行動をしない人たちが携わる職業が映画の宣伝の仕事です。私がこの仕事に携わった当時はヨーロッパから輸入される映画、アメリカ本社から自動的に送られてくる映画を宣伝していましたが、それらの映画について今のように資料が全くない時代ですから、1本1本に関して自分たちで話題を拾い、映画史を学び、その中からその映画が持っている一番のセーリング・ポイントを発見したのです。それをどうやって新聞や雑誌、あるいはラジオ・テレビを通してお客様に届けるかということに一番苦労し、力を入れました。クリエイティブなパブリシティを考案することに、とてもやりがいを感じました。まず映画を観てプレス資料を作り、1枚、1枚の試写状に丁寧に宛名を書きます。試写状を送る方々の名簿はガリ版刷でしたから、インクで手が汚れてしまいます。

映画宣伝というのは、基本的にはつねに率先して仕事をすること、その仕事を必ず遂行すること、それにあたっての説明責任、情熱と忍耐を兼ね備えながらやらないと、なかなかうまくいきません。やらなくてはいけないことが山ほどあります。映画の宣伝ですべてを完璧にやれるということはあり得ませんから。あれが足りない、これが足りないというのがつねだと思います。正しい倫理観を持った優れたリーダーがいて、チームワークが取れていれば、うまくいくと思います。そこの部分が欠落している会社は成績が上がらないのではないでしょうか。

宣伝の基本は当初から変わっていません。学ぶ意志があると、あらゆる映画、本、音楽、伝統芸能は味方になります。仲間からも学べると思います。美しいものを見る眼と心を育ててください。

『七年目の浮気』(55)

『聖衣』(53)

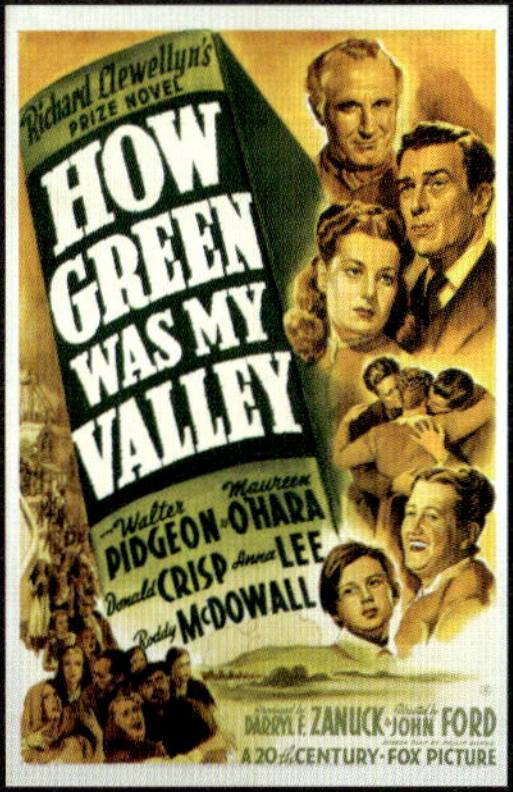

『わが谷は緑なりき』(41)

『荒野の決闘』(46)

『慕情』(55)

『南太平洋』(58)

『王様と私』(56)

『クレオパトラ』(63)

『史上最大の作戦』(62)

『ハスラー』(61)

『砲艦サンパブロ』(66)

『おしゃれ泥棒』(66)

『サウンド・オブ・ミュージック』(65)

『明日に向って撃て！』(69)

『ハロー・ドーリー！』(69)

『猿の惑星』(68)

『フレンチ・コネクション』(71)

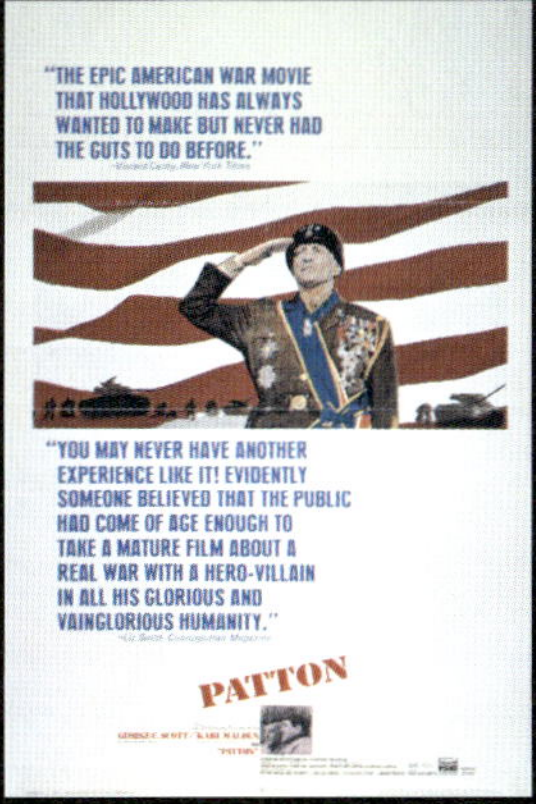

『パットン大戦車軍団』(70)

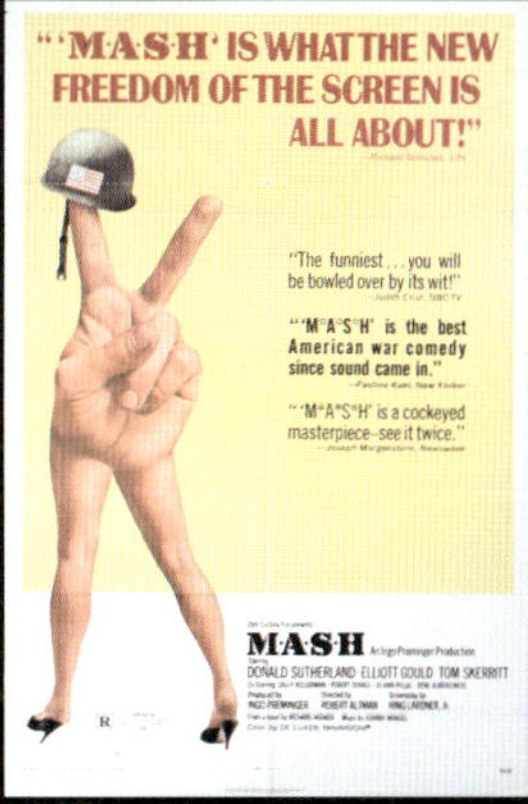

『M★A★S★H　マッシュ』(70)

『ロッキー・ホラー・ショー』(75)

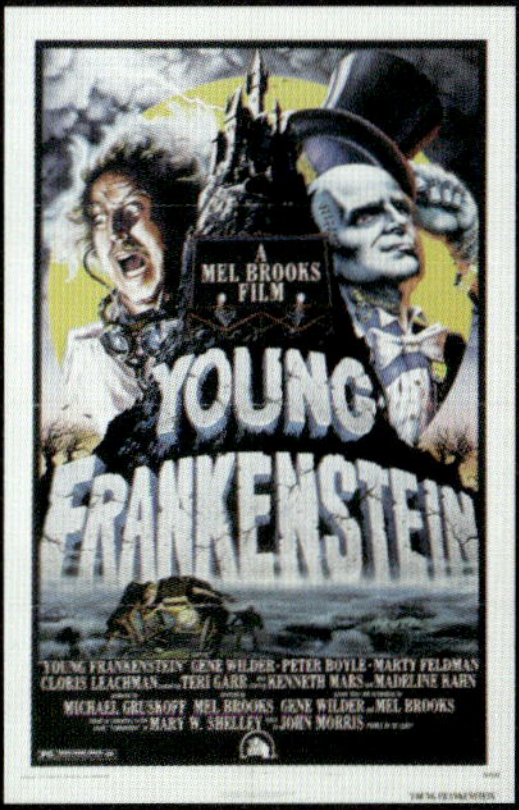

『ヤング・フランケンシュタイン』(74)

『ポセイドン・アドベンチャー』(72)

『エイリアン』(79)

『愛と喝采の日々』(77)

『スター・ウォーズ』(77)

70's

『未来世紀ブラジル』(85)

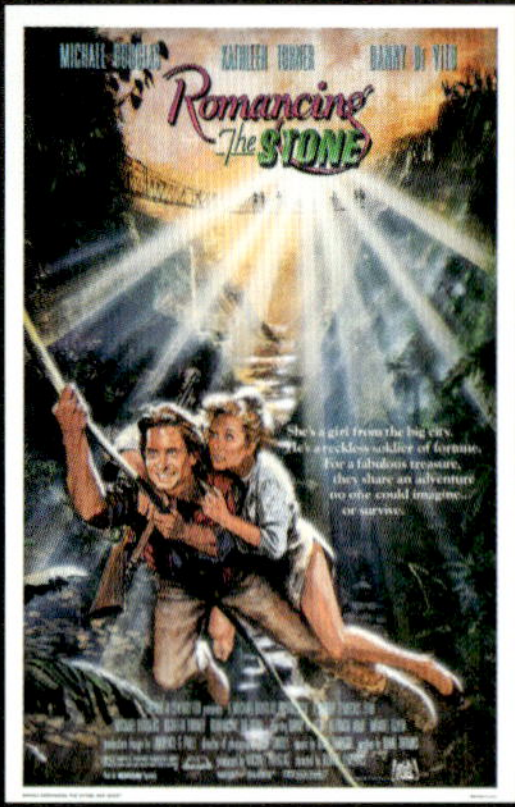

『ロマンシング・ストーン／秘宝の谷』(84)

『炎のランナー』(81)

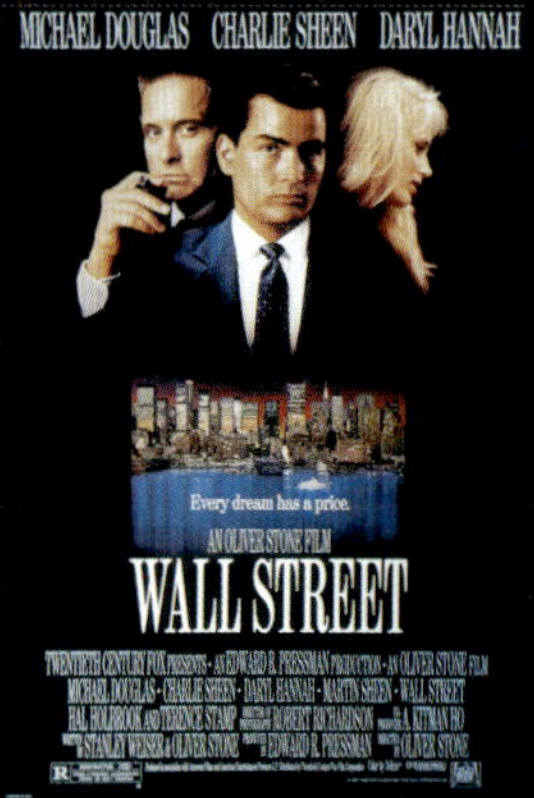

『ウォール街』(87)

『ダイ・ハード』(88)

『ザ・フライ』(86)

『セイ・エニシング』(89)

『アビス』(89)

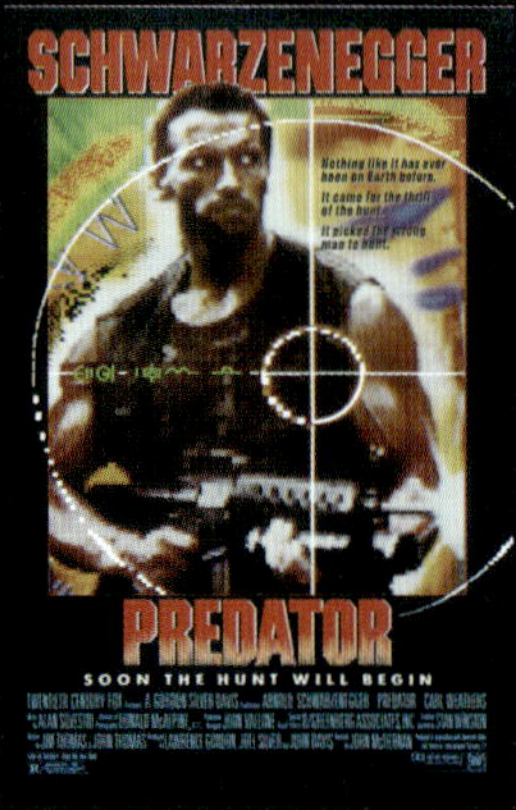

『プレデター』(87)

『ミラーズ・クロッシング』(90)

『ホーム・アローン』(90)

『シザーハンズ』(90)

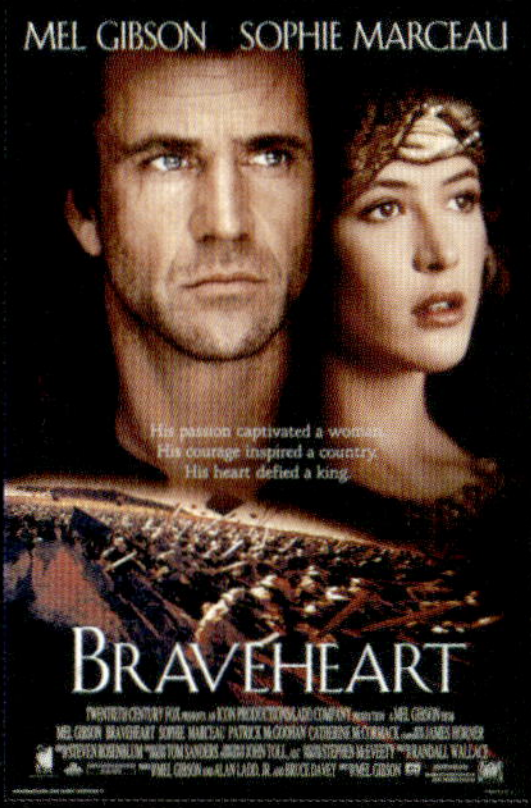

『ブレイブハート』(95)

『スピード』(94)

『わが街』(91)

『タイタニック』(97)

『インデペンデンス・デイ』(96)

『ロミオ&ジュリエット』(96)

90's

『ザ・ビーチ』(00)

『X-メン』(00)

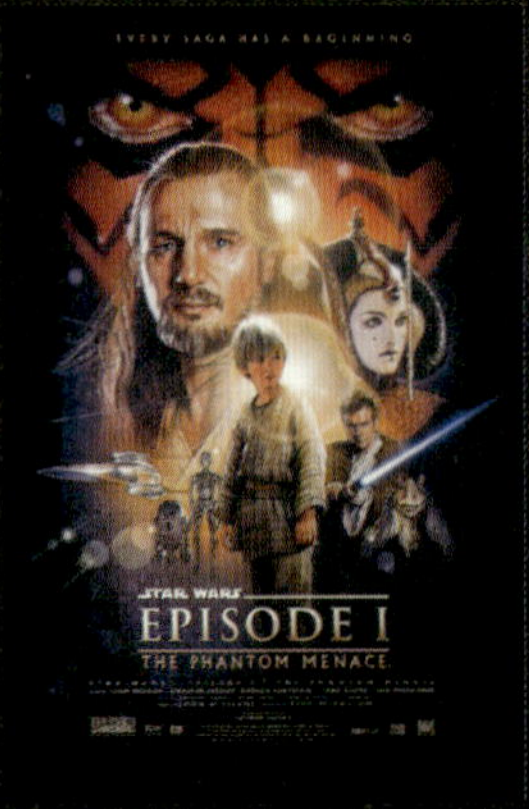

『スター・ウォーズ　エピソードI／
ファントム・メナス』(99)

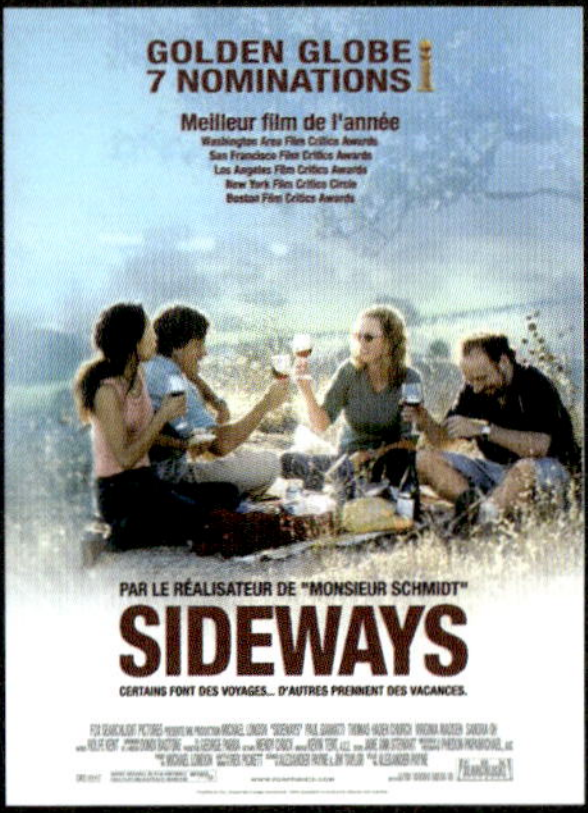

『サイドウェイ』(04)

『マイノリティ・リポート』(02)

『ムーラン・ルージュ』(01)

『アバター』(09)

『プラダを着た悪魔』(06)

『スター・ウォーズ　エピソード3／
シスの復讐』(05)

00's

『タイタニック』のジェームズ・キャメロン監督と妻のリンダ・ハミルトン

ハリソン・フォード（後中央）と

『エイリアン3』のシガーニー・ウィーバーと夫のジム・シンプソン

『死の接吻』のサミュエル・L・ジャクソン

来日スター＆監督へのお・も・て・な・し

OMOTENASHI for Actors and Actresses, Directors

ハリウッド・スタアや監督の間で古澤氏の歓迎ぶりは有名だ。
彼らをとことん楽しませる舞台裏の様子を紹介しよう。

ジョン・ウー監督とFOXスタッフたち

『X-メン』のブライアン・シンガー監督、ヒュー・ジャックマン。六本木の「金魚」にて

『スピード』のキアヌ・リーブス（中央）

『インデペンデンス・デイ』のプロデューサーのディーン・デブリン（左）、
ビル・プルマン（左から2人目）

『ミセス・ダウト』のロビン・ウィリアムズ

『ムーラン・ルージュ』のニコール・キッドマンと字幕翻訳家の戸田奈津子さん

『スピード2』のサンドラ・ブロックとジェイソン・パトリック

『ムーラン・ルージュ』のバズ・ラーマン監督と
宣伝部がカラオケ合戦

『がんばれ！ルーキー』のダニエル・スターン監督と
FOXのスタッフ

『スター・ウォーズ　エピソード2／クローンの攻撃』で来日した
ヘイデン・クリステンセンと兄、ルーカスフィルムのリズ・ラッタンティーノ（右）

『ザ・ダイバー』のシャーリーズ・セロンと母親

『ブロークン・アロー』のクリスチャン・スレーター

『すべてをあなたに』の面々。トム・エベレット・スコット（右後）、ジョナサン・シャーチ（中央前）、スティーブ・ザーン（中央左）、イーサン・エンブリー（左後）、プロデューサーのゲイリー・ゴーツマン（左から4人目）

『ため息つかせて』のフォレスト・ウィテカー監督

20世紀フォックス時代

1966年に社員として20世紀フォックス映画に入社。
2003年1月10日に依願退職するまでに
502本にも及ぶ作品の宣伝に携わりました。

1966－1969

映画が大好きな少年だった。

当時、淀川長治さんが創設した「映画の友の会」（第１期生は永六輔、和田誠）が月に一度、アメリカ大使館の横にある日本自転車会館で開催されていたが、少年の古澤はこの歴史ある映画愛好家の集まりに参加していた。そこは映画学校のような場所だったのだ。

高校1年生の時から、夏、冬、春休みには築地の青果市場でアルバイトをして京浜急行の鶴見市場駅から、有楽町、築地までの電車賃とたまに観に行くロードショーの入場料を捻出した。

「その頃のロードショーは東京と大阪だけ。70ミリやシネラマの作品はハードチケットと言って前売り指定席で高いから、普段は全部名画座で観ていました」

いつしか映画の世界で働きたいという思いを募らせていった古澤は行動に出る。

「映画の仕事がやりたい！　と無我夢中で、最初は飛び込みで『試写会の手伝いをやらせてください』と１９６５年に東京商工会議所の東商ホールに行ったんです。『タダでいいです。そこで映写も勉強させてください』と言いました。映画がやりたいといっても、まだ何になるかわからないから。試写会の受付を手伝って、最後にゴミ掃除をして帰ります、と。

そこでいろんな人たちと出会いました。洋画の試写会をやっていたヤマハホールの八巻支配人、ガスホール、久保講堂、朝日講堂の支配人の方々……。試写会の手伝いをしていると、映画会社の宣伝部の人たち全員と会えるんです。ＦＯＸ、東京第一フィルム、ヘラルド映画、東和、ユナイト、ＭＧＭ、ワーナー、ユニバーサル、パラマウント。それからラジオ局もニッポン放送、文化放送、ラジオ関東（現・ラジオ日本）の事業部の人たちとも知り合いになりました。私が後にＦＯＸに入った時は、顔でホールを押さえられました」

この時点で早くも、宣伝マンとしての活躍に欠かせない人脈を築き始めていた。

「そうしたら、『アルバイトに来ない？』と声をかけてくれたのがパラマウント映画。１９６５年の秋でした。試写を手伝っている時、私が映画の話ばっかりしていたからです」

当時の朝日新聞東京本社の上階にあったパラマウントではすべての雑用をこなした。

試写状の発送作業は、「宛名用の印刷機がないので、試写状の宛名は手書きで送っていました」という。手間のかかる作業だが、それが財産になった。

「評論家やライター、媒体の担当者の名前と顔をすべて覚えたんです。その後、20世紀フォックスの堤夏彦さんから誘いを受けて、社員になりました」

20世紀フォックス社は、1915年設立のフォックス・フィルムと1932年設立の20世紀映画社が35年に合併して誕生したメイジャー・スタジオ。『怒りの葡萄』『わが谷は緑なりき』など数々の名作を生み出したが、エリザベス・テイラー主演の『クレオパトラ』の製作費が膨れ上がり、1963年頃には倒産寸前の危機に瀕していた。そこから起死回生を図ったのは創立者のダリル・F・ザナックと息子のリチャード・D・ザナック。65年にアカデミー賞5部門を受賞した『サウンド・オブ・ミュージック』を製作、会社が再建されようとしていた時期に古澤は20世紀フォックス映画極東支社に入った。

「当時フォックスは東銀座3丁目にある東京フィルムビルという所にありまして、1階、2階がワーナーで、3、4階がFOX、5階、6階がMGMでした」

映画の宣伝というのはつねに50%近く雑用がついて回る。FOXでも入社直後に任された仕事は写真整理だ。

「戦前から戦後すぐのFOXの映画の8×10のオリジナル・スチールが倉庫に散乱していたんです。1945年から52年までのGHQ占領期はクォーター制で、外国映画は各社年6本しか公開できなかったから、未公開作がいっぱいあります。そこで『古澤君が知っている分だけでいいから、整理整頓して』と言われて、それを4日間ぐらいで作品別、俳優別に整理しました。この仕事は楽しかったです。印刷物ではなく、本物の場面写真を見られましたから。2人の姉の影響で昔から映画雑誌を読みあさっていたので、すべての映画の写真が頭に入っていました。私の記憶力は尋常じゃないです。だから簡単に分けることができて、『古澤君いいよ』と褒められました。『ただ半年間は試用期間だ。その代わり必ず正社員にするから頑張ってね』と。1966年の2月1日。私の誕生日です。原点からクレイジーなんです」

フィルムが既に輸入されたロバート・アルドリッチ監督の『飛べ！フェニックス』という映画があった。

『飛べ！フェニックス』に出ていたジェームズ・スチュアートをはじめとするオールスター出演の映画で、『君の考えでどういう風に売るか、ちょっとコピーを書いてごらん。ポジショニング、セーリング・ポイント

『飛べ！フェニックス』
発売中／￥1,800+税

DVDの発売はすべて20世紀フォックス ホーム エンターテイメント ジャパン

をペラ5枚くらいで書いてごらん』と言われました」

当時の20世紀フォックス映画極東支社宣伝部は部長を入れても5人ほどの小所帯だった。

「媒体の数もそんなになかったですから」と古澤は振り返る。「『週刊平凡』や『平凡パンチ』などの雑誌、文化放送の『ユアヒットパレード』にも売り込みに行きました。当時、雑誌の映画欄は2ページ程度。『平凡パンチ』にはコラムと批評が掲載されていて、『週刊明星』には4ページぐらいの映画コーナーがありました。4、5人の映画評論家が交代で記事を書いていました。当時から宣伝材料は豊富で、モノクロなら150枚くらい、カラーポジも200枚くらいは来ていましたよ」

そして66年4月、台湾での11ヵ月の撮影を終えて、スティーブ・マックイーンがロバート・ワイズ監督と来日した。

「『砲艦サンパブロ』は67年公開でしたが、台湾と香港で撮影していたから日本に寄ってくれたんです。初めて私が間近で見たスタアがマックイーンでした。記者会見をやって、当時の映画とテレビの接点が唯一ある番組の『スター千一夜』(フジテレビ系)に出演してもらいました」

『砲艦サンパブロ』の記者会見のために来日したスティーブ・マックイーンと当時の夫人ニール・アダムス、伊東ゆかり(左)、中尾ミエ

初めて宣伝を担当したのは1966年8月に公開されたジョセフ・ロージー監督、モニカ・ビッティ主演の『唇からナイフ』。

「ポップな映画だったので、試写状はくりぬきで下絵が飛び出すようにしました。費用はかかりましたね」

11月にはウィリアム・ワイラー監督、オードリー・ヘプバーン主演の『おしゃれ泥棒』が公開。

「オードリー・ヘプバーンは『ローマの休日』からずっとファン投票でナンバー1でした。邦題の候補は120ぐらい出ましたが、『おしゃれ泥棒』は最初に出ていたタイトルでした」

〝パリです　オードリーです　世界の恋人です　100万ドルをシックに盗みます!〟という畳みかける調子が斬新なフレーズで、「当時の映画会社ではないようなコピーを付けました」

1968年、古澤は朝日新聞をはじめとする日本映画記者会と東京映画記者会の担当になった。

「当時、映画紹介の担当は30代、映画批評は40～50代のベテラン記者で、20歳そこそこの宣伝マンなんて小僧っ子ですから、ベテランの方々を相手にするのは大変でした。この頃はロードショー落ちの2本立が主だったので、公開作がかなり多い年でした。当時は3分の1ほどお蔵にすることができた時代なんです。ポスターも作って、宣伝もタイアップもやっている途中でお蔵になった映画もあります」

　この年、『猿の惑星』が公開された。

「カルトSF映画の傑作となり、シリーズ物として73年までに5作公開されて、全世界で当時の金額で2億8000万ドルの興行収入をあげているんです」

　企画の始まりは64年に遡る。プロデューサーのアーサー・P・ジェイコブスは〝猿が言葉を喋ると観客から笑われてしまうのではないか?〟と危惧する数々のスタジオに断られ続けた後、67年に20世紀フォックス社長のリチャード・D・ザナックと組む。監督は後に『パットン大戦車軍団』(70)でアカデミー賞監督賞を受賞したフランクリン・J・シャフナー。

「画期的だったのは、戦争で手足などを失った人のために義手や義足、義眼などを作っていたジョン・チェンバースに猿のメイクアップを担当させたことです。(映画化を断った)スタジオのお歴々が怖がったもう1つの問題がメイクアップでした。当時のお金で5000ドルの費用を要して、猿のメイクをやってスクリーン・テストの結果、ゴー・サインが出たのが第1作です」

『猿の惑星』
発売中／¥1,419＋税

『おしゃれ泥棒』
発売中／¥1,419＋税

テストではジェームズ・ブローリンが人間役、エドワード・G・ロビンソンがオランウータン役を務めたが、ロビンソンは長時間のメイクを嫌がり、映画化された作品に出演していない。

チェンバースの技術は高く評価されたが、当時のアカデミー賞にはメイクアップ部門がなく、第41回アカデミー賞で彼は名誉賞を贈られている。

「映画の歴史の中でメイクアップが大きくクローズアップされたのはこの映画が初めてなんです。その後、アカデミー賞にメイクアップ部門というものができて、ずっと続いています」

製作前はマイナス要素ばかりが懸念されたが、主演を務めたのはなんとハリウッドの大スタア、チャールトン・ヘストン。

「モーセ（『十戒』）、ベン・ハー、ミケランジェロ（『華麗なる激情』）を演じたヘストンを主演に起用したことが一つの勝因だったと思います。製作費は600万ドル（360円換算で21億6000万円）で、全米の興収は3400万ドル（約122億円）上がったんです。当時は『マイ・フェア・レディ』『アラビアのロレンス』『サウンド・オブ・ミュージック』という作品をロードショーで6ヵ月から1年近くニューヨーク、ロサンゼルスで上映して全米に公開を広げていく、日本では東京、大阪で公開してローカルに広げていくシステムでした。

『猿の惑星』は小松左京さんや星新一さんなど錚々たるメンバーがいる日本SF作家クラブ特選映画というお墨付きをもらいました。新宿ミラノ座で公開したのですが、1日1万2000人以上の観客が詰めかけた。この年のヒット・ランキングの2位が『猿の惑星』、4位が『2001年宇宙の旅』でした。ともにゴールデン・ウィーク合戦で、テアトル東京で『2001年宇宙の旅』、松竹セントラル、渋谷パンテオン、新宿ミラノで『猿の惑星』を公開しました。『猿の惑星』はプリント本数がたった24本で、配給収入が3億円近くいきました。今だったら、興収100億円は超えているでしょうね。その後、プリントは45本に増えました。拡大公開以前の映画で、TVスポットも打っていません」

『猿の惑星』シリーズについて、古澤は「ポップ・カルチャーの真の偶像であり、いま現在でも知名度は抜群です。フランチャイズとしての映画シリーズとマーチャンダイジングというものがここから初めて生まれたわけです」と語る。「『猿の惑星』は今FOXの財産になっています。後に『オーメン』『スター・ウォーズ』『エイリアン』『ダイ・ハード』というフランチャイズが出ました。フィギュアなどマーチャンダイジングが一番出たんです。漫画雑誌の表紙にもなりました。『ミクロの決死圏』も『恐竜100万年』も、漫画雑誌が飛びつくもの、カラーでいけるものはいけますね」

1969年は黒人スタアが主役を演じる映画が公開された年だった。

『100挺のライフル』のジム・ブラウンがそうで、彼は有名なフットボール選手でした。この後に『黒いジャガー』が公開されました」。

　トム・グライス監督、ラクエル・ウェルチ、バート・レイノルズ共演の西部劇『100挺のライフル』は4月に公開された。

　同じく4月に公開したイギリス映画でマイケル・サーン監督、ジュヌビエーブ・ウエイト主演の『ジョアンナ』については「私の思い出の映画なんです」と語る。

「銀座三越に若い人を集めようということで、この映画のスチールやポスターを展示させてもらいました。私が作ったコピーは〝ジョアンナの恋は太陽の金の音楽　その涙は月の銀のしずく　美しいものすべてジョアンナの歓びの花束!〟。朝日新聞の記者の堀さんは、この種の映画が嫌いな人でね。何十回も売り込みに行って、粘り勝ちで書いてもらいました」

　9月公開のイタリア＝フランス合作の『殺しが静かにやって来る』は、古澤が邦題をつけた。1ヵ月後の10月に『大いなる男たち』が公開されたが、これは「ジョン・ウェインの出演200本記念映画なんです。それをフックにしてスポーツ紙をはじめいろんな媒体で取り上げて貰いました。200本記念となると、記事にせざるを得ないでしょ。映画の善し悪しだけでなく、こういう風に企画を持って売り込まないといけないですよね」

『ジョアンナ』の1シーン

『ジョアンナ』
発売中／¥3,800＋税

1970–1979

67年製作の『俺たちに明日はない』や『卒業』から始まったアメリカン・ニューシネマの流れがピークを迎えたのが1970年だ。

「アメリカ映画がテレビに押される中、作家たちが面白い映画を作った時代です」

2月に公開した『明日に向って撃て！』には「いっぱい思い出があります」と言う。

「淀川長治さんと品田雄吉さん、報知新聞の記者で西部劇のオーソリティの深沢哲也さん、そして小森和子さん、この4人を1万人試写会のゲストに呼んで、それぞれのテーマで話をしてもらいました。500人、1000人の観客の前で、初めて前説と評論家の方々と質疑応答をやりました。宣伝マンが壇上に登ったのは私が初めてじゃないですかね」

70年代に入ると、ハリウッドのメイジャー各社は全世界的な合理化を進め、日本支社も例外ではなかった。古澤も全日本洋画労働組合で反対闘争を続けた。

「私はその時まだ24歳で、『おまえは失うものがない、女房もいない、子供もいない』と言われて、委員長をやらされました。17年間携わりましたけど、今はそんな根性のある社員はいないでしょう」

日本支社のアメリカ人幹部たちと真っ向勝負をしていても、仕事には全力で取り組んだ。

『明日に向って撃て！』

『明日に向って撃て！』
発売中／¥1,419＋税

70年公開の『トラ・トラ・トラ！』には製作時から2年ほど関わった。

「黒澤明さんの降板から、自殺未遂、監督の交代劇まで語り出したら、12時間ぐらいはかかりますね。この年の年間配給収入は、今のシステムだったら１２０億円ぐらいになるでしょう」

公開の2年前から『トラ・トラ・トラ！』の看板が赤坂に飾られた

１９７１年には全国の映画館が３００館を割り、大手５社の１つである大映が倒産した。

「日活は堀久作社長が退陣し、製作を縮小、ロマンポルノがスタートします。東映は大川博社長が亡くなって、岡田茂新社長が登場、東宝は製作部門を切り離し、『ゴジラ』以外は一切作らなくなりました。映画配収でも邦画が１５６億円、洋画が１４８億円と、洋画の配収が漸次増収していることが目立っています」

70年代のアメリカ映画界は「全社コングロマリットなんです」と古澤は語る。「20世紀フォックスが株を自社保有する純粋な映画会社だったのは１９８５年までです。今は親会社が各社とも全部違う。毎回吸収合併を繰り返して、２０１８年には、ＡＴ＆Ｔがワーナーを買収して、ディズニーとＦＯＸの合併が決まりました」

日本でもメイジャーの合理化が70年から始まっていた。

「ユニバーサルとパラマウントが海外配給機構としてＣＩＣを設立。ＦＯＸが65人から24人になり、ＭＧＭとユナイトが閉鎖、フィルムビルの売却など合理化に１９７０年から8年もかかっているわけです。それと同じような事がこれから起こると思います。人数が少なくなりすぎて、映画のマー

『トラ・トラ・トラ！』
発売中／¥1,905＋税

渋谷宝塚にて。『新・猿の惑星』の初日に劇場を訪れた日本代表のジャン・ルバンと劇場の人たちと

ケティングも営業もプロが少なくなっているんですね」

スティーブン・スピルバーグがテレビ映画『激突!』で注目されたのもこの頃、71年だ。

4月に日劇文化というATG系の走りになる劇場で『ボクサー』を公開した。「この映画と後の73年には『探偵〈スルース〉』が大ヒットしましたよ。この劇場は邦画ばかりを上映していて、大島渚監督や吉田喜重監督らの牙城だったところに切り込んでいったんです」

『新・猿の惑星』と『バニシング・ポイント』はロードショー落ちの2本立てで公開しました。『新〜』にはチャールトン・ヘストンが出ていないから、前作にくらべて興行成績は落ちましたね。カー・アクションの傑作は3本あって、『フレンチ・コネクション』(71)、『ブリット』(68)、そして『バニシング・ポイント』です。この作品は100万ドルで製作された映画ですが、時代と映画がぴたっと合っていたんでしょうね。映画は時代の鑑になっています。『イージー・ライダー』(69)はあの時代だったからインパクトがありました。一方で、『カサブランカ』(42)のように、普遍的に愛される名作があるのも事実ですけど」

1972年について、「この頃のインターナショナルの社長はいろんな国から映画を買い付けたんです。いろんな映画を配給しましたね」と振り返る。

「この時代には、3人の素晴らしい監督がいました。ウィリアム・フリードキン、フランシス・コッポラ、そしてピーター・ボグダノヴィッチ。フリードキンの『フレンチ・コネクション』はアクション映画、刑事映画

『バニシング・ポイント』

発売中／¥1,905＋税

史上の1つの金字塔だと思います」

『フレンチ・コネクション』は72年2月に公開された。

「この映画の企画は7年ぐらい寝かされていましたが、リチャード・D・ザナックがゴーを出したんです。ジーン・ハックマンが主役に抜擢されました。それまで全く喰えずにいた彼が、一躍脚光を浴びたんです。こんなに野卑で、勧善懲悪ではなく、弱点を持ったヒーローでしょ。画期的でしたね。彼が演じたジミー・ドイルと、クリント・イーストウッドの『ダーティハリー』(71)。あの2本が刑事映画というものを変えました。ハックマンはもともとアクターズ・スタジオで勉強しながら、端役を演じて、お金を稼がなければならないのでホテルのドアマンをずっとやっていました。3人の演技仲間と一緒に狭い部屋に住んでいた。それがダスティン・ホフマンとロバート・デュバルです」

　当時、暴力描写はリアルだった。『時計じかけのオレンジ』やFOXが72年4月に配給した『わらの犬』がいい例だという。

「パブリシティのフックとして、時評ができる作品なんです。暴力描写を制限する目的で、MPAのレイティングが厳しくなりました。映画の影響が、製作側の意図とは別の方向にいくことがありますからね」

『フレンチ・コネクション』
発売中／¥1,905+税

　72年の配給作はいい映画が多かった。

「『美しき冒険旅行』はカルトです。『ジュニア・ボナー／華麗なる挑戦』はカウボーイの郷愁。『わらの犬』や『キャバレー』が忘れがたいです」

　73年には入場税が1000円以下は5%の減税となるとともに、映画興行も若干の復調を示した。

　前年のクリスマスに全米公開された『ポセイドン・アドベンチャー』の日本公開はこの年の3月だった。

「前年、同時期に公開された『ゴッドファーザー』が大ヒットを飛ばしたから、それ以上の配収を目標にしました」

　主演のジーン・ハックマンに来日してもらった。

「本当に頭が良くて心が優しくて、あの人とはいい思い出があります」と振り返る。

「当時の奥様と2人で来ていただきました。あの頃はのどかなもので、俳優の来日に、ヘアメイクだ、マネージャーだ、何だかんだと大勢が付いてくることもなかったです。２人で来て、本社のインターナショナルの社長が来て、担当は私1人でした。すべてのインタビューを仕切りました。彼らが宿泊した帝国ホテルの部屋の1室を借りてやったので、お金はかからなかったですね。『ポセイドン・アドベンチャー』では宣伝費は３２００万円しか使っていません。ニッポン放送のラジオに出ていただいたんですが、それが夕方の番組。その後、舞台挨拶に行くのに時間が7分しかないので『大変申し訳ないのですが、走ってくれませんか』とお願いしたら、一緒に走ってくれました。嫌な顔一つしません」

『ポセイドン・アドベンチャー』は73年の洋画配給収入のトップを飾った。

「あの有楽座に1日1万２０００人入ったんです。プリント本数が36本しかなかったので、配給収入は11億円ぐらいでしたけど、今なら１５０億円はいくでしょうね。

　逆さまになった船のセットを作ったのが、『猿の惑星』のエイプ・シティを手がけたウィリアム・クレバーです。4人のオスカー俳優と元祖〝エロかわいい〟ステラ・スティーブンスが出演。ハリウッドのお家芸であるスペクタクルに、グランド・ホテル形式のドラマを盛り込んだアドベンチャーだから、ヒット要素は十分。ただ、この頃は映画を取り上げる番組がなかったです」

『ポセイドン・アドベンチャー』
発売中／¥7,407+税

　スタアの来日も少なかった。「アラン・ドロンのようなヨーロッパの俳優が来ていた。ハリウッドが俳優を日本に送り出すのは70年代の半ばからです。『ショック療法』のドロンのヌード写真を、新宿のゲイの人から売ってほしいと言われたけど、あげませんでしたね」

　１９７４年は第9世代の映画作家が出始めた頃だ。

「前年、マーティン・スコセッシ監督が『ミーン・ストリート』を世に送り出しました。日本で公開されるのは数年後のことですけどね。ブライアン・デ・パルマ監督も作品を発表し始めていました。スティーブン・スピルバーグ監督の『続・激突！／カージャック』(73)もこの頃じゃないですかね。75年には『ＪＡＷＳ／ジョーズ』でしょ。南カリフォルニア大学で映画を学んでいた連中が頭角を現してきた時代なんです。今のハリウッドの基礎を作ったフィルムメイカーの登場ですね。

この頃は、『めざましテレビ』や『王様のブランチ』みたいに毎週映画を取り上げてくれる番組はありませんでした。『11PM』ぐらいです。しかも、紹介してもらえる作品は限られてましたね。当時は、『007』シリーズの全盛期で、1年くらいかけて映画の特番がゴールデン・タイムで放送されていました」

ルネ・クレマン監督の『狼は天使の匂い』、アラン・ドロン主演の『燃えつきた納屋』など、フランス映画の配給も少なくなかった。

「まだまだフランス映画が元気だった時代のことです」

1975年の配給作『ハリーとトント』は、同年度のキネマ旬報ベスト10で1位になった。

「監督のポール・マザースキーに、これほどの力量があるとは、正直思いませんでした。なんたって、『暴力教室』(55)でチンピラの学生を演じていた人物ですからね。

この辺でも宣伝展開は全く同じでしたね。それまで新聞が中心でしたけど、チャールズ・ブロンソン主演の『ブレイクアウト』で初めてTVスポットを打って、全米500館ぐらいの拡大公開をしました。

画期的に変わるのは『スター・ウォーズ』(77)以降で、もっと変化するのは2000年以降ですね。なぜかというとシネコンができましたからね。拡大公開が可能になって、短期決戦になるんです。ビデオのリリースが早くなる。映画の収入よりもビデオの方がよくなったからです。

70年代までは、作品がない時はリバイバルでしのぎました。困った時は『サウンド・オブ・ミュージック』。稼げますからね。東京だけでも1館で2億円は稼げましたよ。

150本のプリントを用意した75年の『タワーリング・インフェルノ』は125億2160万円という大ヒットで、パニック映画がブームになります。74年の『エクソシスト』に始まり、『オーメン』シリーズなどに続くオカルト映画も人気でした」

「その頃は接待費がないから、全映画会社で、映画がわかっていて文章を書く力がある人間は週刊誌の映画原稿を書いていました。私は『週刊プレイボーイ』でも映画ページを全部やっていました」

この年、建国200年を控えてお祝いムード一色のアメリカに行った。

『ハリーとトント』
発売中／¥1,905+税

「第13回ニューヨーク映画祭に行くために、73年からずっとお金を貯めていました。航空協定を締結していなかった大韓航空に乗り込み、いざアメリカへ。羽田から韓国、そこで1時間ステイ。ハワイで3時間ステイを経て、本土に到着。ロサンゼルスで乗り継ぎ30分、ワシントンで乗り換えて、24時間ぐらいかけて、ようやくニューヨークへたどり着きました。その後、ロサンゼルスにも寄って、FOXとパラマウントのスタジオを見学。出発前に、根回ししておいたんです。自分のお金でアメリカに行ったのはこれが初めてで、今でもその時のことはよく覚えています」

　1976年に公開した『ロッキー・ホラー・ショー』については「懐かしいですね」と回想する。

「この作品のコピーは、〝もうひとつのジョーズ（顎／a different set of jaws）〟で、唇だけを写したポスターだったんです。『ジョーズ』の翌年でしたから。これも日劇文化で公開しました。アート系の作品ですね。同時期に舞台も日本にやって来たんです。

『オーメン』はまさに〝Bピクチャー・ゴーズ・トゥ・ザ・Aピクチャー〟のはしりですね。50年代の連続活劇やSF映画を観て育った新しい監督たちが、ホラー、ギャングもの、動物パニックものをA級作品に仕上げました。技術の発達も関係していたでしょうね。

『オーメン』ではリチャード・ドナー監督と原案・製作のハーベイ・バーンハードに来日してもらいました。2人がビザを取ってなくて、入国時に手間取って。本人たちは機嫌が悪くて、『オーメン』の宣伝バッヂをしていなかった当時の宣伝部長が怒られ

『ロッキー・ホラー・ショー』
発売中／¥1,905＋税

『オーメン』で来日したリチャード・ドナー監督と

てました」

　宣伝費は約3億円かけた。

「公開は10月。秋には大作が公開されない時代でしたが、大ヒットを記録したんです」

　77年からは、翌78年に日本公開された『スター・ウォーズ』の宣伝の仕事の準備が始まった。5月から取りかかった同作の宣伝について、詳しくは別項に譲る。

「この年のゴールデン・ウィークに、再びアメリカに行きました。ニューヨークのワシントン広場で撮影していた『結婚しない女』の現場に行って、映画評論家の河野基比古さんにジル・クレイバーグの取材をやってもらった。『世界が燃えつきる日』の宣伝では、ニッポン放送の『オールナイトニッポン』と組んで、道路交通法違反すれすれのランドクルーザーで全国行脚しました。番組で1ヵ月半実況中継をやりましたよ」

　77年は、日本公開は翌年になる『愛と喝采の日々』『ジュリア』『スター・ウォーズ』、そして『真夜中の向う側』などFOX 1社で32のアカデミー賞にノミネートされている。

「惜しくもメインストリームこそウディ・アレン監督の『アニー・ホール』に持っていかれましたが、FOXのみならずハリウッド全体が〝ビンテージ・イヤー〟、即ち豊穣の年となりました」

　1978年、いよいよ『スター・ウォーズ』公開の年を迎えたが、古澤の仕事は『スター・ウォーズ』1色には留まらなかった。

『結婚しない女』に登場するワン・フィフスというレストランでジル・クレバーグの取材をセッティングする

「この年は女性映画に活気がありました。『愛と喝采の日々』『ジュリア』『結婚しない女』、そして翌年の『ノーマ・レイ』など。FOXはこのジャンルに力を入れていたんですけど、ヒロインが自立したり、あるいは自立に目覚めて旅立っていく映画がこれほど集まって、しかも秀作だった年はないですよね。私は女性映画特集を1ページではなく、3、4ページと特集が組めるように計算して、わざとこういうブッキングをしました」

　その結果、キネマ旬報ベスト・テンで『ジュリア』は2位、『愛と喝采の日々』は6位、『結婚しない女』は7位にランクイン。『スター・ウォーズ』は9位だった。

「『スター・ウォーズ』1色の年だったけど、この年に公開された映画は、かなりの数でアカデミー賞にノミネートされました。『愛と喝采の日々』は完成までに6年もかかっていますが、『ジュリア』と共に各10部門にノミネートされ、『スター・ウォーズ』も11部門です。この年に日本で公開されたFOX作品の監督は、ブライアン・

デ・パルマ、ポール・マザースキー、ジョージ・ルーカス、フレッド・ジンネマン、ハーバート・ロス。ほんと、凄い面々ですよね」

　ちなみに古澤が初めて映画スタアと一緒に食事をしたのが『スター・ウォーズ』で来日したハリソン・フォードだ。

「マーク・ハミルが奥さんと赤ちゃんを連れてきて、キャリー・フィッシャーは当時の彼氏を連れてきて、ハリソンは息子さんを2人連れてきたんだね。12歳と10歳の坊やで、1人は現在レストランを経営しています。ハリソンが『ちょっとジャズをやっている所に行かない?』と言うから、『いいですよ』って。9時までにお子さんたちを寝かせていこうということで、好きなミュージシャンを聞いたら、『私はホーギー・カーマイケルの歌が好きなんだよ』とおっしゃった。『スターダスト』や『我が心のジョージア』を作曲した人です。そこで、ジャズ・バーにまず連れて行って、次に何をしたいか尋ねたら、『ウイスキーが飲みたい』って。そういえばダニエル・クレイグが『カウボーイ&エイリアン』でハリソンから何を教わったかを聞かれて、ウイスキーの飲み方だと言っていました。その夜は私の行きつけのバー2軒をはしごして、一睡もしないで、翌朝京都へ連れて行きました。彼は大工のアルバイトをしてたから、校倉《あぜくら》造りが見たいと言ってね」

　1979年7月には、宣伝費4億円をかけたＳＦホラーの金字塔、『エイリアン』が公開された。

「『エイリアン』は『スター・ウォーズ』+『ハロウィン』のコンセプトで製作した作品で、当初、出演者は全員男性でしたが、ヒロインに入れ替えたのが、アラン・ラッド・Jr.でした。シガーニー・ウィーバーには来日してもらいました。当時は29歳だったかな。今はもう70歳近いから、彼女主演で新しいシリーズは作れないですよね。初めてのヒーロー・ヒロイン映画でした。女性が主人公の映画でこんなにずば抜けている映画はないと思います。『エイリアン』シリーズはいい監督を生み出していますよね。製作時は『デュエリスト/決闘者』しか撮っていなかったリドリー・スコット、ジェームズ・キャメロン、デビッド・フィンチャー、それにジャン=ピエール・ジュネ。『スター・ウォーズ』と『エイリアン』以降、『スター・トレック』シリーズなどが作られたのだから、まさに中心的な映画でした。

　この年もいい監督の作品がありましたね。リチャード・アッテンボロー、ロバート・アルトマン、マーティン・リットもいましたから。この年は公開本数が少なく、社長から『勉強してくれ』と言われ、映画を観まくっていました」

『エイリアン』で来日した
シガーニー・ウィーバーのサイン

1980-1989

1980年は『スター・ウォーズ　帝国の逆襲』が洋画配給収入32億円でトップに輝いた。全米公開から日本公開まで1年をかけた前作と違って、「今度は時間がなかった」。それでも宣伝費3億5000万円をかけて、マスコミ向け試写から1ヵ月後の公開を大ヒットさせた。

現在《いま》と違い、当時は映画宣伝を外注することはなかった。

「一番まずいのは、21世紀になって会社に鍵をかけてしまって、ライターや新聞記者、あるいはテレビの人たちと一緒になって話をしなくなったこと。一緒にお茶を飲む、酒を飲む、食事をするということはコミュニケーションですから」

「ジョージ・ルーカスとフランシス・F・コッポラが、黒澤明監督の『影武者』に海外版製作総指揮として参加したのも80年でしたね。2人とも黒澤監督を尊敬していて、後に来日した監督や俳優たちが『乱』を観て原田美枝子さんにやたらと会いたがってたくらいですから（笑）。この年はいい作品が多かったです。『ローズ』も良かったし、『ヤング・ゼネレーション』も傑作でしたよ」

『スター・ウォーズ　帝国の逆襲』で来日した
アーヴィン・カーシュナー監督のサイン

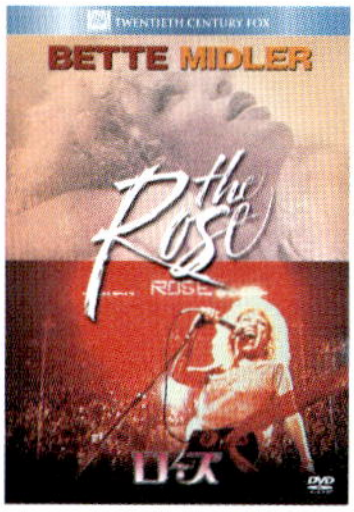

『ローズ』
発売中／¥1,419+税

1981年5月の『9時から5時まで』公開に合わせて、主演のジェーン・フォンダが来日した。

「この人朝5時起きでしたね！　朝イチで皇居の周りを走って、仕事が7時からなんですよ（笑）。ちょうどエアロビクス『ジェーン・フォンダのワークアウト』（後に大ベストセラーに）を執筆中で、インタビューの5～10分の休憩時間にも一所懸命書いてましたよ」

『9時から5時まで』公開に合わせて、主演のジェーン・フォンダが来日

当時フォンダは43歳。既に『コールガール』と『帰郷』でアカデミー賞主演女優賞を2度受賞していた。

「大スタアだったわけですが、彼女は1人で来ましたね。マネージャーすらいなかったから、ちょっと驚きました。ジェーンは当時の旦那さんも社会・政治活動家で〝シカゴ7〟のトム・ヘイドンでしたし、自身もベトナム反戦運動をさかんにしていた人じゃないですか。ニクソン大統領のブラック・リストの一番にリストアップされ、公安に狙われてました。記者会見に公安が8人くらい来たんですよ！　それで出された条件が1つ。質問者に会社の名前を言わせてくれと。これは当時としてはかなりひんしゅくでしたが、それをのまないと入国させられないと言うんで、仕方なく言うこと聞きましたね」

『9時から5時まで』で来日した
ジェーン・フォンダのサイン

1982年には『コナン・ザ・グレート』（7月公開）のジョン・ミリアス監督が来日した。

『コナン・ザ・グレート』で来日したジョン・ミリアスのサイン

「同じ時期に『ブレードランナー』でハリソンが来ていて、『E.T.』と『ポルターガイスト』のキャンペーンでスピルバーグが来てたんです。で、黒澤監督に会わせてくれっていうから、ホテルオークラで急きょセッティングしたんです。確かミリアスとスピルバーグは同じ飛行機で来てて、ハリソンは別便だったと思います。

食事をしたのはホテルオークラの『桃花林』という広東料理のレストランで、スピルバーグは黒澤監督を自分が泊まっていたロイヤルスイートに招いて、朝の7時まで『七人の侍』の撮影について話をしていたようです」

古澤はミリアスにずっとアシストしていた。

「でも、ハリソンとは78年の来日時に朝まで酒を飲んだりもしたし、いろいろ付き合いましたよ。結果、みんなが喜んでくれたから、よかったと思っています」

古澤は「人が映画を作り、人が演じ、人が届け、人が観る、つまり映画とは全部人が作っているもの」だと言う。その映画を通して日米のビッグ4が一堂に会した夢の一夜についても、「だから人です。人がつながっています」と語る。

1983年は洋画配給収入成績で『E.T.』が1位、7月に公開した『スター・ウォーズ　ジェダイの復讐』（後年、『〜ジェダイの帰還』にタイトル変更）が2位となった。そして9位にランクインしたのが、『食人族』だ。

『スター・ウォーズ　ジェダイの復讐』で来日したリチャード・マーカンド監督

「『E.T.』が公開されて大ヒットしている時に、『食人族』で配収8億5000万円当てたっていうのは凄くないですか（笑）？『食人族』はFOXインターナショナルの当時の副社長ジャコブ・シャピロさんが、イタリアのバイヤーから1500万円で買ってきたんですよ」

イタリアのグァルティエロ・ヤコペッティ監督の『世界残酷物語』が1962年に大ブームを起こし、76年にはライオンによる人喰いシーンのあるドキュメンタリー『グレートハンティング』も大ヒットした経緯があったからだ。

「ライオンが人を喰うシーンはフェイクだったんですけどね、実を言うと。それで『食人族』を観てみたら、これ全部嘘じゃないか、と。カメラがリバースショットなんですから。でも売らなくちゃいけない。『なんとかやろう！』と言ったはいいけど、宣伝費も3800万円でたくさんなかったし、TVスポットも深夜枠以外はオンエア中止なんです。しょうがないから、イラストでちょっとグロテスクな串刺しみたいなのを作って〝ギャ〜！〟みたいなキャッチつけるという、捨て看板なども使った、ゲリラ的な宣伝をして大ヒットですよ（笑）」

劇場は『E.T.』に占領されていた。

「『E.T.』は２２０館です。東京は多少ありましたが、関西はゼロ。仕方ないので、ロードショーではない2番館で上映しました。それが1月15日。最初は48館くらいだったのが、最終的には１２５館。

こういう作品は、要するに観てきたような嘘をつき、新聞にもテレビでも少しずつ少しずつやってもらって、ゲリラ宣伝をして。こういうものを観たくなる周期っていうのがあるのですかね。１日８０００人ぐらい入りました。あの時、川喜多和子さんから『古澤さんは偉いよ。私は好きな映画を選んでやってきたけど、あなたはプロね〜』と言われました（笑）。あとは『スター・ウォーズ　ジェダイの復讐』ですね。リチャード・マーカンドは、唯一シリーズで先に亡くなった監督さんという意味でも思い出深いです」

１９８４年はロバート・ゼメキス監督の『ロマンシング・ストーン／秘宝の谷』を12月に公開したが、配給作の一覧を見て、「ろくな作品ないですね！（笑）」と一刀両断。

「本当にいい映画って全体の1割くらいしかないのです。プロっていうのは、それをいかに面白く見せて、当てるかということですよね。『食人族』みたいに」と笑う。

「『ロマンシング・ストーン／秘宝の谷』のロバート・ゼメキス監督については裏話がありましてね。当時のＦＯＸの会長アラン・Ｊ・ハーシュフェルドが『ロマンシング〜』を、つまらないって言ったんです。それが85年にもつながる話で『コクーン』の監督を最初はゼメキスがやる予定だったのですが、急きょ降番。その時ゼメキスは『バック・トゥ・ザ・フューチャー』の企画を一緒に持ってきていたのですが、『コクーン』で切れてしまったからその企画がターンアラウンドしてユニバーサルにいったのです。結果会長は1年後、クビに……。怖い話だけど、それも現実なのですよね」

１９８５年について、「この年も辛かったです。『イウォーク・アドベンチャー』がありました。辛かった……です」と苦笑する。

「全体的に、今ほど来日が多くなかったですからね。今でこそしょっちゅうスタアが来てますけど、この頃はまだまだ来日は稀だったのですよ。『コクーン』の監督がロン・ハワードに決まる前にゼメキスだったと話しましたが、同じくターンアラウンドした作品って実は結構あるのです。『スピード』もパラマウントからFOXにターンアラウンドして飛び込んできた作品ですしね。こういうアクション映画はたくさんあるからいらないって言ってきて、ＦＯＸスが全部買い取りましたよ。逆にパラマウントが他からターンアラウンドしてもらったのが『フォレスト・ガンプ／一期一会』。ワーナーが蹴ったんです。そういう裏話って、本当にごろごろあります。思いもしない作品が大当たりすることって、どうしようもないけどやっぱりあるのです」

1986年について、「この年はやっぱり『未来世紀ブラジル』かな。テリー・ギリアムは、本当に〝戦う監督〟ですよ。才能ある人でした」

『未来世紀ブラジル』はエンディングをめぐって、ギリアムとアメリカで映画を配給したユニバーサル・ピクチャーズの意見が対立し、スタジオ側が編集したハッピーエンド版を良しとせず、ギリアム自身が再編集を施して公開された経緯がある。

「ちょっと話がそれちゃうんですが、私が才能ある人だと思ったのがジャック・ニコルソン。85年に『女と男の名誉』って、ジョン・ヒューストン監督の作品があったじゃないですか。あれを監督したのは、実質主演のニコルソンだったのです。もう監督は亡くなられたから、言ってもいいかと思うのですが（笑）。ジャック・ニコルソンは、本当に才能豊かな人です」

『未来世紀ブラジル』で来日したテリー・ギリアム監督と戸田奈津子さん

テリー・ギリアムのサイン

『未来世紀ブラジル』

発売中／¥1,905＋税

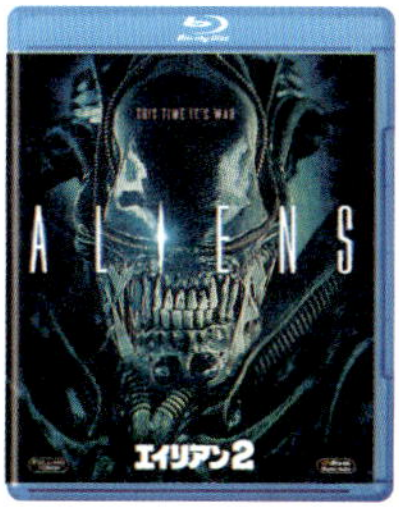

『エイリアン2』

発売中／¥2,381＋税

86年は『エイリアン2』が洋画配収6位を記録する大ヒット作となった。

「本当はキャメロンにもシガーニーにも来てほしかったのですが、2人とも次の仕事のスケジュールでどうしても来られなかった。結局、誰の来日もなかったのだけど、うまくやりました。宣伝費は2億3000万円。作品自体が大傑作ですしね。6週間興行で前作の8掛け以上の大ヒットになったのも当然といえば当然ですね。そして、銃を持ったヒロインがアカデミー賞主演女優候補になったのは『エイリアン2』のシガーニー・ウィーバーが初めてです」

1987年はアメリカで大ブームを巻き起こした『クロコダイル・ダンディー』で主演のポール・ホーガンが来日した。

「彼は本当に彗星のごとく現れた人。もともとオーストラリアでは人気が凄くあったのですけどね。これがヒットしたおかげで、アメリカの配給権を持っていたパラマウントが全部持っていってしまって、FOXは2作目からは取れなかったのです。別になんともない映画なのですけど、なんか気持ちが良くなる映画でしたね」

アーノルド・シュワルツェネッガー主演の『プレデター』は洋画配収10位にランクインした。

「シュワルツェネッガーが『プレデター』で初来日したのもこの年。この時は私の言うことを何でも聞いてくれました。『拳銃持って』って言ったら持ってくれましたし、食事も一緒にしました。この後から、傲慢になっていくのですよ！（笑）」と、後に注文の多い来日スタアとして知られるようになったアクション・スタアの謙虚だった時代を明かす。

『クロコダイル・ダンディー』で来日した主演のポール・ホーガン

『プレデター』で来日したアーノルド・シュワルツェネッガー

最近は後妻業という言葉も生まれた、富豪と次々に結婚しては相手を殺害して巨万の富を築いていく女。そんな悪のヒロインが活躍する『ブラック・ウィドー』も配給した。

「監督のボブ・ラフェルソンは、もともと駐留軍として20歳そこそこの頃、日本にいたのですって。新宿に行きたいって言うから連れて行きましたが、当時とはまるで変わっていました。戦後の混沌とした雰囲気のある場所はないか？　ってことになって、結局新宿のガード下に連れて行ったんです。2人で焼き鳥を食べましたね」

『ブラック・ウィドー』で来日したボブ・ラフェルソン監督

１９８８年は、４月の日本公開直前にマイケル・ダグラスがアカデミー賞主演男優賞を受賞した『ウォール街』のキャンペーンがあった。

「キャンペーン自体が１つのファミリーみたいで凄く仲が良かったです。オリバー・ストーンは、父親がウォール街でストックブローカーをやっていましたでしょ。だから彼の父親への想いがあふれた映画でもあって。チャーリー・シーンも上り調子だったし、いいヤツでしたよ。この後、放蕩を尽くすことになるわけですけど(笑)。彼の父親（マーティン・シーン）も左寄りの運動家で、この頃はしょっちゅう逮捕されたりして。彼はそんな父親のことを凄く誇りに思ってたのじゃないかな。俳優はワガママと言うけど、こちらの映画への情熱をきちっと伝えるとたいていちゃんと協力してくれますから」

『ウォール街』で来日したチャーリー・シーンのサイン

後に『グラン・ブルー』のタイトルで知られるようになったリュック・ベッソン監督の『グレート・ブルー』もこの年８月にＦＯＸが配給した。

「『グレート・ブルー』も面白かったです。この女優さん（ロザンナ・アークエット）は、当時有名なミュージシャン（ピーター・ゲイブリエル）と付き合ってましてね。電話ばっかりしてインタビューにならないのです。

ロザンナ・アークエットのサイン

しまいには『帰りたい、帰りたい』って泣き出すし。これには困りましたよ（苦笑）」

1989年、『ワーキング・ガール』で主演のメラニー・グリフィスが来日した。

「この時は380万円くらいでキャンペーンが終わったのですよ。メラニーは、ちょうど妊娠中でした。彼女が泊まっていたスイートに、インタビュアーを入れ替わり立ち替わり入れましてね。わざわざ別の部屋なんて取らなかったです。そのくらいのキャンペーンだったのです。記者会見は帝国ホテルで、190人は来ましたよ。随分（メラニーとマスコミの）距離が近いでしょ。確か、私が司会もやったのじゃないですかね。とにかくお金がない時代でした（笑）。だけど、メラニーも別に文句なんて言わなかったですよ。彼女はこの作品が女優とし

『ワーキング・ガール』で主演のメラニー・グリフィスが来日

記者会見は帝国ホテルで

ての転機だったし、チャンスでもあったわけですからね。それがわかっていたのじゃないですかね。エージェントと2人だけで来て淡々と仕事をこなしてくれましたよ。妊娠中だったっていうこともあって、とにかく幸せそうでしたね」

　この時彼女のお腹の中にいたのが、今や『フィフティ・シェイズ』シリーズで人気女優になったダコタ・ジョンソンだ。

「メラニーは気さくな人で、小さい頃母親が出演した『鳥』の話をしてくれて、ヒッチコックは変態だなんて言ってましたよ(笑)」

　この年、洋画配収8位となったのが『ダイ・ハード』だ。

「私は『ダイ・ハード』『ダイ・ハード2』『ダイ・ハード3』の3本の宣伝を手がけています。第1作の時代背景は日本がバブルでトップをいってアメリカの会社の社長が日本人で、商社マンとして君臨しています。ニューヨークの刑事がクリスマス・イブの晩、ロスまで奥さんに会いに来たところ、高層ビルがテロリストに占拠され、事件に巻き込まれます。物語がいいし、キャラクター、シチュエーションがいいのです。テレビドラマ『こちらブルームーン探偵社』くらいしかキャリアのないブルース・ウィリスを主人公に大抜擢。彼がスタアになれたのはキャラクターがいいからだと思いいます。『ダイ・ハード』が作品的にも興行的にもうまくいったので、『ダイ・ハード2』は〝ダイ・ハード・オン・ジ・エアポート〟、『ダイ・ハード3』は〝ダイ・ハード・オン・ザ・ニューヨーク〟、その後のアクション映画も〝ダイ・ハード・オン・ザ・バス〟(『スピード』)、〝ダイ・ハード・オン・ザ・マウンテン〟(『クリフハンガー』)という風に、『ダイ・ハード』は流れの土台、基本になる礎《いしずえ》を築いたと言えます。

　新たなスタンダードを作ったという意味では『ダイ・ハード』は大変な傑作です。すべての映画雑誌で、映画評論家、ライター、読者のベスト1です。プリントは182本(150館)で、非常にいい映画をいい劇場(日劇)で2月4日という悪い時期に公開していることを考えると、宣伝費を2億1500万円使って、配収が23億6000万円は大成功だったと思います」

ブルース・ウィリスのサイン

1990-1999

1990年には『ダイ・ハード2』が配収32億5000万円で洋画配収成績3位となった。宣伝費は3億6000万円。

「秋にスカラ座で公開し、後ろに『プリティ・ウーマン』が控えていたので、切られるのはわかっていたのですが、興行収入は68億7300万円いっています。プリントは70ミリを含めて188本（165館）。今だったら上映サイトは4倍です」

『アビス』ではジェームズ・キャメロン監督が来日した。

「彼は映画を撮っていない時は、非常にいいヤツ（笑）。映画を撮っている時は、もうそのことしか頭になくなってノンストップで撮り続けるから周りは大変なのですよ。助監督は体を壊して何人も代わりますしね。彼自身も命を削るし、ハードな仕事ですよ。ただ彼は自分と組んだ人をとても大事にします。

『ローズ家の戦争』でダニー・デビートも来ましたね。この時彼は監督もやっていたけど、主演のマイケル・ダグラスは『ロマンシング・ストーン／秘宝の谷』や『カッコーの巣の上で』で共演した時にはプロデューサーの立場でもあったのですよね。この2人はこの時からの長い付き合い。俳優同士でも何でも、いいヤツとか悪いヤツっていう伝言は、必ず伝わるのです。ただ『ローズ家の戦争』の時は、ダニーのエージェントがうるさくて。私、思わず怒鳴ってしまった（笑）」

『ローズ家の戦争』で来日したダニー・デビートと

1991年、古澤は20世紀フォックス映画日本支社の宣伝本部長に就任する。宣伝費3億8000万円をかけた『ホーム・アローン』は33億円の配給収入で、『ターミネーター2』（52億円）に次ぐ、洋画配給収入成績2位となった。この年にはジョエル＆イーサン・コーエン兄弟の『ミラーズ・クロッシング』やティム・バートン監督、ジョニー・デップ主演の『シザーハンズ』、チャーリー・シーン主演の『ホット・ショット』などの配給も手がけた。『ミラーズ・クロッシング』

はキネマ旬報ベスト・テンで3位。1位は『ダンス・ウィズ・ウルブズ』、2位は『羊たちの沈黙』だった。

当時はまだ無名の一子役だったマコーレー・カルキンが主演を務めたコメディを爆発的なヒットに導いた手腕は別項で詳しく説明する。

1992年、洋画配給収入成績の2位に

『ホーム・アローン』で来日したマコーレー・カルキン

『エイリアン3』(19億5000万円/宣伝費3億8000万円)、7位に『ホット・ショット』(10億2000万円/宣伝費3億円)がランクインした。

「シガーニー・ウィーバーが『エイリアン3』で、また来てくれましたね。彼女は、嫌味なくインテリジェンスを感じさせてくれる人。教養の深さというか。やっぱりニューヨーカーだなと思いますよ。この頃は旦那さんがオフブロードウェイの劇作家をやっていて、彼女もワークショップなんかを手伝いながら子育てもしていましたね」

シガーニーは90年4月に出産、舞台演出家である夫ジム・シンプソンとの間に誕生した娘のシャーロット・シンプソンは映画・テレビ界に進み、カメラアシスタントや照明技師として活動している。

「シガーニーとは、長く付き合わせてもらっていますね。彼女はもちろん大スタアだけど、文句一つ言わず、言ったとおりのことをやってくれる人ですよ。『エイリアン3』で彼女は丸坊主にして話題になりましたけど、それも彼女のアイディアなのです。ちゃんと作品のコンセプトをわかったうえでね。シガーニーはヒロイン・ヒーローの地位を確立しましたし、『エイリアン2』では女優としては初めてアクション映画でアカデミー賞にノミネートされました。ソフトがある限り、エイリアンファンの間でシガーニーは伝説だし、映画史に名を残すと思います」

『エイリアン3』で来日したシガーニー・ウィーバー

1993年、2月公開の『ラピッド・ファイアー』で主演のブランドン・リーが来日した。ブルース・リーの息子として1986年に鳴り物入りでデビューするも、なかなか芽が出ずにいた彼は同作でついにブレイクのきっかけをつかんだ。

『ラピッド・ファイアー』でブランドン・リーが来日

28歳になったばかりだったブランドンのことを古澤は「性格のとてもいい青年。『クロウ／飛翔伝説』(94）の撮影事故で亡くなってしまったのが残念です」と語る。『クロウ〜』で被弾シーンを撮影中、拳銃から誤って発射された実弾が腹部に命中し帰らぬ人となったのは同年3月31日だった。

「当時のガール・フレンドが一緒に来日したのですが、その日本滞在が、彼との一番の良い思い出だったと言っていたので、来日時にたくさん撮った写真を送ったのを覚えています」

11月にはマイケル・クライトン原作で、ロサンゼルスに進出した日本企業内で起きた殺人事件をめぐるサスペンス『ライジング・サン』が公開された。

「原作そのものが日本では論議を呼ぶテーマだったのですが、ウェズリー・スナイプス、ケイリー・ヒロユキ・タガワを呼びました。フィリップ・カウフマン監督は武満徹さんとの音楽の打ち合わせで来日しましたね。

ウェズリーは大変タフで、昼も夜も精力的に活躍をしていました。とっかえひっかえ日本人のガール・フレンドをどこからか連れてくるのですが、翌日はちゃんと私たちとランチを食べていました。彼のエネルギーは今でも持続しているのでしょうね」

日系アメリカ人2世の父と宝塚歌劇団出身の女優で歌手の旗マリ子の間に東京で生まれたタガワは5歳でアメリカに移住。90年代のハリウッドではまだ圧倒的なマイノリティだったアジア系俳優として戦

『ライジング・サン』の音楽入れのために来日した
フィリップ・カウフマン監督

い続けていた。
『俺は頑張るんだ、ギブアップしない』ということをいつも言ってたのです。彼は自分から、日本にも帰りたいし、協力したいというので私のところに来たのです。ケイリーとはカラオケに行ったり、3回ぐらい仕事の後にお付き合いしました。人柄はとてもいい人です。頑張ってますよ。ああいう人がいるから、真田広之が後から行っても、ハリウッドにちゃんとそういう人たちのコミュニティがあります。アメリカに行った人たちの苦労話は凄いです。層が厚いから。例えばブロードウェイなら、後ろに控えている人たちがダンサーも含めて5万人以上いると言われていました。日本と違って、それぐらい層が厚いです。どっかのプロダクションから、わーっと48人出すわけではないのですから。そういう意味ではイギリスの層はもっと厚いですよ」

　1994年2月、宣伝費に4億円かけた『ミセス・ダウト』でロビン・ウィリアムズが来日した。

「ロビン・ウィリアムズには是非来てほしくて。雪の中、成田まで迎えに行きましたよ」

　この時、東京は記録的な大雪に見舞われた。

「宿泊予定の帝国ホテルから、昼の12時に迎えに行って、飛行機が着いたのが夜の12時。12時間、雪で着陸できなかったのです。万が一に備えて、空港近くの別のホテルも予約しました。ようやく会えて、『こんなところに泊まるのは嫌だ』と言われたけど、『我慢してください』とお願いして、スイートルームを取りました。成田空港では帰れないお客さんがみんな床で寝ていました」

『ミセス・ダウト』でロビン・ウィリアムズが来日

　ウィリアムズについては「とてもいい人でね。我々もそうだし、とにかくスタッフを大事にする人ですね。一緒にカラオケも行きました」と思い出を語る。

「カラオケに連れて行った一番最初の俳優はロビン・ウィリアムズ。カラオケっていうと、アメリカのイメージだと、バーでオープンスペースで歌うもの。だから『違うよ、日本はちゃんとルームがあるから私たちだけだ』と教えました。他にはナムコ・ワンダーエッグに行ったり、相撲が見たいというので、電話をして升席を2つ取りました。子供みたいにはしゃいでましたよ。みんなが仲良くて素晴らしいキャンペーンでした。忘れられない思い出になりました」

　そのすぐ後に『ホーム・アローン』のダニエル・スターンが監督作『がんばれ！ルーキー』を引っさげて来日。

ダニエル・スターンが監督作『がんばれ！ルーキー』で来日

『34丁目の奇跡』で来日したマラ・ウィルソンと

「そのキャンペーンが終わった3月10日にくも膜下出血で女房が逝きました。でもこの年の12月は『スピード』も当たったし、そういう意味ではいい年だったのですけどね」

東京国際映画祭のオープニング作品にもなった『スピード』は、93年に入社したピーター・チャーニン会長、ビル・メカニック社長が最初にゴーを出した企画。

「大作映画の平均製作費が7000万ドルだった当時、3500万ドルで作られた同作は大成功を収めました。実はパラマウントが蹴った企画なのですよ。

『ダイ・ハード』からもう少し若いヒーローの登場が『スピード』のキアヌ・リーブスです。ハンサムだから、彼を売ろうと。アクション映画3本ぐらいの面白さがつまっていると宣伝しました。脚本のアイディアは黒澤明監督の『暴走機関車』です。とにかくキアヌ・リーブスとサンドラ・ブロックのコンビネーションがいい。悪役も一流のデニス・ホッパーが演じていますし。監督のヤン・デ・ボンはカメラマン出身で『スピード』が1作目でした」

監督も主演俳優も当時はまだそれほど知名度はなかったが、「私が『40億円はあげる！』って豪語しちゃいました。言ったからには何が何でもやらなくちゃならなくて（笑）。飛び込みで契約を取って、マクドナルドのキャンペーンもやりました」

『スピード』はキアヌ・リーブスも来日し、

『スピード』で成田空港に到着したキアヌ・リーブス

「結局配収45億円いったから良かったですよ。185館で、興行収入は92億8000万円です」

　1995年は洋画配収成績において、『ダイ・ハード3』が48億円（宣伝費4億8000万円）で1位、2位に『スピード』が45億円（宣伝費4億5000万円）でトップ2を占めた。

「『ダイ・ハード3』（198館）は夏休みの公開になったので、興行収入は95億円近くを稼ぎました。日本では1億ドル以上いっていますが、アメリカでは1億ドル（1ドル79円の時代）しかいっていないんです。それで本社から褒められました」

　翌年のアカデミー賞で作品賞や監督賞など5部門を受賞した『ブレイブハート』を監督・主演したメル・ギブソンも来日した。

「東京国際映画祭オープニング作品で来てもらったんですよね」

　後に、差別発言や暴力行為で告発されるギブソンだが、来日当時の彼について古澤は「非常に明るくて気さくで、おまけに

『ブレイブハート』を監督・主演したメル・ギブソンが来日

元気で。人格者でしたよ。じゃないと、映画を作る側になれないと思います」と語る。

『死の接吻』では、敵役を演じたニコラス・ケイジとサミュエル・L・ジャクソンが揃って来日した。

「ニコラスとサミュエルを最初に日本に呼んだのは私なのですよ。彼らは非常に喜んでくれて、『なんで僕たちを呼んでくれたの？』って言うから『あなたたちが大好きだし、主役がつまらないから』って言ったら大爆笑してました（笑）。この時、サミュエルは『スター・ウォーズ』に出たい。ノーギャラでも出たい、とずっと言ってて、それを次の《特別篇》で私が製作のリック（・マッカラム）に伝えました。サミュエルはゲイリー・ゴーツマン（『羊たちの沈黙』のプロデューサー）と仲が良くて、彼にそれを伝えたら、『古澤さんという伝説の人がいるから、彼に全部仕切ってもらえ』って言われたそうです（笑）」

　1996年、『ブロークン・アロー』でジョン・ウー監督とクリスチャン・スレーターが来日した。

「ジョン・ウー監督は、小林旭さんの大ファンなんですよね。チョウ・ユンファとのコンビを見ても、小林旭さんを尊敬して模倣してるのがわかりました。来日したウーさんの最初のリクエストが『小林旭さんに会わせろ』。お寿司を予約したのですが、小林さんが食べられないということで急きょ、銀座のお肉の店を予約し直しました。昔の大ス

タアですから、お付きの方が10人付いて来るのです。これは大変でしたね。でも会わせたら奥さんと一緒に大喜び（笑）！　これがウーさんと私の友情の始まりですね」

フォレスト・ウィテカーが初監督作『ため息つかせて』を引っさげて来日したのもこの年だ。

『ブロークン・アロー』で来日したジョン・ウー監督と小林旭との食事をセッティング

「困ったことに何も要求しない人でした。寿司も食べないし、しじみの味噌汁も飲まないです。後でベジタリアンだったとわかって（苦笑）、うどんに豆腐とか野菜を入れて鍋にして出したら、やっと食べてくれました」

10月には『インデペンデンス・デイ』が東京国際映画祭のオープニング作品となり、ローランド・エメリッヒ監督や主演のウィル・スミスをはじめ、プロデューサーのディーン・デブリン、キャストのビル・プルマンも来日した。

1997年は『インデペンデンス・デイ』が配収66億5000万円（宣伝費6億円）で、2位の『ロスト・ワールド／ジュラシック・パーク』（58億円）を抑えて洋画配収成績で1位、3位に『スピード2』が20億円（宣伝費4億5000万）、10位に『スター・ウォーズ《特別篇》』が10億円（3部作で）を記録した。

『スピード2』は舞台が船になって、キアヌが出ていないのですが、よく200本のプリントで興収40億8000万円いったと思います」

『インデペンデンス・デイ』のプロデューサーのディーン・デブリン（右）、キャストのビル・プルマンが来日

1997年2月公開の『すべてをあなたに』では、満を持しての監督作を引っさげてトム・ハンクスが若いキャストたちと来日した。

「トム・ハンクスをはじめメイン出演者は全員呼びましたね。誰か1人、パスポートを忘れて！　1日遅れて来て、みんなに『バ〜カ！』って言われてましたよ（笑）。この頃は来日がひっきりなし。『ロミオ&ジュリエット』ではバズ・ラーマン監督とクレア・デインズが来て、『スター・ウォーズ』の《特別篇》ではリック(・マッカラム)が来て」

レオナルド・ディカプリオとクレア・デインズ主演の『ロミオ&ジュリエット』は4月公開。

「レオナルド・ディカプリオがカッコ良かったので彼を売りまくりました。彼は子役の時代からうまくて、純粋に女の子がポーッとなりますので、女性誌の大きな特集から載せました」

同作はプリントが120本で配収は6億7000万円。

「ただ、4週で切られて、2番館、3番館という名画座的な映画になってしまいました」

『スピード2』のサンドラ・ブロックとジェイソン・パトリックも来日した。

「この年に私はぶっ倒れたんです。8月16日。『スピード2』の初日に。胃潰瘍を患って、下血して1週間入院しました。だから『タイタニック』(東京国際映画祭オープニング作品)の時の写真は顔が真っ黒で、むくんでいますよね? 具合が悪かったんですよね~。この映画はいろんな意味で、命を削りましたよ(笑)」

ジェームズ・キャメロン監督と主演のレオナルド・ディカプリオが来日し、日本での初めてのワールドプレミアという大イベントについては別項を参照されたい。

『すべてをあなたに』でトム・ハンクスが若いキャストたちと来日

『スピード2』で来日したサンドラ・ブロックとジェイソン・パトリック

『エバー・アフター』で来日したドリュー・バリモア

そんな公私ともに激烈な1年だったが、「でも『フル・モンティ』も当てたし、今思えばいい年でした」と回想した。

1998年、前年12月に公開した『タイタニック』は配収163億円（宣伝費7億5000万円）を記録。邦画配収成績1位の『踊る大捜査線　THE MOVIE』（50億）の3倍以上という桁外れの成績で洋画配収成績1位に輝いた。同作はキネマ旬報ベスト・テンで4位にランクイン、続く5位に『フル・モンティ』がつけた。

「シガーニーが『エイリアン4』で来てくれました。彼女はもちろん大スタアだし、私生活でも多忙なはずなんだけど、なんとか調整してちゃんと来てくれるのですよね。本当にいいお付き合いをさせてもらってます。再三言ってる通り、シガーニーはすごく頭が良くて、こちらの意図をすぐ理解してくれる人なので、仕事がとてもやりやすいのです」

ウィーバーはTBSラジオ「伊集院光　深夜の馬鹿力」にも出演。人気アイドルだった遠藤久美子になりすますという無茶振りにも付き合った。

「この頃って、シガーニー級でも今ほど宣伝費なんかかけてなかったんじゃないですかね。ここ最近じゃないですか？　凄くかける作品が増えたのは（笑）。他にも『X-ファイル　ザ・ムービー』でロブ・ボウマン監督、『アナスタシア』でゲイリー・ゴールドマン監督が来ましたね。『ドクター・ドリトル』では、ベティ・トーマス監督が来てくれましたが、エディ・マーフィは来なかったです。意外かもしれないですけど、彼は一切キャンペーンを信じない人なんです。俳優の仕事は撮影まで。したがって、キャンペーンをやる必要はない、と考えている人なのですよね」

1999年には『スター・ウォーズ　エピソード1』が配収78億円（宣伝費10億7000万）で洋画配収2位にランクインした。

「『スター・ウォーズ　エピソード1／ファントム・メナス』の仕事は、もうこの1年以上前から始まってました。タイアップも2年かけてやりましたし、大変だった！」

そして「大変だったといえば」ともう1作挙がったのがデビッド・フィンチャー監督の『ファイト・クラブ』だ。

「よくこんなアート映画を当てたな（配収10億円）と思いますよ。このような映画を日比谷映画（スカラ座の代替）の正月公開に入れちゃいけないですって」と笑う。

「いろんな面白いスポットを作ったりしました。こんなメイジャーに拡大ブッキングした映画を、アート系の宣伝でやられたら困るって言われましてね。『CUT』（ロッキング・オン社）の表紙をやったり、渋谷周辺をこの映画一色にしたり。パブを先行させたから、こういうフックができたわけです。ともかくアート系のお客を呼ばないことにはどうしようもないし、あとは騙しで（笑）、一般のいわゆるブラピ好きの人たち、それと『セブン』の流れでフィンチャー好きの層も。これは自分でもよく当てたと思いますよ。毎日映画コンクールの宣伝賞をいただきました」

2000–2002

20世紀最後の年となった2000年は来日スタアのラッシュの年でもあった。ヒラリー・スワンクが性同一性障害の主人公を演じてアカデミー賞主演女優賞を受賞した『ボーイズ・ドント・クライ』のキンバリー・ピアース監督、『愛ここにありて』でヒロインを演じたリーリー・ソビエスキー、そして現在もシリーズが続く『X-メン』シリーズの第1作でブライアン・シンガー監督やヒュー・ジャックマンほかのキャストも来日した。

「チョウ・ユンファが『アンナと王様』で来て、ラーメン屋ばっかり連れて行きました(笑)。奥さんが全部ハンドリングするのには参りましたけどね。今回は活字だけで、テレビは全部ダメだって言うのです。あれは非常に辛かったですね。でも、本人はとてもいい人でした」

レオナルド・ディカプリオ2年ぶりの主演作『ザ・ビーチ』で、ダニー・ボイル監督と共に来日した。

「ディカプリオのコントロール？　ぜんぜん、大変じゃないですよ。というか、この時私はダニー・ボイルに付いてましたからね。ま、相当遊んだんじゃないですかね、ディカプリオは。『タイタニック』の時は守りましたけど、この時は勝手にやらせま

チョウ・ユンファが『アンナと王様』で来日

『ザ・ビーチ』でダニー・ボイル監督が来日

『ホワット・ライズ・ビニース』主演のハリソン・フォードとロバート・ゼメキス監督（下）

したよ。もう好きにしてくださいと（笑）。でも自分で責任は取ってくださいねと」

『ホワット・ライズ・ビニース』ではロバート・ゼメキス監督と主演のハリソン・フォードがそれぞれ来日し、プロモーション活動を行った。

「ハリソン・フォードは、さすがに『スター・ウォーズ』の頃とは変わってましたね。でも、昔っから自分のことは何でも自分でやるのは変わらなかったみたいです（笑）。性格なんでしょうね」

２０００年から配給収入成績は興行収入成績に変更となった。

２００１年、21世紀初の洋画興行収入成績で6位（48億円／宣伝費10億２０００万円）に入ったのがティム・バートン監督の『PLANET OF THE APES／猿の惑星』だ。

「マーク・ウォルバーグを呼んだんですが、来てもらえなくて。ＦＯＸから予算がないと言われたけど、日本側でなんとかするよと、ケリー・ヒロユキ・タガワは呼びました。ティム・ロス、ティム・バートン、エステラ・ウォーレン。あのバートンが来てくれました」

伝説的な人気シリーズをリブートした

『PLANET OF THE APES／猿の惑星』のティム・バートン監督

『PLANET OF THE APES／猿の惑星』のティム・ロス

同作の宣伝については別項で詳しく綴る。

5月公開のロバート・デ・ニーロ、キューバ・グッディング・Jr.が出演した『ザ・ダイバー』はアメリカ海軍史上、アフリカ系アメリカ人として初めてマスターダイバーの称号を得た実在の潜水士の半生を描いた作品。

「2回に分けてキャンペーンができました。まずはモデルになったカール・ブラシアと、ジョージ・ティルマン・Jr.監督が一緒に来ました。大変知的な監督で今後、アフリカン・アメリカンのリーダーになる人だと思います。帰国後の彼は当時の会長のビル・メカニックさんと社長のスコット・ニースンさんに『古澤さんに大変世話になった』と話したそうです。『ＦＯＸも今後彼と仕事をするので、大変に助かった』と2人から連絡が入りました」

来日第2弾は、古澤が「『すべてをあなたに』の時から注目していました」と語るシャーリーズ・セロン。

「彼女はきっとブレイクすると思ったんです。近年、会った女優さんの中で最もスタイルが良くて、最も性格が明るく元気で、最も足首がきれいな人でした。一卵性双生児のように仲の良いお母さんと一緒でした。スタッフにもいろいろと気遣う女性でした。どこに行きたいかを聞いたら、ＮＯＢＵに行きたいというので、歌って、飲んで楽しみました。彼女が『ザ・ダイバー』はどの映画と公開時期が同じなのかを聞くので、『キャスト・アウェイ』だと答えたら、なんと凄いことをするんだ、日本のＦＯＸは！と冗談を言っていました」

『ムーラン・ルージュ』のバズ・ラーマン監督とニコール・キッドマン、『バンディッツ』のビリー・ボブ・ソーントンも来日した。実はソーントンの当時の妻、アンジェリーナ・ジョリーも主演作『トゥームレイダー』

『ザ・ダイバー』で来日したシャーリーズ・セロン

『ムーラン・ルージュ』でニコール・キッドマンが来日

の来日キャンペーンで同時に来日していたが、9・11のアメリカ同時多発テロ事件が発生し、滞在延長を余儀なくされるハプニングもあった。

２００２年も怒濤の日々が続いた。

「『エネミー・ライン』ではジョン・ムーア監督、『ハイ・クライムズ』ではアシュレイ・

『バンディッツ』のビリー・ボブ・ソーントンが来日

ジャッド、『アイス・エイジ』、『ウインドトーカーズ』チームが来日。『ロード・トゥ・パーディション』ではこっちから向こうへ取材陣を連れて行って……。とにかく毎月誰かしら来てました」

公開は翌03年1月になるが、『運命の女』でリチャード・ギアも来日している。

「正直この辺はもう死にそうだったのですけど、やめられなかったです。『スター・ウォーズ　エピソード2／クローンの攻撃』の約束もあるし、それと『マイノリティ・リポート』の件もあって。当時ニッポン放送の社長だった川内さん（東京国際映画祭のゼネラル・プロデューサー）と、みんなには内緒で東京国際映画祭のオープニングに『マイノリティ・リポート』を上映するって決めてたのです。1年前からトム・クルーズとスティーブン・スピルバーグ監督の来日も決まってました」

だが、１９６６年から全力疾走を続けた古澤の体は限界に近づいていた。

「会長ジム・ジアナポリスにすべてを言ってありまして、『これが終わったら辞めさせてもらいます。自分の治療に入ります』と、もう11月上旬の段階で辞表は出してたのですよ」

２００２年、『スター・ウォーズ　エピソード2』は93億５０００万円（宣伝費13億６０００万円）で洋画興行収入成績3

位にランクイン。『ロード・トゥ・パーディション』がキネマ旬報ベスト・テンの洋画１位に、また20世紀フォックス初の邦画配給作でサンダンス・カンパニー製作の『ＯＵＴ』が邦画4位にランクインした。

　そして年が明け、２００３年に古澤は健康上の理由から20世紀フォックスを依願退職する。

　ＦＯＸ在社37年間、宣伝・配給に携わった作品は５０２本。『タイタニック』では当時の日本興行収入史上最高の２６３億円を上げた。ルーカスフィルムとＦＯＸが「世界最高のマーケティングを行った宣伝マン」に贈る「スター・ウォーズ・ベスト・マーケティング・アワード」を『エピソード１』『エピソード２』で受賞している。ＦＯＸ退職後も、ジョージ・ルーカスより直接『スター・ウォーズ　エピソード３／シスの復讐』の宣伝を依頼され、『スター・ウォーズ』《特別篇》３部作を含む）全作品に携わった世界唯一の宣伝・配給マンであり、２０１８年までの53年間に宣伝・配給・企画・製作に携わった作品は８１７作。

　「私たちの仕事は映画を守ることと、仲間、部下を守ること」と宣伝マンとしての信条を語る。今や映画を観る環境も大きく変わった。映画館はシネコン中心になり、それよりも簡便なホームシアターやパソコン、ＰＡＤ、スマートフォンの小さな画面で満足という観客も増えてきた。「ＨＢＯとかNetflixとかが普及して、デビッド・フィンチャーとか様々な監督がそこで映画を撮る時代です。でも、大きな画面できちんと音響のあるところで観るのが私は映画だと思うんです。だから私は映画は不滅だと思うんですよ。観方は変わっても」

『運命の女』でリチャード・ギアが来日

『マイノリティ・リポート』で来日したトム・クルーズとスティーブン・スピルバーグ監督

ソニー、UIP、ルーカスフィルムでの仕事

私がFOXを依願退職したのは2003年1月でした。その1年前に東京国際映画祭ゼネラル・プロデューサーのニッポン放送社長、川内さんと、スティーブン・スピルバーグ、トム・クルーズの来日と『マイノリティ・リポート』の映画祭でのオープニングを約束していたので、それが終わるまで、2つの胃潰瘍がひどく下血をしながら仕事をやっていました。それに加えて、血糖値が180、中性脂肪の数値が1200、γ-GTPが896でした。これは辞めないと命に関わるな、そのまま仕事場で倒れるんじゃないかという状況だったわけです。

私が治療中だった時に、ルーカスフィルムの人たちがいろいろな仕事の関係で日本に何度か来ていました。で、ソニーの厚木工場に足を運んで『スター・ウォーズ　エピソード2／クローンの攻撃』で使用されたデジタルカメラHDW-F900を開発していますし、3Dのデジタルカメラも開発中なんです。ジョージ・ルーカス、ジェームズ・キャメロン、ロバート・ゼメキス、ロバート・ロドリゲス、ランダル・クレイザーなどがこれからデジタルカメラを使った作品をどんどん作っていきます。その時にルーカスフィルムからとにかく体を治して、参加してくださいと言われたんです。

それは2003年3月のことでした。体が全く元に戻らなくて週に2回鍼灸に行き、月1回病院に行って検査して、治療を続けていましたが、5月、6月、7月でドーンと数値が下がった時に、ソニーさんのジェフ・ブレイク副会長と、それに前後してUIP日本代表のポール高木さん、社長のアンドリュー・クリップスさんからオファーがありました。体が治ったらお手伝いさせていただきますが、3つやってもよろしいかと。ソニー、UIP、ルーカスフィルムの3社に話をしたんです。2003年9月にソニーで映画部門の特別顧問(ブッキングとマーケティング)、10月にUIPのマーケティングとセールスの特別顧問になりました。2004年4月29日にルーカスフィルムから「スター・ウォーズエピソード3／シスの復讐』を始めましょうという話がありました。ルーカスフィルムが『エピソード1』『エピソード2』で行っ

たのと同じ、プレビズ（映画製作の準備段階で制作され、絵コンテに相当するもので、ＣＧで映像化したもの）とマーケティング、セールスの戦略ストラテジーを持ってプレゼンテーションをしに来日しました。この時の話は本書の別章にて詳しく説明します。

◆

「現場からすると神様みたいな人」

２００３年9月にソニー・ピクチャーズエンタテインメント特別顧問に就任した古澤に関して、映画マーケティング部部長だった堀越孝行氏は当時のことをこう語る。

「古澤さんには特別顧問という形で週2回会社に来ていただいていました。パブリシティの現場で動く人たちや各作品の担当プロデューサーを集めて僕と古澤さんがそこに入る形で会議をやりました。予算組みから映画の売り方から全部。だからもう顧問という感じじゃない。社員と同様でした。ＦＯＸ時代の後期では宣伝のみならず営業についても日本代表のような仕事をされていたので、我が社の営業部門と打ち合わせもしますが、その際はあくまでも顧問の立場で、1歩引いた形でお話しされてますね。基本は宣伝中心でした」

堀越氏が同じ現場で仕事をするようになったのは、２００５年3月からになる。

「パブリシティに関する細かい指示や動き方を懇切丁寧に指導するのは立派だと思います。手取り足取りというより、身をもって教えている。壁にぶち当たって相談に来た人には的確なアドバイスを与えてくれますね。現場からすると神様みたいな人じゃないかな。だって『スター・ウォーズ』の全作を宣伝した人は世界であの人だけですよ。ＦＯＸを辞めても、ジョージ・ルー

ペ・ヨンジュンのサイン

『四月の雪』で来日したペ・ヨンジュン

『四月の雪』で来日したホ・ジノ監督

カスから直接指名されるというのは、本当に凄いことですよ。生きた伝説です」

一緒に仕事をするようになって「1つわかったことがある」という。「スタッフとのミーティングで、僕があまり怒らなくて意図が伝わらないことがある。そんな時に古澤さんが怒ってみせるんです。本当にキレるんじゃなく、演技で。『これだけ言ってるのにわからないのか！』と一種嫌われ役を引き受けて、僕のことをフォローしてくれる。それから、人と人との付き合いを凄く重要視する人です。外部とだけでなく内部とのコミュニケーションもね。映画っていうのは、当たるのがなかなか難しい。一所懸命、何本やってもみんな失敗しちゃって、沈んだりする人も出てくる。古澤さんはそれをちゃんと見ていて『ちょっと飲みにいくか』と声をかけてくれる。本当にキメ細かいよ。週2回来るだけで、十何人いるスタッフのことをちゃんと見ている。そういう意味では人格者かもしれないね。怖いけど（笑）」

「彼はパブリシティのオーソリティ」

２００３年10月2日付けでＵＩＰの特別顧問に就任した古澤。かつての宣伝仲間のＵＩＰ宣伝部長の三苫雅夫氏は語る。

「古澤さんには２００３年10月から、ブッキングとマーケティング面の顧問をお願いしました。週1回出社して、営業担当者との話し合いと、マーケティングの会議をします。各作品を担当するプロダクト・マネージャーたちの進ちょく状況を聞いて、提言してもらうのが主な仕事です。今は昔と違ってメディアも増えたし、宣伝の形態も変わってきました。その分野に関しては、若い人たちも知識があります。だけど、宣伝の仕事で一番重要なのは、コミュニケーション。年々、宣伝費は高騰して、10億円、20億円を使う映画もざらです。でも、宣伝費は抑えていかなきゃいけない。となると、フリー・パブリシティが一番重要なわけです。極端に言えば、人の力でありきでお金ありきではないフリー・パブリシティという基礎があって、初めていろいろな宣伝が生きてきます。その点、彼はパブリシティのオーソリティだから」

三苫氏と古澤が親しくなったのは１９９０年、カンヌ国際映画祭で一緒に旅行してからだ。

「読売映画・演劇広告賞の副賞で、ＦＯＸから彼、ＵＩＰから僕。観光だから、2人で昼から飲んだくれていました。朝日新聞の秋山（登）さん、読売新聞の河原畑（寧）さん、亡くなった映画評論家の南俊子さんといった人たちが映画を観終わるまで飲んで、合流してまた飲んで」。

意気投合した理由を三苫氏はこう語る。

「一緒に旅をすると、その人間がわかるんです。昔からよく言われてたけど、初めてそれがわかりました。彼は、見た目と違って、とても面倒見がよくてね。非常にデリケートな男なんですよ。そういう意外な一面を見ましたね」

『キング・コング』で来日したナオミ・ワッツのサイン

『キング・コング』で来日したエイドリアン・ブロディのサイン

『ターミナル』で来日したトム・ハンクスのサイン

『エリザベスタウン』で来日したオーランド・ブルームと
ケイト・ボスワース

『ホリデイ』で来日したジュード・ロウと
キャメロン・ディアス

『THE MYTH／神話』で来日したジャッキー・チェン

『トランスフォーマー』で来日したシャイア・ラブーフと
ミーガン・フォックス

『ザ・シューター／極大射程』で来日した
マーク・ウォルバーグと

人が名作を生み出す

20世紀フォックス スタジオの歴史

敷地購入から始まったスタジオの歴史

　100年余にわたり、世界中の人々に理解できる言葉で絵解きをしながら、社会、道徳、宗教、歴史を批判する映画を作ってきた「夢の工場」―― 撮影所が風俗、生活様式に与えた影響は、宗教家や政治家、社会学者、実業家たちが真面目に受け止めてきた一つの現象としても捉えられる。

　そんな機構の1つ、20世紀フォックス撮影所はカリフォルニア州センチュリー・シティの西境、敷地30ヘクタール余に建てられた162を数えるビルの複合体からなる。この広大な映画のスーパーマーケットから、実に多種多様な映画のクラシックが売り出されていった。社会問題をテーマとするものから、英雄主義、西部劇、信仰・宗教、ミュージカル、愛の世界、探偵もの、コメディ、SF、ファンタジー、ユーモア、ミステリー、恐怖、幻想などなど、人間が体験するあらゆるスペクトルがこの撮影所から作り出され、世界中の人たちはそれをスタアが主演する作品の中に見てきた。

　そもそも20世紀フォックスは、ウィリアム・フォックスが1915年に立ち上げた5セント活動写真時代の「フォックス社」を源とする。以来57年、同社は1973年に資本金3億ドル（現在の貨幣に換算して約20億ドル）の大企業として君臨する。

オープニング・ロゴの変遷

オープニング・ロゴは主要な経営陣の交代と共に10回ほど変更した。現在のサーチライトが照らす立体のロゴは、『トゥルーライズ』(94)から使用されている。

1929年

1934年

1924年

1916年

現在の撮影所の敷地は25年、トム・ミックスのような偉大なカウボーイ・スタアのロケーション用牧場として、また将来何かと利用できるのではないかという目論見でフォックスが購入した。すぐさまそこにはミックス主演映画のための西部の町のセットが作られる。次いでF・W・ムルナウ監督の、巧みな遠近法による『サンライズ』(27)の大規模なヨーロッパ都市、ビクター・マクラグレン、エドマンド・ロウ、ドロレス・デル・リオ共演『栄光』(26)のフランスの村と戦場、ジャネット・ゲイナー、チャールズ・ファレル共演『第七天国』(27)のパリ、『メトロポリタン』(35)の実物そっくりの大型客船のセットなどが作られた。

この旧ウィリアム・フォックス社の撮影所はウェスタン通りとサンセット大通りの角にあり、71年、この敷地の半分をハート・フィールド・ゾディス社に貸すことに。ゾディス新百貨店が建ったのは同年8月16日。その命名式のリボンを映画女優デビー・レイノルズが切った。

トーキー時代に合わせた設備拡張

20年代後半、各映画会社に防音装置付きステージの建設を示唆するなど、トーキー映画の到来は設備拡張を求めていくことになる。フォックス社では28年10月28日、「フォックス・ムービートーン・シティ」と名付けたサウンド用スタジオの竣工式を2万5000人ものゲストを招いて行った。

ムービートーンとは、音もフィルムそのものに記録するフィルム式光学録音システム（基本的には現在と変わらないもの）。このシステムから、まずワーナー・バクスター主演『懐しのアリゾナ』(29)が製作され、登場人物のシスコ・キッドは全米で永遠の存在となった。続いて『第七天国』の続編『街の天使』(28)、ジョン・フォード監督の忘れがたい『四人の息子』(28)、『栄光』のサウンド版続編『藪睨みの世界』(29)、ローレンス・オリビエ初のハリウッド映画『貞操切符』(31)、アカデミー賞作品賞・監督賞受賞作『大帝国行進曲（カバル

1974年

1935年

1994年

1955年

1940年

1938年

フォックス・フィルム社に見出されたシャーリー・テンプル。1933年に7年契約を結び、『歓呼の嵐』（34）などに出演

ケード）』（33）、レスリー・ハワードがアカデミー賞主演男優賞候補になった〝Berkeley Square〟（33）などが作られ、この頃からシャーリー・テンプルとウィル・ロジャースの輝かしいキャリアが始まった。

この期間、不況との戦いに敗れたウィリアム・フォックスは撮影所とフォックス劇場の運営ができなくなり、30年、代わってウィンフィールド・シーハンが副社長兼総支配人として経営に当たる。シーハンは製作削減をせず、むしろ当時年間50本もの作品製作数を維持するための設備拡張を促進。具体的には、ウィル・ロジャース主演『懐かしのケンタッキイ』（35）などが撮影されたニュー・イングランドの通り、『東への道』（35）の名監督の名をとったヘンリー・キング農場、ヘンリー・フォンダ主演『運河のそよ風』（35）のエリー運河、ワーナー・オーランド主演『チャーリー・チャン』シリーズのホノルル・セットなど、フォックス社初期の「永久的」セットの数々に加え、他のステージや補助ビルが増築される（『メトロポリタン』撮影に使われた豪華客船は結局取り壊され、その跡地は37年、3階建てのモダンな管理部のビルができた）。

この時代はウィル・ロジャース、フィフィ・ドルセイ、ワーナー・バクスター、ジャネット・ゲイナー、シャーリー・テンプルなどのトップスタアが活躍。いずれも今日のトップクラスの製作者や監督たちが住むような化粧室付きバンガローがあてがわれた（現在、シャーリー・テンプルのバンガローは撮影所の診療所になっている）。

この新撮影所における初期作品の中には、若き日のジョン・ウェインが主演したラオール・ウォルシュ監督『ビッグ・トレイル』（30）がある。この映画は70ミリ方式〝グランジャー〟で撮影されており、特殊な映写機を必要としたが、29年の株式大暴落によって劇場は大幅な経費節減を行わざるを得なくなり、結果として経済的大打撃をこうむった。ジョン・ウェインはそれから

『ビッグ・トレイル』（30）の撮影中のジョン・ウェイン。大道具係から俳優に抜擢される

約10年後の『駅馬車』（39）に主演し、やっと映画関係の仕事に戻ることになるが、どうやらフォックスは10年ほど時勢に先駆けていたらしい。

「20世紀フォックス映画会社」誕生

フォックスが不景気と戦っていた最中の35年、人気俳優ウィル・ロジャースがアラスカで飛行機事故死、この不幸な事件は世界中に大きなショックを与えたが、同社にとっても大打撃となった。ロジャースとシャーリー・テンプルはフォックス・スタア陣を支える大黒柱であり、同社のドル箱でもあったからだ。

この年、フォックス社は33年に設立したジョセフ・M・シェンクとダリル・F・ザナックが統率するメジャー製作会社「20世紀映画社」の全資産を獲得、フォックスの名をとって社名を「20世紀フォックス映画会社」とした。シェンクは理事長になり、42年まで在任。後任者は高名な弁護士、後に共和党から大統領選に立候補したウェンデル・L・ウィルキーで、42年4月に理事長となるが44年に急逝する。その後、ザナックが製作担当副社長となり、戦前戦後にわたって断続的にこの地位に留まる。フォックス時代からの重役で、社長となったシドニー・ケントも42年に逝去。有力な劇場経営者スピーロス・P・スクーラスがその後を継いだ。

ザナックはトーキー初期のドラマティック・スコアとして話題となったキング・ビダー監督『街の風景』（31）の音楽を担当したアルフレッド・ニューマンを気に入り、20世紀映画社の音楽部長として招く。彼のキメ細かな、ロマンティックでリリカルなスコアはハリウッドで最良のサウンドを弦中心に創り出し、人々はこれを「フォックス・ストリング」と呼んだ。その音楽性は高く評価され、アカデミー賞に45回ノミネート、9回の受賞を果たしている。そのニューマンに、ザナックは20世紀フォックス映画会社になってからのトレードマーク（20のマークにサーチライトをあしらったもの）のバックに流れる、かの有名なファンファーレ曲も書かせた（53年にはシネマスコープ用のサビのメロディも追加作曲）。ニューマンは一時、サミュエル・ゴールドウィンと仕事をしたが38年に音楽部長として戻り、60年1月まで20世紀フォックスのすべての音楽を監修した。

20世紀フォックス初期を支えたスタア

20世紀フォックス時代初期のヒット作の1つに、アカデミー賞友愛賞にその名が冠されているジーン・ハーショルトがディオンヌの五つ子を取り上げる医師に扮した『五ツ児誕生』（36）がある。シャーリー・テンプルは『小聯隊長』（35）、『軍使』（37）でさらに素晴らしいキャリアを加え、3度のオリンピックで優勝したフィギュアスケートのソニア・ヘニーはサウンドステージのアイスリンクに初めて出演、『銀盤の女王』（36）で女優の第1歩を記す。36年にはタイロン・パワーが『女の寄宿舎』に端役で出演して認

『シカゴ』(37)のタイロン・パワー

『大ターザン』(38)のグレン・モリスとエレノア・ホルム

『モホークの太鼓』(39)

められ、ザナックと長期出演契約を結ぶ。また、ベティ・グレイブルとジュディ・ガーランドは『フットボール・パレード』（未・37）に出演、グレイブルは専属女優となり、約10年間同社のドル箱スタアとなった。

37年6月7日には、現在の管理部と、3つの新サウンドステージ、道具部が正式に出来上がり、タイロン・パワー、アナベラ共演『スエズ』（38）にふさわしい運河のセットが作られた（後にこの2人は結婚）。この新しい撮影所では『地獄への道』（39）の西部の町や、アカデミー賞作品賞受賞、ジョン・フォード監督にオスカーをもたらした『わが谷は緑なりき』（41）のウェールズ地方の町のセットも作られた。その時期は、『科学者ベル』（39）の電話を思い出す人物となったドン・アメチーをはじめ、アン・バクスター、リンダ・ダーネル、ダナ・アンドリュース、モーリン・オハラ、スーザン・ヘイワード、ジョージ・モンゴメリー、リン・バリ、アンソニー・クインがそろそろスタアとなる頃である。

『雨ぞ降る』(39)のタイロン・パワーとマーナ・ロイ

『わが谷は緑なりき』(41)で演出するジョン・フォード監督

戦中戦後に続出した名作群

40年に入ると、フォックスは旧ウェストウッド・ヒルズ・ゴルフ場の一部を購入（終戦後は残りのゴルフ・コースも買い取り、敷地面積は113ヘクタールに）。その当時、大戦中軍隊慰問に従事したグレン・ミラーとそのバンドが出演した『オーケストラの妻たち』（未・42）が公開された。以降、第2次世界大戦にアメリカが参戦したことを受け、『トリポリ魂 海兵隊よ永遠なれ』（未・42）、『潜航決戦隊』（43）、『ガダルカナル・ダイアリー』（未・43）、『ミッドウェイ囮《おとり》作戦』（未・44）、『パープル・ハート』（未・44）など、題名にも世界の苦悩が反映された作品が続出する。

ジェニファー・ジョーンズは映画デビュー作『聖処女』（43）でアカデミー賞主演女優賞を獲得、ルルド村のセットが女主人公バーナデットの時代そのままの姿で再建された（実在の村は長年の間に変貌していた）。この建設には極めて精巧な石膏が使用されているが、これは戦争中の物資不足から工夫されたもの。この手法が以降、定石として使われるようになった。

44年には、グレゴリー・ペックが『王国の鍵』で華々しく映画界入り。ダリル・F・ザナックは軍籍に入って大佐となり、帰国後6つのアカデミー賞を獲得した『ウィルソン』(未・44)を製作する。翌45年、ドキュメンタリー・タッチの映画にも素晴らしい進展ぶりが見られ、『Gメン対間諜』(45)、『影なき殺人』(47)、『暗黒の恐怖』(50)などが好評を持って迎えられた。『哀愁の湖』『ブルックリン横丁』もこの年の傑作である。

『王国の鍵』(44)のグレゴリー・ペック

絢爛たるミュージカルも、『ママはタイツをはいた』(47)、『マイ・ブルー・ヘブン』(50)、『コール・ミー・ミスター』(51)などでベティ・グレイブルとダン・デイリーが共演して人気を集め、リチャード・ロジャースとオスカー・ハマースタインII世は『ステート・フェア』(45)の再映画化で大いに貢献した。

戦争が終わるとビクター・マチュア、タイロン・パワー、ジョン・ウェイン、シーザー・ロメロ、ジョン・ペイン、ジョージ・モンゴメリーなど多くの男優たちが軍務を解かれハリウッドへ凱旋。そこにはジーン・クレイン、ジューン・ヘイバー、ナンシー・ギルド、ビビアン・ブレイン、ペギー・アン・ガーナーなど美しい女優たちが待ち構えていた。

レックス・ハリソンはアイリン・ダンと『アンナとシャム王』(46)に、タイロン・パワーはサマセット・モームのベストセラー原作『剃刀の刃』(46)に出演。当時としてはセックスを大胆に扱ったキャスリーン・ウィンザーのベストセラーを映画化した『永遠のアンバー』も47年に公開されて、大センセーションを呼び起こした。

『マイ・ブルー・ヘブン』(50)のベティ・グレイブル

同じく47年、今やクリスマス映画のクラシックとなって久しい『三十四丁目の奇蹟』が封切られる。『紳士協定』もこの年のアカデミー賞作品賞ほか2部門を獲得、助演男優賞ほか2部門を獲得した『三十四丁目の奇蹟』と共にアカデミー賞を賑わせ

『荒野の決闘』(46)のビクター・マチュアとワード・ボンド

た。一方、これまで〝ビューティフルな大男〟として知られていたビクター・マチュアも『死の接吻』で演技派として騒がれるように。さらにはこの映画でデビューしたテレビ出身のリチャード・ウィドマークが一躍スタアの座にのし上がった。

翌48年『嵐の園』に小さな役で初出演したものの、最後の編集でフィルムからカットされたマリリン・モンローだが、その未来に輝かしいキャリアが横たわっていようとは当時、誰も思わなかっただろう。『ローラ殺人事件』（44）で演技力を買われた舞台出身のクリフトン・ウェッブの名演が光る『愉快な家族』、精神疾患者を扱った問題作『蛇の穴』もこの年の作品である。

49年の問題作は『三人の妻への手紙』と『頭上の敵機』。翌50年に公開されたダリル・F・ザナック製作、ジョセフ・L・マンキーウィッツ監督の『イヴの総て』はアカデミー賞作品賞を含む6部門の賞を獲得し、マンキーウィッツは『三人の妻への手紙』に続く監督賞受賞となった。

『やさしく愛して』（56）のエルビス・プレスリー

『地底探検』（59）のアーレン・ダール

『悲愁』（59）のグレゴリー・ペックとデボラ・カー

『キリマンジャロの雪』（52）のエバ・ガードナー

『紳士は金髪がお好き』(53)

『ノックは無用』(52)で準主役になったマリリン・モンロー

『七年目の浮気』(55)のスクリーン・テスト

歴史に残るシネマスコープ導入

この頃、『革命児サパタ』(51)、『キリマンジャロの雪』(52)、『コール・ミー・マダム』(未・53)などの佳作は依然として製作されていたが、〝人の手より少し大きな〟テレビジョンと称する暗雲が映画産業の上にのしかかり、徐々に侵食していく事実を無視できなくなっていく。スピーロス・P・スクーラス社長とその重役たちはそれに対抗すべく53年、ワイド・スクリーン方式〝シネマスコープ〟を導入。その第1作は、当時まだ無名に近かった英国人俳優リチャード・バートンとジーン・シモンズ、ビクター・マチュアが共演した『聖衣』だった。

このギャンブルが当たるか外れるかは、各劇場がシネスコ映写用のアナモフィック・レンズを取り付ける用意があるかどうかにかかっていたが、結果として『聖衣』は大成功、ほかの各劇場も直ちにシネスコ用レンズなどの設備を整えていく。以後、53年『百万長者と結婚する方法』『十二哩の暗礁の下に』『壮烈カイバー銃隊』、54年『地獄と高潮』『帰らざる河』『ショウほど素敵な商売はない』『愛の泉』などシネマスコープ方式によるヒット作が続々公開されていった。シネマスコープの大成功は今や歴史である。

そして56年、ダリル・F・ザナックは『灰色の服を着た男』を製作した後に社長を辞任して自ら独立プロを創設、フォックスのために作品を提供することになる。後任はコロムビア映画から招かれた『地上より永遠に』(53)の製作者バディ・アドラー。アドラーは55年『慕情』『七年目の浮気』を公開、その後も、アカデミー賞主演男優賞・女優賞に輝いたユル・ブリンナー主演『王様と私』(56)、イングリッド・バーグマン主演『追想』(56)、ジョアン・ウッドワード主演『イブの三つの顔』(未・57)ほか、57年『めぐり逢い』『青春物語』『陽はまた昇る』、58年『武器よさらば』『眼下の敵』『六番目の幸福』『南太平洋』『長く熱い夜』『若き獅子たち』、59年『ワーロック』『アンネの日記』『悲愁』、60年『恋をしましょう』

『慕情』(55)のジェニファー・ジョーンズ

『若き獅子たち』(58)のマクシミリアン・シェル

『アラスカ魂』『燃える平原児』『孤独な関係』など、フォックスのトレードマークに光彩を与える作品が続出する。しかし、アドラーは60年に急死、製作部門の責任者はロバート・ゴールドスタインへ、さらにピーター・G・レバンスの手に渡る。

最大の危機とザナックの起死回生

61年4月17日、アルミニウムの世界的メーカー、アルコア社がフォックスの敷地を4300万ドルで買い取り、フォックスは現在の30ヘクタール余の敷地を借用。敷地の売却はロサンゼルスの拡張、地価の高騰、租税の上昇という問題を考えればやむを得ないことだった。とは言え、同社の敷地下に石油が埋没していることは早くから知られており、54年に採掘権を得てからは36の油井から採油するように。これが大きな足しになった。しかし、その財政を根底から揺るがす事件が起きる。

『クレオパトラ』(63)の製作費は悪天候、主演エリザベス・テイラーの病気ほか、あらゆる災難に見舞われて膨れ上がり、当時の金額で4000万ドル(144億円)に。さらに同社にとって痛かったのは″Something's Got to Give″の撮影中にマリリン・モンローが倒れたこと。結局映画は未完成に終わり、製作費300万ドルは1ドルも回収できなかった。

そこで62年7月、ダリル・F・ザナックが再び社長となり、その年の秋『史上最大の作戦』を公開。この映画は白黒映画史上最大のヒットとなったが、それでも撮影所のスタッフの再編成と再整備は余儀なくされた。まず、ザナックは息子リチャードを製作部長に任命。後にリチャードは社長兼製作担当副社長に指名し、父親ザナックはスクーラスの後継者として理事会長となった。

そして63年春、撮影所を再開。その手始めとしてジェームズ・スチュワート、サンドラ・

『クレオパトラ』(63)のエリザベス・テイラー

『史上最大の作戦』(62)の撮影現場にいるダリル・F・ザナック

『サウンド・オブ・ミュージック』(65)のロバート・ワイズ監督とジュリー・アンドリュース

『その男ゾルバ』(64)のアラン・ベイツ

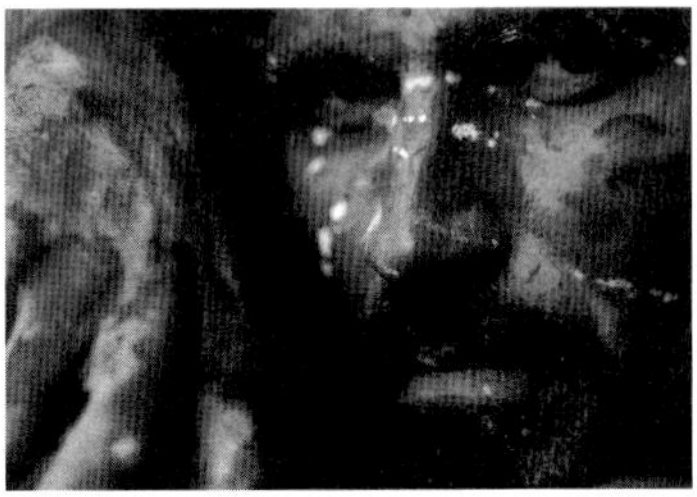
『華麗なる激情』(65)のチャールトン・ヘストン

『いつも2人で』(67)のオードリー・ヘプバーンとスタンリー・ドーネン監督

『おしゃれ泥棒』(66)のウィリアム・ワイラー監督、オードリー・ヘプバーン、ピーター・オトゥール(左)

ディー共演『恋愛留学生』を製作、翌年公開した。ロジャース＆ハマースタインⅡ世の『サウンド・オブ・ミュージック』は65年に公開。これが撮影所にとって起死回生の大成功になり、『風と共に去りぬ』(39)を凌ぐ映画興行史上空前の大ヒットを記録することになった。

　この時代の作品は64年『その男ゾルバ』『ふるえて眠れ』、65年『飛べ！フェニックス』『素晴らしきヒコーキ野郎』『華麗なる激情』、66年『天地創造』『ミクロの決死圏』『おしゃれ泥棒』『ブルー・マックス』『砲艦サンパブロ』『唇からナイフ』、67年『太陽の中の対決』『いつも2人で』などがある。

テレビ制作にも進出、さらなる増築も

　20世紀フォックスは劇場主たちの気持ちを尊重し、57年まではテレビドラマ制作を行わなかったが、その後「五本の指」「フリカ」「折れた槍」「ホンコン」「太陽を追って」などを制作するようになっていく。65年には、20世紀フォックス・テレビジョン社長

ウィリアム・セルフの下で「バットマン」「ペイトン・プレイス物語」「海底探検」「宇宙家族ロビンソン」「ジェシー・ジェームス」などゴールデン・アワー9時間分のプログラム編成に当てた作品を制作、業界をあっと言わせた。

後年、同社のテレビ制作はますます盛んになり、70年代には「ジュリア」「ナニーと教授」「アーニー」「ランサー」「M★A★S★H マッシュ」など多くの作品を放つ。さらにはテレビフィーチャーの制作にも着手。その初期作品の中でも「種族」「ボー・ジョー・ジョーンズ夫妻」は絶賛され、アメリカ国内ニールセン選定により第一級品と評価された。

映画にテレビと製作活動が盛んになっていくに従い、同社は新しいサウンドステージの増築にとりかかっていく。65年には4棟、66年にはさらに2棟、またリメイク『駅馬車』(65)撮影のために25万ドルを投じた西部の町を含むセットを建設した。そして68年、ほかの撮影所では類を見ないハリウッド最大の『ハロー・ドーリー！』(69)のニューヨーク・セットの建設がスタート。建造費は100万ドルを超え、その大きさは管理部ビルの全体を取り巻いて2ヘクタール余の敷地を占めるものとなった。

同社は製作面でも素晴らしい成果をあげたが、芸術面でも勝利を収めた。66年、フォックス7作品が22のアカデミー賞にノミネート。うち『サウンド・オブ・ミュージック』は作品賞を含む5部門を獲得した。70年、製作者フランク・マッカーシーが第2次世界大戦の英雄パットン将軍の伝記を映画化した『パットン大戦車軍団』を公開。この映画も作品賞、監督賞を含む7部門に輝いた。

その一方で、60年代後半から70年代前半にかけて、『猿の惑星』シリーズ(68、70〜73)、69年『明日に向って撃て！』『大いなる男たち』、70年『トラ・トラ・トラ！』『M★A★S★H マッシュ』『ボクサー』、71年度アカデミー賞作品賞をはじめ5部門に輝いた『フレンチ・コネクション』、72年『ホット・ロック』など、同社は物語性に富んだ、大受けに受ける作品を作っていく。

『パットン大戦車軍団』(70)のフランクリン・J・シャフナー監督

『ハロー・ドーリー！』(69)のバーブラ・ストライサンド

『魚が出てきた日』(67)のキャンディス・バーゲン

『明日に向って撃て!』(69)のポール・ニューマン

『恐竜100万年』(66)のラクウェル・ウェルチ

『電撃フリントGO!GO!作戦』(66)のジェームズ・コバーン

『脱走特急』(65)のフランク・シナトラ

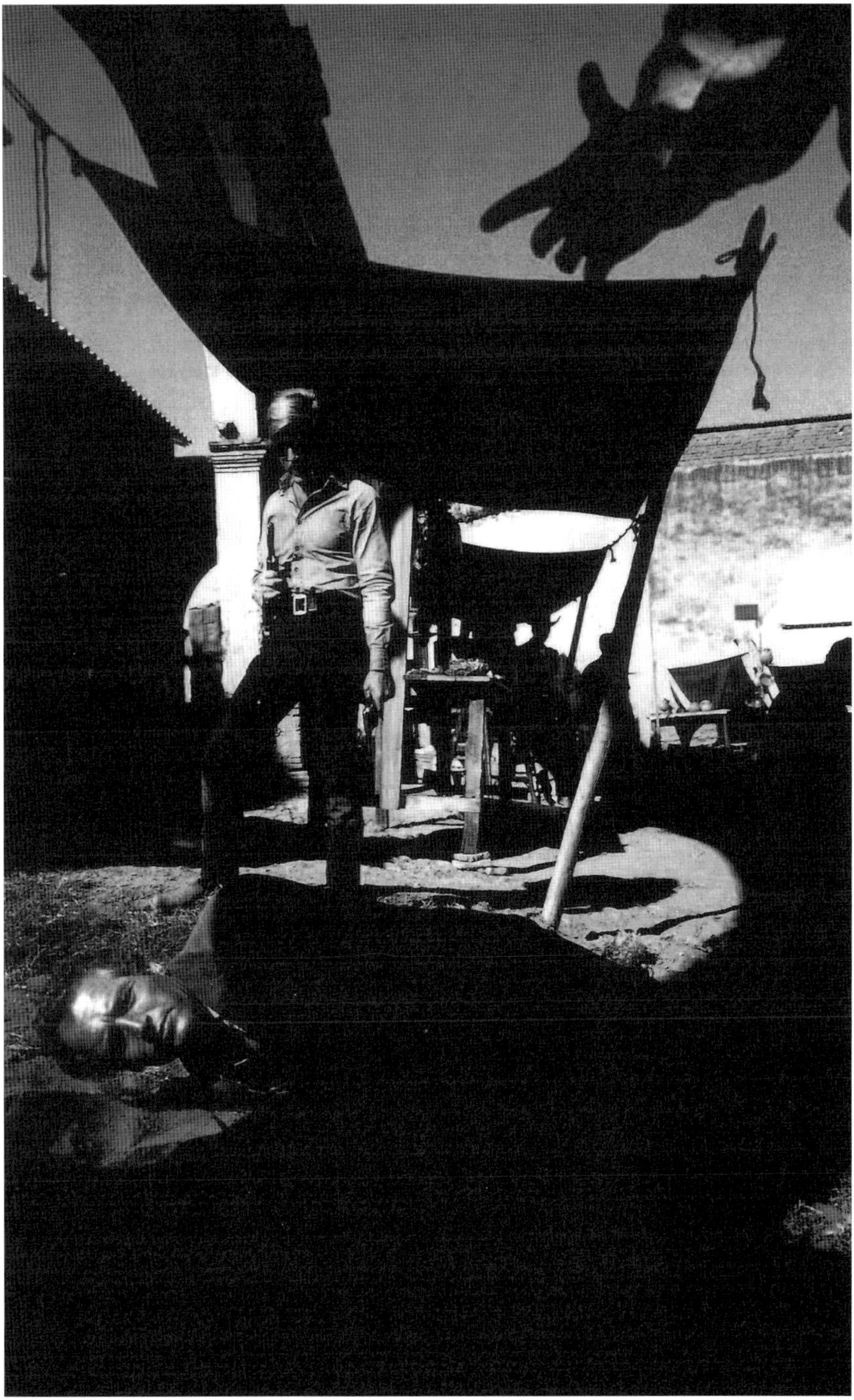

『明日に向って撃て!』(69)のロバート・レッドフォードとポール・ニューマン

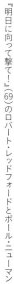

『猿の惑星・征服』(72)

『ポセイドン・アドベンチャー』(72)のシェリー・ウィンタース

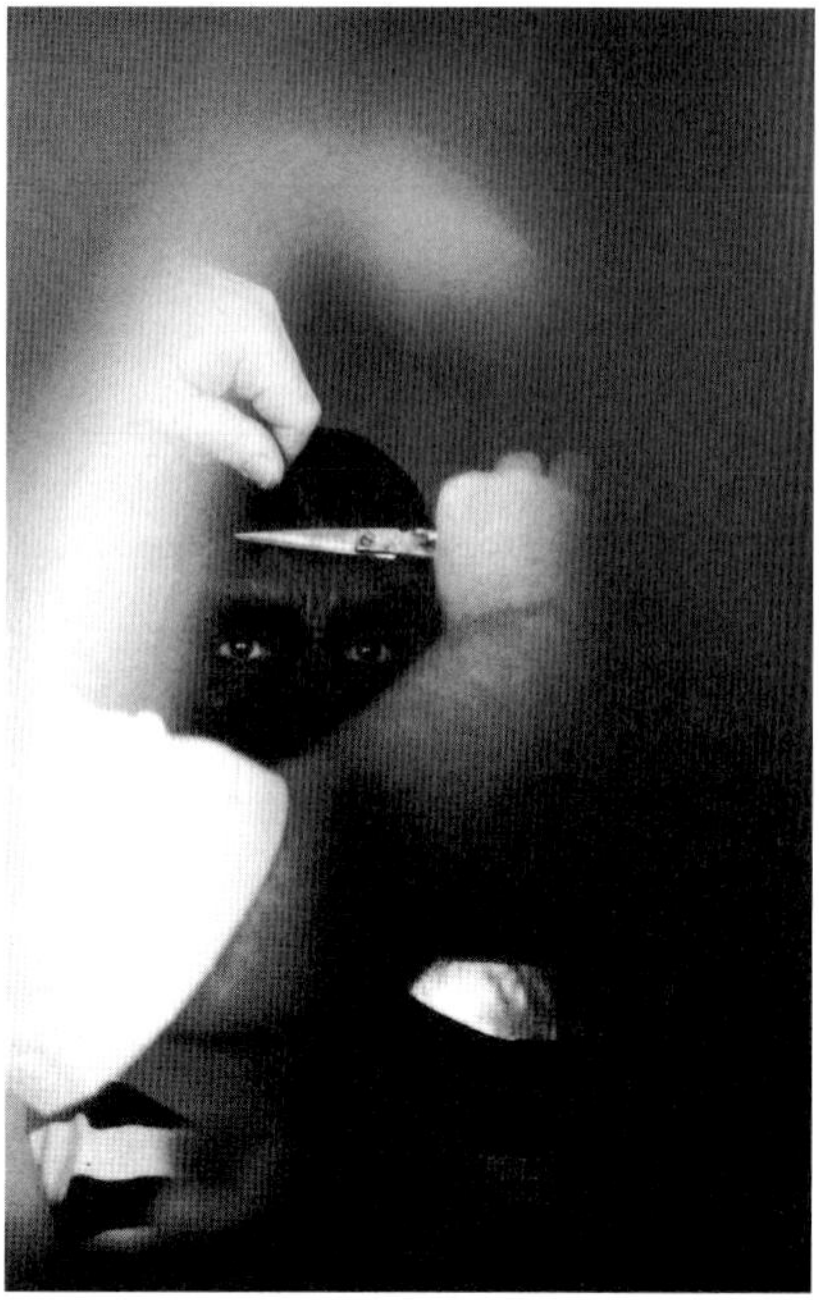

『続・猿の惑星』(70)

『トラ・トラ・トラ!』(70)

合理化が行われた70年代初期

71年、社長の権限問題に関する紛争に巻き込まれた同社は、それを乗り切るための決断を余儀なくされた。理事会により新重役陣が選出され、リチャード・D・ザナックの後継者として銀行筋のデニス・C・スタンフィルが社長に就任。後に彼は理事長兼取締役に昇進し、代わってシネマ・センター・フィルム社長の椅子に就いていたゴードン・T・スタルバーグが社長の地位に収まった。

また、映画製作35年のキャリアを持つエルモ・ウィリアムズが世界製作担当副社長となり、映画製作のベテラン、ジア・ヘンショウが製作部門担当副社長に。バーナード・バロンは撮影所運営担当副社長、チャールズ・G・ポールは営業関係担当副社長、スタンリー・L・ホーは過去8年間製作運営担当副社長を務めたが、72年に辞任して独立プロデューサーとなった。

実際には、70年代に入ると全世界的な合理化が行われ、アメリカ映画全体の流れも変貌していく。ザナック体制が終焉を迎えた同社も、その時期は新作企画にゴー・サインを迂闊に出せなくなっていた。そこで登場するのが、69年に設立されたABCモーションピクチャーである。ABCTV配下の映画製作会社である同社は70年『ソング・オブ・ノルウェー』や、71年『最後の谷』『わらの犬』、72年『キャバレー』『ジュニア・ボナー／華麗なる挑戦』などの作品を20世紀フォックス配給で世に送り出す。また72年あたりからフランスのリラ・フィルム作品、イタリア映画の国際配給権なども買い取って配給していく。

70年代パニック映画ブームを創出

そんな不遇の時期、ヨーロッパ製作担当副社長を経て、『その男ゾルバ』『素晴らしきヒコーキ野郎』『ブルー・マックス』など64～67年に製作管理を担当したエルモ・ウィリアムスが手がけたのが『ポセイドン・アドベンチャー』(72)である。もっともこの作品は同社の全面出資ではなく、本来のプロデューサーはフォックス・テレビジョンのプロデューサー出身で「宇宙家族ロビンソン」(65～68)「タイムトンネル」(66～67)などを大ヒットさせたアーウィン・アレン。彼は劇場主の友人から製作費の半分の300万ドルを借りて『ポセイドン・アドベンチャー』を製作し、見事に大ヒットに結びつけた。

そんなパニック映画は70年代半ばまでのハリウッドの大きな流れとなっていく。次にアレンはフォックスとワーナー・ブラザースというハリウッドメジャー初の共同出資で『タワーリング・インフェルノ』(74)を製作、ブームの頂点を築き上げた。

しかし70年代初頭、ゴードン・T・スタルバーグ体制の中で発表された作品は72年の『サウンダー』、73年『ラスト・アメリカンヒーロー』『北国の帝王』『ペーパーチェイス』くらいのものだった。この危機的状況を打破すべく、アラン・ラッド・Jr.が製作担当副社長として着任、73年『シンデレ

『ヤング・フランケンシュタイン(74)』のジーン・ワイルダー

『オーメン2/ダミアン』(78)

ラ・リバティー』『ザ・セブン・アップス』『ヘルハウス』、74年『未来惑星ザルドス』『ファントム・オブ・パラダイス』などを世に出し、75年には『フレンチ・コネクション2』の企画にもOKを出した。

　彼が手がけたメル・ブルックスのコメディ『ヤング・フランケンシュタイン』(74)、『サイレント・ムービー』(76)なども好評で、さらにはポール・マザースキーという、元俳優のニューヨーク派作家が登場、『ハリーとトント』(74)、『グリニッチ・ビレッジの青春』(76)、『結婚しない女』(78)など良質の作品を連打し、アカデミー賞を賑わす。オカルト映画の頂点『オーメン』(76)は3部作(TVムービーで第4作も制作)まで作られ、後にリメイクもされた。

『スター・ウォーズ』以降の機会損失

　75年12月25日、取締役会でアラン・ラッド・Jr.が全メイジャーに企画を持ち込んだものの断られ続けたジョージ・ルーカス監督の『スター・ウォーズ』(77)製作にゴー・サインを出す。ここからハリウッドは全く新しい世界へと変貌し、映画製作の概念、映画の配給の概念までも変化し始めていく。

　その『スター・ウォーズ』が全米で公開された77年は、フォックス1社で32のアカデミー賞にノミネートされている。対象は『ジュリア』『スター・ウォーズ』『愛と喝采の日々』『真夜中の向う側』など。惜しくもメインストリームこそ『アニー・ホール』に持っていかれたが、この年は同社のみならずハリウッド全体が〝ビンテージ・イヤー〟、即ち豊穣の年となった。

　アラン・ラッド・Jr.はベルナルド・ベルトルッチ監督のイタリア映画『ルナ』(79)を製作・配給した折、サンディー・リーバソンをフォックス・ヨーロッパ製作担当副社長として登用。リーバソンは『デュエリスト/決闘者』(77)を観て、それまで決まらずにいた『エイリアン』(79)の監督にリドリー・スコットを推す。このように、製作現場にいる人たちの善きディシジョンと推薦は、新たな名作の誕生を促進させていった。

しかしアラン・ラッド・Jr.は『オーメン／最後の闘争』(81)の企画を立ち上げた後の80年に退社、ワーナーの資金援助を受けて独立プロダクション、ラッド・カンパニーを設立する。そこで『白いドレスの女』(81)、『ライトスタッフ』(83)、『ワンス・アポン・ア・タイム・イン・アメリカ』(84)など80年代ハリウッドを代表する秀作を連打することに。結果、フォックスは『レイダース／失われた聖櫃《アーク》』(81)という大きな魚を逃してしまう。本来、この企画は『スター・ウォーズ』に続く同社配給のルーカス作品となる予定だったが、ラッド・Jr.の退社によりご破算に。そのため、80年、デニス・C・スタンフィル社長をはじめとする首脳陣は退陣。当時35歳だった女性シェリー・ランシングがメイジャー初の製作担当社長として就任する。

また同年、コロムビア映画からアラン・J・ハーシュフェルドが会長に就任、ランシングとのコンビでゴー・サインを出したのが『タップス』(81)だった。これはティモシー・ハットン主演による軍隊叛乱映画だったが、若き日のトム・クルーズとショーン・ペンの出世作でもある。

一方、シドニー・ルメット監督作『評決』(82)は、リチャード・D・ザナックがフォックスに乞われて戻って製作した作品。71年、フォックスを退社したザナックは、ワーナーで『エクソシスト』(73)の企画を立ち上げ、その後デイビッド・ブラウンと組んで『スティング』(73)、『続・激突!／カージャック』(74)、『JAWS／ジョーズ』(75)などをユニバーサルで手がけ黄金期を迎える。その後契約期間が終わり、フォックスに『評決』の企画を持ってきた。

83年には『スター・ウォーズ／ジェダイの復讐』が公開されるが、この時同社はルーカス側との契約で、配給での収入と著作権の一部しか得られなくなっていた。それでもやはり『スター・ウォーズ』というネームバリューのもたらす効果は多大なものであった。

また、ロバート・ゼメキス監督を『ロマンシング・ストーン／秘宝の谷』(84)の功績で、リチャード・D・ザナック製作『コクーン』(85)の監督にする動きがあったが、ハー

『コクーン』(85)のジェシカ・タンディとヒューム・クローニン

『プレンティ』（85）のメリル・ストリープ

『マイ・ボディガード』（80）のクリス・メイクピースとマット・ディロン

シュフェルドはゼメキスの才能を全く買っておらず、その選択を反故にしてしまった。この時ゼメキスは『バック・トゥ・ザ・フューチャー』（85）の企画を持っていたのだが、彼はこれをスティーブン・スピルバーグの製作会社アンブリンを通してユニバーサルに提示、映画史上に残る3部作として仕上げた。その責任を問われ、ハーシュフェルドは解雇される。

大作を連打した製作陣の功績

そして81年、テキサスの石油王マービン・デイビスが最後の〝純粋映画会社〟となっていたフォックスを7億２５００万ドルで買収。84年、パラマウント社長だったバリー・ディラーが会長、レナード・ゴールドバーグが製作担当社長に就任する。この時マービン・デイビスが建てたのがフォックス・プラザビルで、その上にＣＧＩの高層階を足して出来上がったのが『ダイ・ハード』（88）のナカトミビルである。

85年にはオーストラリア移民のメディア王ルパート・マードックが、マービン・デイビスからフォックスを買収。『コマンドー』（85）、『プレデター』（87）、『ダイ・ハード』を成功させた製作者ローレンス・ゴードンが88年に社長に就任するも、90年に製作会社ラルゴ・エンタテインメント社に移る。

その後のフォックスに多大な貢献をしたのは、近年『クィーン』（06）、『ノーカントリー』（07）、『ダウト ～あるカトリック学校で～』（08）などアカデミー賞を賑わす佳作を多数手がけるスコット・ルーディン。当時、製作担当副社長だったルーディンは『エイリアン２』（86）完成後、ジェームズ・キャメロン監督と〝ファースト・ルック・ディール〟（企画・脚本を最初にフォックスに見せる契約）を結び、『アビス』（89）、『トゥルーライズ』（94）を製作。その後、この契約は全世界の興行成績を塗り替えた『タイタニック』（97）、『アバター』（09）へとつながっていく。

『タイタニック』（97）

メカニックが進めた90年代の改革

　ローレンス・ゴードン退社後の90年、製作担当社長に就任したジョー・ロスと副社長のロジャー・バーンバウム（現スパイグラス・エンターテインメントの共同社長）は、ワーナーが蹴った『ホーム・アローン』（90）の企画を採用。91年『訴訟』『ホット・ショット』『愛の選択』『フォー・ザ・ボーイズ』などを公開する。しかしその後、バリー・ディラー会長と衝突、93年にフォックスを辞めてディズニーへ。その後コロムビア映画と組むことになる。

　93年には、出版のハーパー・コリンズ、ロリマープロの製作担当などを経て入社したピーター・チャーニンが会長に。彼は同年、ディズニーから友人のビル・メカニックを社長として迎える。両者が最初にゴー・サインを出した企画が、パラマウントが蹴った『スピード』（94）だった。大作映画の平均製作費が7000万ドルだった当時、3500万ドルで作られた同作は大成功を収める。

　その後、メカニックは93年『ミセス・ダウト』、94年『34丁目の奇跡』、95年『ダイ・ハード3』、96年『ブレイブハート』『ロミオ&ジュリエット』『インデペンデンス・デイ』、97年『フル・モンティ』『スター・ウォーズ』3部作《特別篇》・新3部作（99、02、05）、98年『メリーに首ったけ』、99年『ファイト・クラブ』、00年『X-メン』『キャスト・アウェイ』、01年『ムーラン・ルージュ』、02年『マイノリティ・リポート』などを公開。また、苦難の航海が続いた『タイタニック』を大成功へと導いた。

　メカニックの事業として特筆すべきは組織改革を行い、いくつかのユニットに分けたこと。メインストリームでもある20世紀フォックスほか、原作ものやブロードウェイ戯曲ものなどを製作する「フォックス2000ピクチャーズ」を設立、『プリティ・ウーマン』（90）、後に『スパイダーマン』3部作を製作したローラ・ジスキンを招き、同社の製作担当社長にすえた。

『マイノリティ・リポート』（02）のトム・クルーズ

『シザーハンズ』(90)のジョニー・デップとティム・バートン監督(中央)

『ムーラン・ルージュ』(01)のユアン・マクレガー

『ミラーズ・クロッシング』(90)のジョン・タトゥーロ

『ロミオ＆ジュリエット』(96)のクレア・デインズ

アート系映画を主体とする「フォックス・サーチライト・ピクチャーズ」の初代社長にはリンゼイ・ロウを招き、『フル・モンティ』を製作。2代目社長はトム・ロスマン、3代目社長ピーター・ライスは『サイドウェイ』(04)、『リトル・ミス・サンシャイン』(06)などを手がけ、ワーナー・インデペンデント閉鎖後の『スラムドッグ$ミリオネア』(08)を引き取り公開、大ヒットに導いた。

そして、「フォックス・アニメーション」には『アイス・エイジ』シリーズ(02〜)を大ヒットさせた製作者クリス・メレダンドリ(07年に独立し『怪盗グルーの月泥棒』(10)、『ミニオンズ』(15)などを製作するイルミネーション・エンターテインメントを設立)を社長にすえた。

またメカニックは、『普通じゃない』(97)にダニー・ボイル、『エイリアン4』(97)にジャン＝ピエール・ジュネ、『ブロークン・アロー』(96)にジョン・ウーを起用するなど、国や人種の別など問わず、才能ある人にチャンスを与えたほか、アーノン・ミルシャンの製作会社ニュー・リージェンシーと19年間の製作・配給契約、MGMと20年間の海外配給契約をまとめるなど多大な貢献をした。

『PLANET OF THE APES／猿の惑星』(01)

さらに95〜98年にはスタジオを全面改装し、新たに数十億円かけてデジタル・スタジオを新建築。常にスタジオの技術革新に積極的(デジタル編集、音響など技術面でも最先端を行っている)な同社だが、このときの改装も後に大きな意味を持つことになる。

その後、メカニックは00年に独立。フォックスの製作担当社長を務めたトム・ロスマンと、フォックス ホーム エンターテイメント社長、インターナショナル社長を歴任したジム・ジアナポリスとともに共同会長に就いている。こうした現在のジム・ジアナポリス&トム・ロスマン体制の中、『PLANET OF THE APES／猿の惑星』(01)、『デイ・アフター・トゥモロー』『アイ，ロボット』(04)、『キングダム・オブ・ヘブン』(05)、『ナイトミュージアム』(06)、『ダイ・ハード4・0』

(07)などの大作が製作される。

スタジオの歴史は作品に象徴されるが、その功績は経営者の手腕によるところが、大きい。09年末、3D映画『アバター』で新たな歴史を刻んだ同社の100周年に向けた動きはハリウッド映画史にどんな影響を与えるのか、注目される。

ディズニーに買収されたフォックス

21世紀に入り十数年経過した13年4月、20世紀フォックスの親会社であるニューズ・コーポレーションは、エンターテインメント部門を独立させ、新会社「21世紀フォックス」を設立すると発表。同年6月末には分社化を完了し、映画会社やテレビ部門の「20世紀フォックス」は「21世紀フォックス」の傘下となった。この時、同社のチェアマン兼最高責任者(CEO)に就任したのは、ニューズ・コーポレーションのチェアマン兼CEOであるルパート・マードックだった。

00年から16年にわたり20世紀フォックスの会長を務めていたジム・ジアナポリスは、21世紀フォックスの組織改革の煽りを受け16年9月に退任。17年4月にパラマウント・ピクチャーズの新会長兼CEOに就任した。その後を継いだのがステイシー・シュナイダーである。彼女はユニバーサル・ピクチャーズの会長を長年務めた後、スピルバーグに誘われドリームワークスの共同会長に就任。14年に20世紀フォックスに移籍し、16年より会長を務めた。

そして、ジアナポリスの直属の部下、オリバー・ストーン監督のアシスタントを経てフォックスに入社したエマ・ワッツが17年に副会長に就任。ここ数年、メインストリームのフォックス作品を支えてきた立役者である。

一方、ビル・メカニックの右腕としてフォックス2000ピクチャーズを支えてきたローラ・ジスキンが、がんのため11年に死去。その後を継いだのが、メカニックとジスキンが育てたエリザベス・ガブラーで、製作責任者として『プラダを着た悪魔』(06)、『ライフ・オブ・パイ/トラと漂流した227日』(12)などを手がけた。

そんな中、17年12月14日、米ウォルト・ディズニー・カンパニーが21世紀フォックスを買収すると公式HPで発表。かねてから噂はあったものの、そのニュースは業界だけでなく、世界を驚かせた。ところが18年6月中旬にアメリカ最大のケーブルテレビで、3大ネットワークのNBCやユニバーサル・ピクチャーズを傘下に持つコムキャストが名乗りを上げ、争奪戦がスタート。結果的には、ディズニーが713億ドル(約7兆8430億円)を提示し、コムキャストはフォックス買収を断念した。

これにより、ディズニーは映画製作部門の20世紀フォックス、テレビ制作部門の20世紀フォックステレビジョン、フォックス21テレビジョンスタジオ、ケーブル放送事業のFX、ナショナルジオグラフィックを獲得。さらに、インドで720万人の視聴者を持つ「スター」や、ディズニー、フォックス、ユニバーサルが各30%、ワーナーが10%出資している映像配信サービス事業のHuluの株式も、単独で60％保有することになった。一方、コムキャストはフォックスとの英国放送局スカイ株の争奪戦に競り勝ち、その保有株39・1％を獲得することに。こういったM＆Aが行われるのも、NetflixやAmazonへの対抗、配信サービス業界に挑戦する足がかりのためである。

結果的に、ディズニーはフォックスが映画化権を所有するマーベルコミックの『X－メン』『ファンタスティック・フォー』『デッドプール』や、ジェームズ・キャメロン監督『アバター』シリーズなど強力なコンテンツを獲得するだけでなく、Huluの支配権を得て、配信業界の覇者を狙うことができる。

Box Office Mojoの調べによると、18年12月9日までのディズニーの興行収入シェアは26・8％。19年のラインナップは『ダンボ』『アラジン』『ライオン・キング』『トイ・ストーリー4』『アナと雪の女王2』『スター・ウォーズ』新作と史上最強のラインナップだけに、20世紀フォックス（サーチライトを含めて18年のシェアは10・8％）と合わせると45％近くに届きそうな勢いだ。

大ヒットした『ボヘミアン・ラプソディ』を見ても、ゲイが主役、ロックがテーマと、ディズニーにはあり得なかった作品。ディズニーはフォックスのそんな幅広いラインナップを大いに利用すべきだとアナリストたちは指摘する。しかも『猿の惑星』『X－メン』『エイリアン』『ダイ・ハード』シリーズなどいくらでもリブートできるコンテンツがフォックスにはある。メインストリーム以外のスピンオフをテレビや配信でやっていけるのも強みだろう。

既に18年9月より、経営トップの人事がスタート。サーチライトの社長を経た後、21世紀フォックス社長で、テレビネットワーク事業部門、ＦＯＸネットワークス・グループの会長兼ＣＥＯも務めるピーター・ライスはディズニーのテレビ事業の多くを統括するトップに就くことになったのをはじめ、ＦＯＸテレビジョン共同会長を務めるダナ・ウォールデンもディズニーに移ることが決まっている。また、20世紀フォックス副会長兼製作統括のエマ・ワッツは『アバター』シリーズをはじめとしたジェームズ・キャメロン作品を担当。ほか、フォックス・サーチライト・ピクチャーズの共同会長、スティーヴ・ギルラとナンシー・アトリー、フォックス2000ピクチャーズのエリザベス・ガブラーもそのまま続投する見込みだ。

18年末現在、ディズニーとフォックスの事業統合完了は19年前半を予定。現在、フォックスが企画・製作している作品にどんな影響が起こるかはまだわからない。だが、ディズニー傘下となったピクサー、マーベル、ルーカスフィルムが独自の文化をほとんど損なわず現存していることから、それほど影響はないと楽観視する向きもある。とは言え、フォックス作品の米国公開スケジュールは大幅に変更。そして何よりもこの事業統合により、全世界で5000人から1万人の従業員がリストラされることは必至だろう。これまでも業界再編成や合理化に伴い、何度も同様の経営陣の入れ替え、リストラが行われてきたが、今回、かつてないほどの大規模な人員整理となるのも、今後の映画業界を占う上で懸念すべき事件となるだろう。

補足：撮影所が政治、文化になる

正式には「パリのカフェ」と呼ぶ店を除外して20世紀フォックスを語ることはできない。何のセットのために建てられたものか、現在記憶している人はいないが、１９３０年6月、ウィル・ロジャースとフィフィ・ドルセイの司会によって公式にスタジオのレストランとして公開された。

数知れぬロマンス、失恋、勝利、悲劇など、撮影所内で起こったありとあらゆることがここで反響を呼んだ。また、このレストランほど知名度の高い客にサービスをしたのは世界に類をみないと言われる。映画人だけでなく、フランクリン・ルーズベルト、ハリー・トルーマン、ジョン・Ｆ・ケネディ、リチャード・ニクソンら歴代大統領、外国からはギリシア王夫妻、イラン王、インドネシア大統領スカルノ、ソ連首相ニキタ・フルシチョフ、モナコ大公&グレース・ケリー公妃らがここを訪れた。

56年には、ウェスタン・ストリートで、二つの記念すべき集会が催された。１つは、英国のプリンス、フィリップを迎えてハリウッドの名優４５０人が列席する歓迎会。もう１つは、全米から集まった43人の知事がロサンゼルスで全国会議を開き、知事夫人そのほかを含める１０００人の賓客たちのためにウェスタン風サンタ・マリア・バーベキューの晩餐会。この時はキャンプ・ペンドルトンとエル・トロ駐在のアメリカ海兵隊バンドが参加する盛会ぶりだった。

この例を見ても、撮影所が政治、文化交流の重要なロケーションになっているのは言うまでもない。まさにその歴史は風俗、社会に影響を与えてきた現象の１つである。

「キネマ旬報」２０１０年10月下旬号に掲載された原稿に一部加筆したものです。

動員数から現在の貨幣価値に換算した 全米興行収入ベスト20

順位	タイトル（製作年）	興収（ドル）
1	風と共に去りぬ（39）	17億8405万
2	スター・ウォーズ（77）	15億7279万★
3	サウンド・オブ・ミュージック（65）	12億5814万★
4	E.T.（82）	12億5257万
5	タイタニック（97）	11億9690万★
6	十戒（56）	11億5673万
7	JAWS／ジョーズ（75）	11億3093万
8	ドクトル・ジバゴ（65）	10億9611万
9	エクソシスト（73）	9億7659万
10	白雪姫（37）	9億6247万
11	スター・ウォーズ／フォースの覚醒（15）	9億5465万★
12	101匹わんちゃん（61）	8億8226万
13	スター・ウォーズ／帝国の逆襲（80）	8億6693万★
14	ベン・ハー（59）	8億6534万
15	アバター（09）	8億5924万★
16	スター・ウォーズ／ジェダイの復讐（83）	8億3054万★
17	ジュラシック・パーク（93）	8億0902万
18	スター・ウォーズ エピソード1 ファントム・メナス（99）	7億9745万★
19	ライオン・キング（94）	7億8716万
20	スティング（73）	7億8713万

★＝FOX映画
Box Office Mojo調べ（2019年1月6日現在）

『スター・ウォーズ』製作前夜

SF映画の夜明け

『スター・ウォーズ』が全米公開された1977年5月25日は、まさに事件でした。この日を境に、映画製作と映画興行は大きく変わりました。

　では、それ以前の映画界はどうだったのでしょうか。

　当時、SF映画はAクラスのジャンルとしてまだ成立していませんでした。それまでの映画史を振り返ると、世界初のSF映画『月世界旅行』(02／ジュルジュ・メリエス監督)をはじめ、C-3POの原型となったロボットが登場するドイツの『メトロポリス』(27／フリッツ・ラング監督)、特殊効果の先駆者ウィリス・オブライエンが手がけた『キングコング』(33／メリアン・C・クーパー、アーネスト・B・シューザック監督)など歴史に残る傑作やテーマ性の高い作品はいくつかありますが、大娯楽映画の要素をうまくブレンドして突き詰めた監督はほとんどいませんでした。そのため、SF映画は、〝空想科学映画〟と言われ、映画評論家にはほとんど相手にされず、キワモノ扱いされていたのが実情です。

　それ以降の50年代に入ると、米ソ・冷戦時代だったこともあり、エイリアンが地球を襲うといったSF映画がたくさん公開されます。その中で突出していたのが、後に『ウエスト・サイド物語』(61)や『サウンド・オブ・ミュージック』(64)を手がけたロバート・ワイズ監督の『地球の静止する日』(51)。この作品で初めて友好的なエイリアンが登場します。あとは、ジャック・フィニィの小説「盗まれた町」をドン・シーゲル監督が映画化した『ボディ・スナッチャー／恐怖の街』(56)が話題になったくらいでしょうか。この作品は後に何度もリメイクされますが、当時、日本では公開されませんでした。本作のアシスタントを務めたのが、その後、『ワイルドバンチ』(69)、『わらの犬』(71)、『ゲッタウェイ』(72)などを手がけたサム・ペキンパーです。

　そんな流れの中、66年に公開された『ミクロの決死圏』がSF映画を一気にAクラス・ジャンルに近づけてくれました。私が20世紀フォックス映画(FOX)日本支社宣伝部に入社したのも

『ミクロの決死圏』
発売中／¥1,419+税

DVDの発売はすべて20世紀フォックス ホーム エンターテイメント ジャパン

この年。スターが出演していない作品でしたが、監督は後に『トラ・トラ・トラ！』（70）を撮ったリチャード・フライシャー。当時のお金で400万ドルを投じた大作でアカデミー賞美術賞を受賞するなど、その勢いはBクラスではなく、Aクラスのプロダクション・バリューがありました。

さらにSF映画を完全なAクラス・ジャンルにしたのが、68年に公開された『猿の惑星』（フランクリン・J・シャフナー監督）と『2001年宇宙の旅』（スタンリー・キューブリック監督）です。特にFOXが配給した『猿の惑星』は『ミクロの決死圏』を超える600万ドルを投じ、『十戒』（56）、『大いなる西部』（58）、『ベン・ハー』（59）などに主演した100万ドルスター（今で言えば2000万ドルスター）のチャールトン・ヘストンを起用、これはSF映画にとって異例のキャスティングでした。ほかスタッフも、戦争で手足などを失った人のために義足や義手、義歯を作っていたジョン・チェンバースが特殊メイクを担当（彼は本作でアカデミー賞名誉賞を受賞）、特撮は『地底探検』（59）、『失われた世界』（60）を手がけ、後に『ドリトル先生不思議な旅』（67）、『トラ・トラ・トラ！』（70）、『ポセイドン・アドベンチャー』（72）でアカデミー賞特別業績賞（特殊視覚効果）を受賞したL・B・アボット、監督は後にアカデミー賞作品賞、監督賞、主演男優賞を含む7部門を受賞した『パットン大戦車軍団』（70）のフランクリン・J・シャフナーが手がけるなど一級の映画。ジョージ・ルーカスも学生の頃、『ミクロの決死圏』や『猿の惑星』を観て、キャリアを積んだ時に作りたいと言ったのが『スター・ウォーズ』でした。

その年の日本の興行を見ても、1位『卒業』（興収29億6514万円）、2位『猿の惑星』（同28億0404万円）、3位『続・夕陽のガンマン／地獄の決斗』（同25億9590万円）、4位『2001年宇宙の旅』（同25億9502万円）、5位『アンナ・カレーニナ』（同25億3240万円）、6位『暗くなるまで待って』（同22億0815万円）、7位『カスター将軍』（同21億7202万円）、8位『華麗なる賭け』（同20億6604万円）と、この年を〝SF映画元年〟と位置づけることができます。

『猿の惑星』
発売中／¥1,419+税

第9世代の監督たち

　その後、『俺たちに明日はない』(67／アーサー・ペン監督)が公開、アメリカン・ニューシネマの時代になり、ＳＦ映画は再び低迷します。その一方で『ポセイドン・アドベンチャー』(72／ロナルド・ニーム監督)や『タワーリング・インフェルノ』(74／ジョン・ギラーミン監督)のようなパニック大作が作られ、『エクソシスト』(73／ウィリアム・フリードキン監督)や『オーメン』(76／リチャード・ドナー監督)が大ヒット、ホラー映画ブームが到来します。ちょうどこの時期、頭角を現し始めたのがフランシス・フォード・コッポラです。コッポラは『パットン大戦車軍団』(70)の脚本でアカデミー賞を受賞し、72年に公開した『ゴッドファーザー』が世界的に大ヒット、メイジャー監督の仲間入りを果たします。加えて、71年『フレンチ・コネクション』でアカデミー賞監督賞および作品賞を受賞、73年『エクソシスト』の世界的大ヒットでヒットメイカーの地位を確立したウィリアム・フリードキン、映画評論家から映画監督に転身し、71年『ラスト・ショー』でアカデミー賞監督賞にノミネート、72年『おかしなおかしな大追跡』、73年『ペーパー・ムーン』とヒット作を次々手がけたピーター・ボグダノビッチなど、〝ニュー・ハリウッド〟と呼ばれる監督たちが登場。彼らの功績によって、スペースオペラ、ギャング映画、連続活劇、アクション映画、ホラー映画などＢクラスと呼ばれていた作品がＡクラスに押し上げられ、ジャンル・ムービーが市民権を得ていきます。

　彼らの後に出てきたのがジョージ・ルーカスとスティーブン・スピルバーグ。同世代には、ブライアン・デ・パルマ、マーティン・スコセッシらがいます。１９１０年代のサイレント映画から時代の節目節目に突出した作家たちが出てきますが、〝アメリカ映画の父〟と称されるＤ・Ｗ・グリフィスを第1世代とすると、第9世代にあたる彼らはアメリカの大学の映画学科で映画を歴史から学び、その後、映画業界へ。ルーカスはロサンゼルスの南カリフォルニア大学(ＵＳＣ)で、スピルバーグはカリフォルニア州立大学ロングビーチ校で学び、70年から南カリフォルニア大学に出入りし、ルーカスやスピルバーグらと交流を深め

『2001年宇宙の旅』

『十戒』

写真協力:公益財団法人
川喜多記念映画文化財団

たデ・パルマはコロンビア大学で映画を専攻（当初は物理専攻）、卒業後はサラ・ローレンス大学修士課程に進んでいます。そして、スコセッシはニューヨーク大学映画学科に在籍、その後輩にはロバート・ゼメキスがいます。

ルーカス長編映画監督デビュー

進路で迷っていたルーカスに、大学で映画を学ぶようアドバイスしたのはトニー・リチャードソン監督作『ラブド・ワン』（65）、マイク・ニコルズ監督作『バージニア・ウルフなんかこわくない』（66）やノーマン・ジュイソン監督作『夜の大捜査線』（67）、『華麗なる賭け』（68）を撮った名カメラマン、ハスケル・ウェクスラーでした。彼の推薦でＵＳＣに入ったルーカスは映画に取りつかれ、そこでたくさんの短編を製作。中でも、『電子的迷宮／ＴＨＸ　１１３８　４ＥＢ』は高評価を受け、67年度全米学生映画祭グランプリをはじめ、数々の賞を受賞しました。

その後、68年、ルーカスは研修生として、『ナバロンの要塞』（61）を手がけたＪ・リー・トンプソン監督、グレゴリー・ペック主演の西部劇『マッケンナの黄金』（69）の撮影現場に入り、メイキング・フィルムを製作。これが本編より面白いと評判も上々で、その後、彼はワーナー・ブラザース映画に雇われ、コッポラ監督、フレッド・アステア主演のミュージカル『フィニアンの虹』（68）でもメイキングを担当。さらに、コッポラが手がけた小予算のアメリカン・ニューシネマ『雨のなかの女』（69）の助監督に就くことになります。

そこで彼の運命を大きく変えたのが、『フィニアンの虹』で出会ったコッポラでした。コッポラと意気投合したルーカスは、彼が設立したアメリカン・ゾエトロープ社の副社長に就任。コッポラから資金提供を受け、ルーカスが学生時代に製作した『電子的迷宮／ＴＨＸ　１１３８　４ＥＢ』をリメイクした長編映画『ＴＨＸ－１１３８』（71）で初監督を務めることになります。ところがこの作品の編集権を、配給したワーナーに握られ、ずたずたにされた挙句、スプラッシュ（地方などでの２本立て公開）で劇場公開。興行は失敗に終わり、２週間で打ち切られます。失意のルーカスは、やはり映画は自分の手で最後まで作らなけ

『ポセイドン・アドベンチャー』
発売中／¥7,407＋税

ればダメだと、71年に自分の映画製作会社ルーカスフィルムを設立。これが『スター・ウォーズ』シリーズ製作に至る、第一歩となります。

実は、この『THX－1138』にはまだ続きがあって、ルーカスはこの作品をカンヌ国際映画祭の「ある視点」部門に持っていきました。そこでカンヌを牛耳っているジル・ジャコブ会長を通じて、歴史の古い独立系プロダクション、ユナイテッド・アーティスツ（80年代に倒産しMGMに買収合併される）のデビッド・V・ピッカーを紹介してもらうことになるのです。彼は、イアン・フレミングから『007』の権利を買い付けた1人で、原作や脚本を買う力を持っていた。その彼から『スター・ウォーズ』の脚本料を出してもらうことになったのです。

『アメリカン・グラフィティ』の成功

この頃、ルーカスには温めていた企画が2つありました。1つは同じ南カリフォルニア大学の映画学科に在籍していたジョン・ミリアス（後に『デリンジャー』で監督デビューし、75年『風とライオン』、78年『ビッグ・ウェンズデー』、82年『コナン・ザ・グレート』などを監督）と共同で進めていた『地獄の黙示録』(79)。もう1つは、自身の高校生活をベースにした青春映画『アメリカン・グラフィティ』(73)でした。

ルーカスはまず、ルーカスフィルムの第1作として、『ゴッドファーザー』で大成功を収めたコッポラをプロデューサーに迎え入れ、長編監督第2作目となる『アメリカン・グラフィティ』を77万ドルの低予算で監督、製作します。ところが、最初に配給を持ち込んだユナイトは『THX－1138』を観てダメだと判断し、『アメリカン・グラフィティ』の配給をキャンセル。ワーナーにも引き受けてもらえず、結局、ユニバーサルが配給することになったのですが、またここでも編集を勝手に変えられ、5分間のカットを巡り、大きなトラブルへと発展します。しかも、試写を観たユニバーサル経営陣の評価は低く、当初公開されたのはニューヨークの1館とロサンゼルスの2館だけでした。ところが、結果的に『アメリカン・グラフィティ』は世界的に大ヒット、アカデミー賞作品賞、監督賞、脚本賞など5部門にノミネートされる

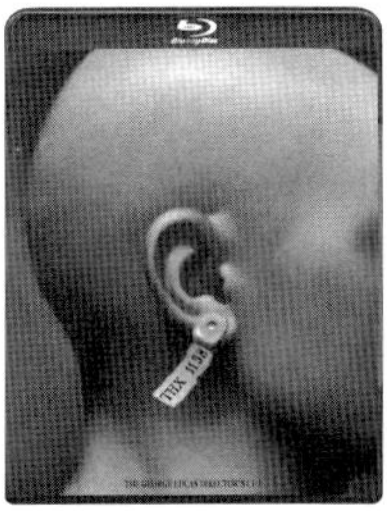

『THX-1138 ディレクターズカット』
絶賛発売中／ブルーレイ ¥2,381＋税／
DVD特別版 ¥1,429 ＋税／
発売：ワーナー・ブラザース
ホームエンターテイメント

高評価を受けました。ルーカスがメイジャー・スタジオを信用しなくなったのも頷けます。

以降、ルーカスは勝手に編集をすることを一切許さなくなり、ファイナルカットを含めたすべての権利を持つには、自己資金でリスクを背負い、ギャンブルに出なければと考えるように。それを実行したのは『スター・ウォーズ』シリーズ第2作『帝国の逆襲』(80)からでした。

実は日本でも、当時、配給を担当していたCICが『アメリカン・グラフィティ』をお蔵入りにしようとしていました。たまたま私は米軍のスターズ&ストライプス山王シアターで観る機会に恵まれたのですが、率直に、凄くよくできた作品だと思いました。さすがにこのまま公開されないのはもったいないと、当時、東宝の興行部にいた故・鎌田陸郎さんに「以前、有楽町のスバル座で『イージー・ライダー』がロングランして成功したから、同じようにうまくいくんじゃないかな」と相談したんです。そして鎌田さんがCICに掛け合い、1年以上たった74年12月21日、ようやく日本での公開が実現、大ヒットとなりました。日本では処女作『THX-1138』が公開されなかったことはとても残念ですが、ジョージ・ルーカスという凄い新人監督が出てきたと、この時初めて実感しました。

『スター・ウォーズ』脚本に着手

『アメリカン・グラフィティ』を成功させた後、ルーカスは『地獄の黙示録』の企画を進めるため、ルーカスフィルムを共に設立し、『アメリカン・グラフィティ』でもプロデューサーとして参加した相棒のゲイリー・カーツと一緒にフィリピンにロケハンに出かけます。そこで、製作に入れば長期の撮影になると判断。さらにジョン・ミリアスの脚本どおりにヘリコプターを飛ばし、ジャングルを燃やすとなると、とんでもなくお金がかかってしまうと、長年温めた『地獄の黙示録』の企画をそのままコッポラに譲渡することにしました。

このロケハンをしているうちに思いついたのが、1930年代のスペースオペラの連続活劇「フラッシュ・ゴードン」の映画化。ただ「フラッシュ・ゴードン」の権利は、『道』(54)、『戦争と平和』(56)、『セルピコ』(73)などを手がけた大御所プ

『アメリカン・グラフィティ』
写真協力:公益財団法人川喜多記念映画文化財団

撮影のギルバート・テイラー
英国アカデミー賞撮影賞(モノクロ部門)には2度ノミネート

ロデューサー、ディノ・デ・ラウレンティスが押さえていました。ルーカスはラウレンティスになんとか一緒にできないか、自分の好きなような形で映画を撮らせてくれないかと懇願したのですが、結局、その願いはかなえられませんでした。

　そこでルーカスは自らオリジナルの脚本を執筆。それが当時の構想から9話になった〝スター・ウォーズ・サーガ〟でした。もちろん、最初は1話だけのつもりだったようですが、イメージがとめどなく膨らみ、全9話に及ぶ大作になったのだとか。

　シナリオ第1稿のタイトルは「高名なるオプチのジェダイ、メイス・ウィンドゥと彼の弟子ウズビィ・C・J・セイブとの冒険」、第2話は「スターキラーの冒険」でした。その後、「ホルス銀河史より、ルーク・スターキラーの冒険　サーガ1：ザ・スター・ウォーズ」「アドベンチャー・オブ・ルーク・スカイウォーカー・ア・ニュー・ホープ」「ザ・スター・ウォーズ」と変遷していき、公開時、〝ザ・〟をとった『スター・ウォーズ』となったのです。

　ルーカスが作りたかったのは、12歳の心を持った大人と、12歳の少年少女たちのための物語。その原点には、若い頃からよく読んでいた北欧神話や、アメリカの高名な神話学者ジョーゼフ・キャンベルの著書があります。英雄の主人公が別の世界に旅立ち、通過儀礼となる試練を経て帰還するというキャンベルの神話論はルーク・スカイウォーカーの冒険ストーリーに大きな影響を与えています。つまり、アーサー王伝説や「オデュッセイア」のように、数千年間人々を魅了してきた普遍的な物語を土台にしているわけです。さらにルーカスは熱狂的なコミックファンであり、自動車マニアでもあったのです。高校時代、カーレースに明け暮れ、交通事故を起こして死にかけたこともあります。

　そんなオタク気質のルーカスが創り上げた『スター・ウォーズ』には、このほかたくさんの映画的エッセンスがちりばめられています。

　まず、第1作の冒頭から設定が「前回までのあらすじ」のように流れるオープニング・ロールは、「フラッシュ・ゴードン」そっくり。また、脚本執筆の過程で、ルーカスは黒澤明監督の『隠し砦の三悪人』（58）のリメイク権を買い、SFにアレンジしようとしたこともありました。そ

衣裳デザインのジョン・モロ／アカデミー賞受賞歴：78年に『スター・ウォーズ』、83年に『ガンジー』

特殊撮影及びメカニカル効果のジョン・スティアーズ／アカデミー賞受賞歴：66年に『サンダーボール』、78年に『スター・ウォーズ』

美術監督のジョン・バリー／アカデミー賞受賞歴：78年に『スター・ウォーズ』

の構想はさすがに断念しましたが、完成した『スター・ウォーズ』を観ると、そこかしこにその影響が見られます。まず、正義の騎士団〝ジェダイ〟の名称は、〝時代〟劇の音感に由来。ライトセーバーの戦いはチャンバラですし、キャラクターの名前やダース・ベイダーのマスクは日本の兜からヒントを得ています。ルークの衣裳も柔道着から。R2-D2とC-3POは『隠し砦の三悪人』の千秋実と藤原釜足が演じた太平と又七のコンビをモデルにしているのも有名な話です。ほか、序盤にモス・アイズリー宇宙港の酒場でゴロツキの宇宙人の腕をオビ=ワンが斬り落とすシーンをはじめ、『帝国の逆襲』でダース・ベイダーがルークに自分が父親だと明かした後、腕を斬り落とす劇的なシーンなどなど、『スター・ウォーズ』の各エピソードには敵の片腕を剣で斬り落とすシーンがいくつもあります。これは『用心棒』(61)からの引用。中盤、デス・スター内でハン・ソロの船の床下にルークたちが隠れるシーンは『椿三十郎』(62)で若侍たちを三十郎が隠すシーンを彷彿とさせます。新3部作でもこの傾向は踏襲、例えば『エピソード2／クローンの攻撃』(02)でアナキンとパドメが野花咲き誇る草原で話をするシーンは、『七人の侍』(54)で木村功扮する若侍の勝四郎が津島恵子扮する村娘の志乃に、同じく花畑で侍社会のことを語るシーンの画と会話の内容を引用しています。

　また、周知のとおり、『スター・ウォーズ』の主要キャストはすべてオーディションで選ばれた新人でしたが、FOXからオビ=ワン・ケノービ役はスターを起用してほしいという要請がありました。そこで、ルーカスは黒澤作品の常連、三船敏郎にオファーをしたのです。ただ、三船はルーカスの脚本を理解できず、「漫画じゃないか」と一蹴。確かに、キャラクターの名前とストーリーだけで、あのビジュアルになることは想像できなかったと思います。結局、オビ=ワン役はイギリスの名優、アレック・ギネスが演じることになりました。これはあまりにも有名な、日本人にとってはちょっと残念なお話です。

　『スター・ウォーズ』が今なお多くのファンに愛される理由の1つは、そんな映画愛溢れるルーカスが創り上げたストーリーとキャラクターの魅力に大きく牽引されていると言えるでしょう。

編集のリチャード・チュウ／アカデミー賞受賞歴：78年に『スター・ウォーズ』／76年に『カッコーの巣の上で』でノミネート

音楽のジョン・ウィリアムズ／アカデミー賞受賞歴：72年に『屋根の上のバイオリン弾き』、76年に『JAWS／ジョーズ』、78年に『スター・ウォーズ』、83年に『E.T.』、94年に『シンドラーのリスト』／28回ノミネート

救世主FOXの決断

〝スター・ウォーズ・サガ〟の脚本を書き上げたルーカスが、まず売り込んだのは『アメリカン・グラフィティ』を配給したユニバーサルでした。しかしルーカスは製作担当者から「きみみたいな若い青年に1000万ドルの予算の映画を預けるわけにはいかない」と言われます。確かに、『アメリカン・グラフィティ』は大ヒットしたものの、その製作費は約77万ドル。しかも当時のハリウッド映画界は特撮映画がほとんど衰退している状況で、莫大な予算をかけて製作するにはあまりにリスクが高かったのです。

次にルーカスが持ち込んだのは脚本執筆費用を出してくれたユナイトでした。しかしユナイトからも「うちには世界的なブランド『007』シリーズがあるからいらない」と断られてしまいます。その後、コロンビア、ワーナー・ブラザース、パラマウントも興味を示さず断られ、最後に行きついたのがFOXでした。その製作担当の社長を務めていたのが、『シェーン』の主演俳優アラン・ラッド・Jr.。もともと彼はプロデューサーとして名を馳せ、FOXに入社して3年で実権を握った実力者です。当時の彼は、『ヤング・フランケンシュタイン』(74)や『オーメン』(76)など面白い映画を当て始め、『ポセイドン・アドベンチャー』(72)の後に『タワーリング・インフェルノ』(74)をワーナーとの合作で成功させ、意気軒昂でした。彼は、こういった奇想天外な作品をやってみるのもいいだろうと、75年、ゴー・サインを出したのです。

ただ、後のインタビューでアラン・ラッド・Jr.は「まったくどういう画になるのかがわからなかった」と話しています。さすがにバックストーリーを全部入れ込んだ9話を映画化するのは難しいと、まずは全話の中でいちばん波瀾万丈で派手な第4話、『エピソード4』を映画化することにしたのです。しかも当時は、続編を製作するかどうかわからなかったので、アラン・ラッド・Jr.は観客が混乱しないよう、タイトルは副題もない、シンプルな『スター・ウォーズ』としたのです。その後、本作の大ヒットによりシリーズ化が決定してから、新たに副題『新たなる希望』がつけられ、変更されました。

編集のポール・ハーシュ/アカデミー賞受賞歴:78年に『スター・ウォーズ』/1回ノミネート(05年に『レイ』)

編集のマーシャ・ルーカス/アカデミー賞受賞歴:78年に『スター・ウォーズ』/1回ノミネート(74年に『アメリカン・グラフィティ』)

特殊視覚効果監督のジョン・ダイクストラ/アカデミー賞受賞歴:78年に『スター・ウォーズ』、04年に『スパイダーマン2』/3回ノミネート

VFXスタジオ、ILMの設立

そんな宇余曲折を経て、ようやく『スター・ウォーズ』の製作にとりかかることができたルーカスは、『アメリカン・グラフィティ』の儲けをすべてこの『スター・ウォーズ』のためにつぎ込むことにしました。まずは75年7月、今までにない特殊効果を生み出そうと、まずロサンゼルス郊外にVFXスタジオ、ILM（インダストリアル・ライト&マジック）を開設しました。ルーカスは当初、『2001年宇宙の旅』(68)、『未知との遭遇』(77)の特撮を担当したダグラス・トランブルを誘ったのですが、彼は他の作品にとりかかっていたために辞退。代わりにトランブルから紹介されたのがその弟子、ジョン・ダイクストラでした。ダイクストラは〝ダイクストラ・フレックス〟という自分の名前を冠したモーション・コントロール・カメラを開発。これはカメラの動きをコンピューターでプログラミングし、何度も同じ動きを繰り返すことができるため、合成の精度をアップすることが可能で、『スター・ウォーズ』のSFX、VFXの質は飛躍的に向上しました。

これが後のSFX映画の撮影の大きな助けになったことは言うまでもありません。ただ、ルーカスとはギャランティや開発費などで折り合いが悪くなり、製作終了後に訣別。以後、ダイクストラは『スター・ウォーズ』シリーズには参加していませんが、『スター・ウォーズ』第1作でアカデミー賞視覚効果賞を受賞しています。その後、テレビドラマ「宇宙空母ギャラクティカ」(78〜79)の特撮スタッフに招かれるなど、SFXスーパーバイザーの第一人者としての地位を確立し、近年も『X-メン』シリーズ、『スパイダーマン』シリーズの特殊効果監修を務めるなど健在です。

ダイクストラのほかにも、ILMはテレビドラマ「ミステリーゾーン」(59〜65)や「アウターリミッツ」(63〜64)、「宇宙大作戦」(66〜69)などに参加していた野心的な若者をたくさん集めました。ちょうどこの頃、当時のFOXの特撮スタジオで神様のように君臨していたのは、50年代から活躍し、『トラ・トラ・トラ!』(70)、『ポセイドン・アドベンチャー』(72)などで何度もアカデミー賞を受賞した大御所、L・B・アボットでした。そこに、フリーランスの若いスタッフ

アート・ディレクターのノーマン・レイノルズ／アカデミー賞受賞歴：78年に『スター・ウォーズ』、82年に『レイダース／失われたアーク《聖櫃》』／4回ノミネート

アート・ディレクターのレスリー・ディレイ／アカデミー賞受賞歴：78年に『スター・ウォーズ』、82年に『レイダース／失われたアーク《聖櫃》』／3回ノミネート

装置のロジャー・クリスチャン／アカデミー賞受賞歴：78年に『スター・ウォーズ』／1回ノミネート（80年に『エイリアン』）

が集結し、ILMが新しい特撮工房の革命を起こしたのです。

　なかでも、ダイクストラがルーカスと袂を分かった後の新生ILMの中心的人物の1人となったデニス・ミューレンは当時、ダイクストラの下の第2特撮カメラマンとして、モーション・コントロール・カメラによる宇宙船プロップの撮影を担当。『スター・ウォーズ』シリーズ以外でも、ルーカスやスティーブン・スピルバーグ作品などの視覚効果を手がけ、アカデミー賞視覚効果賞に14回ノミネート、8回受賞と、生存する個人受賞者としては最多の記録を持っています。VFXの革命的作品『アビス』(89)で未知の生命体を表現するモーフィング、物体が別の物体に変形する映像CGIでスムーズに見せる技術を開発、『ターミネーター2』(91)、『ジュラシック・パーク』(93)も彼の存在、技術なしでは生まれなかったでしょう。彼はまだ現役で活躍しています。

　また、ILMの創設者の1人、ジョー・ジョンストンは『スター・ウォーズ』のストーリーボード兼プロダクション・イラストレーターとして参加、映画デビューを飾ります。ここでSFXシーンのレイアウトや、多くのメカのデザインを描き、ルーカスの信頼を獲得。『帝国の逆襲』(80)、『ジェダイの復讐』(83)で特殊効果の美術監督に昇格しています。『帝国の逆襲』の雪の中を歩く帝国軍のAT-ATウォーカーは彼の労作。ミレニアム・ファルコン号も彼が1日で考えたという逸話が残っています。

後世を担うトップ・クリエーター結集

　そして翌76年2月、ルーカスは撮影のロケハンをスタート。物語が始まるルーク・スカイウォーカーの故郷、惑星タトゥイーンをチュニジアに決め、8週間かけてセットを創り上げます。また、ロンドンのEMIスタジオでも撮影することを決め、そこで『2001年宇宙の旅』ほか、『キャバレー』(72)でアカデミー賞撮影賞を受賞したカメラマン、ジェフリー・アンスワースにアポイントを取ろうとしますが、彼は他の作品の撮影で不在だったため、『博士の異常な愛情』(64)や『オーメン』(76)を撮ったギルバート・テイラーに会うことに……と、ルーカスはスタッフ集めに奔

第2特撮カメラマンのデニス・ミューレン／アカデミー賞受賞歴：81年『スター・ウォーズ／帝国の逆襲』、82年Stuart Ziff 、83年『E.T.』、84年『スター・ウォーズ／ジェダイの復讐』、85年『インディー・ジョーンズ／魔宮の伝説』、88年『インナースペース』、90年『アビス』、92年『ターミネーター２』、94年『ジュラシック・パーク』／7回ノミネート

模型製作チーフのグラント・マッキューン／アカデミー賞受賞歴：78年に『スター・ウォーズ』1回ノミネート（80年に『スター・トレック』）

アニメーション及びロストコープデザインのアダム・ベケット

走します。結果、『スター・ウォーズ』は後の映画をイノベーションするトップ・スタッフを一斉に輩出した作品となりました。

美術面でも『スター・ウォーズ』は従来のSF映画と比べて、斬新でした。時代はちょっと遡りますが、脚本を各スタジオに持ち込んだ際、あまりに上層部の反応が悪かったため、ルーカスはボーイング社のイラストを手がけたりしていたコンセプト・アーティストのラルフ・マッカリーに依頼し、主なシーンとキャラクターのイメージを描いてもらっています。そして衣裳デザイナー、モデル・メーカー、メイクアップ・アーティストらがルーカスと一緒にキャラクターや宇宙船、全体の世界観を考案。マッカリーはその後も「宇宙空母ギャラクティカ」や『未知との遭遇』『E.T.』を手がけ、『コクーン』(85)ではケン・ローストンと一緒にアカデミー賞特殊効果賞を受賞しています。

プロダクション・デザイナーのジョン・バリーは『時計じかけのオレンジ』(71)などを手がけた素晴らしい才人でしたが、『帝国の逆襲』の時に44歳で病死。その後、『レイダース/失われたアーク《聖櫃》』(81)でアカデミー賞美術賞を受賞したノーマン・レイノルズが後を継いでいますが、この2人の指揮の下、たくさんのスタッフがミレニアム・ファルコン号や帝国軍の船内のセットを創り上げました。

また、クレジットはされていませんが、『スター・ウォーズ』のカンティーナ(酒場)に登場するエイリアンの特殊メイクを手がけたのは、後に『狼男アメリカン』(81)、『メン・イン・ブラック』(97)などでアカデミー賞メイクアップ賞などで12回ノミネート、7回受賞した特殊メイクのトップの1人、リック・ベイカーです。ほか、『2001年宇宙の旅』で骨を投げる猿人を創造したスチュアート・フリーボーンもメイクアップを担当。彼は『帝国の逆襲』でヨーダのマスクを作っていますが、10~20回も作り直しているうちに、だんだん自分に似てきたとか。そう、ヨーダはフリーボーンそっくりなんです。

衣裳デザイナーのジョン・モロはもともとヨーロッパやアメリカの軍服に興味を持ち、その関連書籍を執筆していた人ですが、トニー・リチャードソン監督の『遙かなる戦場』(68)にアド

レコーディング・ミキサーのボブ・ミンクラー/アカデミー賞受賞歴:78年に『スター・ウォーズ』/1回ノミネート(『トロン』)

レコーディング・ミキサーのレイ・ウエスト/アカデミー賞受賞歴:78年に『スター・ウォーズ』

音響のデレク・ボール/アカデミー賞受賞歴:78年に『スター・ウォーズ』

バイザーとして参加したのをきっかけに映画デビュー、『スター・ウォーズ』で初めて衣裳デザイナーを務めました。彼は『スター・ウォーズ』と『ガンジー』(82)で2度アカデミー賞衣裳デザイン賞に輝いています。

スタッフの話をするときりがないのですが、『スター・ウォーズ』を語るうえで外せないのが〝音〟――サウンド・エフェクトと音楽です。ダース・ベイダーの呼吸音、ライトセーバーの空を切る音、R2-D2の声など、印象深い音作りを手がけたのはサウンド・デザイナーのベン・バート。『E.T.』や『ウォーリー』(08)の声も彼が作り出したものです。彼は編集技師でもあり、『スター・ウォーズ』『レイダース／失われたアーク《聖櫃》』ではアカデミー賞特別業績賞も受賞しています。ダース・ベイダーの呼吸音はスキューバのレギュレーター音の回転数を変えて作り、ライトセーバーのブンブン唸る空を切る音は鉄塔と新聞を畳む時の音、スピーカー・ノイズなどいろいろな音をミックスしてデザインされています。これらの仕事は〝サウンド・エフェクツ・クリエーション・オブ・ザ・エイリアン・クリーチャー&ロボット・ボイス〟と言われていますが、『スター・ウォーズ』はサウンド・デザインという裏方のクリエイティブな存在に、我々が初めて気づいた映画とも言えるでしょう。

そしてあの映画音楽を担当したのはジョン・ウィリアムズ。彼の功績により、壮大なスペースオペラ『スター・ウォーズ』がワーグナーやモーツァルトの世界的オペラに匹敵する作品になったのです。

そもそもシンフォニック・スコア(交響曲的な映画音楽)の誕生は、映画製作本数が増え始めた1933年に遡ります。それから44年まで、映画音楽には3人の巨匠――37年からFOXの音楽部長を務め、208本の映画音楽を作曲、アカデミー賞に45回ノミネートされ9回受賞したアルフレッド・ニューマン、『風と共に去りぬ』(39)、『カサブランカ』(42)で知られるマックス・スタイナー、『ロビンフッドの冒険』(38)やオペラ作曲家としても著名なエーリヒ・ウォルフガング・コルンゴルト――がいました。オペラ並みに、2時間ぐらいの映画で1時間半ぐらい音楽が鳴りっぱなし。それまでは部分部分に音楽を貼り付け

音ネガ編集のロバート・R・ラトレッジ／アカデミー賞受賞歴:86年に『バック・トゥ・ザ・フューチャー』

音ネガ編集指導のサム・ショー

光学合成撮影のロバート・ブララック／アカデミー賞受賞歴:78年に『スター・ウォーズ』

ていたものが、交響曲の中で物語が語られていったのです。彼らはワーグナーが確立したライト・モチーフ（旋律や響きを特定の人物や理念などと結び付けた手法）を映画音楽に定着させたのですが、この手法を受け継いだのがジョン・ウィリアムズです。

ジョン・ウィリアムズは１９５０年代後半にジュリアード音楽院を出て、ニューヨークでジャズピアノなどを弾いたりしていましたが、その後、コロンビア映画で契約楽団員に。昔は全スタジオに専属の楽団員がいたのです。その2年後にＦＯＸに移り、そこでアルフレッド・ニューマン、マックス・スタイナー、フランツ・ワックスマン、ディミトリ・ティオムキンといった巨匠のスコアを演奏、これが彼の蓄積になっています。そんな巨匠たちの音楽を継承したジョン・ウィリアムズは75年『ＪＡＷＳ／ジョーズ』で大ブレイク。以降40年間近く、ハリウッドの映画音楽をリードしています。アカデミー賞の常連で、49回ノミネートされ5回獲得、他の映画賞には１３０回ノミネートされ66回受賞しています。『スター・ウォーズ』のオープニングにはまずＦＯＸのスタジオ・ロゴが入り、同時にファンファーレが流れます。その後、ジョン・ウィリアムズが作曲した、壮大で重厚な音がフルオーケストラで構成されたテーマ曲が入るのですが、このコードキー（Ｂフラットメジャー／変ロ長調）が彼の師匠、アルフレッド・ニューマンが初のシネマスコープ作品『聖衣』のために53年に追加で作曲したファンファーレのサビと全く同じなのです。ほかいくつかのシーンにはハープや木管を生かした、実に柔らかなトーンの曲が入ります。これらの音楽はシーンを盛り上げるためのものではなく、登場人物——ダース・ベイダーやルーク、レイア姫のキャラクターや場面に合わせた音楽、楽曲そのものに人格を与える手法であり、これは『スター・ウォーズ』で確立されたものです。アルフレッド・ニューマンをはじめ、マックス・スタイナーや、映画音楽もオペラ創作の延長線上にあるという哲学を持ったエーリヒ・ウォルフガング・コルンゴルトら巨匠に受けた影響を結実させた『スター・ウォーズ』のサウンドトラック盤は、チャートで1位を獲得。シンフォニック・スコア史上初の快挙となりました。

ミニチュア及びオプチカル効果班のリチャード・エドランド／アカデミー賞受賞歴：78年に『スター・ウォーズ』他5回／6回ノミネート

特殊会話及び特殊音響効果のベン・バート／アカデミー賞受賞歴：78年に『スター・ウォーズ』他3回／6回ノミネート

音ネガ編集のジーン・コルソー

『スター・ウォーズ』公開前夜

第1報はテレックスのラインナップ

当時、20世紀フォックス（以下、ＦＯＸ）極東支社の宣伝担当だった私が初めて『スター・ウォーズ』という作品を知ったのは、１９７５年の暮れに本社からテレックスで送られてきたプロダクション・スケジュールでした。それは1〜2年先の公開予定作品が載っているラインナップの1つで、そこに〝The Star Wars〟と、〝The〟がついたタイトルで『スター・ウォーズ』の情報がありました。ほか、監督・脚本：ジョージ・ルーカス、製作：ゲイリー・カーツとだけ。俳優の名前はありませんでした。その下に〝A long time ago, In a galaxy far far away… Incredible adventure took place〟（遠い昔、はるか彼方の銀河系で……）と書いてあったので、あぁＳＦアクション大作なんだと思い、76年に、77年日本公開作品として、『惑星大戦争』の仮題でラインナップに掲載。「キネマ旬報」では75年7月上旬号にタイトルだけ載せています。

ただその後もタイトルロゴ以外は何も素材が届かず、とりあえず業界関係者向けに77年の年賀状を作ろうと、銀河宇宙のネガを買ってきて、ロゴと組み合わせたものを作りました。これが私の『スター・ウォーズ』宣材第1号です。

そして77年に入っていきなり、実に豪華なブローシュア（宣伝用パンフレット）が届いたのです。これは『史上最大の作戦』（62）や『クレオパトラ』（63）クラスの作品でしかありえないこと。そこにはルーカスのごく短いコメントとスチール写真が掲載されていました。それも特撮関係の写真は一切なく、ロケ撮影時に撮った場面写真だけ。でもこの出来が良かった。タイトルはB級のにおいがしましたが、プロダクション扱いはスーパーA級。とにかくスケールのでかい、やたらにゴージャスな、これまでにない作品のように感じました。

とは言え、まさかあそこまでのヒットになるとはその時点では誰も考えてはいなかった。それはアメリカでも同じだったようです。ただ、『惑星大戦争』のままではまずいんじゃないのかなぁと。そこで、『スター・ウォーズ』という壮大な原題のままでいこうと、急きょ変更することにしました（後日、東宝の松岡功社長から「東宝にも特撮映画があるので、『惑星大戦争』と

監督・脚本のジョージ・ルーカスのサイン

アーヴィン・カーシュナー監督と製作のゲイリー・カーツ（右）

いうタイトルを使わせてほしい」と言われ、快く譲りました）。

作品本編を初めて観たのは、1977年5月25日の全米公開の2週間ほど前。当時、東銀座にあったFOXの試写室に、極東支社代表のディノ・トローニ氏、宣伝部長の松本さん、営業担当の深田さん、宣伝部の私と同僚の松田邦夫さんの5人が集まりました。税関試写だったので、大蔵省の立ち会いの下、FOXに届いたフィルムを観てまた封印する、そんなシステムでした。輸入するかどうかもまだ決まっていない段階なので、当然字幕も入っていない。

そんな状況下で観て、ぶっとびました。とにかく驚いた。ジャンル映画の要素が全部入っている。スペースオペラであると同時に、西部劇であり海賊活劇であり剣劇映画でありと、すべてのハリウッド映画の復活を思わせる。しかも日本映画の影響も多々見受けられる。こんな映画観たことないぞと思うと同時に、どこか昔観たことのある懐かしさを覚えました。何よりも驚きと、その圧倒的なスケール感とスピード感、童心に返ったような懐かしさ——これは傑作だと確信。職業柄、映画を観ると、まずどうやって売るかを考えないといけないのですが、この時は純粋に映画を楽しみました。

「これは当たるぞ！」と思ったのは言うまでもありません。と同時に体が震えるような感覚に襲われた。ルーカスは、半分は子供向け、半分は童心を失っていない大人向けと言っているけれど、これなら老若男女揃って楽しめる。

その予感は見事的中しました。これまで、スタンリー・キューブリック監督が『時計じかけのオレンジ』（71）でドルビー・ステレオを使っていましたが、70ミリでのドルビー・ステレオ上映は『スター・ウォーズ』が初。そのため、全米43館だけで公開がスタート、にもかかわらず、初週末の興行成績は155万ドル（当時のレートで約3億8750万円！）と、予想をはるかに超える大ヒットとなったのです。

全米での大ヒットフィーバー

『スター・ウォーズ』は批評家の評価も高く、「ニューヨーク・タイムズ」「ロサンゼルス・タイム

マーク・ハミルにサインをしてもらったブローシュア

ズ」「ワシントン・ポスト」「ウォール・ストリート・ジャーナル」の新聞各紙、「ニューズウィーク」「タイム」といった一流週刊誌がこぞって表紙から記事を掲載、異例の16ページの特集も組まれました。加えて、「スターログ」をはじめ、あらゆるエンターテインメント誌、全米撮影監督協会の機関誌にまで取り上げられたのです。また、コミック本、Tシャツ、玩具など関連商品が売れに売れ、社会現象を超えるムーブメントとなりました。

ジョン・ウィリアムズが手がけたサウンドトラック盤も全米チャート1位を獲得しましたが、それ以上に凄かったのは、ジャズやラテンなどのカバーバージョンが20数種類もリリースされたこと。特に、年末にリリースされたMECOによるディスコバージョンは、ちょうど同じ時期に『サタデー・ナイト・フィーバー』が全米公開され、ザ・ビージーズのディスコサウンドが全世界を席巻するブームと重なったこともあり、全米チャートの1位を獲得。オリジナル版よりヒットしました。

60年代から80年代にかけて、映画音楽は既成楽曲の使用やリバイバルなども含め、映画を大ヒットさせる要因でしたが、『スター・ウォーズ』のサントラやカバーの大ヒットはその時代を物語る典型的な例だったと思います。いみじくも『ゴッドファーザー』(72)、『チャイナタウン』(74)などの製作責任者ロバート・エバンスは、「映画は視覚と聴覚に訴える芸術である。70年代において映画音楽はスタア。作品の成否の3分の1は音楽に負っている」と語っています。つまり、いい音楽がついて、観客の心をぐっと摑めば、作品にパンチが生まれ、ヒットすれば宣伝につながる。その効果が一番認められたのが70年代から80年代。多くの製作者は、作品を成功に導くために音楽とそのレコード化を最重要視するようになったのです。

また75年、初めてTVスポットを打ち、465館で封切ったスティーブン・スピルバーグ監督の『JAWS／ジョーズ』が成功を収め、続いて77年に『スター・ウォーズ』が大ヒット。以降、サマーシーズンに超大作を公開する〝夏休み映画〟の慣習がアメリカにできました。ポップ・カルチャーの低年齢化によって、子供をターゲットに

MECOによるディスコバージョンの
『スター・ウォーズ』のレコード

してもビジネスが成立することに、スタジオも初めて気が付いたのです。

それまでは『ゴッドファーザー』や『ポセイドン・アドベンチャー』(共に72)であろうが、ブロックバスターになった『エクソシスト』(73)や『オーメン』(76)であろうが、夏に映画をヒットさせる概念はアメリカにはなかった。ところが『スター・ウォーズ』が公開されると、封切館が少なかったことから観客が殺到、結果的に5月から8月の4ヵ月間にわたり劇場を押さえることになったのです。興行の形態を変化させたことは、映画界において革命的な出来事といえるでしょう。

公開3週間後には、ハリウッドのグローマンズ・チャイニーズ・シアター前、人気スタアが手型足型を残す有名な場所に、R2-D2、C-3PO、ダース・ベイダーが人間以外で初めて足型を残すイベントが行われました。このニュースは全米の全チャンネルのネットワークのニュースになり、世界中のテレビで流れました。日本のFOXにもこのフィルムが届き、それと連動するように、テレビ、ラジオ、新聞などのメディアが一斉に取り上げてくれたのです。

そのグローマンズ・チャイニーズ・シアターには毎日毎日お客さんが劇場を取り巻くように列をなし、週末オールナイト上映をやっているにもかかわらず、公開3ヵ月たってもその列が途切れることはありませんでした。最終的には1750館まで拡大、3億0726万ドル(当時のレートで約848億円)の興収を全米であげました。ハリウッド映画史上、43館でスタートした映画がここまで大きくなった例は初めてです。しかもその製作費は1100万ドル(同・約31億円)。大方の予想を裏切る大ヒットだったのです。

1年後になった日本興行界の実情

このアメリカの状況から見て、日本でもヒットするのは当たり前のこと。ホームランが至上命令でした。ということは、最低でも15~16週上映する必要がある。

この頃、日本では、Aクラス作品の有楽座、アクション大作の日比谷映画、女性映画を中心としたスカラ座、文芸作品系のみゆき座といったかたちで、ジャンルによって作品をかける映画

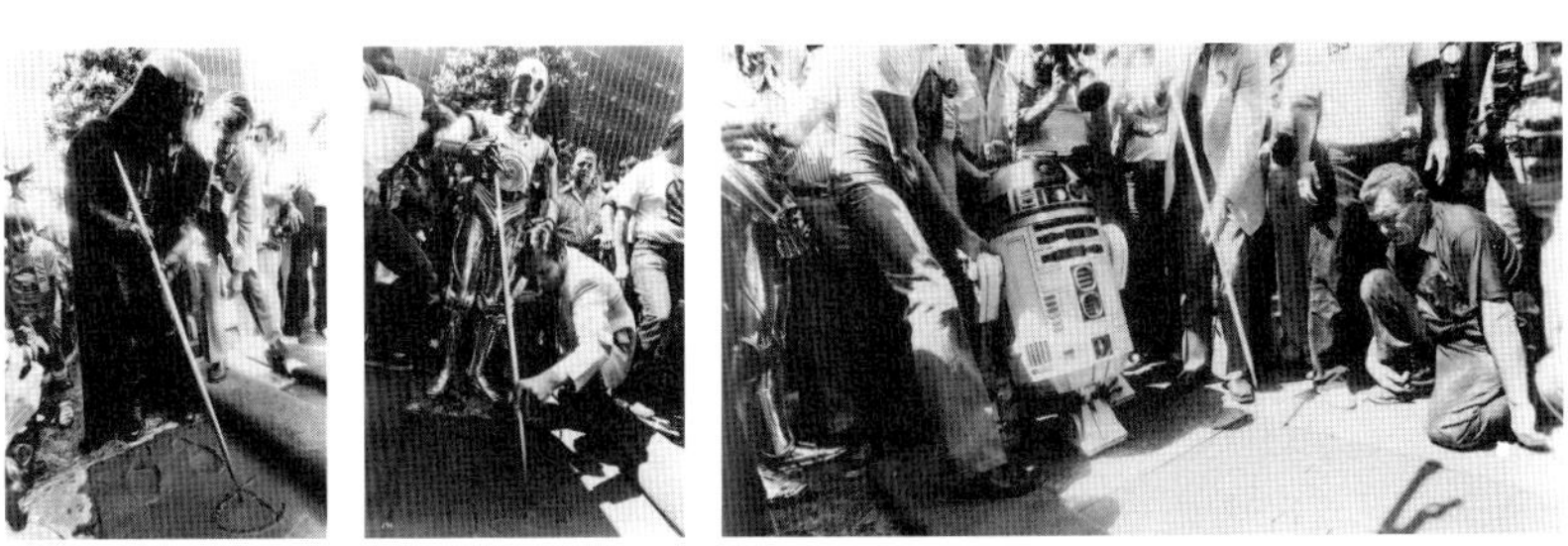

R2-D2、C-3PO、ダース・ベイダーが人間以外で初めて足型を残す

館を決めていました。新作についてはロードショーをやってから短いセミロードショーという流れがあり、東京・大阪でロードショーをした後、川崎・横浜・名古屋・京都・神戸・福岡・札幌でセミロードショー、さらにその後でヒットした作品は半年ぐらいおいてから2本立で一般公開する。東宝洋画系、松竹・東急系で2週間、大ヒット作品なら4週間、それが今の〝拡大公開〟になっているわけです。とにかく20〜30本ぐらいのフィルムを7年間くらい上映していたので、最後の名画座におりる頃にはフィルムもボロボロになっているのが普通でした。プリント本数は50本もいらない時代でした。

今はシネコンができたから全国約3500スクリーンくらいありますが、70年代の国内映画館数は減る一方で、78年は2392館。そこでまず、東宝の劇場編成担当の鎌田陸郎さんに相談しました。すると、秋口なら大きなところを5〜6週は開けられるとのこと。ありがたい申し出ではあったのですが、それではこちらの思惑とはかみ合わない。そこで、本社に全米公開から1年後になるけれど、78年の夏休み映画にしたいと報告、なんとか許可も取れました。

そこで再び鎌田さんにご相談し、客席数も多く、70ミリの映写機、ドルビーの音響設備も新しく入れることになった日劇をはじめ、テアトル東京、渋谷東宝、新宿プラザ、新宿スカラ座の東京5館、ほか全国計223館での公開が決まりました。当時はようやく拡大ロードショーが始まった頃で、120館で超拡大興行と言われた時代。『スター・ウォーズ』の公開規模がいかに異例の大きさだったかがわかるでしょう。

78年をSFイヤーで盛り上げる！

各劇場と交渉し、ようやくブッキングにこぎつけた『スター・ウォーズ』ですが、日本公開まで1年。それはもう長い長い道のりでした。心配だったのは、他社の作品が大ヒットし、話題をそちらにとられてしまうこと。アメリカでは『スター・ウォーズ』フィーバーが落ち着き始めた11月15日、スティーブン・スピルバーグ監督の『未知との遭遇』が公開されました。日本では、アメリカで封切られる半年前から正月第2弾作品

多くの観客が列を作るグローマンズ・チャイニーズ・シアター

と決められていたため、日本での公開時期は逆転、『スター・ウォーズ』のほうが遅れて公開することになってしまったのです。

ただ、これが『スター・ウォーズ』宣伝の追い風となりました。75年に『JAWS／ジョーズ』を当てたスピルバーグと、『アメリカン・グラフィティ』(73)後のルーカスと、2人の素晴らしい若手監督の新作映画、まさにニュー・ハリウッドという観点からマスコミは取り上げてくれました。周知のとおり、この2人は70年代から30年間にわたり、ハリウッドを牽引。アメリカ映画が全世界のシェアの90％を誇れるようになったのは、この2人の功績によるものです。

『未知との遭遇』が『スター・ウォーズ』と同じジャンルのSF作品ということもよかった。この後『スター・トレック』が待機していることもわかっていたので、78年をSFの年と決め、イベントイヤーに仕立てることにしたのです。アメリカで『未知との遭遇』が封切られた時には、日本から30人くらいの映画評論家と新聞記者を連れて行きました。彼らにはあらかじめ、「78年はSFイヤーだ」と話し、その一環として『スター・ウォーズ』を取り上げてもらえるよう根回しもしました。

とはいえ、1年は長い。大衆は熱くなるのも早いですが、冷めるのも早い。関心が薄れ、話題が途切れることが一番怖かった。そこで、日本では観られないという飢餓感を演出するため、我々5人が観たフィルムを7ヵ月間封印することにしました。試写は行わない。興行主にもFOXの社員にすら観せませんでした。そのため、興行関係者には、アメリカで年2回、バイヤーのためのイベントがあったので、そこまで足を延ばしてもらって観ていただきました。

とにかく情報を小出しにし、故・石上三登志さんや故・筈見有弘さんといったこの手の娯楽映画が好きな評論家の皆さんに、別の映画の試写に来られた際、『スター・ウォーズ』のベタ焼きを見ていただいたりした。すると皆さん、「宇宙船が汚れていてリアルだね」とか「SFなんだけど、(ハン・ソロの)衣裳は西部劇風だね」と言って喰いついてくださる。そのうち、我慢できなくなってアメリカに行く人もたくさん出てきました。

『スター・ウォーズ』が『JAWS／ジョーズ』の記録を破った際、スピルバーグ監督がルーカス監督に宛てて「バラエティ」誌上に祝福の広告を掲載する

週刊少年マガジンに掲載された「淀川おじさんムービータイムズ」より

さらにはSF関係の小説家やライター、漫画家たちが『スター・ウォーズ』をアメリカまで観にいくツアーを組み始めたのです。アメリカへ行くと、『スター・ウォーズ』を特集した雑誌や本がある、グッズもたくさんある。結果、アメリカ的フィーバーに乗っかり、帰国後、いろんなメディアに語ったり書いたりしてくれました。そのうち彼らに、多くの媒体がレポートを書いてくれと依頼するようになったのです。

あと、私が手がけたのは、いろんな企業と組んで行ったパロディ宣伝。石上さんがプロデューサー、大林宣彦監督が撮った、スター・デストロイヤーからキャノンの一眼レフカメラが降りてくるCMもその代表的な1例です。これはパロディという名目だから著作権料はタダ。ルーカスはパロディに対して寛容でしたし、今みたいに何をするにもいちいち本国からアプルーバルをとる必要がなかった時代だったからできたことでした。

以降、アメリカでメイキング本が出るなど、やたら情報が露出し始め、今度はそれをコントロールする作業が大変になりました。なかにはマーチャンダイズで出た8ミリフィルムを切って使うところも。今そんなことをすれば訴訟になりかねないですが、穏やかな時代でした。

テレビ局も、まだビデオテープ登場以前で、16ミリフィルムを貸し出していたんですが、どこもパブリシティ用のフィルムを貸すと、空中戦のシーンばかり使ってズタズタに切って返してくる。そのままだと役に立たないので、結局250本もの宣伝用16ミリフィルムを用意しました。この頃は本当に手間暇かけて、宣伝素材を作っていました。

史上最大規模の紙媒体での展開

紙媒体についてはさらに戦略的な宣伝をしかけていきました。実は全米公開の3週間前、『人間の証明』のロケでニューヨークに行ったのですが（角川春樹さんが角川映画を始める際、彼に頼まれて75年から10年間宣伝ほかブッキングすべてを手伝っていました）、そこで『スター・ウォーズ』を表紙にした雑誌10冊を全部買い集め、書いてあることをうまく拾って宣伝素材に反映、媒体に売り込みました。

スター・デストロイヤーから
キャノンの一眼レフカメラ
が降りてくる新聞広告

「バラエティ」誌の表紙（78年8月号）

さらに、夏にはマスコミ用プレスを作成。アメリカで使って最初にオープンになったカラースチールを35ミリベタから自分で接写し、スタッフの名前やプロフィールも全部自分で書きました。これをいたるところに持って回って見せたのです。変に流用されると困るので、ただ見せるだけ。

また、「キネマ旬報」では、3回表紙を飾るためにどう展開すればいいのか、特集をどう組めばいいのかと編集部から相談され、それではと、ペンネームを5種類くらい使い分けて、ロケ地情報やアメリカでのフィーバーぶりを封切近くまで、多くの記事を書きました。さらにアメリカの友人に、『スター・ウォーズ』がアメリカで映画産業から他の産業まで波及し、どういうウェーブを起こし、大衆煽動のどういうエネルギーになっているかをレポートしていただき、筈見さん、石上さんに原稿を入れていただき、脇の記事もお膳立てでした。特集を順次つなぐのも私の仕事でした。

「キネマ旬報」のほか、「ロードショー」「スクリーン」「バラエティ」「ぴあ」「シティロード」など、この頃はいろんな映画雑誌がありましたが、最終的には月刊誌4冊分くらいの特集を各誌でやりました。映画雑誌のライターの中には、編集長に怒られながら何度も特集をやってくれたりした人も。そんな彼らを私は〝スター・ウォーズの子供たち〟と呼んでいますが、その後も『スター・ウォーズ』を観て、活字や電波、映像の世界に入ってきた人はたくさんいました。

さらに私が注目したのは漫画雑誌。現在、電車の乗客を見るとスマートフォンを見ている人がほとんどですが、当時は電車の乗客50％以上の人が漫画誌を読んでいた時代です。しかも観客のコアは漫画誌の読者と重なる。

まずは77年7月3日号「週刊少年サンデー」で、初のカラーグラビア記事を掲載、この時はまだ仮題の『惑星大戦争』のタイトルでした。それから1年かけていろんな漫画誌に取り上げていただきました。そして最後の最後のハイライトとして、編集者でありSF研究家の〝怪獣博士〟大伴昌司さんと一緒に『恐竜100万年』(66)、『猿の惑星』(68)のグラビア特集を企画したり、『トラ・トラ・トラ!』(70)で16ページの特集を企画し原稿も全部書いた「週刊少年マ

「シティロード」(78年7月号)

月刊OUT7月25日号増刊「ランデヴー」

「週刊少年サンデー」のカラーグラビア

ガジン」に、日本公開直前の78年4月30日号にて、表紙からカラー32ページの大特集を組んでいただきました。この時は、読者招待の試写会も独占という形で付けました。さらに公開4ヵ月後、アングルを変えた記事を「週刊少年サンデー」「週刊少年ジャンプ」「週刊少年キング」に提案、こちらも大きな特集を組んでいただきました。

コミック誌以外でも、男性誌「ポパイ」には77年12月10月号にて、著作権料が発生しない、ぎりぎりの1冊3分の2の大ボリュームで、〈STAR WARSなんか、もう見ない！〉と銘打った特集を表紙から展開、大きな話題を呼びました。ほか女性誌、アイドル誌、情報誌、科学誌などなど、あらゆるメディアで記事にしてもらいました。

もちろん、『スター・ウォーズ』は老若男女問わず楽しめるエンターテインメント作品ですから、幅広い層にも訴求していきたい。そこで全国紙はもちろん、地方紙も含めた新聞にも広告を打ちました。それも公開前、公開直前、公開後と、バージョンを変えた広告に。さらには文化面、芸能面、社会面など全面を制覇する記事の提案も行いました。当時、新聞の映画批評は週に1本、月に一度はトップやコラムに載ったりもしましたが、それだけ。映画を紹介してもらえるチャンスは少なかったのです。だからこそ、一度きりの紹介ではなく、何度も何度も取り上げてもらうことを考えた。

これらの活字媒体に露出した記事のスクラップをいまだ保存していますが、重ねてみると、ゆうに1メートルを超える高さに。今のネット社会とは違い、この時代は雑誌や新聞など活字媒体の影響力が強かったのです。公開まで1年と長い期間での展開でしたが、この記事の数は後にも先にも『スター・ウォーズ』を超えるものはないでしょう。

また、原作についても、76年に友人の角川春樹さんに『スター・ウォーズ』は絶対大ヒットするから翻訳権を買ったほうがいいと、アメリカの版元を紹介。1作目は今ではとても考えられない、1000ドル（当時のレートで約25万円）でした。もちろん、原作本はハードカバー、文庫共にバカ売れ。その後、第2作『帝国の逆襲』の翻訳権は徳間書店に買ってもらったのですが、

「ポパイ」誌（77年12月10日号）

「週刊少年マガジン」（78年4月30日号）

「週刊少年サンデー」（78年7月23日号）

その時には3万ドル（同・約７５０万円）に跳ね上がってしまったそうです。角川書店とタイアップした新聞広告も、当時では珍しい形だったと思います。

伝説となった王冠キャンペーン

1年かけて宣伝をするのであれば、今までやったことのないプロモーションにも挑戦したい。そこで考えたのはコカ・コーラとのタイアップによる王冠キャンペーンでした。これは瓶の王冠（蓋）の裏をめくると、『スター・ウォーズ』のキャラクターや宇宙船、戦闘機などが印刷されているというもの。昔のメンコみたいな感覚で、子供たちやSFマニアの若者たちの収集意欲を煽りました。

作ったのは全50種。全種類をコンプリートしようと、子供たちがこぞってコーラやファンタを飲んだと言う話はよく聞きました。しかも大人（というよりはいいおじさん）になった今でも大切に持ってくれていると聞く。これは夏休み公開作品だからできた企画だったと思います。

当時は今のような缶やペットボトルではなく瓶がスタンダード。しかも現在のように、あらゆるところに自動販売機が設置されていなかった時代です。通常なら広告代理店を通して、こういった大きなタイアップやキャンペーンを企画するのでしょうが、とにかく素材集めも交渉も代理店を通してだと何かと時間がかかってしまう。そこで直接自分が窓口になって進めました。最初は門前払い。そこから8ヵ月かかって、わずかな写真使用料だけもらい、ようやく実現することができたのです。その後、『スター・ウォーズ』が大ヒットし、子供たちの受けが良かったからか、コカ・コーラはこの王冠のためのコレクション用ホルダートレイを作ってくれました。

『スター・ウォーズ』第1作の話からちょっとそれますが、このコカ・コーラでのノウハウを生かし、99年の『エピソード1』からはペプシとタイアップ。時代も瓶からペットボトルに代わったので、ボトルキャップにキャラクターの人形をデコレーションしたコレクションシリーズを企画しました。『エピソード1』では40種＋スペシャル12種の計52種、『エピソード2』では52種＋セブン-イレブン限定2種の計54種。このときはクラシッ

コカ・コーラとのタイアップによる王冠キャンペーン

ク・ボトルキャップ全10セット50種もキャンペーン用に作りました。さらに『エピソード3』では全60種類まで増やし、キャンペーン終了後も人気が持続していたので、「最後のスター・ウォーズ」と銘打ち、〈GET!! ファイナル スター・ウォーズ ボトルキャップ〉オンパックキャンペーンを行いました。このボトルキャップもいまだ人気が高く、海外のコレクターが買い集めているほど。

　ただ、これはまたコカ・コーラの時とは違う苦労がありました。このボトルキャップは中国で制作していたため、かなり早めに発注しなければキャンペーン期間に合わなかったのです。新3部作も旧3部作同様、その内容は厚いベールに隠されたままでした。そのため、なかなか情報が入ってくるのが遅く、やきもきしながら素材集めに奔走したことを覚えています。しかも当初、これほどボトルキャップが人気になるとは思わなかったので、発注数を抑え目にしていたことからすぐ売り切れ、後日、慌てて追加、再発注することになったのです。

　コカ・コーラの王冠キャンペーンの後は、その実績もあったことから、食品企業のケンタッキーやマクドナルドとのタイアップは比較的スムーズに進めることができました。こちらもすべて自分が窓口となって対応。ほか、森永キャラメルのおまけなど、今でも海外コレクターに人気の高い企画が実現したのです。

　これらの企業タイアップの例からもおわかりのように、もう1つ、『スター・ウォーズ』で革命的だったのはマーチャンダイジングでした。これまでにもディズニーがキャラクターを使い、文房具などを作っていましたが、実はライブ・アクション映画のマーチャンダイジングで、最初に目覚ましい成功を収めたのは『猿の惑星』(68)だったのです。猿というキャラクターがあることで、いろんなことができた。ルーカスはその成功を見て学び、同じくらいヒットすればいいくらいに思っていたのです。

　具体的には、FOXとの契約で演出料を半分以下に抑え、代わりにマーチャンダイジングと続編の権利を購入。もともと彼の構想は9部作でしたし、彼の夢は映画のTシャツやサントラ盤を作ることだったのです。それが続編を作る助けになればいい、作品を作る基礎になればいい

三菱自動車とのタイアップ

明治製菓とのタイアップ

と考えていた。それが前述した通り、サントラ盤が大当たりし、Tシャツどころか、玩具をはじめとしたキャラクター商品が次々生まれることになったのです。1977年から2010年までの商品の種類は10万点以上、総売上げは2400億円以上と、映画での収入を軽く超えています。ルーカスに先見の明があったと言われるのも頷けます。

日本では、後に東宝の社長となった東宝事業部の石田敏彦さんに窓口になってもらい、相談しながら、ビニール製のライトセーバーやクリーチャーの人形、文房具やTシャツなど、日本版商品を発売していきました。なかには子門真人さんが日本語でカバーした「スター・ウォーズのテーマ」というシングル盤もありました。これは原作本を翻訳した野田昌宏さんがフジテレビ系の「ひらけ！ポンキッキ」のプロデューサーだったこともあり、その後、特番を作るお付き合いもあったので、OKした企画だったのです。こういったマーチャンダイジング商品を協力して全部集め、日本経済新聞で記事にしてもらったこともありました。

異例の早朝試写会と来日ラッシュ

6月24日の公開間近になって、ようやく試写会を開くことにしたのですが、結局、70ミリのみの上映だったため、3回しか実施することができませんでした。うち1回は、前述した「週刊少年マガジン」の読者をヤマハホールに招待した試写会。もう1回は、製作者ゲイリー・カーツの来日に合わせ、今の皇太子殿下を招きテアトル東京で行ったプレミア試写会。そしてもう1回がマスコミ向け試写会でした。

このマスコミ試写がまた異例。テアトル東京で朝の6時から行ったのです。70ミリでの上映ができ、音響が良く、ビッグスクリーンとなるとここしかなかったのですが、一般興行の前しか時間がとれず、8時半過ぎまでに試写を終わらせ、掃除をすませ、9時からの営業に間に合わせなければならなかったため、とんでもない早朝になってしまいました。SF作家の大御所の小松左京さん、星新一さん、小説家の小林信彦さんは帝国ホテルに前泊して臨まれました。なんと高くついた試写会でしょう。本当に申し訳なく思いました。

『スター・ウォーズ』メインテーマ
ドン・エリス＆サヴァイヴァル

『スター・ウォーズ』のテーマ
メイナード・ファーガソン

オリジナルサントラ

あと、特撮で売る前に、何に注目させるかと考え、俳優陣を呼ぶことにしました。最初に来日したのはルーク・スカイウォーカー役のマーク・ハミル。封切りの1年前、77年10月下旬、『スター・ウォーズ』のマーチャンダイジングの打ち合わせのために担当者と一緒に訪れたのです。全米公開の大ヒットでボーナスが出たとのことで、日本で買い物をしたいと、奥さんと乳児を連れての来日。公開直前にも再び来日してくれ、日本公開を盛り上げてくれました。「1億ドル稼いだシンデレラボーイ」といったサクセスストーリーとして紹介されることも多かったのですが、ティーン誌や女性誌も新星のアイドルスタアとして大きく取り上げてくれました。

その半年後にはレイア姫役のキャリー・フィッシャーが来日。彼女もまた公開後、ハリソン・フォードとタイミングを合わせて来日を果たしています（彼女はハリソン・フォードに凄く憧れていて、凄く好きだったことが傍から見てもよくわかりました）。一番盛り上がった封切時にはプロデューサーのゲイリー・カーツが来日。彼らを分けて呼ぶことによって話題のウェーブが上り調子になるよう、ポイントを置いていったのです。

そして、封切後、78年8月にハン・ソロ役のハリソン・フォードが2人の息子さんと一緒に来日。通常、映画は公開前にキャンペーンを行うので、封切後に来てもらうことはあまりないのですが、アメリカ側から来たいと言ってくれたのです。ただ、夜は全部私が面倒を見ることになりました。

ハリソンの子供たちは12歳と10歳ぐらいで、9時には寝ます。そこからハリソンを飲みに連れて行くわけです。彼はかなり酒が強く、スコッチにチェイサーとしてビールを頼んでいました。「その飲み方はボイラーメーカーだね」と言ったら、「そんな言葉、どこで覚えたんだ」と。「パニック映画の『エアポート』シリーズに出てきた」と言ったら喜んでくれました。

また、彼がジャズの名ナンバー「スターダスト」の作曲家ホーギー・カーマイケルが好きだと言うので、ジャズが流れる店に連れて行ったら、23時頃、その店の女の子たちを連れて次へ行きたい、ジャパニーズ・ホステスクラブへ行こうと。彼は全然平気な顔をしているのですが、私は途中で手を抜かないと体がもたない。とにかく、別の店

ハリソン・フォードと
キャリー・フィッシャーの
記者会見の模様

に動くたびにその店のホステスを連れて行くのです。赤坂のディスコにも行きました。東京でのスケジュールは2日だけだったのに、結局、朝の4時くらいまで飲み明かしました。

その後、一睡もしないまま帝国ホテルに戻り、京都に移動するハリソンを連れて東京駅へ。『スター・ウォーズ』のオーディションで抜擢されるまで大部屋俳優だった彼は、大道具で大工仕事のアルバイトをしていたこともあり、清水寺ほか、校倉造りの釘を使わない建築物を見たいと言っていたので京都行きをアレンジ、私も同行したのです。それ以来、ハリソンとはすっかり仲のいい友人に。その後も『ブレードランナー』(82)、『刑事ジョン・ブック／目撃者』(85)など、来日するたびに会うようになりました。

ハリソンの場合はまた特別でしたが、とにかく宣伝は映画関係者、メディアの方とのお付き合い、コミュニケーションがとても重要でした。一緒にお茶やお酒を飲んだり、ご飯を食べたりしながら、宣伝する作品だけに限らず、過去から現在、未来まで、映画について深く語り合う。映画は製作、配給、興行、宣伝をすべて伝えて

来日したハリソン・フォードと

くれるメディアの人々を通してお客様に届けるもの。そのためにも、評論家やメディアの人たちとの信頼関係をお互いに築くことが大切でした。その蓄積や意気込みがあったからこそ『スター・ウォーズ』公開までの1年間は、信頼関係の上に成り立つ、クリエイティブなパブリシティを考案・提案することができたのだと思います。

そして、ついに日本公開！

そんな長い1年間を経て、78年6月24日、ついに『スター・ウォーズ』が先行公開。メイン館となった旧・日劇（元・有楽町マリオン）は3000人以上を収容できる大劇場で、ここにライトセーバーを使った、276畳分の史上最大の看板を掲げました。ただ、このライトセーバーが晴海埠頭のほうから来ると光って見えるためドライバーに良くないと警察に怒られ、私と部長は3回も始末書を書く羽目に。とは言え、24日の先行上映は、日劇を囲む長蛇の列。京橋のテアトル東京にも徹夜組が出るなど、翌日スポーツ紙は一斉に1面及び芸能面トップで報じました。

日劇で『スター・ウォーズ』がついに公開

私も徹夜組がいると言うので前夜10時頃に様子を見に行ったのですが、その時既に3000人ぐらいの人が並んでいました。そして早朝6時

［表1］
1978年配収ベスト10〈外国映画〉
※数字は配収。( )内は動員数／現在の貨幣価値に合わせた興収（5位まで算出）

①スター・ウォーズ	43億8000万円 （846万6459人／108億7940万円）	**⑤死亡遊戯**	14億5000万円 （300万1556人／38億5700万円）
②未知との遭遇	32億9000万円 （630万3268人／80億9970万円）	**⑤コンボイ**	14億5000万円 （300万1556人／38億5700万円）
③007／私を愛したスパイ	31億5000万円 （618万9416人／79億5340万円）	**⑦ジョーイ**	11億2000万円
		⑧カプリコン・1	8億0000万円
④サタデー・ナイト・フィーバー	19億2000万円 （397万4474人／51億1042万円）	**⑨オルカ**	6億4000万円
		⑩ザ・ドライバー	5億1000万円

には劇場前から脇の公道にかけての列。1000人以上の人が並んでいたのではと思います。当然、立ち見のお客様もたくさんいました。午前9時の開映、スクリーンにFOXのマークが映し出され、お馴染みのファンファーレが鳴ると、客席がどよめく。感無量でした。

第1作にかけた宣伝費はトータルで約4億3000万円。動員数846万6459人、配収43億8000万円（興収に換算すると81億8000万円、現在の入場料平均1285円から換算し、今の貨幣価値にすると108億7940万円）の大ヒット、この年の配収ベスト10の1位に輝きました（表1参照）。

作品評価も高く、キネマ旬報ベスト・テン〈外国映画部門〉9位を獲得（表2参照）。読者選出ベスト・テンでは堂々の1位（表3参照）、読者選出外国映画監督賞もジョージ・ルーカスが獲得しました。映画評論家では、全米公開前から応援してくれた石上三登志さんをはじめ、増淵健さん、森卓也さんがそれぞれ1位に選出してくれたほか、筈見有弘さん、小野耕世さん、荻昌宏さん、渡辺祥子さん、日野康一さん、作家の池波正太郎さんらがベスト・テンに推してくださいました。

嬉しかったのは故・双葉十三郎さんも『スター・ウォーズ』をベスト・テンに入れてくださったこと。これまでもSF・ホラーなど娯楽作品やB級作品を早くからずっと観続け、誠実に評論していただいた双葉さんに評価していただいたことが励みになりました。

『スター・ウォーズ』が公開された1978年

では、この1978年がどんな年だったのかを振り返ってみましょう。

『未知との遭遇』の日本公開が既に2月25日に決まっていたため、1978年をSFイヤーにしたというのは前述しましたが、この年、ルーカスやスピルバーグと同世代のデビッド・クローネンバーグ監督の『ラビッド』（6月3日公開）、ブライアン・デ・パルマ監督の『フューリー』（9月2日公開）もSF映画を公開しています。さらに『タワーリング・インフェルノ』（74）のアーウィン・アレン監督が『スウォーム』（8月5日公開）を、

［表2］キネマ旬報ベスト・テン〈外国映画〉

①**家族の肖像**（ルキノ・ヴィスコンティ監督／東宝東和＝フランス映画社）
②**ジュリア**（フレッド・ジンネマン監督／FOX）
③**グッバイガール**（ハーバート・ロス監督／ワーナー）
④**ピロスマニ**（ゲオルギー・シェンゲラーヤ監督／日本海映画）
⑤**未知との遭遇**（スティーヴン・スピルバーグ監督／コロンビア）
⑥**愛と喝采の日々**（ハーバート・ロス監督／FOX）
⑦**結婚しない女**（ポール・マザースキー監督／FOX）
⑧**白夜**（ロベール・ブレッソン監督／フランス映画社）
⑨**スター・ウォーズ**（ジョージ・ルーカス監督／FOX）
⑩**アニー・ホール**（ウディ・アレン／ユナイト）

［表3］キネマ旬報読者選出ベスト・テン〈外国映画〉

①**スター・ウォーズ**（ジョージ・ルーカス監督／FOX）
②**グッバイガール**（ハーバート・ロス監督／ワーナー）
③**未知との遭遇**（スティーブン・スピルバーグ監督／コロンビア
④**ジュリア**（フレッド・ジンネマン監督／FOX）
⑤**ミッドナイト・エクスプレス**（アラン・パーカー監督／コロンビア）
⑥**ミスター・グッドバーを探して**（リチャード・ブルックス監督／パラマウント＝CIC）
⑦**サタデー・ナイト・フィーバー**（ジョン・バダム監督／パラマウント＝CIC）
⑧**結婚しない女**（ポール・マザースキー監督／FOX）
⑨**ナイル殺人事件**（ジョン・ギラーミン監督／東宝東和）
⑩**帰郷**（ハル・アシュビー監督／ユナイト）

『新・猿の惑星』のドン・テイラー監督が『ドクター・モローの島』（1月28日公開）を公開。ほか今やアメコミ映画の代表格となった『スパイダーマン』も8月19日に公開されるなど、まさにSFイヤーに相応しい1年となりました。

　実は日本映画も、全米で大ヒットしていた『スター・ウォーズ』に便乗しようと、77年12月17日に福田純監督の東宝作品『惑星大戦争』を皮切りに、4月29日には深作欣二監督の東映作品『宇宙からのメッセージ』、11月23日に岡本喜八監督の東宝作品『ブルークリスマス』が公開。アニメ作品では8月5日に舛田利雄、松本零士共同監督の東映作品『さらば宇宙戦艦ヤマト　愛の戦士たち』が公開され大ヒットとなりました。

　SFブームの一方で、78年を語るうえでもう一つ外せないのが〈女性映画〉ですが、別の章で解説します。『スター・ウォーズ』、女性映画を含め、私が宣伝を担当した作品はこの年の公開作だけで10本（表4参照）。『スター・ウォーズ』以外では、『愛と喝采の日々』で製作総指揮を務めたノラ・ケイ、この年『グッバイガール』も公開されたハーバート・ロス監督、本作で映画初デビューを果たしたアメリカン・バレエ・シアターの現役ダンサー、レスリー・ブラウンに来日してもらい、来日キャンペーンを行いました。

　さらには夏頃からは翌79年7月21日公開が決まった『エイリアン』の宣伝もスタート。『スター・ウォーズ』に続くFOXのSF超大作ということもあって、これもまた仕込みが大変でした。まだ撮影中だったにもかかわらず、タイトルだけでも定着させようと、10月から予告編を上映予定だった旧・有楽座ほか全国110数館にかけました。これも初めてのこと。案の定、本社からは何も送ってこないので、コンピューターで加工した『エイリアン』のタイトルロゴに不気味なサウンド・エフェクトをかけたシンプルなものを作ったのです。もちろん、公開4ヵ月前からは本国から届いたティーザー予告、本予告にしていきましたが、私たちの狙い通り、79年の公開時には『エイリアン』もSF映画に新風を巻き起こした作品として高く評価されました。

　とにかく、私の約53年に及ぶ宣伝マン人生においても、特別に忙しい、ハードな1年でした。

［表4］78年に手がけた作品一覧

公開日	作品	メイン館
1月10日	**デキシー・ダンスキング／ローヤル・フラッシュ**	スプラッシュ公開
3月18日	**真夜中の向う側**	スカラ座
3月18日	**アンとアンディーの大冒険**	スバル座
4月29日	**愛と喝采の日々**	スカラ座
6月17日	**ジュリア**	スカラ座
6月24日	**スター・ウォーズ**	日劇、テアトル東京
8月 5日	**結婚しない女**	ニュー東宝シネマ1
9月 2日	**フューリー**	日劇
10月21日	**メル・ブルックス　新・サイコ**	千代田劇場

『スター・ウォーズ』新3部作の宣伝展開
『スター・ウォーズ／フォースの覚醒』の展望

『スター・ウォーズ　エピソード1／ファントム・メナス』いまだかつてなかった宣伝展開

映画配給史上全く新しい手法

　現代の神話である『スター・ウォーズ』はもともと9話からなる年代記で、1977年からスタートした『スター・ウォーズ』、『帝国の逆襲』（80）、『ジェダイの復讐』（83）の全3部作は〝エピソード4〜6〟話に相当します。そして99年から始まる『エピソード1』は新3部作の第1弾、物語の第1話となる。

　当時、本国からの情報は届いていませんでしたが、とんでもない映画になる確信がありました。そこで、今までにない映画のマーケティング、これまでやったことのない手法でマーケティングを行うことにしました。なぜならジョージ・ルーカスが『スター・ウォーズ』第1作を送り出してからの22年間、これほど多くの人々の心を掴み、その支持を保ち続けた作品は他には思いつかないからです。実際、4半世紀近く経った99年当時、ファンの集いや本や雑誌、関連グッズ、またルーカスが創り出した世界、神話だけに焦点を合わせたウェブサイトがいくらでもありました。

　公開された映画そのものも革命的と言えますが、これだけ熱情を引き起こし、ファンの心を掴んだのは偉大なる映画以上のものがあったからに他ならないでしょう。自分たちの文化や歴史、成長の過程にまで取り込まれる結果になった要因は「英雄伝」、そして作品の持つ「深み」と「感情」の3つが挙げられます。

　新たに展開される『エピソード1』は英雄や悪党や冒険に加え、叙事詩的要素に満ちた壮大な物語。独自の謎と神話と不思議な魅力を持っています。その範囲は広く、宇宙全体から個人までを網羅している。登場人物、プロット、細部への気配り、衣裳、機構、そのどれもがしっかりと確かなもので、そしてそれらを一つにまとめているのが善と悪、選択の自由と義務、愛と欲、苦難と希望という「英雄伝」が扱っ

『スター・ウォーズ　エピソードI／ファントム・メナス』で来日したダース・モール役のレイ・パークのサイン

ている「深み」と「感情」。これら3つの要素が想像力豊かに力強く組み合わされた結果として、『スター・ウォーズ』は平凡な作品から不思議な魔法の世界の高みへと引き上げられたわけです。

『スター・ウォーズ』は世界的ブランド

『エピソード1』は『スター・ウォーズ』第1作から32年前、1世代前の「英雄伝」の始まりに戻り、ダース・ベイダーの生まれを明らかにしていきます。ダース・ベイダーはアナキン・スカイウォーカーという希望に満ちた9歳の少年。オビ＝ワン・ケノービは無謀な若いジェダイの戦士として、混乱にある銀河にあって夢を求め、自分の中の心の奥底にある恐怖に立ち向かう旅をしています。つまり本作はアナキンがクワイ＝ガン・ジン、オビ＝ワンという2人のジェダイの戦士に出会ったときの冒険物語。一方、通商連合により惑星ナブーが封鎖されて帝国が興り、女王は官僚政治と闘い、ドロイド軍が侵略してくる。と同時に、幼い少年が母の元を去って宿命の旅路に出るという物語も描かれます。

そこで、この映画を壮大なスケールで描かれる一大叙事詩（エピック・サーガ）という売り方をしようと考えました。

『スター・ウォーズ』はシャネル、カルティエ、グッチ、アルマーニと同じように世界的な有名ブランドですから、観客との間には強力な感情的なつながりがある。ゼロから何かをやる必要はないわけです。そこで「コア」「転向派」「潜在派」「アンチＳＦ」という4つのターゲット層に分けた売り方を考えました。

「コア」というのは公開1週目に必ず映画館に足を運ぶ人たち。このグループを来させないように宣伝するのが大変なほど。ターゲットは12歳から18歳までの少年と25歳から35歳の男性グループ。彼らは映画館の常連で『エピソード1』のことを知っていれば必ず観に行くタイプでもあります。

「転向派」というのは日常生活が非常に活動的で映画雑誌も読む。自分たちはつねに流行に乗っていると考えたがり、マスコミにかなり影響される人たちです。映画を観れば映画のことを友人に話したがる。新しい映画が公開されたら早いうちに観に行くタイプです。ターゲットは18歳から35歳までの大人の男女。「コア」と重複しますが、違いは年齢でなく、考え方です。

「潜在派」のグループは映画館に『エピソード1』を観に行きますかと聞くと、「行くかも」と答える人たち。『スター・ウォーズ』3部作は当時のトピックスとして観たでしょうが、ただのいい映画に過ぎなかった。何度も観に行くわけではない。彼らはいい映画と考えられるものは必ず観るタイプ。ファッショナブルだというイメージを自分に持っていて、最新の流行に左右されやすい。自分たちがそれを創り出すというよりも流行を追うタイプで、大衆文化と雑誌に大きな影響を受けるグループ。ターゲットは12歳から18歳までの少女、25歳から35歳までの女性。ここでも「転向派」とある程度重複します。この人たちにはあらゆる女性誌、女性が見るテレビ番組などに対して、これでもかというぐらい連続して話題を提供し続け、ともかくプッシュすることが大事です。

「アンチSF」というのは、観ますかと尋ねれば「たぶん絶対観ない」と答えるタイプ。『エピソード1』は反射的に自分には向かないSF映画だと思い込むタイプでもあります。映画は観るけど、どういうものを観るかについては大変うるさい。映画にエンターテインメント以上のものを求め、自分は『スター・ウォーズ』より上のレベルで知的な映画を観たいと思っている。例えば『イングリッシュ・ペイシェント』『L.A.コンフィデンシャル』などを好み、『タイタニック』を観ている。年齢的にもかなり上の部分の人たちは教育もあり、水準以上の階級にいる。どちらかというと女性がこのジャンルに属します。映画批評や文化人などのオピニオンリーダーの意見に左右されがちで、作品が自分のライフスタイルに合うかどうかを非常に気にする20歳から35歳の人たちで、女性が多い。彼らの偏見を取り除き、先入観を変えて売るには相当の努力が必要です。

なぜこの4つの層にターゲットを分けたかと言うと、前作よりも観客層を広げたかったから。今から21年前に15歳から30歳までの人が『スター・ウォーズ』を観たとすると、当時、15歳の人は今は36歳、30歳の人は51歳になっている。子供の時、お父さんと一緒に観に行った人たちが今、お父さんになって子供と一緒に観に行くわけですから、今回、初めて日本語吹替版を作りました。

『スター・ウォーズ』が持っている一番大事なことはエモーショナル。SF映画で初めて感動があったのはこの映画でした。エキサイトメント（興奮）があり、そこにはあらゆる感情が流れている。そこのところを「アンチSF」「潜在派」にきちっと売ることがこの映画を大成功へ導く1つの大事なポイントだと思ったのです。

前代未聞の予告編効果

アメリカで『エピソード1』のティーザー・トレーラーを限定劇場で公開したら、興行収入が25％アップしました。そのトレーラーを世界中のボバ・フェット人形を集めている、サンフランシスコ在住のスコーピオンというニックネームを持つ33歳男性が客席からビデオで盗み撮りして、自分のインターネットサイトにアップしてしまったのです。そこからコピーのコピーがあらゆるネットサイトに出回ってしまい、これはまずいとルーカスが自分の公式サイトにアップした。すると、毎秒340件とアクセスが集中しすぎたため、システムがパンクしてしまいました。

そんな状況だったので、ポスターの印刷においてはアメリカでも日本でもガードマンを付け、ルーカスフィルムとＦＯＸのマークに特殊インクを使用。コピーすればわかるようにしました。

ティーザー・トレーラーは98年12月5日の『Ｘ-ファイル』、10日の『アルマゲドン』から750本かけ、99年4月下旬からはレギュラー・トレーラーを1160スクリーンにかけるなど、最大限可能なアプローチを行いました。1000館以上でトレーラーをかけるというのはかつてなかったこと。前年末、98年12月からかけているので、公開直前の7月初旬までで恐らく3700～3800万人が観たのではないでしょうか。

99年5月19日、アメリカで封切られた『エピソード1』は『風と共に去りぬ』(39)以来の映画的事件であり、その日はキリストの再来になると思ったほど。上映劇場はＴＨＸ・ドルビー・デジタル・サラウンドＥＸというシステムを導入、約3000館ぐらいからのスタートとなりました。このシステムは『エピソード1』が初。遡れば、ＴＨＸサウンド・システムを最初に取り入れたのは83年の『ジェダイの復讐』。ドルビーを一番最初に取り入れたのは『時計じかけのオレンジ』(71)ですが、それを70ミリの6トラックでやったのが『スター・ウォーズ』。ルーカスはつねに技術的な革命と同時に、音の革命もしているのです。

『スター・ウォーズ　エピソードI／ファントム・メナス』で初来日したジョージ・ルーカス

日本公開は全米公開から2ヵ月後の7月10日。字幕スーパー版と日本語吹替版を合わせて約400館を目指しました。スーパー版を上映するところは先々行オールナイト上映をするので、実質6月26日からの公開。

アメリカからたくさんの素材が来る前に、『エピソード1』のエモーショナルを売りにするため、「ワン・ラブ」(母と子の別れを描いた1つの愛＝60秒)、「ワン・ドリーム」(夢はどこから＝30秒)、「ワン・デスティニー」(1つの運命＝30秒)、「ワン・ウィル」(ナタリー・ポートマンのストーリーを描いたもの＝30秒)、「ワン・トゥルーズ」(1つの真実＝30秒)といった5つのテレビ用パブリシティ・ツールを作り、それを女性が見ている時間帯に打っていきました。ほかＢＢＣの1時間もののメイキング2本(うち1本はジェダイ・ファイトといったアクション、スタント・コーディネーションから完成するまでのシステムを撮ったもの)を封切り後に出しました。

『タイタニック』超えの大プロモーション

ジョージ・ルーカスが『エピソード1』の製作に入ったのは、『アビス』(89)『ターミネーター2』(91)『トゥルーライズ』(94)を観た後、自分のＩＬＭスタジオで『ジュラシック・パーク』(93)の実験にかかった時から。94年から脚本を書き始め、95年にダグ・チャンというＵＣＬＡ出身のインダストリアル・デザイナーを雇い、３０００〜４０００点に及ぶコンセプトアートを作った。そこからクリーチャーを含め、セットから全デザインを完成しました。

それを受け、衣裳デザイナーが世界を回ってアンティークな生地を探し回り、１０００点の衣裳をファイナルまで作った。その後、ルーカスは97年6月から撮影を開始。13週間で撮影を終えた後、1年半にわたって特撮にかかり、5月10日、19日の全米公開ぎりぎりに完成したと聞きました。

今までＣＧＩは５５０ショットの『タイタニック』(97)が一番でしたが、『エピソード1』は２２００ショットと、『タイタニック』の4倍。『スター・ウォーズ』はつねに新たな技術開発に挑戦していますが、『エピソード1』はデジタルでクリーチャーを作るデジタル・シンセティック・キャラクターとバーチャルセット・テクノロジー――グリーンスクリーンを背景に、セットのないところにどんなセットでも作り出せるＣＧＩソフトを4年かけて作りました。

撮影は一切隠密で進められましたが、98年2月、私は初めてルーカスからいくつかの種類の映像と特撮がかかっていない20分以上の映像を見せてもらい、大体の『エピソード1』の世界観を摑むことができました。そして6月。サンフランシスコのルーカスフィルムとロサンゼルスの真ん中に位置するレイク・タホ（テレビドラマ「ボナンザ」のロケ地）に50ヵ国くらいの人たちが召集され、『エピソード1』をどう売るかについての会議が行われました。私たちはポスターをはじめ、前述した4つのターゲット層に対しての売り方、パブリシティのポイントからアド、プロモーション、クリエイティブのポイントを出して話し合い、すべてにＯＫをもらうことができました。

今回アプローチしたのは全国紙、スポーツ紙、地方紙、男性・女性誌などあらゆる種類、８１３の紙媒体で、記事の切り口を全部変えて３０００回以上掲載。これは今まであり得ないことでした。『タイタニック』でも２５００、『インデペンデンス・デイ』(96)でも２０００ぐらい。これまで作った記録をベストを尽くして追い抜くことが目標でした。

アメリカでは「バニティフェア」という高級誌が16ページにわたる大特集を1月下旬に初めて出しましたが、『エピソード1』のパブに関しては日本が世界一早かった。前年の12月12日に「スポーツニッポン」紙他にパブを載せましたし、これをテレビの朝のモーニングショーが取り上げた。その次は元旦の読売新聞に初めてフリーパブリシティを全8段で掲載。さらに4月は映画を取り上げたことのない高級ファッション雑誌

「ハイ・ファッション」が表紙及びカラー16ページの特集を組んでくれた。またクルマのデザイン雑誌「カースタイリング」も8ページで特集。アメリカは封切りまで68誌の表紙を飾りましたが、日本ではこれまでやったことのない媒体を全部攻め、アメリカに続く形でやっていくことにしました。

一方、電波は『タイタニック』を抜くとなると、ネットを含めたフリーテレビで190番組以上、CATVやCS、衛星放送を含めて約430、ラジオは187にアプローチ。78年の『スター・ウォーズ』公開時、テレビに売り込む素材は16ミリフィルムで、今のように4分の3インチやベーター・カムといったテープがあったわけではありませんでした。だから当時はテレビに売り込む回数が凄く少なかった。初めて今のような素材ができたのは80年の『帝国の逆襲』からでした。

また、『エピソード1』も『タイタニック』と同じようにソニー・クラシックからサントラ盤が出た。『スター・ウォーズ』は20以上のカバーバージョンが出ましたが、今回も何種類かのカバーバージョンが出てくるでしょう。それを加えると『タイタニック』はフリーパブリシティだけのバリューで74億円でしたが、『エピソード1』については85億1000万円と考えた。

さらに先日、おもちゃショーがニューヨークでありましたが、そこで350種類の『スター・ウォーズ』関連のおもちゃがバイヤーに紹介され、全米では大変な騒ぎになりました。アメリカ国内ではおもちゃはハズブロという世界一のおもちゃメーカーが全権利を持っていますが、日本ではトミーが全権利を取得。また今までキャラクターを扱ったことがなかったレゴが今回初参加、『スター・ウォーズ』のクラシック・バージョンと新作バージョンを『エピソード1』の封切り前後に発売しました。ほか、アメリカでは任天堂やルーカス・アーツがテレビゲームを発売、ペプシコ・グループ（傘下にケンタッキーフライドチキン、ピザハット、タコ・ベルなど）は20億ドルの全世界契約をしています。

ペプシ・スター・ウォーズ・コレクションの新聞広告

ペプシ・スター・ウォーズ・キャンペーンのポスター

シックのスター・ウォーズ・キャンペーンのポスター

右：特別展「スター・ウォーズ　サイエンス アンド アート」の広告／左：東京電力とのタイアップ企画の広告

これらを換算すると、旧作3部作合計で全世界で45億ドルの売上げ。『エピソード1』はおもちゃだけのエスティメイトで50億ドル以上いくと言われるくらいスケールアップするなど、もはや映画産業を超えています。全世界で旧作3部作は18億ドルのグロスですから、その2・5倍も売れている。あらゆる関連商品を入れると1000種類以上が発売されると見られています。

日本ではトミーがおもちゃ全製品、任天堂がTVゲーム、セガはアーケードゲームを発売。そのほかお菓子、レトルト食品、コンピューターのソフトウェア、剃刀のシック、ノベライゼーション、メイキング本、コミック化といったものが何十種類も出ます。あとは保険関係、ファストフード、航空会社、鉄道などと交渉しました。

プロモーションの目標として、過去に『ホーム・アローン』(90)から『ミセス・ダウト』(93)、『スピード』(94)、『ダイ・ハード3』(95)『インデペンデンス・デイ』、『スター・ウォーズ3部作／特別篇』『スピード2』(97)、『タイタニック』で付き合っていただいたところを1つにまとめました。以下はその主な概要です。

●環境庁
「環境月間」に合わせ5月1日～6月30日まで9週間。ポスター2万3510枚、1629ヵ所。媒体価値265億円。「自然に親しむ国民の運動」に合わせ7月1日～8月31日まで9週間。ポスター16万5226枚、1300ヵ所。190億円。

●東京都交通局
5月1日～6月7日まで6週間。京成電鉄59駅、京浜急行91駅、都営地下鉄77駅、ストリートカー、モノレール、バス116路線、1日の乗降客645万8000人。ポスターB1 2200枚、B2半截7000枚、チラシ130万枚。3億4000万円。

●運輸省
「関東運輸局百選」1期が4月15日～6月上旬、2期が7月1日～9月上旬まで計18週間。東京、神奈川、千葉、埼玉、群馬、栃木の関東57鉄道2034駅にポスター21万1000枚。189億9000万円。

●全国学習塾協会
6月1日～8月30日まで14週間。塾と全国主要501の図書館、私立中学校1368校、4専門学校と都営地下鉄の28路線にポスター7万9990枚。93億7400万円。

●東京ハイヤー・タクシー協会
5月1日～6月30日まで2ヵ月間。3万2000台。約9600万円。

警視庁・全国防犯協会のポスター

京成電鉄のパスネットのキャンペーン

●文部省
小学校2万4376校、785万5389児童、中学校1万1257校、448万1483生徒、高等学校5496校、436万3603生徒。半載の壁ポスター4万1129枚。約8億1350万円。

●警視庁・全国防犯協会連合会
7月1日～8月31日まで9週間。B2ポスター8万枚、B3ポスター11万枚。約65億7000万円。

以上主だったところを合わせると、テレビ局などを入れないで816億8350万円、フリーパブリシティの85億1000万円を入れると約902億円。企業のタイアップを入れると950億円のキャンペーンになります。

目標の第1関門は配収70億円

78年の『スター・ウォーズ』は旧日劇と旧テアトル東京をメイン館に、当時空前絶後の230館近くで公開してファーストランの配収が44億円。動員数700万人ぐらいですから、当時のポテンシャルで言えば配収70～75億円ぐらい。その当時は日本語版がなかったので10歳以下は2％しか来ていません。

その後、2作目、3作目と公開され、テレビに何度もオンエアされ、ビデオで何度も観ている人もいる。とは言え、97年20億円の配収があった《特別篇》3部作を観た人の半分は前作を観ていないのではと思います。『エピソード1』が800万人の動員をすればグロス112億円、配収62億4000万円ですから、目標の第1関門は75億円。

『タイタニック』が『もののけ姫』(97)の記録を破ったのが22週目ですから、勢いがあれば20週ぐらいで目標を達成するでしょう。その『タイタニック』は最高で246館、常時220館ぐらいでしたが、『エピソード1』は406館。1週目は『タイタニック』の190～200％は行くとみています。上映時間は2時間10分前後。そうすると4回、うまく回せば土日、夏休みは5回。日本語版、スーパー版同時公開、全天候型、全映画人口を網羅するので、昼も夜も観客は来るのではと思っています。

『スター・ウォーズ　エピソード1／ファントム・メナス』の新聞広告

一方、P&Aはそれほど使わなかった。『タイタニック』はロンチ（立ち上げ）で7億5000万円、ファイナルで10億9000万円。『エピソード1』はそれよりちょっと少ない10億円です。

日本での完成披露試写は6月中旬。メインの日本劇場の他、東京国際フォーラムでドルビー・デジタル・サラウンドEX13ヵ所、80本のスピーカーを2階と1階と前の方に入れ、最高のシステムでイベントプレミアを行いました。

日本でドルビー・デジタル・サラウンドEXシステムで上映できるのは東宝直営館、ワーナー・マイカルを軸とするシネコンとなります。今後もっと増えてくると思いますし、これを入れるのは常識になってくるはず。この先、イベント・ピクチャーは全部このシステムになると思います。『スター・ウォーズ』シリーズがすべての基本になり、そこから新たなる伝説が始まる——。

「ニューズ・ウィーク」の記事によると、ルーカスの仲間のスティーブン・スピルバーグやローレンス・キャスダンといった『スター・ウォーズ』(77)『インディ・ジョーンズ』に関わって来た人たちが未完成試写を観たようで、スピルバーグは「1週間は感動と興奮がおさまらない」とコメントを出していました。

『エピソード1』は1シーンに平均13のSFXショットがありますが、1500シーンに及ぶSFXを受け持つのはデニス・ミューレン率いるILM。うち60%がCGIなどのデジタルSFX、CGIによる13種のエイリアンと、普通の映画ではありません。

この後『エピソード』3部作は『エピソード2』が02年、『エピソード3』が05年のメモリアルデー（5月下旬）に公開されます。『スター・ウォーズ』はマーチャンダイジングを含め、今から9年先までのビジネス。映画公開の1年後にビデオ、その1年後に衛星放送、CATV、CSに行き、『エピソード2』封切り前に『エピソード1』がフリーテレビに露出する。同じことの繰り返しが『エピソード3』でも行われます。当然、シリーズが回を追うごとに新しいキャラクターが加わってくるので、関連商品だけでも最終的には全3部作の4倍の売上げになるのではないかと思います。

ルーカスの構想としては9話までありましたが、果たしてそこまで作られるかというと、難しいと思います。というのはルーカスは99年現在54歳。05年になると60歳になる。さらに3部作を準備すると、10数年かかる。元気なら作るかもしれませんが、ルーカスは特撮を他人に任せず全部自分でやる人ですから、年齢的にいって難しいでしょう。

「映画時報」1999年3月号より
発行：合同通信　

『スター・ウォーズ エピソード2／クローンの攻撃』データに基づいた宣伝展開

全米で記録的な大ヒット

２００２年夏最大の話題作としてビッグヒットが期待された『スター・ウォーズ エピソード２／クローンの攻撃』が5月12日から全米公開され、４日間で早々と興行成績１億１６３０万ドルを売上げるシリーズ最高のメガヒットを記録。シリーズ5作目、前作（99年）から3年ぶりということで待ちわびたファンがどっと押しかけ、初日は３０１０万ドルと平日初日の全米歴代新記録を樹立しました。４日間で1億ドル突破は、最終興収4億３０００万ドルを売上げたシリーズ最高の前作『エピソード１』の５日間より１日早く達成したことになります。

全米では公開3ヵ月前から劇場にファンの列ができ、前回同様、午前0時過ぎのオープニングから熱狂的ファンのフィーバーが起こりました。平日初日だったため『エピソード２』を観るために会社や学校を休んだ人たちが２７０万人とか３００万人とも言われ、これによる経済損失は3億ドル以上になるというニュースが新聞やテレビで流れました。こういう社会現象を引き起こせるシリーズ映画は『スター・ウォーズ』だけ。ギネスブックではないけれど、そういうことをするのが好きなコアファンなのです。

日本での前作の興行は動員数８２７万人、興収１２８億円、配収78億円。そこで、『エピソード２』は６５０万人以上、興収90億円以上、配収66億円以上という目標を立てました。

テーマは「禁断の恋」

公開1年以上前の01年3月、フォー・シーズンズ・ホテルで「ルーカス・ロードショー」と呼ばれるルーカスフィルムとの第1回の打ち合わせをして、4月までにプランを作り、再度サマライズしました。その時々に1時間ぐらいのモノクロのビデオに収められた、特撮が未完成のものを観せてもらうことができた。そこには彼らは彼らなりのプレゼンテーション、日本向きにはこうした方がいい、こういう資料がいつまでに欲しいといった基本的な準備会議的なものがありました。そして第2回が9月26日、第3回が10月25日に開催。それを土台にまとめたものが今回の戦略です。

今回のテーマは「禁断の恋」。

これまで『エピソード1』も『スター・ウォーズ』『帝国の逆襲』『ジェダイの復讐』も、作品以外のコネクションを使えなかったんですが、今回はこれまでの、そして『エピソード1〜3』までの全6話の関連性がわかる。どうしてレイア姫が「禁断の恋」の後、ナタリー・ポートマン扮するアミダラから生まれるのか。スカイウォーカーはどうしてダークサイドへおちるのか。ジェダイはどうして決裂してクローン戦争が起こるのか。今回の話は全銀河の今までのエピソードの関連性が入っていて深い。ストラクチャーで言うと、『帝国の逆襲』に近い。今回はクリップもスチールも、『スター・ウォーズ』『帝国の逆襲』『ジェダイの復讐』『エピソード1』全部が使えることになりました。

『スター・ウォーズ』のスピリットは基本的には楽しむこと。マーケティングとしては前作で学んだ多くのこと、何をすべきか、すべきでないか、どの領域が安全で、どの領域がリスキーであるか、どのタイミングで宣伝費を使うべきなのか。それらを賢く巧妙に、独創的に、画期的に、創造的な方法で実行するのが『スター・ウォーズ』チームの新たな戦略です。

前作『エピソード1』では前代未聞の量の口コミや前評判で広がりましたが、それらの大半は我々が自らの手で作り出したか、制御下においてのものでした。しかしながら今回、さらに大きな試練に挑み、この映画から得られる興行収入をもっと多くしたいと思っていますし、それは達成可能だと確信。というのも、この作品の方がより力強いし、『エピソード1』公開とDVD発売のおかげで、『スター・ウォーズ』ブランドにフレッシュな吸引力が生まれているからです。それに我々も前回よりずっと賢くなってきた。

『エピソード1』を観た人々全員に再び劇場に足を運んでもらう必要があるし、新たな人々を動員する必要がある。さらに真のファンたちには何回も繰り返し観ても

『スター・ウォーズ　エピソード2／クローンの攻撃』のアートブック。ジョージ・ルーカスがサインをして、古澤氏にプレゼントした

らう必要がある。そこで『スター・ウォーズ』ブランドの確立をフレッシュで、健全で、成長しつづけるものに保つような方法で実現していこうと思っています。

5つの指標的原則

99年の実績から学んだノウハウに5つのキーとなる指標的原則があります。

まず1つ目は「映画に人々を合わせるのではなく、人々を映画に合わせる」こと。『スター・ウォーズ』について彼らの観方を変えさせるような賢く創造性に富んだ方法で、どのようにそのターゲットにアプローチするのかをはっきりさせなければなりません。そのため、ターゲットとなる方たちのライフスタイル、考えること、行動様式を最初に考慮する必要があります。彼らのパターンに『スター・ウォーズ』をどのようにフィットさせるべきか、を考えるということです。

2つ目は「フォーカス（焦点）」。我々

『スター・ウォーズ　エピソード2／クローンの攻撃』で来日したジョージ・ルーカス

は映画を観に来るか来ないかについて決定的な変化を生み出せる人々に対するコミュニケーションに対し、時間、努力、予算を費やすことのみに専心してもいいくらい。一部の人々は何事があろうとも『エピソード2』を観に来るだろうし、一部の人々は我々がどんなに努力しようとも観に来ないでしょう。しかし、真にフォーカスしなければいけないのは、劇場に来る可能性がないとは言えない人々の気持ちを変えさせることです。

3つ目は「全体を見渡す」こと。影響力を及ぼそうとしているこれらの人々について考えた場合、彼らに作用するであろう様々な影響力のすべてを考慮することが大切です。つまり、パブリシティ、プロモーション、広告、同僚たち、友人たち、ショップ、映画館、他の作品といったすべてを分析して初めて、どのあたりに資金を費やせば彼らの考えることに真にプラスになり、ほかの影響力すべてを補完できるかが見えてくる、ということです。

4つ目は「自由に」。責任の持てる革新という範囲内で、我々のイマジネーションをワイルドに膨らませること。この映画の宣伝に対してはたった1つのルールしかありません。もし、そのやり方で目的が達成できるなら、それを追求しようということです。その時点でいかに普通と違っていて、いかに奇妙に見えようともです。

5つ目は「楽しく」。『スター・ウォーズ』は我々が25年間培ってきた大切な財産。ですから楽しみましょう、ということです。

以上が『エピソード1』の実績から学んだ5つのキーポイントです。

ターゲット層を4つに分類

映画のターゲットは子供たち(8～12歳)、ティーンの少年少女たち(13～17歳)、そしてその父母たちというレイテント(潜在的な者)を追いかけます。『エピソード1』で我々は『スター・ウォーズ』とそれが象徴するものに対する態度という観点から、どのように世間の人々を細分化できるかを見つけました。

具体的には観客を「コア」「コンバート(転向派)」「レイテント(潜在派)」「アンチSF」に分類。観客層をこのように分類する方法で結果的にターゲットの設定、果たすべき職務の分析、コミュニケーションを展開していくうえでの指標作成、そして時間の経過と共にこれらのグループ構成に見られる流動的な変化を追跡していくことが有効となりました。

大切なのは、これらのグループ分けは(年齢などの)確固たる統計的データに基づいているのではなく、『スター・ウォーズ』に対する反応に基づいている点。これらのリアクションは実際に一定の行動に結びついていくものなので、4つのメイングループそれぞれの中にさらにスポットライトを当てます。そこでは〝特別な注意〟対象とすべき年齢のキーとなる統計的な集団がいくつか存在します。

つねに最初に来るのは反応であって、(年齢などの)統計的傾向は二の次であること。例えば、漠然とティーンの少年少女すべてをターゲットとするのではなく、レイテント(潜在)状態にある少年少女たちに注意を払うようにしています。

「コア」は『エピソード2』を絶対に観に来る人々、「コンバート」はたぶん観に来る人々、「レイテント」は(広告などによって)ちょっとでも気が変わらない限り恐らく観に来ない人。この人たちはいい映画は観るんです。例えばアカデミー賞を獲った作品とか、単館とか、文化的な匂いのする映画に行くタイプです。そして「アンチSF」は絶対観ないつもりの人々。しかしながら、現実はこれよりもう少し複雑になっており、すべてのグループが興行収入を生み出す可能性を秘めてます。1つのグループからほかのグループへ膨大な量の人々が行ったり来たりする……これは公開が近づくと特にそう。重要なのはすべてのツール……パブリシティ、口コミ、広告、プロモーション、パートナーたち、そして映画自身といったすべてを活用し、公開が近づくにつれ、適切な人々を1つのグループからほかのグループへと移動させることが重要です。

前回調査したデータがありますが、00年の時は「コア」が公開後4％増加。これはDVDやテレビのオンエアなどが影響しています。「コンバート」は公開前10％だったところ公開後24％に増えている。ただ、この層はいつも押してないとまたすぐ落ちてしまいます。「レイテント」はスペシャル・バージョンを封切る前は24％でしたが、封切り後にすぐ落ちた。ところが封切り1年後にビデオとDVDが発売されると39％に上昇。絶対観ない「アンチSF」は下がってきている。これはいいことで、ここをどう引っ張り込むかが『エピソード2』の興行収入に関わるわけです。

『スター・ウォーズ　エピソード2／クローンの攻撃』で来日したヘイデン・クリステンセン

「コア」、「コンバート」、「レイテント」、「アンチSF」――この中で「アンチSF」層の観客は今から25年前に10歳だった人たちです。

20歳なら25年前には生まれていない。恐らくテレビでしか観ていない層です。ガールズ（13～17歳）も25年前には存在しなかった。やっと3年前の『エピソード1』ぐらい、あるいはビデオかDVDから知ったという人たちです。ボーイズ（13～17歳）も旧作は知りません。面白いのは、これらの統計的グループがいかに時間の経過につれて変化したかです。日本では彼らのうちの一部の人たちは非常に活動的で、映画に対してかなり気まぐれです。付和雷同でその時気分が乗ったら、つまらないだろうと思っても観に行ってしまう。これはよくある話です。

つまり、これらのキーとなる統計的、反応別グループは我々の努力に反応することがわかっています。彼らはグループ間を互いに移動することもわかっていますし、これらの人々に対し、我々の努力を集中させなければいけないこともわかっています。

ターゲットには4つの層があり、彼らは普段から映画館に行く人々で、恐らく1年に1回以上は行くでしょう。重要なのが時間の経過につれて様々に変化する点。これは決定的な発見でした。というのも、マーケティングとコミュニケーションが人々の態度を変え、彼らの行動を導いていくような効果を持っていることを意味していますから。

フォーカスすべき領域

次はフォーカス（焦点）です。「コア」に対しては、盛り上がりが行き過ぎてはならない。この匙かげんがすべてにおいて重要で、パブリシティもプロモーションも『エピソード2』から離れさせず、肯定的に保たなければなりません。他の人にも観るよう勧めてもらうためには何をしな

ヘイデン・クリステンセンのサイン

ければいけないか。できれば何度も劇場に足を運ばしたい。こういう層が我々の狙いどころです。

例えば、子供たちはどんな映画を観るのかというと、「ポケモン」「ドラえもん」など。おもちゃのウィップロップ、スナック菓子、テレビは「とっとこハム太郎」、服はユニクロ、GAP。ここをターゲットにするためにはどういう雑誌、テレビ番組が有効か。どういうところとタイアップ・プロモーションをしなければいけないか、ということになるわけです。

「自由に」&「楽しく」が一番大事で、黄金律（行動規範）の最後の2つはきわめて自明のもの。キーとなる観客ターゲットたちをいかにして『エピソード2』に対して興奮させるか、クリエイティブなアイディアの数々を興行の結果として得ました。これらのアイディアはすべて『スター・ウォーズ』ブランドのキーとなるテーマの数々——関連性、選択、楽しさに基づいています。

『エピソード2』でフォーカスすべき第1のテーマは「選択」。これは主要キャラクターたちによって体現されています。理性と心のどちらかの選択。いい方に行くか、悪い方に行くかがこの映画のテーマです。アナキンとパドメが選択するのは、人間関係において最も不朽のテーマの1つ。つまり、許されない愛を貫くことと、自分の心に正直になるために打ち破るべきあらゆるルールとの葛藤です。

この作品は一貫して愛、人生、ユーモア、任務を描いていますが、秘められた愛はティーンの少女たちにアプローチする足がかりとなります。しかし、選択には2つ目の次元もあります。『スター・ウォーズ』というサーガ全体においてそうであるように、『エピソード2』はジェダイがしなくてはならない選択にスポットライトを当てています。つまり戦うのか飛ぶのか、平和か怒りか、生か死か、ダークサイドかライトサイドか、といった選択です。これがこの映画のテーマなのです。

マーケティングでテコ入れをはからなければいけない領域は、同じような状況に立たされたことのある人々の層。彼らの心、理性、社会、仲間たち、人生のはざまで選択をしなければならなかった人々の人間らしい心の琴線に触れることです。

フォーカスすべき第2のテーマはこれまでの5作によって生み出されたサーガの深みを人々に伝授すること。リサーチの結果では、人々は我々が思っているほど『スター・ウォーズ』の全体像について知っておらず、これは発掘すべき非常に豊かな層と言えます。そしてマーケティングのプランは人々にこれらの関連性を伝授し、彼らを興奮させ、のめりこませ、映画自体であれ、本、おもちゃ、ゲームであれ、『スター・ウォーズ』ブランドをなんとしても体験したくなるようにさせることです。

フォーカスすべき第3のテーマは、とにかく面白さ。結局『スター・ウォーズ』シリーズはこの感情を一番大切にしてきました。これからもそうです。この面白さとは、『スター・ウォーズ』シリーズの数々のトピック、スペクタクル、ストーリー、公開を巡ってあれこれ噂をすること、ライトセーバーなどのグッズを集めること、そして家族で『スター・ウォーズ』シリーズを観ることであり、またしてもこれが非常に多くの可能性を秘めたテーマ。我々はこの部分をぜひとも活用すべきだと思いました。

これらの3つのテーマを総括すると、述したとおり、この映画はひたすら許されない禁断の愛とジェダイ・アクションを追求しています。またこの映画は、旧3部作と『エピソード1』という大きな構図の中に織り込まれています。

さらに、この映画が全体を通じて一番大切にしているのは面白さ。これがバックグランドにあったからこそ、こういったデータ結果が得られたわけです。

『エピソード1』を観たのはどんな人？という調査では、男性55％、女性45％。『エピソード1』を観に行った人々は男性、特に20代、40代が多かった。『スター・ウォーズ』は普遍の物語だと私は思います。いつの時代にも、どの世代に対しても。ですから観客の反応はそう変わらないと思います。ただ『エピソード2』は最初の『スター・ウォーズ』くらいのインパクトはある。25年前の作品と違うのは、デジタル。スティーブン・スピルバーグは『帝国の逆襲』が一番好きなのだそうですが、『エピソード2』を観て、「一番最初に作った『スター・ウォーズ』ぐらい素晴らしい。監督としてもルーカスは素晴らしい仕事をした。アクションのVFXを含めたテクニックの使い方はジェームズ・キャメロンの一番優れた特撮のテクニックを使った『ターミネーター2』から学んでいるのではないだろうか」とコメントしてます。

途切れなかったパブリシティ

『エピソード2』の告知のキック・オフは01年11月16日。スポーツ紙全紙に「禁断の愛」のポスターを出しました。そして日本テレビの「ズームイン!! SUPER」他全国ネット14番組、ロンチ（立ち上げ）トレーラーはテレビ朝日の「ニュース・ステーション」独占から始まり、のべ視聴者数は9100万人。MV（メディア・バリュー）はお金に換算すると3億1000万円くらいになります。

パブリシティも子供向け、ティーン向け、イベント向けと分けました。子供たちには「コミックボンボン」「コロコロコミック」、小学生雑誌、小学生新聞、「テレビマガジン」などにジェダイ・アクションを盛り込んだ。テレビ番組では「ひらけ！　ポンキッキ」「おはスタ」に。ティーンズに向けてはヘイデン・クリステンセンのインタビューなど。

グラスルーツ（草の根プロモーション）は

2月5日のさっぽろ雪まつりにジャンゴ・フェッド（ボバ・ヘッドの父）というキャラクターを初めて出し、〝『スター・ウォーズ』がさっぽろ雪まつりに登場〟と、テレビ2局と北海道新聞に取り上げてもらいました。

また、グラスルーツの一環として旧3部作の当時からのチラシ版をキープ。もっと早くこういう機会があればと思っていましたが25年経ってしまったので、「25周年記念チラシ4枚セット」として前売券に付けました。その売れ行きは『エピソード1』9週前で339％、10週前で417％（参考までに『ハリー・ポッターと賢者の石』の前売券は10週前で401％、9週前で470％）。

とにかく、イベントテレビ、セレブレーションテレビ、子供番組などなど。ロングリード（公開前の先行取材）、グラスルーツと通常のパブリシティを前年のキック・オフからずっと切れ目なしに続けてきました。

ANBの「世界痛快伝説!!　運命のダダダダーン！」では『スター・ウォーズ』の世界を放映。さらには旧4作品をテレビ放映、8000万人がシリーズを観ることになりました。1作目の『スター・ウォーズ』は5月3日に日本テレビで放映し18・5％の視聴率と、通常より4・5％良かった。5月5日のこどもの日にテレビ朝日で放映した『ジェダイの復讐』は15・6％の視聴率でこちらも通常より4％良かった（ジャイアンツ戦が凄くいい時でこの数字だそうです）。その後も、日本テレビは『エピソード1』を封切り1日前に、テレビ朝日は封切り1日後に『帝国の逆襲』を放映します。その前にはもちろん番組宣伝を行います。

また予告編は前年秋から既に6200万人以上が観ている計算で、ウェブサイトは昨夏から全世界で一番ヒットが多い。プリント・メディアだけでトータル・ブレークは3740回以上、媒体価値で13億5000万円になります。さらにCS、BSを含めたフリーテレビのトータル・ブレークの番組数は555番組。この中には1時間、2時間の特番もありますし、番組の中で『エピソード2』を取り上げたクイズもあります。ほか、セレブレーションテレビで放送局が各4作品をオンエアしてくれる。NHKの特番を含めると、媒体価値は285億円にもなります。

音楽関係ではサウンドトラックを4月26日に発売しました。タイアップも相当あります。政府関係のタイイン広告は環境省、国土交通省、経済産業省、警視庁、全防連など。ほか京成電鉄、京浜急行、東京ハイヤー・タクシー協会、セブン‐イレブン、ペプシなどなど。

02年は世界3大イベント開催の年。ソルトレイクシティの冬季オリンピック、ワールドカップ・サッカー、そして『スター・ウォーズ　エピソード2　／クローンの攻撃』。情報誌「ぴあ」が選んだ3大イベントですが、我々も『エピソード2』をそんな位置づけで展開しました。

「映画時報」2002年6月号より
発行：合同通信　©合同通信

『スター・ウォーズ　エピソード3／シスの復讐』シリーズ最終章の宣伝展開

ルーカスフィルム直で宣伝依頼

私が20世紀フォックスを依頼退職したのは2003年1月10日。体を壊し、ちょうど治療中だった時、ルーカスフィルムの人たちはソニーの厚木工場に何度も足を運んでデジタルカメラや3Dのデジタルカメラを開発していたりと、いろいろな仕事の関係で日本に何度も来ていました。その時「とにかく体を治して参加してください」と言われたのです。

『エピソード3』の撮影が始まったのは03年9月。約4ヵ月でライブ・ショットを撮り、2年かけて特撮、その間に追加撮影が繰り返し行われました。『エピソード3』を始めましょうという話がルーカスフィルムからあったのは04年4月29日。『エピソード1』『～2』でやった時と同じように、プレビズ・フッテージとマーケティング、セールスのストラテジーを持って、我々のところにプレゼンテーションをしに来日しました。それが『エピソード3』公開のちょうど1年前。そこから準備を始めました。勝手知ったる仲ですから、7月にもう一度来日した時には、より細かい中身のあるディテール部分のコミュニケーションを行うことができました。

『スター・ウォーズ　エピソード3／シスの復讐』で来日したプロデューサーのリック・マッカラムと奥さん

私は約10年前からずっと小学館プロさんと組んで打ち合わせをしていたので、マーチャンダイジングのライセンシー、タイアップ・パートナー企業の方とどう進めて選んでいこうかと、04年夏ぐらいから動き始めていました。そして9月27日、もう1回FOXの地方のオフィスに集まり、バジェット、マーケティング、セールスについてミーティング。その時には具体的にマーケティング・タイムラインとバジェットを全部作り、そこからFOXが揉んだものをルーカスフィルムに渡しました。その後、ルーカスフィルムと私が相談し、大枠を固めたのが04年11月でした。

初のパチンコとのタイアップ

私がパチンコを新シリーズで仕込んだのは『エピソード2』が上映中でしたから02年10月ぐらいでしょうか。あの時はかなり揉めました。アプローチとしては、ラスベガスのスロット・マシンとか、いろいろキャラクターものをやっているじゃないかと。パチンコがとてつもない1つの産業だというのがあちらの方には理解できなくて、ギャンブルという一面で考えられていた。ギャンブルだけど、旧クラシックのキャラクターをDVD発売と新作の最終章『エピソード3』につなげるには、パチンコをする人がターゲットではなくても、店の前を通る人たちにフラグ、ポスター、スタンディといった諸々のものが嫌でも目につきますからと。

ルーカスフィルムとしてはファミリーものをやっているレゴさんにどう思うかと、当事者以外に聞くわけです。私にも聞き、私とレゴさんがいみじくも「ぜひやるべきだ」と提言。映画でも『ロード・オブ・ザ・リング』(01)や『スーパーマン』(78)でやったことがありますが、短期で終わってしまっている。でも、パチンコ業界はオーナーがどれだけ思い入れがあるか、パチンコ台が面白いか、一般消費者に試験をしないと買わないんですね。

開発が決まったのは02年暮れ。そして05年1月下旬からリリースされました。パチンコ店は全国3万店舗以上。各店舗が勝手に新聞折り込みのチラシを作る。台の名前は「SW」で、絵も使っているし、キャラクター、音楽も使える。

そして04年秋、『スター・ウォーズ』3部作のDVDを初めて発売しました。DVD-BOXセットは世界ナンバー1のセールスを記録しました。

『シスの復讐』のアートブック

最終章はシリーズ初のＰＧ13

『エピソード3』のブッキングに関して言うと、全米で『エピソード2』と『マイノリティ・リポート』が02年夏に公開するというので、01年春にＦＯＸのスタジオで、2012年に亡くなった親友の鎌田陸郎（元東宝常務）さんが当時の日劇、スカラ座、日劇プラザ、日比谷映画で好きな時にやってくださいと言ってくれたわけです。すると、当時のＦＯＸの共同会長のジム・ジアナポリスが「何も一緒に出すことはない」と。それで『エピソード2』は夏、『マイノリティ・リポート』は正月というブッキングになりました。

　その時には既に『エピソード3』の公開は決まっていた。私がＦＯＸを辞める前から、『エピソード3』と『ロボッツ』は05年夏に置いてありました。シリーズものだと今、ブッキングは2、3年先まで決まっている。しかも『エピソード1』が終わった00年ぐらいからシネコンがどんどん増え、興行の形態、マーケットもドラスティックに変化していきました。

　最終章『エピソード3』は公開前の4月27日夜に日本で観ましたが、うまく着地したと思います。ウルトラCの着地10点満点。今までの『スター・ウォーズ』のターゲットは子供から大人、おじいさん、おばあさんまで。ルーカスが意図したのは「半分子供、半分大人の観客の皆様にこの映画をお贈りします」というのが最初のシナリオの序章でした。1話が歴史に残る傑作、2話が続編の大傑作、3話をあんなふうに終わらせたのも、ルーカスが監督協会とのいろいろな問題で監督をしなかったとか、2作目以降は自分で予算を集めたとか、特撮スタジオを進化させるためにいろいろな精力を注いだ時期だったなど、いくつかの理由はあったでしょう。

　『エピソード1』は子供から始まる映画、『エピソード3』は初めての大人の映画でＰＧ13。この映画は家族の物語の終焉です。1作目で登場したダース・ベイダーは『エピ

『スター・ウォーズ　エピソード3／シスの復讐』の新聞広告

ソード1』では子供で、ジェダイ・マスターの下で修業を積む。その後、ダークサイドに堕ち、1作目の『スター・ウォーズ』へとつながる。

　この映画はすべての『スター・ウォーズ』を28年間観続けてくれた世界のファンにすべての謎を明かす映画です。なぜオビ＝ワン・ケノービはタトゥイーンという砂漠の惑星で1作目のルーク・スカイウォーカーにライトセーバーを渡したのか。なぜ『帝国の逆襲』のジェダイ・マスターのヨーダは９００歳でダゴバの沼の惑星で隠遁生活を送っていたのか。今までファンに明かされなかった謎がすべて解決するわけです。

　今回、大人の映画と言っても、クローン戦争からラスト20分間に及ぶアナキンとオビ＝ワンの決闘、ヨーダとダース・シディアス（悪の皇帝）との戦いが交互に描かれています。エモーショナルですね。ジョージ・ルーカスが言っていますが、宇宙の『タイタニック』、感動と涙があります。泣けます。

　あちこちにロケにも行っています。チュニジアにも、最初の映画のロケ地にも、中国、タイ、ヨーロッパにも行っています。２１４のビジュアル・エフェクトと、映画史上最高最大にリッチな映画です。1億１３００万ドルの製作費ですが、普通のメイジャー・スタジオが作ったら、その倍以上かかると思います。しかしルーカスはすべて自分の会社で作っている。そしてこの映画はスペシャル・エフェクトやデジタル、サウンド、編集の技術などすべてをルーカスの会社で進化させ、そのノウハウを新しいフィルムメイカーたちに提供しています。

　ルーカスが推進しているのはデジタルで、機材のあるところはデジタルで上映（中国が一番多く５００館）。以前ＵＩＰにいたジェフリーという人がルーカスフィルムでテレビセールスをずっとやっていますが、彼は04年8月から9、10月、05年2月と4回来日し、旧作、前5作をテレビ局にセールスしました。先々行の前の時に『エピソード1』、公開時に『〜2』、そして本作公開の時に一気に『スター・ウォーズ』旧3部作が地上波に戻ってきます。『スター・ウォーズ』シリーズは全チャンネル、BS、CSをも制覇した映画。それも1回や2回じゃない。1粒で何10回おいしいビジネスですから、半年、1年かけて準備をしてくる。うまく編成

『スター・ウォーズ　エピソード3』のプレミアを2005年6月18日東京国際フォーラムで開催した

をしていただくには交渉も、時間がかかるわけです。彼らが来日するたびに私は会っていました。

新記録を樹立した全米公開

『エピソード3』の全米公開は05年5月19日の木曜日の0時1分。1回目、2回目、3回目のチケットはソールドアウト。歴史に残るオールナイト・ショーをカウントダウンでやりました。

アメリカは最初、カウントダウンをやらず、ノーマルな公開をしました。日本で先々行、先行ができるのは、日本だけが遅れて公開するから。『エピソード3』は5月19日、世界48ヵ国同時スタート。おそらくインターナショナルは新記録じゃないでしょうか。私の予想では北米で大体3億6000〜8000万ドル。実際、1作目を4日間で抜き記録を作った。ドメスティックとインターナショナルで9億ドルを超えるでしょう。

現在の紙幣価値で換算すると、いまだに『風と共に去りぬ』が1位で、2位が『スター・ウォーズ』。1作目は28年前で4億3000万ドル。40館ほど70ミリドルビーで初めて公開し3661劇場9400プリント、1劇場2〜4本のプリントになるわけです。

日本でもシリーズ最高の超拡大公開で750スクリーン。『タイタニック』の公開当時はまだシネコンがなく230館でしたが、今度はポップカルチャーとして100年の映画史に残る大娯楽映画となる。映画の製作方法、マーチャンダイジングのビジネスなど、これはもう映画じゃない。マーチャンダイジングの権利だけで39億ドル。今度の新シリーズ3作で400の契約会社があり、日本は50のライセンシー、750アイテムを確保しました。

この映画のタイアップは全部ライセンスで、使用料を取ってやっている。映画史上これだけ観客に愛されたキャラクターはありません。ゲームから文房具、寝具、おもちゃ、書籍、あるいは企業のイメージ……。

『シスの復讐』で来日したジョージ・ルーカスとルーカスフィルムのリン・ヘイルと

イアン・マクダーミドのサイン

私は旧作の時に半年かけてコーラのボトルキャップ・キャンペーンをやりましたが、あのオリジナル・アイディアがペプシのボトルキャップに生きているわけです。

特別篇からのタッグ

ルーカスはオリジナルで9話作りたかったという話が当初ありました。しかしダース・ベイダーの家族の物語としては、善が悪に変化してその息子が父の心を善に戻す父と息子、娘の物語で、あそこで終わっているからもうルーカスは描くことがない。彼もこんなに長くやるとは思わなかったでしょうね。

私がルーカスと初めて会ったのは99年。ルーカスのチームとプロデューサーのリック・マッカラムとは《特別篇》の95年の打ち合わせから付き合っていますから、今回の新シリーズでもう10年になります。当時、《特別篇》をどうやって公開しようかと、打ち合わせには当時のルーカスフィルム社長のゴードン・ラドリーをはじめ、リック・マッカラム、ジム・ワード、リン・ヘイルと、ルーカスの右腕、左腕の人たちが一緒にやってきました。私はルーカスフィルムは世界最強のインディペンデントだと思います。ほかの監督は自分のお金で作って失敗、コッポラ監督のように破産した人もいるでしょう。スピルバーグにしてもスタジオのお金を使い、自分のお金を使わない。

《特別篇》が公開されたのは、デジタルの技術が良くなり、『スター・ウォーズ』製作当時にできなかったことがデジタル合成でできるようになったから。そしてフィルムが退化しているから。デジタルに切り替えるために1本あたり1000万ドルを使い、もう1回ネガをクリーニングしてキズ、ゴミ、チリを全部きれいにした。ですからDVDをとてもきれいにできるんです。

『スター・ウォーズ』は2作目からすべてルーカスフィルムのもの。FOXは残念ながら単なる配給会社なわけです。私が『スター・ウォーズ』にかかわったこの28年間は、映画を作った人を中心に、この知的資産を売る側に私はいたわけです。マーケッター、宣伝マン、あるいはブッキング、セールスを含めて全部考えた。このシリーズに出会ったことはマーケッター冥利、宣伝マン冥利に尽きます。

一番残念だったのは、鎌田陸郎さんが亡くなったこと。彼がいれば額に汗して、人

プロデューサーのリック・マッカラムのサイン

がやったことのない公開と全く新しいマーケティングをしたことでしょう。映画って秘密がないから、人が新しいことをやったら、そこからいいものをどんどんアレンジし、進化させていけばいいので、私はいつもオープンにやってきました。次の人、違う会社の人がそれをもっと磨いて新しい味付けをすれば、またそれがお客さんにリーチするわけですから。

我々の使命はその知的資産を守ること と。仲間を守って、いわゆるメディア、興行者、業界の人たちとの信頼を育てて、続けていくこと。この業界に入って05年10月で40年になりますが、これは今でも同じです。「映画の日」には表彰状をいただきました。『スター・ウォーズ』に出会ったことが感慨深いですね。

途切れなかったマーケティングと露出

『エピソード1』『〜2』で培ってきたマーケティングも、オーバーエクスプロジャー（露出オーバー）や、必要以上に商品が氾濫したり、タイアップがあったりして、結果的に『〜1』はタイアップが多すぎたというのが『〜2』をやる時の反省でした。

例えば、ペプシコーラとのタイアップはグローバルでやりましたが、ほかにもピザハット、スナック菓子、ケンタッキーフライドチキンの3つとやった。ところがケンタッキーはバックヤード商売、しかも夏。大きなキャラクターは置き場所がないので、ぱっと売ちゃうんです。結局、公開前に売り切れてしまった。コアの人には良かったかもしれませんが、他の商品を出し過ぎて在庫が残ったこともありました。

それがルーカスフィルムの反省。我々も商品が氾濫しすぎて、それ以上やっても意味がないと思った。人のマインドにリーチし、残像効果が1週間、2週間、1ヵ月あっても、あまりやると映画を観たような気になって飽きる。だから2作目はわりと絞りました。結果、派手じゃないという印象を受けたかもしれない。

KDDIとのキャンペーン広告

1作目はやっぱり22年間ため込んだエネルギーがいっぺんに出るとそうなるのかと思いましたね。それで今回はそれを整理整頓してスタートしました。前述したパチンコ、要するに旧作のイメージから『エピソード1』『〜2』『〜3』へとつなげる。『スター・ウォー

2004年に国立科学博物館で開催された「スター・ウォーズ　サイエンス アンド アート」展の新聞広告

ズ』を観たことのない人たちにも認知していただこうという作業をやっているわけです。

　パチンコは初めてでした。やってはいけないのはセックスとアルコール。今回は小学館プロさんとルーカスフィルム、そして我々のチェック機構があるので、みんなの合議制で「やっていいこと」「悪いこと」というガイドラインを作りながらやってきました。

　ロングリードのパブリシティはそこから始めて3800ぐらい。『エピソード1』の時は全く新しい話だから旧作が使えなかった。『〜2』の時は『〜1』だけ使えた。今度は全部使える。例えば過去5作品のファミリー・ツリーも使えますし、マテリアルのスチールもクリップも使える。そう言った意味では材料が豊富でした。

　我々がターゲットにしている「コア」、「潜在派」、「転向派」、「アンチSF」については前にも説明しましたが、これはつねに時代で動いている。しかも、新たな話題を提供すると、すぐに戻っていただける。

　97年の《特別篇》からキャンペーンをやって10年。『スター・ウォーズ』は途切れることなく、映画が終わったと思うとDVDクラシックが出てくる。そして地上波、CS、BSできっちりとオンエアされる。ぱっと切れるとまた次のステージと、きっちりとビジネスのストラクチャーが3年、6年、10年先まで決まっている。

　前述したターゲットに対しての地上波、あるいはCS、BS番組のアプローチから特番、新聞、コミック雑誌、インターネット、映画雑誌、女性誌、すべてのジャンルには1作目、2作目同様にリーチをしました。

　違うのは、ターゲットが変化していること。99年の『エピソード1』公開時は、シネコンはそんなになかったので、スクリーン数も少なかった。しかも割引がなかったので、9大都市で2000円の入場料。その時の平均単価を計算すると、1作目は436スクリーンで動員814万8124人、興収126億6632万3450円、平均単価1554円。2作目はシネコンがやや増え、567スクリーンで動員672万756人、興収93億2522万4500円、平均単価1388円。04年の平均単価が1200円強。当時は50歳以上の夫婦割引はないし、レディースデーが現在のように定着していない。レイトショーも今ほどなかった。今は男性割引も地域によって行っている。

そういう意味から言えば、興収100億円を超えるにはなまじの動員では絶対いかない。1作目を超えるには約980万人ぐらい動員しないといけないので、非常にチャレンジングなわけです。目標は『〜1』と『〜2』の間を取ればいい。ということは『〜1』の動員は超えられる。つまり1000万人を動員するとちょうど130億円ぐらいになる。どれだけ割引の観客がくるかわからない。ティーンズ15〜18歳が3人で1000円。レディースデー、メンズデー、「映画の日」、シニア、50歳夫婦割引はみな1000円ですから、単純に1000万人動員で平均入場料金が1000円だと100億円。平均単価が若干でも上がればそれだけプラスになるという考え方でやっています。

この映画の弱点はキッズと中学生、高校生の女の子。男の子は来ます。彼らはちょうどお父さんが第1世代の『スター・ウォーズ』で育った子供たちで、家族でも来れる。

その頃生まれた子供が28歳。10歳だったら38歳、15歳だったら43歳ぐらいで10代の子供がいてもおかしくない。小中学校の子供と一緒に観に行っていただいてもいい。ティーンズの子たちにとってはケータイであれだけ音楽も聴けるぐらいですから、今度ケータイのタイアップもやります。中学・高校生の彼らにとっては映画を観ることは多分非日常なんだと思う。だからその層と小さいキッズ、幼稚園児、「ドラえもん」の観客、あるいはピカチュウが好きな観客、低学年がお父さん、お母さんたちと来ていただければちょうどいいんですが、そこをどこまで広げられるか。

今夏の競合作品にそういった観客層を引っぱる映画がたくさんあるので、前半は30％ダウンしていますが私は前作並みまで盛り返せると信じてやっています。そのリーダーが『エピソード3』であると。柱は1本より2本、2本より3本あるとお客さんは集まるし、ワンツーパンチで入れなかったら違う映画を拾っていきますから。お祭りの柱になる映画がないと人は来ないです。『エピソード3』が7月9日、『宇宙戦争』が6月29日で、どっちが勝つかというのが野次馬的見方としてありますが、両方勝つだろうという人が多い。懐かしいなぁと思うのは、77年5月25日に『スター・ウォーズ』が全米公開され、その年の11月に『未知との遭遇』が公開、監督同士がお互いにラッシュを観せ合いながらやっていました。そして78年2月に『未知との遭遇』が日本公開され、『スター・ウォーズ』は6月24日の日劇、テアトル東京先行で公開しました。スピルバーグとルーカスの対決が27年後の今夏にガッチンコ。この2人が1970年頭から約30年間ハリウッドを全世界で引っ張ってきたわけです。

「映画時報」2005年6月号より

『スター・ウォーズ／フォースの覚醒』の展望

驚かされた買収劇と続編製作

　私がルーカスフィルムから『スター・ウォーズ（SW）』の新作についての情報をキャッチしたのは2012年4月5日。自著「明日に向って撃て！　ハリウッドが認めた！　ぼくは日本一の洋画宣伝マン」（文春文庫刊）の出版パーティーの時にジョージ・ルーカス、FOXのジム・ジアナポリス会長やポール・ハネマンやトーマス・ジエゲス社長、それにジェームズ・キャメロンたちからビデオメッセージをいただいたんです。ルーカスのメッセージは「古澤さん！　出版おめでとう。……もう35年になるのかな？　あなたはわが社の宝、『スター・ウォーズ』全世界にかかわった世界唯一の配給・宣伝マンです。あなたは我々すべての、そして特に私の素晴らしい友人で協力者です。次の『スター・ウォーズ』があるなら、またご一緒に」というものでした。これを聞いて、えーっと思ったんです。私は05年の『エピソード3』の時に「もうこれで終わりだ」と口裏を合わせていたんですが、彼はまた作るんだと。そこで初めて私は彼の心の内を察することができたんです。

　そうこうしているうちに12年7月、ルーカスフィルムの社長にキャスリン・ケネディ女史が就任しました。御存じの通りスピルバーグ監督の右腕として『インディ・ジョーンズ』シリーズや『E.T.』（82）、『戦火の馬』（11）、『リンカーン』（12）などをプロデュースした女性です。それで、これは何かが起こるなと思ったんです。

　実はハリウッドきってのパワーロイヤー、ブライアン・マッカーシー弁護士が、12年10月30日にディズニーから発表になるはるか前から動いていたんですね。マッカーシー

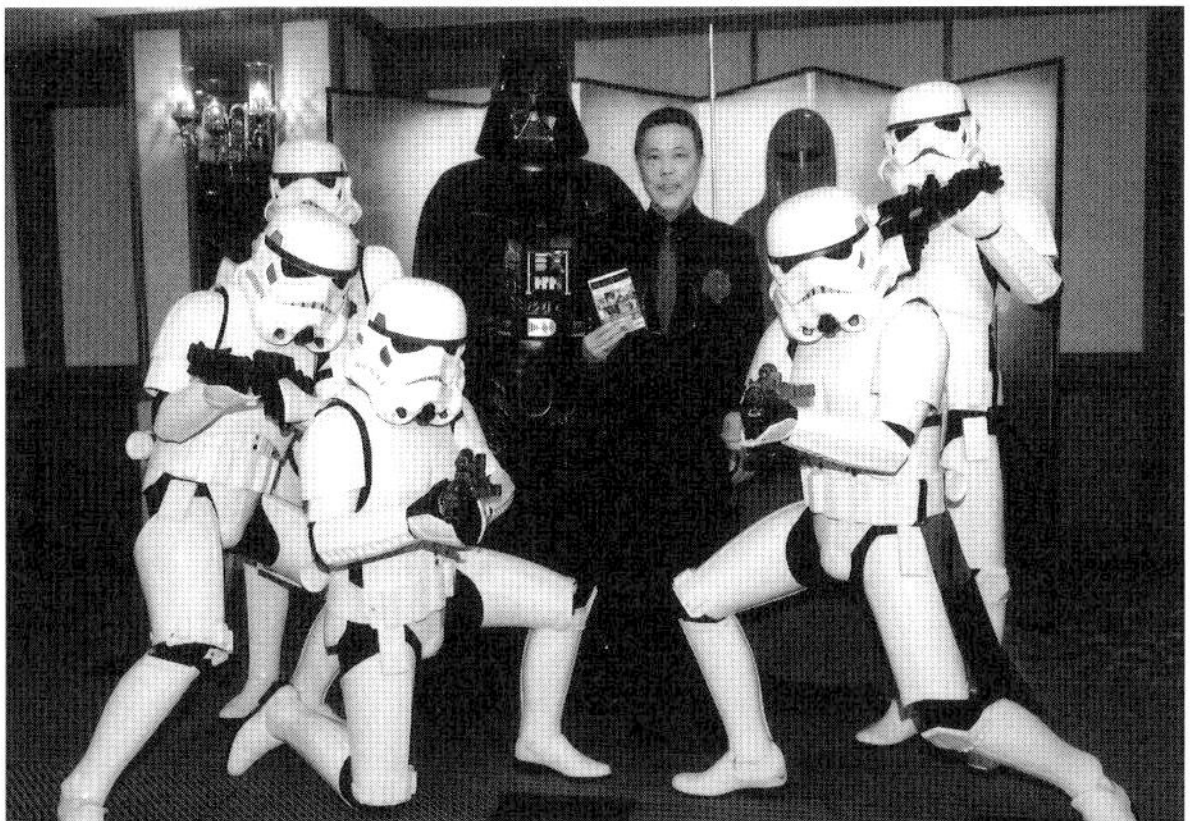

2012年4月5日に行われた自著「明日に向って撃て！　ハリウッドが認めた！　ぼくは日本一の洋画宣伝マン」（文春文庫刊）の出版パーティーの記念写真。帝国ホテルで501のメンバーたちと

は20人の弁護士に12年6月から6週間かけてジョージ・ルーカスが持っている全部の権利、映画、ビデオ、マーチャンダイジング、ゲームなどすべてのリサーチを進めさせていた。『スター・ウォーズ』『インディ・ジョーンズ』シリーズには約1万のキャラクターがあるんですが、特に重要な290種類のキャラクターについて、今ルーカスがどういう権利を持っているか、配給契約なども含めて、ゼロから洗い直したんです。そして10月30日に、40億5000万ドル（約4131億円）でディズニーのルーカスフィルム買収が成立しました。

ルーカスはこの買収金額の半分を南カリフォルニア大学をはじめ教育関係に寄付して、残りの半分でディズニーの株を取得、筆頭株主の故スティーブ・ジョブズに次ぐ、個人株主の2位になりました。

動き出した『エピソード7』構想

ディズニー第2位の株主になったところで新作『エピソード7』の構想が動きだし、新作のミーティングがスタート。一番最初に脚本家のマイケル・アーントが雇われました。アーントは『リトル・ミス・サンシャイン』（06）でアカデミー賞脚本賞を獲得、その後『トイ・ストーリー3』（10）を書いた新進気鋭で、この人がルーカスの草稿をもとに『エピソード6』のその後を描いたシナリオをずっと書いている間、ハリウッドのトップクラスの監督10人以上に打診して、監督は『M：I：III』（06）『スター・トレック』（09）のJ.J.エイブラムスに決まりました。

しかし、マイケルの脚本はいったん出来上がったんですが、最新作となる『～7』の時代設定をルーカスは『エピソード6』から30年後として、『～6』にあたる『ジェダイの復讐』が公開時から現在までとほぼ同じ年月にしたのです。ストーリーは主人公ルーク・スカイウォーカーやレイア姫、ハン・ソロたちといった主要キャラクターがそのまま30年後を演じ〈SWサーガ〉を続けることになったんですが、アーントの脚本ではこの旧世代のシーンがバサッと短くなっているんです。

それで『帝国の逆襲』（80）と『ジェダイの復讐』（83）、『レイダース／失われたアーク《聖櫃》』（81）を書いて、後に映画監督になったローレンス・カスダンと、09年の『シャーロック・ホームズ』を書いたり、『X-メン』シリーズのプロデュースを手がけたサイモン・キンバーグの2人が入り、J.J.監督と脚本を練り直しました。

当初の予定は全米公開を15年の5月として、スタッフは13年のうちに全部決まり、撮影は1月からのはずでした。しかし、リライトした脚本は1月中旬に完成、同時にストーリーボードなど準備が同時進行で始まり、クランクインは4月までずれ込んでしまいました。

カメラマンなど現場のスタッフは随分変わりましたが、音楽のジョン・ウィリアムズ、音響効果のベン・バートは不動です。それに『パイレーツ・オブ・カリビアン／デッドマンズ・チェスト』（06）でアカデミー賞を獲ったジョン・ノールがVFXのスーパーバイザーで付きます。ノールは『帝国の逆襲』と『ジェダイの復讐』の特撮を担当したデニス・ミューレンと共に『スター・ウォーズ』の新シリーズ、『エピソード』1から3までのVFXを監修した人。そういう流れの中で、ディズニーは15年12月18日、全世界一斉公開ということで動き出しました。

セカンド・ユニットの撮影は4月からスタート。詳細はすべてクローズドで、順次発表していくことになりますが、ロケは5月14日から2週間、アラブ首長国連邦の首都アブダビの砂漠で行われることに。惑星タトゥイーンが再び登場すると予想されます。

キャスティングが気になるところですが、最初の『スター・ウォーズ』の主要キャストは全部オーディションで選んだ新人でした。主人公役には多くの若手俳優の名前が挙がっていますが、今回もオーディションでの選考です。ちなみに最初の『スター・ウォーズ』では三船敏郎さんが出演を蹴った話は有名ですが、あれはFOXからスタアを出してくれとの要請で、三船敏郎さんにオビ＝ワン・ケノービ役のオファーがいったのですが、三船さんはその脚本を理解できず「漫画じゃないか」と。確かにキャラクター・ネームとストーリーだけで、あの絵になることは想像できないでしょう。それでイギリスの名優、アレック・ギネスがオビ＝ワンを演じることになったのです。

今回のオーディションはイギリスとアメリカで行われていますが、スピンオフの企画が同時進行で進められているからでもあるようです。若き日のハン・ソロを描くストーリーやバウンティ・ハンターのボバ・フェットがメインになるものなど、いくつか企画がある。これまでにもエピソードの間の空白を埋める形で「スター・ウォーズ／クローン・ウォーズ」というテレビアニメシリーズが作られ、劇場版も公開されましたが、アニメになる新企画もあるかもしれません。いずれにせよ、『エピソード3』から『〜4』までの20年間を描く今までの『スター・ウォーズ』に出てこないキャラクターが登場するストーリーが50話分、完成しています。

ところがこれはあまりに製作費がかかる。今はテレビも大きな画面になり、テレビフレームの中でもVFXをきっちりやらなくてはならないので、そのためのソフト開発も今進んでいますし、これもいずれディズニーの財産になっていくでしょう。

そう思えば、40億500万ドルというのはむしろ安い買い物だといえます。ディズニーはこのディールによって『スター・ウォーズ』新シリーズと関連作だけで2兆4000億円分のビジネスができます。元を取るのはあっという間でしょう。マーチャンダイジングも新しいキャラクターが出てきますから。

シリーズ総売上げは3兆円！

『スター・ウォーズ』はシリーズ過去6作で約3兆円を挙げています。これは世界の映画興行、ベータマックス、VHS、レーザーディスク、DVD、ブルーレイ、全世界のネットワークTV、ケーブルTV、CS、それにコミック雑誌、ムック、メイキング本などのあらゆる出版。それに何十種類も出ている30センチのレコードにCD、そしてマーチャンダイジング……こんな映画は後にも先にもありません。

日本国内の当時の配収・興収は、1作目（78年7月公開）が配収44億5000万円、2作目『帝国の逆襲』（80年6月）配収32億円、3作目『ジェダイの帰還』（83年7月）配収37億2000万円、4作目『エピソード1』（99年7月）配収78億円、5作目から興収で『エピソード2』（02年7月）が興収93億5000万円、6作目『エピソード3』（05年7月）91億7000万円。

このほかにも日本国内のビデオソフトはVHSが旧3部作300万本、DVDの新3部作500万枚、ブルーレイ全6作が50万セット売れています。それに、95年から小学館プロダクションがルーカスフィルムのライセンスを預かるようになってから10年までの15年間の『スター・ウォーズ』の商品国内総売上げが500億円です。

1977年から2010年までの全世界の『スター・ウォーズ』関連の商品総売上高は2400億円。商品種類は10万種類以上。99年、02年、05年の日本での公開時の日本ライセンス社は40社で、1社が何十種類も商品を作りました。ここにはレゴやハズブロといったアメリカからの輸入品は入っていません。

14年の平均入場料に換算した興収

スター・ウォーズ（78）
・108億7940万円（4億3000万円）※223館（70ミリを含む）

帝国の逆襲（80）
・81億5350万円（3億5000万円）

ジェダイの帰還（83）
・85億1960万円（3億6000万円）

エピソード1／ファントム・メナス（99）
・130億2272万円（10億7000万円）※401館

エピソード2／クローンの攻撃（02）
・98億1750万円

エピソード3／シスの復讐（05）
・95億3784万円

特別篇3部作　40億円（6億5000万円）※120館

※（）内は宣伝費

のべ6000人の協力者を得て展開

日本での『スター・ウォーズ』の鑑賞者は78年の第1作から12年の『スター・ウォーズ エピソード1／ファントム・メナス』まで、映画館、テレビのオンエア、ベータマックス、VHS、レーザーディスク、DVD、ブルーレイで2億7000万人に上ります。このうち劇場だけで観た人は20％（重複除く）いて、5400万人が劇場鑑賞者です。ここに当然フォーカスを当てなくてはいけない。

その時代、時代でパブリシティのツールは変化するし、マーケティングの方法も変化しますが、基本的には、私も経験した社会現象にもっていくマーケティングとパブリシティの展開はあらゆるメディアに継続して露出して火種を残していくことです。

77年春から始まった『スター・ウォーズ』全シリーズ（特別篇Vを含む）、12年の『エピソード1／ファントム・メナス』までたくさんの協力者がいて、映画評論家、ライター、新聞の映画担当者、全雑誌の編集長、グラビア、活版、映画担当者、音楽、カルチャーそのほか担当編集者の方々、テレビ、ラジオの担当者、小学館プロ、マーチャンダイジング、タイアップパートナー、政府関係のタイイン広告の人々、アドエージェンシーなどのべ６０００人を超える人々の協力を得て築いた『スター・ウォーズ』は巨大なる財産であり、大いなる遺産です。今でも映画関係者だけでも１５００人以上のサポーターの方々の強い協力をいただいています。

ディズニーの木村光仁さん、高橋良太さん、伊原多美さん、塚越隆行さんには過去のマーケティングの特別重要なたくさんの貴重な資料と共に、3回にわたり細かいご説明をしております。シリーズ全作を劇場で鑑賞したのべ５４００万人の人々、パブリシティ、タイアップパートナー、マーチャンダイジングなどなど。そして宣伝費を正しく使えば、それが公開直前になれば大きな花火になっていくはずです。

ここ数年、ネット、ＳＮＳなどの普及で、情報ツールも変わってきています。残念ながら、去年の雑誌の売上げは対前年比で5%減の８５２０億円。97年のピークに比べると、雑誌は46%減と実に半減です。14年度の全国の書店数は約1万４０００店舗、99年と比べると38%減で活字媒体は変化し、減少した分がネットの方にいっています。

残念ながらネットは大手ポータルの映画トップページの月間のページビューは４０００万ある場合でも、下の階層にあるインタビューにたどりつく頃には1万以下になるとも言われています。そこのところをどのように補てんするのか。少なくともその部分は『スター・ウォーズ』が持っている財産で十分補えます。

コマーシャル・タイイン広告を出して、テレビ番組に２２０（9月11日現在、東京初ネットワーク番組）以上の媒体に露出し、これからも公開まで継続していくわけですから、心配することはないでしょう。今までの協力者がＦＯＸの宣伝部の人たちと一緒に築いたものですが、これは今もこれからも生きています。この人たちの信頼を失わないように、継続することが最も大切です。

アナリストたちの高い予測

製作者のキャスリーン・ケネディとJ・J・エイブラムス監督のチームは心から楽しみながら世界中のファンが待ち望む作品を作っているはずです。『帝国の逆襲』『ジェダイの帰還』『レイダース／失われたアーク〈聖櫃〉』を手がけた驚きに満ちたローレンス・カスダンの脚本であれば、映画が面白くないことはないと信じます。感情移入することなしには偉大な大衆芸術作品は作れません。新たなる『スター・ウォーズ』３部作に求めるものは、シリーズを初めて観た時の驚き、ときめきを再び味わいたい。そして童心に返れることです。

世界有数のグローバル金融サービス会社モルガン・スタンレーのアナリスト、ベンジャミン・スイーバンは『フォースの覚醒』の全世界興収を19億５０００万ドルと予想しています。14年比で海外の売上げは22%近く上昇しているので、新作のアメリカ国内の興収が6億5000万ドル、インターナショナルの興収が13億ドル。これは『ジュラシック・ワールド』(15)の16億6680万ドル(15年9月29日現在)を抜いて歴代第3位になると予想しています。彼はまたマーチャンダイジングの売上げが1年間で約30億ドルになるとも予想しています。ディズニーのマーチャンダイジングの総収入は2億1500万ドル、ホームビデオは3億5000万ドル、ビデオゲームは1億ドル、グローバルペイTVは7500万ドルということです。

また、「デッドライン」によると、12月18日からの週末3日間で3億ドルの全米興収新記録を予想し、一方「ハリウッド・リポーター」のビジネス・アナリスト、ティム・ノルレンはマーチャンダイズの全世界売上げを50億ドル(高価格品と商品の増大により)と予想、ディズニーのネット収入が5億ドルになると言っています。

『エピソード1』は401館で公開し、10億7000万円の宣伝費を使って130億2272万円の興収を上げています。

今のシネコンの状況では、『フォースの覚醒』は3D、IMAX、4DX、日本語吹替版と字幕版がありますから、850スクリーンは取れるでしょう。

『フォースの覚醒』は『ジェダイの帰還』の30年後を描く設定ですし、新たなる3部作のヒロインに抜擢されたデイジー・リドリーら新しいキャラクターも登場。ハン・ソロやルーク・スカイウォーカーら主要キャラクターもそのまま30年後を演じにくると思いますし、超えないといけないと思います。

今回、ディズニーが宣伝費をいくら使うか知りませんが、16億円(最終は23億円)使えば興収は150億円いくのではないでしょうか。札幌の名刺交換会で興行者や地元の人の前でディズニーの木村光仁さんが「200億円は保証する」と言ったらしいですが、私は大いに結構だと思います。売る側にそのくらいの心意気と元気がなければ映画興行は動きません。最初の協力者は興行者で劇場の人々です。

映画史上宣伝費を20億円使った作品は興収203億円を記録した『ハリー・ポッターと賢者の石』(01)1本しかありません。もし宣伝費を20億円、21億円使うのであれば、当然200億円を目標にしてしかるべきです。30億円使うのであれば『千と千尋の神隠し』(01)の記録を破ることです。大いに期待しています。

『エピソード1』の宣伝を糧に

『エピソード1』の時には映画素材や画像素材がふんだんにありました。おかげで1年間通じて露出を絶やすことなく、誰もやったことのないマーケティングとパブリシティをすべての媒体で行うことができました。

例えば新聞は芸能面、文化面、社会面、国際面、あらゆる面に載り、最後はジョージ・ルーカスのインタビューを朝日新聞が一面トップで7段くらいで取り上げました。これは新聞史上初めてです。すべてのコミック雑誌にスチールがかぶらないようにして表紙からカラー8ページ、16ページ、32ページと特集を組んだり、これまでやったことのないファッション雑誌やティーン向け雑誌にも表紙から大特集を載せました。813もの紙媒体があり切り口を変え、表紙から150ページ特集をはじめ、60種以上の表紙&24~80ページ特集を獲得、3440回以上掲載しました。地上波ネットワークTV(東京発のみ)での告知は368番組、この中には90分の特番2番組も含んでいます。

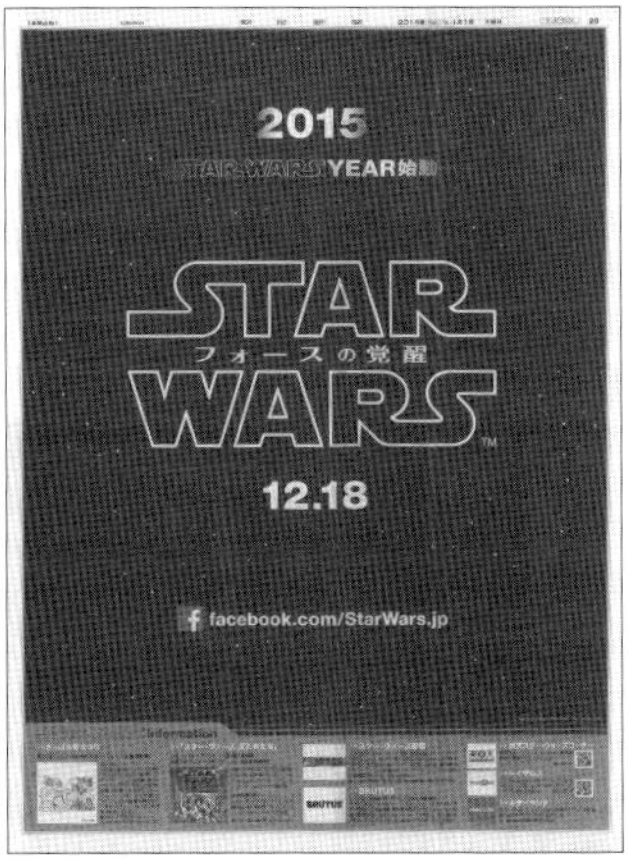

2015年1月1日に朝日新聞に掲載した『スター・ウォーズ/フォースの覚醒』の全面広告

ほかガバメント・キャンペーンのみで816億8350万円の媒体価値となり、企業タイアップは約50億円、パブリシティのバリューはテレビと紙をあわせて約300億円に達しました(左下の表を参照)。史上最大のマーケティングの翼に乗って、116億円のキャンペーンを発信させました。

今回は元旦付きの朝日新聞と読売新聞の特集『スター・ウォーズ』イヤーを14年9月から根回ししたのをはじめ、既にテレビでも220以上で告知しています。

『エピソード1』から『~3』までのターゲットの平均値がここにありますが(11歳以下と70歳以上はデータはありません)、男女比は55対45。特に20~40代が圧倒的です。今夏は若い子が『ジュラシック・ワールド』を観に来ていますが、『スター・ウォーズ』はまさにその種の映画です。第1作を20歳で観た人は今は58歳。その人たちは16年前に『エピソード1』を観ていて、その時に子供を連れて観に来ているかもしれません。そうすると今度は、その時子供や青年が親になり、自分の子供と一緒に観るかも知れない。そこを増やさなければいけないし、そこが一番来るのです。

それと期待するような驚きと楽しみがあれば、リピーターが今までより増えるし、それは新たなる3部作の1つの試金石になるのではないかと思います。すべての物語には始まりがあり、続きもあります。それが『スター・ウォーズ』です。

『スター・ウォーズ/フォースの覚醒』のパブリシティ・バリュー

●パブリシティ・バリュー　207億円4438万円
●興行収入　116億円3000万円
●地上波　793番組
(オンエア20時間42分/NHKの2つの特番を除く)
●BS/CS　351番組
●ローカル　32局
●一般紙&スポーツ紙　297
●その他の地方新聞　71
●ラジオ　120番組
●共同通信などの通信配信　585回
雑誌　685誌
表紙獲得　47誌

「映画時報」2004年4・5月号、6月号より
発行:合同通信　©合同通信

すべてはここから始まった
石上三登志×古澤利夫

『スター・ウォーズ』新伝説、始まる

SF映画元年

古澤　『スター・ウォーズ』が公開された77年5月25日はまさに事件だったんです。その日を境に映画製作そのものも、興行も変わってしまった。でもその前に、SF映画というものがどう変化していったかを話さないといけないよね。

石上　僕が初めて試写を観て、「映画評論」で初めて書かせてもらった批評が66年の『ミクロの決死圏』。その時はまだタイトルが違っていて「決死圏3万6000秒」だったかな。

古澤　そう、それが仮題でした。私がFOXに入社した後でパブリシティを担当してました。石上さんの評論を読んで、優れた人が業界外にいるんだなと思ってましたよ。

石上　〝優れた〟じゃなくて〝変わった〟でしょ(笑)？　僕は映画の中でも特にSF映画を語りたい人間だったから。当時、SF映画は僕の先輩や同世代の評論家は相手にしてないというか、手も足も出ないジャンルだった。特殊効果が大事なジャンルだからね。

古澤　みんな空想科学映画だってなめてたんですよ。つまりAクラスの映画ではない、キワモノだと認識されていた。その中で製作費600万ドルの大作『ミクロの決死圏』はSF映画をAクラス・ジャンルに近づけてくれた。これを完全なAクラス・ジャンルにしたのが68年の『猿の惑星』と『2001年宇宙の旅』。特に前者はSF映画に100万ドルスタアのチャールトン・ヘストンが出ることも異例でしたが、特殊メイクアップをジョン・チェンバース、特撮をL・B・アボット、監督は後にアカデミー賞作品賞、監督賞、主演男優賞を含む7部門で受賞した『パットン大戦車軍団』

（70）を撮るフランクリン・J・シャフナーと、一級の映画だったんですよ。その年の興行も1位が『卒業』で、2位が『猿の惑星』、3位が『続・夕陽のガンマン／地獄の決斗』、4位が『2001年宇宙の旅』。私はこの年がSF映画元年だと思います。

石上　それは間違いないですね。ただその後、SF映画は低迷するんだよね。アメリカン・ニューシネマの時代になって。

古澤　そして『ポセイドン・アドベンチャー』（72）や『タワーリング・インフェルノ』（74）のようなパニック大作も作られ、同時にルーカスやスピルバーグたち第9世代やちょっと上のコッポラやフリードキンが動き始める。その中で『エクソシスト』（73）や『オーメン』（76）が大ヒットしてホラー映画をAクラスにし、ジャンル・ムービーといわれていたものが市民権を得ていった。

ゴー・サインが出た『スター・ウォーズ』製作

古澤　71年に『ダーティハリー』や『フレンチ・コネクション』という刑事映画の傑作が出てきて、もうハリウッドは西部劇が作れなくなってしまったんですね。馬がバイク（『イージー・ライダー』／69）を通過して自動車になってしまった。神話を作れなくなったルーカスは71年、USCで撮った短編『電子的迷宮／THX 1138 4EB』をコッポラの庇護の下、ワーナーで作り直した『THX-1138』をカンヌの「ある視点」部門に持っていった。そこでカンヌを牛耳っているジル・ジャコブを通じて、ユナイテッド・アーティストのデビッド・V・ピッカーを紹介されたんです。ピッカーはイアン・フレミングから『007』の権利を買い付けた1人で、原作や脚本を買う力を持っていた。その彼が『スター・ウォーズ』の脚本料を出してくれたんですよ。

石上　ピッカーも絡んでたんだ！　『ジャガーノート』（74）のプロデューサーだ！　それは知らなかったなあ。

古澤　その頃ルーカスは『アメリカン・グラフィティ』（73）と『地獄の黙示録』（79）を準備していたんだけど、金のかかる『地獄の黙示録』はコッポラに渡し、低予算できる『アメリカン・グラフィティ』にとりかかった。でも『THX-1138』を観たユナイトはこれはダメだと『アメリカン・グラフィティ』をキャンセル。ワーナーもダメで、結局ユニバーサルが配給したんだけど、ここでも5分間のカットの問題でトラブルになってしまった。そんなこともあってルーカスはメイジャー・スタジオを信用しなくなった。だから『スター・ウォーズ』大ヒットの後、『帝国の逆襲』（80）以降は死ぬ思いでお金を集めて自分で作ることにしたんです。ところが『アメリカン・グラフィティ』は空前絶後の大ヒットで、アカデミー賞5部門にノミネート。日本でもお蔵入り予定だったのが1年後に公開になって大ヒットした。このヒットのおかげでFOXが『スター・ウォーズ』をやると言ったんだけど、SFXも含めて製作費がどれくらいかかるかわからなくて予算が組めない。何しろすべてルーカス頭の中にしかなくて、彼は自分でＩＬＭを作るしかなくなった。

石上　そういう事情があったなんて、当時は全くわからなかったな。『アメリカン・グラフィティ』はまだ日本で公開されていなかったけど、ジョージ・ルーカスの名前は『ＴＨＸ－１１３８』というＳＦを作ったと聞いてはいたけど。

古澤　当時ＦＯＸの社長だったアラン・ラッド・Jr.がゴーを出したのが75年12月で、撮影に入ったのが翌年2月。その間ルーカスはチュニジアでロケハンしたりＩＬＭを作ったり準備してたけど、その間は給料をもらえず、彼にとっては大変な時代だったんですよ。

石上　『ミクロの決死圏』もそうだけど『地球の静止する日』(51)などもあって、僕の中ではＦＯＸ＝特殊効果（ＳＦＸ）というイメージがある。それにしても『スター・ウォーズ』に、『トラ・トラ・トラ！』(70)や『ポセイドン・アドベンチャー』のＳＦＸをやった、僕にとっては特殊効果の大才人Ｌ・Ｂ・アボットの名がなかったのが不思議だったな。

古澤　アボットは既に引退してたの。それでルーカスは「スター・トレック」(テレビ放映時の邦題「宇宙大作戦」)などのテレビでＳＦＸをやってたリチャード・エドランドたちを集めてＩＬＭを作ったわけ。

石上　そうか、なるほどね。じゃあ、日本に『スター・ウォーズ』情報が最初に来たのはいつなの？

古澤　本社から2年先くらいまでの新作の情報がテレックスで来るんだけど、75年末に〝The Star Wars〟というのがあって、監督・脚本：ジョージ・ルーカス、製作：ゲイリー・カーツとあったけど俳優の名はなかった。ただその下に〝A long time ago, in a galaxy far, far away... incredible adventure took place〟とあって。それで我々は76年に77年公開作として『惑星大戦争』の仮題でラインナップに載せた。そのうちに凄い映画だということがわかってきて。

石上　僕が初めて『スター・ウォーズ』のことを知ったのは、76年秋に古澤さんに「あなたにぴったりの映画があるよ」と言われてベタ焼きの写真を見せられた時。これが凄かった。まるで説明もなくてなんだかわからないんだけど、とにかくワクワクする写真なんですよ。こういうＳＦ映画をオレは観たいんだと思わせてくれる写真。メカは汚れていてリアリティはあるは、ＳＦなんだけどハン・ソロの衣裳とかは西部劇風でさ。

古澤　初めて外部の人間にその写真を見せたのが石上さんでした。その後、77年3月になって本社からオール・カラーのブローシュアが届いて、これが凄かった。ダース・ベイダーもトゥルーパーも全部出てる。

石上　そんな本は全然知らないな。見たかったな。見ていたらもっといろいろ書けたのに(苦笑)。

古澤　だって30部しかなくて、興行主に渡す物だったから。それを見てタイトルがまずいと。その頃には原題も〝The〟のない〝Star Wars〟になっていて、『スター・ウォーズ』に正式決定したんです。

77年３月になってFOX本社から届いた
オール・カラーのブローシュア

全世界的、大事件だった

石上　古澤さんが『スター・ウォーズ』は事件だったとおっしゃったけど、僕でさえ現地に行くまでその事件性がわからなかった。

古澤　当時の情報は遅かったからね。ＦＡＸもなくテレックスだし、「Variety」などの専門誌も航空便だから4日遅れ。

石上　そんな中で何とかＬＡの本屋で手に入れた1冊が「American Cinematographer」という雑誌なんだけど、これはカメラマンたちの撮影現場の専門誌だから一般の人は知らないはずなのにめちゃくちゃ売れてた。

古澤　公開前はコミック・ブックも含めて何冊かしか出てなかったのが「Time」も「News Week」もあらゆる雑誌が表紙も含め大特集を組んだ。それで私はＬＡやＮＹにいる友達に『スター・ウォーズ』と名の付く特集ものは全部送ってくれと頼んだ。

石上　なんだかわからないけど、もう観たくてたまらなかったところに、5月27日からＬＡでの仕事が来たんですよ。行ってみたら大変な騒ぎになっていた。打ち合わせ後、深夜12時くらいにホテルに着いてカーテンを開けたら〝Star Wars〟の看板が見えて、もうダメだってチャイニーズ・シアターへ観に行きました（笑）。深夜なのに長い列ができていて、ウインドウのロビーカードを見たらバンサが写っていてね。その隣りにはＸウイングで、「これこそ俺の観たい映画だ！」と思ったと同時に、私好みすぎるということは日本では当たらないんじゃないかとも思ったくらい（笑）。実際に観たら、まず音にやられた。ＦＯＸのシネマスコープのファンファーレ再登場に感激して、初めて聞いたドルビー・サウンドに驚いた。でも僕の好きな要素が詰まりすぎていて、マニアックな映画だと思われないように気を遣って記事を書いたほどね（笑）。

古澤　それくらい語れる映画なんですよ。

石上　タイトルが上がっていくのはなつかしの西部劇『大平原』（39）や『平原児』（36）のリフレインだとか、テーマ曲が『バイキング』（57）の序曲にそっくりだとか、戦闘シーンのここは『トラ・トラ・トラ！』の真珠湾だとか、『暁の出撃』（54）のダム砲撃だとか、とにかく語れる要素はいっぱいある。

古澤　それを聞かされた人はさらに観たくなる。それで、観たい映画評論家、ライター、ＣＭプロデューサー、ディレクター、ＳＦ作家や漫画家が自腹でアメリカに行って「スター・ウォーズ観戦記」とか勝手にやってくれた。結局、日本では『スター・ウォーズ』の業務試写は1回しかやらなかったんですよ。それもテアトル東京で朝の6時から。これは記録だよね（笑）。

石上　ところで、日本はなぜ公開が1年も遅れたの？

古澤　凄い映画だとわかって、どうしてもテアトル東京と有楽座をメインに２３０館規模の超拡大でやりたくて。秋と正月の興行を調べたら6〜7週しか空いてない。その規模だとアメリカのような大ヒットにはできないんですよ。それと、洋画を上映したことがない旧日劇の最後に70ミリでかけたかった。アメリカで公開が始まると朝から深夜まで回してもお客が途切れないという社会現象になってしまっていたから、大英断で十分な劇場を確保できる1年後に決めたんです。ただそうなると今度は1年間、情報を途切れさせるわけにはいかなくなってしまった。逆を言うと1年あったからいろんなことがやれたんです。新聞、テレビ、ラジオ、雑誌はもちろん王冠（＝瓶の蓋）に絵柄を載せたコカ・コーラとのタイアップや、文房具から衣料品までマーチャンダイジング展開ができました。

石上　あの頃、あちこちの雑誌に書いたなあ。古澤さんとの共作だと思われてるかもしれないけど、あれは自分で全部勝手にやったんだよね（笑）。これも古澤さんの狙い通り？

古澤　はい、ありがとね。今だから言えるけど、僕も5つくらいのペンネーム使ってキネ旬をはじめ、あちこちに書いてた（笑）。というのも取り上げてもらえるのは嬉しいんだけど、先に書かれては困ることがいっぱいあったの。アメリカでは「Time」や「News Week」も大特集組んでるし、「Rolling Stone」のルーカスのインタビューなんてあの頃に、〝クローン戦争があって〟とか〝最後は火山の前でアナキンとオビ＝ワンが戦う〟とか書いちゃってたから、1年の間に情報をどうコントロールするかが大変だった。漫画誌も全誌で表紙から取り上げてくれたけれど、全部切り口を変えたりしたよ。すべての映画雑誌は1年前から公開半年後まで後追いのパブリシティもやって、最終的にパブリシティの数が4800を超えた（笑）。でも宣伝していたのはこれだけでなくて、『愛と喝采の日々』『ジュリア』『結婚しない女』とか女性映画も多く、77年5月から78年12月まで20本以上。その頃にはもう『エイリアン』（79）の宣伝も始まってた。

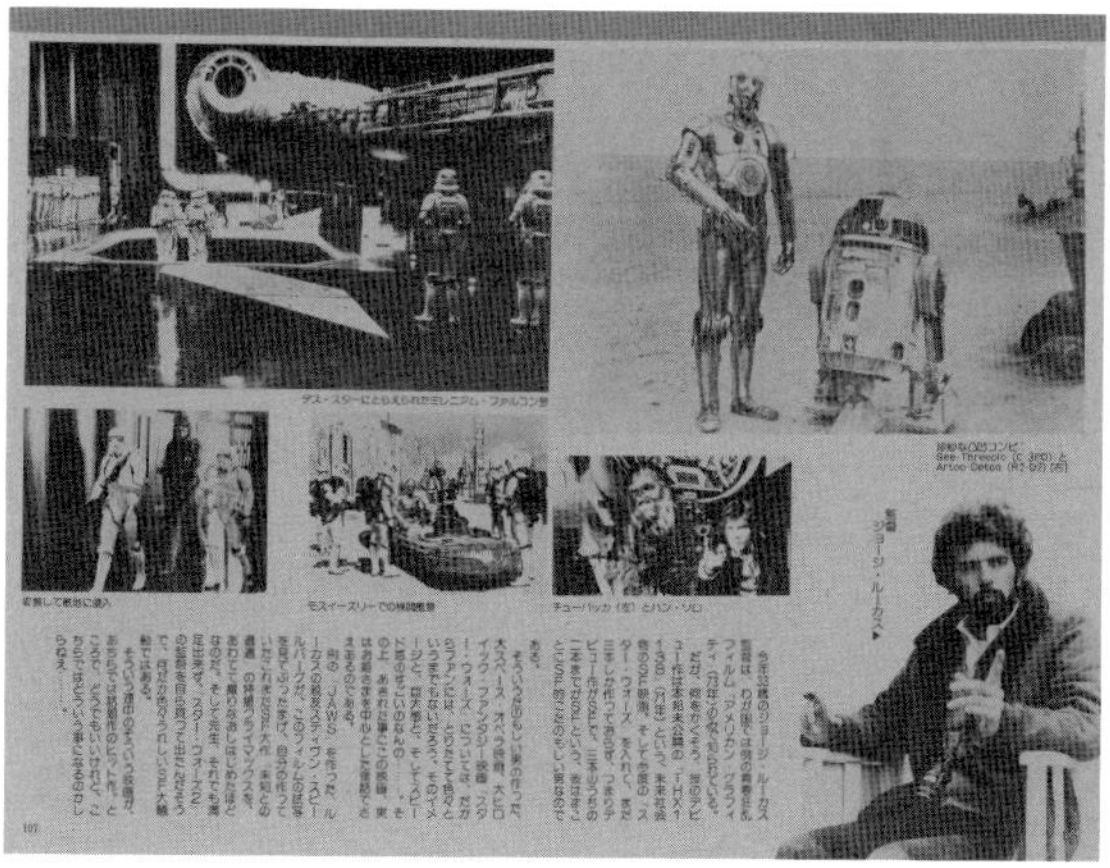
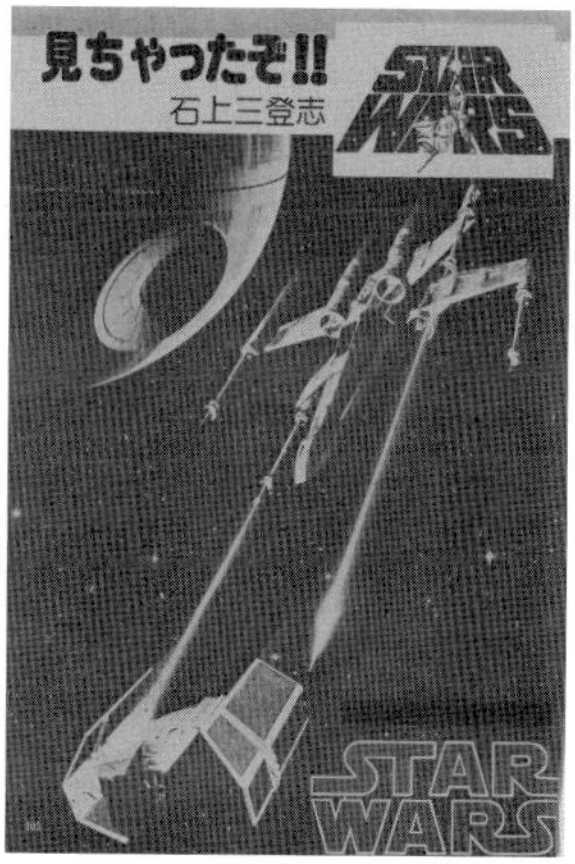

仕事で行ったＬＡで観た石上三登志氏が書いた記事

石上　結局、女性は『スター・ウォーズ』を観てくれたの？

古澤　45％が女性でした。『エクソシスト』（73）も『エイリアン』も40％強は女性客。社会現象を起こせば、どんなジャンルでも女性は来てくれるんですよ。そのためには学校、職場、家庭で話題になるようあらゆるメディアを使って地道に宣伝していくしかないんです。

『スター・ウォーズ』が映画を変えた

石上　とにかく『スター・ウォーズ』は本当に映画史の常識を変えたよね。

古澤　まずSFXですね。『2001年宇宙の旅』の宇宙船は上下左右前後にしか動かなかったのが、『スター・ウォーズ』はモーション・コントロール・カメラの開発によって宇宙船がダイブできるようになった。次に音響。キューブリックが『時計じかけのオレンジ』で初めてドルビーを使ったのを進化させて6・1chのドルビー・サラウンド・システムを初めて採用。『ジェダイの帰還』からはTHXシアター・システムを独自に開発、新3部作からは6・1chのTHXデジタル・サラウンドEX、来年から公開される3Dでは7・1chと進化しています。進化で誤解のないように付け加えておくと、97年に《特別篇》を作ったのは、フィルムはプリントするたびにネガが劣化していくから。それでデジタル化したんです。そしてデジタル撮影。厚木のソニーの工場に96年くらいから通って、さらにレンズのフジノンと共同で何10億円もかけて24フレームのデジタルカメラを開発。このカメラはいまや世界中の映画やテレビで使われています。それに合わせてのデジタル・プロジェクターによる上映。ルーカスが05年を目標に目指していたことが11年ようやく実現した感じです。

　興行形態では5月から9月頭までのサマーシーズンの興行を作り上げ、若年層こそ最大のお客様だと気づかせた。TVスポットなどメディアミックスの展開を本格的に行ったのも『スター・ウォーズ』から。マーチャンダイジングは映画の枠を超えて、映画ビジネスの新しい道を作ったと言えるでしょう。何しろ全世界で3兆円も売上げた世界最大のブランドの1つ。面白いデータもあって、日本で『スター・ウォーズ』はBSを含めた全チャンネルで何度も放映されています。もちろん全世界でも放映されていて、今や『スター・ウォーズ』を観た半分以上の人は映画館で観ていない（笑）。興行面では〝Adjust：All Time Box Office〟という、観客動員数を現在の貨幣価値に換算したランキングがあって、『スター・ウォーズ』は『風と共に去りぬ』に次いで歴代2位。『ハリー・ポッター』全8作合わせても『スター・ウォーズ』全6作の動員数の57％しかいってない。また、『帝国の逆襲』からは究極のインディペンデント映画でもある。全製作費、全配給をルーカスフィルムがコントロールしています。『スター・ウォーズ』がファンタジーを含めたSF映画の概念を変え、映画の興行形態も変えた。『スター・ウォーズ』がなかったら『ハリー・ポッター』も『ロード・オブ・ザ・リング』もなかったでしょうね。

石上　これは僕の持論なんですが、いい作品はいい作品に受け継がれていく。『スター・ウォーズ』はいろんなことを変えたんだけど、先達が作り上げたいいものをたくさん受け継いでもいるんですよ。ハワイに観に行った時、本屋で『スター・ウォーズ』本を見ていたら、足元で小さな子供が同じ本を覗き込んできて、僕に言ったの。「ぼく大きくなったらこういう映画作るの」。これは最高でしたね！

古澤　ルーカスが賢かったのはギャラの一部をFOXに返し、サウンドトラック、Tシャツ、キャラクターなどのマーチャンダイジングと続編製作の権利を得て、そこから得た利益配分を基に次の作品のためにILMをもっと大きくし、ルーカス・アーツや後にピクサーになるルーカス・デジタルを作ったこと。メイン・キャストにも利益の一部をあげたんですよ。彼らはまだまだ若手の俳優だから助かったと思いますよ。革新的技術を次々と開発し進化していった『スター・ウォーズ』ですが、それでも満足していないのがジョージ・ルーカス（笑）。来年の3月17日から『スター・ウォーズ』の3D版が年に1作ずつ公開されます。音響も7・1chになって素晴らしい3Dになっています。こちらも楽しみにしてください。

特別企画

全宇宙が熱望した初ブルーレイ化

「スター・ウォーズ」新伝説、始まる

1977年に公開され、それまでのSF映画の概念を、そして映画のあり方を変えてしまった「スター・ウォーズ」。もはや映画史の伝説でありながら、今もなお進化を遂げている本作待望のブルーレイ化が9月16日、実現する。最新技術でデジタライズされ、初の全エピソードをパッケージしてのリリース。これを記念して、世界でただ一人「スター・ウォーズ」全作（特別編三部作も含む）の宣伝・配給に関わり、ジョージ・ルーカスの信頼も厚い、元20世紀フォックス映画のナショナル・マーケティング・ディレクターの古澤利夫氏と、古澤氏の長年の友人であり、日本で最初に「スター・ウォーズ」を紹介した映画評論家の石上三登志氏に、第1作の公開時、そして公開されるまでの裏事情を語っていただいた。今、知られざる「スター・ウォーズ」公開の舞台裏が明かされる！

すべてはここから始まった

対談　石上三登志　古澤利夫

SF映画の夜明け

「キネマ旬報」2011年9月下旬特別号の記事より

ハリウッドが認めた映画人が語る ジョージ・ルーカスの世界

古澤利夫×戸田奈津子

40年以上に及ぶ映画配給・宣伝の仕事を通じ、多くの映画人との交流を持ち、ルーカスフィルム顧問でもある古澤利夫氏と、洋画字幕監修の第一人者、戸田奈津子さんが語る『スター・ウォーズ』の生みの親ジョージ・ルーカスの素顔とは？

12月18日の『スター・ウォーズ／フォースの覚醒』公開に先立ち、1978年の『エピソード4』から全6作を手がけた世界でただ1人の映画宣伝マンの古澤氏と、誰もが知る洋画字幕翻訳及び通訳として多くの女性の憧れの的である戸田さんが、素晴らしき映画・映画人との交流についてを語り合います。

――『スター・ウォーズ』はアメリカ公開の1年後でした。これはどういう決断、戦略だったんですか？

古澤　戦略は全くございません。劇場がありてなかったんです。当時、ジャンルによってかける映画館を決めていました。映画を試写で観て、この作品はAクラスの有楽座か、アクション大作がかかる日比谷映画か、

『スター・ウォーズ　エピソード2／クローンの攻撃』で来日したヘイデン・クリステンセン、戸田奈津子さん

女性映画を中心としたスカラ座か、今でいうアート系のみゆき座かを決めていきます。またロングランをうてる時代でしたから。1973年に公開した『ポセイドン・アドベンチャー』を例にとると、あの映画はプリント32本で公開しているんです。7週間、有楽座で公開して、その後、東和の『街の灯』が決まってましたから、切らざるを得なかったんです。最初70ミリのロードショーでやるんです。最初の公開が終わった時に、川崎、横浜……名古屋、札幌とやって、広島の劇場が空いていたからそこでもやりました。今でいう拡大公開の基礎ですね。吉祥寺、川崎、横浜、錦糸町などでは『ゲッタウェイ』と2本立でやりました。その後に、2番館、3番館と、同じフィルムを7年間使い回す時代でした。

――戸田さんは『スター・ウォーズ』公開時は、『地獄の黙示録』(79)の字幕監修をされる前ですね。女性の立場から観てどうでしたか？

戸田　私は日本公開前に『スター・ウォーズ』を香港で観ました。当時、今の東宝東和が『死亡遊戯』を配給するということで、飛行機一杯のマスコミを連れて香港に試写を観にいくツアーにのせてもらったんです。ちょうどその時、日本よりずっと前に『スター・ウォーズ』が公開されていて。評判は凄くいい。日本にいつ来るかわからない。記者たちはブルース・リーそっちのけで観に行きました。私は香港ツアーで通訳の仕事もしなきゃいけなくて疲れてました。こんな凄い映画を観るのに、最初は眠くて眠くて。半分寝ていたんです。目が覚めたら光剣でチャンチャンバラバラをやっている印象でした。もちろん日本に帰ってからちゃんと観ました。それまでSFは好きなジャンルではありませんでした。でも全く観たことない映画でびっくりしました。

――戸田さんのお仕事の字幕翻訳の観点から見て、『スター・ウォーズ』には「ジェダイ」とか「フォース」という訳せない言葉がありますね。

戸田　最初にやったのは岡枝慎二さんという私の先輩でした。今は〝フォース〟で通用しますが、当時はフォースという言葉は通じないわけ。訳するならパワーでしょうけど。彼は「理力」と訳していました。だんだん浸透するにつれて、訳語が変わってきて。無から始まったんですから。最初にやった人は大変でした。

――ルーカスは日本語字幕版では本当の意味は伝わらないだろうと考えたようで、何年か後にルークを奥田瑛二さん、ハン・ソロを森本レオさんで、日本語吹替版が劇場公開されています。

戸田　そもそも「外国映画は字幕で」というのは日本だけで、外国では最初から吹替です。外国映画はすべて吹替なんです。日本人だけが字幕を好む。それは本当にユニークなことでね。あの頃、吹替なんて発想はなかったわね。

古澤　世界であまりにもヒットすぎてしまったので、もう少し下の年齢層に向けてやれそうだなと。2週間限定で1本立でやりました。原田眞人、今や大監督ですが、彼が演出してくれました。当時の『スター・ウォーズ』の製作者ゲイリー・カーツが日本に来てほとんど陣頭指揮を、とってしてくれて、松竹に配給をお願いしたんです。

戸田　それまでは外国映画＝字幕は常識ですから。ディズニーの『白雪姫』とか『ダンボ』とか、子供が観るからアテレコにしましょうかというのはあるけど。日本は状況が違うんで、字幕だと伝わらないという認識はちょっと違う。

古澤　はっきり言って、私たちが憧れたオーラのあるスタアの声しか聞きたくない。

戸田　日本人はこだわるよね。

古澤　ハリウッドの1つのシステムを、私は生の声を聞いた方がいいと思います。キャラクターがどういうイントネーションでしゃべっているかも聞きたいです。

戸田　声って演技の重要な一部だから、すりかえられる俳優は憮然となります。

――ルーカスに初めて会った時の印象を教えてください。

戸田　『地獄の黙示録』で私が関わった時に、サンフランシスコでコッポラと仕事をしていたんです。その時には『アメリカン・グラフィティ』(73)も『スター・ウォーズ』も公開されていて、ルーカスの名前もがんがん響いていた。今日はジョージが来るからって聞いたの。胸がときめいて、どんな人かなって思ってたのに、待てど暮らせど来ない。やっと来たと思ったら、コッポラと喋ってすぐに帰ってしまった。それぐらいあの人はシャイで人前に出てこない。いつも伏せ目がちで、社交性のない人だった。最近は少し変わりましたが。当時は顔を見てルーカスだと思ったら、すぐに消えてしまった。それが初対面でした。

古澤　私はあなたは(日本のプロモーションに)必要だ必要だと、1977年後半から言い続けていたんですが、他の俳優さんや、プロデューサー、C－3POに入っているアンソニー・ダニエルズ、リチャード・マーカンド監督は来てくれたんですが、あの方だけ来ないんです。ところが音響でパナソニックと契約して、C－3PO、チューバッカ、R2－D2を使ったCMのキャラクターとして来日しました。あの人は女の人が好きじゃないかな。ユーミンとNHKにも出てましたよ。

――その時の通訳は戸田さん？

戸田　そう。彼は女性を嫌いじゃないですね(笑)。

――ルーカス、スピルバーグ、コッポラといった、仲間たちのキャラクターの違いは？

古澤　全然違う。

戸田　スピルバーグは映画小僧じゃないですか。その子分みたいな人が今度新作を監督するJ.J.エイブラムス。彼は『SUPER8／スーパーエイト』(11)を作ったでしょ。ああいう感じで、自分が作った映画をスピルバーグに観てもらいたい。スピルバーグも当時ロバート・ゼメキスとかフィルムメイカーたちを育てようとしてたんで。

彼の作品を受け取ったのが本作のプロデューサーのキャスリン・ケネディ。はっきり言って大活劇のエンターテインメントを撮らせれば世界一。でも社会派のアカデミー賞を狙おうと大層なことを考えると時にはすべりますよね。

戸田　とにかく映画作りを知り尽くしている。昔の映画も含め、その勉強の深さは唖然とするばかりです。

古澤　あの人は映画の話をしていると幸せなんですよ。１９４７年のウィリアム・ワイラーの傑作『我等の生涯の最良の年』についてもカット割りの話が凄いです。

戸田　本当に凄い。古澤さんに匹敵する記憶力の持ち主です。

古澤　スピルバーグやジョン・ウィリアムズは黒澤明監督が好きなんですよ。スピルバーグが『ポルターガイスト』と『E.T.』で、ジョン・ミリアスが『コナン・ザ・グレート』、ハリソン・フォードが『ブレードランナー』で来日しました。じゃあ彼らがブレイクの時間も楽しめるようにしようとしました。するとリクエストが来て、黒澤さんに会いたい、食事を一緒にしたいと。黒澤さんにご連絡したらＯＫで。ホテルオークラで、黒澤さん、スピルバーグ、ハリソン・フォード、ジョン・ミリアス、そして岡本喜八さん。実は黒澤さんとうまくいってなかった三船敏郎さんも来ていたんです。食事のあと、彼らは黒澤さんを自分たちのスイートに招いて、『七人の侍』(54)のビハインドストーリーを朝の7時まで語り合ったんです。

戸田　ホテルオークラで久々に会い、互いを〝pal〟(親しい友)と呼び合って……同窓会そのものの、あの光景は忘れらせません。

古澤　スピルバーグとミリアスは『１９４１』(79)で一緒に仕事をしています。三船さんが『スター・ウォーズ』に出なかったの

ホテルオークラでミリアス、黒澤明監督、スピルバーグ、ハリソンとの食事会（1982年夏・中国料理店 桃花林にて）

ホテルオークラに宿泊したジョン・ミリアス監督のインタビュー・ルームにハリソン（『ブレードランナー』）と来訪

で『1941』に出演してもらっています。微妙に絡んでいるんです。オビ＝ワン役は当初、三船さんだったんですが、ＦＯＸはみんなオーディションで選んだ俳優だから、この役にはスタアを使えと言ったんです。大名優のアレック・ギネスが出てくれたんで、あの映画に芯が通りました。

三船敏郎、スピルバーグ、ミリアス

―― 2作目の『帝国の逆襲』を大好きな人はたくさんいると思います。その成功は台詞にあるんではないかと思います。

古澤　まさにルーカスが次の映画に入る際、自分が監督するとどれだけ疲れるかを考えながら走り回っている時に、『三つ数えろ』(46)、『リオ・ブラボー』(59)のリー・ブラケットに脚本を依頼しました。ところが、途中で亡くなってしまったのです。その後、ルーカスとスピルバーグがインディアナ・ジョーンズを主役にした『レイダース／失われたアーク《聖櫃》』(81)を作るにあたって、話していた時に、新しい面白い人がいるよと。それがローレンス・カスダンです。『帝国の逆襲』(80)、『Ｏｈ！ベルーシ絶体絶命』(81)、『レイダース／失われたアーク《聖櫃》』の脚本を書いて、自ら書いた『白いドレスの女』(81)を監督しました。ち密な脚本なんです。ひねりが効いています。『トイ・ストーリー』(95)のバズのひねりのきいた引用、『Mr.・インクレディブル』(04)とか、いろんなところに影響を与えていますよね。

―― その台詞を聞いた時にも、そういう展開になるのかとびっくりしました。ルークとダース・ベイダーの関係。ダース・ベイダーの声は印象に残っているけど、あの野太い声の方の紹介をお願いします。

古澤　普通の方は知ってますよ。ジェームズ・アール・ジョーンズという俳優で、オフブロードウェイで「黒人たち」という舞台を3年間やってオビー賞をとって、その後『博士の異常な愛情』(64)で映画デビュー。その後、映画にも出ているんですが、またブロードウェイに戻ってトニー賞を受賞した。「グレート・ホワイト・コープ」というヘビー級のボクサーの話なんです。この映画版が『ボクサー』(70)という作品で舞台ではトニー賞、映画ではアカデミー賞の候補にもなりました。さらに『コナン・ザ・グレート』(82)、『フィールド・オブ・ドリームス』(89)、『レッド・オクトーバーを追え！』(90)などに出演しています。特徴のある

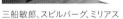

深みのある声ですね。彼はいくつになるかな。84歳かな。

――ヨーダの声は？

古澤　フランク・オズね。彼はもともとパペティア（人形遣い）なんです。イギリス生まれで12歳の時にカリフォルニアに移住して、マペットという操り人形が好きです。自作自演でテレビに出演している時に、マペットショーや「セサミストリート」のジム・ヘンソンと組んで、ミス・ピギーやクッキーモンスターをやっている間に、ルーカスから声がかかりました。ヨーダはマペットだから。それに声をあててくれと。その後、彼はルーカスと決別したプロデューサーのゲイリー・カーツと『ダーククリスタル』（82）を共同で監督していて、その後『ペテン師とサギ師／だまされてリビエラ』（88）や『イン＆アウト』（97）を監督します。

――『エピソード4〜6』ではどのキャラクターが好きですか？

戸田　私はヨーダです。言うことが哲学的で、ユニーク。まだデザイン的にも面白くて、彼が登場すると前のめりになります。

古澤　あそこでヨーダが死んじゃったからね。『ジェダイの復讐』では陰でしかでてこない。寂しいです。

――『エピソード1〜3』ではいよいよ戸田さんの登場です。

戸田　その3本はね。基本はアクション映画ですから、台詞は〝説明〟なんです。何がどうなっているかをお客さんにわからせることが一番の役割なので、人間ドラマなどと違い、感情的な台詞はあまりない。事実関係をはっきりさせることが重要です。それはアクション映画にすべて共通する点です。『スター・ウォーズ』の場合は、あまりにも名前が大きくなってしまったので、オタクみたいな人も続々出ましてね、怖かったです。観てる人がみな、キャラクターや複雑な人物関係を知っているわけですから、こっちも勉強せねばならず、結構、びびりましたね。

――楽しんで観ていた方がよかった？

戸田　そう言えますね。

古澤　映画って人の映画を観てる方が楽しいですよ。いい映画って1年にそれほどないです。あらゆるジャンルの映画を観て、年間８００本くらい公開されていますが、１００本驚く作品があったら恵まれているんじゃないですか。21世紀になって日本映画の方が抜かしてますよ。

戸田　それは私も嘆くところですね。20世紀の映画で育ちましたでしょ。21世紀に入り同じ「映画」と呼ぶものが、実は全く変わったものになってしまって、ちょっと寂しい気がしますね。ルーカスもスピルバークも20世紀の映画で育ち、その後継者だったのに、ＣＧＩを開発したために、映画が違う方向に進みだしてしまった。本人たちはそのことをどう思い、頭のなかでどう整理しているのか。もしまたお会いする機会があれば、ぜひそこを伺ってみたい。その功罪とか。どう思われます？

古澤　いいところもあれば、悪いところもありますね。彼らは自分たちが抜擢した若い作家、ロバート・ゼメキスをはじめ、脚本家のウィラード・ハイク、グロリア・カッツ、ロン・ハワードなど大変優秀な人をたくさんハリウッドに紹介してきた。逆にコッポラがまだ志があって脚本を書いていた『パットン大戦車軍団』(70)、『ゴッドファーザー』『カンバセーション…盗聴…』(73)の頃とは違って、彼は今のハリウッドを諦めてます。映画を作る気もないです。

戸田　時々会いますけど、映画への情熱はないです。残念だけど。

古澤　そういう意味で言うと、コンピューターができて簡単にできちゃうんですよね。みんなにわかりやすく伏線をはっているのに、なんでもう1回ここで台詞を、という映画が氾濫しています。有象無象の映画がポンポンポンとできてしまう。そういうのは時間も省略できてしまう。昔のジョン・フォード監督の『駅馬車』(39)のドロシー・スペンサーや、『カッコーの巣の上で』(75)のリチャード・チュウなど、ハリウッド史に残る優秀な編集者は何10人もいるんだけど。編集スタイルが重要なんです。今は物語やキャラクターの深みよりも、わかりやすくアクションを展開し、どんなクライマックスにして面白く見せられるかを重視する映画があまりにも多いんです。

――観客もいちいち説明してもらわないとわからないので、映画をわかりやすく作らざるをえないですね。

戸田　両方ありますよ。最近ショックだったのは、日本の映画学校の先生をしている人がおっしゃっていましたが、相手は映画に興味ある学生ですよ。なのにフラッシュバックというものがわからない生徒がいるそうです。「あの場面はいったい何だったんですか？」って。それほどイマジネーションがないっていうのは恐ろしいし。そういうわからない人のために、物語を時系列にしないといけない。本当は観客に考えさせなきゃいけない。観る方も観る方だし、作る方も迎合してはいけないのに。

古澤　映画が劣化すると、観客も劣化するわけですよ。これは相関関係ですから。やっぱり面白かった映画や、感動した映画、記憶に残る映画を観ると、あれはどうなったんだろうと考えますよね。1916年にD・W・グリフィスがすべての映画技術を発明しているんですよ。ピークは1939年。その後、切磋琢磨して世界中のフィルムメイカーや製作者たちが面白い映画を作って、刺激を与えて、次のフィルムメイカーが引用し、違ったデザインで作り直す。例えば『駅馬車』では駅馬車を占拠しようとするインディアンが馬で後ろから前にくる。あれを行ったのはスタントマンのヤキマ・カヌットという人で、『ベン・ハー』の戦車のシーンをやった人。あそこのシーンを淀川長治さんと野口久光さんが観て、あの映画には白みがあるよと。画が写っていないコマです。1秒間24コマの中に2つ白みがあるのです。それと同じことを『スター・ウォーズ』がやっています。77年の1作目で。そういう意味で言うと、いかにテダレの編集者、職人がいなくなったか。もったいないよね。デジタル化が進むと、何も印象が残らない。だから私は自慢じゃないけど、メールも打たないし、アイフォーンも使えない。ジョージ・ルーカスも同じで、メモ帳と鉛筆を使っています。

戸田　さすがにルーカスはメールは打てるでしょう（笑）。

古澤　口述筆記ですよ。

――『エピソード7』が公開されますが、どうしても『エピソード4〜6』に対してと、『エピソード1〜3』に対しての思い入れの違いがあります。

古澤　はっきり言って、『エピソード4〜6』は傑作ですよ。いくらかの弱点はありますが。『エピソード1〜3』は今だから言うけど、人間を描いていますが、技術の方にいきすぎています。9〜10歳の男の子がいずれダース・ベイダーになると思っていても、その子を主軸に大人たちが脇を固めて、よっぽど強いストーリーを作らないと、難しいんじゃないですか。映画はビジネスだからヒットさせなければいけないけど、どっちが好きかと言われれば、『エピソード4〜6』のほうが遥かに良くできていると思います。ルーカスもやっぱり長年映画を撮っていらっしゃらなかったんですよね。仕事も継続しないと力にならないです。あの人はすべてを細かく1人で見る人なんですよ。特撮も何もかも。スピルバーグは『ジュラシック・パーク』（93）の特撮は人に任せます。すべてをまとめているのはルーカスですから。

――『スター・ウォーズ』シリーズ全6作が全世界に文化として受け入れられた最大の要因は何でしょう。

古澤　たくさんあると思うけど、ともかく古今東西、ハリウッド映画を観まくって、そこにすべてのオマージュがあります。この映画はマーチャンダイジングの売上げが映画興収より高いです。１９７７〜２０１０年までの総売上げが、２４００億円、商品数は10万種類以上ですからね。ルーカスだって自分の演出料をＦＯＸに半分返して、ＦＯＸもサントラとＴシャツと漫画本の売上げなど大したことないと思っていたら、とんでもないことになって。

――マーチャンダイジングがこんなにも巨大なマーケットになるとルーカスは予測していましたか？

古澤　最初にヒントにしたのは『猿の惑星』（68）で、かなり関連商品が売れたんですよ。本人から聞いたんですが、彼は『猿の惑星』ぐらいいければいいなと思ってました。一番売れているマーチャンダイジングはすべて『エピソード4〜6』ですから。ダース・モールとかのキャラクターもいますが、ダース・ベイダーやヨーダにはかなわない。チューバッカ、Ｒ２－Ｄ２、Ｃ－３ＰＯ、Ｘウィング、タイファイター、ミレニアムファルコンも全部『エピソード4〜6』

からですから。

――『エピソード7』をリアルタイムで初めて観る方に、シリーズ全体をこういう風に観たらいいよというのはありますか?

戸田　この間、今のボス、キャスリン・ケネディが来日して、彼女が言うには『エピソード7』から観ても全然、違和感なくちゃんとわかるように作ってあると。もちろん前を観ていた方が面白いですけど。

――公開順に観るべきと言う人と、『エピソード1』からダース・ベイダーになっていく時系列で観るべきと言う人がいますが、オススメは?

古澤　私は公開順にしか観ていません。『エピソード1』から観たことはありません。『エピソード4~6』はローテクの良さがある。ＣＧＩを使いすぎるとリアリティがなくなります。『マッドマックス　怒りのデス・ロード』は立派です。製作費をかけ、撮り直して、あれはサイレント映画です。あれは見事、『駅馬車』ですよ。

――『スター・ウォーズ』はエピソードを重ねて伝えていく可能性があると思います。

古澤　シリーズを初めて観た時、ときめきも凄かったんです。映画の宣伝マンじゃなかったら公開を楽しみにしていられたんですが、今度の新作も必ずその最初に感じたときめきがあると思うんです。観終わったら、童心に戻れる。仲間との対峙、悪になるのか善にいくのかという選択、いろんなテーマがこの映画にはたくさんあります。それを楽しんでいただいて、映画館に何度も足を運んでもらえるような映画になるといいなと思いました。

――このあと、シリーズの間でスピンオフという映画も含めて、ずっとエピソードは重ねていこうとする戦略にも思えます。

古澤　ディズニーランドでも新しくアトラクションをどんどん作るし、今の段階では２０２０年までの『エピソード7~9』、それとスピンオフ3本。私はもっともっと作ると思います。ハン・ソロの3部作。『エピソード4』の15年前、ハン・ソロはルークに会う前にファルコンで密輸をやっていました。彼の性格って西部劇だから、ある種西部劇の要素を入れたアクション・アドベンチャーになるかもしれません。当然『エピソード12』まで作る可能性もあります。いい映画になるかどうかは別ですよ。連続活劇ですから、儲かればどんどん続いていくでしょう。

――今回、結局ディズニーがルーカスフィルムを傘下に収めたことから製作にゴー・サインが出た形になっていますが、もしルーカスフィルムだけだったら作らなかった?

古澤　そんなことはないですよ。人間っていずれ亡くなるわけですから。この間、ルーカスに赤ちゃんが生まれましたね。12年か13年に。インベスター、投資会社の社長やっている黒人の女性、メロディっていったかな。3人の子供は全員養子なんですよ。その人たちにちゃんと財産を分けていく。彼は美術館を作るの夢だったんで、サンフランシスコに作ります。こういう映画が好きな彼は、この国の文化を基に映画を作るのが大好きなので、凄く早く認可するんですよ。

――新作の写真を見ると、さすがマーク・ハミルは絞り込んでいます。

古澤　スタジオがトレーナーと栄養士を送り込んで、6ヵ月かけてみんな十何キロ絞って。キャリーはアルコールと薬でダメになっていますからね、一度。

戸田　多いですね。見てて、本当に過酷な職業だと思います。

古澤　競争原理が激しいですよ。ストレスになって、ジョン・ベルーシ、ロビン・ウィリアムズらが亡くなって。やらないともたない。

戸田　ハリソンは昔も今も「僕にとって映画づくりはjobだ」という姿勢を貫きとおしていてブレない。だからあの浮き沈みのはげしい映画界で、「生涯トップスタア」の地位を見事に保っている。

古澤　ハリソンは30年間キープしています。ユニバーサルの大部屋俳優ですから、バーナード・ジラードの『現金作戦』(66)、グレン・フォードの『大いなる砲火』(67)で出てきたけど、どうにもならなかった。それから大工なんで、オーディションセットを作っているところに声をかけられて。

戸田　彼はプロの大工じゃなかったのよ。俳優が夢だったけど、役がなくて。あの頃は売れない俳優はCMやポルノで生活費を稼いでた。でも彼は自分が目指す職業を、そういうアルバイトで穢したくなくて、たまたま手先が器用だったから、大工仕事で食いつないでいたんですって。この話は彼自身から聞いて、自分の職業にプライドを持つその姿勢に感動しました。

古澤　ハリソンとルーカスとスティーブン・スピルバーグはほぼ同時期に出てきて、もうじき40年です。

戸田　ハリソンとはその時期からの古いお付き合いです。

――最後に新作公開に向けて、ひと言お願いします。

古澤　感動は必ずあると思いますので、ぜひとも劇場で、大きなスクリーンで、何度でも。『スター・ウォーズ』はイベントであり、お祭りであり、それを伝えるのはファンの誇りになるんじゃないでしょうか。

戸田　これだけ大勢の人を楽しませた、映画史に輝くスペシャルな映画。命が続く限り、楽しみにしています。

代官山・蔦屋書店にて
「キネマ旬報」2015年10月上旬号より

『ボーイズ・ドント・クライ』(99)で来日した
キンバリー・ピアース監督と戸田奈津子さん

特別座談会

映画を愛し、映画業界を愛するがゆえに敢えて「ここまで」語ります

竹内万理×小林禮子×鈴木小百合

司会　古澤利夫

来日したプロデューサー、監督、俳優たちと最も密接に仕事をする通訳の仕事。憧れのハリウッド・スタアのそばで仕事ができるなんて一見華やかそうに見えても、数々の苦労が伴うハードな仕事だ。現在、映画業界で最も活躍している3人が、映画業界のよき未来のために本音トークを展開します。

「ＩＣＵ」で通訳について学ぶ

古澤　通訳の仕事をするようになったきっかけと、その後の簡単な略歴をお願いします。

鈴木　きっかけは、大学時代に授業の一環としてアルバイトで通訳をしていたんです。大学卒業後は、広告代理店に勤めていたんですけれども、辞めて旅行をしていました。でもすっからかんになって、何かしなくちゃいけないという時に、たまたま演劇の通訳の仕事をいただいて、そこが出発点なんです。途中で広告代理店にまた勤めたり、戯曲の翻訳もやりながら、主に演劇の通訳をずっとしてきて、その後、映画のほうに誘われました。

古澤　それは何年ですか?

鈴木　１９８９年、東京国際映画祭関連の仕事で、当時のＵＩＰさんから誘われて。その時映画業界の通訳を始めたのが、今につながっています。

古澤　学校で通訳の授業があるというのは、どこの学校ですか?

鈴木　国際基督教大学（ＩＣＵ）です。大学では、サイマル通訳という授業がありまして、毎週金曜日に6時間ぐらい授業があって、私は2年間取ってました。

竹内　私もＩＣＵで同じ授業を取ってました。1学期で辞めましたけど。

小林　私は大学時代にアルバイトで通訳というか、いろんなことをやっていて、卒業してすることがないというか、大学院へ行きたかったんですけれども、落っこちゃったんですよ。それで格好がつかないというか、ちょっと恥ずかしかったので、どこか学校へ行かなきゃまずいかなと思って、同時通訳の学校へ行ったんです。

鈴木　どこの学校へ行ったんですか。

小林　ＩＣＵなんですよ。

古澤　皆さん同じ時期ではないですね。

竹内　いつ頃ですか?　私がいる時ではないんですか?

小林　全然、もっと前ですよ。大体、あの頃、同時通訳コースはＩＣＵぐらいしかなかったんじゃないかしら。

鈴木　あとはサイマルとか。

小林　サイマルにも行ってました。その後に制作会社に勤めて、それから、集英社の「月刊プレイボーイ」に勤めました。結婚を幾に、何となくというか、ある日突然、鍼屋になろうと思い立って鍼灸師の勉強を始めました。鍼灸師を2年ほどやっていたんですけれども、ちょうどバブルが来て、そういうところでくすぶっている場合じゃないと思って、お金を手早く儲けるには通訳するのが一番、と。ジョークですよ。本当は「月刊プレイボーイ」時代とか、そのほかの時代にも、自分はもともと映画が大好きだったので、何かそういう仕事に携わりたかった。でも、戸田奈津子さんに会ったのが恐らく一番大きな理由です。私、「月刊プレイボーイ」時代に、『地獄の黙示録』（79）の取材で戸田さんにサンフランシスコでお会いしたんです。

古澤　コッポラ監督のね。

小林　そうです。その時にコッポラ監督の後を走っている戸田さんを見たんです。その姿を見た時に、こういう職業も成り立つんだと思った。

古澤　あれは、キャンペーンで記者たちをアメリカへ連れていって、戸田さんは撮影現場にも通訳で付いていて、その流れでおやりになっていたのです。

小林　そうです。それで、私はその時に「月刊プレイボーイ」の取材で向こうに行っていたんです。いろいろありまして、フリーになった時に、目指せ！　戸田奈津子と。

鈴木　音楽関係は？

小林　音楽業界は、ずっとその前にやっていました。

古澤　「月刊プレイボーイ」の翻訳もしていたの？

小林　翻訳もしていましたし、通訳もしました。例えば、もう古くなりますけれども、ジャック・ニコルソンが初来日した時の通訳をやったりと。

古澤　初来日は『カッコーの巣の上で』の時かな。

小林　そうですね。その時には、右も左もわからなくて。ただジャック・ニコルソンが作家のフンボルトが好きだと言っていたので、もの凄く教養のある人なんだな、と思ったことをとてもよく覚えてます。とにかく「月刊プレイボーイ」時代はインタビューの通訳を全部やらせてもらえたので、その辺から、通訳を目指して。

古澤　その時は、「月刊プレイボーイ」の社員ですか。契約社員？

小林　契約社員です。

古澤　万理ちゃんは、コロンビア映画（現ソニー・ピクチャーズ）にいたんでしょ。

竹内　そうです。正直言って、通訳になろうとは一度も思っていなかったんです。学校の先生になるのが夢で、大学を卒業してから学校の先生をしばらくしてました。それで、その後にたまたま大学時代の同級生が当時のコロンビア映画でアルバイトをしていて、自分は辞めるから入らないかと言われまして、それで入りました。そこで、アルバイトから宣伝部に勤めて、正社員になって4年半いまして、そろそろ自分で仕事を始めようかなと。そのときに思ったのは、自分の持ち札は英語ができることと映画の宣伝がわかること。それを最大限に生かすことは何かと考えて、映画業界の中で通訳になろうと思ったんです。それでフリーになりました。

古澤　その前に何かやっていなかったのですか。フリーになったって、いきなり通訳の仕事はないでしょう。翻訳もやっていたでしょう。

竹内　同時進行でという感じです。最初にいただいた翻訳の仕事は、それこそ古澤さんからなんです。

古澤　そうだったね。

竹内　最初にやった通訳は、日本ヘラルド映画の『エリック・ザ・バイキング／バルハラへの航海』（89）だったような気がします。

古澤　『エリック・ザ・バイキング』ですか。面白そうだね。モンティ・パイソンだ。

竹内　そうでしたね。かなり昔の話なんです。

古澤　何年ですか。

竹内　1990年になります。

鈴木　私も映画の通訳を始めたのが1989年で、同じ時期ね。

竹内　たしかコロンビア映画に入ったのが1985年で、4年半いたので。だから、1990年ぐらいからフリーになりました。

鈴木　でも、それ以前に禮子さんとは一緒に仕事をしたことがあって、「オペラ座の怪人」の初演の稽古場で、私が照明さんに付いていて、小林禮子さんが音響さんに付いていていて。

古澤　その時は、技術畑をやっていたんですか。

鈴木　そうなんです。

小林　私は、もともと技術畑だったんですよ。余り表に立つ気がなくて、技術畑の仕事を、学生時代からアルバイトでやっていたんです。

竹内　私は、コロンビア映画の宣伝部の時に初めて通訳で禮子さんに会いました。

通訳として感じる映画人や映画界の印象

古澤　映画界の通訳として、映画界をどのように感じていますか?

鈴木　最初に通訳をした人が『007』シリーズのプロデューサー、アルバート・R・ブロッコリさんという大物で、カビーという愛称で親しまれている方だったんです。当時、87歳ぐらいで。

古澤　何作目のですか。

鈴木　ティモシー・ダルトンの主演のもの。

古澤　『リビング・デイライツ』(87)ですかね。

鈴木　『007／消されたライセンス』(89)です。そこでのカビーさんの話が、とにかく面白いんですよ。ライト兄弟が飛んだとき、私は畑で見ていたんだ、とか話されて。私はもちろんインタビューを通訳しているんだけれども、面白くて面白くて。

古澤　あの方は、ブロッコリという野菜を作った人の末裔ですね。

鈴木　イタリアからアメリカに持ち込んだ人の末裔なんですって。そのブロッコリさんなんです。そういう話とか、いろんな話が聞けて、面白くて、私、通訳しているのを忘れながら、はあっと聞き入って、それが最初の、何というか……。

古澤　ほかの業界との差異ですね。

鈴木　そうです。話が面白い。

小林　私も全くそうですね。並行して作家の通訳も、それから音楽業界でもずっと通訳をやっていたけれども、記者会見やインタビューで見せる、映画人の豊かさ、知識の豊富さ、ビジュアルなものに対する理解は、他の業界の人とは違いますよね。つまり映画とは総合芸術ではないですか。そうすると、知っていることが、とても豊富なんですよ。例えば、私はポール・バーホーベンをよく覚えているんですけれども、彼はドイツからの爆撃体験を実際に持っていたり。

古澤　あの人はオランダ人ですね。

小林　そういう話を聞くと、今、小百合さんが言ったように、自分は歴史の証言者たちと一緒にいられるんだと思いましたね。もちろん、音楽の通訳は面白いし、作家の通訳も凄く面白かったけれども、映画業界の人たちは、凄い知識を持っているし、特別だなと思いました。あと、もう1つ、一度仕事をした人たちと、また仕事ができることもすごくうれしかったですね。つまり音楽界だと、一度仕事をした人と、なかなか会う機会がないんですよ。また作家も、そんなにすぐ来日するものではない。映画界の場合は3年にいっぺん来たりとか、または映画会社の方たち、例えば古澤さんも含めてですけれども、頻繁にお会いするわけではないですか。そうすると、お友達もできるわけだし。

古澤　世界中に映画界の人脈があるから、脈々と、いわゆるバトンが渡っていく。

小林　それと、あともう1つ、2人よりも私はこの業界で早く通訳を始めたことが関係あるかもしれませんけれども、日本という国がどうやって、世界の中で力を持ち始めていったかということも、映画業界の中から垣間見ることができた。例えば『スター・ウォーズ』の時に、スピルバーグやルーカスが、いかに黒澤監督を尊敬しているか。いかにいろいろな日本映画が、自分たちの映画に影響を与えたか。いかに学んだか。そのような話は本当に興味深かった。

竹内　私の場合は、凄い個人的なものなんですけど、私は、映画業界でなければ、多分、日本の社会でやっていけなかったかも。私が知っている日本の社会というのは、日本舞踊の社会だったんです。それは母の関係で、あとは日本の中で英語をしゃべるコミュニティ、外国人のコミュニティ。ずっとインターナショナルスクールだったものですから、その世界しか知らなくて、本当に日本の社会というのを全く知らずに来て、それで初めて入ったのがコロンビア映画だったんです。そこでも少しカルチャーショックがあったんですけれども。でもやはり映画業界の方々というのは、他のフィールドよりも、はるかにその人をそのまま受け入れてくれる。それで私のことも、多分、最初は不思議なやつがやってきたなと思われたと思うんですけれども、それなりに受け入れてくださった。それが凄く自分としてはありがたかったし、居心地が良かったんです。

古澤　不思議なやつというのは、半分日本人で、半分外国人みたいな感じかな。

竹内　そうです。多分、その当時、そんなに日本語もうまくなかったかもしれないし。

古澤　かもしれないね。最初は余りうまくなかった。

竹内　そうです。

小林　ちょっと変わっていましたよ。

古澤　変な人だったね。

竹内　私は、自分は全然変わっていないと思ってました。

小林　変わっていたよ。

竹内　本当にそうだったと思います。でも、私のことをありのままに受け入れてくれたのは、本当にありがたいことだと思いました。それに、映画業界の方々は、本当に映画が好きでやってらっしゃる方がとても多いです。そういった意味では、変わった方々もそれなりに集まっていらっしゃったけど、ただ一緒にやろう、一緒にこの映画をヒットさせよう、という気持ちが凄く強いと感じたんです。それと、あともう1つ、私は西洋の文化と日本の文化のかけ橋になりなさい、と子供の頃からずっと教わってきました。そういう気持ちでいたものですから、例えば日本の文化を外国の方に少し教えてさし上げるという意味では、通訳という仕事はとても生きがいがあったんです。日本には、こういう文化があるんですよと、3日間ぐらいしか滞在しない俳優さんでも、歌舞伎はこうなんですよとか、能はこうなんですよというようなことを少しでも話して、来た時よりも帰る時に少しでも日本の文化に興味を持っていただいたり、少しでも日本のことが好きになってくださったら、それで自分の仕事は全うできたという気持ちでいました。反対に今度は日本の人たちに、もうすぐ、こんな楽しい映画が来るんですよ、と知らせることもとても好きです。

鈴木　今、映画がみんな好きという話があったんですけれども、私は何しろ子供の時から映画が大好きで、ミュージカルの映画がある時は学校をズル休みして、テレビで映画を観るぐらい好きだったんです。それで、近くに映画館があって。

古澤　どこのですか？

鈴木　オーストラリアのシドニーで育った時で、毎週末、子供劇場というのを観に行っていたんですよ。チャップリンやキートンの無声映画やアニメやコメディ映画。何しろ大学時代は年間250本ぐらい劇場で観ていたんです。ビデオがない時代なので。

古澤　それは学校が終わってから、いらっしゃるわけですか？

鈴木　学校は週3日に全部授業を集めて、残りが4日ありますから、そこでほとんど観に行って、1日5本観ることもあったり。

古澤　じゃあ、青春時代でしょう。

鈴木　マニア、オタクですよね。そんな愛してやまない映画の、それを作った監督や俳優の話が直に聞けるんですから。スピルバーグさんとかルーカスさんとか、皆さん、私があこがれていた大監督に、実際に会って話が聞けるのも大きな魅力ですね。

印象的な言葉、印象的な出来事

古澤　監督、俳優、あるいはプロデューサーが言った印象的な言葉、あるいは印象的な出来事があったら教えてください。

鈴木　私は、何しろスピルバーグさんが大好きだったので、初めてお会いした時は本当に緊張しましたね。『シュレック2』で初めてお会いしました。LAのジャンケット（取材）に行った時に。その後、何回かお会いして凄く印象的だったのは、少年っぽいというのか、目がきらきらして、話していると、まるで少年のような顔になるんですよ。

古澤　映画について話す時でしょう。

鈴木　そうです。本当にうれしそうに、楽しそうに話すのが凄い印象に残ったんですけれども、そういう少年のような印象は、結構映画人に共通する気がするんですよ。リドリー・スコットさんとか、ジョージ・ルーカスさんもそうだし、あと、私もジャック・ニコルソンさんは凄く印象的で。『最高の人生の見つけ方』（07）です。あの時は初めてお会いしたのが記者会見の舞台袖だったので、凄く緊張して待っていたら、凄く気さくな感じでいらして、とにかくおちゃめ。

古澤　いたずらっ子みたいでしょ。

鈴木　ウインクするし、それでいて風格があるし。貫禄はあるんですけれども、ジョークをさらっと言って、何かしゃれているし、理知的だし、印象深かった。

小林　私は、やはりロバート・アルトマンですね。ベネチア映画祭でジョン・タトゥーロをインタビューしていたんですよ。そうしたらジョン・タトゥーロがぱっと立ったんですよ。本当に直立不動みたいな感じで。私は人がインタビューしている時に、それはないだろうと一瞬思って、はっと振り向いたら、アルトマンが奥さんといて。そうしたらアルトマンが、ジョンにうなずいて。でも、その後は、ジョンはもうしどろもどろで。本当に、小学生が先生の前に立ったみたいな感じで、「あなたの映画を観ました」みたいなことをしゃべっていて、両方とも凄くいいなと思った。あと、やはりアルトマンがセクシーだった。もう60歳を超えていたと思うんだけれども。とにかく色っぽいおじさんで、ぞくっとするぐらい色っぽかった。それを凄くよく覚えていて、でも、アルトマンの話で私が一番記憶にあるのは、本（「エンタメ通訳の聞き方・話し方」PHP新書）に書いてしまっているんですけれども、ある監督がメモ魔で、監督というのは、何か思い付いたらメモを取らなければいけないものですかね、と聞いたら、頭の中に記憶できないようなものは、どっちにしたって書いてもしょうがない。捨ててもかまわない。本当に覚えておかなければいけないことは覚えている、と言っていたことですね。

古澤　あの人は天才だからね。

小林　あと『ザ・プレイヤー』（92）に出演していた女優さんに会った時に聞いた話なんだけど、アルトマンから「あなたはあなたの一番好きな赤い洋服を着て撮影現場に来てください」と彼から電話がかかってきたんだそうです。「君は本当に赤いドレスを着る時は美しい」と。その電話1本で、もう溶けてしまったと言ってましたよ。

古澤　誰かに恋をするのと同じで、監督に恋をするというのは、俳優にとっては幸せなことだよね。

竹内　『タイタニック』（97）は凄く印象に残っています。東京国際映画祭のオープニングで、初めてお客さんと一緒に観た時に、キャメロン監督と当時の奥さんのリンダ・ハミルトン、私という席順だったんです。それで映画を観ながら、今、私の隣の隣にこの映画を撮った人がいるんだと思いながらずっと観ていた私は、結構泣いていたんです。

古澤　君はその時、初めて観たわけね。

竹内　そうです。それで廊下に出たら、監督が「日本の人たちには受けるかな」と一言言いながらドアを開けて、客席の反応をのぞいていらっしゃったんです。そうしたら……！

古澤　客席で全員泣いてたね。

竹内　監督がそれを見て、今度は私のことを見て、「万理が泣いているから大丈夫だろうな」と言ってくださって。それで、夫婦で安心してくださったんです。通訳が泣いているから。

古澤　何かほかに、印象的な言葉とかないですか？

竹内　私の場合は通訳のくせで、忘れちゃうんです。

鈴木　それは頭のメモみたいなものね。

竹内　そう、頭にメモを取って。

古澤　そのメモは捨てちゃうんですか？

竹内　頭の中に黒板があるみたいで、それを一旦消さないと、次のものが入ってこないんです。

小林　そうですよ。

竹内　だから、どんどん口から出して、全部忘れていかないと次が入ってこない。

古澤　でも、どうしても抜けない言葉とかもあると思うのだけど。

小林　それはコンセプトとして、イメージとしては残りますよ。

竹内　だけれども、確実な言葉としては余り残らない。

通訳の仕事で嫌だったこと

古澤　それでは、嫌だったことでもいいです。こいつじゃ通訳できないとか。

竹内　私はありますよ。

古澤　どうやたって、この英語はいい日本語にできないとか、この映画の趣旨と違うことを言っているな、でも、困ったなとか、そういうことはあるでしょう。

鈴木　自分がプロモーションで来ているのに、自分が出た映画が気に入らない人がたまにいるんですよ。

小林　結構いますね。

鈴木　そうすると、映画の話をしたがらないから。

小林　あれは凄いよね。困っちゃうよね。

鈴木　いろいろ聞いても、ノー、イエスとか、そのぐらいで、ひと言で終わらせたり。そうかと思うと、次回作の話を聞かれると、その話ばかりして。共演者が嫌いな場合とかも全然話が出てこない。

古澤　私もそういう経験は、何回もあります。

竹内　私、インタビュー中に携帯ゲームをやっていた監督を担当したことあります。

古澤　誰？

竹内　Jです。それで、もうインタビューが始まったからやめましょうよ。と言ったんですよ。でも僕はやりながら答えられるからと言われて。そういう問題じゃないだろうと思ったんですけど。

古澤　聞いている側は印象悪いですよね。そんな態度だと、記者だっていい記事が書けないです。

竹内　それは失礼なので、驚きましたね。

小林　あとは、映画祭の中で若い監督が一所懸命説明すると凄くいい映画だと思うんだけれども、観てみると大したことないというのがあります。これは難しいものだなと、映画というものは怖いなと思います。

鈴木　でもその人の説明でみんなが観たくなったら、その人は凄くプロモーションがうまい。

小林　それはそうなんだけれども、何か凄く切ないと思って。

竹内　反対にジョエル・シューマーカー監督は素晴らしい人でした。

古澤　彼は美術大学出身ですね。

竹内　はい。それから監督になって。私が初めて一緒に仕事をしたのが『フラットライナーズ』(90)なんですけれども、初来日した時に、来るインタビュアー全員に、僕の作品に興味を持って今日はこのインタビューに来てくれてありがとう、と凄い丁寧に挨拶するんですよ。それで、その時に名前の表記がシュマッチャーだったんです。それで実際に聞いてみたら、シューメーカーから来ているシューマーカーだと言われて。

古澤　シューメーカーって、靴ですね。

竹内　靴から来ているんですって。シューマーカーだと言われて、ごめんなさい、今まであなたの名前はシュマッチャーとなっていたのよと言うと『セント・エルモス・ファイアー』(85)からシュマッチャーだったからと言って。それでやはり皆さん、シュマッチャー、シュマッチャーと言うんですよ。そうしたら、僕は何と呼ばれようとも、僕の作品に興味を持ってくれたら、それだけでうれしいんだからと言っていて。あと、ゆうばりファンタに一緒に行って『フラットライナーズ』を一緒に監督と観たんです。そうしたら、画面を見ながらうれしそうに、本当にこの子たちはいい演技をしてくれたと、自分の作品を観ながらつぶやいてるんです。この人は本当にいい人なんだな、苦労してきたんだなと思って、そういった意味では、やはり残る人は凄くわかりますね。あと、何となく天狗になり過ぎちゃってという人たちは、この人は消えるんだろうなと思うと、やはり消えていく人もいるし。本当に傲慢で、天狗になってもいいような人が凄く謙虚だったり、それはロバート・デ・ニーロもそうだったんですけれども、あの人はどんなわがままを言ってもいいぐらいの人ではないですか。その彼が凄く謙虚だったりして、だからそうやって見ていると、この人は息の長い俳優さんになるんだろうな、とかがわかるようになってきますすね。やはり人付き合いですからね。

とんでもないことを質問するインタビュアーたち

古澤　そうだね。話は変わるけど、映画のコンセプトなり、映画のよさを伝えるということについて、日本語と英語で、差異を感じたことはありませんんか？

鈴木　それはその人その人で違うし、聞き取りにくい英語というのもあったり、アメリカといっても母国語が英語じゃない方もたくさんいますね。例えばローランド・エメリッヒさんはなまりがあります。そういう方はいっぱいいるし、だから我々がまず心配するのは、その人の英語がどういう英語かというのを気にします。あとは、この前、10歳の男の子の通訳をしたんですよ。『ノウイング』（09）という作品のチャンドラー・カンタベリー君。そういう10歳の子にわかりやすく、ただ言葉を直訳するのでは通じない場合があったりするので、いかにわかりやすく、そして、彼らが困った時にはちょっとフォローしたり、言葉を与えて聞き出すとか、お母さんみたいなところも入れたりとか。あと、アメリカ人は、よく最初にジョークを言ったりして、場を和ませるというのをやりますね。これは常套手段で、記者会見でもぱっと場を和やかに、ちょっとみんなも緊張しているところを和ませる効果がありますからね。だから、なるべくジョークは訳そうと努力します。でも、ジョークを訳すって多分、一番難しいことで、思いっきり滑る場合もあるし、でも、なるべく笑いが取れれば、こっちもやった、という気持ちになるし、そういうのは確かにありますよね。

小林　最近お会いするチャンスがないんですけれども、例えばオリバー・ストーンを凄いと思うのは、オリバーは「これから来るメディアは、どんなメディアなんだ？」と聞いてきて、そのメディアは女性用のメディアだとか、これはこうだと言うと、答えを変えるんですよ。あれは、やはり面白いけれども大変ですね。あと、あの人はめちゃめちゃ教養があるじゃないですか。だから、人の名前がぱかぱか出てくるので。

古澤　違う世界の人の名前が出てくるからね。

竹内　私、日本語と英語の差だと思うんですけれども、日本語の質問は質問でない時が多々あるんです。

古澤　自分の意見を言うということですね。

竹内　そうです。この映画のテーマはこれですよね、と言ってしまうんですよ。だからインタビュアーの方によっては、自分の考えを確認するために来ているんじゃないかと思うようなことがあって、それを訳すと、大概のアメリカの人には、それで質問は何？　と聞かれます。

古澤　何百回も経験していますよ。

竹内　だから、それは困りますね。自分の考えじゃなくて、テーマは何ですか？と聞けば、それは初めて質問なんだけれども、テーマは何々ですよねと言って、そこから日本人は話を広げてほしいわけです。でも、そういう聞き方は英語では余りしないので。

古澤　だから君たちが、例えば経験値の中で、それでこういうことを聞きたいんですか？　と確認してあげるといいですね。

竹内　最近は、「ホワット・ドウ・ユー・シンク」と聞きます。

古澤　そうすると質問になります。

鈴木　朗々と自分の意見ばかり言って、それだけで終わる人が結構いる。

古澤　だから、おまえは一体、何が聞きたいんだ。質問は何なんだ。それじゃ話にならないよと怒るんです。じゃあ、私が聞こうかと思います。記者会見でもありますね。

竹内　あと、凄いマニアックなことを聞いてくる時もあります。

古澤　日本人はインタビューが下手ですね。

鈴木　何を聞きたいのかわからない、というのが意外と多いんですよ。

竹内　あと、記者会見の質問が、最近はとても質が落ちてきたと思います。大作では、6～7人が並んで、それで出演者の皆さんに伺いますと言って、それで延々と1人ひとりが答えるんですけれども、そのもとの質問が実に面白くなかったり、ありがちな質問だったりして、内容の濃い記者会見がなかなかないような気がして、ちょっと残念だな、という気持ちもあります。

古澤　それと、ブロックバスターになると、裏方、会社の偉い人も含めて40人ぐらいが来日して、それでイベントをやって、1億円以上のキャンペーン費用で、記者会見を開いて、働く時間が4時間とか5時間しかない。そうすると、活字媒体に割く時間はほとんどないです。

鈴木　私の感触としては、新聞とか雑誌、映画雑誌の取材では教養のある人が来たり、また知識もあるので、非常にいい質問をしたりするんですけれども、最近はテレビ、ウェブが増えてきて、ウェブは千差万別なので一概には言えないけれども、テレビは5分とか非常に短い時間の中でのインタビューなので、みんな同じ質問をする。あとは、たまに何それ？　という質問もあります。この前、ニコール・キッドマンが『オーストラリア』(08)で来日した時、余りにもひどい質問をする人がいて。

古澤　アナウンサーだったんですか。

鈴木　英語ができるアナウンサーで、妊娠についての質問はニコールがうんざりしているから聞かないでくれ、と言っているのに、どうやって妊娠がわかったのかとか聞くんです。

古澤　バカじゃないの。

鈴木　私もそう思いました。それで、ニコールが私の方を見て、今のどう思うという顔をしたので、違う質問をしてください、と促しました。

古澤　だから、それは映画会社の人間が、ちゃんとしたインタビュアーをブッキングしないといけないんです。

竹内　あと、最近、映画会社が「ノー」と言っても、テレビのディレクターが、その場で勝手にやってしまうんですよ。それは凄いずるいです。ひどいです。だから、誰がずるをするのかというのは大概わかるんです。例えば宣伝部と通訳が一緒になって凄く気をつけていて、何か少しでもヘンなことをやり始めたら、私があなたの方を見るから、そうしたらすぐ止めてね、ということがあります。でもそれは、通訳の仕事じゃないんですよね。辛いですよ。

小林　この間『ベンジャミン・バトン　数奇な人生』(08)の時に、デビッド・フィンチャー監督にブラッド・ピットと何で三度も一緒にやるんですかと。当たり前じゃん、いいと思うからだよ、と私は言いたかった。

古澤　そんなこと言ったら、ジョン・フォードとジョン・ウェインはどうするんですか。

鈴木　ジョニー・デップとティム・バートンとかね。

小林　その質問をしたら、彼が絶対に嫌な顔をするというのはわかっていて、一応バリエーションを3つぐらいまで考えたんだけれども、4回目になるともう尽きてきて、お願いですから、その質問やめていただけますか、と言いたかった。あれは辛かった。

鈴木　本当に同じ質問ばかりというのは、もうしょうがないのかな？　と思うところはあるけれどもね。

竹内　プレスを読んで、プレスに書いてあることを質問しているとか。

古澤　要するに同時公開が多くなってきたから、テレビなどの短期決戦の媒体に偏ってきます。

竹内　余りにも同じ質問が繰り返されると、私は宣伝部の人に、この質問が多いからなるべくそれを避けるようにとか、事前にインタビュアーさんに言ってもらうようにしたりします。あとは間違った情報がプレスに書いてあったりして、その質問が出ないようにしたりとか、それは宣伝部の人たちに頼んでいます。

古澤　もう考えられないぐらい無駄なお金と時間を使っていますよ。

どんどん短くなる取材時間

竹内　昔に比べたら、本当にインタビューする稼働日が短くなりました。

鈴木　ＵＩＰで20年前に初めてやった頃というのは、個別取材があって、たまに記者会見がある。それだけだったんですけれども。最近は、レッドカーペットが盛んになってきて。

古澤　『タイタニック』はレッドカーペットはやらなかったけれど、オーチャードホールの前で、３０００人と押しくらまんじゅう。そこで捻挫したのですけど。

鈴木　それじゃあ、セキュリティもいない。

古澤　誰もいない。その翌年からレッドカーペットが始まって。でも私はあれは無駄だと思います。例えばイベントをやって、記者会見をやってもパブが出るのは限られています。

鈴木　最近は、『アイ・カム・ウィズ・ザ・レイン』(09)で、初めての経験だったんですけど、テレビ局が交代して入るんです。だからTBSなら5つぐらいの各番組がカメラを持ってきて、テレビ局別・番組別会見なんです。それを1日で全部出すんじゃなくて、各番組が必ず分散して放送する。

古澤　そうです。それはジャニーズが仕切って一番効果的に番組をつなげているわけです。でも結局、1分も使っていないじゃないですか。

竹内　使っていないです。「観てね」だけです。だから、私は時々、何のためにこれを訳しているのかなと思ったりすることもあるんです。正直言って、80年代の後半、私が宣伝部の時って、必ずインタビューは1時間でしたよね。

古澤　テレビで？

竹内　いや、新聞です。

古澤　だから、活字は50分だな。

竹内　そうですね。それで10分休みがあって、次に行く。それだとやはり、ある程度濃いインタビューになる。

古澤　あの頃の時代というのは、トップ記事に持ってこられるようにするには、それだけの時間が必要だったのですよ。最悪でも1週間遅らせればトップの次へ持ってこられると、編集会議のことも考えた上でやっていたわけです。

竹内　今は新聞でも20分、短かったら15分で、それは通訳を入れての時間ですから。

古澤　それじゃあ、実質10分だね。

竹内　あと、稼働日がやはり3日ぐらいありましたね。

古澤　昔はね。

竹内　それが、今は1日とか2日で。

古澤　プレミアがあると、夕方には終わらせなきゃならないからね。

小林　でも、やはり、ちゃんと手作りでやっているところはあるんですよ。

古澤　それがスタンダードですよ。そこから始めないと覚えないよ。

小林　名前を挙げちゃうとビターズ・エンドさんなんですけれども、ビターズ・エンドさんはお金はないし、手作りをしていて。私、自分が凄い貧乏くさくて嫌なんだけれども、何でみんなホテルのミネラルウォーターを飲むの？　と思うんです。

古澤　全部飲まずに、無駄にする場合もあるからね。

小林　そう。でもお金がないから、彼らはもちろん持ち込みで、スーパーで買ってきたものを自分たちで置いて、お茶も全部、用意してある、そこのポットを使ってインスタントコーヒーを入れて、みたいにやっていて、それがいいとか悪いとかということではないんだけど。

古澤　それは基本です。

小林　基本というか、凄く気持ちがよかったです。

古澤　でも、基本がないまま上へ行っちゃうと、みんな経験値が、要するにフィールドワークをやらない、パブリシティをやらない、タイアップをやらない、広告もつくれない人間が、今、どこかから来るやつがヘッドにいるわけではないですか。こんなふうにやっていれば全部劣化するに決まっていますよ。

竹内　昔に比べてホームオフィスの人がツアーについてきますよね。

古澤　だから、侍がいないのですよ。要するにけんかをすればいいのです。オレがやるから口を出すな。オレは日本語で考えて、円で計算しているので、あなたたちとは文化が全然違うんだから、日本向けに変えているんだ、と。そういう人がどこにもいないのです。

竹内　さっきインタビュー時間が短くなったと言ったじゃないですか。その大きな要因は、多分、ホームオフィスの人、またはパブリシストの人が、そんなに時間は要らないじゃない、と指示してるんですよ。

小林　この間は4分だったよね。

古澤　「観てね」というパターンで終わり。

竹内　そうです。タイトルコールだけです。それでお土産を渡して。

鈴木　もう3つぐらい質問だけをして、ほとんどID局名告知とかそういうステーションコールをやって「観てね」とかね。

小林　キャラクターを持たせて、IDを読ませて終わり。

竹内　テレビ局のマスコットですね。

古澤　すごく宣伝も劣化していますよね。だから、深みがないまま、すうっと抜けてしまいますね。

竹内　だから、もったいないと思うのは、この間、マイケル・ベイ監督の通訳をさせていただいたんですけれども、どういう新しい技術を使って『トランスフォーマー』(07)を創ったか、という興味もあるわけじゃないですか。でも、多分、聞ける話の3分の1も聞けない時間だったりして。それもまた仕方ないのかもしれないんですけれども、どんどん世界中を回らなければいけないツアーだから。あと、同時公開というのも問題だと思うんです。

古澤　あれだと宣伝できないのです。

竹内　同時公開というのが増えてきて、宣伝も随分変わったような気がします。

鈴木　本当に変わりましたよ。

古澤　よく変わるんだったらいいけれども。進化していないのですよね。お金だけ使って、要するに実が全くならなので すよね。もったいないね。

小林　でも、メイジャーはわからないですけれども、インディペンデントの場合には、やはり買いつけ額そのものの値段がすごく上がっちゃったじゃないですか。だから、宣伝が一つのかせをはめられてしまって、何だか見ていてかわいそう。

古澤　でも、基本的にはゲリラ宣伝というのもやらなくちゃいけないのです。

小林　そうなんです。でも、今の人は知らないんですよ。そういう話をすると、この人は何をしゃべっているんだろう、という顔をされるので、最近は「はい、すみません」と黙ることにしているんです。

訳せなかった記者の言葉

竹内　でも、大きな会社の人たちはポスターを巻くのに平気で小さいポスターを1枚使って巻くんです。言っている意味がわかりますか?
古澤　ポスターでポスターを巻くと。
竹内　チラシだったり。
竹内　それで平気で巻くんですよ。
小林　だから、私も本当にいまだにしつこく言いますけれども、ミネラルウォーターとか、冷蔵庫からジュースを飲むだけで心が痛みます。
竹内　だから、私はコピー用紙で巻けばいいと思います。
古澤　失敗したコピー用紙もあるからね。
竹内　そうです。あとすごい空しく思うのは、一所懸命、宣伝部の人たちがそうやって節約したとするじゃないですか。だけれども、来た人が、今日はこのレストランに行きたいと言って大豪遊して、その節約は全部水の泡になっちゃったり、電話代が凄いかかっちゃったり。
古澤　あと、車が凄いですよね。
竹内　そういった小さい節約が水の泡になってしまうことが多々あると思うんです。
古澤　だから、来日キャンペーンは、お客様に伝えるために、宣伝マンが監督や俳優、メディアと論争をし、調整し、妥協して、どれだけの深みを持って伝えられるかどうかの場ですからね。それが問題であって、やはりそこのところが欠落しているのですよね。
小林　でも、変わるんでしょう。
古澤　これだけだめだと変わるでしょう。
小林　この間、別の仕事で、10年前とインターネットによる情報が637倍になっているという話があって。
竹内　そのぐらいなんですか。
小林　とにかく10年前よりも637倍なんですって。でも、これからは、それが倍々で増えていくと思うんです。ところが、ネットの中ではクオリティのある宣伝が……。
古澤　宣伝になっていませんからね。
小林　そうするとどうなるのかな、とやはり考えちゃいますよね。クオリティの悪さで急に思い出したことがあるんですけれども、「映画を観ていないんですけれども」と言うインタビュアーがいたんですよ。あれって凄いですね。
鈴木　私、それは訳さなかった。
小林　私も訳さなかった。
古澤　それは訳せないですね。
竹内　あと、質問を考えてきていないんですよ、と平気で言うんです。それが、その人の戦略かもしれないけど。
小林　それは日本人にとっては1つの格好になるのかもしれないけれども、通訳を介する場合は、単なる怠慢ですよ。それをわかってほしい。だから、日本人をインタビューするのなら、そのテクニックもありかもしれないけど、頼むよ、言わないでよと。

古澤　木村大作に、死ぬ思いで作った映画をまだ観ていないと言ったら、ばかやろう、おまえ、帰れになっちゃいますよ。

小林　だから、誰だったか忘れちゃったけれども、自分は何でこの日本にいるんだ？　と言った人がいたんですよ。ごめんなさいと謝るしかないですよ。

竹内　あと、ビデオで観ましたとかね。

小林　それから、英語ができる人が増えましたでしょう。でも、中途半端な英語をしゃべられると一番困るんですよ。

竹内　質問する人たちの英語がわからないんです。

鈴木　記者会見でもそういうことがあります。

竹内　記者会見が一番手に負えない。何を聞いているかよくわからない。

古澤　英語で聞かれたら、それをまた日本語にしなくてはいけないでしょう。無駄ですよね。

鈴木　無駄だと思います。

古澤　日本国における日本のキャンペーンだから、メインは日本語にしなきゃだめ。

鈴木　英語ができる方でもね。

映画会社への提言・要望

古澤　では、通訳の仕事をしている経験からの提言、あるいは要望であってもいいので、お聞かせください。

鈴木　私、凄く思うのは、映画会社によってなんですけれども、9時から19時ぐらいまで、いくらなんでもこれは多いと、見ただけでわかるのにスケジュールを入れちゃうんです。それで、夜にイベントがあったりすると、もうタレントはクタクタで、もう二度と日本に来ないいんじゃないかと思うくらい、へろへろになっている。だったら、ちょっと休ませてからイベントにするとか、考えようがあると思うんです。

古澤　例えば、朝9時から夕方までやって、間髪をいれずにイベントとなると、休みはないのです。

鈴木　10分とかちょっと休憩入ったりしても、もう最後の方はクタクタになってて。

古澤　それはテレビも活字も時間をたっぷりと取ってあるのですか。それとも、細切れに入れているのですか？

鈴木　ケース・バイ・ケースで、細切れのテレビが入って、1時間単位の雑誌が入って、新聞が入ってとか、とにかく目いっぱい入ってる。

古澤　それは1日、2日ですか？

鈴木　2日間やる時もあります。たまに、これは人間的に無理じゃないかとか、通訳的にもこれは無理という場合もあります。

竹内　お手洗いへ行く時間もないです。俳優さんが頼むからお手洗いへ行かせてくれと言って、2人で走ってお手洗いへ行く時もあります。

古澤　そういうことは昔はよくあったけれども、今もあるんですか。

鈴木　今もあります。

竹内　だから、両極端かもしれない。

「えっ、これだけ？」というスケジュールもあって、そうでないものもあって。私が思うに、通訳をするのには、その人の人となりというものも大切だと思うんです。その人となりをよくわかったうえで、私も言葉を選んだりしますし、その人の言葉だけではなくて、その人となりをインタビュアーに伝えようと心がけます。でも、映画会社によっては、本当にインタビュールームで、初めてその監督や俳優に会うこともあって、何の接点も持てないこともあるんです。そうすると、とても難しいと思う時があります。

古澤　それはまずいですね。

小林　本当にそうで、全然会わないで、そこでスタートというのは辛いですね。

竹内　だから、宣伝部の人たちはタレントハンドラーと言われていて。さあっと連れて来て、さあっと連れていっちゃうから、自己紹介するだけで、全く私語がないところもありますよ。だから、その人のことが全くわからない。

古澤　普通は1回紹介するじゃない。

竹内　そうです。その後の話で。通訳との信頼関係なんて皆無ですよ。だから、私は通訳されている人の方が怖いんじゃないかと思う。私が本当にちゃんと通訳しているのかと不安なんじゃないか、と思うぐらい。

古澤　普通は、信頼関係から継続していきますよね。

竹内　それは、もうほとんどないです。それを尊重されることも最近はないです。

古澤　それは、どうして？　それは会社の担当者が代わったりするのですか？

竹内　代わったりします。

小林　でも調べれば、この俳優には、この通訳が付いた、ということはわかるよね。

古澤　その監督なり俳優と気心が知れていて、どういうクセを持っていて、どういうしゃべり方をするかを把握している通訳の方が、良いに決まってますよ。

小林　あるいはパフォーマンスはあまり関係なくて、最近は、どんな通訳がやっても同じような結果だと思っているみたいで、やはり一番辛いのは、私のやり方があって、小百合さんのやり方があって、万理ちゃんのやり方があるはずなんだけれども、そういうことは無視されて、「機械」としてしか扱われていない、というのがよくわかります。

鈴木　本当に機械的になってしまう時があるんだよね。

小林　だから、私はやはり新聞社のインタビューが入るとほっとしますね。なぜならば、その時に初めて私なりの工夫もできるし、答える方も、この通訳はこういうボキャブラリーを持っているんだ、と初めて信頼できるんじゃないかと思うんです。だって、テレビのインタビューだけを受けていたら、この通訳は英語をしゃべれるかどうかがわからないと思われても仕方がない。

鈴木　同じ質問だから、同じ語彙しか出てこないし。

竹内　あと、極端な場合、ただ質問だけ訳してくださいというのがあって。

古澤　あとはテロップを入れるからということですか？

竹内　局で訳すからとか。そうしないとできないほど短い時間なんですよ。

古澤　間に合わない。

竹内　だから、私、申し訳ないけれども、時々聞きます。返答はどうしますか？　要約しますか？　って。私が凄く恥ずかしいのは、ビデオが残っているじゃないですか。それを見た他の通訳に、竹内さんはちゃんと通訳していないと思われるのは心外なので、今回は要約しますと自分で言って、その声が録音されているようにやってます。

古澤　なかなかクレーバーになりましたね。

竹内　でも後から聞くと恥ずかしいですよ。

鈴木　でも、よく言われるのは、はしょって短く要点だけ言ってくださいと。でも、それじゃあ、とっさに自分で要点を判断しなくちゃいけないということじゃないですか。そっちの方が難しい時もあるんですよ。

小林　あと、今、テレビのCSの番組がずっと流しているでしょう。

古澤　インタビューや記者会見をね。

小林　あれを見ると、もうゾクッとしますよね。だって、無理だよそんなの。その時に突然いろんな話をされて、理解できないですよ。だから、適当にしゃべっているところが映ってるとかと思ったりすると、どきっとしちゃう。見たことないんです。

鈴木　うち、主人がいつも見ていて「君、出ていたよ」とかと言うんですけれども、怖くて見られない。見たことがないんです。

小林　私も全然見るつもりはなかった。たまたまネットでやっていたので、何となく見たら、全部出ているのね。

古澤　そうだよ。ノーカット。

鈴木　だから、若手の通訳たちに、ああいう場合は2次利用なので、どうしていますか？　と言われて「はあ？」となったんです。普通だったら、2次使用でギャラがもらえると言うんですよ。でも、私たちはそういうユニオンも何もないので。

竹内　私たちは本当にかわいいものですよ。

古澤　今、何人ぐらいいますか？

鈴木　若手で出てきている人たちが5～6人は。

古澤　そうすると、総勢で20人ぐらいはいるんですか？

鈴木　20人はいないです。10人以下。

古澤　これだけのキャンペーンの多さで、それで間に合うんですか？

鈴木　でも、一番多い時でも7～8人とかそんなものですよ。

竹内　7～8人の時でも、2人ペアになってやったりするので。

鈴木　一番多かった時が『トランスフォーマー』。

古澤　あれは来日したのが総勢40人だぞ

うです。

竹内 そうなると、以前は結構、食事をする機会があったりとか、一緒にお買い物をする機会があったりとかということで、その人との信頼関係や、あとは、その人のことをよくわかったうえでの通訳ができましたけれども、今はそういう機会がとても少なくなっています。

鈴木 本当に10時から18時の間だけで仕事をして、はい、終わりと言って、もう帰りますので。

古澤 でも、会社は顔合わせでもいいから簡単にディナーを1回やるべきです。そこに代表がいて。

竹内 それはやってます。

古澤 それを1回やったあとはちゃんと宣伝部がフォローして、その後も続けなきゃ。

竹内 ただ、最近は本社の人やヘアメイクなど、来日する人数が多くて、外国人同士で話すから、昔と違って会食に通訳はいらないんです。

古澤 代表も宣伝部長も、映画のことを話せる人が少なくなっちゃったな。これが一番の原因じゃないですか。やはりプロデューサー、監督とは映画のことを話せないと話にならないじゃないですか。一番興味があるのはやはり映画だから、日本のビジネスの裏側、あるいは自分がどんな作品に影響を受けたのかとかいう話を、ご飯を食べながらしないとね。ばか話でいいんだ。私はジョン・フォードにあこがれた、ハワード・ホークスの映画は大好き、誰々が大好きなどと話をするからこそ、信頼関係も生まれる訳だからね。

鈴木 やはり、違う業界から来て、単なる商品、プロダクトとして映画宣伝してマーケティングをする人は映画の話はできないですよね。

通訳を「機械」と考える人々

古澤 これは人から聞いた話なんだけど、例えば戸田奈津子さんは意訳の名人。戸田さんは、各新聞社のトップ記者のキャラクターを知っているわけね。だから、この人がこう聞いているのは、日本語を英語にしづらくても、本当はこの映画のここが聞きたいんだな、と。そうやってへそをつかむのがうまいから、意訳して質問をする訳ですよ。それを聞いていた、あるトップが通訳をしていない、と怒ったんだよ。

小林 私もそれを言われたときがありましたよ。それで、B社をクビになった。

鈴木 通訳って、英語でインタープレターというだけあって「解釈する人」だもの。

竹内 あと、その場がないんですよ。さっき言った3分では、やりようがないですよ。

鈴木 言葉が多かったら、それをちょっと簡潔にしたり、いろいろ工夫して通訳するわけだし。

小林 クビになったのは、Mという女優がらみなんですけどね。

古澤 『I』に出てた女優だね。

小林 そうです。彼女は日本でファッションモデルをやっていたんですよ。それで彼女が来日した時に、Mが好きなものはわかりますか？　というから、ヨックモックが凄く好きみたいですよ、と教えたんです。それは私にとっては別に普通の情報で、何も悪いことじゃないと思うのに、何でそういう余計なことを言うんだ、とまずMにねじ込まれたの。それから、あるインタビュアーが、前に日本に住んでいらっしゃいましたよね？　という質問をされた時に、Rに住んでいましたよ、と通訳したら、前のインタビュアーには自分でそう答えたのに、私が余計なことを通訳した、と配給会社に言いつけたんです。

古澤　Hに言ったんですか。

小林　そうなんでしょう。それで私はクビになって、それで万理ちゃんが次の日にやったわけ。それから、私に絶対一言も口をきかなくなって。

古澤　それはMが？

小林　そうです。それ以来、私に一切、仕事が来ません。

古澤　ぶるったんだよ。もし、そのMが「私、本社に言うわよ」となったら、それが一番怖いから。

竹内　さっきから言っている信頼関係は、訳している人だけじゃなくて、例えば媒体の人との信頼関係もあるわけですよ。そうすると、インタビューの前に時間があったりすると、顔なじみの媒体の方には、こういう質問が多く聞かれてますよとか、こういう人ですよとか、この人は凄くよくしゃべってくれるから、いろいろ質問すると楽しくなりますよとか、そういう情報を与えるのは、インタビューを円滑にするものだと思っているからそうするわけですよ。

小林　でも、余計なことを言うな、となる。

竹内　だから、それを余計なことと判断されてしまえば、余計なことかもしれないけれども。

古澤　素人は、人の価値がわからないよ。人が力だ、人が命だということがわからないのですよ。

竹内　だから、そういうことが私たちの付加価値だという自負がありますから、それを余計なこと言われてしまうと、やはりちょっと辛いですよね。でも、それでもありがたいのは、鈴木さんでよかったとか、今日は通訳が小林さんなんですか、安心ですと言ってくださるんですよ。やはり、そういったことはとてもうれしいですし、それで私たちも、少しでもインタビューがうまくいくように、工夫しているんです。

小林　こういうところを突っつくと面白い話も出るし、この辺のところが面白そうですよ、もっとしゃべりたかったみたいですよ、みたいなことを言うと、最近は「まずいかな」と思っちゃうけど。

古澤　私が、みんなでご飯を食べようと言っているのは、それを初日にやっておくと、次の日から話がふくらむだろう、と思ってるからなのですよ。

竹内　だから、「機械」だと思われていて。さっきいみじくも小林さんがおっしゃったけれども、それはあるかもしれない。

古澤　不幸なことに、そう考える人たちが増えましたね。

竹内　あと、私たちの通訳を実際に聞いていなくて。

小林　聞いていないものね。

古澤　とんでもない話だよ。言語道断。

鈴木　私もＵＩＰで始めた時、猪股きりこさんが宣伝部長だったので、ちょっと縮み上がる思いはしましたけれども。でも厳しく見られていて、そうやって評価しているわけですよ。それでインタビュアーも評価している。

竹内　だから、時々、私は「映画会社の方、どなたか1人いてください」と頼まなきゃいけない。

小林　頼まないといないんです。

古澤　どこにいるのですか？

小林　わかりません。

竹内　だから、困っちゃうんですよ。

小林　お願いだから、どこかで止めてほしい、と思う時がよくあるんです。この質問、先に進んでほしくないと思うときがいっぱいあるんです。でも、止めるべき人がいない。

竹内　それで凄く恥ずかしかったのは、一度、余りにもひどい質問だったから、私が止めたんです。そうしたら、「それはちょっと」という私の声がテレビで流れちゃったんです。それで、通訳さんに止められたお笑い芸人ということで、笑いを取っているんです。それは私、凄く嫌でした。

古澤　説明責任が持てないですよね。担当者が張り付かないとね。

鈴木　映画会社は、最近はほとんどＰＲ会社を雇っていて。

小林　そうです。映画専門じゃないＰＲ会社がやっているんです。

古澤　私の会社もパブリシティをやっているけれども、ちゃんとプロですよ。ちゃんとそこに行って仕切れと言います。

鈴木　もちろん、仕切れる人もいるんだけれども、入ったばかりと思われる若い子が1人、タイムキーパーとして残されていて。

古澤　それじゃあ無理だよ。

鈴木　そうすると、時間だけになっちゃう。あと5分とか、あと2分です、とか。それだけで肝心の話が聞けない。

竹内　これは聞いてもいいの？　と目配せしたいわけであって、それでぱっと見るといなかったり、またはボーっといるだけなんです。

古澤　あきれるな。

竹内　私は、映画会社の人に、今の質問は訳していいんですねと確認します。そうするとびっくりしちゃって、えっ？　と言うんですよ。そういう時もあって。

小林　あと、舞台挨拶の時に、一番大事な経験がないので、最後にタレントさんにマイクが渡されなかったということがあったり。

鈴木　私も同じ経験ありますよ。

映画好きとして、映画の話をしながら「人間」として通訳をしたい

竹内　私、最近凄く思うのは、古澤さんもそうだと思うんですけれども、同じ現場で働く同僚じゃないですか。どんなスーパースターでも。

古澤　仲間ですね。

竹内　そうです。だから、わがままを聞くんじゃなくて、あなたも仕事をしている、私も仕事をしているという意味では対等だと思うんです。

古澤　それはそうですよ。

竹内　それがもう全然違うんですよ。何でも言うことを聞いてしまう。わがままま言われ放題で、わがままが通じるからわがままを言ってしまう。それで、周りの人を人間とも思わないような人もいて。

鈴木　全然、タレントをハンドリングできていないことがあって。

古澤　ぼーっとしているだけね。

鈴木　「ノー、アイ・ドント・ウォント・トゥー・ドゥ・イット」と言われたら、ハッとなってうろたえて、ハンドラーというのは抑えるところは抑えなくちゃいけないし、やらせることは、やらせなくちゃいけない。でも、タレントが嫌と言ったら、もうそこでおしまい。

小林　お付きなのね。

鈴木　そうです。単なる……。

古澤　アシスタントだな。

竹内　あと、パブリシストもそうですからね。タレントの御機嫌取りに徹していて、「大丈夫、あなたの思う通りにしてあげるから」と。あなたは本当にこのタレントのことを考えているんですか、と聞きたくなります。そうやって取材スケジュールを削ったら、全部の媒体に伝わって、その人はわがままなタレントだというイメージがつくかもしれない、ということがわからなくて、そのタレントが喜びさえすればいいんです。午後のインタビューはこんなに長いのはだめだ、ショッピングに行きたいんでしょう、と言って切っちゃったりするんですよ。

古澤　腰ぎんちゃくなのですよね。それだけじゃないよ。やはりリーダーが悪いし、ミドルリーダーがいないし、やはり基本的に映画を売るというエネルギーが足らないし、やはり何ていうのかな、映画というのは売る側も取材する側もそうだけれども、誠実であれ、ですよ。義理と人情を守らないとね。プラス情熱もあって、忍耐もないと、やはり映画を売るというエネルギーはチームワークがなければいけないし、仕事を遂行しなければいけないし、率先してやらなくてはいけないし、やはりロイヤリティーもないといけないし、自己犠牲もないといけないし、そういう人たちが本当にいなくなりましたね。世代が違うからかね。

小林　というか、いつ頃からか、映画会社の人が映画を観なくなった。

竹内　それはあります。

古澤　自分の担当の映画も観ていないの？

小林　そうです。

古澤　担当者が観ないの？

小林　「観ていない」と言われたことがあって、そういう人を現場に回す上の人も問題ですよね。昔は宣伝って、やはり宣伝している子たちが、自分がこの映画に関わっていて、売っているんだということを、楽しくやっていたような気がするのね。

古澤　命を懸けているのですよ。熱があったよね。

小林　要するに、プロモーションを楽しんでいるというのがあって、だからこそ書いてくださいとか、観てくださいとか、いろんなことがあるんだけれども、残念ながら、そういうことを感じることがとても少なくなったのは、仕事をやっていてとても悲しいです。だから、昔は本当に、繰り返しになるかもしれないけれども、自分がやることによって、その映画のプロモーションに少しでも寄与できると思えたんだけれども、今は残念ながらほとんど思えないんですよ。

竹内　でも、みなさんやたら忙しそうなんです。

古澤　忙しくないよ。あんなのはパソコンをさわっているからだよ。

竹内　若い子たちがやたら忙しそうで。部屋にもいないんですよ。

古澤　あり得ないよ。私は全部経験しているからね。

竹内　だから、それが今の状況で。

古澤　今は、試写に来た人たちを事務所に自由に入れないようにしちゃってるからね。本来なら憩いの場を5つぐらいつくっておいて、お茶でも差し上げて、ちょっとお話を聞かせてください、としなきゃだめなのですよ。

小林　それはそうですね。私も最近、映画会社へ行くと、凄く疎外感があります。

竹内　遊びに行けないの。

古澤　だから、映画会社はサロンにしなくちゃいけないんだよ。そこで、自らのやり方を再確認しなきゃいけないわけです。そういうエネルギーを全く感じないものね。

小林　だから、何とかしましょうという感じですよね。何とかしてください。まだもう少し楽しく仕事がしたいので。

古澤　以前は本当に、映画をお客さんに伝えるエネルギーをみんなが持っていた。昔の宣伝マンも、評論家も、ライターも、編集者も持っていた。今それが、もの凄く希薄になってますよ。

竹内　観てもらいたい、という気持ちがありましたよね。

鈴木　本当に映画を愛する人がリーダーシップを発揮してね。

小林　でも私は、若い人たちに期待していますし、彼らとまた一緒にできれば、自分が今まで培った経験を伝えて、できるだけ効率的に映画宣伝したいな。メイジャーだと難しいかもしれないけれども、特に小さい映画会社には与えたいな、と凄く思います。だから、仕事をしたいです。通訳という「機械」ではなくて、「人間」として映画の通訳をしたいです。映画好きとして、映画の話を。だから、休み時間に映画の話ができる宣伝マンと話がしたいです。

古澤　それでは最後に、我が心のベストピクチャーをお聞きしたいと思います。あなたの青春の、あなたの人生のね。

鈴木　私は1つは『カサブランカ』(42)でしょう。それから『明日に向って撃て!』(69)。最近では『イングリッシュ・ペイシェント』(96)かな。

古澤　『カサブランカ』は恋愛映画の古典としてですか?

鈴木　大好きだったので、古典として何度も何度も観て、パロディ映画をつくっちゃいました。

古澤　次は『明日に向って撃て!』ですね。

鈴木　本当に衝撃的でした。最近は、アメコミものとか、アクションばかりじゃないですか。そういう時代に、『イングリッシュ・ペイシェント』はやはり心にじーんと響く、すばらしい作品でした。

古澤　『イングリッシュ・ペイシェント』は原作もすばらしいけれども、映画もいいね。

鈴木　私は映画の方がいいと思ったぐらい。アンソニー・ミンゲラ監督って天才だと思っているから、本当に亡くなったのが残念。

古澤　プロデューサーのソウル・ゼインツも亡くなりましたよね。

鈴木　『イングリッシュ・ペイシェント』の来日プロモーションでは、万理ちゃんがミンゲラ監督の通訳で、私がソウル・ゼインツの通訳で関わりました。

小林　私はロバート・アルトマン命ですので『ナッシュビル』(75)が大好きです。

古澤　これは歴史に残りますね。

小林　あとは『バグダッド・カフェ』(87)。あの不条理なところが大好きです。あとは『生きる』(52)。

古澤　邦画もいいのか。

鈴木　いいんですか。じゃあ、私も『生きる』を入れたい。『七人の侍』(54)も。

竹内　私、何か恥ずかしい。『汚れなき悪戯』(55)。これは自分の記憶の中で、こんなに映画を観て泣いたことがないぐらい泣いた初めての作品なんです。

古澤　ビデオで観たの?

竹内　テレビで観たんです。クリスマスに観て、奇跡が起きて、イエス様の手が伸びてきて、パンを受け取ったところを観て、わんわん泣いたのを憶えてます。もう1本は『フィールド・オブ・ドリームス』。すごく好きです。何かを信じることの大切さを教えてもらいました。

古澤　信じれば彼は来るってね。

竹内　あとは『パイレーツ・オブ・カリビアン』(03)。

鈴木　それは言うと思った。

小林　私も思った。

竹内　それはなぜかというと、この仕事をしていると、観たくない映画を観なければいけないんです。だから、仕事で映画を観る垢が体にしみついて。そんな時に、『パイレーツ・オブ・カリビアン』を観たら、とにかく楽しかったの。それで、もう久しぶりに、ああ、私って、映画が好きなんだ、と思い出させてくれたんですよ。

「情報プレス」号外　２００９年夏季特別号より
発行：情報プレス社

『タイタニック』未知への航海

『タイタニック』が全世界で大ヒットした要因とは？

『タイタニック』は97年公開当初、どこまで興行成績が伸びるのか計測不能と言われたけど、私は6週目までは予測できたんです。というのもジェームズ・キャメロン監督のキャリアの最高の興行収入にバーを置いていたんです。彼が監督した『ターミネーター2』(92)は日本で配収58億円というレコードを持ってますので、この線まで持っていかせるためには何をしなくてはいけないか、ということを考えてマーケティングをずっとやってきたわけです。

全米の歴代興行10傑、15傑を見ると、基本的には男性向け映画で、ラブストーリーは1本もないです。大半が現代か未来の物語で、過去の物語はあまりない。『E.T.』と『フォレスト・ガンプ／一期一会』だけが泣かせて感動させて大ヒットした映画で、歴史上で一番抜きん出ている映画は『風と共に去りぬ』(39)だけなんです。ただし『風と共に去りぬ』が公開されたのはビデオもない、テレビもない時代でしたから、何度もリバイバルが可能でした。それを今のドル換算で全米で13億ドルぐらいの売上げなんです。『タイタニック』は映画館でごらんになった方、ＶＨＳビデオ、レーザー・ディスク、ＤＶＤ、ブルーレイ、そしてフリーＴＶ、ペイＴＶ、衛星放送で視聴した方、そのほかも含めると『風と共に去りぬ』の比ではないです。そういった意味ではハリウッド１００年の歴史の中で、まさに奇跡以上の結果になりました。これは30年に1本、いや『もののけ姫』を製作した徳間社長流に言えば、１００年に1本の映画です。

『タイタニック』のジャンルはハリウッドの古典的ラブストーリーです。観客を魅了する要素はサイレント映画の時代からでき上がっているものなのです。ただ、現代のテクノロジーがあって、キャメロン監督みたいに腕力と忍耐力と情熱のある人でないと、ここまでの映画はできなかったんではないか。1つのテーマをひと握りで掴むと、ロマンと希望への回帰、もっと古めかしく言うとお涙頂だい映画です。

興行成績は驚くべき強さです。1週目が11億４０００万円、2週目が10億３０００万円、

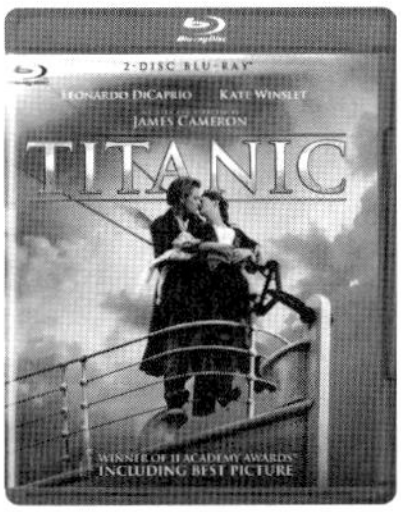

『タイタニック』<2枚組>
発売中／￥1,905＋税／
発売：20世紀フォックス ホーム エンターテインメント ジャパン

3週目が9億8000万円、4週目が8億6000万円、12週目でもなんと8億5000万円。FOX歴代最高の『ID4』の記録も13週目で破りました。アメリカ国内でもトップを続けていましたし、毎週、ここまで配収予想が変化した作品というのもないです。アメリカの業界紙が13回エスティメイトを変えてるんです。私の日劇の1週目のエスティメイトは5400万円でしたが、小田川支配人はおそらく4700万円ぐらいだったでしょう。それでも高いんです。『タイタニック』の興行はすべての興行の新たな基準です。

　リピーターという点では、通常の映画、アクション映画、SF映画は大体2%ぐらいですけど、『タイタニック』の場合はアメリカのリサーチでは、25歳以下の女性の45%が2回以上観ているんです。そして2回以上観た観客の76%がまた観たいと。さらに観客の37%が25歳以上で、予想よりもはるかに観客の年齢層が広かった。日本でも日劇のサンプルをとったんですが、1408人のうち男性459人(33%)、女性949人(67%)で、リピーターが15・1%、初めて観た人は84・9%、18歳から24歳の女性のうち23・4%はリピーターなんです。それも2回目、3回目、4回目という方たちがたくさん増えました。

　ただ若い女性のリピーターが多いのが成功の要因とは一概に言えないんです。俗に言うレオナルド・ディカプリオのファンでない層にまで広がって来ていたのです。例えば初めて観た人で「もう1回観たい」と答えた人は79・2%、「観たくない」は20・8%、これを女性に限りますと、18歳から24歳の女性で「もう1回観たい」が85・3%、「観たくない」は14・7%という状況で、アメリカよりもリピート率は高かったのです。

　キャメロン監督が映画のキャンペーンで世界の主要各国を巡りましたが、面白いことに、観客が同じところで笑う国もあれば、笑わない国もあると語っていました。しかしNY、LA、パリ、ロンドン、イタリア、スペイン、モスクワ、東京では、泣くところは全部一緒だったと言うのです。この映画の強さはここじゃないでしょうか。いままでイベント映画の大作としては『ID4』、『ジュラシック・パーク』もそうでしたが、『タイタ

レオナルド・ディカプリオのサイン

ニック』は初めて人の心を掴もうとしたイベント映画じゃないでしょうか。素晴らしいストーリーテリングで泣かせて笑わせて感動させるという、映画の中で1番難しい要素にチャレンジしました。それが結果的にこれだけ幅広い客層を動員する要素になったんじゃないかなと思っています。

メカニック会長が日劇で感激の涙

日本公開の初日にフォックス・フィルムド・エンターテインメント会長ビル・メカニック氏が日劇に来てくれたのです。この映画の製作のすべての責任を負った人物で、失敗すると自分の立場も危なかった。それでも彼はこの映画を守り抜いた人です。メカニック氏は3年間日本に来てなかったのです。本当は東京で行った『タイタニック』のワールド・プレミアに来る予定でしたけど、97年11月の頭にフォックス・アニメーション・スタジオの第1回作品『アナスタシア』のパリでのワールド・プレミアと、『エイリアン4』のキャンペーンがあって、どうしても日本に来られなかったんです。

これほど大規模で、これだけリスクを背負った映画のワールド・プレミアを日本でやったことなんて、ハリウッド100年の歴史の中でもなかったことです。ワールド・プレミアを日本にもって来るまでには大変な紆余曲折がありました。しかしメカニック氏は日本のチームは世界一のチームだと言って我々を信頼してくれました。私もキャメロン監督との付き合いは長いですから、監督と主演のディカプリオに日本に来てもらってワールドプレミアが実現できたんです。パラマウントからはなぜアメリカでやらないで、東京で先にやるんだと一悶着ありました。

メカニック氏は東京から『タイタニック』が出航するところに参加したわけですが、朝7時半から上映するということはアメリカ人の興行的常識では全く考えられないこと。それでも彼は7時5分前に日劇に来て、並んでいるお客さんを見て、びっくりしていました。学校をさぼった日本の女子高生たちの鑑賞後の涙を見て、すぐにアメリカにいるキャメロン監督に電話して状況を報告してましたけど、その時、目に涙を浮かべてました。

『タイタニック』で来日したディカプリオ。その時、友人としてトビー・マグワイアが一緒に来ていた

　その後、うちのスタッフ、東宝の興行部、営業部の人など関係者一同と食事の席でビールで乾杯したとき、メカニック氏は「みんなよく頑張ってくれた。これがあるから映画はやめられない。でもプレッシャーで本当に1年間、1日平均3時間も眠れなかった。私たちが『タイタニック』で失敗しても、それは金銭上のことであって、芸術上の失敗ではない。すべての判断を下すのは観客です。私は一度決めたら後には引かない人間です。自分の考えを信じています。もし失敗していたら、製作費の高騰ぶりにストップをかけていただろう。〝もう、これは手に負えないよ〟とみんなが言えるようになるでしょう」と言ってました。『タイタニック』はスタジオが反対、友人が反対、それでメカニック氏としても、パラマウントに共同出資を仰いだわけですが、結果的にはうまいディールかと言えばそうではないと思います。当初、1億３０００万ドルの製作予算で６５００万ドルずつ出し合おうということでやって、結局オーバーバジェット分は全部ＦＯＸがかぶりましたから。

　製作費は最終的には2億ドル（約２６０億円）です。これに３５０万ドルの金利がついてますし、宣伝費は別です。それらを含めれば限りなく3億ドル（約４００億円）に近くなりました。製作で一番金がかかるのは特撮なんです。でもこの映画はセットも凄い。しかも５５０のＣＧＩカットなんです。この映画に関わったスタッフは5年間で延べ８０００人、しかもビローザ・ラインが高いんです。主演の俳優さん、メインスタッフ、キャストのギャラ、企画費を除いたすべてがビローザ・ラインです。とにかく船を造ってあらゆる装置が出来て、しかも賃金が安いということでＬＡ郊外にＦＯＸが専用スタジオを作った。これは映画の製作費外です。約90%強のレプリカを作りましたけど、それを水に浸したり、抜いたりして、当然、向こう側のセットはないんですけど、あまりにも史実に忠実にというので、キャメロンは衣裳は勿論、タイタニック号で使っていた小物にいたるまで、ほとんど同じものを当時の会社から取り寄せてレプリカを作ってます。これが高かったんです。

　最近の製作費はなんと15年前の５００％になっています。『タイタニック』の対局の例では

『タイタニック』のワールドプレミアで来日したジェームズ・キャメロン監督、リンダ・ハミルトン、レオナルド・ディカプリオ

うちでは『フル・モンティ』がありますけど、これは僅か300万ドルの製作費で全世界で2億ドルの配収を上げました。アメリカの映画産業というのは軍需産業に次いでナンバー2の輸出産業なんです。日本映画と違って世界がマーケットで、FOXで言えば57ヵ国に輸出するわけですから。そうするとそれだけのお金をかけないと、世界に通用する画作りが出来ない。1ヵ国や2、3ヵ国で公開するのだったらリスクヘッジを下げるべきですが。たくさんの人に観てもらって、喜んでもらい、感動してもらって、ビジネスをしている。映画は人々を泣かせて感謝される、世界中で唯一のビジネスなんです。

質と量を重視した宣伝プラン

『タイタニック』の宣伝に関して振り返ってみましょう。作品に力がなければこんなフィーバーは起きませんが、宣伝ということではゴールデン・グローブ賞のノミネートから受賞、アカデミー賞最多ノミネート、最短の全米興収2億500万ドル、3億ドル突破、そういうものに全部網を張りました。それから「ナショナルジィオグラフィック」のドキュメンタリー番組が97年3月上旬にオン・エアされることがわかっていましたから、あの写真も保管してありました。公開後の追いパブとしては西武デパートでタイタニック展がありました。

また、タイタニック号の最後の生存者が亡くなったとか、ケイト・ウィンスレットの衣裳がオークションで何千万円で売られたとか、すべてパブリシティとして使えたんです。この映画で一番大事なのはプロモーションじゃない。とにかく質と量のパブリシティをどこまでやるかということだと、96年の夏から宣伝スタッフに話していました。封切りまで頑張ってきて、非常にうまく出来ました。

その後の追いパブも先ほど書いた宣伝要素を中心に、テレビ番組は12月20日の公開以降3月いっぱいまでで110本の番組に取り上げてもらったのです。例えばたけしと所ジョージの特番とか、「タイタニック号の謎に迫る！」とか、「知ってるつもり?!」のスペシャルの中でも取り上げてくれました。プリントメディアも新聞、週刊誌、月刊誌も含めて450回、これは封切

り前のAランクのパブリシティです。ともかくアカデミー賞授賞式（3月23日）まで何が出来るか、やれることを全部やろうと思いました。

フリーパブリシティだけで37億円相当になります。そのほかラジオが470番組以上、インストルメンタル、演奏だけのサントラが50万枚出ていて、『炎のランナー』（81）以来のナンバー1です。ドラマティック・スコア（劇映画用音楽）としては、全世界で2000万枚以上を売上げ、『ドクトル・ジバゴ』（65）以来最大のヒットとなりました。結果、1998年のアカデミー賞では作品賞、監督賞、撮影賞、作曲賞、主題歌賞、音楽賞、美術賞、衣裳デザイン賞、視覚効果賞、音響効果編集賞、音響賞、編集賞の11部門で受賞しました。

この映画がラッキーだったのは公開のタイミングです。夏の公開だったらこういうフィーバーは起こらなかったでしょう。12月20日というのはアカデミー賞ノミネートの最後のチャンスで、このタイミングで封切ったことは結果論ですが、良かったのではないか思います。アメリカの批評家賞は12月20日の公開だから残念ながら引っかからなかったけど、ゴールデン・グローブ賞でも主要部門にノミネートされましたし、アカデミー賞もそうです。封切り後のイベントがすべて成功しているのもそういった要素です。

メカニック氏から封切り前にどの段階まで引っ張れるかと聞かれたので、我々は夏までやるつもりだと答えました。その意気込みがなかったらペイしませんから。全国紙、地方紙、スポーツ紙が持っている特性に応じてネタを選り分けてやってますし、このパブリシティは4月、5月も続きました。映画宣伝マンにとっておそらく最もリスクが高くて、最も素晴らしい出会いがあった映画じゃないかなと思います。若いパブリストは『タイタニック』によって多くのことを学んだと思います。10年、20年、宣伝をやっていても、こういう作品には出会わないわけですから。私も一生会えないんじゃないかなと思います。上映時間3時間9分のこんな素晴らしい作品には。

全世界で興行収入18億3500万ドルを記録

公開当時の僕の読みではおそらく全米の興行

収入は6億ドルから6億2000万ドル（結果約6億ドル）、海外は9億ドルから10億ドル、全世界で最終的に16億ドル（結果約18億3500万ドル）以上はいくと見ていました。これまでの全米の最高は『スター・ウォーズ』の4億7000万ドル、海外は『ジュラシック・パーク』の5億6000万ドル、全世界は『ジュラシック・パーク』の9億2000万ドルでしたが、全米の記録は13週目で、海外は8週目でこれを破り、全世界興収は13週目で11億7000万ドルを超えたのです。

通常ですと、どんな大ヒット興行でも8週を越えると落ち始めるのです。あの『もののけ姫』ですら相当落ちました。13週目の週計でみると『もののけ姫』の全国の興行収入が3億3400万円、『ジュラシック・パーク』が2億4000万円、『ID4』が2億700万円。『タイタニック』はおそらく8億3000万いくと思ったのです。3週目とほとんど変わらない成績で、逆に上昇しているわけです。こういうことはかつてなかったことで最終的に日劇をメインとする18週間（12月20日から4月24日）で全国興収は160億円（結果約158億2600万円）いくと見ていました。うちは『エイリアン4』の公開をもっと後ろにずらしてもいいと思っていました。

『タイタニック』を日劇で22週上映できれば、興収で『もののけ姫』の28週目に追いつく状況でした（結果、公開24週目で『もののけ姫』の193億円を破る）。記録というのは破られるためにあるんですから。日本では『タイタニック』は7週で『フォレスト・ガンプ』を抜き、8週で15週上映の『ダイ・ハード3』、10週で17週の『ターミネーター2』、12週で14週の『ロスト・ワールド／ジュラシック・パーク』、13週で17週の『ID4』を抜いて配収67億を超えました。さらに15週で20週の『ジュラシック・パーク』、17週で『E.T.』も抜きます。スピードがいかに早いかがわかるでしょう。

映画のすべてを知っているキャメロン監督が2人の若い才能を使う

ここまで多くの人々に共感されたのはキャラクターのおかげです。観客が感情移入できるキャラクターが2人いるんです。それと若い人たちが

初めてビッグスクリーンでエピックロマンを体験しました。20歳以下の人は生涯最高の映画だとおっしゃっているわけです。要するに観たこともない映像なのです。

それとスペシャル・イフェクトという意味で言うと、キャメロンほど技術革新に敏感で、カメラを回して編集、演出ができて、脚本が書けて、プロダクションデザイン、照明のことまで、すべてをわかる監督はいません。彼はジョージ・ルーカス（ILM）とは別に自分のVFXの製作会社（デジタル・ドメイン）を持ってます。『タイタニック』の企画は、彼が9年前に『アビス』を撮っている時に、旧ソ連の潜水艇を作っている人と出会って、いずれ『タイタニック』をやりたいという話をしているのです。彼はILMのデニス・ミューレンと組んで『アビス』でFOXの製作費を使いながら、水の精をCGIで作り、それを『ターミネーター2』で発展させ、さらに『トゥルーライズ』でジェット機との合成と、映画史に残る5つの革新的技術革命の3つを手がけているわけです。最初は南極と北極へ行って氷の研究をしているのかと思ったら、『タイタニック』の研究をしていたんです。

それとキャスティングでも面白いのは、Aリストの俳優は必要なかったので、オーディションをやったわけです。ディカプリオは『ロミオ&ジュリエット』の撮影中にオーディションを受けに行ったそうですが、彼はロバート・デ・ニーロのようなアクターを目指しているので、気が進まなかったそうです。バズ・ラーマン監督からキャメロンというのは面白い監督だから1回トライしてみるのもいいだろうと言われて受けたそうです。お互いに情報があって、誰が受けに来ているか、知っているわけです。ケイト・ウィンスレットは自分が落ちてもレオはやるべきだと言ってました。彼女は『いつか晴れた日に』でアカデミー賞助演女優賞にノミネートされた頃には、『タイタニック』の出演は決まっていました。20代前半でこれだけ演技力のある女優さんはそうはいないと思いますね。キャメロンは興行的な意味でスピルバーグを凌駕しました。また彼は次も新しいことにチャレンジするのではないでしょうか。FOXと5年の契約をしていまして、プロジェクトが6本動いてます。

「映画時報」1998年3月号より　発行：合同通信　

『タイタニック』日本国内週別累計興行収入 (1998年11月16日時点)

週	日付	館数	興行収入[円]	先週比	興行収入(累計)[円]
1	12/20-26	210	1,147,661,600	-	1,147,661,600
2	12/27-1/2	216	1,031,342,900	89.90%	2,179,004,500
3	1/3-9	221	982,245,400	95.20%	3,161,249,900
4	1/10-16	231	866,080,500	88.20%	4,027,330,400
5	1/17-23	236	776,341,200	89.60%	4,803,671,600
6	1/24-30	242	782,353,300	100.80%	5,586,024,900
7	1/31-2/6	242	748,507,500	95.70%	6,334,532,400
8	2/7-13	239	783,637,600	104.70%	7,118,170,000
9	2/14-20	247	742,009,300	94.70%	7,860,179,300
10	2/21-27	249	734,451,600	99.00%	8,584,630,900
11	2/28-3/6	250	769,539,700	104.80%	9,364,170,600
12	3/7-13	247	853,120,800	110.90%	10,217,291,400
13	3/14-20	232	825,156,800	96.70%	11,042,448,200
14	3/21-27	233	970,156,300	117.60%	12,012,604,500
15	3/28-4/3	243	1,131,474,280	116.60%	13,144,078,780
16	4/4-10	252	963,186,980	85.10%	14,107,265,760
17	4/11-17	263	882,420,800	91.60%	14,989,686,560
18	4/18-24	259	836,576,900	94.80%	15,826,263,460
19	4/25-5/1	252	823,473,950	98.40%	16,649,737,410
20	5/2-8	242	862,662,050	104.80%	17,512,399,460
21	5/9-15	239	569,271,050	66.00%	18,081,670,510
22	5/16-22	238	566,774,930	99.60%	18,648,445,440
23	5/23-29	239	560,551,670	98.90%	19,208,997,110
24	5/30-6/5	239	543,267,160	96.90%	19,752,264,270
25	6/6-12	238	518,993,930	95.50%	20,271,258,200
26	6/13-19	242	604,039,710	116.40%	20,875,297,910
27	6/20-26	215	422,892,520	70.00%	21,298,190,430
28	6/27-7/3	215	428,945,480	101.40%	21,727,135,910
29	7/4-10	220	419,956,750	97.90%	22,147,092,660
30	7/11-17	195	352,295,700	83.90%	22,499,388,360
31	7/18-24	196	326,111,950	92.60%	22,825,500,310
32	7/25-31	194	243,425,700	74.60%	23,068,926,010
33	8/1-7	198	233,681,650	96.00%	23,302,607,660
34	8/8-14	190	264,618,800	113.20%	23,567,226,460
35	8/15-21	188	284,623,900	107.60%	23,851,850,360
36	8/22-28	187	264,867,500	93.10%	24,116,717,860
37	8/29-9/4	171	233,818,300	88.30%	24,350,536,160
38	9/5-11	177	212,131,550	90.70%	24,562,667,710
39	9/12-18	177	225,554,200	106.30%	24,788,221,910
40	9/19-25	177	207,153,400	91.80%	24,995,375,310
41	9/26-10/2	156	107,026,700	51.70%	25,102,402,010
42	10/3-9	153	95,288,800	89.00%	25,197,690,810
43	10/10-16	154	95,432,250	100.20%	25,293,123,060
44	10/17-23	140	72,885,950	76.40%	25,366,009,010
45	10/24-30	135	70,736,550	97.05%	25,436,745,560
46	10/31-11/6	116	73,702,000	104.19%	25,510,447,560
47	11/7-11/13	118	58,006,200	78.70%	25,568,453,760

※VHSビデオ(2本組)が1998年11月20日に発売
※47週以降、セカンド・ラン(2番館)上映を含め、合計で興行収入263億円

33年ぶりのSF映画の名作『猿の惑星』が復活

FOXによる最大で偉大なるフランチャイズ

2001年7月28日に公開した『PLANET OF THE APES／猿の惑星』の前売券は4月14日から特典付きで限定2万枚ということで売り出しましたが、ファンの期待度が高く、6月下旬には完売しそうな勢いでした。そこで新たに特典第2弾『猿の惑星』特製ネック・ストラップ付きの特別前売券を発売しました。

『猿の惑星』は1968年に初登場して、カルトSF映画の傑作となった作品です。そのほかに1974年よりテレビシリーズが1本、1975年に〝RETURN TO THE PLANET OF THE APES〟というタイトルのアニメ・シリーズを1本生んでいますし、さらに73年から74年にかけて行った『猿の惑星』〝GO APES〟のマーチャンダイズ・キャンペーンは全世界で小売りで1億ドルを記録しました。2002年の時点でファンのウェブサイトは1000以上あり、12歳から59歳までの人々の間の認知度は88％に達しています。ということで知名度は抜群です。

原作は『戦場にかける橋』(52)を書いたピエール・ブールのSF小説ですが、SF映画というジャンルは、1902年にメリエス監督の『月世界旅行』が生まれてから半世紀近く、60年代の前半まで〝空想科学映画〟と呼ばれていたわけです。

『猿の惑星』と『2001年宇宙の旅』はともに68年のゴールデン・ウィーク合戦で、テアトル東京で『2001年宇宙の旅』、松竹セントラル、渋谷パンテオン、新宿ミラノで『猿の惑星』を公開して、その年のヒット・ランキングの2位が『猿の惑星』、4位が『2001年宇宙の旅』だったのです。公開本数は今とまったく違い、『猿の惑星』はプリント本数がたった24本で配給収入が2億8789万円いきました。当時は少ない劇場でロードショーの期間が長かったわけで、いまのような拡大公開という形が本格的になってきたのは『エクソシスト』『タワーリング・インフェルノ』『JAWS／ジョーズ』からです。『猿の惑星』は拡大公開以前の映画で、TVスポットも打たなければ、有楽座とか、丸の内ピカデリーといったところでジャンル別に1年間、2年間のロング上映が可能だった時代です。

入場料金も全く安かったです。映画人口が2億6000万人くらいだったのではないでしょうか。（映連の映画統計では196

8年の入場者数3億1339万人、興行収入820億2600万円、平均入場料金262円、映画館数3814館）

『猿の惑星』シリーズの生みの親はアーサー・P・ジェイコブスで、1964年に『何という行き方！』という映画でパブリシスト（宣伝マン）からプロデューサーになった人です。『猿の惑星』はすべてのスタジオに断られて、65年にワーナー映画でブレイク・エドワーズ監督で企画されたのですが、猿のメイクアップのテストが全くうまくいかなかった。スタジオのお歴々が一番恐がったのは猿が言葉をしゃべるとお客から笑われてしまうのではないだろうかということと、メイクアップの問題だったんです。67年にFOXスタジオ社長のリチャード・D・ザナックがアーサー・P・ジェイコブスと組んで、戦争で手足などを失った人たちのために義手、義足、義歯を作っていたジョン・チェンバースに猿のメイクを担当させたのです。当初は、チンパンジー、オランウータン、ゴリラの3種類のメイン・キャラクター以外は全部同じマスクだったんですが、当時のお金で500ドルの費用を要して猿のメイクをやってスクリーン・テストの結果、ゴー・サインが出たのが第1作目です。

それまではSFというジャンルは一級の映画ジャンルではなかったのに、この映画が大成功を収めたのは、50年代、60年代、70年代の大スターで、〝モーセ〟、〝ベン・ハー〟、〝ミケランジェロ〟を演じたチャールトン・ヘストンを主演に起用したことが1つの勝因だったと思います。当時、新鋭と言われ、後に『パットン大戦車軍団』でアカデミー監督賞を取ったフランクリン・J・シャフナー監督で映画化されたわけですが、当時600万ドル（360円換算で21億6000万円）の製作費で全米の興収が3400万ドル（約122億円）売上げたんです。当時は『マイ・フェア・レディ』『アラビアのロレンス』『サウンド・オブ・ミュージック』という作品をロードショーで1年か1年半ニューヨーク、ロスで上映して、全米に公開を広げていく、日本では東京、大阪で公開して、ローカルに広げていくシステムだったわけです。一般ロードショー映画としては『007』以外のフランチャイズで最大の偉大なるシリーズをFOXが初めて持ったわけです。後に『オーメン』のフランチャイズ、『エイリアン』『ダイ・ハード』、そして『スター・ウォーズ』『ID4』の新たなるフランチャイズが登場しましたが、『猿の惑星』はその意味でもFOXにとって大事な財産であるわけです。

1968年というのはベトナム戦争と東西冷戦の時代です。『猿の惑星』は人間と猿が逆さまのシチュエーションの中で、スウィフト的な社会風刺、公民権運動の影響もこの映画の中には見られます。その後、ヘストンは『地球最後の男 オメガマン』『ソイレント・グリーン』とSF作品に出演し続け、SF映画がA級スタアをずっと使っていけるという1つの礎を築いたのです。

21世紀の初めの年に『2001年宇宙の旅』を監督したスタンリー・キューブリックの企画をスピルバーグが映画化した『A.I.』と、ティム・バートンのリ・イマジネーション版『猿の惑星』がそろって公開されるというのは面白い因縁です。

旧作のリメイクではなく、リ・イマジネーションと言ってますが、リ・ビジュアライズ（再創作）という意味で、前作と同じなのは猿と人間の逆転のシチュエーションだけで、フランクリン・J・シャフナー監督の作品からは何1つ拝借していません。一番大きな違いは、当時といまのメイクアップの技術が全く違うということです。ストーリーも旧作とは全く違います。

この企画はゴー・サインが出てから、FOXで10年間練られていたんです。オリバー・ストーン、クリス・コロンバス、ヒューズ兄弟、ジェームズ・キャメロン、マイケル・ベイといった監督が候補に上がり、最終的にティム・バートンになりましたが、これは非常に賢い選択だったと思います。

今回の特殊メイクはアカデミー賞を7回受賞したリック・ベイカーが猿のメイクを担当していますが、彼はこの分野では世界ナンバー1です。1作目の時はアカデミー賞にメイクアップ部門というジャンルはなかったのでジョン・チェンバースが名誉賞をもらいました。名誉賞は過去に『ラオ博士の7つの顔』でMGMで長い間メイクアップをやってきたウィリアム・J・タトル（『ヤング・フランケンシュタイン』）という人がもらっていますけど、映画の歴史の中でメイクアップが大きくクローズアップされたのはこの映画が初めてなのです。その後、アカデミー賞にメイクアップ部門が設けられました。

ティム・バートンはリメイクや続編を作る気持ちは全くなくて、2029年が物語のスタートになりますが、猿が人間を支配するという発想が前作と同じなだけです。最終的な脚本は『アポロ13』や『キャスト・アウェイ』の脚本家ウィリアム・ブロイルス・Jr.が書いています。

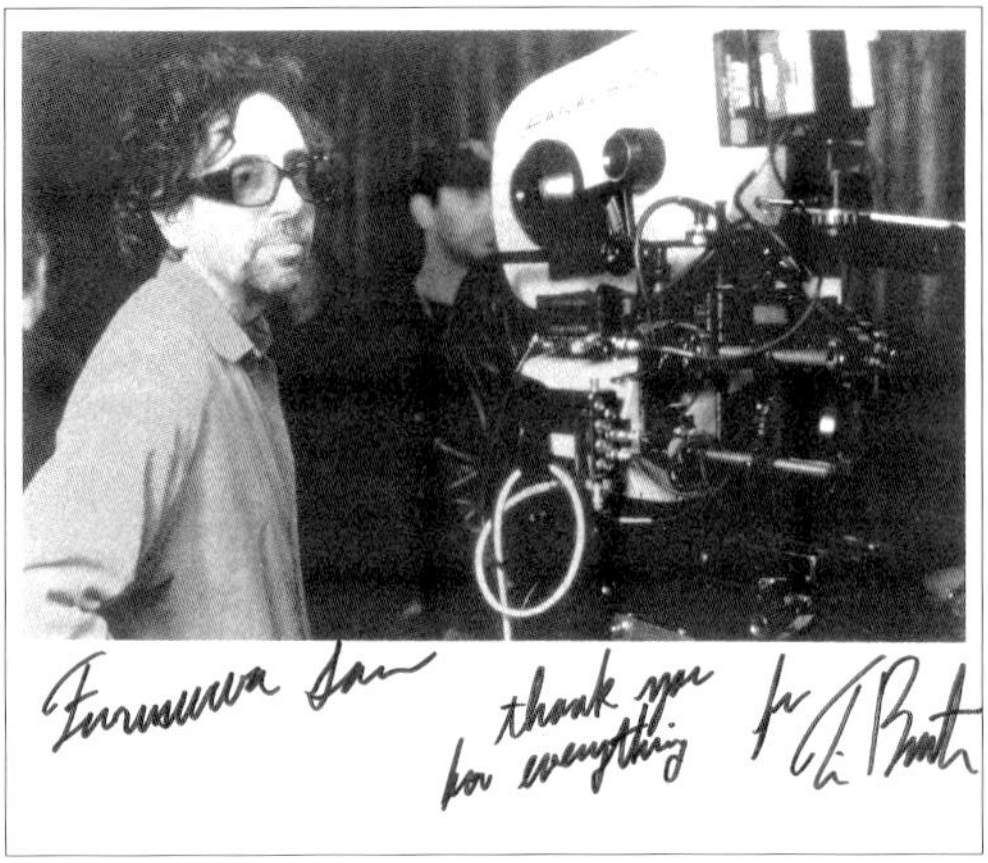

ティム・バートン監督のサイン

2001年にリ・イマジネーションするにはそれなりのアプローチがあると思うのです。ティム・バートン監督とプロデューサーのザナックは今日の観客に向けて今日の技術で巨大なるエンターテインメントを提供しようと考えました。ですから監督の持っている資質などもうまく織り込まれています。

前作との大きな違いは特殊メイクです。最初、オリバー・ストーン監督で復活する話が持ち上がった6年前に、リック・ベイカーは自分でテストして、今回のテクニックを発明しています。実際は、その後も1年ぐらい準備期間が必要だったんですが、彼のところに再オファーがきたのが半年前です。それでも前作ではチンパンジー、ゴリラ、オランウータンを同じマスクで作っていましたが、今回は俳優さんの素顔をもとに500の異なったメイクを作っています。ジェームズ・キャメロンの『ターミネーター2』などで特殊メイクを担当したスタン・ウィンストンはアニマトロニックを駆使してやりたかったようです。ですが、俳優たちのメイクアップの下からキャラクターの持つ感情と生きた表情を表現させることが第一に大事なことで、今回の作品ではティム・バートンとリック・ベイカーが俳優の内面的な芝居を猿の顔を通じて表現できるようにしているわけです。チンパンジー、オランウータン、ゴリラはとても速く走り、リアルで敏捷で、パワーがあり、凄いジャンプ力もある。まずここが違います。本作ではテイラーも、ジーラというチンパンジーも、ロディ・マクドウォールが演じたコーネリアスもオランウータンのザイアスも、キャラクターの名前が全部違います。撮影が始まる前、2000年の8月から猿の動き方から人間でいうところの所作などを、猿を演じる俳優がテリー・ノタリーのもとで6週間トレーニングしました。脚本も前のシリーズの脚本が十数冊もあったんですが、ウィリアム・ブロイルス・Jr.はそれを一切読まず、監督と相談してピエール・ブールの原作にアプローチするスタイルで書きました。

上映時間は2時間で、回転数は良かったと思います。この企画はFOXを去ってしまったビル・メカニックが10年間かけて準備を進め、やっと2000年3月のショー・ウエスト（「世界の興行者が年に一度集まる祭典」）で「ティム・バートンとリチャード・D・ザナックの監督・プロデューサー・コンビで『猿の惑星』を作ります。公開は2001年7月」と世界に向けて発信したわけですが、私はこの企画がスタートした8年前から宣伝のアイディアをいろいろ考えていました。

配収目標25億円から積み上げるための宣伝プラン

日米同時公開で最終版があがったのは公開2週間前の7月15日あたりで、我々が観られるのはその数日後でした。皆さんへのお披露目は7月20日の祝日にジャパン・ワールド・プレミアとして有明の東京ビッグサイトを含む全国5大都市で一斉に開催、公開前週の12日に先行オールナイト興行をしました。ぎりぎりの厳しいスケジュール、映画がクランク・インしたのが前年の11月6日でした。俳優たちのプリンシパル・フォトグラフィー（実写部分）の撮影期間は80日間。これだけの大作がこれだけ短い期間でこれだけうまく出来た例はないと思います。24時間体制のとんでもないスケジュールで、もちろんセカンド・ユニットを用意していましたが。聡明なチンパンジー、アリ役の女優ヘレナ・ボナム＝カーターはメイクのために朝の2時にスタジオに入ってそこから仕事が始まる。メイクを作るのに長い時は4時間半。3時間半で終わるメイクもあるし、2時間半で終わるメイクもあるわけですけど、作るのにそれだけ時間がかかり、またそれを落とすのに45分かかる。ゴリラの兵は服の着脱に各30分、それを砂漠や、森林でやるわけですから、大変なプロダクションです。映画の撮影時、FOXのスタジオは19のサウンド・ステージのうち9つに『マイノリティ・リポート』（スティーブン・スピルバーグ監督）のセットが建っていて、他の作品も入っていたので、ソニーのスタジオを使ったんです。ところがソニーのスタジオも『スパイダーマン』が入ってくるので、3月中旬までにあけなければいけなかった。前と後ろのスケジュールがガチガチに固められた中でやったわけです。

この作品は製作費1億2000万ドルのジャイアントSFアクション・アドベンチャーで、とてもスペクタクルなエンディングが用意されています。ビッグ・エンターテインメントとして大変面白く楽しめます。

前年の8月23日にオリジナルの『猿の惑星』の認知度をイギリス、ドイツ、オースト

ラリア、日本で調べました。すると認知している人は80～90％、そのうち劇場でオリジナルの5作品のうち、少なくとも1作品を観たことのある人は50～70％でした。その後テレビ放映があり、ビデオ、DVDがありましたから、新作『猿の惑星』の認知度は32％と非常に高い数値で広まっていました。なぜかというと、その前にキャメロンがやる、マイケル・ベイがやる、オリバー・ストーンがやる、といろいろなニュースがインターネットを通じて流れていましたから。新作の『猿の惑星』を絶対観に行く、多分観に行くと答えた人は56％でした。『猿の惑星』は私が経験した中では『スター・ウォーズ』級のインパクトがあります。ディープな、コア・ファンがたくさんいます。2001年の時点で若者のファッション・リーダーであり、音楽プロデューサーでもあるNIGOの猿のデザインのTシャツが原宿裏通りから発信したファッションになり、若者のある種のポップ・カルチャーでした。『猿の惑星』に影響を受けたコーネリアス（小山田圭吾）もいました。本社と話して、NIGOのブランド「A BATHING APE」にコラボレーションTシャツを頼みました。

映画のコア・ファンというのは60万人以上います。『スター・ウォーズ』の時も『エイリアン』『ID4』の時もその層をキチッと掴めているんです。そのほかに我々がターゲットとしている12歳から60歳より上の層の人たちをどれだけ集客できるかというのが、私たちのマーケティングにかかっていました。1968年当時の公開の仕方をいまに置き換えると、我々のマーケティングは配収25億円からスタートしなければいけないと思っていました。仕掛けは8年前からやっていまして、当時ペプシの宣伝部長にプロモーションの話をしたのが最初です。その後『スター・ウォーズ　エピソード1』から始まって、その時はサントリーがペプシの権利をお買いになって、98年にペプシを販売するようになってから200％以上の売上げになった。『スター・ウォーズ　エピソード1』のボトルキャップ・キャンペーンは驚異的な成功を収めましたが、今回はそれの150％増のボトルキャップ・キャンペーンを6月18日からスタートさせました。

配収目標25億円からどう積み上げられるか。前年12月下旬から紙媒体にいろいろと角度を変えて少しずつ情報を流して種をまき、8月下旬までに3050回ぐらいのパブリシティの記事が出ました。活字媒体だけで金額に換算して2億5000万円ぐらいのバリューがあります。テレビのメディアもCS、BS、フリーテレビなどで3月6日から最初の予告編がスタートし、8月下旬までに特番を入れて250番組ぐらいブッキング出来れば、バリューで約58億円。ラジオは6月下旬からスタートして8月下旬までに130番組以上で2億6000万円ぐらいになりますから、大体72億1000万円がフリーテレビ・パブリシティになります。さらにインターネットを使って、いろいろなイベントを仕掛ければ、そこから発生するパブリシティも出てきますし、タイアップ・プロモーションは総額22億6400万円相当の巨大なマーケティング規模になります。中でもペプシコーラ（サントリー）と展開するボトル・キャップ・キャンペーンは史上最大規模、期間中すべての350ml、500mlの缶とペットボトル7000万本以上が映画のデザインになりました。また別途実地の1・5lのキャンペーンのプレゼントグッズをはじめ、全52種のボトル・キャップの総出荷数は3000万個を超えます。これらが大量のTVスポットを中心に新聞、雑誌、コンビニ、スーパー、酒店などあらゆる媒体で展開されます。その他、大きなタイアップとしては全国交通、運輸省、全国学習塾協会、都営地下鉄・都バス、京成電鉄・京浜急行、警視庁・警察庁、全国防犯協会連合会、学校新聞、東京ハイヤー・タクシー連合会、NTTドコモ、デイリー・ヤマザキ、渋谷パルコ等々が決定。ポスター掲出を中心に5月上旬から公開中もキャンペーンを展開していきます。

宣伝費は8億5000万円、追い広告まで入れて10億円以内に収めました。『スター・ウォーズ　エピソード1』も『タイタニック』も10億円を超えていないんです。『スター・ウォーズ　エピソード1』の時もパブリシティとプロモーションで自分の過去の経験の中でやったことのないことにチャレンジしましたが、『PLANET OF THE APES／猿の惑星』も7月28日の公開に向けて、7月上旬から皆さんがあっと驚くようなパブリシティ・キャンペーンを行いました。

劇場のブッキングは320ぐらいです。400を超えた『スター・ウォーズ』はオーバーブックだったと思ったので、今回は抑えてマイナスにならないように、長く出来るような形にしたわけです。コア・ターゲットはオール・エイジです。映画ファンならマスト・シー・ピクチャー（必ず観なくてはいけない映画）です。

「映画時報」2001年6月号より
発行：合同通信　©合同通信

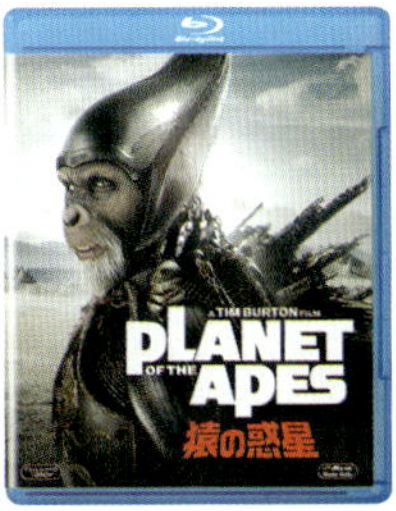

『PLANET OF THE APES／猿の惑星』
発売中／¥1,905+税／発売：20世紀フォックス ホーム エンターテイメント ジャパン

『猿の惑星』
発売中／3枚組 ¥4,752+税／発売：20世紀フォックス ホーム エンターテイメント ジャパン

97年正月、日本全土を席巻した
『ＩＤ４』の史上最大のプロモーションの全貌

全世界で新記録を作った『インデペンデンス・デイ』

　ハリウッド映画というのはB級から始まってA級へと、時によっていろいろなトレンドを取り入れながら、新しいジャンルを確立してきました。『インデペンデンス・デイ』（以下『ID4』）は基本的には地球侵略がテーマですが、アメリカで最初にこのテーマをエンターテインメントとして取り上げたのが、1938年のオーソン・ウェルズによるラジオドラマでした。H・G・ウェルズのSF小説「宇宙戦争」「火星人襲来」のシーンを臨時ニュース風に演出・放送したことで、ラジオを聴いた人々は本当に火星人が来たと勘違いしてパニックに陥り、アメリカ国内に衝撃を与えました。映画のトレンドは時代の流れの中で何年間の周期を経てほかのジャンルを受け継ぎ、発展してきました。

　1950年代になると、この手の侵略をテーマにした映画が10本ぐらい作られ、その中で一番成功したのは前述のH・G・ウェルズ原作の『宇宙戦争』（パラマウント）でした。その後、テレビの影響などで一時映画が衰退したり、劇場が減ったりという流れの中で、70年代に『ポセイドン・アドベンチャー』『タワーリング・インフェルノ』といったパニック映画が登場し、この時代にB級映画をA級にした新世代の映画作家群が出てきます。それがジョージ・ルーカスであり、フランシス・F・コッポラ、スティーブン・スピルバーグであり、彼らが作っている映画は〝Bムービー・ゴーズ・トゥ・ザ・Aムービー〟です。例えば『エクソシスト』。ホラー映画の今までにも一流のホラー映画は何本かありましたけど、大衆を巻き込んであれだけ大きなブームを起こしたものは全くないですね。ジョージ・ルーカスの『スター・ウォーズ』はもともとスペースオペラという連続活劇であり、スピルバーグの『激突！』はホラーからきたものです。『JAWS／ジョーズ』はサスペンスをテーマとした、昔で言えば動物が人を襲うというジャンルのものです。新しい映画技術やSFXを身につけた新しい映像作家が先人たちが作り上げた1つのジャンルを磨き上げながら、新しいお客さんに提供していくということで、〝マザー・オブ・Bムービー〟という最大級の賛辞が贈られました。

　エイリアンに反撃に出る日が7月4日の独立記念日。そして大統領が「今日が人類にとってのインデペンデンス・デイだ」と大演説するラストシーンはたまらないです。エイリアンによる地球侵略を、もしこうなっ

『インデペンデンス・デイ』で大統領を演じたビル・プルマンのサイン

たらという究極の設定で、人類が一致団結して反撃するSF映画は50年代にもたくさんありました。最初に地球人に友好的なエイリアンを描いた映画というのは195１年に製作されたロバート・ワイズ監督の『地球の静止する日』(FOX)で、その次にスピルバーグ監督の『未知との遭遇』、82年同じスピルバーグ監督の『E.T.』、『スターマン／愛・はるかに』(82) と続きます。ところが『ID４』は友好的なエイリアンではない。ですから、７歳から70歳まで幅広い年齢層の人たちに理解してもらえるよう、あらゆる人種、あらゆるシチュエーションをストーリーラインの中にちりばめているところが、この映画がアメリカで大ヒットしたゆえんだと思います。

日本では9月4日に初めてメディア試写会を行いましたけど、70％から80％の人が三箇所ぐらいググッときましたと。泣けたという人もいますし、感動した、涙があふれたという人もいました。ゲーム好きな若い世代はSFXに衝撃を受けたでしょうし、この手の映画はSFXがしっかりしていないとだめです。1968年に作られたスタンリー・キュブリックの『2001年宇宙の旅』は当時まだ技術がなかったですから、126種類のエフェクトを使って、1年ぐらい特撮製作にかけています。77年に作られた『スター・ウォーズ』は360種類のエフェクトを使っているんですが、この映画は400種以上のエフェクトを使っているんです。

そこがセーリング・ポイントだと思います。例えばあらゆる映画体験のできる凄いイベント映画を若い人たちが一度観ると、それよりももっと細かく、それよりも精巧に、それよりも新しくやっていかないとサプライズは起こりません。

公開はイタリア、フランス、ドイツ、スペイン、オランダ、そして日本が世界最後になりましたが、イギリス、オーストラリアをはじめ、香港、台湾、ラテンアメリカ……全世界で新記録を作りました。女性が50％以上来ています。今までの超大作と比較すると、そこが強いところです。様々な人たちが背負う様々な人生ドラマが非常にエモーショナルだということでしょう。

私は『ID４』の脚本を前年に読み、6月にロサンゼルスの宣伝会議で観て、これはイケると確信しました。しかし、業界人は「ローランド・エメリッヒ監督は『スターゲイト』と『ユニバーサル・ソルジャー』で大きな実績を残していないじゃないか」と言いました。では『スピード』はどうだったかと言えば、これはヤン・デ・ボンというカメラマンの監督第1作で、主役も無名の俳優、しかも製作費が3000万ドルそこその低予算でした。しかし、ストーリーが面白くて映画の中に観客が乗れるエモーショナルな部分と、男と女の熱い吐息があって、ああいう形の売り方ができました。『スピード』は宣伝マン冥利に尽きる1つの出会いだったわけです。

『ID４』の場合は『スピード』と違って仕掛けとストーリーが大きいです。その意味では『スピード』で出来なかったあらゆるマーケティングが可能なんです。映画を観る前から、私のエスティメイトはFOXのナンバー1にしようと思っていました。アメリカではおそらく2億５０００万ドル以上いくと思っていましたが、３億ドル以上が確実になりましたから。

日本全国が『ＩＤ４』の話題一色に

映画をロサンゼルスで観た後で、私は日本での配収を60億円以上と想定しました。2月からマーケティング・プランニングをして、4月22日に朝日生命ホールでマスコミ、企業の方を招いて、マーチャンダイジングとタイアップ・プロモーションのために初めて8分間のラフ・カットを観ていただきました。アメリカでは前年のクリスマスからティーザー・トレーラー（予告編）をかけながらスタート。日本でも2月から東宝の劇場でティーザーをカウントダウン形式に中身を変えていって、だんだんドラマの部分を取り入れた予告編にし、いよいよ最後にトレーラーという形をとりました。東宝にかけていただいている10ヵ月間の間だけでも約3５００万人強ぐらいの方がご覧になっていました。そのほかにＦＯＸビデオの『ブレイブハート』『９か月』『ため息つかせて』『ブロークン・アロー』に『ＩＤ４』の予告篇を挿入しました。テレビシリーズの「Ｘ-ファイル」シリーズが、１本３７０００本～３９０００本出ますから、この10ヵ月間で63万本のビデオが出ました。１００回転というのが最低ですから、それを１・５人の接触率で見ると９４５０万人が『ＩＤ４』の予告編を観ることになるわけです。

この映画の場合、画で見せるインパクトと、中身を伝えていく部分は異なった戦略にし、半年間で『スピード』の時の１５０％のフリー・パブリシティをやっていこうと考えました。テレビ番組を１５０番組以上紹介できないといけないし、ラジオは２００番組以上、活字媒体は８００ぐらいありますが、３０００回以上の掲載。新聞は芸能面だけでなく、文化面もあれば社会面もあります。子供たちがつくるページもあります。その他に週刊誌、月刊誌、あらゆる活字媒体、そしてフリー・パブリシティのバリューが64～65億円でした。テレビの１５０番組に紹介を入れながら、封切り前の特番、封切り後のメイキング番組で45億円くらいいきます。ラジオが大体3億円くらい、活字媒体が大体16億円、フリー・パブリシティで3月、4月から11月までに北海道から沖縄までネタを仕込み、ガソリンをまいて、最後に５５０億円ぐらいのタイアップ・プロモーションでワッと火をつけました。今回は『スピード』(9大都市で10万人に試写を観せました）とは対照的に試写をやらない、観せない作戦で飢餓状態にさせて、一気に先々行、先行公開で爆発させるというやり方をしました。私はそれまでに宣伝の仕事を22年ぐらいやっていましたが、フリー・パブリシティでこれだけの規模はなかったです。これはアメリカと同時公開では不可能です。

『ＩＤ４』は東京国際映画祭のオープニング作品として上映されました。ＦＯＸとしては『スピード』が『ブレイブハート』と

3年連続でオープニングを飾ることになりました。前売りは15分で完売。あちらこちらのプレイガイドに苦情の電話が殺到したそうです。全国一斉発売にしたものですから、あるエリアにはあったけど、あるエリアにはないという状況が出てしまって、前から3番目に並んでいた人が買えなかったという。こういうことはちょっとなかったです。『クリフハンガー』『スピード』の時は1日でチケットが売れ切れました。だから今度は4、5時間はかかるだろうと思っていましたら、開けてびっくり、15分で全席あっという間に売れてしまったんです。

要するに誰にでもわかる全天候型超大作、イベント型の究極のテーマの映画です。最後は人類が一致団結して異星人に立ち向かいます。これは起承転結が必要なストーリーラインで一番インパクトのあるストーリーです。我々のマーケティング作戦はイベント映画にして、これを観なければ話題に乗り遅れると。先々行、先行をやって、冬休みが始まる前にこの映画を観た子供たちや若い人たちが学校や職場や家庭で『ＩＤ４』を話題にするという状況にもっていこうと考えました。若い子たちもかつて劇場に来ていた人たちも劇場で体験することが一番いいわけです。

私が配収60億円以上と言ったのは、マーケティングの中でのフリー・パブリシティとタイアップ・プロモーション、アドバタイジングのメディア・ミックスが浸透して、11月にピークになった時にはおそらく日本全国どこを歩いても、この映画を観て聞いて、話題になっていると思ったからです。

2月からスタートしていないと、ここまでは出来ません。各企業の方たちも大きく売るチャンスは年間1回か2回ですから。夏のキャンペーンは半年前に決まりますし、お正月のキャンペーンは夏前に決まります。一番大変だった時期は4月下旬から8月いっぱいでした。というのもその時期に企業の宣伝部、各代理店がいろいろ知恵を絞って出してくる、企業のあらゆるコンペがあります。今回は２００社以上にアプローチしました。過去の経験から１００社にアプローチして5社出来るかくらいですが、今回は多くの企業、政府にも乗っていただいて、非常に大きなタイアップが取れました。

ＦＯＸで一番宣伝費を使ったのは『ダイ・ハード３』の6億５０００万円ですが、これを上回るＦＯＸ史上最高の宣伝費を投入しました。やはり長くやればやるほど、追い広告などやりますから、それだけ宣伝費もかかります。

この作品には60億円から70億円ぐらいのパワーがありますし、お祭りの大黒柱として中央に据えていれば必ずお客さんは観に来ます。この映画はファースト・チョイスの映画ですから、その日は満席で入れなくても、違う映画をセカンド・チョイスで観て、また後で本命を観に来てくれます。しかも全世界でそうでしたが、リピーターが来ます。リピーターがいないと60億円、70億円というのは無理です。今度の場合はお正月と春休みを一つの柱としています。夏休みみたいに子供たちがずっと観るチャンスがあるということではないですから。

65億円相当のタイアップが取れたということは、作品だけじゃなくて、人間関係と実績もあると思います。FOXで初めてタイアップをしたのは『スター・ウォーズ』からですが、その頃から知り合っている人たちと長くお付き合いをしてきました。いままで何度もアプローチして、はっきり言って99%は断られてきました。しかし、長きにわたる信頼関係とそれなりの実績があって今回のようなタイアップが組めたと思います。『スピード』で組んだパートナーは全員損をしていません。マクドナルドの『ダブルチーズバーガー』は売上げが13%上がったそうですし、三菱電機も11%上がったそうです。組んだところがプラスになればまたやりましょうということになります。それが信頼です。組んだ会社が本も売れた、レコードも売れた、テレビも売れた、食べ物も売れたということで5%でも、あるいはそれ以上でも売上げれば、次のチャンスがあるわけです。

FOXの時代が来ると言っていただいたこともありますが、うちの時代というより、何社かが切磋琢磨して、面白い映画がつねに劇場にかかっていて、そこで映画体験をした人たちが次の世代にバトンタッチしていかないと映画人口は増えません。劇場では大空間で震えるような音響を体感できます。コンビニに行って雑誌を覗いて買わないで帰る人がいるんですか？ どんなものを売っているかを見ているのです。こういった人間の好奇心が失われない限り、常にいい映画をいい劇場でいい時期にかけていけば、必ずヒットするチャンスがあります。こういうイベント映画を含めた映画がすばらしい感動とユニークな体験を与えてくれるということを、若い人たち、あるいはオールドファンにもう一度感じていただければ、私は映画の観客というのは、映画館数が増えると共にその比率で増えると思っています。

「映画時報」1996年9月号より
発行：合同通信　©合同通信

『インデペンデンス・デイ』
発売中／2枚組 ¥3,168+税／
発売：20世紀フォックス ホーム
エンターテイメント ジャパン

媒体価値約６５５億円『インデペンデンス・デイ』タイアップ・プロモーシの全容

◆**運輸省**
キャンペーン・テーマ「平和と安全、それは人間の果てしなき夢」「年末年始の輸送等に関する安全総点検」／期間＝96年12月11日～97年1月15日／概要＝①全国のＪＲ、私鉄、地下鉄９５１２駅の内、ＪＲ東日本を除く全国９１７０駅に『インデペンデンス・デイ』（以下『ＩＤ４』）のキー・ビジュアルを使ったポスターを掲出。②上記以外の陸・海、空の交通機関、その他にも『ＩＤ４』のキー・ビジュアルを使ったポスターを掲出。③ポスター掲出枚数　Ｂ1ポスター10万枚、Ｂ2ポスター７万３５００枚　計17万３５００枚のタイアップ・ポスターが全国各地に掲出。④陸・海・空の全国交通機関の1日平均利用者総数は６７８４万３７４４人。1ヵ月間に約20億２５００万人もの人々がこのポスターを見ることになる。（媒体価値１６８億４３５０万円）

◆**東京タクシー協会**
首都圏を走っている3万２０００台のタクシー後部座席前方に『ＩＤ４』のキー・ビジュアルを使った劇場券プレゼント告知チラシ、応募御礼チラシを設置／告知期間＝第一期10月1日～31日、第二期11月1日～30日、第三期12月1日～31日／タクシー平均利用者総数　タクシー1台につき1日平均利用回数37・9回　1日平均利用者人数1・6人、1日平均利用者総数60・64人、1ヵ月の平均利用者総数１８１９人、3ヵ月間で1億７４６２万人の人が『ＩＤ４』のチラシを見ることになる。（媒体価値1億４４００万円）

◆**環境庁〈こどもエコクラブ〉**
『ＩＤ４』のキー・ビジュアルを使用した〈こどもエコクラブ〉会員募集ポスターを全国に掲出／実施期間＝96年10月1日～97年3月31日（6ヵ月）／ポスター掲出枚数＝Ｂ全　3万７７００枚、Ｂ2／25万３４２２枚、計29万１１２２枚／掲出場所＝全国都道府県市町村の掲示板、環境庁所管法人、全国の小学校・中学校・高校・大学、専門学校、全国の図書館、学習塾、国立公園管理事務所、ビジターセンター、こどもエコクラブ事務局（媒体価値３３１億１５１５万円）

◆**三菱電機**
三菱電機のワイドスクリーン・テレビの2機種とビデオの2機種の秋・冬のキャンペーンで『ＩＤ４』のキー・ビジュアルを使用／期間＝96年10月1日～97年3月31日（6ヵ月）　①ＴＶＣＭタイアップ＝番組提供、ＴＶスポット15秒&30秒、全国１８００ＧＲＰ、②新聞・雑誌のタイアップ広告＝朝日、読売などメイジャー紙、ブロック紙の全紙、「週刊文春」「週刊ポスト」などメイジャー誌の全誌、③店頭ＰＯＰ＝全国1万店の販売店において『ＩＤ４』のキー・ビジュアルを使った2万枚のＢ2ポスターを掲出（媒体価値11億５０００万円）

◆**シック・シェービング**
キャンペーン・タイトル「究極のウェットシェービング作戦〝ＩＤ４〟」／期間＝96年11月5日～97年3月31日／ＴＶスポット（１０００ＧＰＲ）『ＩＤ４』を使った15秒スポットを関東・関西・中部・福岡・札幌・静岡・広島・仙台にて展開。／店内ＰＯＰ①全国5万店のコンビニエンス・ストアー、スーパーマーケット、ディスカウントショップ、ドラッグストアーにてＰＯＰとステッカーを掲出。②全国の主要ストアー１５００店にジャイアント・スタンディー。『ＩＤ４』のロゴ入りスペシャル・パッケージの〝シックＦＸ〟を全国で30万個発売など。（媒体価値19億４５００万円）

◆**セイコー**
キャンペーン・テーマ「人の力が地球を救う！」＝セイコーの時計〝ＫＩＮＥＴＩＣ ＡＧＳ〟フェアで『ＩＤ４』のキー・ビジュアルを使ったボーナス・キャンペーンを展開／期間＝96年11月1日～97年3月31日（5ヵ月間）／ＴＶスポット（２０００ＧＲＰ）全国ＯＡ、新聞広告（全１５Ｄ）朝日・読売・毎日・日経（東京・大阪）・西日本・中日・北海道・中国、河北／雑誌広告（カラー1Ｐ）男性誌を中心に30誌に掲載／交通広告（主要駅のアドボード）／店舗タイアップ広告（中吊り広告、バス広告）／キャンペーン・ポスター①全国の時計、量販、百貨店の主要1万～1.5万店に『ＩＤ４』のキー・ビジュアルを使ったＢ2ポスターを7万枚。同店入りタイアップＢ3ポスターを６０００枚掲出／パンフレットに『ＩＤ４』のキー・ビジュアル／『ＩＤ４』劇場券、抽選で1万枚プレゼント／新宿高島屋のセイコーの販売コーナーでプロモーション・ビデオ放映（期間10月7日～11月21日）（蝶体価値91億２１５０万円）

◆アップル・コンピューター
年末セール・キャンペーンで『ＩＤ４』のキー・ビジュアル使用／期間（10月下旬〜12月下旬）／15秒ＴＶスポットを全国で放映／新聞広告　ＰＯＰ＆ポスター全国6000店に掲出。アップルのホームページで予告篇を放映等（媒体価値6億円）

◆ファミリーマート
全国3965店で『ＩＤ４』招待のセールス・プロモーション・キャンペーンを実施／期間（10月28日〜12月25日）15秒ＴＶスポット／『ＩＤ４』チケット・プレゼント／『ＩＤ４』プレミアム・グッズ・プレゼント（媒体価値5450万円）

◆営団地下鉄
ハートフル試写会実施。営団地下鉄全駅に『ＩＤ４』のキー・ビジュアルを使ったＢ全ポスター（2種類）2000枚、全車両に中吊り広告（1500枚）を掲出して告知する／告知期間（10月1日〜11月30日）メトロニュースによる告知展開（50万部）（媒体価値5億7710万円）

◆銀座松坂屋
銀座松坂屋の店内外を利用してポスター、大看板を掲出（期間＝10月下旬〜12月下旬）（媒体価値5600万円）

◆伊藤ハム
年末キャンペーンで抽選で『ＩＤ４』のチケット1万枚プレゼント（期間＝12月1日〜31日）全国主要5万ストアにてＰＯＰ。

◆トイザらス
『ＩＤ４』キャラクター・グッズの輸入販売、全国43ヵ所のトイザらスで配布されるパンフレット、クリスマス用特別カタログ・ブックに『ＩＤ４』のキー・ビジュアルを使用。／全国43ヵ所のトイザらスの前にバナーを掲出（媒体価値1億2000万円）

◆リーボック
全国主要700店のスポーツショップにて『ＩＤ４』のキー・ビジュアルを使用したＰＯＰとスタンディーを掲出。（媒体価値1憶2000万円）

◆ＧＵＳＴＯ
全国のＧＵＳＴＯ店舗で『ＩＤ４』の予告編を上映／期間＝第1期間11月1日〜30日、第2期間＝12月1日〜31日（媒体価値＝1968万円）

◆徳間書店
ノベライゼーションを11月5日発売。／新聞広告＝朝日、夕刊フジ、日刊ゲンダイ、北海道新聞、中日・西日本新聞／中吊り広告（ワイドサイズ）ＪＲ全線、営団地下鉄、大阪地下鉄、名古屋地下鉄／書店内ＰＯＰ（媒体価値1億8800万円）

◆ＪＡＬ
日本航空の国内の機内ビデオにて最新映画情報を放送／上映する飛行機の便数（1日46便／1ヵ月3800便）（媒体価値＝1250万円）

◆講談社
タイアップ試写会／講談社発行の「少年マガジン」など24誌で告知と作品紹介（媒体価値＝1億円）

◆集英社
タイアップ試写会／集英社発行の「少年ジャンプ」など10誌で告知と作品紹介（媒体価値＝9000万円）

◆小学館
タイアップ試写会／小学館発行の15誌で告知と作品紹介（媒体価値＝9000万円）

◆秋田書店
タイアップ試写会／秋田書店発行の「少年チャンピオン」など4誌で告知と作品紹介（媒体価値＝400万円）

◆Tokyo Walker
Tokyo、Kansai、Tokaiとタイアップ（媒体価値350万円）

◆ぴあ
表紙カラーグラビアで作品紹介／ＪＲ中央線、東急線、小田急線、京王線に中吊りポスター／16ヵ所のチケットぴあショップに『ＩＤ４』のＢ全ポスター／関東の主要各書店300店にＢ3ポスターを掲出／新聞広告（朝日新聞2Ｄ）（媒体価値3120万円）

◆ＢＭＧビクター
雑誌広告＆パブリシティ展開／レコード店展開（10月中旬〜12月下旬）でＰＯＰ／ラジオ番組。（媒体価値2000万円）

◆ビデオ店
全国のシネマ情報クラブ、レンタル店にポスター＆チラシ配布（媒体価値1000万円）

◆テレビ朝日
告知スポット15秒×30本／番組内で告知と作品紹介／朝日、読売、毎日新聞で告知／『ＩＤ４』の30分スペシャル番組放映／『ＩＤ４』の30分メイキング番組放映（媒体価値2億5600万円）

◆この他、日本テレビ、フジテレビ、ＴＢＳテレビ、テレビ東京、ＴＶＫテレビなどと総額9660万円のタイアップ／Tokyo-FM、J-WAVE、bay-fm、FM-YOKOHAMA、ニッポン放送、文化放送と総額5065万円のタイアップ／朝日新聞、読売新聞、毎日新聞、東京新聞、産経新聞、日本経済新聞、スポーツニッポン、報知新聞、日刊スポーツなどと総額5000万円のタイアップが決定

90年代のニュー・トレンド『ホーム・アローン2』

『ホーム・アローン』は、言ってみたら〝無印良品〟みたいな作品でした。もともとワーナーからターンアラウンドしてきた映画で、誰もがノーマークでしたが、結果はご存知の通り。主演のマコーレー・カルキンが日本に来たのはあとにも先にも、唯一、『ホーム・アローン』の時だけです。当時はまだ子供でしたから、親父さんがエージェントみたいになっていましたね。マコーレーはゲームが大好きで、休憩時間も夜ご飯を食べた後もゲームですから、すぐにやり終えちゃう。そこで2日目から、「じゃあインタビューの場所を変えましょう」と。言うこと聞けば新しいゲームソフトを買ってあげますと言って、秋葉原に記者もみんな連れて行きました（笑）。

飛び込みでケンタッキーフライドチキンとタイアップしました。カーネル・サンダースのところで写真を撮ったりして。ギャラも何もないんですから普通はNGですが、やってしまいました。マコーレーにケンタッキー食べてもらって。本社の社長も「よくやれたね。他の国なら絶対もめてるよ」と感心してました（91年度配収2位の33億円／宣伝費3億8000万円）。

『ホーム・アローン2』は1992年の公開です。前作は家というものが1つの舞台になっています。その家を8歳のケビン少年（マコーレー・カルキン）が家族の留守の間、2人組のドロボーから孤軍奮闘して守り続け、最後に離れ離れになった家族と再会するというストーリーで、カルキン少年版の『ダイ・ハード』といった売り方をしました。

今度の作品は大きな背景としてニューヨーク市全域が登場します。ニューヨーク市そのものがキャラクターで、家の中から外に飛び出して、横と縦にグーンとワイドに広がった感じです。ストーリーはケビンの家族とおじさん一家の14人が、クリスマス休暇を常夏のフロリダで過ごそうという最高のプランを立てます。ところが出発の朝、一家は寝坊してしまい、慌てて空港に向かうのですが、ちょっとした行き違いから、家族はフロリダ行きの飛行機に乗り、ケビンだけがニューヨーク行きの飛行機に乗ってしまって、ニューヨークで迷子になるという話です。今回はケビン少年が2つ歳をとり10歳になったので、知恵もつき、体もひと回り大きくなった。その分だけアクションの仕掛けも新しいものを用意しています。

ニューヨークはクリスマスシーズンになるとロックフェラー・センタービル前に2万5000個のイルミネーションで飾られた巨大なクリスマス・ツリーが有名です。家庭的なクリスマスをテーマに、ニューヨークの超高層ビルのワールド・トレード・センター、5番街の有名な高級ショッピングエリア、ウォール街、チャイナタウン、セントラル・パーク、世界的に有名なプラザ・ホテルといった観光名所が背景となっています。そこに前作でケビンの家に押し入って捕まった2人組のドロボーが脱獄してケビンとニューヨークで再会し、彼らの悪だくみをケビン少年が阻むというのが1つの大きな流れになっているわけです。

　私が観たのはラッシュの段階で、クレジットもついていなければ、音楽も仮の状態でした。上下、左右に画面が広がり、空間が広い分だけアクションのスピードが倍加し、アウトドア・アドベンチャーの様相を呈しています。今回は仕掛けにいろいろな創意工夫が施してあり、たくさんの仕掛けを見せてくれます。前作の2倍ぐらい面白くなっています。ちょうど我々が渡米する1週間前に製作者のジョン・ヒューズの故郷であるシカゴ郊外の約700人が入る劇場でスニーク・プレビューをやったそうです。その時に未完成版を上映したら、100%の人が「エクセレント」「ベリー・グッド」。さらに「みんなに薦めるか」という質問の結果は98%で、これは『E.T.』以上のスコアだそうです。この映画の出来もさることながら、ジョン・ヒューズの一つのライトモチーフである家族愛というものをうたい、最後に感動で締めくくっています。明るく元気よく、楽しいというのが一つの要素ですが、笑って、ほろりとさせて感動させるという映画の3大要素を持った映画になっています。ジョン・ヒューズはコメディ作家としてはアメリカ一じゃないでしょうか。

　本作は撮影中から話題になっていました。しかもアメリカという国はどこの市にも警察の中に「映画部」があり、映画の撮影には大変協力的です。従来ならクリスマスが終わって12月31日のニュー・イヤーズ・イブが明けるところでクリスマス・ツリーが全部取り払われますが、今回はその時点でまだ撮影が終わっていなかったので、ニューヨーク市のロックフェラー・センタービルの協力で、年が明けた1月5日までつけておいてくれたそうです。

　キャスト、製作者のチームも前作と同じです。それプラス『マイ・レフトフット』でアカデミー賞助演女優賞を受賞したブレンダ・フリッカーが、前作で登場した隣のおじいさんのような役回りで、ケビンと仲良くなるセントラル・パークのホームレス女性を演じています。もう1人プラザ・ホテルの接客係ミスター・ヘクターをティム・カーリーが演じています。

　製作費は、前作は2100万ドルでしたが、今度はもちろん前作よりも上がっています。撮影は91年12月初旬から始まり、終わったのが92年の4月中旬でしたから、クリスマス休暇とニュー・イヤー休暇を除いても4ヵ月半以上かかっているわけです。従来だったら大体3ヵ月弱ですから、その分全員のギャラも上がっているわけで、60%アップの3300万ドルぐらいじゃないですか。

　前作は全世界の興収が5億ドル、アメリカのグロスが2億8500万ドルでしたが、『2』のエスティメイトの目標は6億ドルでした。この映画の興収はコメディ映画の世界では歴代1位、アメリカでは歴代3位（92年当時）。コメディ映画としてこんなに当たった映画もありませんし、1人の無名の少年がこの映画で大スタアになったことは、FOXの屋台骨を支えたシャーリー・テンプル以来の快挙だと思います。

　この作品は体を使ったフィジカル・アクションです。サイトギャグが多く、サイレント映画の古典的手法を踏襲しています。チャップリンから始まり、ローレル＆ハーディ、バスター・キートン、それに活動大写真の中で開発したもののエッセンスが全部入っているわけです。

　まず基本的に脚本が良くできていることと、２人組のドロボーとケビン少年のやる側とやられる側の間《ま》がいいんですね。もともと２人組には素晴らしい素質があって、主役をはれる人たちなんです。ダニエル・スターンは監督もやっていますし、ジョー・ペシが脇役で出演して当たらない映画はないんです。『ホーム・アローン』『ＪＦＫ』『グッドフェローズ』『リーサル・ウェポン２／炎の約束』然り。『リーサル・ウェポン』が1に比べて2、3があれだけいい成績になったのもジョー・ペシが出演していることが大きいと思います。

　私は『ホーム・アローン２』はある種、90年代のニュー・トレンドだと思います。これだけ気持ちよく映画の中でひと時、現実を忘れさせてくれる映画はなかなかないでしょう。そういった意味では世界的なトレンドの中で生まれてきた大きな流れだと思います。この映画の優れているところは、主人公だけでなく、お母さん、お父さんとの関係、あるいは脇役のブレンダ・フリッカーも含めて、全部に感動があるわけです。

　日本では前作の配収が34億円いきまして、うちの歴代の中でも『スター・ウォーズ』に次いで11位（92年当時）ですから、正直言ってこの年の4半期は大変きつかったです。前作は夏に公開して、10月末くらいまでロングランしましたが、今回は冬休み。お子さんたちの休みがちょっと少ないので、そのへんをどうカバーするかがタイアップ・プロモーション、あるいはその他のパブリシティすべてを含めてのテーマになっているわけです。『ホーム・アローン』のビデオは日本で15万本売れていますが、このくらいの作品になってくると、１本で１００回転くらいするので、１人でも１５００万人が観ています。しかも１人で観ることはまずない。前作の動員は大体３５０万人くらいでしたから、延べにすると２５００万人以上の人が『ホーム・アローン』を観ていることになるわけです。前作を観た人たちと、その時観なかった人たちをどうやって動員するかが戦略の１つのテーマでした。目指したものはメディア・クロス・プロモーションで、テレビ、ラジオ、あるいは新聞、雑誌などの活字媒体、さらにタイアップ・プロモーションで提携する企業も含めていろいろやりました。

　〝史上空前のタイアップ・キャンペーン〟と称していますが、一番大きなタイアップはデパートの高島屋との提携で、全国18店舗（プラス提携2店舗）においてギフト＆クリスマス・キャンペーンに『ホーム・アローン２』を広告面でキービジュアルに使用し、〝ハーティ・クリスマス〟（愛情のこもったクリスマス）というテーマで11月5日から12月25日まで行いました。デパートは大体独立採算性なので、今までは地域性に合ったキャンペーンをやられていたそうですが、この年は不景気な中でも、一気に顧客を集めようと、東京、大阪2地区で11月中旬から12月25日までの期間に朝日新聞と読売新聞に90段、折り込みチラシを18店舗でそれぞれ360万部、さらに11月下旬から12月25日まで主要幹線の電車の中吊りを2万枚（B3）、駅貼りポスター（B全）を主要駅で200枚、デパート18店舗で『ホーム・アローン2』のビジュアルを使った天井から下げるPOPを5000枚、ショーウインドウのディスプレイ、12月上旬から『ホーム・アローン2』のスチール展、さらに11月5日から50日間、買い物袋総計135万袋が全部『ホーム・アローン2』になります。加えてVTRを各店3台、合計54台で終日オン・エアしました。以上のものを媒体価値にすると100億円くらいの価値になります。

そのほかに、（財）全国防犯協会連合会のタイアップ・キャンペーンを12月上旬から93年1月20日まで2ヵ月間行いました。全国の交番、公共施設、官公庁の掲示板、都道府県市区町村の掲示板、各地区の警察署など全国24万ヵ所にマコーレー・カルキンをメイン・キャラクターにした『ホーム・アローン2』のポスターを年末年始の全国防犯強化期間中に使用。官公庁など公共の掲示板は目立つところにありますし、看板などは普段貼ってくれないところですし、24万ヵ所ということは広告費に換算すると81億8000万円くらいになります。

それまで部分、部分はありましたけど、全国一斉というのはなかったですね。それから講談社12誌連合タイアップで8000名を試写会にご招待、2000名にグッズをプレゼントしました。さらに東京、大阪、名古屋、福岡、札幌の5大都市のJR、私鉄、地下鉄の主要幹線にワイド中吊り1万3000枚を掲出。22誌の延べ1666万部の雑誌に表紙、カラーグラビア特集、作品紹介をやっていただきました。このバリューだけでもラフに言って1億5000万円ぐらい。そのほかにテレビ朝日で「メイキング・オブ・ホーム・アローン2」を12月6日・日曜日3時半から30分オンエアしていただきました。さらにテレビ朝日には「正月映画スペシャル」のメインにも『ホーム・アローン2』を使用していただきました。これらを全国ネットでスポット換算しますと5億2000万円くらいになります。

それから『ホーム・アローン』のテレビ放映権はJSB（日本衛星放送。現在はWOWOW）が所有し、12月23日にオン・エアされました。JSBは『ターミネーター2』で大きなキャンペーンを行い契約者がかなり増えたそうですが、それと同じような形でボーナス商戦を行い、93年いっぱいまでに当時の100万人強から300万人を目指しているということでした。その流れの中でJSBは独自で新聞広告を打ったり、自社の番組の中で15分間のシリーズ1と2のクロス・プロモーションを行ったりといろいろな仕掛けを計画。その時に『ホーム・アローン2』の写真を使っていただくことになりました。さらに「ホーム・アローン1＆2・メイキング」をオンエアしたほか、60秒のTVスポット300本が11月15日からオンエアされ、6億2000万円に。

それと今回初めてフォックス・レコードというレーベルをつくり、日本での販売をBMGビクターで行っていただきました。そのサントラ盤のタイアップがかなり大規模なのです。前作はジョン・ウィリアムズの作曲でしたが、今回はベット・ミドラーが主題歌を歌い、ロックのダーレン・ラブ、アトランティック・スター、リサ・フィッシャーといった有名なアーティストの曲が挿入され、MTV（ミュージックビデオ）でもかなり大きなキャンペーンを行いました。BMGレコードとのタイアップは雑誌広告からレコード店内のPOP、ポスター、クリスマス用のPOPなどを12月中旬から1月中旬ぐらいまで、テレビ番組を全国各キー局で約60番組、FM局のプロモーションが全国で50番組ぐらい。雑誌プロモーションを入れると、大変な金額になりました。

そのほか横浜、川崎方面のお客さん向けに京浜急行とタイアップして、沿線全駅（71駅）でB全のポスターを各4枚ずつ、300枚近く掲出、乗車券センター11駅にB全とB2ポスター、全車両に中吊りポスターが6日間掲出されます。ロッテ・チョコレートとのTVスポット・タイアップ、約5億円も決まり、カーディーラーとも交渉中（約18億円）です。

原作本は竹書房文庫から出版されました。これも全国の書店にポスターを200枚、4万店にチラシを配布、広告展開などを入れると1億円くらいのバリューになると思います。フォックス・ビデオとクロス・メディアのタイアップでは、『フォー・ザ・ボーイズ』と『嵐の中で輝いて』のビデオ5万本の冒頭に『ホーム・アローン2』の予告編が入っています。また『ホーム・アローン』のビデオのセルスルーを12月上旬から開始。15万本目標で、このキャンペーンのためにビデオショップ1万店にポスター（B2）を1万9000枚、チラシ（B5）を85万枚（1万店舗）、天吊りボード600個（3000店舗）、店頭放送用ビデオ3000本（3000店舗）を配布します。そこには必ず『ホーム・アローン2』の予告編がついていますし、フォックス・ビデオが掲出するポスターや広告物のボードにはすべて「〝ホーム・アローン2〞12月19日公開」と印刷されています。

公開前にはジョン・ヒューズが12月13日に来日。14、15、16日と3日間にわたりキャンペーンを行い、恵まれない子供たちのためにジョン・ヒューズ主催のチャリティ・プレミアを日劇で12月16日夜に行いました。カルキン少年はこの映画の公開に合わせて11月20日までアメリカでキャンペーンを行っていましたがFOX配給の映画『危険な遊び』に出演するため、全世界どこもキャンペーンに参加することはできませんでした。

最初の試写会はよみうりホールで11月

20日に行いましたが、月刊誌を含めて、どうしても12月19日の初日までに全部の試写会をやりきれない。ですからフリーパブリシティを翌93年1月下旬から2月頭まで展開しました。タイアップも93年に展開するものを用意しておき、我々のフリー・パブリシティで上映中もフォローしていく戦略をとっています。

タイアップ・プロモーションだけで約２３０億円です。当時の私はＦＯＸに入って26年でしたが、過去10年間会社がこれだけ大きなタイアップを組んだことはなかったと思います。第1作目の宣伝費は、追い広告を入れて4億円弱なんです。『2』は最初の段階で5億円弱です。一応契約は16週ですから、追い広告も10回くらい用意します。『ホーム・アローン』から2年ぶりの公開ですから、待ちに待った作品で、アメリカでは文句なしに本命中の本命でした。アメリカで『ホーム・アローン』がなぜあれだけ当たったのか、それはお子さんたちが3回も4回も繰り返し観ていたからです。それにつられて最初は親御さんと一緒に観に行った子供たちも子供同士で行くようになる。その次は若い女の子が男性を連れて行くというふうに、5歳からおじいちゃん、おばあちゃんまでがうまいサイクルで回っていってくれた感じです。

パブリシティは１９９２年2月に撮影中の時から映画雑誌から地方紙に情報を全部流して、深く静かに潜行していました。映画雑誌、グラビア雑誌の9月号、10月号、11月号、12月号、新年号に全部リーチしています。フリーパブリシティはテレビが東京で１２０番組、大阪、名古屋、福岡、札幌を入れると当然、前作以上の35億円のバリューで出てきました。それに活字媒体が13億ぐらい、我々がお金を使うアドバタイジング・バジェットが5億円ぐらい、これだけでも53億円ぐらいになるわけです。前述のパブリシティにプラスして、仕掛けているものをまとめると、２８３億円くらいになります。おそらくこれが全部うまくはまったら史上空前の規模になると思いますが、1作目でこういうキャンペーンは組めないわけです。我々が前回半年間かけて地道にやって来たものが財産として残っている。それを『2』ではさらに生かし、１＋１＝２ではなくて、3にも4にもなるように考えました。

前述したのはあくまでも東京だけのキャンペーンで大阪、名古屋、福岡、札幌は独自のキャンペーンをもの凄い勢いで行いました。ちなみに九州は全九州の郵便局と各地域のテレビ局・ＦＭ局と組んでキャンペーンを実施。名古屋ではトヨタというお膝元の大きな会社とキャンペーンをやったり、大阪では独自に5つくらいのバリエーションのタイアップ、北海道でも3つぐらいの大きなタイアップを行い、北は北海道から南は沖縄まで『ホーム・アローン2』一色にしたいと考えていました。

実は92年8月22日初日の『エイリアン3』の全国１８７館（ロードショー19館、ローカル１６８館）の劇場と同じ系列２５０館くらいに、２分のトレイラーと30秒のティーザーをかけていただき、同時に前売券を入れました。その段階ではまだポスターは出来ていなかったんですが、9月中旬からニューヨークの自由の女神の絵柄で「こんどはニューヨークで迷子になっちゃった」というコンセプトのポスターが全国の座館に行きました。さらに11月7日からケビン少年に2人組のドロボーが加わった「夜も眠れぬ大都会、今夜もぼくは起きてるゾ」というコンセプトに変わったポスターBと、同時にトレイラーBが出来たので、アクションが盛りだくさん入ったものを同じように展開していきました。2種類テスト用に作りましたが、最初のニューヨークの自由の女神のポスターは前作のカルキン少年のポーズを踏襲。今回アメリカのティーザー・トレイラーで使用したものは、10月下旬から12月いっぱいまでJUNボード（3メートル×4メートル）、スクールボード（中学・高校・大学／2メートル80×4メートル）、ファンファンボード（郊外のコンビニ&ファミリーレストランの横にある看板）、ほか東京、大阪、福岡、名古屋、札幌地区で大きな看板プラス懸垂幕といったアウトドア・キャンペーンだけで7000万円使いました。

　アメリカで当たる映画に休みは関係ありません。週末で70％近く稼いでしまいますからね。本作はクリスマスの話ですが、年が明けてしまっても関係ないですね。この映画はクリスマス映画ではなくて、アウトドア・アドベンチャーで、アクション、コメディという捉え方をしております。クリスマスであろうが、夏休みにどこか旅行へ行く話であろうが、背景はどこであってもいい。ただ『ホーム・アローン2』はタイミングがよかった。外がすごく寒くなってきて、せわしくなって1年が終わる。今年も景気が良くなかったなと、ちょっぴりセンチメンタルになるでしょう。そういう時に見るには抜群の映画です（93年度配収2位25億円／宣伝費4億3000万円）。

「映画ビジネス」平成4年11月20日号より
発行：映画ビジネス社

『ホーム・アローン2』
発売中／¥3,168+税／
発売：20世紀フォックス ホーム エンターテイメント ジャパン

SPECIAL COLLECTION

「キネマ旬報」の表紙を飾った宣伝担当作品

1973

『ポセイドン・アドベンチャー』

1972

『ジュニア・ボナー
／華麗なる挑戦』

『キャバレー』

『キャバレー』

1970

『M★A★S★H
マッシュ』

1975

『フレンチ・
コネクション２』

1974

『ダーティ・メリー／
クレイジー・ラリー』

『未来惑星ザルドス』

『三銃士』

1977

『サイレント・
ムービー』

1976

『犬神家の一族』

『オーメン』

『ラッキー・レディ』

1975

『ハリーとトント』

『ヤング・フランケン
シュタイン』

『スター・ウォーズ』

1978

『スター・ウォーズ』

『愛と喝采の日々』

1977

『人間の証明』

『世界が燃えつきる日』

1978

『野性の証明』

『フューリー』

『スター・ウォーズ』

『ジュリア』

1979

『新・明日に向って撃て！』

『エイリアン』

『ウエディング』

『白昼の死角』

『オーメン2／ダミアン』

『悪魔が来りて笛を吹く』

『セーラー服と機関銃』

1981

『フラッシュ・ゴードン』

1980

『ブルベイカー』

『スター・ウォーズ／帝国の逆襲』

『復活の日』

1982

『タップス』

1981

『悪霊島』

『魔界転生』

『9時から5時まで』

1983

『スター・ウォーズ／ジェダイの復讐』

『スター・ウォーズ／ジェダイの復讐』

『判決』

『炎のランナー』

1982

『コナン・ザ・グレート』

『フォー・フレンズ／4つの青春』

1985

『それから』

1984

『ロマンシング・ストーン／秘宝の谷』

『メイン・テーマ』『愛情物語』

1983

『里見八犬伝』

『探偵物語』『時をかける少女』

1985

『野蛮人のように』

『コクーン』

『野蛮人のように』

1984

『Wの悲劇』

1986

『ザ・フライ』

『紳士同盟』

『エイリアン2』

『ナイルの宝石』

1988

『快盗ルビイ』

1988

『ブロードキャスト・ニュース』

『ウォール街』

1987

『プレデター』

『ブラック・ウィドー』

1990

『ローズ家の戦争』

『アビス』

1989

『コクーン2／遥かなる地球』

『ワーキング・ガール』

『ダイ・ハード』

1988

『グレート・ブルー』『ビッグ』

『ホーム・アローン』

1991

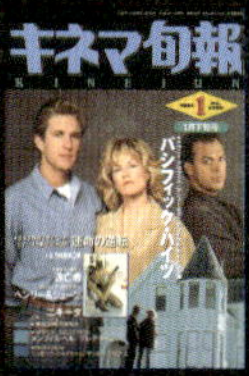

『パシフィック・ハイツ』

『ワイルド・アット・ハート』

1990

『ヤングガン2』

『ダイ・ハード2』

1991

『シザーハンズ』

『ミラーズ・クロッシング』

『愛がこわれるとき』

『愛と哀しみの旅路』

1992

『ホーム・アローン2』

『キスへのプレリュード』

『エイリアン3』

『嵐の中で輝いて』

『フォー・ザ・ボーイズ』

1991

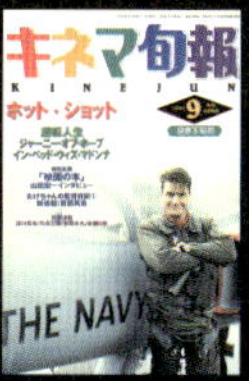

『ホット・ショット』

1995

1994

1993

1997　1996　1995

『ロミオ&ジュリエット』

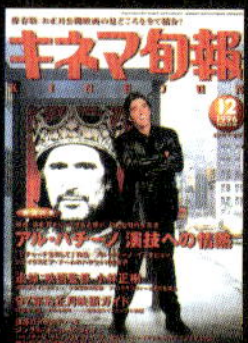

『アル・パチーノのリチャードを探して』

『インデペンデンス・デイ』

『チェーン・リアクション』

『ブロークン・アロー』

『ブレイブハート』

1998　1997

『普通じゃない』

『エイリアン4』

『スピード2』

『スター・ウォーズ《特別篇》』3部作

『タイタニック』

1999　1998

『スター・ウォーズ エピソードⅠ／ファントム・メナス』

『スター・ウォーズ エピソードⅠ／ファントム・メナス』

『メリーに首ったけ』

『X-ファイル ザ・ムービー』

2000　1999

『ホワット・ライズ・ビニース』

『X-メン』

『タイタンA.E.』

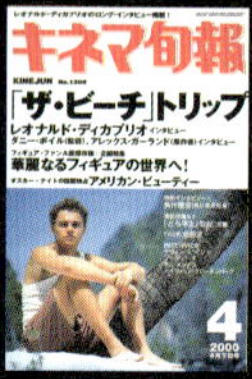

『ザ・ビーチ』

『アンナと王様』

『ファイト・クラブ』

2002　2002　2001

『マイノリティ・リポート』

『OUT』

『スター・ウォーズ エピソード2／クローンの攻撃』

『スター・ウォーズ エピソード2／クローンの攻撃』

『ムーラン・ルージュ』

『PLANET OF THE APES　猿の惑星』

2007

『スパイダーマン3』

2006

『ユナイテッド93』

2005

『四月の雪』

2005

『スター・ウォーズ エピソード3／シスの復讐』

2004

『スパイダーマン2』

2003

『007／ダイ・アナザー・デイ』

2010

「20世紀フォックス75周年記念」

2008

『インディ・ジョーンズ／クリスタル・スカルの王国』

『あの空をおぼえてる』

2007

『スキヤキ・ウエスタン ジャンゴ』

『トランスフォーマー』

2012

『戦火の馬』

『ミッション：インポッシブル／ゴースト・プロトコル』

2011

『ツリー・オブ・ライフ』

『トゥルー・グリット』

2014

『トランスフォーマー／ロストエイジ』

2013

『スター・トレック イントゥ・ダークネス』

『リンカーン』

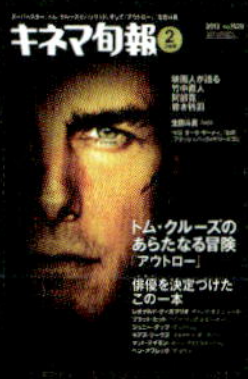

『アウトロー』

2012

『アベンジャーズ』

『スター・ウォーズ エピソードI／ファントム・メナス 3D』

To Be Continued

2017

『ブレードランナー 2049』

2016

『ブリッジ・オブ・スパイ』

2015

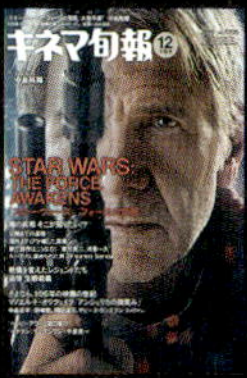

『スター・ウォーズ／フォースの覚醒』

『スター・ウォーズ／フォースの覚醒』

2014

『猿の惑星：新世紀（ライジング）』

1933–2018
85年の歴史に幕を閉じた「日劇」

1933年12月、東京・有楽町に日本初の高級映画劇場が生まれ、「日本劇場」と命名された。洋画メイジャー配給会社の宣伝マンにとっては、興行の柱となる場所。興行の頂点とも言える劇場が、日劇だった。邦画・洋画を問わず、数々の名作が上映され、85年間の、長きにわたって、素晴らしい映画を観客に届けてくれた。

2018年2月4日に閉館したTOHOシネマズ日劇（通称：日劇）は洋画メイジャー、インディペンデントの配給会社のブッキング担当、宣伝マンにとって、興行の柱になるフラッグ・シアターでした。シネコンが普及するまで、東宝の興行部と松竹、東急の3つのチェーンがあって、中でも東宝の日劇系チェーンを押えることが出来れば、新宿や渋谷など他の都市でもいい映画館がチェーンに揃っていましたから盤石の興行を見込むことが出来たんです。50年代半ばからの洋画の興行形態をざっと申しますと、まず東京と大阪でロードショーをやって、次にセミ・ロードショーと言って川崎・横浜・名古屋・京都・神戸・福岡・札幌に落ちていく。さらに一般公開（今で言う拡大公開）になり、東京では浅草、錦糸町、池袋、吉祥寺、上野といった辺りで上映される。その後2番館、3番館から名画座にいくまでに、1つの映画が3〜4年はかかりました。当時は1本のフィルムを7年使っていて、プリントされる本数も限られていましたから、名画座でかかった時にはフィルムがかなり傷んでいることもありました。この興行の頂点とも言える劇場が、日劇でした。

とはいっても日劇は、ずっと映画館だったわけではありません。日劇こと日本劇場は1933年に収容観客数約4000人（立ち見席を含む）を擁する高級映画劇場として開館しました。けれども収容者数が多すぎて何度も経営難に陥り、やがて東宝が買いました。戦後は日劇ダンシング・チームの公演やレビュー、歌謡ショーなどに使われる劇場として機能していました。55年になって地下に映画館の丸の内東宝が開館しますが、日劇本体で映画はほとんどやっていませんでした。58年から始まった『日劇ウエスタンカーニバル』が若者の人気を集めてからは、特に歌謡ショーのメッカというイメージが強くなりました。やはり常時約4000人の観客を集める映画を上映するのは、大変なことだったのです。

その日劇で初めて上映された洋画が、最初の『スター・ウォーズ』(77)。あの映画を初めて20世紀フォックスの試写室で観たのは77年5月のことですが、その時点ではもうこの年の夏に劇場は押えられないと思いました。当時は映画を観てからそれをどこの劇場でかけるかを決めたのですが、その決定は大体半年前にやっていました。その年の正月も劇場がいっぱいだったので、これは翌年の夏に公開しようと決めました。それで東宝の劇場編成担当をしていた鎌田陸郎さんに相談しに行って、日劇で初めて洋画の上映をしようかという話になった。「日劇は、大きすぎるんじゃないですか」と私が言ったら、翌年夏はそこしか空いていないと。今年の秋なら有楽座を6週空けると言われましたが、当時は秋が一番興行が冷え込む時期で、迷いましたが日劇をメイン館にすることに決めました。そこに『スター・ウォーズ』のために70ミリをかけられる映写機を入れ、ドルビー対応の音響設備も用意してもらいまし

276畳分の大きさがある『スター・ウォーズ』の巨大看板が掲げられた

た。その思いに応えるべく、公開までの約1年間、各少年漫画雑誌で特集を組んでもらったり、コカ・コーラの王冠キャンペーンなどのタイアップ企画をやったり、宣伝であらゆる手を使いました。もう1つ70ミリで上映するテアトル東京も押えて、1年がかりで宣伝展開するスケジュールを組みました。

78年6月24日の公開時には276畳分の大きさがある、日本映画史上最大の『スター・ウォーズ』の看板を日劇に掲げました。4000人の観客が埋まるか心配でしたが初日は満杯で、テアトル東京でも前日から300人が徹夜で並び、朝には1500人に膨れ上がった。全員は初回に入らないので、次の回まで待ってもらったお客様もたくさんいました。この興行が成功したことが1つの要因になって、日劇は80年3月から映画館として興行を始め、『スター・ウォーズ／帝国の逆襲』(80)や『象物語』(80)を日劇で上映しています。その日劇も81年2月15日に閉館し、老朽化のために解体されました。

84年10月6日に有楽町マリオンがオープンし、その中に「日本劇場」「日劇東宝」「日劇プラザ」の3館を擁する劇場が開館しました(2006年にTOHOシネマズ日劇に改称)。日劇が本当の意味で洋画のフラッグ・シアターとして認知されたのはこの時からです。オープニング作品はセルジオ・レオーネ監督の『ワンス・アポン・ア・タイム・イン・アメリカ』(84)でした。私にとって旧日劇のハイライトが『スター・ウォーズ』だとすれば、マリオンの日劇になってからの一番の思い出は『タイタニック』(97)です。この映画は最初、上映時間が長いし内容が暗い。人が死ぬなどネガティブなことばかり言われて、宣伝する時にタイアップを申し込んでも、全部断られたんです。しかし私はこれを、往年のハリウッドが作ってきたエピック・ロマンを、最新の技術で再現した現代のロミオとジュリエット物語だと捉えて、JRや国土交通省、各官公庁に話を持ちかけて、全国の乗り物どれかに乗っていれば『タイタニック』のビジュアルが見られる宣伝をしていきました。また東京国際映画祭でワールドプレミア上映をやったことも大きかったですね。

それで97年12月20日の『タイタニック』公開初日には、20世紀フォックスの会長ビル・メカニックが日劇に来てくれました。彼は東京国際映画祭でのワールド・プレミアの時に、パリで『アナスタシア』(97)と『エイリアン4』(97)のワールド・プレミアがあって、日本に来られなかったんです。そうしたら朝7時30分に初回上映なんですが、5時からお客様が集まってきたのを見て彼は涙ぐんでいましたよ。彼は早速、ジャームズ・キャメロン監督に日本での興行状況を報告しました。その場で私も電話に出ましたが、監督は私をねぎらってくれました。何せ『タイタニック』は作っている時にどんどんオーバーバジェットしていって、この映画と共にフォックスは沈むんじゃないかと言われていましたから。それがこの時は日劇だけで週アベレージ2800万円以上稼ぎましたから、こんな劇場は世界にもないですよ。ここから『タイタニック』は日劇で

20週間上映して、拡大してシネマ1、日劇プラザへ行き、5月には日劇に戻って7週間の続映。その後にもシネマ1、日劇プラザ、日比谷のシャンテや銀座シネパトスにも流れて、みゆき座で上映が終わったのが翌年の12月（2回発売延期の末、ビデオを11月下旬に発売）でした。最終的には興収２６３億円の洋画日本歴代ナンバー1の大ヒットになりました。

この時代はいい劇場を押えることが出来れば、興行的にポール・ポジションが獲れた。だから劇場を押えることは、戦いでした。そのためには、自分が映画に惚れないとだめですね。欠点のない映画なんてないですから。『タイタニック』だって見方によっては、欠点だらけの作品だと思う人がいるわけです。その作品に惚れ込むためには、自分の目を肥えさせないといけない。美しいものを見て、いい音楽を聴いて、社会の問題にも関心を持って、つねに学んで映画と社会がどう照らし合わされているのかを掴んでいないといけない。そのうえで作品に惚れ込めば、映画はきっと動きます。また、例えば脇役俳優が来日したとしても、宣伝マンだったら一所懸命に面倒を見る。その人がいつスタアになるかわからないですから。99・9％の忍耐と、１００％以上の情熱。それがヒットにつながるということを、私は『スター・ウォーズ』や『タイタニック』の仕事をすることで実感してきました。

日劇というのは、そういう情熱を持って仕事をしてきた私にとって、忘れられない劇場です。やはり興行チェーンが機能していた時代に、日本で一番いい映画、面白い映画がかかる劇場だった。日劇は、現在のシネコン化以前、チェーン編成時代の映画興行界で、世界のトップに立つフラッグ・シアターでした。私は宣伝・配給・製作・興行でこれまで８１７本の映画に携わってきましたが、その売上げを合算すると６２２７億８６００万円を超えます。そのうち３５１２億円を、日劇・日劇プラザをチェーン展開した１７２本の映画で稼いでいます。どれだけ日劇の存在が大きかったかという証でしょう。そういう意味で日劇は、記憶にも記録にも残る映画館でした。記憶に残る映画と、記録に残る映画というのがありますが、日劇は記録に残る映画を次々に生み出しました。そんな劇場は、シネコンが一般的になった今はないですから。日劇がなくなったことで、映画興行の1つの時代が終わった感じがしましたね。

日本劇場（日劇1）単館での
興行成績ベストテン（1984－2012）

1 **『ジュラシック・パーク』**（1993／UIP）
34万8706人　6億4765万8500円

2 **『タイタニック』**（1997／FOX）★
33万9759人　6億2755万3800円

3 **『スター・ウォーズ エピソード1／ファントム・メナス』**（1999／FOX）★
30万2968人　5億6951万1800円

4 **『ターミネーター2』**（1991／TOWA）
35万8828人　5億5304万5300円

5 **『アルマゲドン』**（1998／WD）
31万3037人　5億4489万2300円

6 **『バック・トゥ・ザ・フューチャー2』**（1989／UIP）
34万1917人　5億3285万6500円

7 **『インデペンデンス・デイ』**（1996／FOX）★
29万1832人　5億2954万2300円

8 **『クリフハンガー』**（1993／TOWA）
21万8244人　4億8518万3800円

9 **『バック・トゥ・ザ・フューチャー3』**（1990／UIP）
30万8118人　4億8504万5600円

10 **『スピード』**（1994／FOX）★
28万2678人　4億8392万1600円

次点**『ダイ・ハード3』**（1995／FOX）4億7800万円★

（「日劇ラストショウ」のパンフレット」より）
なお、2013年以降の作品は館ごとの興行成績を公表していないため、集計できませんでした。ご了承ください。
★＝FOX映画

映画記事アーカイブ

Film Articles Archive from KINEMA JYUNPO

『スター・ウォーズ』公開まで「キネマ旬報」の特集用に
古澤が書いた記事をご紹介しよう。
これも映画の宣伝の仕事であった。

1978年1月下旬正月特別号

アメリカ映画を根本から改革した映画

●大衆煽動のエネルギー

一般大衆に人気を得るには、まず映画界内部からして人気を得ることが肝要。内部に充満したエネルギーは、結果として多くの人間を動かす原動力になるからである。時として例外はなきにしもあらずだが、『スター・ウォーズ』に関して云えば、それが見事に貫き通されたといっていい。

この作品に関しては、原作者であり製作者の1人であり監督でもあるジョージ・ルーカスをはじめ、アラン・ラッド・Jr.を含む製作出資者たち、そして配給元の20世紀フォックスの内部関係者の重要な連中が揃いも揃ってSFマニアであった。ともすればこうした場合、まったくの手前ミソに終わる危険性が高いのだが、『スター・ウォーズ』は逆に良い方へ向かって手前ミソの空騒ぎには終わらず、ついには大衆煽動のエネルギー源になるという結果をみた。

大衆にいかに響いたか？　それは、興行収入に顕著に表われるものだが、『スター・

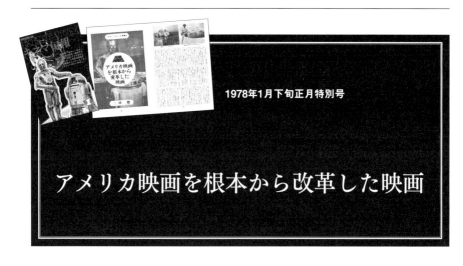

ウォーズ』は、公開後6ヵ月余にして、「JAWS／ジョーズ」が樹立した1億2000万ドルの国内配給収入最高記録を、軽々と更新した。1億9300万ドル、それが11月27日時点の『スター・ウォーズ』の興収成績である。12月6日現在、同作品は米国内（カナダを含む）では561館で上映され、世界地域ではイギリス、フランス、イタリア、ドイツ、スペイン、オーストラリアなど、主要な国々で上映されている。

ついでながら、後で出てくる問題に関連しているので、各国の公開時の状況を付け加えておくと、米国内で公開された5月25日の時点では、上映館は43館。初日の興行収入総計は194万7000ドル強。バラエティ紙（6月15日付）による興行成績ランキングでは、初登場で1位。同時に28都市43館いずれもが、同地域、あるいは劇場そのものの興行収入記録を塗りかえた。

フランスは23館で上映、その第1週の記録は19万2000ドル強。イタリアはローマ2館、ミラノ、チューリン共に1館、計4館上映の計27万8000ドル強。オーストラリアでは3館で14万ドル強。スペイン4館では、12万ドル強という記録を残した。

それら国際興収はともかくとして、国内興行収入の成績で『スター・ウォーズ』は『JAWS／ジョーズ』を破ったわけだが、その翌日、スティーブン・スピルバーグはジョージ・ルーカスにあてた1頁ものの祝広告を、「バラエティ」紙に掲載した。

これはスピルバーグの新作品『未知との遭遇』が『JAWS／ジョーズ』を破った『スター・ウォーズ』を目下追っている現在、それを意識した、彼の業界へのアピールに他ならぬ行為と、一般には受けとめられた。当人同士の思惑はさておき、注目すべき点は『JAWS／ジョーズ』に続いて『スター・ウォーズ』がもたらした多くの諸現象によって、製作者たちが興行収入の根本的問題について、真剣に討議するようになったという事実であろう。根本的問題というのは、入場料を支払ってくれる対象を指すのだが、現時点でのアメリカの製作者たちは、その対象を次のように考えている。

全人口のうち25％内外の人々は、何がしかの事情や理由で、映画を観ないと彼らは考えており、映画を観る人たちを改めて100％とした場合、性別の割合は6割強が男性で残りが女性。年齢的には大ざっぱに15歳以下は10％、15～20歳までが20％、20～30歳までが30％、30～40歳までが25％、40歳以上が15％と考えている。

例えて言うなら、子供を対象に映画を製作しようとした場合、子供2人に同伴者1人と考えて、全体の13％内外の映画人口を吸収できると判断。ヤング・アダルトに対象をしぼれば、最も多い映画人口層30％を吸収することを念頭におく、といった具合。露骨にいえば、全年齢層を吸収できれば一番良いわけだが、『スター・ウォーズ』は不可能とされてきたその既成概念を完全にくつがえし、可能にしてしまったのである。だからこそ、超ド級の興収を記録することにもなったわけであり、だからこそ、製作者たちがその原因ともいうべき対象に目を向けだしたわけでもあるのだが、彼らが最も重視しているのは、その興収の3割強は、同じ人間が何度も観たことによってもたらされたものだという事実であった。

　余談ながら『JAWS／ジョーズ』も同ケースで、前・最高記録を樹立したわけだが、『未知との遭遇』の対象が20～30歳（30％）、8割強という数字にしぼられてきた現状をみると、それが『JAWS／ジョーズ』や『スター・ウォーズ』の記録を更新するかどうかは、非常に困難なことといわねばならない。

　最初から高利益を目的にした映画など……と批判の声もないではないが、製作者がそれら対象を第一に検討するようになってきた現在、映画はもはや〝みずもの勝負〟的商品の時代ではなく、頭で計算して勝負する商品の時代に突入したといっていい。作品例としては『エクソシスト』『ジョーズ』が挙げられるが、それらが示す全年齢層吸収の傾向、加えて何度も繰り返して吸収するという傾向の仕上げを『スター・ウォーズ』がなした、とほとんどの映画人やジャーナリストは考えている。

◉今後の米映画の原点

　『スター・ウォーズ』がもたらした影響は、単に映画製作者たちの意識を変革させただけにとどまらず、その範囲は驚くほど広大で大きい。まず映画界にしぼってみても、次のような事実が映画界内部に厳然と残り、それはそのまま、今後のアメリカ映画界の方向を変革する原点となった感がある。

①スタア・システムの非重要性

　既存のスタアを起用しないのは、必要以上のギャラを支払って、無駄な経費流出を防ぐためであり、その分、他の撮影経費にふりあてられるというのが、そもそもの理由だったといわれる。

　リチャード・ドレイファス、ウィリアム・カッツ、ミシェル、フィリップス、マーク・ハミル、キャリー・フィッシャー、ハリソン・フォードなど、多くの新人起用を兼ねてスタア育成を行い、成果をあげている。

　この新人起用を兼ねたスター作りの手法は、今頃になってハリウッド映画界に再認識され、新人を起用する映画が大量に製作されはじめたのは、注目すべき現象である。

②オールラウンド型監督あるいは映画人の時代

　シナリオを書いて監督する、または製作、監督、脚本までこなしたうえ、主演までする俳優など、最近では持てる才能をフルに発揮する映画人が増加しているが、ルーカスはさらに編集、特撮などの分野にまで精通。かつての、1つのことにすべてを傾けた職人気質の時代から、マルチ・タレント性の時代への切り換えに、決定打を与えた。

③特撮重視の時代の開幕を宣言

　従来は、何かと陰の部分でしかなかった

特撮の分野が、映画の公開と共に再認識され、シネマトグラフィー以上に重要な部門として扱われはじめた。これはSF作品のみならず、ごく普通の作品においても、優れた特撮チームを加えようとする動きが活発であること、また映画批評においても、特撮を重要視した批評が多くなってきたこと、時には扱いが監督なみであり、ギャランティが一挙に数倍にハネあがってしまった事実など、特撮技術者は新しい花形職業の1つとして、その位置づけは上位に躍進。製作費の4割強は特撮に、という製作論すら生まれた事実は、『スター・ウォーズ』公開以来のものである。

④音響効果の重要性

音のマニアで知られるルーカスは、スコアのみならず音響そのものの重要性をも主張して、ドルビー・ステレオを強引に採用したといわれる。サウンドの特性の説明は省くが、彼は視覚、聴覚に加えて映画における触覚の効果を試みたというが、観客の9割近くが音の素晴らしさを賞讃。その事実から、彼の試みは成功したとみていいだろう。『スター・ウォーズ』公開以来、同サウンド・システムに切り換えた作品が増加の一途をたどっており、映画そのものも視覚、聴覚、触覚と、多面性の時代を迎えたような傾向にある。

⑤大資本製作費の重要性

以上のごとき項を満足すべき状態で完遂するには、大資本がなくては不可能である。事実公開当時には、大資本製作を嫌う製作者たちのこうした傾向への批判が飛びかったが、資本をかけた作品の大ヒットと、その高収益のデータが出るにつれて薄れ、『エクソシスト』を『JAWS／ジョーズ』が、『スター・ウォーズ』が『JAWS／ジョーズ』の成績を更新するに至って、もはや批判の声はない。製作者たちのほとんどは、製作費調達の問題はともかく、資本をかければかけるほど成果もあがる、という意見に傾いてきていることは事実である。その大資本製作費のほとんどが、特撮と特別効果音響に消費されるという事実も、すでに是認されつつある。

例えば『キングコング』がノー・スターでありながら、あれだけの製作費を使って、あれだけの特撮しか出来なかったのは、無駄な製作費をかけた良い例である。あの程度のものなら、3分の1以下の製作費で製作するのが製作者の腕であろう……と批評されたが、ことあるごとに『キングコング』は悪例、『スター・ウォーズ』は良い例として挙げられている。

⑥映画とマーチャンダイズの密着

スタアと商品と肖像権の問題、あるいは映画や作品題名の著作権は古くからあった。例えば『キングコング』の名前を使用した件について、ユニバーサルが訴えを起こしたり、〝バイオニック〟の表示についてTシャツ・メーカーを訴えたり、また『風と共に去りぬ』の題名を、ザナック・プロがMGMから使用権を買ったりなどなど、枚挙にいとまがない。しかし、映画そのもののほとんどがマーチャンダイズに連結したという例は、『スター・ウォーズ』が初めてであった。

キャラクターそれぞれの商品化はもとより、映画自体を扱った商品、例えばTシャツ、ポスター、カレンダー、写真集、写真の販売、ゲーム、マスク、コミック、単行本など……。

そのため、ルーカスは著作権の商品目的に応じた管理を分散化し、数人の弁護士兼代理人に委託。こうした著作権料の収益は、興行収入の約3割強の数字に達するものと噂されている。

各のキャラクターの商品化の権利は、国内で3つの会社が獲得。ニュージャージーの〝トイザらス〟がダース・ベイダー、チューバッカ、ストームトゥルーパーズを、ニューヨークの〝ベーカーズ商会〟では各種カード、アトランタの〝コカ・コーラ・ファウンデーション〟はポスター、ガラスやプラスチックカップの商品化。

バレンタイン・ブックは世界地域における本とカレンダーの権利。ニューヨークのビブ・カンパニーは国内とカナダのみながら、タオル、シーツ、毛布、カーテン、ベッド・カバー、枕カバー、寝袋などの権利。ニューヨークのブラドリー・タイム・カンパニーは、ウエスターン・ハンプシャー、フランス、英国、ドイツ、イタリア、スイス、日本、オーストラリア、ニュージーランド、ベネルクなどの地域における時計の商品化と販売権利を。ブルックリンのベン・クーパー・インクは国内の仮装用衣裳、プレイスーツ、ポンチョなどの権利。シンシナティのチャールストン・ホイサーリー・ミルスは国内での子供用章旗用品権利。グレンデールのポスト・スタジオ・インクは世界地域のマスクの商品と販売の権利、ニューヨークのエンパイアー・オブ・キャロラインは国内のビニール製プールの権利、コロラドのエステ・インダストリーズ・オブ・ペンローズは国内とカナダでの飛行機模型やモデルの権利、ファクター・ETC・インクは国内

とカナダでのポスター、Tシャツ、トランスファー、バッジなどの権利、ニューヨークのジョージ・フェンモアー・アソシエーツは日本を除く世界地域の劇場プログラムの権利を、ニュージャージーのケン・フィルムズ・インクは世界地域における8ミリ映画の権利、シンシナティのケンナー・プロダクツは世界地域の玩具、ゲーム、工作用品、パズル、映画の絵画版の権利、ウィスコンシン州のキング・シーリー・サーモス・カンパニーは国内のランチ・キットの権利、オーストラリアのメリーバロウ・ニッティング・ミルスはオーストラリアでのTシャツ、スウェット・シャツの権利、マーベル・コミックスは世界地域における漫画本の権利、ニューヨーク・タイムズの販売企画部門は『スター・ウォーズ』に関する雑誌の世界地域の権利（国内を除く）、モントリオールのナーバン・プロダクツはカナダ、バーミューダー、バハマ、ナッソーにおける子供服の権利、テキサス・インストルメンツ・インクは世界地域におけるデジタル時計の権利、

ブルックリンのトップス・チューインガム・インクでは世界地域のおまけカードの権利、ニューヨークのウィルカー・ブラザーズは国内の子供用パジャマとガウンの権利などなど……。

これは9月までの結果だから、その後の世界各国での権利獲得も合わせると、数倍にはふくれあがっているものと思われる。これほどの規模で商品と映画が連結したケースはかつてないが『未知との遭遇』でもマーチャンダイズに直結しようとした事実なども加えて、今後、映画界はこうしたケースに参加する作品が増加することは、必至とみて間違いあるまい。

これは映画作りの根本に影響を与えるものといえる。

⑦著作権の過度発生

これは⑥の項に基づくもの。

⑧宣伝のあり方の変革

©（商標登録）の発生によってプロダクションと配給会社の権利問題が派生——映画そのもの、場面ごとの、そしてそれらの写真すべてについて、制約が生まれてしまった。そのため配給会社は自由に宣伝スチールが扱えなくなり、許可なきものは法律問題に発展するため、不用意に写真をバラまくことが出来なくなってしまった。従って、配給会社は宣伝方針を変更せざるを得なくなる立場に追いこまれたのだが、この前例を作った『スター・ウォーズ』の裏の事件としては、パンフレット1枚でも売買されるという状況から、6000枚近くもの大量のカラー写真が盗まれたため、それが市場に流れることを禁じる対策として写真の©が必須となった。

そのため配給会社では、限定された写真のみを制限期間のみ〝宣伝〟という目的で配布。それ以外の写真が使用された場合は、権利を管理している所と使用した、そして使用させた当時者同士の問題となるようにした。現在、関係者、ジャーナリスト、その種の業者すべてには、写真の売買のすべて、及び許可なき写真の使用に関しては、理由のいかんを問わず法律的に禁ずるものであり、禁を犯した者は法律の定めにより云々……の書状が配布された。違法についての各項目の金額は、代表的なものをあげるなら、写真の売買に関しては白黒の場合1枚日本円にして60万円相当の、あるいはそれを超える額。1枚単位につき、である。また許可されなかったものについての使用の提示はないが、白黒写真1枚についての額から推して、タダごとではすまされない額と思われる。

こうした動向に『未知との遭遇』が準じたため、ほとんどのプロダクションがからんだ映画は、日を追って同例に従う傾向が強まっており、余談ながら、そのため一切の宣伝が出来なかったコロンビアの例も加えて、今後の配給会社の宣伝方法は、より厳しい条件に立ち向かわねばならない時代にさしかかったといっていいだろう。

◉娯楽と投機の2つの夢

以上の項は映画界内部からとらえた影響の主だったものだが、ことの良し悪しはともかくとして、①⑤と⑥は直接的に、⑧は間接的に製作面の経済事情に連結した問題を喚起し、⑥⑦は一般経済事情に直結したものとなった。

興行収入そのものは配給元、出資者に直結した利益問題だが、傾きかけていた20世紀フォックスの土台を再建させるに至った高収益は、株式市場にまで反映して、この夏以来同社の株は、大衆の投資欲を誘って上昇の一途をたどり、それにつれて、エンターテインメント系の株は強力にマークされるようになった。封切り後12日目にして、同社の株は11・75ドルから21ドルにハネ上がったものである。

『未知との遭遇』が公開されるに至って、この動きはさらに決定的となったが、同作品が一度公開前にニセ記事でケナされたため大暴落し、他映画社まであおりをくらって大暴落するという事件が起きた。その後ニセ記事だと証明されて再沸騰、加えてその時、20世紀フォックスのみ強かったという事実がより大衆の購売欲を刺激。それで現在この種の株は強力に注目されているのだが、同筋の見解では、映画の思惑で株が大荒れする傾向にあることを指適し、映画が、かつてとは異なり、娯楽と投機の2つの面の夢を大衆に売るようになったと論じていた。11月中旬のあるテレビの解説においてである。

すなわち⑥⑦は、出資者にとって莫大な利益をもたらす条件として重視されることとなり、今後出資をつのる場合の出資対象条件が、かなり方向転換したことを示す。そして映画のヒットは、映画の配給元から一般大衆に至るまでの経済事情をゆるがす力を備えてきたということである。

一般的経済事情をゆるがす力の具体例として、夏場『スター・ウォーズ』は特定地域の限られた劇場でしか公開されていなかったが、毎年夏期には観光客が増加の一途をたどるロサンゼルスですら、従来の統計率をはるかに上まわる4・2割増し、という数字が発表された。そして公開劇場付近の店だけでもレコードとポスター、Tシャツなどが他地区に比較して約7倍というセールスを記録。そうした事実から、今年ロサンゼルスを訪れた観光客の約7割強が、直接的間接的に『スター・ウォーズ』の噂に影響を受けたものと推量されたのだが、この現象などは、さながらブームの目となった観光地のそれに似ている。

ひとことで言えば『スター・ウォーズ』は大衆を動かした。大衆は、経済市況と世界最高の興収を生みだすエネルギー源となり、さらにその動きが多くの企業に収益をもたらし、そこからあがった莫大な利益は、原作者や製作者などの関係者に環元された、ということである。

しかしながら、「入場料を損した」と不満を訴える者もなく、ひたすら大衆に満足感を与えた『スター・ウォーズ』は、本当の意味でのエンターテインメントの粋、そう言えるのではあるまいか。同映画では、狂言まわしの役どころであったロボット群のうち、ダース・ベイダー、R2-D2、C-3PO、ストームトゥルーパーズ、そして猿人チューバッカなどはスタアなみの人気者となり、ことにダース・ベイダー、R2-D2、C-3POの3キャラクターは、デパートの催しもの、テレビのゲスト出演、SFコンベンションでの特別ゲストなどなど、多くの催しものや番組にひっぱりだこ。ついには有名スタアに混じってチャイニーズ・シアターへ足型を残すこととなった。

●大衆に夢を売る映画

また、公開後の人気は、アメリカ全土にSFブームとコミック・ブームを再燃させ、テレビでは一斉に持ち番組の強化、そしてSF映画を集めての集中テレビ公開などを行い、映画も『2001年宇宙への旅』再公開をはじめ、『地球最後の日』『禁断の惑星』など数多くの作品がリバイバル公開された。新作に関しても『ドクター・モローの島』や『続・恐竜の島』『世界が燃えつきる日』『ディーモン』など小粒大粒まじえてSF作品が矢継ぎ早に公開。加えて『スター・ウォーズ』公開ぎりぎり、あるいはそれ以後企画にのぼって製作にかかった作品は数限りなく、完成未完成を合わせると42本以上もの数におよび、さらに今後も増加するとみられている。その主なものを幾つか紹介すると次のような作品群となる。

●ウォルト・ディズニー・プロダクション
『ザ・キャット・フロム・アウター・スペース』
〝The Cat from Outer Space〟
『リターン・オブ・ザ・ウィッチ・マウンテン』
〝Return of the Witch Mountain〟

●ワーナー
『スウォーム』〝The Swarm〟
『スーパーマン』〝The Superman〟
『カプリコン・1』(JTCプロダクション)
〝Capricorn One〟
『スターシップ・インベージョン』
〝Starship-Invasion〟

●パラマウント
『ワンダー・ウーマン』〝Wonder Woman〟

●アーウィン・アレン・プロダクション
『世界崩壊の序曲』(WB配給)
〝The Day The World Ended〟

●フィルム・エンタープライズ・プロダクション
『スター・クラッシュ』(AIP配給)〝Starcrash〟

●EMI
『アトランティス/7つの海底都市』
〝Seven Cities at Atlantis〟

●ハワード/カッカ/ショウ
『メテオ』〝Meteor〟

●チャールズ・バンド・プロダクション
『エンド・オブ・ザ・ワールド/死を呼ぶエイリアン脱出計画』〝End of the World〟
『SFレーザーブラスト』〝Laserblast〟

●コロンビア
『スパイダーマン』〝Spider-Man〟
『溶解人間』
〝The Incredible Melting Man〟

●ユニバーサル
『縮みゆく女』

〝The Incredible Shrinking Woman〟

●アブコ・エンバシー

『スーパー・ブラッド』〝Superblood〟

『ザ・プロメテウス・クライシス』
〝The Prometheus Crisis〟

●メキシコ・フィルム・インターナショナル

『トライアングル／ザ・バーミューダ・ミステリー』〝Triangle / The Bermuda Mystery〟

●ディノ・デ・ラウレンティス・プロダクション

『フラッシュ・ゴードン』〝Flash Gordon〟

●スタジオ・フィルム・コーポレーションズ

『ギフト・フロム・ア・レッド・プラネット』
〝Gift from a Red Planet〟

●ハリー・サルツマン・プロダクション

『ザ・ミクロノウツ』〝The Micronouts〟

●ユナイト

『シーナ』〝Sheena〟

●エルフマン・プロダクション

『ザ・フォービデン・ゾーン』
〝The Forbidden Zone〟

●アカデミー・インターナショナル

『モンスター』〝Monster〟

●スタンリー・キューブリック・プロ

『シャイニング』〝The Shining〟

●20世紀フォックス

『スター・ウォーズ2』〝Star Wars2〟

『エイリアン』〝Alien〟

『デモリッシュド・マン』〝Demorished Man〟

これらの主だった作品の他にも、既に製作はしていて公開待ちのものも多く、企画製作進行中のものも大粒の作品が目立っている。

これがいわゆる『スター・ウォーズ』公開後、ハリウッドに生まれた〝SFパニック〟〝スペース・レース〟なる言葉の意味するものであり、まだ途中半ばながら一応の結果でもある。

最もファンの熱狂ぶりを示すものとして、9月初旬ニューヨークを皮切りに、オクラホマ、バージニア、サンディエゴ、ユタ、北カリフォルニア、コロラド、コネチカット、ロサンゼルス、そして11月末のニューヨークと、まる3ヵ月がかりで行われたSF／ファンタジー・コンベンションは超満員の盛況、テレビで報道されるほどの人気ぶりであった。それにはもちろん『スター・ウォーズ』のロボットたちも特別展示されたが、入場券や前売券、パンフレット、記念カードに至るまで『スター・ウォーズ』の写真が印刷され、コレクターの殺到で開場と同時に高値がつくハプニングまで起きたと伝えられる。

トレーディング・カードは俗にバブルガム・カードとも呼ばれている、ガムのおまけで貰える日本でいえばメンコのようなもの。何枚かで1セットになる、いわば子供たちの収集に都合のいい仕組みになっているが、子供たちが集めるにはほど遠い1枚1ドル近い値段で取り引きされている。

ファン・クラブも現在では2つ組織化され、そのメンバーシップ・カードや案内状までが収集マニアと化した若者たちに取り引きされる状態。不景気が叫ばれる現状の中で『スター・ウォーズ』と名がつけば何でも売れてしまう状況は果たして何と説明すればいいのか……。『スター・ウォーズ』に関する限り人々の購売意欲は衰えることもないようで、さしずめ『スター・ウォーズ』は不景気知らずというところか。
夏から晩秋にかけて音楽界に吹きあれた「スター・ウォーズのテーマ」、ついにシングル、アルバム共にミリオン・セラーを記録したが、レコードのジャケットに至るまで宇宙船やUFOを扱ったものが多く出現。それにつれて内容もSF世界を追ったものが増えてきている。一つずつ並べて考えてみるとその影響度や浸透力の強さに驚嘆するしかないが、〝大衆に夢を売る映画〟という古いたてまえを、ルーカスは、全く新しい方向から守った、もしくは証明したといえるが、ことに注目すべき点は、若冠33歳のルーカスが『スター・ウォーズ』を引っさげて、経験が浅かろうと皆無であろうと才能さえあれば莫大な資産を掴める有能な映画人になれるという夢を、あまりにも多くの若者たちの頭に植えつけたという事実であろう。従がって「スター・ウォーズ狂想曲」はまだ序曲が始まったばかりにすぎないのである。

1978年4月下旬号

海外資料による『スター・ウォーズ』特集I
——物語は遠い昔宇宙の果てから始まった…

子供のためにファンタジーを

77年の最優秀作の1つであり、映画史上最大の大ヒット作となった『スター・ウォーズ』は、『オズの魔法使』、『超人対火星人』(『フラッシュ・ゴードン』)、エロール・フリンの海賊映画、家族の話、お姫様ものなど、その他のエンターテインメント映画のエッセンスをつきまぜて製作されたものであり、それは、サスペンスとアドベンチャーに満ちた面白い物語に包まれ、映画史上空前の特殊効果を施した映画でもある。この映画にはメッセージは含まれていない。セックスもない。あるのはほんの少しの流血シーンだけだ。それは、少年少女向けの映画、我々誰もの中にある、子供心(童心)に訴えかける映画である。

33歳の監督ジョージ・ルーカスは、次のようにのべる。

「この映画は、私の12歳の時の思い出の集積である。子供の頃愛読した本や、マンガや観た映画の思い出集である。話はシン

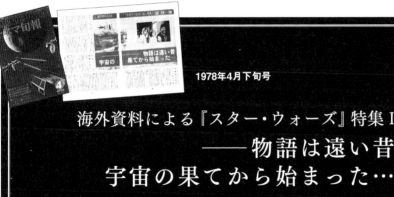

プルだ。それは単に善と悪との戦いで、映画は、私の記憶の中にある面白い話とファンタジーに満ちているこの映画を単的に表わす言葉は、面白いという言葉だけで十分だろう。『アメリカン・グラフィティ』が16歳の少年向きなら、この映画は14歳の少年向きの映画と言える。近頃の少年たちには、我々大人が経験したような夢がない。彼らが接するのは、〝コジャック〟や〝ダーティハリー〟ばかりだ。これらの若者たちは、警官を殺そうとして駆けずり廻っている。

『アメリカン・グラフィティ』がヒットしたのは、特定の観客を対象としたからである。そして現代では、ディズニー以外に子供のために映画を作る人はいなくなった。私は子供のために全宇宙を紹介したい。今までのSF映両はそれはそれで結構だが、科学にこだわりすぎて、アドベンチャーのセンスを忘れている。だからこそ、今、私はこの映画で子供にこういうことが実際に起こり得るんじゃないかと思わせたい。子供たちに〝火星をぐるりと飛ぶことができたら、さぞ素晴らしいだろうなあ〟と言わせてみたい。今日の子供は、きわめて怠屈な幼年時代を送っている。私はそれを『アメリカン・グラフィティ』で立証した。しかし、ティーンエージャーたちは、この映画を彼らの映画と呼べることができなかった。私は彼らに、これは自分たちのことを描いた映画であると言わせたかった。『スター・ウォーズ』の場合も同じだ」

まことに然りである。『スター・ウォーズ』は、映画が昔の映画の面白さをとり戻し、懐かしい昔の映画を今でも作れることを立証したのだ。

「『スター・ウォーズ』は、未来を予言した映画ではない。これはファンタジーだ。むしろこの映画は、『2001年宇宙の旅』よりグリム兄弟の作品に近い。私がこの作品を手がけた主な理由は、観客に偽りのない健康的なファンタジーの世界を提供したかったからである。それは我々世代がもっていたものだとも言える。例えば、我々には西部劇があった。海賊映画があった。いろいろな大きな夢もあった。しかし、今の映画のどこにロマンスがあるか、アドベンチャーがあるか」

ロボットと怪物たちと……

製作者ゲイリー・カーツは、最初フィリピンへロケ・ハンに行ったが、やがてロケ地をチュニジアに決めた。

撮影用器材の大半と出演者の半数は、イギリスから来た。小型ロボット・R2-D2に扮したのは、美術監督ジョン・バリー(『時計じかけのオレンジ』『スーパーマン』)が、探し出したイギリス出身のケニー・ベイカーで、身長3フィート8インチ(約1メートル10センチ)。彼はタンク型掃除器みたいな器械の中に入った。それには内部から操作できる明滅するランプがついており、ベイカーが両脚を入れる部分もついている。

一方、R2-D2にくらべ、相棒のC-3POは、やや人間的である。これは『オズの魔法使』に出てくるティン・マン（ブリキ男）に似ている。このロボットの中に入っているのは、イギリスの俳優アンソニー・ダニエルズであるが、外側は、金色でプラスチック・ゴム、ファイバー・グラス、鉄、アルミの合成品である。ダニエルズはこれを身につけてチュニジア・ロケに参加した。炎天にさらされ、彼は暑さのため失神しそうになったこともあり、また外側のプラスチックやゴムのつぎ目の部分が、熱でとけそうになったこともあったという。

こうして、撮影の初日のロボットたちの演技は満点であったが、こんなことは二度となかった。ある日、出所不明の怪電波が、砂漠から伝わってきて、リモ・コンで操作するR2-D2が暴走するという珍事も起こった。ベイカーが入っているR2-D2すら調子が狂ったようだった。彼はヘッドライトからの視野がなくなり、C-3POと衝突して、相手を転がした。C-3POの中に入っているダニエルズも同様に見通しがきかず、こうした事故を起こす結果となったので、以後2人はあまり接近しないようにした。

こうしたいろいろな問題があったが、ロボットに扮したダニエルズとベイカーの関係は、極楽コンビ、スタン・ローレル、オリバー・ハーディの関係そっくりである。

以上ロボットのほかに、ルーカス監督は、怪物やグロテスクな人間を大勢集めた。モス・アイズリー宇宙港の乱痴気酒場のシーンを撮影した時、配役監督アイリーン・ラムは、わざわざロンドンのアグリー（醜悪）社と称する俳優周施社へ出向き、顔のみにくい俳優を大勢雇い入れ、更にメイキャップ係のスチュアート・フリーボーン、リック・ベイカー等が、それらの俳優たちをいろいろな宇宙生物に仕上げた。

身長8フィートもある猿人チューバッカに扮したのは、ピーター・メイヒュー（『シンドバッド／虎の目大冒険』のミノトン役でデビュー）で、この人はロンドンのメイディ病院の門番をしており、身長が7フィート5インチ（約230センチ）もある。8フィートに足りない身長は底の厚い靴と、頭でっかちのマスクで補った。

このチューバッカはロボットのR2-D2と同じく、言葉にならぬ奇声を常に発する。ライオンのようにほえるかと思うと、ロバの鳴き声のような声を発するのだ——。

空前の迫力——特撮の素晴らしさ

『スター・ウォーズ』の本当の素晴らしさは、ロボットや怪物にあるのではない。それは優れた特殊効果である。それは何者にも試みられなかった空前のものであろう。

あらゆるSF映画の基準は、スタンリー・キューブリックの『2001年宇宙の旅』と比較することによって決められよう。しかし、『2001年宇宙の旅』を基準にしても、『スター・ウォーズ』はトップ・クラスであろう。ルーカス監督は、特殊効果を自在に駆使するために、ジョン・ダイクストラ（『アンドロメダ…』、『サイレント・ランニング』）を起用した。キューブリックは宇宙シーン撮影に、いわゆる、合成オプチカルと称する手法を使ったが、この複合露出の手法は、金と時間がかかるばかりでなく、限界がある。キューブリックが『２００１年宇宙の旅』を作ってからすでに10年くらいたっている。この間にコンピューターによるテクノロジーの進歩は驚くべきものがあり、これにより時間と手間が省けたことは確かであった。この結果として、ＳＦ映画空前絶後といっていい、思わず息をのむような数々の宇宙シーンが作り出された。これについてダイクストラは次のように語っている。

「我々は、数多くの宇宙船を惑星の上空を通過させることができた。キューブリックにもそれができた。キューブリックの宇宙船は、ほとんどいつも直線的で、あるアングルから見たものであったが、我々の宇宙船は、あらゆる条件の下であらゆるアングル（３６０度）から見たものである」

キューブリックは、約35の効果を使用したに過ぎないが、ルーカスは３６３の効果を使用した。『２００１年宇宙の旅』は、製作費に１０００万ドルもかけたが、『スター・ウォーズ』の製作費は９５０万ドルである。その差はわずか50万ドルであるが、10年前の貨幣価値と現在のそれとを比較すれば、『スター・ウォーズ』は安あがりの作品といえ、しかも、その出来ばえは、『２００１年宇宙の旅』をはるかにしのぐものがあるといえよう。

また、『スター・ウォーズ』の特殊効果は、全部が全部コンピューターによるものではない。ミニチュアを使って撮影した箇所もある。ミニチュアは、すべて古いタンクや第２次世界大戦中に使った飛行機の部品などを再生したものであったが、これが素晴らしい効果作りに役立った。

ロマンチストなフィルムメーカー

あらゆる素晴らしいイリュージョンやトリックのお蔭で、出演者たちは、時々自分たちがロボットであるかのような錯覚を起こしたという。彼らはルーカス監督の指示通りに動けば良かったのである。一人演技についてルーカスに異議を申し立てたのは、ベン（オビ＝ワン）ケノービに扮したアレック・ギネスだけであった。

大体ルーカスという監督は、出演者たちにあまり演技指導をしない。だから最初のうち戸惑う俳優がいた。これについて、ルーカスの親友で、良き指導者でもあるフランシス・フォード・コッポラ監督は、次のように言う。

「ジョージは、ジョン・フォードのような演出をする。彼は俳優の演技にあまり口出しをしない。しかし、フォードは自分がこうだと思うシーンを、鉄道線路を敷くように、きわめて的確にというか、綿密にというか、作りあげていくので、結果としては自分の思い通りのものができあがる。その点、ルーカスは純粋なフィルムメイカーだと思う。彼は映画に自分の好きなものを盛りこみたいだけなのだ。彼には、偉大なる映画や偉大なる芸術品を作ろうという考えはない。だから自ら親近感を寄せて来るのだ。しかし、映画を作っている間、あれほど苦しまなくていいと思う」

　苦しむことは、ルーカスの天性らしい。『スター・ウォーズ』作りは、彼にとってお遊びではなかった。彼は最初の２つの作品『ＴＨＸ－１１３８』と『アメリカン・グラフィティ』を、安い製作費と少数のスタッフ、キャストで作った。しかし、『スター・ウォーズ』は、９００名の人を雇った。このため彼は彼の忌み嫌うハリウッドの大監督にのし上がったのである。

「今度の映画作りはとても苦しかった。その結果として、常日頃思っていたことが実現した。私は映画監督ではない。フィルムメイカーだ。映画監督は人を監督指導する人だ。大きな仕事をする人だ。私はカメラの後ろにいて、美しい写真を撮り、それをいろいろと工夫しながら編集することによって、面白いものを作り出す」

ルーカスは、どちらかといえば陰気だが、天真爛漫なロマンチストである。ことの天真爛漫な部分とロマンを求める感情が、『スター・ウォーズ』をきわめて新鮮なもの、面白いもの、夢幻的なものにしたといえよう。

　そして、『スター・ウォーズ』はＳＦ映画としては、ソフト・コアに属するもので、ルーカス監督と製作者カーツは、この映画をサイエンス・フィクションと呼ばず、スペース・ファンジーと呼んでいる。

　『スター・ウォーズ』には有名タレントはあまり出ていないし、製作費も比較的安かったが、１つだけ利点があった。それはシンプルで根源的なものであり、従ってユニークであるということだ。近頃めずらしいハッピー・エンディング映画であるが、最後のクライマックスが終わると、大多数の観客は悲しくなる。これでもう終わりか、もっと続けて観たいと思うからだ。上映時間２時間１分の映画がそれほど短く感じられるのである。

【コラム】夢の魔法使いたち

『スター・ウォーズ』には、２人の魔法使いが大きな役割をしている。１人はアレック・ギネス扮する白髪の導師、もう１人はジョン・スティアーズ（００７シリーズ第２、３、４、５、６、９作の特殊効果を担当し、第４作『００７／サンダーボール作戦』でアカデミー賞特殊効果賞受賞）と組んで特殊効果を担当した29歳のジョン・ダイクストラである。この２人の仕事は文字通り、夢を現実にすることであったといっていいだろう。これについて、ダイクストラは次のように語っている。

「例えばルーカス監督が宇宙の果てを見たいという。あるいは、16秒間のうち、テーブルの上の本が、窓を抜けて空へ飛び出し、雲海を抜けて再び戻って来て、さらに月の表面へ飛んで行くようにしたいという。こうした突拍子もない願いをかなえるのが、我々の仕事です」

　ダイクストラは、インダストリアル・ラ

イト・アンド・マジック（ＩＬＭ）という名の、この作品のための工房をルーカスと新設した。そしてダイクストラとＩＬＭ75人のチームが取り組んだ最大の難問は、映画のクライマックスとなった大宇宙戦であった。ルーカス監督と製作者カーツは、まず、50本の古い戦争映画の空中戦のシーンを切り取り、それをつなぎ合せた。これによって２人が求めていた手がかりとベースが得られた。ダイクストラは撮影されたフィルムの画質を高め、ダブル・フレーム・フォーマットのメカニズムを考案、このカメラに〈ダイクストラ・フレックス〉と名付け、一度に数台の戦闘機が上下、前方、はすかいに飛ぶさまを撮影し、この〈ダイクストラ・フレックス〉で撮った12のフィルムを重ねると、多数の宇宙船が銀河を背景にして空中戦を行うリアルな光景を表現することができたのだ。

　また、ロボットＲ２－Ｄ２の演技は、８つのモデルを使うことによって行われた。各モデルはそれぞれ独自の動作をもっている。その中の３つにケニー・ベイカーが入って演技した。カーツは、猿人チューバッカ他のデザインのメイキャップに、『２００１年宇宙の旅』で猿の顔をデザインしたスチュワート・フリーボーンを起用した。西部劇に出てくる酒場のシーンのパロディには、『キングコング』のメイキャップ・アーティスト、リック・ベイカーが、グロテスクなメイクに得意の腕をふるった。また特殊な言語（これにはサブ・タイトルがついている）の構成は、30もしくは40ヵ国の国語からとった音の切れっ端を、エレクトロニクス・シンセサイザーにかけて更にそれを妙な音に作り換えた。

特殊効果のトリックといっても、ものによっては見た目よりはシンプルである。キャリー・フィッシャーの一見何でもないように見える微細なイメージでもフィルムからビデオテープにとったものを更にフィルムに再成することにより、不気味な明滅するような効果を作り出したものである。それから光線剣で渡り合う電光を放つ決闘シーンの効果は、普通の明るさの２００倍の光を放つ塗料をほどこした回転棒をとりつけることによってなしとげた。

『スター・ウォーズ』の興行的大成功は、特殊効果を手がける若い世代にとって、素晴らしい新世界がひらけたことを意味するといっていいだろう。

1978年4月下旬号

海外資料による『スター・ウォーズ』特集Ⅱ

太陽系から離脱したルーカスの世界

アイスクリームより大きなサンデーを

　その日、ジョージ・ルーカスは怒っていた。そのため、『スター・ウォーズ』のユニット宣伝担当のブライアン・ドイルは、２人の商業美術家に、ルーカスは今日は会いたくないと言っている、といって追い返そうとした。美術家の１人が、ルーカスと面会する約束をしてある、といって抗議すると、ドイルは、とにかくルーカスは機嫌を損ねているから今日は駄目だ、と答えた。

　ルーカスは怒ると、怒鳴ったり、わめいたりはしない。どちらかというと、ふくれっ面をして、人と口をきかなくなるし、ベッドに入ってふさぎこむこともある。インタビューされることが苦手な彼は、サン・アンセルモの自宅へ帰りたがるのだ。そんな彼は、ニューヨークからわざわざやってきたある作家と会食することもいやがる。プライバシーを極端に気にする彼は、例えばあるレストランで彼が、有名なルーカスであることを人に知られると、それきりそこへ行かなくなる、というほどだ。

　その上、ジョージ・ルーカスは、矛盾した男でもある。彼は、背は低いが、大男の貫禄があり、33歳というハリウッドの標準では若い方であるが、ＳＦ映画を作れといって９５０万ドルの金を渡しても安心できる男である。そして、彼は公の仕事の面でも、目立たないようにしている。住まいもハリウッドから、できるだけ遠い所を選んでおり、彼は何でも自分流にやりたがるのだった。

　また、ルーカスは、記者は苦手だというが、実によくしゃべる。しかし、不用意に私生活のことをしゃべるようなことはない。彼は映画研究生から一躍してハリウッドの第一線に立つ名監督となった男で、彼と同時代の名監督フランシス・フォード・コッポラ、ジョン・ミリアス、スティーブン・スピルバーグと同列である。

　そんなルーカスにとって、映画は、生活の道というより、彼自身の生命である。彼はフランシス・フォード・コッポラが『雨のなかの女』を演出した時、そのアシスタントについた。コッポラは、この時、ルーカスに脚本づくりと演出を教え、ルーカスが処女作『ＴＨＸ－１１３８』（ＳＦ映画）を演出した時、プロデューサーの役を買ってでて、ルーカスが『アメリカン・グラフィティ』の製作費を手に入れる時、名前を貸してやった。『ＴＨＸ－１１３８』は、ルーカスが大学で作った映画の延長といったもので、批評家の批評もかなり良かったが、興行的には失敗作であったといってよい。だが、彼の第2作『アメリカン・グラフィティ』は、批評家に絶賛され、映画史上最大のヒット作の1つとなったのである。アメリカでは、監督が大ヒット作を出すと、万能となる。いろいろな契約も自分1人でできるし、予算も1人で組めるし、過去の恨みも張消しにできるのだ。従って、監督が自由に振る舞うことで、その人柄がわかるという。ある監督はわがまま放題になるし、またある監督は、やたらと予算を使う。そんなわけで、ジョージ・ルーカスは、『アメリカン・グラフィティ』の成功を利用して、『スター・ウォーズ』という製作費950万ドルのスペース・ファンタジー映画を作るのに成功した。

ある皮肉屋は、『スター・ウォーズ』を、『アメリカン・グラフィティ』の宇宙版だといった。そんな『スター・ウォーズ』の物語は、ルーカスが書いた脚本とＳＦ小説に基づくもので、その内容は、少年たちに受けるコミック・ストリップ的要素が多分に含まれている。この点、ルーカスは否定しない。彼は次のように語る。

「私はディズニー好きの少年、少女に受ける映画を作りたかった。20世紀フォックスは、私がこのように言うのをいやがるが、『スター・ウォーズ』は最初から少年、少女向きの映画として作ったのだ。『アメリカン・グラフィティ』は、16歳から18歳までの人を対象にして作ったが、今度の映画は14歳を対象にした。もともと、こうした映画を作る動機となったのは、アレックス・レイモンド（『超人対火星人』〈フラッシュ・ゴードン〉の原作者）のコミックであった。私は『フラッシュ・ゴードン』やバスター・クラブのコミックが好きだった。以前に、『ＴＨＸ－１１３８』を作ってから、私は『フラッシュ・ゴードン』の映画化を企画したことがあったが、結局、製作者のラウレンティスの許可が下りなかったのであきらめた。そこで、私はアレックス・レイモンドのように、物語の人物を作り出すのは容易であると考えなおした。主人公は大気圏外のある宇宙のスーパー・ヒーローであればよく、現代のアクション・ファンタジーを作り出すことであったのだ」

ジョージ・ルーカスはＳＦ小説の熱狂的愛読者で、それから受けた影響は大きい。

「子供の頃、私はＳＦ小説をたくさん読んだ。そして、アイザック・アシモフのような科学的な作家の作品より、ハリイ・ハリスンのような幻想的で超現実的な作風の作家に興味をもったものだった。私は、いわば、ＳＦを食べて育ったのである。『スター・ウォーズ』は、自分のＳＦの集大成とでもいったものであり、今までの物語や映画にこれだけいろいろのものが盛りこまれている例はないだろう。西部劇、神話、サムライのチャンバラ映画など、素晴らしいものの寄せ集めである。そういった意味でも『スター・ウォーズ』は、アイスクリームというよりも、大きなサンデーみたい」

人まかせにできないルーカス魂

『2001年宇宙の旅』や『宇宙からの脱出』、そして『サイレント・ランニング』は、きわめて科学的な映画で、流行の電子光学その他のテクノロジーに従って作られた。むろん、登場人物も、もっともらしく常識的に扱われている。だが『スター・ウォーズ』は違う。この物語の舞台は、時間的にも空間的にも今までのSF映画のように、太陽系とは違う、銀河系宇宙である。あくまでも、この映画は空想の世界の物語であって、そのためにもルーカスは、『スター・ウォーズ』の舞台をわれわれの太陽系から切り離しているといえよう。

「『スター・ウォーズ』は、きわめて超現実的な奇妙な映画で、科学とは無関係であり、私としては、エドガー・ライス・バローズ(ターザンの原作者)の〝火星シリーズ〟のような宇宙アドベンチャーものにしたかった。そのため、私は、『スター・ウォーズ』を作るのに何よりも科学を無視してかかった。今までのSF映画と発想が違うのである。科学に基づくと身動きがとれなくなってしまうのだ」

こうして、ルーカスは、この映画の最後の編集はもちろん、商品とのタイアップや宣伝まで自ら監督する。彼は生えぬきの映画屋で、暴走族や、欲求不満の若者などにとりつかれてもいるのだ。

ルーカスは過去4年間の努力により、『禁断の惑星』のような少年、少女向けの傑作を生んだが、その努力は並大抵のものではなかった。『スター・ウォーズ』完成後は、時々疲労とユーウツと嫌悪に悩まされ、映画作りにこんなに時間と精力を消耗することは考えなかったというひどい災難にあったかのようだった。

『スター・ウォーズ』に取り組んだ4年間は、まさに、ルーカスにとって苦しみであった。こんなに多勢のキャストとスタッフ、そして大きな予算で仕事をしたことは、彼にとって初めての体験であり、この場合の監督は単なる映画製作者以上のものでなければならない。彼は外交官であり、陸軍元師であり、看護師でなければならないのだ。恐らくルーカスにとって、最も大きな問題は、大予算が組まれていたにもかかわらずまだ金が足りないということであった。

「この映画の製作費は相当かかったが、それでも低予算映画であった。しかし、強烈というレベルでは、ロジャー・コーマン作品に匹敵するが、金はもっともっとかかっている。我々には、いまだに大作を手がけたという満足感も、万事うまくいったと思う余裕もない。なぜなら、何もかも妥協ずくめで、近道を選び、あれこれと試行錯誤できなかったからだ。〝これではいけない〟とか〝あれは拙いが続けよう〟とか、悩んでばかりいた。これは70万ドル映画を作る時によく口にするセリフだが、結局〝やっちまえ！〟ということになる。今回も二の舞をやったが、違うところは4年かかったということだ。辛かったのは、いよいよ製作を始めると、丸々1週間、1日16時間の重労働だった。それも2ヵ月ぐらいならまだしも、これが1年以上も続くと苦痛となる」

　ルーカスは、この映画の製作に関し、人に責任をもたせることができないのが原因で、いろいろな問題が起こったことを率直に認めている。彼は、何もかも自分独りでやりたいのだ。脚本を書くことも、演出も、製作も、監督も、編集も、撮影も……。人まかせにできないたちの男なのである。このことについて、彼はこう説明する。

「私は映画を作る学校（南カリフォルニア大学映画学科）を卒業した。そこで学んだことは、何もかも自分ですることなのだ。誰もが作者であり、監督であるならば、何ごとによらず人まかせにはできない。人まかせにするやり方に従うことは、私には到底できない。もし私が他力本願の映画を作っているとすれば、そうすることを学んでからにしなければならないだろう。それができる友人は多勢いる。そして私は彼らを偉いものだと思っている」

完全なＳＦより空前のスペクタクルを

『スター・ウォーズ』の撮影の主な部分は、76年3月のチュニジア・ロケと、ロンドンのボアハムウッドにあるＥＭＩのエルストリー・スタジオにおける11のサウンド・ステージに設置された45のセットで行なわれた。その後の8ヵ月は、34万フィートに及ぶ生フィルムの編集と、それに特殊効果ショットを組み合せることに費された。この効果作業は金もかかるうえに、骨の折れる仕事であったといえよう。作業の大半は、名の通った玄人より、若い、比較的経験の浅い人によって行われた。この方が実際的だと、ルーカスが考えたからである。つまり玄人を相手にするより、この方が自分の思いどおりにコントロールしやすかったからなのだ。

「技術的な面で、人々はいつもいろいろな点で『２００１年宇宙の旅』と比較する。『スター・ウォーズ』のショットとキューブリックのショットを比較して見たら、キューブリックのショットの方がすぐれているという人もいるだろう。だが、キューブリックといえども、我々のように時間と金を制限されたら、我々に勝るものができたとは思えない。キューブリックは完全を期すために、我々の30倍の撮影をしているのである。我々でも時間と金さえあれば、完全なものを作ることができる。しかし、我々は、９５０万ドルで少年・少女向けの作品を作ろうとした。我々は完全なＳＦ映画を作ろうとしたのではなく、空前のスペクタクル映画を作ろうとしたのだ」

ここでルーカスが〝我々〟というのは、この映画の製作者ゲイリー・カーツのことである。カーツは、ルーカスが最も信頼している旧友であった。ルーカスには新しい友だちが多勢いない。それは、彼は人に容易になじめない男だからだ。カーツの仕事の一つは、ルーカスの相談役であり、またいろいろな問題の調停役でもある。ルーカスが話す時、カーツは聞いているだけだ。だからルーカスがサン・アンセルモの自宅へ帰ってから、やっとカーツは、次のように話をしてくれた。

「プロデューサーの職能を類別すれば、監督のためにあらゆるお膳立てをすることで、私は討議の席にもつらなる。『スター・ウォーズ』は、『アメリカン・グラフィティ』の時にくらべ、本格的にプランニングが行われた。我々は『アメリカン・グラフィティ』を18人で仕上げたが、『スター・ウォーズ』は完成までに900人を使った。映画が大作になればなるほど、細かい点を処理する時間がなくなる」

宇宙にある神妙な世界

イギリスとチュニジアで、この映画の製作を行ったことから生じた諸問題を処理していったカーツの重荷は、大きかったといえよう。彼は、イギリスでのスタッフの選考に大きな役割を果たした。『博士の異常な愛情』『フレンジー』『オーメン』などを手がけた撮影監督のギルバート・テイラー、『時計じかけのオレンジ』の美術を担当したジョン・バリー、ジョン・スティアーズはエフェクトと爆薬の責任者である。これらのスタッフが、いつもしっくりいくとは限らなかった。ルーカスは撮影監督テイラーと仲が悪く、反りが合わない編集者の一人をクビにしたこともあった。

そして、ルーカスは、イギリスでの映画製作に全く順応できなかった。イギリスのスタッフは、午後5時30分になると仕事を打ち切ることを主張した。ルーカスは、この時、全く勝手の違う思いがしたらしい。明かりをつける場合、スイッチの入れ方もアメリカと逆である。カーツは、しばしば内向的なルーカスとイギリスのスタッフの調停役に立たされた。

「ジョージは社交的ではない。自分から進んで人と付き合うことをしない。つまり、容易に腹を割って人と話をしない男なのである。だから気心の合った人と仕事をする方が楽なのだ」

ジョージ・ルーカスは、何かにつけ、身近なもの、勝手を知っているものと接すると気がなごむらしい。彼は、過去の文化が生んだ流行スタイルや人工品などから、何か別のものを組み立てることが驚くほどうまい。だから、ルーカスとカーツは、こうした材料を前もって、せっせと集めておく。『スター・ウォーズ』の製作が始まると、インダストリアル・ライト・アンド・マジック社（ILM）のモデル・メイカーたちは、盛んに宇宙船のモデル・キットを作り出した。彼らはケンウォース社その他の大手自動車製造会社の不用部品を利用したという。この過去の製品の再利用を、大々的に行ったのは、『スター・ウォーズ』の最後のクライマックス、上映時間20分の大宇宙戦のシーンであった。このシーンは、第2次世界大戦をテーマとする過去の名作から抜粋したもので構成されている。これについてカーツは、次のように説明している。

「我々は前もって『トラ・トラ・トラ！』を含む、航空機の出てくる戦争映画や、テレビの名作からビデオテープをとっておき、その中から適当な場面をピック・アップしてそれを一つに縮めたものを戦闘場面構成の参考にした。それは今まで見たこともない16ミリ映画であったが、戦闘場面の感じをとらえるにはもってこいの方法であった」

ＩＬＭ社の主任技師で、特殊効果担当者のジョン・ダイクストラは、『スター・ウォーズ』の３６３の特殊効果を作り出すために、特殊コンピューター方式を開発した。

ダイクストラとルーカスは、あまり顔を合わせることはなかったが、最大の問題はコミュニケーションであったといえる。つまり、特殊効果は、なかなか考え通りにいかないものである。この点で、ダイクストラはルーカスと、しばしば意見の衝突を起こしたが、彼はルーカスの仕事に対する一本気を高く評価して、次のように語った。

「ジョージの良いところは、感受性が強いことだ。彼は映画製作に全力投球をする。彼は頑固だが、自分の非をさとると直ちに改める。その場合監督としての意地を通そうとしない」

最後に、ルーカスに、この映画に何を求めたかをたずねてみると、次のような答えを得た。

「社会を批判する映画を作ることは結構だが、それよりも少年、少女たちに夢とファンタジーを提供する映画を作ってもいいと思う。つまり居ながらにして、エキゾチックな国や生物を見られるということだ。『スター・ウォーズ』の製作を始めてから、今のジェネレーションは、おとぎ話というものを知らないで育ったことを痛感した。私は現代のおとぎ話――神話を作りたかった。神話的おとぎ話の舞台は、エキゾチックな遠い国にある。今や地球上にはおとぎ話はなくなった。現代では神秘的な東洋も、宝島も、不思議な国への冒険旅行もない。だが、宇宙にはもっと大きな神秘的な世界があるのだ」と――。

1980年4月下旬号

PRODUCTION NOTE
『スター・ウォーズ／帝国の逆襲』

① 巨大なスター・ウォーズ・ステージ

超大作と言われた前作の何と、２倍弱の製作費をかけて作られた『スター・ウォーズ／帝国の逆襲』の主なセット撮影は、ロンドンのＥＭＩエルストリー撮影所で行われた。当初、この撮影所には、８つのステージがあったが、『スター・ウォーズ／帝国の逆襲』のスケールの大きな惑星などのセットを作るために、思い切った決定が下された。それは、新たに設備を加えることだった。

実際に、この撮影所には大きなステージがなかった。複雑な屋内セットに必要なステージがないのだ。そこで、新ステージを作ることにした。それが完成すると、世界一大きなステージの1つとなり、イギリス映画産業に役立つ最も重要な新設備となるわけだ。基礎工事は、78年から79年にかけて行われ、厳寒期を迎える前に完了した。ところが、この年は長い記録破りの厳寒となり、その結果、新ステージの完成が遅れた。

やがて、新ステージは完成にこぎつけ、撮影は開始され、氷の惑星と湿地帯惑星のシーンも、無事この新ステージで撮影された。

今や〝スター・ウォーズ・ステージ〟と呼ばれるこのステージの大きさは、驚くに値する。長さ２５０フィート、幅１２２フィート、高さ45フィートもあり、全容積は１４５万立方フィートもある。サッカーも楽にできる大きさだ。

② 重量40トンのミレニアム・ファルコン号

この作品の製作スケールの大きさを示すものが、もう1つある。それはハン・ソロのスペース・シップ、ミレニアム・ファルコン号で、これは最大限に大きなものが造りあげられた。このスペースシップは、ロンドンから２５０マイル西、ウェールズのペムブローク・ドックスにある造船技術者連盟社製で、30年代に巨大なサンダーランド飛行艇を建造した時に使用されたという格納庫の中で造られた。この飛行艇は、当時まだ存在した大英帝国の各地へ乗客を運んでいた。

　重量40トンのスペースシップは完成すると、それを16の部品に解体され、トラックでウェールズからイギリス南部を通り、ロンドンまで運ばれた。部品は撮影所で再び組み立てられ、ホーバークラフトと同じ圧縮エア・パッドをとりつけられ、〝スター・ウォーズ・ステージ〟に浮かべられた。

③ステージ消失のハプニングが……

　ところで、製作開始時にあるハプニングが起き、撮影スケジュールに大支障をもたらした。『スター・ウォーズ』の製作陣の撮入前の準備が万全にととのった79年1月24日、当時スタンリー・キューブリックが、まだ『シャイニング』の撮影のため、エルストリー撮影所の第3ステージを使っていたが、出火でその第3ステージが焼失したのだ。出火の原因はタバコの吸いがらであったらしい。スタジオ内の通路が色々な物で散らかっていたので、消防車が入ることができず、ついに明け方までに第3ステージは完全に焼け落ちた。

　『スター・ウォーズ』の撮影班はキューブリックが第3ステージを明け渡すまで現地で待機していたので、このステージを失うことは、スケジュールの組み直しを意味した。おまけに、キューブリックが、別のステージでセットの造り直しをしなければならなくなったので、そのアオリで『帝国の逆襲』を製作する2つのステージを失うことになった。これでは、時間的な遅れをとり返すことはとうてい望めない。

④厳寒のノルウェー・フィンセ・ロケ

　だが、幸いなことに準備作業は、イギリスのスタジオ周辺のみで行われていたのではなかった。ファースト・シーンは、ノルウェーのロケで撮影されることになっていたのである。

　オスロとその西方ベルゲンを結ぶ、線路上の海抜４００フィートの地点に、フィンセという峠がある。ここで数ヵ月前から準備が進められていた。峠の頂上はけわしく、植物も生えていない。あるのは、青い氷のベールに包まれた氷河だけである。この人を寄せつけぬ氷原で、氷の惑星ホスでの攻防戦の撮影が行われることになった。フィンスにおける主なる撮影は、79年3月5日から開始されることになった。

　このロケーションの本拠は、フィンセのスキーロッジに設けられた。ここはいつもクロスカントリー・スキーヤーによって使われているが、冬期はとくに危険で、南極探検で有名なスコット（１９６８－１９１２）もトレーニングにやってきたところ。

　だが、78年から79年にかけてのここの冬は、寒さもきびしく、天候も悪かったという。幾日もの間、総勢70名を数える技術者たちと俳優たちが、雪崩のために鉄道が不通となったため、孤立無援となった。またクルーを収容するために氷河のてっぺんに設けられた避難キャンプは、やがて吹雪に埋まり、クルーたちは眼も開けていられない猛吹雪を体験することになった。だが撮影班たちは、それにもひるまず頂上撮影を試み、ついにセカンド・ユニットのクルーはピーター・マクドナルドの指揮下で、撮影を終えた。

⑤総勢４００人のセカンド・ユニットを組織

3月12日までに、ファースト・ユニットの面々はエルストリー・スタジオに集まり、屋内撮影を開始した。撮影は7ヵ月間にわたり、エルストリーのステージを目いっぱい使うことによって続けられた。例の〝スター・ウォーズ・ステージ〟も5月から使用可能となった。

撮影が少し進むうち、製作が予定より遅れていることが判明した。とくに火災の影響、ノルウェーの気象状態のきびしさ、更に人事にからむ問題などが原因となった。それに凝り性の監督アービン・カーシュナーが、彼の身上であるところのキャラクター描写に力を注いだため、彼の労を惜しまないその努力は、ともするとスケジュールの遅れに拍車をかけるような結果となってしまった。自給自足の可能な総勢約400を数えるセカンド・ユニットができてからも(最後にハーレイ・コクリスが監督に当った)、組織の複雑さが原因して、さらに仕事の促進が妨げられた。

だが、この映画と同じような大作に起こりうるトラブルから比較すれば、これらの問題はむしろ小さい方で、製作は強引に進められていった。それを償うものは、もちろん、出来上がった映画の質であって、それだけに複雑な屋内撮影と取っ組み合い甲斐もあるというものであろう。

⑥ＩＬＭとエルストリーの2面製作

監督をアービン・カーシュナーにゆだねて、製作総指揮となったジョージ・ルーカスは前作では20世紀フォックスの後援を得たものの、最後の特殊効果の資金繰りに苦しんだが、『スター・ウォーズ』の経験と成功に恵まれ、今回は、あらゆる意味において、独立で新作にアプローチすることができた。言ってみれば、『帝国の逆襲』はルーカスの自費作品というわけで、それのエフェクトもミニアチュアもオプチカルも、ルーカス一家の仕事、つまり、ルーカスのもう一つの会社ＩＬＭ(インダストリアル・ライト・アンド・マジック)の製作になる。

そして、この映画は2面製作という形をとった。つまりエルストリーとＩＬＭの2ヵ所の撮影所で作られたのである。サンフランシスコに本拠をかまえたルーカスは、主に脚本執筆と特殊効果の監督、編集を続け、その一方で、『アメリカン・グラフィティ』以来の名コンビである製作者のゲイリー・カーツと、監督のアービン・カーシュナーが、ロンドンでセット撮影を行った。

ルーカスとゲイリー・カーツは結局、この2つの場所を絶えず緊密に連携させることに責任をもったわけだ。ルーカスはカリフォルニアから、しばしば飛行機でやって来てポール・ハーシュと一緒に編集の仕事をしたし、またゲイリー・カーツは『スター・ウォーズ』のプロデューサーとして彼独特の技術アドバイスを行った。

それでも、製作の進行を妨げる不可避の悲劇は起きた。『スター・ウォーズ』でアカデミー賞を得た美術デザイナー・ジョン・バリーが、セカンド・ユニット付きとして撮影隊に加わったが、仕事を始めて間もなく病死したのだ。

⑦ヤマ場となった4大セット撮影

主な撮影は9月末から4つの大セットで開始されたが、製作者たちにとって、この仕事がヤマ場であった。雲の惑星ベスピンの雲の複合体、それに付属して相互関係をもつカーボン凍結室、ホス惑星の氷の格納庫、およびダゴバ惑星の湿地帯が、その4大セットであった。

それらのうち、雲の都の美しいアート・デコレーションを施した室内撮影は最も楽であった。また、巨大な氷の格納庫は、ここから今回の『スター・ウォーズ／帝国の逆襲』の撮影を始めたのだが、実物大の機材と広い氷原を背景に立ち働く俳優たちや技術者たちは小さく見えた。このセットが終わると、この大ステージは惑星内の湿地帯と変わった。そこには曲がりくねった樹々、悪臭を放つ沼があり、モヤが立ちこめ、しめっぽく、まるで熱帯のジャングル内で仕事をするように不快であった。

だが、最も骨が折れたのはカーボン凍結室であった。これは高さ40フィートのシリンダーであるが、内部は小付属品がびっしりついた螺旋状の金属複合体で、所々からスチームが噴き出している。このセットの撮影もクルーにとって骨の折れるものであった。その彼らにとってのせめてもの慰めは、実際にスクリーンに映して観たときの素晴らしい効果であった。

⑧いよいよ特殊効果撮影を本格的に開始

かくて、春から秋にかけて、陽が出ないサウンド・ステージ内で働いていたスタッフは、唐突といっていいくらいな感じで、撮影は終了してしまった。複雑な小道具や衣裳や、機材はすべて倉庫におさまり、クルーは姿を消し、ステージ内は真っ暗となった。

ほとんどの映画は、これで撮影終了であるが、『スター・ウォーズ』のような映画は、そうはいかない。ある意味において、主要な撮影はこれから始まるということになる。これからあとが何週間もかかる。ILM撮影所のラボでは特殊効果の撮影が行われ、そこでミニアチュアや、オプチカルやアニメーションその他のプロセスの綿密な作業が始まるのである。

主なる撮影が終ったあとの3ヵ月は、いろいろな次元における撮影スケジュールにあてられる。ストップモーションや生物のアニメーションや機械的な要因によるいろいろな作業が始まるのだ。ミレニアム・ファルコン号がタイファイターに追跡されながら小惑星帯を飛び抜ける特別に入り組んだシークエンスの撮影も完了した。雲を背景に戦闘機が飛ぶシーン撮影に白いマットを使用しなければならないことも、実験によってわかった。

セリフの吹き替えや声のアフレコも年末までに終わった。

⑨ワールド・プレミアから公開へ……

『スター・ウォーズ』の作曲でオスカーを得たジョン・ウィリアムズは、80年の年始め早々『帝国の逆襲』の録音のためロンドンへ渡った。ロンドン・シンフォニー・オーケストラの演奏で、指揮は、もちろん、ウィリアムズである。そして、2月までに、音の最終ミックス、特殊効果とセリフの挿入などを終え、4月に、プリントが20世紀フォックスの手に渡った。こうして、多くのスタッフの才能とおしみない労力、時間と金を十分にかけた結果、『スター・ウォーズ／帝国の逆襲』は完成した。全世界に先がけての、この作品のワールドプレミアは、ワシントンで5月17日に行われる予定で、その後の5月21日に全米で封切られる。

●メモ1
ストレス解消の妙薬となった

民話、おとぎ話、及び数多くの型破りのファンタジーといったものから作り出された『スター・ウォーズ』がヒットしたので、これについていろいろな解説が行われた。

『帝国の逆襲』を撮影中のアービン・カーシュナーはこう言う。「あとになってわかって来たことだが、『スター・ウォーズ』が我々すべての人の童心にウケたことは間違いない」

マーク・ハミル（ルーカスの分身ルーク・スカイウォーカーに扮した）は、これを「お祭り」である、と評したが、それも当たっていた。この映画は無数の観客に受けた。それは、童話によって現実を忘れるという、ストレス解消の妙薬となったのだろう。

●メモ2
40年間にわたる大冒険ドラマ

『スター・ウォーズ』の成功に続いて、ジョージ・ルーカスは、再び遠い遠い銀河宇宙を舞台とする冒険映画を最低9つの挿話に分けて作りたいと考え出したが、その夢がついに『帝国の逆襲』と題する作品によって実現した。

この新作は40年間にわたる大冒険を描く続編である。この冒険物語は、初編『スター・ウォーズ』と同時に書かれたが、それを3部作に分けた。『帝国の逆襲』は3部作中の中編である。

ルーカスはこう言う。「最初に映画化したエピソードは最も自信があって、最も気に入っている部分を選んだ。その結果出来上がったのが『スター・ウォーズ・エピソード4　新しい希望』と題するものであったが、長たらしいので、〝エピソード4〟〝新しい希望〟という字句をカットして、『スター・ウォーズ』として発表したんだ」

●メモ3
監督起用はルーカスの進言で

『スター・ウォーズ／帝国の逆襲』の監督アービン・カーシュナーは『素晴らしき男』や『恋とペテンと青空と』『サウス・ダコタの戦い』『アイズ』等を演出した人であるが、以前からルーカスは彼の作品は、人間関係を洞察するものであるため、とかく軽視されがちであると思っていて、この監督起用もルーカスの進言が大きく働いたわけだが、最初は、宇宙ファンタジーなどを作る監督ではない、突飛な人選だという声が多かった。とくに、彼は複雑な特殊効果は未経験であるので、意表外の人選と思われても仕方がないのだが、カーツが78年の秋に行った声明を思い起こせば、この人選にも納得がいく。

カーツはこう言った。「『スター・ウォーズ』の新作もアクションとアドベンチャーを強調するが、一応、主役キャストが定着し、観客に受け入れられたのだから、今度は人情味や人間関係をも描いてみたくなった」

つまり、新しいスペース・ファンタジーにロマンスの味つけをするということであったのだ。

●メモ4
新旧の才能あふれるスタッフ

ジョージ・ルーカスのストーリーにもとづく『帝国の逆襲』の脚本の草稿を書いたのは、女流作家リイ・ブラケット『三つ数えろ』『リオ・ブラボー』『ハタリ!』で、彼女は78年の3月18日、この草稿を書きあげると間もなく他界。彼女の死後、ローレンス・キャスダンがそれをまとめ上げたわけだが、この人は出色の新人脚本家で、『レイダース／失われたアーク《聖櫃》』という脚本も書いている。これもジョージ・ルーカスのストーリーに基づくもので、80年にスティーブン・スピルバーグ演出により映画化されることになっている。

今度作られた『スター・ウォーズ／帝国の逆襲』の主要スタッフの中には『スター・ウォーズ』の製作にたずさわった数名の人がいる。共同製作者のロバート・ワッツ、美術デザイナーのノーマン・レイノルズ、メイキャップ監督のスチュアート・フリーボーン、コンセプト・デザイナーのラルフ・マッカリー、衣裳デザイナーのジョン・モロなどのスタッフがそうで、ジョン・ウィリアムズも再び作曲を担当する。

以上のうち、ウィリアムズと、レイノルズとモロは『スター・ウォーズ』で、それぞれの部門でアカデミー賞を獲得した。

また、スタッフの新顔としては撮影監督のピーター・シャシツキー（『ロッキー・ホラー・ショー』）がいるが、大平洋の向こうのILM社の専門家たちの中にも、リチャード・エドランド、デニス・ミューレン、ブライアン・ジョンソンら『スター・ウォーズ』の特殊効果を手がけた人たちが大勢いる。

●メモ5
新旧の魅力あるキャラクター

きわめて新しい科学技術を駆使して作ら

れた映画は、映画それ自身がスタアである。だが、『スター・ウォーズ』は、その中で多くのスタアを作り出し、新作にもそれらのスタアたちが同じキャラクターで現れる。新作が出る前に、『コルベット・サマー』や『最前線物語』に出演したマーク・ハミルは再びルーク・スカイウォーカーの役で登場。『幸福の旅路』『ハノーバー・ストリート』、『ナバロンの嵐』、に出演し、『地獄の黙示録』にも出演したハリソン・フォードのハン・ソロも、そしてもう1人レイア・オーガナ姫役のキャリー・フィッシャーも。

キャリーは『スター・ウォーズ』出演後、ローレンス・オリビエ、ジョアン・ウッドワード主演のテレビドラマ『愛しのシバよ帰れ』とテレビ映画『ポールとマニー　もうひとつの青春』に出演した後、ジョン・ベルーシ、ダン・エイクロイドと共演の『ブルース・ブラザース』に出演し、今もなお、コネチカット州のセイラー・ローレンス大学に通っている。

そして新作には、もちろん新しいキャラクターも登場する。ダイアナ・ロスの『マホガニー物語』や『ビリー・ホリデイ物語』に出演したビリー・デイ・ウイリアムズで、彼は雲の惑星ベスピンのカリスマ的ボス、ランド・カルリジアン男爵という役割。

忘れてならない脇役は、今回も勢揃い。『スター・ウォーズ』でユニークな役C−3POを演じたアンソニー・ダニエルズ、ダース・ベイダー役のデビッド・プラウズ、チューバッカ役のピーター・メイヒュー、ロボットR2−D2役のケニー・ベイカーが、新作を前作以上に盛り上げている。これで主要な出演者は全員名前が挙がったようだが、実はまだ1人、重要な人物が欠けている。オビ＝ワン(ベン)・ケノービに扮するサー・アレック・ギネスである。この映画の撮影が始まったとき、眼の手術をし療養中であったサー・アレックの出演は危ぶまれた。どうやら、この映画の撮影が終わる頃、サー・アレックが再出演できることが発表されそうである。このことは、とりも直さずサー・アレックが健康をとり戻したばかりでなく、自分がかかわった『スター・ウォーズ』の3部作を完成させようとする熱意を示すものであろう。

最後に、テレビのマペット・ショウの人気者フランク・オズの出演も今回の映画の話題の1つだろう。彼はこの冒険映画にヨーダ役で初めてお目見えすることになっている。

⑤ 総勢400人のセカンド・ユニットを編成
⑥ ILMとエルストリーの二面製作
新旧の才能あふれるスタッフ
⑦ ヤマ場となった四大セット撮影
100
101

1980年7月上旬号

『スター・ウォーズ／帝国の逆襲』
製作エピソードと証言&海外批評

A：新作『帝国の逆襲』はエピソードV

『スター・ウォーズ／帝国の逆襲』の観客は、巻頭のクレジットで、まず驚きをおぼえるだろう。そこには、なんとシリーズ第2弾のはずなのに〝エピソードV《ファイブ》〟と出てくるのだ。もちろん、それにはれっきとした訳があるのだ。実は、77年に封切られた(日本公開は78年)第1作と、この『帝国の逆襲』は、全9部作の〝スター・ウォーズ〟シリーズを、3作ずつ3章(3つの世代)に分けた内の真中の章の第1部と2部なのだ。従って、83年に完成が予定されている『ジェダイの復讐』(仮題)は、ルークたちの世代の、一応の完結篇のごときものになるだろう。

　この9部作のための原案は、すでに、『スター・ウォーズ』のためのジョージ・ルーカスによる２００ページにわたるオリジナル脚本の中で、すべて計画されていた。そして、製作の過程でルーカスはそれを細分化し、『エピソードIV《フォー》／新しい希望』と名付けられた部分を、第1作として、映画化したのだ。今年、36歳になるルーカスは、このシリーズがどのくらいの期間に渡って製作されるか、明言はしていないが、全9作すべてを必ず完成させることを誓っている。

B：ドリームメイカーのためのシンクタンクを作るというルーカスの大きく素晴らしい夢について

カリフォルニア州モデスト出身の、コミック好きの青年ジョージ・ルーカスは南カリフォルニア大学映画学科卒業後に映画界入りしてから、まれに見る好運に恵まれた。学生時代の65年に、全米学生映画祭グランプリを得たＳＦ短編『電子的迷宮／ＴＨＸ１１３８／４ＥＢ』の長編化『ＴＨＸ-１１３８』(70／日本未公開)でデビューし、第2作『アメリカン・グラフィティ』(73)の大ヒットで、早くもアメリカ映画界の有望若手監督として将来を嘱望され、3作目の『スター・ウォーズ』(77)

で、文字通りスタア監督となってしまった。

その『スター・ウォーズ』における、彼の税引き後の個人的収入は1200万ドルであったことは、彼自身の認めるところだが、それを元手にして、『スター・ウォーズ／帝国の逆襲』では、製作総指揮者として、自由に采配が振るえたわけだ。

そのルーカスは今、逆説的な立場にいると言ってもよいだろう。彼は、ハリウッドから逃れるために、それを征服しなければならないのだ。そうした彼の夢は、この『帝国の逆襲』が興行的に成功すれば、実現するだろう。

その夢とは、アメリカのマリン郡にある彼の1900エーカーの牧場に、北部カリフォルニアのフィルムメイカーのためのシンクタンクを作ることなのだ。ルーカスは、60人の永久雇用者による特撮会社インダストリアル・ライト・アンド・マジック（ILM）を設立して、それは彼の北部カリフォルニアの自宅の近くに本拠を置いているが、その近くに建てようとするこのミニ撮影所建設のためには、5から6年の月日と約2000万ドルの予算が必要だが、もし、ルーカスの手によってこれが実現された暁には、彼が好んだ南カリフォルニア大学での映画学生時代の環境を、とり戻すことができるわけだ。

すでに、すべての環境への影響に関する報告書は提出され、郡政府の承認も取り、あとは実質的な建設作業に入るばかりとなっている。

「ハリウッドは、私の家がある場所ではない。私の妻や私の犬が住む所でもない。私はテレビを見ながら、自分のベッドに居ることが好きだ。ハリウッドへ来ることは、まるで外国を訪れるようなものだ。ここの映画産業は、ビジネス優先だが、私は映画を作ることに関心があるのだ」と、ルーカスは言う。

C：ルーカスが事実上の商業映画監督引退宣言をした

『スター・ウォーズ／帝国の逆襲』の監督は、前作に引き続いて当然ジョージ・ルーカスが担当するものだと思い込んでいたファンも多いようだが、監督にはルーカスの南カリフォルニア大学時代の恩師のアービン・カーシュナーを起用し、ルーカス自らは製作総指揮にまわった。

「私は、監督は嫌いだ。気まぐれな個性を持った人たちを、絶え間なく扱うのはイヤだ。監督することによって、感情のフラストレーションがたまり、もの凄いハード・ワークにも耐えなくてはならない。1日に12時間から16時間の労働だ。私の妻は、ここ何年もの間、どうして私たちは普通の人たちの様に、夕食をしに外出することが出来ないのかしらと、よく言われたものだ。しかし、私はイージーな映画は作りたくなかったので、そうした状態を、中断することは出来なかったのだ。私の抱き関心のあるアイディアのことごとくが、イージーさを拒否するのだ。そこで、ついに私は、監督するということが、私にとっては健全ではないという結論を導き出した」

このように、監督引退宣言ともとれる発言をルーカスはしているが、実のところそれには、やはりルーカスなりの考えもあったわけで、彼は以前から構想を抱いていた初の実験的で抽象的な恋愛映画に集中するために、商業的長編映画の監督を引退することを宣言したとも言える。

もちろん、監督引退を宣言したと言っても、映画界そのものから身を引くということではなく、すでに、友人のスティーブン・スピルバーグが監督する１９３０年代の冒険物語『レイダース／失われたアーク《聖櫃》』（『スター・ウォーズ』のハン・ソロこと、ハリソン・フォードが主演なのだ！）の製作総指揮をすることが決定している。

「これは、私の古いストーリーのアイディアを基にしている。私が本当に望んでいるのは、その映画を観ることだ。今の私は、それを他の者に作らせることができるのだ」と、ルーカスは言っている。

また、彼はマリン郡のフィルムメイカーであるジョン・コーティ（77年の長編ドキュメンタリー部門のアカデミー賞を受賞した『愛のファミリー』の監督）によって作られることになっている長編アニメーションにも、彼は同様に力を貸すことになっている。この作品は、時間を止め、それを盗もうとする悪者についての〝現代の神話〟とのこと。

それから、もちろん彼は『スター・ウォーズ』の次回作の作業にも取りかからなければならないのだが、こうした多忙の時をすごしながら、ルーカスは、次のように言う。

「私は、映画学校で研究していたことに戻りたい。それは視覚的な詩と、シネマベリテのコンビネーションの研究なんだ」

D：CIA顔負けの秘密主義

「私には、映画の中で何が起こるのかさっぱりわからなかったね。自分が出る前と引込んだ後の場面は、何が行なわれたか知らないよ。彼等は偏執的なんだ。こと秘密の防衛に関しては、全く偏執病者だよ」

こう語るのは、ダース・ベイダーに扮するデビッド・プラウズだ。彼に限らず、何人かの出演者には、彼らの台詞だけが書かれた台本が手渡され、それには他の役者の台詞はすべて抹殺されているのだ。特に、クライマックスのルークとの決闘シーンでのプラウズの台詞は、後で、ベイダーの声を担当しているジェームズ・アール・ジョーンズによって吹き替えられるため、全くの替玉用のものだったそうで、そこで、冒頭の発言が出たのだ。

このことからも分かるように、製作上の秘密防衛に関しては、『スター・ウォーズ』の製作者側は、CIAなみのようだ。

E：特撮シーンはついに420箇所になった！

前作よりも、さらに驚異の世界をスクリーン上に展開させようというルーカスをはじめとするスタッフの意気込みは、視覚的によりエキサイティングな特撮の魔術を

『帝国の逆襲』に持ち込んだ。

その一例を挙げると、並の兵器を寄せつけない4足の戦車とでも言うべき帝国側の新兵器AT－AT・ウォーカーを、ルークと勇敢な反乱軍側のパイロットたちがスノースピーダーで迎撃するシーンや、ミレニアム・ファルコン号が帝国軍の追撃を逃れるため、小惑星帯を飛び抜けるシーンが、それである。特に後者は、巨大な岩石がびゅうびゅうと飛んでくる間を、ファルコン号が、ハン・ソロの巧みな操縦によって飛び抜けて行くのを見せて、我々にスクリーンが平面であることを忘れさせる。

こうした映像を創造するために、ルーカスは装置の1つに50万ドルを投じた。それは〝四面《クワッド》プリンター〟と呼ばれる機械。これは4つのプロジェクターからなる機械で、それぞれの小さく切り離したフィルムを集めてプリントが出来るのだ。今、例に挙げた小惑星帯のシーンで言えば、まず一つがファルコン号のズームを映し、別の1つが惑星の模型、3つ目が背後に輝く星、最後の1つが影やレーザー光線、爆発物を写すといった具合にして、4つの機械がプリズムを通して写し出した映像を、継ぎ目のないひとつのフィルムに結合するのだ。模型はコンピューターにより忠実に画面と合致させ、さらに巨大で複雑な装置を使ったシーンは、時間をたっぷりかけて複写されるのだ。

このように、最近のSF映画における特撮技術の進歩は目ざましいものがあるが、ちなみに、今日のSF映画ブームの先駆となったスタンリー・キューブリックの『2001宇宙の旅』(68)には、35ヵ所の特撮シーンがあった。それが、コンピューター技術の発達で、『スター・ウォーズ』(77年)では363ヵ所にはね上がり、『帝国の逆襲』に至っては420にまでになった。

F：いつの日か若きオビ＝ワン・ケノービやダース・ベイダーが見られる

〝スター・ウォーズ〟9部作の内容はまだほとんど明らかにされてはいないが、現在までに伝えられていることを記してみよう。まず、9部作が3作ずつ3つのパートに分かれ77年に作られた『スター・ウォーズ』と今回の『帝国の逆襲』は、その3つのパートの真ん中になり、ルーク・スカイウォーカーを中心に話がすすみ、83年に公開が予定されている作品はそのパートの一応の完結編となるものだということは前述したが、その『ジェダイの復讐』では、ルークとダース・ベイダーの間で、3部作のクライマックスとも言うべき最後の死闘が行れると言う。

このパートに先がける時代を描く、エピソード1、2、3に当たるパートは、おおよそ、次のようなストーリーから成り立っている――。

「宇宙は何年もの間、共和派に統治されていた。そして、それはどこか日本の侍にも似たジェダイ騎士団によって守られていた。しかし、結局は立派な指導者を選べなかった共和派の市民たちの政府は、崩壊してしまう。そして、ジェダイの師ヨーダに似て非なる悪の霊力を持った男が、反対者を押しのけて、自ら皇帝を名のった（彼は『帝国の逆襲』の中で初めて、チラリと姿をみせる）。

皇帝はジェダイ騎士団の一員であったダース・ベイダーを悪の誘惑に陥れ、側近とし、やがて2人で罠をかけ、ほとんどのジェダイの騎士を殺してしまった。ただ、オビ＝ワン・ケノービのみがその魔の手から1人逃げ出すことに成功した――」

このように、共和派の崩壊と帝国の発生がつづられているわけだが、その中のエピソード3には、幼年時代のルークが登場する。

さらに、最後のパートであるエピソード7、8、9では、共和派の再興をテーマとして、ストーリーがつづられていくことになるようだ。

こうした雄大なストーリーの中で、主なキャラクターとして9つのエピソードすべてに顔を出すのは2人だけだということだ。

それは、宇宙版アボット－コステロともいうべきロボット・コンビのC－3POとR2－D2だ。ルーカスは言う――「要するにストーリーは彼らの目を通して語られるのさ」と。

G：キャラクターのネーミングは神話的に……

『『スター・ウォーズ』シリーズにおける中心的問題は、まだ語られていない」と、ジョージ・ルーカスは語る。さらに、「私はこのストーリーの中で、前作より以上の可能性をもり込んだ。それは悲劇であり、そういう意味では、これは伝統的な第2部といえるものだ。第2部では、いつもキャラクターに、問題を与えることができる。『帝国の逆襲』でルークに与えられた重要な問題は、第3作の『ジェダイの復讐』で解決される。最初の作品であったような、真の勝利者は、『帝国の逆襲』には、いない。しかし、それでもなお、私はこの作品を、前作よりもよい作品だと思っている」

『スター・ウォーズ』が最初に公開された時、ルーカスは、自分が12歳の頃に楽しんだ種類の映画を作りたがっている、ということを話したものだ。しかし、今では、『スター・ウォーズ』は、現代のおとぎ話を作るという欲求からきたものだ、と言っている。

「大学時代、私はいかに文化がおとぎ話や神話を通して伝承されてきたかということに夢中になった。おとぎ話は、人々が善と悪を学び、彼ら自身を社会に導くかということを示してくれる。ダース・ベイダーは悪の父であり、ベン＝ケノービは善の父だ。善と悪の母は次に出てくるものだ」

『スター・ウォーズ』のキャラクターに、ルーカスは当然、神話的な名前をつけることにし、それに数ヵ月を要した。〝スカイウォーカー〟は、初めは〝ダーク・ライター〟(Dark Lighter) あるいは、スターキラー (Starkiller) であったし、〝ダース・ベイダー〟は、デスウォーターとダークファザーを組み合わせたものである。また、〝ジェダイ〟は、〝サムライの武士的な響き〟のために選ばれた。

H：1週間逆さ吊りのルーク

スタッフの重労働に比べて、俳優たちは何となく気楽にうつるが、そうとばかりは言えないようで、こちらの方もかなりの試練を強いられたようだ。

『帝国の逆襲』の開幕早々、ルークは氷の惑星ホスにおいて、毛むくじゃらの怪獣ワンパに獲らえられ、氷の洞穴に豚か牛の肉のように逆さに吊り下げられるが、「最初と2度目と、2つの装置でやらなくてはならなかったので、映画ではたかだか90秒のシーンのために、私は氷の洞穴に7日間、逆さ吊りにされたんだ」と、マーク・ハミルはこぼしている。

また、ダゴバ惑星のシーンでは、マペットのヨーダを操っていたフランク・オズが、災難にあった。湿地帯ダゴバに生息する蛇は本物が使われたのだが、ヨーダと一緒のシーンで、ハミルが彼の食器で蛇を払いのけた時、その蛇がマペットの衣裳の上にずるりと落ちたのだ。驚いたオズはセット中にひびきわたる叫び声を残して、外へ飛び出して行ってしまったという。

そういう意味で、今回、最も楽な思いをした1人は、R2-D2の中に入るケニー・ベイカーではなかったろうか。前作の時は、固いブリキ缶を動かすのは相当な重労働だったそうだが、R2-D2の新しい模型は大きく改良されていた。もっとも、今回は、ケニーが入って操作するR2-D2のアップ・シーンは少なく、本物のロボットによるアクション・ショットが多かったそうだが。

I：不思議な少年

子供時代のルーカスは、いつも棚の上に乗ってはコミックブックを読んでいる、一風変わった少年だったらしい。彼の父親は、カリフォルニアのモデストで文房具店を営んでいたが、彼の息子は気の乗らない仕事をさせようとすると、無表情な目つきをして、顔を見つめるばかりだったと言う。

「率直に言って、親である私たちにもジョージが全然、理解できなかったね。私は何とか接点を見出そうとしたんだが、奴は座って、ただ私を見てるんだ。こっちは息切れがしてくるんだが、奴は一向におかまいなしって感じだったよ」

そんな幼いルーカスにコミックブックと連続テレビ番組がイマジネーションに火をつけたのだ。彼は言う。

「大学にいる頃、家に帰ると、昔観た恐いテレビ映画のことを考えたんだ。いったい何が、幼い私をあれほど興奮させたのか、分析したわけだ。そして気がついたんだ。それが、何よりも神話や妖精物語に近いファンタジーから成ってるんだってね。そこで、私はそういった物を作り始めた。果たして、それが社会的に受け入れられるかどうかわからなかったけれどね。最近では、最後で真のおとぎ話は西部劇だって結論に至っているんだ」

J：ルーカスにも霊力があるというのは本当か？

〝スター・ウォーズ〟シリーズに登場するキャラクターのほとんどは、生みの親であるルーカス自身のキャラクターを、当然反映しているだろう。

いつも大きなことに夢をはせているルークの中にもたくさんのルーカスがいるし、ヨーダもまた、ちょっと変わったルーカスの自画像であり、ヨーダの話す言葉は、ジョージ・ルーカスの持っているウィットと知恵を、我々に知らせてくれる。

また、ルーカス自身、敬虔なフォースの信者で、「人は生まれつき、体をとり巻く力場をもっている。いわゆるオーラというやつだ。古風に言えば後光かな。これは、歴史の流れの中に消え去った概念ではあるけどね。人が死ぬ時、そのフォースは大宇宙の他の全てのフォースに溶け込むんだ。生きている時でも、さらに大きなフォースが、自分自身のフォースとぴったりと重なることがある」と、発言しているくらいなのだ。

フォースはニュートラルなもので、良い方向にも悪い方向にも使うことが出来るそうで、つまり、ヨーダやベン＝ケノービのようにも、ダース・ベイダーのようにも使うことが出来るというわけだ。それに関しても、ルーカスは次のように証言している。

「フォースには、2つの面がある。悪い面は憎しみ、怒りを含み、良い面は愛とか寛容、公平、希望などを含んでいる。うまく使えば、未来も過去もわかり、多少は人の心も読みとることができるだろうし、物を浮かせることもできる。さらに、理力《フォース》で下界をあやつることも出来るよ」。

もっとも、今のところ、ルーカスがこのような不思議なことをしたというニュースは、何年間も一緒に映画作りの作業をしたスタッフ、キャストの誰からも語られてはいないのだが……。

K：2つの海外批評その1

ジョージ・ルーカスの愛するイメージの1つに、こういうのがある。子供の一団を周りに座らせて、ユリシーズの物語を聞かせ、その驚きやサスペンスについて、次々にしゃべらせるというものだ。

ルーク・スカイウォーカーの冒険は、見かけはホメロスの〝王たる男〟の遠征を思わせるが、どちらも神話の深いみなもとから引き出された話で、その無意識のテーマは、いつでも惑星の歴史を支配しているのだ。

「神話は公共の夢である」というのは、もとサラ・ローレンス大学の教授ジョーゼフ・キャンベルの言葉で、彼の著書「千の顔を持つ英雄」は、彼が世界的な神話の専門家であることを立証した。さらに彼は「夢は個人の神話である。神話とは夢が意識と無意識の間にあることを伝達する手段なのだ」とも言った。

ルーカスの神話は、『スター・ウォーズ』と『帝国の逆襲』で、未知の危険な世界に身を投じるヒーローを生みだした。邪悪な衝動にかられながらも、最後はそれに打ち勝ち、勝利をもたらす。この話は人間が自己の中にある残忍性をコントロールし、人類が生まれて何千年もの間、彼らを支えた信仰に基づく愛と正義をつらぬくことを象徴している。「お前の前にいた人々が通ってきた試練を体験せずに至上の幸福が得られると思うか?」、回教徒の聖典コーランはこう問いかける。

友人であり相棒の1人であるR2―D2をしたがえたルークは、かつての英雄たち、プロメテウス、アイネイアスたちの巡礼を映画の上で継承した控え目なヒーローである。

彼は冒険の旅の初めで、ベン＝ケノービに出会う。この男は伝統的なおとぎ話や神話にしばしば登場するタイプで、ルークの運命を温かく保護し、忠告を与える。ベン＝ケノービが『スター・ウォーズ』で、他のジェダイ騎士同様、流刑された後、『帝国の逆襲』では、その任務をヨーダが受け継いでゆく。しかしルークはその後、他の多くのヒーロー同様、ダンテのいう暗い森、人生航路の中道に入りこむ。彼はそこにひそむ災いに1人で立ち向かわねばならず、災いは彼にフォースの暗い部分をもたらす。ヨーダはそれを知り、ダゴバの沼で3つのほら穴に入る時、ライト・セーバーを置いてゆくように言う。ルークはそれを断わり、後で夢を見るが、その中でベイダーとサーベルを使って一騎打ちをし、彼の首を落とす。ベイダーのマスクがこわれ、中からルーク自身の顔が出てくる。悪のシンボルはルークの中にあったのだ。後にルークは本当にベイダーと戦うことになり再び試練を受ける。その時、ベイダーは手にした武器よりさらに強力な磁気の力を有していて、それに対抗できるほどの力を持ちあわせなかったルークは、下界にたたき落とされ、逃げるのがせいいっぱいであった。シリーズの最初に作られたこの2つの冒険物語で、ルーカスは古代ギリシャストーリーの半分にトライし、成功させた。もし、彼が神話と歴史の伝統を受け継いでゆけば、さらに大きな成功をおさめるだろう。結局ルークは勝ち、ベイダーは敗るのだ。その意志に基づきさらに激しい戦いがくりひろげられ、もちろん、人間が地球に、またダゴバに存在する限り、逆境に相対するシンボルは作られ続け、不合理であぶなっかしい彼自身の衝動を制御し続けるであろう。

（「タイム」誌より）

L：二つの海外批評その2

〝むかしむかし、はるか彼方の銀河で……〟という聞き慣れたことばが、星がちりばめられた暗黒の中に現われ、聞き慣れた『スター・ウォーズ』のテーマが高らかに鳴り響き、我々は現実から離れて、ルーク・スカイウォーカー、プリンセス・レイア、ハン・ソロ、ダース・ベイダーと共に、かつて作られたうちで最も商業的に成功した映画の1900万ドルの続編『帝国の逆襲』の素晴らしい新世界の中に飛び込んで行く。〝驚異〟の精神は生き続け、技術の魔法によって、映画の新しい水準を築くこの作品の中に、それは内包されている。

製作総指揮のジョージ・ルーカスと監督のアービン・カーシュナーは、伝説に関しては決して近道はできないということを知っている。視覚的に新しく展開される部分は、前作をしのぐスケールの大きさを持っている。画面のどの部分においても、宇宙トカゲが木にのぼり、ロケットの排気ガス、ほとんどまばたきしないロボットといったほれぼれするような細かい描写を発見でき、それが全体的に生き生きとしたファンタジーの世界の雰囲気を創り出しているのだ。

しかし、その続編が前作よりも巧みに出来ているとしても、それは、より暗いものになっていることも確かだ。氷の惑星ホスから始まり、そこでは危機に陥った反乱軍がダース・ベイダーの帝国軍に敗走させられ、恐竜のような帝国軍のタンク（AT－AT・ウォーカー）が登場する素晴らしい戦闘場面の後で、この映画は容赦ないペースで、より一層険悪な場所まで進んでいく。驚異的な小惑星帯、宇宙ナメクジと呼ばれるモンスターの内部、そして沼地の、爬虫類のはびこる惑星、ここで老いたジェダイ・マスターのヨーダ（「マペット・ショー」のミス・ピギーを操るフランク・オズの手によるマペット）に会い、理力（フォース）の訓練を受ける。フロイト学者はそれらすべての無意識の洞穴と沼地の中で野外集会を開けるだろうし、子供たちはピーター・ローレの目とマペットの風采をした偏屈な小人のヨーダを好きになるだろう。（マペット操作者のフランク・オズの低くおさえた声は素晴らしい）。もちろんR2－D2、C－3POも再登場するが、彼らのコミック・レパートリーはかなり減っている。レイアとハンとのロマンティックなやりとりが描かれるが、ハンは悪者に冷凍睡眠装置に入れられてしまう。彼は次のエピソードで解凍されることになるだろう。そして、もう1人の主要な新しいキャラクターのフンド・カルリジアン（ビリー・ディー・ウィリアムズ）が紹介される。彼はある採鉱ステーションのタイクーンで、ここでこの映画のアクションはクライマックスに達する。

この映画が終わる少し前に、ルークの敵の中心人物であり、強敵であるダース・ベイダーを新しい局面に陥らせる意外な事実が現れる。それは素晴らしい予想外の展開であり、我々のさらに続く作品への欲求を効果的に刺激するが、それはまた『帝国の逆襲』、そして実に『スター・ウォーズ』が著しく欠いているものを強調している。すなわちそれはストーリーであり（アクションとは反対の）、キャラクターであり（漫画的な人物とは反対の）、真の感情的な共鳴である。

（「ニューズ・ウィーク」誌より）

〔参考資料〕タイム／ニューヨーク・タイムズ／ロサンゼルス・タイムズ　〔訳〕竹内俊一／まつをせつこ

1978年7月上旬夏の特別号

唯一無二のロング・インタビュー

ファンタジー創造に成功した男 ジョージ・ルーカス

構成＝古澤利夫

ルーカスの夢の具現化

1976年の春、うららかなある日の午後だった。カリフォルニア州、バンナイスにある何の変哲もない2階建ての倉庫の入口に、インダストリアル・ライト・アンド・マジック・コーポレーション（ILM）という看板が掛った。この工房は、ジョージ・ルーカス監督の950万ドル、スペース・ファンタジー映画『スター・ウォーズ』の特殊視覚効果を作り出す若き技術者たちによって組織されたものである。

ルーカス監督と主力ユニットは、アフリカのチュニジアで撮影を開始したばかりであったが、すでにILM工房は大変な活気を呈し、1、2ヵ月後にもこの映画が公開されるのではないかと思われるほどであった。モデル製作者たちはミニチュア宇宙艇（主に市販のプラモデルの部品で組立てたもの）の作業に大わらわであり、アニメ係は型通りのエフェクト作業に没頭していたし、爆発物係は、やがて始まる爆発テストが巧くいくかどうかを心配していた。とくに目についたのは、特撮総監督ジョン・ダイクストラが部下の技術者たちと協力して新たに考案した、宇宙シークエンス撮影用特殊カメラ（ダブル・フレーム・フォーマットのメカを利用する〝ダイクストラ・フレックス〟）の出現で皆が騒いでいたことだ。

特殊会話（宇宙人とR2-D2の声の創造でアカデミー賞特別賞受賞）及び特殊音響効果担当のベンジャミン・バート・Jr.は、ジョージ・ルーカスの特異なビジョンと、ずば抜けた想像力にすっかりあおられていた。彼は、ルーカスの作品の特徴は「人の眼をくらます魅力」だと言った。何はともあれ、それは彼のために映画を作る人たちと観客をひきつける力である。彼の処女作『THX-1138』は技術的にすぐれていたが、一般には受けなかった。それでも学園向き映画としてここ数年評判の良かったものである。次いで『アメリカン・グラフィティ』が公開された。製作費75万ドル、製作日数28日というこの作品は最も稼いだ映画の第17位（興収1億1500万ドル）にランクされた。そこでルーカスの第3作『スター・ウォーズ』であるが、驚くなかれ、公開後1年で2億2000万ドルという空前絶後の興収をあげ、『JAWS／ジョーズ』の記録を破り、全米興収1位にチャートされた。

1976年4月、ロンドンのボアムウッドにあるEMIエルストリー・スタジオの9つのサウンドステージは全部『スター・ウォーズ』製作のために使われ、万事スケジュール通りに運んでいたが、ジョージ・ルーカス監督は悩んでいた。俳優のある者は台詞について質問をし、ロボットには不備な点が見え、ピーター・カッシングが出演するシークエンスの撮り直しがあった。脚本の改訂も行われ、アレック・ギネスが扮する役が映画の3分の2のところで消されることになっていたが、誰もそれをまだ知らなかった。イギリスのスタッフは8時間労働を守り、2回お茶を飲むために休憩をとった。76年の夏、サン・アンセルモの自宅に戻ったジョージ・ルーカス監督と製作者ゲイリー・カーツは、もっと悩んでいる様子であった。20世紀フォックスはラフなカットを要求していたし、特殊効果は3分の1も出来ていなかった。ロボットの調子はもっと悪くなっていたし、音もまだ出来てなかった。照明やサウンドの問題もあった……。

結局、昼夜兼行の作業の後、一応映画を作り上げたのである。公開1週間前（77年5月25日公開）までは、まだまともなプリントが用意されてなかった。ルーカス監督とサウンド班は、ぎりぎりまで70ミリ・フィルムにサウンド・エフェクトを入れた。あとはヒットするかどうかという問題が残されたが、結果として大ヒットしたのである。

『スター・ウォーズ』が、これまでに作られた同種の映画と違うところは、特殊効果（約363の違ったショットを用意した）と、ルーカスの想像力がきわ立って豊かなことである。またオプチカルとミニチュアに関しては、ルーカスとダイクストラは新しい基準を作り出したが、これによって、将来のサイエンス・フィクション映画の価値が決められる訳である。『スター・ウォーズ』が公開される前にダイクストラは、記

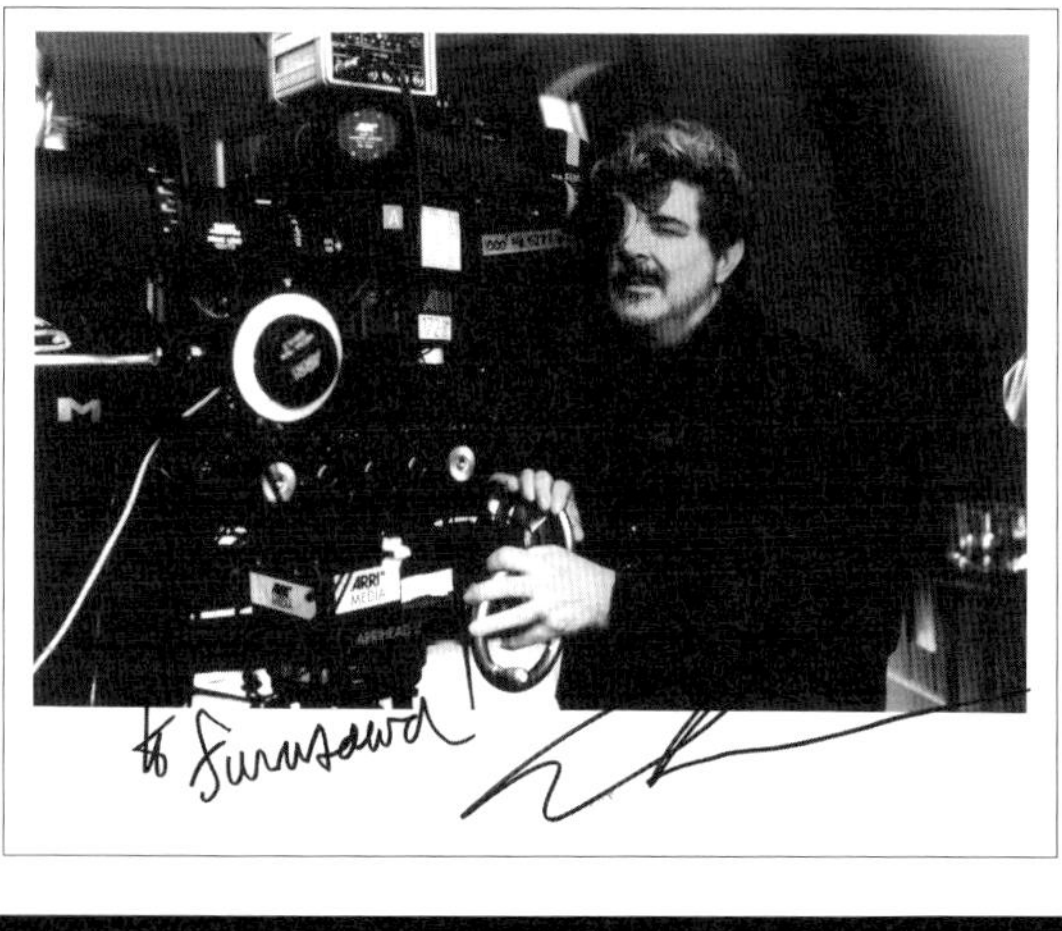

者会見の席上で、この映画の戦闘シーンは『フレンチ・コネクション』の中に出てくるカー・チェイスのシーンと同じくらいスリルがあると言ったが、正に然りである。

4年間の歳月をかけた『スター・ウォーズ』はジョージ・ルーカスにとり、子供の頃みた夢の具現であり、また愛情の陣痛でもあった。次に掲げるのは夢の玉手箱『スター・ウォーズ』に関する、ルーカスとのインタビューの抜粋である。

『地獄の黙示録』から『スター・ウォーズ』へ

——『スター・ウォーズ』は、本当にヒットすると思いましたか?

ジョージ・ルーカス(以下G・L) もちろん。『アメリカン・グラフィティ』は、かなりの成功で、1000万ドルくらい稼ぎ、ハリウッドでは成功の部に入るだろうと期待したら、何とそれが大当たりとなった。その時、世間では、これを上回るにはどうするかと言った。私はそれに答えて、今度の成功は一発勝負で、運に恵まれたのだと言った。『アメリカン・グラフィティ』以後は全くオケラとなり、前々から借金していたので、結局帳消しとなり『THX-1138』の時より身入りがなかった。この2本の作品で、私は4年半から5年の歳月を送ったが、税金を差し引いて年間9000ドルで生活していた。妻のマーシャが編集者の助手をしていたので幸運であった。これだけで何とかきり抜けた。私は『アメリカン・グラフィティ』に自分の持ち金を注ぎこみ、何とかやって行き、また以前からフランシス・コッポラや、弁護士や、両親その他から借りられるだけの金を借りていた。どうしてももう1本映画を作らねばならなかった。私は5年前から『地獄の黙示録』の製作を企画していた。『THX-1138』に続いて製作することになっていたが、だが結局これをコッポラに買いとってもらった。何とかして製作にかかろうとしたが、誰も乗り気になってくれなかったのだ。

——あなたが作ろうとした『地獄の黙示録』は、どんな映画だったのですか?

G・L コッポラが現在作っているのとは全く違う。危機に対する人間の姿以上の何ものでもなく、人間性のテクノロジーと、それに対して、どうして人間性が勝つかという、前向きな映画にする筈であった。だが結局『スター・ウォーズ』を作ることになった。

——いくつの撮影所に断わられましたか?

G・L 2つのスタジオだ。

——そして20世紀フォックスに採用されたのですか?

G・L 20世紀フォックスに採用された。ここ以外に採用して欲しいところはなかった。あの時は絶対絶命であった。恥を忍んでどこかに就職してもいいと思っていた程だ。いったん話がきまると、飛びきり面白い企画で行こうと考えた。『アメリカン・グラフィティ』以後、少年・少女たちから、この映画のお蔭で彼らの人生観が変わった、と書いたファン・レターをたくさんもらった。そこで私は少年・少女向きの映画を作ろうと思い立った。だが、誰もが、少年・少女向きの映画を作るのはクレイジーだと言った。

私が『アメリカン・グラフィティ』を作ったのは1つの挑戦であり、私がそれまでに作った映画こそすべてがクレイジーで、アバン・ギャルドな映画や抽象映画ばかりであった。コッポラがそれについて私に挑戦してこう言った。「血の通った映画を作れ。世間は君を冷たい男だと言っている。作るのはSFばかりだ」「OK。では血の通う物を作ろう」という訳で、私は『アメリカン・グラフィティ』を作ったが、また元へもどり、『スター・ウォーズ』製作にかかりたいと思った。この方がチャンスがあると考えた。その前に私は『地獄の黙示録』の製作売り込みをするために撮影所めぐりを10回も繰り返したが、いずれも蹴られた。そこでこの『スター・ウォーズ』を作ることにした。私は考えた。我々は皆が世界を恐しい混乱に陥れたことを知っているし、ベトナムで過ちを犯したことを知っている。我々は、ここ10年間に作られた映画が指摘しているように、我々がどれほど悪かったか、世界を混乱に陥れたか、どれほど我々が愚かであったか、どれほどに何もかも腐敗してしまったかを知っている。私は、我々が本当に求めているのは、もっと前向きのものであると言った。

私は映画界に入る前、社会科学、社会学、人類学、社会心理学を学んだ。社会心理学は、言わば人類学や社会学から分派したもので、文化を生きた有機体として眺め、それを分析してみる学問である。いずれにしても、私は、少年たちが失われた存在になっていることを痛感した。これは60年代の戦争の傷痕が残した遺産のようなもので、今それを見て我々はただ唖然とするばかりである。私は45年から62年までのジェネレーションの人たちがティーンエージャーの本当の姿として考えたものを残したいと思った。

そこで『アメリカン・グラフィティ』が少年・少女たちに与えた効果により、現代の少年・少女たちがかつてのティーンエージャーの姿を再発見したことがわかった。今日の彼らには夢がない。西部劇がない。海賊映画がない。われわれが昔信じた、たわいもない続きものの夢物語がない。本当は信じなかったのだが……。

なき西部劇から新冒険譚創造へ

――いや、本当に面白いと思いました。

G・L　昔われわれが観たジョン・ウェインの映画やエロール・フリンの映画がなかったらどうなったろう。我々は土曜日の朝テレビでそれを観るのではなく、実際に劇場へ行ってそれを観た。本物のエロール・フリンやジョン・ウェインの映画を観に行った。だが今はない。あるのは犯罪映画ばかりだ。『猿の惑星』やレイ・ハリーハウゼンの映画もあるが、本当に夢中になって観る映画はない。私は文化を破壊する最も大きな要素は、少年・少女たちが夢をもたずに成長することだと思う。いろいろと考えた末に到達した結論であるが、それはおとぎ話や神話のことで、むかしむかしの物語、例えばオデッセイ物語や、子供の時、耳を傾けたおとぎ話である。私は子供たちがユリシーズ物語に耳を傾けている姿を思い出す。遠いエキゾチックな国に展開する冒険物語、例えばキャメロットやロビンフッドや宝島の物語も出て来る。皆、遠い国の冒険物語だ。西部劇にもその流れがある。問題は、西部劇が滅びたことだ。どうしたことか。今に我々は西部劇がなくなったことに気づくだろう。ジョン・フォードは西部と共に生きた人で、西部はフォードの〝アメリカン・グラフィティ〟だったのだ。だからこそ彼の作品はすぐれていたし、多くの西部劇作者がすぐれていた。彼らは、西部の名残りがまだある間に成長した人たちである。私のような今の若い作者たちは、もうそれができない。

——だから『スター・ウォーズ』を作ることになったのですね。

G・L　私は『超人対火星人』(フラッシュ・ゴードン)などの大ファンで、宇宙探検の大の支持者であったが、これは価値のあること、これは自然の勢いであると口に出して言った。1つは子供たちに夢を与えることであり、2つは若いアインシュタインを作ることである。我々にとり本当に必要なことは次の銀河系に入植すること、科学の厳しい事実から逃れ、ロマンチックな世界に入ることだ。テクノロジーの問題があるので、火星に入植しようと考える人はいない。だが、どこかに入植できるところがあるのではないかと思うので、つい……こうなるとロマンチックな話となり、誰も見たこともない世界をちょっと覗いてみたくなる。

——あなたは『スター・ウォーズ』のオープニングで〝むかし、むかし、遠い遠い銀河系で……〟とはっきりうたっていますが。

G・L　だが実際問題として世間にはSFマニアを含めて誰もが宇宙には音がないと言うだろう。だが私は科学を忘れたかったし、科学は科学で問題を解決するだろう。スタンリー・キューブリックはSF映画の決定版を作った。私の知る限りでは、あれ以上の作品を作る人はいないだろう。私は『2001年宇宙の旅』を作る気はなかったし、むしろエドガー・ライス・バローズ(「ターザン」の原作者)ばりの宇宙冒険ものを狙い、50年度に科学の分野に入る前の他のスペース・ファンタジーを作りたかったのである。原子爆弾が出来ると、猫も杓子も怪物と科学の世界、及びそれらに附随するいろいろな出来事を取り扱うようになった。私は思弁的フィクションはきわめて確実性があると思うが、おとぎ話やトールキンの小説に出てくる幻想的なものや、本当の英雄を忘れていると思う。

——それが『スター・ウォーズ』を作る決心をあなたに固めさせた動機ですね。

G・L　そう。これなら実になるプロジェクトで、1600万ドルくらいの配収はあがるだろう。製作費は450万ドル、宣伝費とプリント代その他の費用は、450万ドル、だから1600万ドルもあがれば少し利益があがる。いい企画だ、撮影所に売り込めると考えた。撮影所は取引はするが、なかなか乗り気にはなってくれない。そこで私は、まずユナイトを訪ね、これは『フラッシュ・ゴードン』もののアドベンチャーだ、ジェームズ・ボンドばりだなどと能書きを並べてみたが、相手にされなかった。そこで今度はユニバーサルへ行った。私は『アメリカン・グラフィティ』の脚本と演出料として2万ドル手に入れたが、ユニバーサルは2万5000ドルで『スター・ウォーズ』を作れと言った。私は私の友だちが要求する半値を要求したのだが、ユニバーサルはその2倍を要求していると思い、私の要求を蹴った。最後に20世紀フォックスへ行き、とうとう話をつけた。『猿の惑星』を作った撮影所であるし、アラン・ラッド・Jr.が物わかりの良い人だったからである。当時、彼はプロジェクト担当で、『アメリカン・グラフィティ』を前もって観ていたが、即断でOKし、素晴らしい企画であると言い、私の条件も簡単に受け入れた。この映画が強力であることは20世紀フォックスも認めたが、誰もこんなに大ヒットするとは予想しなかった。その後、私は取材と脚本書きを続けた。脚本は4つ書いた。その中から最も適当なものを選びたかったし、今までになかったジャンルの作品にしたかったからである。

理想の25％の出来であった

――ウーキー《猿人》（チューバッカ）のことをどう理事会に説明したのですか?

G・L　できなかった。観客に対してもできなかった。作調についてもはっきり言えない。だが子供だましの映画でもなければ、低俗映画でもない。あくまでも娯楽映画で、暴力もセックスもヒッピー的なものもない。健全なビジョンがある。世界はこうあるべきだという偽りのないビジョンがある。私は『THX-1138』や『アメリカン・グラフィティ』の場合と同様、万事責任をもってこの仕事に取り組み、だから計画を練るまで時間がかかった。次いで予算の問題に入り、最初1600万ドルという見積りが出た。これでは高すぎるというので、いろいろと新しい機械を作ることをやめ、予算を切りつめ、早いとこ映画を仕上げることになったが、これは私のお家芸である。そこで予算の切りつめにかかり、結局850万ドルという数字を出した。精いっぱいの切りつめといっていい。

――あなたの演出料はいくらでした?

G・L　結局10万ドルということになったが、相場の半値であった。

――配収は歩合性でいくのですか。

G・L　皆そうだが、問題は20世紀フォックスに元をとらせることが先決で、歩合など当てにしない考えだったから平気だ。『アメリカン・グラフィティ』の時も、かなり歩合を返上した。映画が成功すれば、撮影にたずさわったあらゆる人たちに報いなければならないので、私の歩合など相場以下に切り下げた。だが『スター・ウォーズ』がこんなにヒットするとは予想もしなかった。元がとれればいいと思った。今でもヒットが不思議でならない。

――なぜですか？

G・L　私は無我無中でこの映画を作り、とても苦しくつらかった。『アメリカン・グラフィティ』の時もつらかった。金も時間の余裕もなく、死ぬ思いだった。だが私は割り切った。いくらロジャー・コーマン製作でも70万ドルという安上がりの映画では大して期待できないと思う。だが70万ドルでも大きな金で、出費はかさむし、事態は険悪であった。当時、私は会社を経営し、もっぱら自分が作り慣れない映画を作っていた。『アメリカン・グラフィティ』の時は、キャストを除き、多分40名くらいのスタッフを雇っていた。『THX―1138』の時も同じだったろう。『スター・ウォーズ』の場合は950名をオーバーし、上から下まで指令がうまく届かなかった。私は終始どなり散らしてばかりいた。こんなことは初めてだ。私はスタッフを大分クビにしたが、これは不快でもあり悲しいことでもあった。監督なんて何て因果な人間だろうと、つくづく考えた。つい、物事を巧く運ぼうとして、それを相手が聞きいれてくれないと、やさしく口が利けなくなり、腹を立てる。

――ロボットの調子が悪く、C―3POに57ヵ所の欠陥を見つけ、照明がチグハグだらけだ。と、あなたは再び気をもんでましたが、巧くいきましたか？

G・L　われわれがカリフォルニアに戻って来るまで心配だったのは映画の照明のことだった。私もカメラマンで、従来より少しでも思い切ったスタイルのものを試みたい。照明をあてるセットが多く、大へんな課題であったが、結局、うまくいった。ロボットは巧くいかず、何とか編集でごまかした。

――どういう風にして？

G・L　リモート・コントロールによりR2―D2が動く度に、それが向きを変えて壁につき当たった。いざ小柄なケニー・ベイカーがロボットの中に入ると重すぎて、1歩半ずつしか進まず、ベイカーはヘトヘトになった。部屋を横断することもできないので、カットしてクローズ・アップなどを入れるなどし、編集で補った。全く手品のような仕事であった。

――私は実際に観た時驚くべき映画だと、びっくりし、断ぎ目がわからず、二度観て断ぎ目らしいところを2ヵ所観たような気がしましたが、とるに足らぬことでした。

G・L　私が観ると断ぎ目だらけだ。映画は2元的なもので、当たるか、当たらないかだ。仕事がうまくいったことと関係がなく、映画が観客の気に入るレベルに達したら、成功という訳だ。一種の溶解作用で、うまく溶けこんでいけば、他の誤りなど全部帳消しとなる。

――『スター・ウォーズ』の観客は素直にこの映画を受け入れたということですね。

G・L　その通り。もし、映画が受けなければ、申し分のない映画作りを心掛ける必要がある。それでも観客は欠点を見つけて、退屈し、結局不成功に終わる。『THX-1138』は理想の70パーセントの出来だった。100パーセントの出来などは望めない。『アメリカン・グラフィティ』は50パーセントの出来であった。もっと時間と金の余裕があったら100パーセントの出来にこぎつけられたと思う。『スター・ウォーズ』は理想の25パーセントの出来だ。それでも、いい映画だ。私の希望通りにはいかなかったが、今後作られる続編はもっといいものになるだろう。私は最終編を作りたいと思っている。その間の作品は他の人に任せよう。

――他の人が続編を作っても構わないのですか?

G・L　構わない。興味あることだ。いい監督たちを見つけて、彼らに任せ、このテーマをどう解釈するか見たいものだ。一応原型はできた。ウーキーというキャラクターの概念もはっきりし、何もかもお膳立は揃っている。あとはジョージ・ルーカスの映画を凌ぐ良い映画を作ってみせると言う人たちが続々現われることを望んでいるし、それは可能だと思う。私も皆に負けないで最終編を作る考えだ（笑）。

新しい生物を創造するには

――映画を観た人は、ウーキーやジャワが何者か質問する人はいません。映画にしっかりした想像的根拠と、もっともらしいと思わせる緻密な裏づけがあるから、観た人は素直にそれを受け入れます。例えば、あなたが人類学者であるとしたら、ウーキーが惑星から帰ってきた場合、あなたは何をリポートしますか?

G・L　それは最初に書いた脚本にある。私は4つの異なるプロットと、異なるキャラクターのストーリーを書いた。いずれも環境を異にするもので、4つの脚本の1つにウーキーの住む惑星が出てくる。そこはジャングルの惑星で、ここに帝国の前進基地がある。ここでルーク・スカイウォーカーがウーキーたちとかかわり合い、その中の1人と決闘をし、彼は決闘で勝ったが、相手を殺すことができなかった。すると相手は彼をウーキーの酋長の息子にしようと言う。彼はウーキーたちを召集して帝国の前進基地に総攻撃をかけた。基地にはタンクなどあらゆる兵器があったが、敵を撃ち払う。やがてルークとベン・ケノービとハン・ソロたちがウーキーたちを訓練して戦闘機に乗せ、宇宙の要塞〝死の星〟（デス・スター）を攻撃させる。ウーキーたちにからむ全く異なる筋書だった。ウーキーたちは原始的で、ジャングルに生棲する。最後に大きなかがり火のまわりでウーキーたちが円陣を作り、ドラムを打ちながら踊るシークエンスがある。ウーキーはインディアンに似た、もっと気高い野蛮人である。

――ジャワたちの方がアボリジン（オーストラリア原住民）みたいですが。

G・L　ジャワたちは拾い屋、廃品業者のようなものだ。ジャワたちの住む村のシーンもあったが、ロケ地が遠いので撮影しなかった。予算超過とならないように割愛した。

──ジャワやウーキーたちは、あなたが読んだ人類学からヒントを得たものですか？

G・L　出所はない。ジャワの出所は『THX─1138』で、彼らは殻の中に隠れている人間で地下に住む。ある意味で『スター・ウォーズ』の一部は『THX─1138』の続編である。ウーキーも『THX─1138』が出所だ。ラジオの解説者の声を担当していた俳優たちの1人テリー・マクガバーンがウーキーという言葉を作り出した。

──『スター・ウォーズ』でも彼の言葉を聞かなかったですか？

G・L　テリー・マクガバーンは『アメリカン・グラフィティ』で教師役をつとめた。ある日、皆とドライブしている時、偶然にウーキーという言葉が口をついて出て来たのであったが、私はその言葉が気に入り、使おうと考えた。

──この映画には、例えばウーキーやジャワやR2─D2や、カンティーナのシークエンスに出てくる怪物グリードたちが言葉みたいな声を発しますが、これらは、わざわざ苦心して作った言葉ですか？

G・L　イエス。撮影が始まった時、2人の男を雇い入れた。1人は画家のラルフ・マッカリー、もう1人はサウンドマンのベンジャミン・バート・Jr.であった。ベンは2ヵ年間サウンド・エフェクトの開発をやり、光線銃、宇宙艇の爆発などを一手に引き受け、最後の段階では3、4ヵ月間ロボットのR2─D2に付きっきりであった。私はR2─D2にピー・ピーという音を出させなかった。これは言うはやすしで、ロボットにピー・ピーという音と個性を出させることはむずかしい。私も、いちいちサウンドを聞いてはもっとこまやかな感情を出せとか、悲しみや喜びの感情を出せとか、いろいろな注文をつけた。

──R2─D2にははっきりした個性がありますね。

G・L　ある。ベンは自分勝手にセリフを書かねばならなかった。私はR2─D2に「わかったか」と質問すると、R2─D2がそれに答えて「ピー・ピー」と答えるという台本を書いた。だがベンはR2─D2に「もちろん、わかってるよ、このバカ野郎」という意味の音を出させるのに苦心していた。ウーキーの場合も同じで、セイウチ、熊をはじめとする5種類の動物の鳴き声の寄せ集めを電子的に音響処理をしたものである。

──ジャワの言葉は？

G・L　ベンはアフリカのいろいろな方言を使うことから始め、それを自分流のセリフにし、それをスピード・アップしたテープに録音した。2人のオフィスの職員も狩り出してセリフをしゃべらせた。グリードの場合も同様で、ベンは数ヵ月間時間をかけた。

──グリードは最も想像的な生き物の1つでしたが。

G・L　グリードにはいろいろとしゃべらせる方法があった。純然たるシンセサイザーによったものもある。豚の鳴き声みたいなセリフが1つあったが、一定のリズムをつけて早口でしゃべると、きわめて異様な言葉になった。われわれはハーモナイザーや、シンセサイザーを使ってみたが、巧くいかないので、とうとうベンはバークレー大学を出た言語学者と協力して、1つの言葉を作り出し、これを1つのセリフでしゃべるのであるが、あとでそれをシンセサイザーに音響処理をしたもので、骨の折れる仕事であった。

カットしたシークエンス

――C-3POはR2-D2にはっきりした愛情を寄せていますね。

G・L　その通り。極楽コンビ（S・ローレル＝O・ハーディ）の形をとるようにした。彼らは、この映画の三枚目的な役だ。私はこの映画をコメディにする考えはなかったが、とても楽しいものにしたかった。登場人物に、のべつに、冗談を言わせたくなかったので、ロボットたちにやらせた。ロボットたちに人間の真似をさせられるかどうか試してみたかった。

――ロンドンのセットで、この映画は英米対抗作となりそうだと言った人がいますが。

G・L　私はイギリス人の声とアメリカ人の声のバランスをとるように心掛けたし、アクセントもどっちつかずにしたいと思った。アレック・ギネスとピーター・カッシングはどっちつかずの中間アクセントの持ち主で、イギリス人くさくない。一番イギリス人らしいアクセントの持主はアンソニー・ダニエルズ（C-3PO）だ。C-3POは、主役の1人だから本当はアメリカ人にしたかった。また、C-3POの声は、どっちかと言えば、口の巧い中古車販売員の声にしたかった。いっそ詐欺師のようにしようかとも思った。事実脚本にはそのように書いたが、本当は小うるさいイギリスの執事みたいなロボットではなかった。結局、トニーがC-3PO役ということになったが、声は30人のテストを行った結果トニーの声が最適と決まった。

――ダース・ベイダーの声の主は？

G・L　ジェームズ・アール・ジョーンズだ。彼以上の俳優は見つからなかった。彼は重々しい威圧するような声の持ち主だ。

――自分の声を消されたもう1人のダース・ベイダーは怒りませんでしたか？

G・L　いや、彼は自分が雇われた時から知っていた。デビッド・ブラウズは俳優だし、彼には強烈ななまりがある。『時計じかけのオレンジ』では重量挙げ選手の役をした彼は、方々にトレーニング・ジムを所有する金持ちで、道楽で映画に出る。

――なぜダース・ベイダーは息使いが荒いのですか？

G・L　最初からそう決めて脚本にもはっきり書いておいた。ベンジャミン・バート・Jr.は息使いにもいろいろと工夫し、約18種類の息使いをした。アクアラングやチューブを使ってみて、最も適当な機械音を選び出し、それが鉄の肺から出るリズミカルな音になるかどうかを確かめた。そこに発想があったのだが、プロットの大半はカットされた。シークエンスの1つになったかもしれないが。

――どんなストーリーですか？

G・L　若いジェダイ騎士であった頃のベン・ケノービとルークの父とベイダーの話だ。ベイダーがルークの父を殺す。『スター・ウォーズ』と同様、ベン・ケノービとベイダーが決闘する。ベイダーはベン・ケノービに殺されるところであったが、噴火口に落ちて焼死する。彼はマスクのついた服を着ているが、マスクは息をするためのもので、いわば鉄の肺だ。マスクの中の顔が恐ろしい。私はベイダーの顔が見えるようにクローズ・アップを撮ろうとしたが、やめた。全部の神秘的な雰囲気がぶちこわしになるからやめてしまった。

――最後にベイダーが死なないで、回転しながら宇宙の奥深く消えて行くのを観て、続編があるなと思ったのですが。

G・L　その通りだ。続編を作る余裕を残して置いたのだ。『THX－1138』を作った時、二度とやれない努力をそれに注ぎ込んだ。私は『THX－1138』をテーマとする映画は、いくらでも出来るが、1つに縮めるまで時間とエネルギーを要する。映画のネタは日常読む本や歴史や、自分の体験などである。私は『アメリカン・グラフィティ』の脚本を3週間で書き上げた。とても楽に出来た。『スター・ウォーズ』のような作品では、何もかも新しく作り出さなければならない。文化の問題はどうか、コーヒー・カップはどんなのにするか、テクノロジーと人類の分岐点はどこにあるか、超感覚的知覚は……といった具合に検討レベルをきめていく。どこまで進めて行くか？　人との関係はあるか……。

●特撮を望み通りにした

――あなたが編集のことで、早業《はやわざ》を演じたと聞きましたが、初日までに間に合わせるのにどんな努力をしました？

G・L　スケジュールが非常に短かったので製作は大変だった。セットとロケで約70日である。イギリスでは午後5時30分以後は撮影できず、8時間労働であった。撮影終了後、スティーブン・スピルバーグやマーティン・スコセッシを訪ねたが、彼らは1日12時間から14時間働いていた。だから彼らは実際に毎日次の日の仕事をしている勘定だ。120日のスケジュールで200日分の仕事をしたことになる。私は正味70日、あのややこしい作品作りには短すぎた。仕上げの際も同様だった。20世紀フォックスは夏までに仕上げろというので、その気になったが、壁に突き当たった。私がイギリスから帰って来たとき、特撮の半分は終っている筈だったが、実際に仕上っていたのは3つくらいのショットで、それも標準に達していなかった。ILM工房は、その年のほとんど前半と数百万ドルの金をかけ、カメラの開発と電子コンピューター方式などの開発を行った。

――ミニチュアを撮るカメラは新しく作ったのですか？

G・L　何もかも新規に作った。我々は、オプチカル・カメラ、ムビオラ、ビスタビジョンによるすべての方式を作った。作ったのはジョン・ダイクストラであるが、彼は精巧なカメラ・モーション方式を作るすぐれた頭脳の持ち主である。彼は数人の技師と組んで、いろいろな電子機械方式を開発した。それは全く驚くべきことで、我々のあらゆる作業を可能にした。

——だが、あなたとダイクストラは、随分ケンカをしたでしょう。

G・L　ケンカしたというより、私が撮影したものに深い関心を寄せていた。私はどう撮影されていようと構わなかった。コンポジション（合成）と照明が巧くいき、期限に間に合えばよかったのだ。実際の製作では、時間というものはなく、毎日不可能なことを、しゃにむにやる。特撮班の人々は1日にワン・ショット撮れれば、御の字だと思いがちである。彼らは通常の製作ユニットのように同じ場所で仕事をしないし、特撮は、普通の映画を撮るのと同じ熱意とスケジュールでできると信じている。だから摩擦はあまり起こらない。同時に、私は撮影されたものに、さらに工夫を加えたい。制限時間内に技術的にそれが可能であるかどうかが難問であり、純然たる作業の問題でダイクストラと、とくにケンカした訳ではない。ロボットの問題、イギリスとカリフォルニアの特撮班との問題などいろいろとあった。

——ロケに要したフィルムの長さと、特撮に要したフィルムの長さの調節をすることは、あなたの管理上の問題の1つでしたか。

G・L　いや、特撮を自分の望み通りのものにしたかっただけで、終わりに近づくにつれ、たくさん特撮が揃って楽しくなり、作業は非常に好調だった。最初は、カメラマンも航空機の飛ばせ方を習っていた。というのは、それがとてもややこしいアニメーションの仕事で、そのためにはカメラを左右に動かしたり、廻したり、小型モーターを動かしたりするのである。たまたま巧くいっても、それは本番の時ではない。本番でない時に巧く行った航空機の動きを、カメラやモーターを操作して表現するのは容易なことではない。手真似や口で機の動きを説明することはたやすいが、それを紙に描き現わし、その通りに航空機を動かすのは極めてむずかしい。どう飛ばせるかを工夫するには時間がかかるし、こんな難題にぶつかったことは今までにない。『2001年宇宙の旅』では宇宙船は直線コースを飛び、われわれの眼から次第に遠ざかり、スクリーンをよぎって行った。決して、ターンをしたり、ダイブしたりしなかった。

——最後の戦闘シークエンス、空中戦の編集は大変だったと思いますが、どうでしたか?

G・L　空中戦のシークエンスの編集は一番むずかしかった。古い映画から採録したストーリーボードを用意し、他にパイロットのセリフの入った第2次世界大戦映画を使用して編集を行った。妻のマーシャは普通上映時間10分の一巻物を1週間で編集することができるが、今度の戦闘シーンの編集に8週間かけたと思う。仕事がきわめてややこしかったし、それにパイロットのセリフ入りのフィルムの長さが4万フィートもあった。マーシャは、それから適当な部分を選び出し、戦闘シーンと合わせていかなければならなかった。空中戦に物語の本筋を織りこもうと、これほど苦心した人はあるまい。できてもできなくてもやっつけようとしたのだ。

―ジョン・ウィリアムズの音楽は華麗で壮快ですね。

G・L　とても、とても気に入っている。我々は、マックス・スタイナーばりの、古めかしい、ロマンチックな音楽を望んでいた。

―連続もの風ですし、もちろん『フラッシ・ゴードン』ばりで、全編に流れていました。

G・L　上映時間121分の映画の中で90分間流れる。私はリストやドボルザークや『フラッシュ・ゴードン』の曲を使いたかったのだが、ジョニーはノーと言った。彼は強いテーマを望み、ところどころかなり回顧的に、しかもオリジナルなものにしたがった。我々は、どの人物もテーマをもち、登場するごとにそのテーマが演奏されるようにした。

ロボットだけの物語にしたかった

―マーク・ハミルのセリフはやや古くさく感じますが？

G・L　強い誇張がなされているのだ。そうするのに大変な度胸を要した。わかりやすくいえば、そもそも少年少女向きの映画を作るということそのものが非常に度胸のいる仕事だということだ。私はわざわざ調子を落して古くさい映画にする気はなかった。とてもいい映画を作るつもりだった。ふざけたものではなく、リアルな映画を作りたかった。

―ハリソン・フォードの扮するハン・ソロはジョン・ウェインばりを狙ったのですか？

G・L　彼は私が人にやらせる範囲まではやる。「おれは宇宙の端から端まで渡り歩いた……」だが彼はうまくやり通した（笑）。この役は彼にぴったりで、彼は極端に頭のいい俳優だ。我々はこの映画の製作を続けて行く際、いろいろと危ない網渡りをしたが、自分が落っこちそうになっているのはわからないものだ。作曲についてもだが、あれは行き過ぎではないか、これも行き過ぎではないかといろいろと皆と検討を加えた。全体にわたる大筋のところは、全部、私が裁量した。すべて同じレベルで行ったが、それは古めかしく、面白く、しかも最高に劇的で、出来るだけ感動的な要素に富むというのが狙いであった。

―ピーター・カッシングが演じた偉大なモフ・ターキンなどは確かにその型にあてはまるし、彼はなかなかいいセリフを放ちました。「ステーションを放棄せよ、今こそ大勝利の時だ」

G・L　そのセリフの意味はきわめて力強い。ピーター・カッシングは、アレック・ギネス同様名優である。彼は実力より低く評価されているようだが、若者たちやある種の映画ファンたちの人気者である。彼などは少なくとも今後350年間、記憶に残るだろう。シェークスピアとは、いかなくとも、世界的に価値ある俳優であることは確かだ。名優は確かに観客に何かを与える。アレック・ギネスの場合はとくにそうだ。同じ名優でも、彼と仕事をすると、彼がいかに独創的な俳優であり、優れた人物であるかがわかった。オリジナル脚本では、ベン・ケノービはダース・ベイダーとの果し合いで殺されない。製作が半ば頃に達した時、私は彼を傍らに呼んで、映画の半ばでベン・ケノーピを殺したいと言った。次のようなことを言い渡されたら普通の俳優なら大きなショックを感じるはずだ。「あなたは主役で、最後まで生き延び、英雄となる筈だったが、急に殺すことに決めた」。ところが、アレック・ギネスは快く承知したばかりか、役の足りない部分を補っていき、見事な1つのキャラクターを作りあげていった。

――あなたがケノービは死ぬと発表した時、撮影所内の人たちは狼狽しましたか?

G・L　皆、狼狽した。私はこうしたクライマックス・シーン設定の問題で四苦八苦していた。全編の3分の2ぐらいまではクライマックスがなかったし、もう1つの問題は〝死の星〟(デス・スター)に本当の脅威がなかったことだ。悪玉たちはボーリングのテンピンみたいなものだったし、彼らと射ち合いをして彼らを片づければそれでおしまいだ。私がもともと脚本に書いた通り、ベン・ケノービとダース・ベイダーは剣を使って渡り合う。ベンが扉にぶつかると扉が閉じ、敵は全部逃げ去り、ベイダー1人があとに残される。バカみたいな話だ。味方が〝死の星〟(デス・スター)になだれ込み、占拠したところへ敵が逆襲して来るなどというのは。

――昔のボブ・スティールのウェスタンそのままで、みんな6連発の拳銃に50発の弾丸を所持していましたね。

G・L　その通り。だが、そんなのでは迫力がなくなる。本当に残酷な苦痛のシーンがないし、悪玉たちを一層凶悪な脅威にするものが欠ける。私は、この映画を暴力抜きのものにしようか、それにしても射ち合いの面白さをそなえたものにしようかと迷っていた。射ち殺されるのは化け物や、甲冑に身を固めたストームトゥルーパーだけだという配慮をした。いずれにしても、私は脚本書き直しを試み、プロットの問題で苦しんでいた。すると妻が、少し乱暴なアイディアだが、いっそベン・ケノービを殺したらと提案した。私は「それは面白いアイディアだ。私もそれを考えていた」。妻の最初の考えはC-3POが射たれることであったが、私はそれは不可能だと言った。なぜならば私はこの映画をロボットで始め、ロボットで終わらせたかったからだ。私はこの映画をロボットの映画、ロボットが骨組みになる映画にしたかった。だが、ベンが殺されるアイディアを検討すればするほど、このアイディアが気に入った。その1つの理由は、それによってベイダーの脅威がより大きくなるし、その脅威は霊妙不可思議な力とつながりを持ち、その力《フォース》を悪事に利用する恐れがあるからだ。アレック・ギネスと私は、ベンも死後その力を続けて持つという結論に達した。初期に書いた脚本の1つに「フォース」をテーマとして強調したのがあった。それは「フォース」の総てを説いたもので、カスタネダの霊力物語とでも言ったものであった。

続編も再びゲーム遊びで

――では理論上、その霊力についても、ウーキーについても、ハンについても、ルークについても、続編があるという訳ですね。

G・L その通り。続編を作るのは最初からの考えだった。人材が揃い、念入りに企画すれば、いかなるものでも、その続編ができる。俳優たちが協力してくれなくても、続編は御免だと言っても、いつだって続編を作れる。

――主役との合意はできているのですか?

G・L アレック・ギネス以外の俳優たちとの合意は得ている。はっきりわからないが、ギネスの声は使えるかもしれない。続編の1つとして若き日のベン・ケノービも考えている。俳優も多分全部変るだろう。

――カンティーナのシークエンスについて語りましょう。

G・L 特撮とメイキャップ・マンのスチュワート・フリーボンはウーキーに多くの時間と精力を使い、素晴らしい仕事をしたが、我々はカンティーナに住む生き物を作ろうとして躍気となっていた。我々は撮影スケジュールより1週間早くカンティーナ・シークエンスの製作に移り、怪物の数も増していった。だが、いよいよ、そのシークエンスの撮影にかかる数週間前にスチュアートが病気となり入院しなければならなくなったので、予定していた全部の怪物が出来あがらなかった。出来上がっていたのは、バックグラウンド用怪物で、主役を演じる怪物ではなかった。私は、いずれはスチュワートか誰か戻って来て、もっと数多くの怪物をデザインしてくれるだろうと思っていた。

――いつそれは実現しました?

G・L 我々はカリフォルニアに帰ってからフィルムの編集を行って結果を見たが不満であった。私はそれを第2撮影班にやらせたかった。だが経費がかなりかかるので撮影所はこれ以上金をかけることを許さない。すでに予算を100万ドルもオーバーしていたからである。そこで私は重要なシーンの1つで、もっと数多くの怪物が必要であると言い、予算を組み、アラン・ラッド・Jr.にかけあった。当時アラン・ラッド・Jr.は社長となっていて、彼は承知したが、2万ドルでやれと言った。私はOKした。結局、欲しかったものの半分をカットしなければならなかったが、十分であった。私は、リック・ベイカー(『キングコング』)を雇い、恐しく、クレージーな、人が見て肝をつぶすような怪物を作らせた。

――黒のズート・スーツを着たバンドは素晴らしいが、なぜ彼らは40年代の音楽を演奏したのですか?

G・L 最初はグレン・ミラーの曲を使いたかったのだが、使えなかったので、ジョンが誰にもなじめる曲を作ったが、かなりいい出来だと思う。また彼は40年代を象徴する本当に異様な音も作ったが、もともと、これらの音楽はオーケストラ・ナンバーとして作曲してあったのだが、巧くいった。

――映画が大ヒットしたことにより、当然の勢いとして、あなたが企画したマーチャンダイジングも大成功を収めていますが。

G・L　私が映画とそれに附随するものを作ろうと考えた動機は、私がオモチャやいろいろなゲームが好きだからだ。そこで、店のようなものを作り、そこでマンガ、レコード、中古のロックのレコード、アンティックのオモチャなど、普通の店では買えないものを売ってみたいと考えた。また私は映画作りの片手間に新しいゲームなどを作り出すことが好きで、こうしたことから新しいオモチャなども作り出すことができる。私はまた、この映画の続編によって更に商品が売れ、相当期間利益があがれば、商業的映画作りから引退し、自分流の抽象的な風変りな映画を作ってみたいと考えている。

――今のうちにオモチャやゲームを売り、いずれむずかしい映画を作ろうというのですか？

G・L　イエス。映画は大ヒットしたし、続編も大ヒットすると思う。私は自分の店を持ち、売りたいものを売りたい。私は糖尿病患者で砂糖は禁物だからハンバーガーと、砂糖を使わないアイスクリームを売る店を持ちたい。引退して、こうしたことをすることができるまでゆっくり構え、収入の道は……。

ルーカスの次作とSFについて

――『スター・ウォーズ』の収益で……。

G・L　この金を呼び水にして何とか店を開いていき、自分の好きなことをやりたい。私は私に可能な、最もあり来たりの映画を作った。私はクラシック娯楽を作るという意味で私なりの技術を会得した。今やりたいのは、その技術を他の方向へ向けることだ。それはプロットのないストーリーを語り、視覚と音響関係という条件の中で行なわれていることなどをふまえない情緒作りをすることだ。そこに未踏の世界が存在する。一般の人はストーリー映画の中に閉じこめられている。小説や劇が映画に与えた影響はきわめて大きいので、そのため映画は弱い存在となったようだ。もし映画というものが受けるなら、私は映画を作り、それを受け入れる人の手で配給してもらう。多分それらの映画は娯楽ものだろう。今の時点ではわからない。どんなことが起こるのか自分でも皆目わからない世界にあるもので、それだけに自分を興奮させる。現在の私の心境を言えば、引退することだ。私はコッポラや他の友人たちと違う道を歩んだ。彼等は皆大帝国を築き、絶えず負債をし、彼らの帝国を維持しようとしてたゆまず働いている。だが、1人コッポラは、われわれ皆が志した自主性を持とうとして努力している。それは撮影所の指図を受けることなく自由に映画を作ることである。

――あなたは今でも、スティーブン・スピルバー

グ、マイケル・リッチー、フィリップ・カウフマン、ブライアン・デ・パルマ、マーティン・スコセッシ等と接触を保っていますね。

G・L　いろいろなグループがある。ウィラード・ハイク、マシュー・ロビンス、ジョン・ミリアスたちの組んだＵＳＣマフィアと称するグループがあるし、ニューヨーク・グループもある。私がＵＳＣに属している頃、デ・パルマとスピルバーグはロング・ビーチにいた。われわれは親しくなり、互いに競争するといっても健全な競争であった。コッポラと私は互いにパートナーだったからもっと親しかった。私は相手の作品によって相手と親しめる。全く不思議だ。コッポラは彼の作品にぴったりした男だ。スコセッシもそうだし、デ・パルマはとくにそうだ。われわれは互いに協力するし、皆『スター・ウォーズ』の製作ぶりを見に来て知恵を貸してくれた。

――ＳＦは、純理論的フィクションでもありますが、文学を含めて、これまで軽視されてきたきわめて重要なジャンルです。そしてそこに重要なアイディアがありますね。

G・L　その通り。なぜ宇宙服はあんな風なのか。なぜ月に達した宇宙飛行士たちの姿と『月世界征服』で月に上陸した人たちの姿が似ていたのか。

――あの映画は１９５０年に作られましたね。

G・L　なぜならば、美術監督が科学的インプットという条件の下で考えられるものを根拠にして宇宙服をデザインしたからだ。結局のところ、昔の映画の美術監督たちや通俗的ＳＦが宇宙服を考案したので、これらのものが現代の宇宙服に大きな影響を与えているのではないかと思う。技術者もデザイナーも、その他すべての人が進歩したことを示している。さらに理論的、もしくは哲学的レベルにおける興味深い探索の目が、宇宙の謎、われわれの存在理由、宇宙の大きさとその行方、神とは何ぞや等あらゆる疑問に向けられる。最も多くの文明、あらゆる文化や宗教は、その時代の〝サイエンス・フィクション〟によって作られた。その通りなのだ。今でこそ我々はそれをサイエンス・フィクションと言う。昔はそれらを宗教とか神話といったのである。

――叙事詩的、英雄的伝説ですね。

G・L　全くその通り。それはいつの時代でも同じもので、私に関する限り、最も意味深いフィクションである。それが薄っぺらなマンガ本の人気に堕したことは残念であるが、とうの昔われわれはそこから脱皮したと思う。サイエンス・フィクションは、依然として、そうしたイメージに反発し、きわめて敬虔でシリアスなものにしようと努力している。私が『スター・ウォーズ』を作ることによってそれを実現しようとしたのである。バック・ロジャースは彼なりにアーサー・Ｃ・クラーク同様有力であった。両人とも同格という意味でだ。スタンリー・キューブリックは、事物の合理的な面を扱うという意味での映画で、最も素晴らしい仕事をしたが、それに反した私は事物の非合理的な面を強調しようと試みた。理由はそれが必要だと考えたからだ。もう一度われわれはスタンリー・キューブリックの宇宙船に乗って出かけるつもりだが、できることなら、私の光線剣《ライト・セーバー》を持ちウーキーも連れて行きたい。

――製作宣言ですね。

G・L　何もかも、もっとロマンチックなものにしたい。もし可能ならば、10歳の少年たちに宇宙への関心とロマンスと冒険の可能性を教えるものにしたい。今後もっと多くのヴェルナー・フォン・ブラウンやアインシュタインが出てくるための刺激となるばかりでなく、彼らに宇宙探検の重要性を教える作品を作りたい。それは合理的理由ではなく、あくまでも非合理的な、ロマンチックな理由によるものである。

いつか、私が93歳かそこらになった頃、彼らが火星に住みつき、そのリーダーが「本当はウーキーがいればいいと思ったからここへやって来たのだ」と言ったら、さぞ愉快なことだろう。

インタビュア＝ポール・スキャンロン
「ローリングストーン」誌より

『真夜中の向う側』
『愛と喝采の日々』
『ジュリア』

期待の女性映画の数々

現代を生きる女性を描く新しい世界

『真夜中の向う側』

新しい波は女性映画から

20世紀フォックスの製作担当副社長ガレス・ウィガンは、わかりきったことでも丁寧に説明する必要があると考えているかのように、静かな口調で語る。

「社会現象は時計の振子と同じで、極端から極端へと動きながら繰り返される。最近、人間関係を描いた映画が好まれる傾向にある。そのような映画を作るとなると、主人公は男性だけでは駄目だ。女性も重要である」

こうした考えを基に多くのプロジェクトの製作スケジュールが生まれる。この数年間、女性を描いた典型的なアメリカ映画はなかったし、人間関係に重点を置いた作品もなかった。

しかし78～79年はFOXだけでも『真夜中の向う側』(マリー＝フランス・ピジェ、スーザン・サランドン共演)、『愛と喝采の日々』(シャーリー・マクレーン、アン・バンクロフト共演)、『ジュリア』(ジェーン・フォンダ、バネッサ・レッドグレイブ共演)、『結婚しない女』(ジル・クレイバーグ主演)、ロバート・アルトマンの『ウエディング』(51人のスタアが競演)など、女性映画が目白押しだ。

ハリウッドで起こる様々な新しい現象は、映画の人気が下がった時に起こる。不振に苦んでいたメイジャー・スタジオは、金にならぬと思っていた製作費が安上がりの映画が大ヒットした事実に長い間、注目していなかった。『カッコーの巣の上で』(75)『ロッキー』(76)『ネットワーク』(76)の共通点は、人間関係を描くという、新しい構成である。そこからさらに発展させ、そうした人間関係の中に女性を加えたら、映画は活気づくだろうと認識されてくる。

ハリウッドの女優たちにとって長い不毛な期間が終わると、彼女たちに興味が持てる仕事が生まれ、女性が主演を務める作品が毎週のように公開された。ジェーン・フォンダは『帰郷』(78／ハル・アシュビー監督、ジョン・ボイト、ブルース・ダーン共演)でベトナム戦争に従軍した兵士の妻役を、また『騎手がさっそうとやって来る』〝Comes A

Horsman〟(78／アラン・J・パクラ監督、ジェームス・カーン共演）では製作・主演を兼任する。ダイアン・キートンは『ミスター・グッドバーを探して』(77／リチャード・ブルックス監督）で難しい役で主演を務める。マーシャ・メイソンは夫君ニール・サイモンが『グッバイガール』(77／ハーバート・ロス監督）で作り出した『おかなしな二人』(68）のキャラクターを彷彿させる、知ったかぶりをする売れない役者（リチャード・ドレイファス）を相手に夫がいない母親を演じている。エレン・バースティンはメリナ・メルクーリと『女の叫び』で共演する。そして、キャンディス・バーゲンはリナ・ウェルトミューラーの『夜は雨に濡れて』〝A Night Full of Rain〟(79／ジャンカルロ・ジャンニーニ共演）で、神経質なイタリア人と結婚をし、祖国を捨てたジャーナリストの役を演じた。

ヨーロッパではリブ・ウルマンが『蛇の卵』(77／デビッド・キャラダイン共演）というタイトルの、イングマール・ベルイマン監督がベルリンを舞台に監督した映画に主演し、ビビ・アンデルーションは故国スウェーデンで『あなたにバラ園を約束しなかった』にキャスリーン・クライランと共演した。以上は名優による作品であるが、他にキャサリン・ヘップバーンが『ゆかいな風船旅行』(78）でカムバックし、ルイ・マル監督の『プリティ・ベビー』(78）でスーザン・サランドンが新人ブルック・シールズと組んで、ニューオーリンズに暮らす親子の売春婦の役を演じている。

エリカ・ジョング原作の「飛ぶのが怖い」がジュリア・フィリップス製作・監督で実際に映画化されるかどうかという行方も気になるところだが、どうやら映画産業は、変わりつつある女性の体験を主要テーマとする映画製作についに乗り出したようだ。新しい試みだから失敗作も出よう。それに新たなジャンルに向かうには、ある特別な問題もある。ここ10年間にセックスがアメリカの社会をすっかり変えてしまったので、昔の女性映画のパターンが使えなくなっていることは明らかである。

映画の中での本当の女性とは

ハリウッド映画向きの78年代の女性の典型的なタイプはどこにいるのか。それは『キングコング』(76）に出てくるジェシカ・ラングのような女性でないことは確かである。だからと言って現代の女性は脚本家パディ・チャイエフスキーが担当した『ネットワーク』(シドニー・ルメット監督）でフェイ・ダナウェイが演じたような女性にイメージが似通っていると考えていいのだろうか。

映画の中で女性の描写がどのように進歩したか、また製作者たちがこうした問題を解決しながら、どのようにして成果を収めたかを、これまでに公開された作品をとりあげて考察してみよう。つまり中立的なフェミニストとしての見地から、女性映画を検証することである。

幸いにも映画は、こうした問題が等閑視されていた間にも、本物の女性を描きされない芸術とはならなかった。時おり本物の女性がその姿を現したのである。例えば『ひとりぼっちの青春』（69／シドニー・ポラック監督）や『コールガール』（71／アラン・J・パクラ監督）でジェーン・フォンダが演じた女性であり、また典型的な偏執的スリラー『コンドル』（75／シドニー・ポラック監督）の中でフェイ・ダナウェイが演じた女性の中にもそれが窺えたのである。それは主人公ロバート・レッドフォードの要求を無視して、独自の道を歩もうとする女性の姿であった。2人の相反する姿は、はっきりと描かれなかったが、ダナウェイの演技は、女性は単なる男性の道具ではないことを示した点で注目に値するものであった。こうした予期しない収穫以外に、4年前、偉大なる先駆者的な作品が登場した。マーティン・スコセッシ監督の『アリスの恋』（74）である。監督にとって唯一の女性映画で、この画期的な作品は評判が良かった。アリスが再び歌手を目指すという決心は、牧場主の腕に抱かれることによって挫けてしまうが、作品のオリジナリティと妥当性は、アリスが見たままの世界観に定着していた。

『ひとりぼっちの青春』
写真協力：公益財団法人川喜多記念映画文化財団

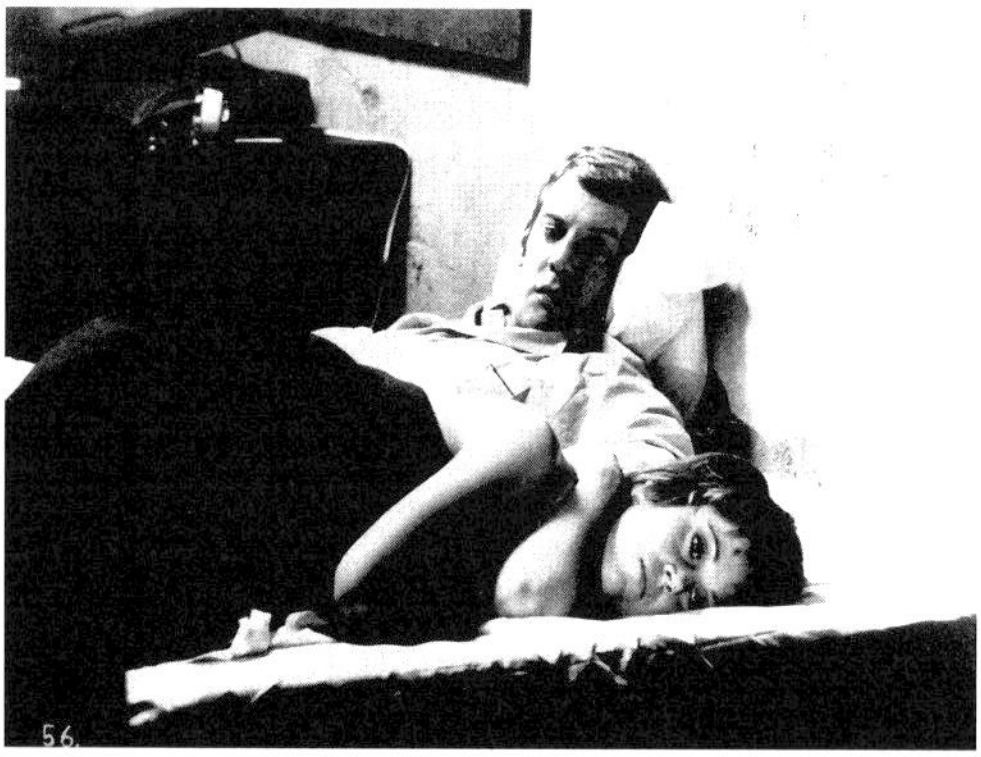

『コールガール』
写真協力：公益財団法人川喜多記念映画文化財団

暴力映画が流行している間、アメリカの演出家の中には男女を描く映画製作を執拗に続けている者がいた。その中の1人がロバート・アルトマンだが、彼のプロデューサーとしての才能と、低予算で迅速に仕事を進める才能とをもってすれば、ハリウッドにどんな風が吹いていようと『三人の女』（77）のような作品を作ったであろう。この映画は賞賛されたが、一般的には難解な作品として受け取られていた。人の心を眩惑させるほど強力で想像力豊かな構成を持ち、抽象的ではあるが人の心を知的にゆさぶる映画である。

『三人の女』は女を描いた作品か、それともアルトマンだけに見える女の姿や女の夢なのだろうか。そこには明確な男女の相違が存在する。極端なフェミニズムに傾倒するのではなく、この相違に関して考察してみよう。

もし『三人の男』というタイトルで同じような作品を、アルトマンと同格の有名な女流監督が作ったとしたらという疑問が起こってくる。もちろん、そういう女流監督は現状アメリカにはいないし、そうした映画を考えるのが無理な話である。なぜならば、アメリカ文化では男はエロチックな飾り物としても、情緒のある色彩としても一般には使用されていないからである。

映画では、とくに男の感情は、しばしばアクションを通して表現される。だが、女は分析され、悪魔に魅せられた者として取り扱われ、コンピューターにかけられ、彼女たちの感情や苦悩を知るために深い探求のメスが入れられる。こうした問題を追及することに、最も優れた才能を持つ監督はイングマール・ベルイマンである。

人生を生きる新しさと真実性

今年は〝女性映画〟が何本も登場したが、近代における女性の姿をまともにシリアスな眼で観察した作品でなければ作る価値はない。フレッド・ジンネマン監督の水際立つ鋭い感覚によって作られた『ジュリア』(77)は、2人の女性が幼年時代に体験した純真で、温かい友情が、後年2人が辿った別々の人生に対照的な悲劇を生み出す姿を描く。この2人の関係は『明日に向って撃て!』(69)でポール・ニューマンとロバート・レッドフォードとの間に生まれた男の友情を新しくしたバリエーションで、これまで映画が描いてこなかったものである。この作品は、映画に出てくる女性を見直すために作られたもので、ここではもはや女性は男性の衛星ではなく、独立した太陽であり、惑星である。

これまでの映画は、女性が誠実と打算と困惑という要素を合わせ持つ存在であることを公にしようとはしなかった。だが『ジュリア』は、女性を感情や夢を持ち、個々の運命に翻弄される人間として扱う映画の草分け的な作品である。

リリアン・ヘルマン(J・フォンダ)とジュリア(V・レッドグレイブ)の友情は新しい女性映画の模範である。フランスの女流監督アニエス・バルダはこう言う。「友情は男性向きのいいテーマです。『リオ・ブラボー』(59)で、堂々たるジョン・ウェインがディーン・マーティンに酒をやめさせるシーンがあります。あれは真の友情で、彼は本当の男に立ちかえらせたいのです。私は男が他の男のために尽くすのを見るのが好きです。でも、われわれ女性にとっては価値の尺度が違います。私の新作『歌う女・歌わない女』(77)は女性たちにとっての最大の価値をテーマとしています。例えば、描いているのは彼女たちの母性に対する関係で、つまりあらゆる女性の人生に関わる関係です」

ハーバート・ロス監督の『愛と喝采の日々』(77)とポール・マザースキー監督の『結婚しない女』(78)は、ここ数年来フェミニストや一般女性の間で大きく取り上げられた話題をテーマとする作品である。『愛と喝采の日々』は旧友同士である2人の女性が、人生の半ばで自分たちの境遇を見極めようとする姿を描く作品で、1人は青春をキャリアに身を捧げ、もう1人は家庭の人となり、母となった。2人とも若い頃はバレリーナで、共に家庭人となるか、キャリアに身を捧げるか、2つのうち一つを選ばなければならなかったのだ。現在は「ペアレンツ・マガジン」誌でも、必ずしも家庭の人にならなくてもいいと、はっきり言っている。

この映画はシナジー（相乗効果）というものを示す珍しい例であるが、その相乗効果の中ではあらゆる要素がすぐれているので、それを組み合せると傑作が出来あがる。映画の舞台は『イブの総て』のようにいろいろと入れ替わり、それが巧みな筋運びに役立っている。『愛と喝采の日々』もまた、映画が複雑な人間関係を、品良く、思いやりをもって描くことができるということを証明するものである。『結婚しない女』はこれといった野心もなく、気楽な結婚生活をしていた女性が、離婚によって体験する人生の危機や転機をテーマとしている。

この2本の映画のテーマは、最近アメリカの小説、雑誌、新開、テレビ座談会などに取りあげられ、アメリカ政府機関もこの問題を考察した。現代女性の間で散々議論されてきたテーマを、なぜ2人の男性監督が初心者のような意気ごみで取り組んだのだろうか。意外なことに、いずれのテーマもこれまで本格的にハリウッド映画では描かれてはいない。その反面、表面的は女性問題を取りあげて、最初は観客の好奇心をくすぐるが、危険な映画とは言えないまでも最後に不快感を与える特異な映画もある。『リップスティック』や、ジュディス・ロスナーのベストセラーを映画化した『ミスター・グッドバーを探して』は、こうしたカテゴリーに入る作品である。

『結婚しない女』
発売中／¥3,800+税／
発売:20世紀フォックス ホーム エンターテイメント ジャパン

終わりから始まる新しい愛の物語

今まで紹介した作品よりも安心して観ることができるものに、古めかしいがひねりが効いた豪華なラブストーリーがある。例えばシドニー・シェルダンのベストセラー小説をチャールズ・ジャロットが監督した『真夜中の向う側』（77）である。これはMGMが昔盛んに作っていた懐しい映画を思い起こさせる。

『真夜中は別の顔』

正統なラブストーリーを作ることは今日の映画製作者にとっては骨の折れる仕事らしい。というのは、良いラブストーリーには、いろいろな問題がからむ必要があるからだ。例えば『ロミオとジュリエット』に出てくるモンタギュー家とキャピュレット家との確執。エリック・シーガルが『ある愛の詩』のヒロインを不治の病にしたのもその良い例である。こうした要素に欠けている場合、観客に受け入れられるには少くとも登場人物を何らかの形で一時不幸に陥れる必要がある。

しかし、昔から素材にしていた厄介な障害はもはやあまり存在しなくなった。長すぎた春などに憶《おも》う人はなくなり、一般社会が許さなくなっている。セックスの喜びを描くことが普及したので、抑圧や罪をテーマとする古くさいドラマは迫力を失ったのだ。男女がオープンにコミュニケーションをとるようになり、お互いに悲劇的な誤解を招く恐れも少なくなった。女性が自由に振る舞い、言いたいことを言い、自分

『真夜中は別の顔』

が置かれた間違った環境を認識し、セックスに満足を覚えるようになると、ロマンティックなシナリオは昔の5分の4、なくなったことになる。新しいラブストーリーは、昔のラブストーリーのエンディング、つまり〝めでたし、めでたし〟のハッピーエンディングから始めなければならない。内面的な葛藤を、人間関係自体の深いしわの中から探り出さなければならないのだ。

ウディ・アレンの『アニー・ホール』(77)はこうした人間関係を描くが、ここでは恋人同士がそれぞれの神経質な部分のため、巧く噛み合わないことが問題となる。『アニー・ホール』で重要な特徴は、それがきわめて滑稽であるということを突き抜け、なかば自伝風で、噂話的な特長があるばかりでなく、しかも真実味もある点である。このラブストーリーに出てくる2人の主人公ウディ・アレンとダイアン・キートンは似た者同士であるが、ダイアン・キートンの演技にリアリティがある。確かに彼女は1人の人物をエキセントリックに表現していこうとしているが、それにもかかわらず現代の女性を体現している。こうした独創性に恵まれた映画は稀である。名優が出演しなくても、観客がなるほど

『アニー・ホール』
写真協力：公益財団法人川喜多記念映画文化財団

と思えるテーマを取りあげることが肝要である。例えば、ジョーン・ダーリングがパラマウントのために監督した『ファースト・ラブ』(77／ウィリアム・カット、スーザン・デイ共演)がそんな作品だ。これは大学生同士の恋愛をテーマとしたものだが、一方がひたむきな愛を求めるのに他方が陽気で自由恋愛を求めるので、2人の仲がうまくいかなくなる。女流監督ダーリングの演出家としての才能はテレビシリーズ「メリー・ハートマン、メリー・ハートマン」(76)で立証されている。『ファースト・ラブ』では解放された若者のセックスライフをよりくわしく描写してくれるだろう。

「新しい女性映画には、母、恋人、友人、人妻、芸術家、行動主義者、処女、売春婦などあらゆる女性が登場する。だが、現代女性にとって最もドラマチックな役は、犠牲者の役だろう」。この点でリチャード・ブルックス監督の『ミスター・グッドバーを探して』は大きな反響を呼んだ。物語中の主人公テレサ・ダン役をダイアン・キートンが演じる。このテレサという女は、昼は耳の聞こえない児童たちの教師であるが、夜は快楽を追ってさまよう女である。

　こうした新しい映画に見られる特徴は、男性を通じてではなく、直接女性に焦点が向けられていることである。シャーリー・マクレーンは、映画の中で男性と関係のない女性の姿を見るのは久しぶりのことであると言い、新しい映画によって女性が特別な人種扱いをされる恐れがあるのではないかと懸念する。彼女はメイジャー・スタジオが女性のキャラクターに注目する姿勢に懐疑的になっている。これによって女優に多くの収入をもたらすなら別だが、そうでなければ問題があると言う。

『ミスター・グッドバーを探して』
写真協力：公益財団法人川喜多記念映画文化財団

ジェーン・フォンダもその意見に同感だ。

だが、彼女は映画というエンターテインメント・ビジネスで起こった、近頃のあやふやなブームの中で、最も重要な人物になりそうだ。結局、ジェーン・フォンダは、大金を生み出そうとジタバタする金目当ての投資家たちのお目当てになるより、むしろ観客を喜ばせ、啓発する存在になりそうだ。彼女のキャリアは、オードリー・ヘプバーンやキャロル・ロンバード同様に、あらゆる点で確立されている。彼女は押しも押されぬ名女優であり、彼女のプライベートな活動にも我々は関心を持っている。彼女の過激な態度が多くのアメリカ人を怒らせたこともかつてあったが、彼女は根っからのアメリカ人気質の女性である。一本気ではっきりしていて、人の心に訴える魅力、古き良きアメリカ人が持つ楽天さ、誠実さを持ち、それと美しい身のこなしや活気ある喋り方をしている。

　女性が映画やテレビの脚本づくりや演出に進出するに従い、我々は今まで以上に的確なテーマやバラエティさに期待できそうであるが、それは実現するだろうか。そうした作品が作られるとか、その準備が行われているという噂は聞こえてくる。今年、新たな女流監督が輩出することも期待されている。例えば女優リー・グラントが、夫君のジョセフ・フューリーの製作でヨハン・アウグスト・ストリンドベリの劇「強き者」を映画化することになっている。彼女はまた20世紀フォックスのためにJ・J・ドハーティの小説「最後の試し」の映画化を企画している。

　この作品は、女性が初めて体験する重大な恋愛関係をテーマとするもので、フォックスの撮影所の重役たちに説明した時、彼らはいちいちうなずき、この提案に賛成してくれたと彼女は言っている。

　だが今後もこうした企画が続けて受け入れられるだろうか。所詮それは利益が上がるか、上がらないかにかかってくる問題で、当面は一か八か全力投球でやってみることだとグラントは語っていた。

「キネマ旬報」1978年2月上旬号より

『真夜中は別の顔』

発売中／¥3,800+税／
発売：20世紀フォックス ホーム エンターテイメント ジャパン

2大女優の生の躍動を通して描く人生の実相

『愛と喝采の日々』

深く掘り下げたい人間描写

『愛と喝采の日々』(77)をメロドラマと称する人がいるかもしれないが、それは2人の女性の人生の危機を描く映画をどう表現していいかが単にわからないからだ。アメリカ映画は普通の人間が直面する問題をあまり描かない。この作品は普段よく目にする映画の型にはまらないのだ。『愛と喝采の日々』で描かれた情感の深さや真実の探求はヨーロッパ映画ではよく見られるが、ハリウッド映画にはない要素である。『愛と喝采の日々』は、ハーバート・ロス監督が愛情いっぱいに苦しみの中から生み出し、手塩にかけて作った映画だ。今は特撮映画に多くの支持が集まっているが、こうした親しみが持てる人間ドラマこそが、観客の待ち望んでいた作品だった。

この映画は『赤い靴』(48)以来のバレエ界を舞台とする作品で、とくにダンス・ファンたちを喜ばせた。偉大なるミハイル・バリシニコフが世界最高峰の美しいフォームをふんだんに見せてくれる。だが、重要なポイントは、ストーリーがバレエ技法の1つ、アラベスクの添え物となっているダンス映画とは異なることだ。物語はバレエの世界を舞台にしているが、普遍的なテーマを扱っている。人生の選択と、その決断の結果〝白鳥の湖〞を演じるところまで到達できなかった後悔について描かれているのだ。

『愛と喝采の日々』は、物語の出だしから2人の女性の対照的な人生を見せる。このコントラストは映画が終わるまで続くが、オープニングのシークエンスはテンポが速く、洗練されたカメラワークで展開する。まず観客は郊外に住むある家族がバレエの夜公演を見に行くのに興奮している光景を見せられる。このシーンには愛情が満ちており、自然な雰囲気で、そこから観客は家族の再会を思わせるような愛情と心からの喜びを感じとれる。やがて一家を乗せたステーション・ワゴンが家の車寄せに出ると、シーンはブラック・スクリーンにカット・インされる。すると白い衣裳をまとったダンサーが、スクリーンに滑るようにして入ってくる。カメラが徐々に後退すると、バレエ団のダンサーによる「バヤデルカ」の美しいフォーメーションが展開する。このドラマチックなカットによって、観客はゴタゴタした家庭の世界から全く異なる環境へ、つまりスタイリッシュで動きが正確な世界、陶酔と美に満ち、時間を超越した世界にすぐさま投げ込まれる。

『愛と喝采の日々』の中心となるドラマは、視覚的な対比によって紹介される。物語は2人の女性の再会から始まるが、彼女たちのシーンは20年前にさかのぼる。エマ（アン・バンクロフト）は自分のキャリアを忠実に歩み、プリマ・バレリーナとなる。彼女の友でライバルだったディーディー（シャーリー・マクレーン）はバレエをやめ、家庭の人となっている。20年後の再会によって、2人は否応なく、自分たちが選んだ人生の道を振り返ることになる。ディーディーの娘エミリア（レスリー・ブラウン）がその才能を認めたエマに勧められてバレエ団に入ると、2人はエミリアの中に自分たちの存りし日の姿を見い出し、青春時代を回顧するのだ。エミリアのバレエの技術が上達すると、エマとディーディーは、何とも言えぬ後悔するような不満を感じたり、恨めしいような、妬ましいような複雑な感情を抱くようになる。

アン・バンクロフト（右）とシャーリー・マクレーン（左）

脚本家アーサー・ローレンツの卓越した力量

脚本家アーサー・ローレンツは、ドラマを単純化することに反対した。彼はすべての登場人物が抱く不満を理解しようとしたのだ。ディーディーには愛妻家の夫と3人の愛児がいる。今でもバレエが忘れられず、バレエ教室を開いている。彼女はもし家庭に入らずにバレエの道を選んでいたら、今頃、どうなったであろうかと考え、つい我を忘れてしまう。

一方、バレエの道を選んだエマも、今は昔の生彩はなく、寄る年波と、孤独の恐怖に絶えず怯えている。2人とも相手の立場をうらやましく思うのだ。映画は双方の感情をうまく表現している。ディーディーが選んだ世俗的な世界には、確固たる安定がある。エマにはディーディーの平穏さがうらやましい。それにもかかわらずディーディーは、自分が魔術のような強烈な芸術の世界から引退したことを忘れられない。このディーディーが棒にふった、うっとりするようなバレエのシーンは、撮影の名手ロバート・サーティースによる美しいカメラに収められた。

ローレンツが描こうとしたテーマは、人生は選択を必要とし、そうした選択をするには他の何かを犠牲にしなければならないということである。人間は自分が獲得した環境だけでは満足しない。人生の目的を達した幸運な人たちでも、自分が犠牲にした他の夢を追っているのだ。この映画が描くのは、誤った選択をしたと思っている人たちのドラマではなく、正しい選択をしたにもかかわらず、人生に不満を抱く人たちのドラマである。この映画がとらえた深い、何ともいえぬ悲しみは、恵まれた人生を送るいかなる人々にもつきまとう不満や、何か失ったものはまだあるのではないかと思う抑え切れぬ好奇心から生まれる。『愛と喝采の日々』は、根本には不満を持ち、避けようのない人生の姿を描き、絶えず夢と希望を追う我々の宿命を描いた映画である。

無理に演出のやり方を少しでも変えたら、作品は暗くなったであろう。だが、この映画の製作者たちは、実験的とはいえ、確固たる自信をもって最後までやりとげる道を選んだ。物語のクライマックスには様々な和解シーンがある。2人の友人の和解、夫婦の和解、母娘の和解。エマとディーディーは、結局、自分たちが選んだ道を是認し、今さら過去を変えることはできないと悟る。そして2人が過去を是認できれば、未来からの慰めも得られるという訳だ。やがて2人は若いエミリアの成功に貢献したことを知るのである。

2人がお互いに認め合うというエンディングは、他の多くの映画に見られる安易な高揚感とは異なり、よくあるありきたりで軽率な楽天主義と混同してはならない。『愛と喝采の日々』のエンディングは、この作品に執拗に流れる人生の不満や失望の姿を否定してはいない。逆に、終わりにも空しさと悔いの感情が含まれている。新規まき直しという気持は、失望に直面することによって得られればこそ納得がいくのである。

この映画が劇的なのはすぐれた技術に負うところが大きい。脚本家アーサー・ローレンツは舞台（「勇者の家」「ウエスト・サイド物語」「ジプシー」）と映画（『ロープ』（48）『追想』（56）、『追憶』（73））で成功を収めた大ベテランだが、『愛と喝采の日々』の脚本で見せた自信は、かつての彼の作品以上のものだ。ローレンツは、この映画で多種多様な人物を登場させる。ある人物の描写が他の人物の描写より強調されていたりもするが、どの人物も個性がはっきり出ている。例えば、映画の中に5人の女性、エマ、ディーディー、エミリア、キャロリン（スターー・デニアス）、ダカロワ（アレキサンドラ・ダニロワ）たちが一緒にお茶を飲んでいるシーン。明確に性格描写された5名の女性を一堂に集めた画面は、最近の映画では稀なほど生命力にあふれている。ローレンツの脚本は機知と精密さと達意があることで有名だ。互いに本音をぶちまけて考え抜いたエマとディーディーが喧嘩するシーンの構成は、これまでにスクリーンを飾った最高の脚本といっても過言ではないだろう。

卓抜なキャスティング

そのローレンツも、彼が書いた台詞をこれ以上うまくこなせるキャストを探し出すことはできなかっただろう。アン・バンクロフトは、これまでに彼女の才能にふさわしい映画に出演したことはあまりなかったが、今回の彼女は素敵だ。卑俗な言葉を使うことを抑制された怒り、溢れる気遣い、耐えきれない苦痛などを吐露することに至るまで、あらゆる感情表現を体現した。アン・バンクロフトに対抗する女優は、勇敢にぶつかっていかねばならない。だが、シャーリー・マクレーンも負けてはいない。彼女は、バンクロフトと対抗するシーンで数々の名演技を見せた。彼女の表情にカメラはひきつけられる。彼女が無言で不機嫌な顔をしている。彼女の演抜を見て、アンサンブル演技に賞がないのは残念だと思う観客も多いだろう。それほど2人のアンサンブル演技は素晴らしい。

その他の多くの出演者はこれまで舞台にも映画にも出演したことのないダンサーたちである。レスリー・ブラウンは、ひ弱さと毅然な態度の二面性を見事に演じ分けたし、ディアギレフのロシア・バレエ団出身のアレキサンドラ・ダニロワは若いダンサーたちの憧れの的である。この映画は女優優先で製作されたので、トム・スケリットの演技を見落とすおそれがある。リットの演技を見落とすおそれがある。演技を抑えていながら、心優しく人間味のある紳士を演じることはむずかしい。ディーディーの良き夫役として、スケリットの温かみと優しさのこもる演技は、夫婦の和解シーンを感動的なものにした。

このようなすぐれたアンサンブル演出を見ることは稀で、ハーバート・ロスが出演者間のバランスをうまくとることによって、それぞれの演技の調和を生み出したことを評価したい。ロスは過去の作品に派手さがないという理由で、しばしば過小評価されてきたが、今のアメリカ映画界の演出家の中で、彼ほど俳優をうまく使う人物はいないだろう。例えば映画の中で上演される「ジゼル」の舞台に出演するアン・バンクロフトとスター・デニアスが、表現するリアクションの違いは見事だ。野心満々のデニアスは内心嫉妬に燃え、不機嫌な顔をしている。これに対してバンクロフトの方も同じく嫉妬に燃えているが、悔恨の情にかられている。彼女もまたこの舞台に出演できたことに感激している。だが彼女の受け取り方は寛容である。この点、2人の人物の違いがはっきりした大事な瞬間を作り出せたのは、きわめて繊細な感覚に恵まれた監督の腕によるものである。

ハーバート・ロスは、この室内舞台のシーンではずみがつき、バレエ・シーンにはデリケートだが共感できる叙情詩的な味わいを加味した。ロスは、これまでに『ボギー！俺も男だ』(72)、『シーラ号の謎』(73)、『シャーロック・ホームズの素敵な挑戦』(76)、『グッバイガール』(77)を作り、才能ある娯楽映画の監督の地位を確保したが、『愛と喝采の日々』によってさらに一歩前進した。

この映画は、悔恨と和解という普遍性を持つ複雑なドラマをわかりやすく描いているが、理想をいえば芸術作品は物事を深く掘り下げ、人の心を動かすだけでは足りない。心を慰め、活気をとり戻させるものでなければならないのだ。我々が映画やバレエや、他のあらゆる芸術に接したい最大の理由は、安らぎ、生き甲斐、カタルシスといったものを求めたいからだろう。『愛と喝采の日々』の理想像は人の心に安らぎを与えるものである。それは輝くような人間性とルノワール映画の傑作に見られる英知である。

「キネマ旬報」1978年3月下旬号より

『愛と喝采の日々』
発売中／¥1,419＋税／
発売：20世紀フォックス ホーム
エンターテイメント ジャパン

『ジュリア』

ジェーン・フォンダが語る「私は人を力づけ励ます映画を作り続けたい」

『ジュリア』(77)は物語としても、映画としても、アドベンチャーとサスペンスと波乱に富む娯楽作品であると同時に、人間の価値というものを大きくとりあげた問題作でもある。様々な論議が交わされるべき問題を提起している。

政治や社会問題に無関心な人々が多い昨今、この映画は満ち足りた平和が失われるという危機感を人々に考えさせ、主義・主張のために断固として立ちあがることを教えてくれる。また自分の幸福だけを考える人が多い中、この映画こそ、友人や、我々が住んでいる世界のために、しっかりと責任を果たすという決意を奮い立たせてくれるのである。映画史上、これほど細やかな友情を扱った作品はなく、ここ数年氾濫している極端に荒っぽい男性映画と好対照をなしている。この映画が成功した最も重要な要因の1つ、ヒロインのリリアン・ヘルマンを鮮やかに演じたジェーン・フォンダは、いかなるプロセスを経て『ジュリア』にまで辿りついたのか。以下、彼女自身の言葉を交えながら追ってみたい。

失意のドン底から立ち上がる

ジェーン・フォンダが「女優と共演できるなんて、しかも女の友情を描く映画を皆に観ていただくなんて」と本当に嬉しそうに声をあげて語る時、彼女は名優ヘンリー・フォンダの愛娘ジェーンを、『のっぽ物語』(60)のうぶな娘を、『荒野を歩け』(61)の可愛い売春婦を、「バーバレラ」の連載漫画から飛び出して来たセクシーな娘の役を悲しげに思い出しているのである。ジェーン・フォンダ自身の物語は、本作で描かれるリリアンとジュリア(バネッサ・レッドグレイブ)の話と同様に興味深い。

「50年代は、女優はセクシーでグラマーでなければなりませんでした。そうした素質に恵まれていれば、女優は成功しました。当時の女優はジェームズ・ディーンや、モンゴメリー・クリフトや、マーロン・ブランドにはなれません。ブランドは『平凡さなどクソ喰らえ、俺は俺の個性でいく』と言いました。女優にはそんなことを言う力はなかったし、そこで私は人の言いなりになる道を選び、それをすることで成功しました」

彼女は成功したが、あまり芳しくはなかったようだ。ジェーンは次のように語る。

「成功はしました。でも、やがて『だからどうなの』と思い始めました。私は自分が望んでいた女優にはなっていませんし、私が尊敬する人たちは私を認めてくれませんでした。父はいつも私の味方になってくれましたが、私が出演した映画の演技で認めてくれなかった。そうこうするうちに私は30歳になり、このままでいいのかしらと思うようになりました」

ジェーンは、ここで『水曜ならいいわ』(66)に出演していた時のことや、弟のピーターが『ワイルド・エンジェル』(66)に出演していたときのことを思い出しているのだろう。彼女は続けて語る。

「ある晩、私がくだらないシーンに出演した後、帰宅すると、ピーターもバイクに乗って帰って来ました。その頃、弟は社会の既成概念や慣習に反抗しようとしていました。彼は教会内の大乱闘シーンの撮影を終えたところで、ギターを抱え、作曲をしていました。その時私は、弟は少なくともアメリカ文化に関わりを持つ何かをやっているのに、自分は大金持ちの愛人役でバカみたいな映画に出演しているということを実感したのです」

チャーミングなのにちょっと薄気味が悪く、退廃的なことが好みのインテリ、ロジェ・バディム監督（彼女は今でもイカしたロシア人と呼んでいる）と結婚しても何の解決にもならなかった。かつてブリジット・バルドーと結婚していたバディムは、『バーバレラ』(67)でジェーンをアメリカのバルドーにしようとした。これはジェーンの自尊心を傷つけることだったのだ。後年、彼女はバディムに次のように言ったことを思い出した。

「これで私を愛し、尊敬できると思うの？私は価値のない女よ！」

この失意のドン底から立ち上がった彼女は、やがて『ひとりぼっちの青春』に出演するチャンスをつかんだ。不況時代のアメリカで流行したダンス・マラソン大会を描いた映画で、シドニー・ポラックが監督した。

ジェーンにとって、このシリアスな映画は砂漠のオアシスであったようだ。これについてバディムは、次のように回想している。

「彼女は役に没頭するために、しばしば撮影所に寝泊まりした。病的に近い熱心さでこの役に取り組んでいたんだよ」

ジェーンの新しい生き方

ジェーンは、当時のことを、次のように語っている。

「その頃はまだ政治的意識といったものを抱いていませんでした。私は次第に多くの女性たちと語り合い、多くの本を読みました。そのうち私もいろいろな女性の生きる姿に大いに左右されることがわかりました」

ジェーンを決定的に変化させたきっかけは、68年の政治的事件となった、フランスで起こった学生運動とアメリカでの民主党会議の騒動であった。

「世界的に激流の時代でした。各自が自分のレベルで生活を続け、歴史の変化と共に自分も変わらなければならないと感じました」

アメリカのバルドーは、敢然として変化した。その変身ぶりが最も顕著に表れた行動が、ベトナム反戦運動に加わった彼女がハノイへ行ったこと。その反面、新しい男女同権の運動、アメリカ先住民の権利擁護運動、プエルトリコの独立運動にのめり込んだ彼女は多くの敵を作る結果となった。メリーランドのある立法官は「彼女の舌を切り取っていい」と発言したくらいである。

ジェーンは、その後演技を通して彼女の新しい政治意識を固めようとして、フランスでジャン＝リュック・ゴダール監督の映画『万事快調』でイブ・モンタンと共演した。しかしジェーンは、68年のパリの学生の暴動とストライキをテーマとした、この素晴らしい映画を過小評価している。理由はゴダールの政治的セクト主義と、彼の態度に異論があったからである。

「革命家になるためには、まず人間にならなければならないし、無力な人々に関心を寄せなければなりません。ゴダールは民衆を軽蔑しています。エキストラも軽蔑しています。撮影スタッフの人たちをいたわる人ならば、たとえイデオロギー的に考えが違う監督とでも仕事をしたいのです」

彼女が出演したアラン・J・パクラ監督の『コールガール』(71)は政治的でしかも芸術性がある作品で、完成度が高かった。彼女は病的な殺人者に脅迫される売春婦役で最高の演技を見せた。この役をやるために、彼女は役作りのためニューヨークの売春婦たちと再三再四会っている。

「売春婦たちは皆、苦しい立場に置かれています。彼女たちの多くは国会議員、大企業やテレビネットワークの重役たちと寝ています。彼女たちは彼らの実名をあげたし、信じられないようなサド・マゾヒズムの話をしてくれました。彼女たちがこの国の指導者をどう見ているかが想像できます」

ジェーン・フォンダは『コールガール』でア

カデミー賞主演女優賞を獲得した。これで、彼女の政治運動に反発する人たちの敵意が薄らぐ気配が見えてきた。さらに一時個人的、政治的、職業的に存在した矛盾が彼女を悩ませていたが、そうした精神分裂的な悩みは次第になくなってきた。それは彼女が60年代に反戦運動の闘士として活躍したトム・ヘイドンと結婚したお陰で、彼女は76年ヘイドンが国会議員の予備選挙に立候補した時、（結果として敗れたが）彼のために大いに稼ぎ、30万ドルの資金を調達したのだ。彼女はヘイドンのことを話すと眼が輝いてくる。

「私はかねてから尊敬していた、この素晴らしい人に出会いました。私は彼の著書を読んで、映画ファンである彼と、珍しく映画について話をしました。彼は私以上に映画に関心がありました。自分が映画スタアになったのも何かの縁だと思い、今は私も政治運動家の1人になっているし、この2つを一つにしてもいいかなと思いました。そこで私は映画製作会社を作ることにしたのです」

ジェーン・フォンダは、またヘイドンが設立した、カリフォルニア経済民主主義運動と称する精力的な農民協会でも重要な役割を果たしている。ここでは目下、太陽エネルギーに関する立法、州開発銀行などに関する討議が行われている。協会は最近サンタバーバラで山間農地を購入し、ヘイドン夫妻もサンタモニカにささやかな農場を持ち、4歳の息子トロイと9歳のバネッサ（バネッサ・レッドグレイブからとった名前）と住んでいる。バネッサはバディムとの間に生まれた娘である。

ジェーン・フォンダのIPCフィルム社は、ハル・アシュビーと組み、すでに第1回作品『帰郷』（78）を完成させた。この映画で彼女は、ベトナム戦争で下半身麻痺となった帰還兵ジョン・ボイトと恋に落ちる海兵隊大尉の妻を演じた。『バーバレラ』以来セックス・シーンに出演しないと誓った彼女も、彼女の言うところの「濃厚なセックス・シーン」に出演した。これについて彼女の言い分はこうだ。

「これがこの映画のテーマの核となるもので、それによって生命力というか、男性であるという証しというか、そうしたものが再確認されます。この男性は下半身は麻痺しているが、正常な体をしているのに不能者に近いような男より、はるかに感性が強いのです」

根っからのアメリカ気質

ジェーンは続いて『騎手がさっそうとやって来る』〝Comes A Horseman〟（78）を製作した。今度も監督はアラン・J・パクラである。これは現代版ウエスタンで、この映画の中でジェーンとジェームス・カーンが協力して、彼らの所有地を奪おうとする悪地主の暴力を阻止する。ジェーンはコロラド・ロケで、牧童たちから牧場の女が当然知っておかなければならない牛の去勢の仕事やいろいろな知識を教わった。パクラ監督は次のように語る。

「『コールガール』では、彼女は同時代のどのスタアよりも演技の幅が広いと感じたが、今度はもっとそう感じる。ジェーンは最高のスタアのパーソナリティと最高の性格俳襲の素質を持っている。これは大変珍しいことだ。彼女はいつもハツラツとし、勘が良く、熟心であるし、他人のことや他人の生活スタイルを純粋に知りたがる」

　ハツラツとして、勘がいいことがジェーン・フォンダの最も重要な部分である。彼女はイデオロギー、もしくはドグマ（信条）を押し進めるための演技は決してしなかった。つねに自分の眼ではっきり見た人生からビビッと感じとったものを表現する。ジェーンは、自ら進歩的民主主義者と称しており、トロッキー主義のバネッサ・レッドグレーブと政治的には全く対立しているが（2人は政治については互いに語り合わないことにしている）、俳優として互いに深い尊敬の念を抱いている。フレッド・ジンネマン監督はこう語る。

「バネッサは演技に努力をしていないように見える。自然に演技が出てくる。ジェーンの方は細かい点まで分析したうえで演技にかかる。メキシコの独裁者ポルフィリオ・ディアス、MGMの独裁者ルイス・B・メイヤーと一脈通じる特性があるよ。気の向くままに泣くことができ、全くリアルに見せることができる」

　ジェーンはバネッサを最もすぐれた女優であると称し、次のように語っている。

「2人で別れのシーンを演じた時、撮影のリハーサルでバネッサが『リリー、勇気を出して、あなたに物を書くのを止めてほしくないわ……』といったようなセリフを言うのですが、ふと私は彼女の両手を見て、涙が浮かんできました。彼女の大きな両手が何とも言えぬ感動を私に与えたからです」

　ジェーンはもともとニューヨークのアクターズ・スタジオで正規の演技指導を受けたので、演技は実践的である。実際にリリアン・ヘルマンを観察して、彼女が十字を切る時〝clech〟と口ずさむ癖を覚えている。だがジューンはこうも言う。

「リリアンは不器量だが、マリリン・モンローのような仕草をします。彼女は両脚をひろげて座るので、サテンの下着が見えます。彼女はとてもセクシーで色っぽい。実際のリリアンはそれで良いが、私が彼女を演じる段になると、それでは良くあり

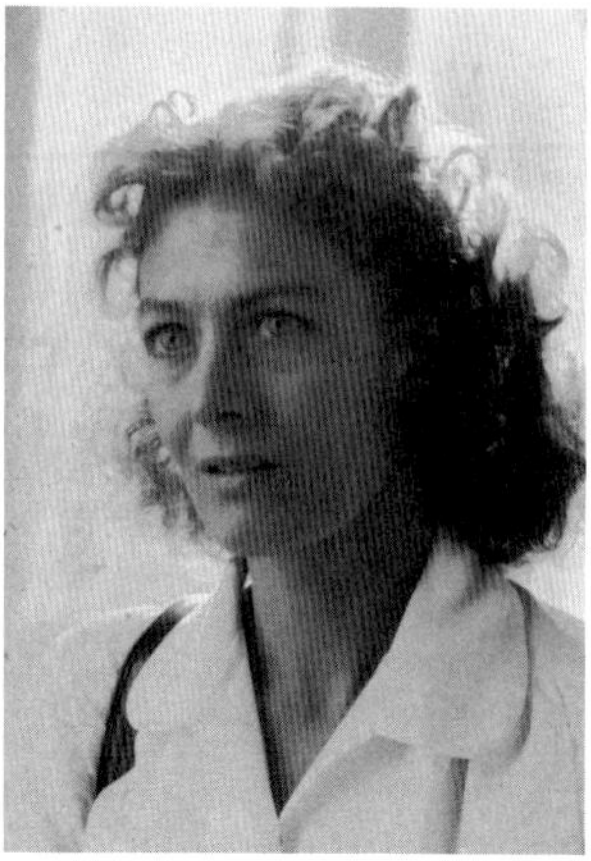

ません。だから私は実際の彼女よりもっと清純な感じにしました」

ジェーンは何かに憑かれたように精力的に映画に取り組み、ジャック・レモン、マイケル・ダグラス初共演の『チャイナシンドローム』(79／ジェームス・ブリッジズ監督)を撮影後、続いてニール・サイモン脚本、ハーバート・ロス監督の『カリフォルニア・スイート』(78)でマイケル・ケイン、ウォルター・マッソーと共演している。ジェーンは、根っからのアメリカ人気質の女性である。一本気ではっきりしていて、古きアメリカ人の楽天性、誠実さ、人の心に訴えるエネルギッシュさを持っている。

こうした点で言うと、彼女はこの父にしてこの子ありという存在である。彼女は成人して初めて父親ヘンリー・フォンダが作ったような作品を作りたいと考えた。彼女は60年の終わりに初めて『怒りの葡萄』(40)を観た。これはヘンリー・フォンダがジョン・フォードと組んで、彼女が2歳の時作った作品である。

「父がシリアスな映画を沢山作り、とても進歩的な人であることは知っています。私は『怒りの葡萄』に圧倒されました。こんな素晴らしい演技を見たことはありません。作品としても完璧で、いつでも観たい映画です。私のこれまでの生涯は特権そのものでした。誰でも特権を与えられた映画俳優になれるし、人の生涯や歴史を変えられるという考えでどうにか生きていくこともできます。私は男女を含め、励まし、力づけ、人をもっと前進させる映画を作りたいのです。それが念願です」

「キネマ旬報」1978年5月下旬号より

『ジュリア』

発売中／¥1,419+税／
発売：20世紀フォックス ホーム エンターテイメント ジャパン

アメリカ映画の変遷

アメリカ映画の変遷

1891年にアメリカでトーマス・エジソンが「キネトスコープ」という映写機を発明して以来、発展してきたアメリカ映画。映画の都ハリウッドで映画製作が開始されたのは1910年代。映画が誕生してからの126年間で、記憶に残るもしくは記録に残る映画が製作された。その変遷をたどってみることにします。

30年代後半から40年代で映画の技法がほぼ完成する

アメリカ映画の歴史についてお話しさせてください。「アメリカ映画の父」とも呼ばれるデビッド・W・グリフィス監督が1915年にサイレント映画『國民の創生』を作りますが、これがアメリカ映画の最初の長編作品です。物語は南北戦争をきっかけに南部と北部の2つの家が敵対していく様子を描いています。初めてカットバック（異なる場所で同時に起きている出来事を複数のショットで交互につなぐ演出）の映画手法が開発されました。その後1926年に作られたアルバート・パーカー監督の『ダグラスの海賊』は、当時、11台しかなかったテクニカラー（赤・緑のフィルターを通して分解し記録する方法）のカメラを4台使って製作されています。後にトーキー映画が登場しますが、第1作が27年にワーナー映画がバイタフォン・システム（フィルム映像と録音された音を同期させる）で作った『ジャズ・シンガー』です。

当時、アメリカの映画館は1万5115館あって、全米の人々が週に3回、映画を観ていました。1930年代は「ハリウッ

『国民の創生』
写真協力：公益財団法人川喜多記念映画文化財団

ド黄金期」と呼ばれています。メイジャーの映画会社が良質な大作映画をスタジオ・システムで作り出していました。39年にデビッド・O・セルズニック（『風と共に去りぬ』を製作）がスウェーデンから招いた新人女優イングリット・バーグマンを起用し、ハリウッド第1作『別離』が作られています。その年にフランク・キャプラ監督の『スミス都へ行く』、ジョン・フォード監督の『駅馬車』、ビクター・フレミング監督の『風と共に去りぬ』『オズの魔法使』、セシル・B・デミル監督の『大平原』、ハワード・ホークス監督の『コンドル』、ルーベン・マムーリアン監督の『ゴールデン・ボーイ』、ウィリアム・ディターレ監督の『ノートルダムの傴僂《せむし》男』、ジョージ・マーシャル監督の『砂塵』、レオ・マッケリー監督の『邂逅（めぐりあい）』（57年、デボラ・カー、ケイリー・グラント主演の『めぐり逢い』のオリジナル、トム・ハンクスの『めぐり逢えたら』（93）は2度のリメイク）、フレッド・アステアとジンジャー・ロジャースの黄金コンビの『カッスル夫妻』、エルンスト・ルビッチ監督の『ニノチカ』が製作され、30年代後半から40年代にかけてのアメリカ映画の技法（クロスカッティング、クローズアップ、フラッシュバックなど）のほとんどが完成の域に達しています。

『駅馬車』
写真協力：公益財団法人川喜多記念映画文化財団

アメリカ映画の日本公開史上最も波乱に満ちた１９４０年代

40年初頭のアメリカは戦争に参加していなかったので、力がある時代で、良作が製作されています。しかし１９４８年にアメリカ映画に最初の危機が訪れ、１週間の観客動員数が９０００万人から６０００万人に激減しています。さらに米国最高裁判所がメイジャーの映画会社に対して独占禁止違反という判決を下しました。この判決によって、スタジオは製作・配給・上映を独占的に行っていると判断され、〝製作と興行の分離〟を打ち出しました。スタジオ・システムは終焉を迎え、そこからハリウッドが大きく変化していくわけです。アメリカ映画の日本公開史上最も波乱に富んだ歳月が、まさに40年から49年までの10年間です。

終戦の昭和20年8月15日以降は、日本はマッカーサーの統治下にあって、輸入制限だけでなく、ＧＨＱの民間情報教育局の外郭団体であったアメリカ映画の一元的配給機構セントラルに対して、商業ベースでのアメリカ映画の輸入・配給が認められることになりました。セントラルでは「アメリカ映画は文化の泉」という標語を掲げ、映画を上映し、民主主義はこんなにいいものだと宣伝していました。逆に社会派で政治色の濃い映画は公開されていない。例えばエリア・カザン監督の『紳士協定』(47)、ジョン・フォード監督の『怒りの葡萄』(40)は後に公開されました。ディズニーのアニメーション映画『白雪姫』(37)、『ピノキオ』(40)、『ダンボ』(41)すら公開されたのは50年代です。

40年代のハリウッドはスタジオ・システムによって上層部が決めた企画を基に映画を製作するという、いわゆる〝オートマティカルな夢の工場〟でありましたが、その反面、各スタジオには素晴らしい監督がいました。コロンビアにはフランク・キャプラ、フォックスにはジョン・フォード、パラマウントにはウィリアム・ワイラーです。その中で映画作家の映画が必ずあり、エンターテインメントと文化、芸術というもののバランスがきちんと取れていました。

テレビと争うために大画面化が進む1950年代

1950年代は大画面（映画）と小スクリーン（テレビ）との戦争です。というのは52年にアメリカの一般家庭の4割にテレビが普及して最大のライバルになりました。映画界を再興すべく、ハリウッドの各映画会社は映画の特性を生かした映写技術を開発していきます。52年にシネラマ、53年に20世紀フォックスがシネマスコープ、54年にパラマウントがビスタビジョン、56年には70ミリの草分け的存在の『八十日間世界一周』、一方では3Dの立体映画『ブワナの悪魔』(52)を皮切りに24本製作されています。

また、リスクのある映画の製作は独立プロダクションが行うようになります。そんな中で俳優のバート・ランカスターが独立プロ（ヘクト・ヒル・ランカスター・プロダクション）を初めて作ります。スタンリー・クレイマーが自分のプロダクションで製作した『白昼の脱獄』(52)、〝低予算映画のキング〟ロジャー・コーマン製作・監督の『ファイブ・ガン／あらくれ5人拳銃』(54)などが登場します。

50年代には様々な映画スターが登場してきます。マリリン・モンローが注目され、『ナイアガラ』(53)、『ショウほど素敵な商

40年代で注目すべき映画

『シー・ホーク』（マイケル・カーティス監督／40）
『フィラデルフィア物語』（ジョージ・キューカー監督／40）
『レベッカ』（アルフレッド・ヒッチコック監督／40）
『街角／桃色の店』（エルンスト・ルビッチ監督。トム・ハンクスの『ユー・ガット・メール』のオリジナル／40）
『市民ケーン』（オーソン・ウェルズ監督／41）
『心の旅路』（マービン・ルロイ監督／42）
『結婚五年目』（プレストン・スタージェス監督／42）
『カサブランカ』（マイケル・カーティス監督／42）
『キュリー夫人』（マービン・ルロイ監督／43）
『ガス燈』（ジョージ・キューカー監督／44）
『我が道を往く』（レオ・マッケリー監督／44）
『ローラ殺人事件』（オットー・プレミンジャー監督／44）
『深夜の告白』（ビリー・ワイルダー監督／44）
『失われた週末』（ビリー・ワイルダー監督／45）
『ブルックリン横丁』（エリア・カザン監督／45）
『ラブ・レター』（ウィリアム・ディターレ監督／45）
『我等の生涯の最良の年』（ウィリアム・ワイラー監督／46）
『仔鹿物語』（クラレンス・ブラウン監督／46）
『汚名』（アルフレッド・ヒッチコック監督／46）
『外套と短剣』（ドイツから来たフリッツ・ラング監督／46）
『素晴らしき哉、人生！』（フランク・キャプラ監督／46）
『影なき殺人』（エリア・カザン監督／47）
『三十四丁目の奇蹟』（ジョージ・シートン監督／47）
『黄金』（ジョン・ヒューストン監督／48）
『裸の町』（ジュールス・ダッシン監督／48）

『ナイアガラ』
写真協力：公益財団法人川喜多記念映画文化財団

売はない』(54)、『七年目の浮気』(55)、『バス停留所』(56)に出演しました。

ジョン・ウェインは1930年に『ビッグ・トレイル』で主演デビューし、『駅馬車』(39)でスターになりましたが、その後ずっとB級映画に出演していました。それが40年後半から50年代はジョン・フォード監督の下で『アパッチ砦』(48)、『黄色いリボン』(49)、『リオ・グランデの砦』(50)という映画に出始めた。ハンフリー・ボガートはジェームズ・キャグニー主演の映画の脇役から悪役時代にギャング映画のハードボイルドのヒーローになり、『マルタの鷹』(41)や『三つ数えろ!』(46)あたりが公開されています。

『マルタの鷹』
写真協力：公益財団法人川喜多記念映画文化財団

監督もスタアも多士済々でした。『陽のあたる場所』(51)ではエリザベス・テイラーが美しさの絶頂を見せてくれました。ヒッチコック監督は『めまい』(58)でキム・ノバクの絢爛たる美、『ダイヤルMを廻せ!』(54)、『裏窓』(54)、『泥棒成金』(55)ではブロンドのクール・ビューティのグレイス・ケリーを紹介しました。『ローマの休日』(53)、『麗しのサブリナ』(54)で清楚で華やかなオードリー・ヘプバーンがスクリーンを絢爛と飾りました。

監督では、大ベテランのセシル・B・デミルが史劇『サムソンとデリラ』(49)と『十戒』(57)、ジョン・フォード監督が『静かなる男』(52)、ハワード・ホークス監督が『リオ・ブラボー』(59)、ヒッチコック監督が『北北西に進路を取れ』(59)といった明快

『めまい』
写真協力：公益財団法人川喜多記念映画文化財団

で単純な力強いアメリカ映画の魅力を紹介しています。

　ハリウッドは40年代後半から暗い時代に入り、赤狩りの時代になったのです。50年代に起こった反共産主義に基づく政治的な運動マッカーシズムの影響で、ハリウッドの映画人が巻き込まれていきます。最近リメイクが多い空想科学映画（今で言うＳＦ映画）『地球の静止する日』（51）や『宇宙戦争』（53）という作品がありながら、非常にせちがらく暗い時代を反映する映画も何本かありました。赤狩り旋風にあおられて反共映画が多数出てきます。『暴力行為』（49）、『街の野獣』（50）、『拳銃王』（50）、『セールスマンの死』（51）、『地獄の英雄』（51）、『私は告白する』（53）、『綱渡りの男』（53）、『ケイン号の叛乱』『カーニバルの女』『追われる男』（54）、『日本人の勲章』（55）など。思いつくだけでも，後味の悪いアメリカ映画が多かったです。また、精神科医フロイトの精神分析の流行にのっとって、ニューロティック映画（心理スリラー）という言われ方をしていた時代です。心理スリラーが第二次世界大戦の末期から50年代の後半に盛んに作られ、『白い恐怖』『失われた週末』（45）、『二重生活』（47）、『蛇の穴』（48）などがありました。

　西部劇も50年代の後半ぐらいまでこういうものが尾を引き、苦悩する重苦しいテーマの西部劇がずっと製作されました。『折れた矢』『ウィンチェスター銃'73』（50）、『真昼の決闘』（52）、『大砂塵』（54）、『必殺の一弾』（56）、『最後の銃撃』（56）、『赤い矢』（57）、『左ききの拳銃』（58）など。この中でも全く違った『シェーン』（53）、『裸の拍車』（53）、『遠い国』（54）など素晴らしい映画もありました。

　40年代から50年代にかけて、ハードボイルドタッチの犯罪映画がハリウッドで重要なジャンルになってきます。『マルタの鷹』から『黒い罠』（58）に至る18年間が、一般的にはフランス映画で言う「フィルム・ノワール」（暗黒映画）の時代と呼ばれています。その頂点の1本が『キッスで殺せ！』（55）。後の『ゴッドファーザー』（72）の基本となる、マフィアものの先駆となる『紐育秘密結社』（55）もあります。

　この頃、『Gメン対間諜』（45）から『影なき殺人』を経て、『裸の町』で終戦直後の初のロケーション撮影によってカメラがスタジオの外に出たのです。いわゆる〝セミ・ドキュメンタリー・タッチ〟と言ったのです

『シェーン』
写真協力：公益財団法人川喜多記念映画文化財団

が、ニューヨーク派の監督の流れもこの時代に出来てきます。特徴はリアリティを追求する傾向があったということです。特にロシアのサイレント時代の記録映画集団（映画作家ジガ・ベルトフによって提唱された「キノ・グラース」）出身で、戦前は『ニュースについて』（30）、『新学期・操行ゼロ』（33）、『アタラント号』（34）のカメラを担当したボリス・カウフマンの撮影による『波止場』（54）、同じカメラマンによる『十二人の怒れる男』（57）のリアリズムは50年代の象徴です。「キノ・グラース」というのはカメラのレンズは人間の眼の限界を超えて、より真実に忠実な世界を切り取ることが可能だということです。

戦後、世界の映画史はここから始まると言っても過言ではありません。イタリアのネオレアリズモ（リアリズムの方法で現実を映像で描くという潮流）は、特にロベルト・ロッセリーニ監督の『無防備都市』（45）がすべての映画人に影響を与えました。この映画を観て感動したイングリット・バーグマンがハリウッドスターの座を捨て、家族も捨て、ロッセリーニの元に走ったのです。それがスキャンダルとなって、彼女は大スタアの頂点にいながらハリウッドから追放されました。その後56年に『追想』でカムバックしてアカデミー賞主演女優賞を獲りました。彼女のみならず、ロッセリーニの影響はフランスのヌーベルバーグ、ハリウッド映画も受けました。

50年代は初めてハリウッドらしくないスタアが誕生し、その典型がマーロン・ブランド（『欲望という名の電車』（51）、『乱暴者（あばれもの）』（53）、『波止場』（54）です。ジェームズ・ディーンの『エデンの東』（54）、『理由なき反抗』（55）、『ジャイアンツ』（56）という映画が、〝青春の暴走と反逆のシンボル〟となって出てくるわけです。

もちろん映画には笑いもあり、感動と涙、スリラーもあります。ボブ・ホープ、ダニー・ケイ、ジェリー・ルイスとディーン・マーチンの底抜けコンビの映画が連発されます。このあたりからビリー・ワイルダーが今までの作風を変えて、ウィリアム・ホールデンがアカデミー賞主演男優賞を獲った『第十七捕虜収容所』（53）、『昼下りの情事』（57）を経て、傑作喜劇の『お熱いのがお好き』（59）までいくのが50年代の流れです。

50年代は大傑作『巴里のアメリカ人』（51）、『雨に唄えば』（52）、『バンド・ワゴ

『昼下りの情事』
写真協力：公益財団法人川喜多記念映画文化財団

ン』（53）、シネマスコープの傑作『掠奪された七人の花嫁』（54）、『恋の手ほどき』（58）などスタアを起用したミュージカル映画の全盛期で、この時代の娯楽映画の中心となっていました。ミュージカル大国ＭＧＭは、製作にアーサー・フリード、ジャック・カミングス（26作品製作）、ジョー・パスターナク、ロジャー・イーデンス。音楽部にソール・チャップリン、ジョニー・グリーン、レニー・ヘイトン、コンラッド・サリンジャー、ハーバート・ストサート、ブロニスロウ・ケイパー、アンドレ・プレビン、ケイ・トンプソン。ダンス監督にハーミズ・パン（ＲＫＯ、ＦＯＸで50作品担当）。ワーナーから来たバスビー・バークレイ、ブロードウェイ出身のマイケル・キッド、ロバート・アルトン、そして監督にビンセント・ミネリ、ブロードウェイのダンサー出身のスタンリー・ドーネン、振付師出身のチャールズ・ウォルターズ、スタジオの使い走りから助監督を経て監督となったジョージ・シドニーをようし、ハリウッド・ミュージカルの黄金時代を築きました。

アメリカン・ニューシネマが登場する1960年

多層式カラーネガフィルム（青・緑・赤各感光層を多層で塗布を可能にし、色再現、粒状性、鮮明性などが顕著に進歩した）の普及により、カラー作品が圧倒的に多くなって、テレビも60年代に入ってカラー化が始まり、大ブームになります。日本では皇太子妃、正田美智子様のご成婚と東京オリンピックで、64年にはテレビがドッと普及。60年をピークに映画館産業は下り坂に、映画館は『スピード』（94）が公開された年は１７５８スクリーンまで減りました。

この頃、メイジャー・スタジオ各社はテレビへの対応の遅れや創立者の引退、死去に伴い、変質を余儀なくされ始めます。62年にはユニバーサルがＭＣＡに買収され、66年にはパラマウントがガルフ＆ウエスタン、67年にはワーナーがセブン・アーツに買収され、経営の主体が異なる業界に移っていきます。ワーナー・ブラザースが69年にキニー・ナショナル・サービスに買収され、69年にはカーク・カーコリアンがＭＧＭの株を24％取得、67年にユナイトが保険金融業者のトランス・アメリカに買収されます。

一方、日本では、64年に外国映画輸入割当制限が全廃されて、輸入自由化になります。66年にアメリカ映画の80％がスタジオのシステム外で撮影されています。その年の8月にジャック・バレンティがＭＰＡＡの会長に就任、67年にアメリカン・フィルム・インスティチュート（ＡＦＩ）が創設されます。基金は連邦政府とＭＰＡＡの各メイジャー会社、フォード財団の寄附によって運営され、これでネガや映画の保存が行われ始めました。さらに映画製作者や評論家、各スタジオの人たちが選ぶ「アメリカ映画ベスト１００」を１９７７年から10年に1回ずつ発表しています。

フランスのヌーベルバーグの監督たちが活

動をし始めるのは57年で、〝怒れる若者たち〟を描いたイギリスのフリーシネマ（ドキュメンタリー手法を劇映画に活用する）が登場し、58年から世界で連鎖反応が起こります。アメリカでは「タイム」誌が67年12月8日号で『俺たちに明日はない』を大特集し、アメリカン・ニューシネマというアメリカ映画の動向をレポートします。代表的な作品としては『卒業』(67)、『イージー・ライダー』『明日に向って撃て！』『ワイルドバンチ』『真夜中のカーボーイ』『ひとりぼっちの青春』(69)、『いちご白書』(70)、『バニシング・ポイント』(71)があります。

60年代になると、70ミリ超大作の映画の中から優れた作品が生まれます。70ミリやシネラマのワイドスクリーンは大味な大スペクタクルに向かないと見られていましたが、名匠、巨匠の手によって、『ベン・ハー』(59)、『スパルタカス』(60)、『ウエスト・サイド物語』(61)、『アラビアのロレンス』(62)、『マイ・フィア・レディ』(64)、『サウンド・オブ・ミュージック』(65)といった超大作時代の70ミリの傑作が生まれ、この頂点が『アラビアのロレンス』です。この時代はアメリカも日本も映画を1年、1年半、2年とロングランして順次ローカルに流していくという興行をやっていました。

この時代のもう1つの特徴は、ヒューマニズムを通して人種問題を扱った作品がコンスタントに作られるようになったこと。『アラバマ物語』(62)、『夕陽よ急げ』(67)、『野のユリ』(63)、『いつか見た青い空』『いのちの紐』(65)、『夜の大捜査線』(67)で白人に好かれる黒人スタアのシドニー・ポワチエが大活躍しました。また『栄光への脱出』(60)、『質屋』(64)、『栄光の丘』(66)といったユダヤ人の問題を描いた映画もあります。この頃プロダクションコード

『卒業』
写真協力：公益財団法人川喜多記念映画文化財団

『ワイルドバンチ』
写真協力：公益財団法人川喜多記念映画文化財団

の規制が変化して少し緩くなり、アメリカ映画に初めてヌードが登場したのが『質屋』の黒人娼婦役です。

それからテレビでスタアになった西部劇のスタアが映画に出るようになりました。クリント・イーストウッドは「ローハイド」からイタリアのマカロニ・ウエスタンに出演し、『荒野の用心棒』(64)、『夕陽のガンマン』シリーズの大成功で、『奴らを高く吊るせ!』(68) でハリウッドに帰ってきました。スティーブ・マックイーンは「拳銃無宿」(58〜61) から『戦雲』(59)、『荒野の七人』(60)、『大脱走』(63) 等で大型スクリーンで大活躍します。

ＳＦ映画がメイジャーの大作として、初めて登場したのが60年代です。『博士の異常な愛情』(64)、『ミクロの決死圏』(66)、『猿の惑星』(68)、シネラマの『２００１年宇宙の旅』(68) などは、ＳＦがＢ級（安手）という長年の常識を一変させ、77年の『スター・ウォーズ』『未知との遭遇』へとつながっていくわけです。

1970年代 メイジャー・スタジオ各社の経営が苦しくなる

70年代に入って、ハリウッドのスタジオ各社の経営が苦しくなり、黒字だったのはユニバーサルだけでした。そういう危機的状況の中で、ＭＧＭはイギリスのボアハムウッド撮影所を閉鎖、パラマウントの社長に30歳の『クレイマー、クレイマー』(79) のプロデューサーのスタンリー・ジャッフが就任しました。71年にパラマウントの社長にフランク・ヤブランスが就任、70年にダリル・Ｆ・ザナックが20世紀フォックスの会長を退任、71年にＣＩＣを設立。72年にネッド・タネンがユニバーサルの社長、ザナックの息子のリチャード・ザナックとデビッド・ブラウンが〝ザナック−ブラウン・プロ〟を設立し、ここから彼らがスピルバーグ監督の『ＪＡＷＳ／ジョーズ』(75)、ジョージ・ロイ・ヒル監督の『スティング』(73) を作りました。72年に『ゴッドファーザー』が公開され、その間にスピルバーグが『激突!』(71) でテレビにデビュー（海外マーケットは劇場公開）。73年に『エクソシスト』を公開。70年に危機であったハリウッドの観客動員が74年には前年の8億6400万人から10億1118万人に増加し、興行収入も15億ドルから16億ドルに増加。この年に初めてアメリカのショッピングセンターに

『スティング』
写真協力：公益財団法人川喜多記念映画文化財団

併設されるシネマコンプレックスの建設が始まりました。

この時、フランシス・F・コッポラが『ゴッドファーザー』の後、全盛時代を迎え、『カンバセーション／盗聴』(73)でカンヌ国際映画祭パルムドールを、『ゴッドファーザーPARTⅡ』(74)でアカデミー賞作品賞を受賞しました。75年にスティーブン・スピルバーグ監督が『JAWS／ジョーズ』を発表し、9月にジョン・ミリアスは『地獄の黙示録』(79)の脚本を完成させ、これはハリウッド映画史上最も過激な脚本であると言われました。チェコスロバキアから来たミロス・フォアマンが『カッコーの巣の上で』(75)を監督しました。75年12月15日に20世紀フォックスの取締役会でアラン・ラッド・Jr.が『スター・ウォーズ』の製作にゴーサインを出します。また76年に『タクシードライバー』がカンヌ国際映画祭でパルムドールを受賞しました。

78年にユナイトの親会社トランス・アメリカが破産し、会長のアーサー・クリム、エリック・プレスコー、マイク・メダボイが辞職して、ワーナー・ブラザースの資金援助を受け、オライオン・ピクチャーズを設立。79年にABCテレビがABCモーション・ピクチャーズを設立し、同年公開した『地獄の黙示録』がカンヌ国際映画祭でパルムドールを受賞しました。

ベトナム戦争の混乱による疲弊と衰弱から政治の季節と言われて反戦運動が盛んになり、『いちご白書』(70)、『ウッドストック』(70)といった反戦を匂わせる映画が登場しました。朝鮮戦争を舞台にした『M★A★S★H　マッシュ』(70)、第1次世界大戦を舞台にした『ジョニーは戦場へ行った』(71)、第2次世界大戦を舞台にした『キャッチ22』(70)が出てきました。ア

『地獄の黙示録』
写真協力:公益財団法人川喜多記念映画文化財団

『タクシードライバー』
写真協力:公益財団法人川喜多記念映画文化財団

メリカ映画が築き上げた独自のジャンルでもある西部劇も大変複雑になってきて、正統派の西部劇は姿を消し、リアリティのある作風こそが真実だと考えられていました。『ソルジャー・ブルー』(70)、『小さな巨人』(70)、『ドク・ホリデイ』(71)といったニューシネマの監督たちの作品が製作され、西部劇への哀愁を謳い上げた『モンテ・ウォルシュ』(70)、『夕陽の挽歌』(71)、『ロイ・ビーン』(72)などのオールド・タイマー型(時代遅れの映画)も製作され、サム・ペキンパーの『ジュニア・ボナー／華麗なる挑戦』(72)、『ビリー・ザ・キッド／21才の生涯』(73)と同様のこだわりを見せました。しかし、『わらの犬』(71)、『ゲッタウェイ』(72)など、場所や時代設定を変えていながら、戦いに関する姿勢は同じという強靭なパワーを持っていました。

ジョン・ウェインは西部劇の王者、ハリウッドのキングでしたが、同じ頃、西部劇が衰退し、『チザム』『リオ・ロボ』(70)、『100万ドルの血斗』『11人のカウボーイ』(71)、『大列車強盗』(72)、『ビッグケーヒル』『マックQ』(73)、『ブラニガン』『オレゴン魂』(75)と続き、79年に自分の死を予期したようなガンに侵された西部男最後の戦いを演じた遺作『ラスト・シューティスト』(76)でその生涯の幕を閉じます。

ここで『ダーティハリー』(71)が登場します。ハリウッドで活躍し始めたクリント・イーストウッド主演の本作は、荒野に代わり都会、馬に代わり車、そしてカー・アクションが出てくるわけです。『フレンチ・コネクション』(71)、『黒いジャガー』(71)、『重犯罪特捜班／ザ・セブン・アップス』(73)で犯罪を暴くためなら手段を選ばないヒーローたちの戦いぶりを観客にアピールしました。同じくフランス映画の『さらば友よ』(68)、『雨の訪問者』(70)に出ていたチャールズ・ブロンソンがアメリカに戻って、『シンジケート』(73)、『狼よさらば』(74)で西部劇が見失った活劇の映画的ダイナミズムを取り戻し、刑事物でカムバックします。

この頃、テレビムービーを〝テレフィチャー〟といって、『激突!』(71)が出てきます。60年代にテレビで「宇宙家族ロビンソン」「タイムトンネル」などで活躍したアーウィン・アレンが『ポセイドン・アドベンチャー』で映画魔術をカムバックさせ、パニック映画のブームを作りました。74年に『タワーリング・インフェルノ』『エアポート'75』『大地震』『ジャガーノート』、75年に『ヒンデンブルグ』とブームは続きます。

『ダーティハリー』

写真協力：公益財団法人川喜多記念映画文化財団

『アニー・ホール』
写真協力：公益財団法人川喜多記念映画文化財団

この時代に正反対の秀作映画もありました。映画評論家出身のピーター・ボグダノビッチ監督の『ラスト・ショー』(71)、『おかしなおかしな大追跡』(72)、『ペーパー・ムーン』(74)、シドニー・ルメット監督の『オリエント急行殺人事件』(74)、ロマン・ポランスキー監督の『チャイナタウン』(74)、ジョン・ミリアス監督の『デリンジャー』(73)、そして極め付きがMGMの傑作『ザッツ・エンタテインメント』(74)です。こういう背景があって、77年に突入するわけです。70年代はウディ・アレンが大活躍、77年に『アニー・ホール』を作っています。

70年代には『エクソシスト』(73)で火を付けたオカルトブームがあります。『エクソシスト』以前の怪奇映画とはまるで異なっていて、すべてリアリズムに徹していました。しかも平凡な日常を舞台にしているあたりはまさに戦争などとつながる暗部のドラマでした。『エクソシスト』のキーワードは悪魔。この大ヒットで『ヘルハウス』(73)、『悪魔のシスター』(73)、『悪魔のいけにえ』(74)から入って、この傾向はベトナム戦争終結後もずっと後遺症的に続き、『オーメン』『キャリー』(76)を経て、今につながる〝血まみれスプラッター〟ものになっていきました。

この時代を代表するルーカス、スピルバーグがアメリカ映画の潮流を世代的にも、技術的にも徹底的に変貌させていきます。その出発点がルーカスの大活劇SF『スター・ウォーズ』(77)であり、スピルバーグの『未知との遭遇』(77)で、〝戦い〟の描き方は、それ以前の映画のように全く〝屈折〟などしませんでした。そんな単純明快で娯楽性の高いエンターテインメントが、それに飢えていた観客を熱狂させました。SFX映画としては『スーパーマン』(78)、『エイリアン』(79)などがエンターテインメントの王道を歩みました。前年の76年の話題作は『タクシードライバー』『大統領の陰謀』『ネットワーク』『ロッキー』などで、それまでの社会派作品と比較してみると、ほとんど革命的と言ってもいい作品でした。71年に記録した観客数のどん底状態は、当然ながらここにから上昇していくわけです。

77年から女性映画の秀作群『愛と喝采の日々』、『ジュリア』、『結婚しない女』、サリー・フィールドがアカデミー主演女優賞を受賞(『ノーマ・レイ』)、『ミスター・グッドバーを探して』『グッバイ・ガール』が公開されます。これから『9時から5時まで』(80)、『ワーキング・ガール』(88)と女性映画の流れが80年代までつながってくるわけです。女性が強くなり、職場に進出し、女性の重役も出てくると、強いヒロインの映画が続いてきます。『グロリア』(80)、『ロマンシング・ストーン／秘宝の谷』(84)、『女と男の名誉』(85)、『エイリアン2』(86)、ジョディ・フォスターがアカデミー賞を獲った『告発の行方』(88)。サリー・フィールドが2度目のアカデミー賞を受賞した『プレイス・イン・ザ・ハート』(84)。ミュージカルとしては『ワン・フロム・ザ・ハート』(82)、『コットンクラブ』(84)があります。

スピルバーグとルーカスが世界を席巻した1980年代

04年にパラマウントの会長を退任したシェリー・ランシングはマックス・ファクターの元モデルで、ジョン・ウェインの『リオ・ロボ』(70)に出演しました。その後、MGMで企画を開発するための素材を見つけるストーリー・エディターを経て、MGMの製作担当になり、コロンビアの製作担当副社長となって『クレイマー、クレイマー』(79)などを作り、1980年にFOXの製作担当社長として初めてメイジャーの社長に迎えられます。81年にテキサスの石油王のマービン・デイビスが最後の純粋映画会社であるFOXを7億2500万ドルで買収して、85年まで経営。またユナイトがMGMの筆頭株主カーク・カーコリアンに3億7000万ドルで売却し、ユニバーサルとパラマウントの国外配給会社CICがMGM／UA作品も手がけることになります。82年3月にコカ・コーラがコロンビアを7億5000万ドルで買収し、『E.T.』が公開され、31日間で1億ドルを突破。11月に新しいメイジャー会社トライスターを設立（後にコロンビアに買収される）。84年にパラマウントからマイケル・アイズナーがウォルト・ディズニーの会長に就任し、タッチストーン・レーベルを発足。10月にバリー・ディラーがパラマウントの社長を辞して、FOXの会長に就任、85年にアラン・ラッド・Jr.がMGMの会長に就任。CIC創立15周年を機にUIP（ユナイテッド・インターナショナル・ピクチャーズ）と改称、ルパート・マードックがマービン・デイビスからFOXを買収しています。『炎のランナー』(81)、『キリング・フィールド』(84)のアカデミー賞プロデューサーのデビッド・パットナムがコロンビアの会長に就任、ターナー・ブロード・キャスティング・システムのテッド・ターナーがMGM／UA、およびUAが権利を持つWB初期作品の権利を入手します。

ビデオビジネスが映画産業の収入を上回り、映画はビデオ、テレビなどの2次的使用のショーケースの役割を果たすことになります。87年にビデオのセールスとレンタルの売上げが映画の売上げの2倍にあたる74億ドルに達しました。

コロンビアとトライスターが合併、ビクター・A・コウフマンがトップになり、デビッド・パットナムの後任にはパラマウントの女性重役のドーン・スティールが招聘されます。脚本家協会が5ヵ月間のストライキに入り、1億5000万ドルの損失をハリウッドに与えます。89年にタイム・ライフとワーナー・ブラザースが合併、ソフトの多様化とその確保のために、ソニーがユニバーサルを合併に持って行こうとしましたが、MCAにに拒否され、11月にコカ・コーラから34億ドルでコロンビアを買収します。

　SFX映画の全盛期、社会状況を反映した作品が数多く生まれます。77年の後半から80年代の映画界はスピルバーグとルーカスが完全に世界を席巻しました。それほどスピルバーグの活躍は目覚ましく、ジョージ・ルーカス製作総指揮の『レイダース／失われたアーク《聖櫃》』(81)を監督し、『インディ・ジョーンズ』シリーズの『魔宮の伝説』(84)、『最後の聖戦』(89)、82年には史上最大のヒットを記録した『E.T.』を監督。設立したアンブリン・エンターテインメントでスピルバーグは85年からロバート・ゼメキスによる『バック・トゥ・ザ・フューチャー』3部作と、88年、アニメとライブの見事な合成映画『ロジャー・ラビット』の製作総指揮を務め、自らは85年に『カラーパープル』を監督した。『ポルターガイスト』(82)、『グレムリン』(84)なども製作しました。

『レイダース／失われたアーク《聖櫃》』
写真協力：公益財団法人川喜多記念映画文化財団

一方、ルーカスは『スター・ウォーズ』シリーズの『帝国の逆襲』(80)、『ジェダイの復讐』(83)でファンを熱狂させ、SFブームは最高潮に達し、これらの作品は現在でも興行記録の上位を占めています。ルーカスは86年にSFファンタジー『ハワード・ザ・ダック／暗黒魔王の陰謀』『ラビリンス／魔王の迷宮』、88年に『ウィロー』も製作しました。『スーパーマンII　冒険篇』(81)の後、シリーズ3本のSF映画を公開。89年には『バットマン』がヒットして、新しいシリーズとなり、アメコミ「フラッシュ・ゴードン」(80)も復活。SFXコメディ『ゴーストバスターズ』(84)が史上最大のヒットとなり、『ビートルジュース』(88)、『ターミネーター』(84)、『エイリアン2』(86)、『アビス』(89)、『ブレードランナー』(82)、『ロボコップ』(87)、『未来世紀ブラジル』(85)とSFの秀作群が次々に登場し、『スター・トレック』(79)はシリーズ5作まで公開しました。

　80年代は俳優が監督に進出したり、俳優が監督した作品が賞に選ばれたり、数多くの秀作が送り出されました。ロバート・レッドフォードは監督デビュー作の『普通の人々』(80)で、アカデミー賞作品・監督賞を受賞。81年にウォーレン・ベイティの『レッズ』がアカデミー賞監督賞、30歳のロン・ハワードが『スプラッシュ』(84)でメイジャー・スタジオからデビューし、『コクーン』(85)を監督しました。女優のバーブラ・ストライサンドも『愛のイエントル』(83)で監督デビューしました。

この時代は戦争映画も変化します。今までは第2次世界大戦を題材にしてきましたが、1975年にベトナム戦争が終結し、やがてハリウッドはベトナム戦争をテーマに映画を製作します。『地獄の黙示録』(79)、『キリング・フィールド』(84)、『プラトーン』(86)、『サルバドル／遥かなる日々』(86)、『フルメタル・ジャケット』(87)、『7月4日に生まれて』(89)など。ベトナム戦争終結からかなり時間を経て、戦争に批判的で、反戦をテーマにしたリアルで本格的な戦争映画が数多く出てきました。

80年代はアクション映画が全盛期を迎えます。各映画会社にとって、興行収入に結びつく出演者選びは重要になります。興行収入に貢献したハリウッドスタアをマネー・メイキング・スタアと呼び、毎年、トップのマネー・メイキング・スタアが発表されました。

80年代は映画が元気な時代で、様々なジャンルの映画が大ヒットしています。ブロードウェイで人気の舞台を映画化した『ヘアー』(79)、『ビクター／ビクトリア』『アニー』(82)、『コーラスライン』(85)などに観客が集まり、さらに多くの人を魅了する音楽を満載した映画が公開されます。作品に使用されているポップスが音楽市場を活発にし、映画も大ヒットするという構図が確立されたのは80年代です。『サタデー・ナイト・フィーバー』(77)、『オール・ザット・ジャズ』(79)、『フェーム』(80)、『フラッシュダンス』(83)、『フットルース』『ブレイクダンス』(84)、『ダーティ・ダンシング』(87)や、歌手を主人公にした『ローズ』(79)、『歌え!ロレッタ愛のために』(80)、ジャズ・ミュージシャンを主人公にした『ラウンド・ミッドナイト』(86)、『バード』(88)など、音楽と映画がうまく融合し、数々のヒット作が生まれました。

ホラーもしくは70年代に人気だったオカルト映画など、それぞれの年代において恐怖映画はつねに人気のジャンルです。スティーブン・キングのホラー小説を本人が監督した『地獄のデビル・トラック』(86)をはじめ、『シャイニング』(スタンリー・キューブリック監督／80)、その後もオカルト映画がずっと続いてきます。『エンゼル・ハート』(87)など本格的なホラー映画は数少なく

80年代のマネー・メイキング・スタアたち

シルベスター・スタローン
(81年からの『ランボー』3部作、『ロッキー』を"4"まで公開してマネー・メイキング・スタアとなります)

メル・ギブソン
(『マッドマックス』シリーズに続き、『リーサル・ウェポン』(87)がヒットしてシリーズ化)

アーノルド・シュワルツェネッガー
(『コナン・ザ・グレート』(82)を経て、『ターミネーター』『コマンドー』『プレデター』)

エディ・マーフィ
(『ビバリーヒルズ・コップ』シリーズ、『48時間』)

ハリソン・フォード
(『スター・ウォーズ　帝国の逆襲』『ジェダイの復讐』の後、『ブレードランナー』『刑事ジョンブック 目撃者』に出演)

トム・クルーズ
(86年、『トップガン』『ハスラー2』でトップスターになります)

ケビン・コスナー
(『アンタッチャブル』『フィールド・オブ・ドリームス』)

ロバート・デ・ニーロ
(『レイジング・ブル』『アンタッチャブル』)

ダスティン・ホフマン
(『クレイマー、クレイマー』『トッツィー』)

メリル・ストリープ
(『クレイマー、クレイマー』『ソフィーの選択』『黄昏に燃えて』『愛と哀しみの果て』)

ジェーン・フォンダ
(『帰郷』『黄昏』『9時から5時まで』)

なっていきますが、突然、低予算のスプラッター〝血みどろの殺戮〟を売り物にしたスプラッター・ムービーが80年代に登場します。80年から『13日の金曜日』シリーズが10作、84年から『エルム街の悪夢』シリーズが7作、その他『死霊のはらわた』『バーニング』『ゾンゲリア』（81）、『ブギーマン』（82）、『死霊のえじき』（85）などです。その一方でデビッド・リンチ監督の秀作『エレファント・マン』（80）が出てきたり、カナダのデビッド・クローネンバーグが傑作『ザ・フライ』（86）を監督・製作しました。

インディーズの映画監督がそれぞれの作品で独特のユーモアや、メイジャー作品にはない新鮮な演出を見せ、絶賛されます。代表的な監督は『ストレンジャー・ザン・パラダイス』（84）、『ダウン・バイ・ロー』（86）、『ミステリー・トレイン』（89）のジム・ジャームッシュ、『ブラザー・フロム・アナザー・プラネット』（84）のジョン・セイルズ、『ブラッド・シンプル』（84）、『赤ちゃん泥棒』（87）『ファーゴ』（96）のコーエン兄弟、26歳でカンヌ国際映画祭パルムドールを獲った『セックスと嘘とビデオテープ』（89）のスティーブン・ソダーバーグなどです。

デジタル技術により映画の可能性を一気に加速した1990年代

つねにハリウッドはカメラマン、監督、女優、美術監督、脚本家など、すべての才能を世界から集めてきましたが、この時代はグローバル化とハイテクで、人間の視野と映画の表現方法が加速される時代になります。90年代のハリウッド市場では、アメリカ映画のグローバル化はすでに長い歴史とかなりの実績を誇っていました。90年代は作品を売るだけでなく、人材を買うという点でも、積極的な国際化を進め、デジタル技術の導入を精力的に行いました。『トロン』（82）からすでにデジタル技術を導入、これまで観ることが出来なかった驚異の映像を作り出し、映画の可能性を一気に加速させていきました。

ＣＧＩ（コンピューター・ジェネレイテッド・イメージ）の進歩と予想を超えた成果がここから続いていきます。ロバート・ゼメキスが『コンタクト』（97）を撮り、オランダから来たポール・バーホーベンが『トータル・リコール』（90）を撮り、ウォシャウスキー兄弟が監督した『マトリックス』（99）という傑作が生まれます。『バットマン リターンズ』（92）、『インデペンデンス・デイ』（96）、『スターシップ・トゥルーパーズ』（97）、『ＧＯＤＺＩＬＬＡ』（98）などの近未来を描いた作品、『ツイスター』（竜巻／96）、『ダンテズ・ピーク』（火山の噴火／97）、『ボルケーノ』（地下のマグマの噴出／97）、『パーフェクトストーム』（巨大台風／00）、『バーティカル・リミット』（山岳パニック／00）、『ディープ・インパクト』（98）や『アルマゲドン』（惑星衝突／98）など、様々なパニック映画がＣＧＩによって作り出されました。もはやＣＧＩによって作り出せないものはないようです。

デジタル技術によってピクサーは『トイ・

ストーリー』(95)、『アンツ』『バグズ・ライフ』(98)を発表。実際に行われた巨大プロジェクトの再現である『アポロ13』(95)もCGIがあればこその作品であり、歴史の再現である『グラディエーター』(00)や『タイタニック』(97)、さらには太平洋戦争の戦闘シーンのダイナミックな『パール・ハーバー』(01)とつながっていくわけです。

CGIの革命がこのように進められ、モーフィング（変容）などが、質の劣化なしに行えるようになり、太古の恐竜も、溶けた金属の怪物も、人間も作り出せる時代になりました。あらゆる情報がデジタル化し、特殊撮影の世界を拡大させ、80年代の映画とは一線を画しています。また、この技術は旧作のフィルム修復に多大な貢献をし、ネガの傷、色の補正、コマ飛びなどに発揮されます。

一方、アクションもよりスケールアップし、パワーを増加させました。『ダイ・ハード2』(90)、『クリフハンガー』(93)、『スピード』(94)、『フェイス／オフ』『コン・エアー』『エアフォース・ワン』(97)等々、アクションのダイナミズムは80年代には考えられないほど進化しています。

ただ、映画王国はマンネリと行き詰まりで落ちてきます。歴史はつねにグローバルな才能をハリウッドへ輸入します。

90年、1月にフランシス・F・コッポラのアメリカン・ゾエトロープ・スタジオが負債2000万ドルを超え、裁判所に破産を宣告。3月に『プリティ・ウーマン』が大ヒットし、ジュリア・ロバーツが女優ナンバー1、7月に『ゴースト／ニューヨークの幻』が公開39日で興収1億ドルを突破。ユニバーサルの親会社MCAレコードが松下電器産業に61億ドルで買収され、MGMがイタリアの

海外からハリウッドへやってきたスタアたち

メル・ギブソン
（オーストラリア出身／『マッドマックス』シリーズ、『リーサル・ウェポン』シリーズ、『ハムレット』『マーヴェリック』『身代金』『陰謀のセオリー』『ペイ・バック』『パトリオット』）

リーアム・ニーソン
（アイルランド出身／『マイケル・コリンズ』『シンドラーのリスト』『ネル』『スター・ウォーズ／エピソードI』）

ガイ・ピアース
（オーストラリア出身／『L.A.コンフィデンシャル』『メメント』）

ヒュー・ジャックマン
（オーストラリア出身／『X-MEN』シリーズ、『ソードフィッシュ』『恋する遺伝子』『プレステージ』）

ジェラル・ドパルデュー
（フランス出身／『ダントン』『グリンカード』『1492／コロンブス』）

アンソニー・ホプキンス
（イギリス出身／『羊たちの沈黙』『日の名残り』『ニクソン』『アミスタッド』『サバイビング・ピカソ』『マスク・オブ・ゾロ』『ハンニバル』）

ユアン・マクレガー
（イギリス出身／『スター・ウォーズ エピソードI』）

ケネス・ブラナー
（イギリス出身／『フランケンシュタイン』）

アントニオ・バンデラス
（スペイン出身／『マスク・オブ・ゾロ』）

ジェフリー・ラッシュ
（オーストラリア出身／『シャイン』『恋におちたシェイクスピア』『クイルズ』）

『ゴースト／ニューヨークの幻』
写真協力：公益財団法人川喜多記念映画文化財団

『羊たちの沈黙』
写真協力：公益財団法人川喜多記念映画文化財団

実業家ジャン・カルロ・パレッティに13億ドルで買収されます。

91年、『羊たちの沈黙』が大ヒット。5月にコーエン兄弟の『バートン・フィンク』がカンヌ国際映画祭でパルムドール・監督・主演男優の3賞を史上初めて独占。ロードムービーのジャンルに初めて女性を主役にした『テルマ&ルイーズ』が登場します。

92年、サスペンス・スリラー『氷の微笑』でシャロン・ストーンが新しいセックスシンボルとなります。『レザボア・ドックス』でクエンティン・タランティーノが鮮烈なデビュー。93年、『クロウ／飛翔伝説』を撮影中にブルース・リーの息子ブランドン・リーが小道具の拳銃から実弾が発射されて死亡。4月に日本初のシネコン・ワーナー・マイカル・シネマズ海老名（7スクリーン）が誕生。同年バイアコムがパラマウントを100億ドルで買収、ビデオチェーン最大のブロックバスターを合併、ドリームワークスSKGを設立、カナダのシネプレックス・オデオンがアメリカ第5位の興行会社シネマークと合併、2830スクリーンを持つ世界最大の興行会社となります。タイム・ワーナーがターナー・ブロードキャスティング・システムを75億ドルで買収して世界最大のエンターテインメント会社となります。

96年、『インデペンデンス・デイ』が大ヒット。コーエン兄弟の『ファーゴ』がカンヌ国際映画祭で監督賞を受賞します。マイケル・オービッツがディズニーの社長を辞任。前年より入場料金が4％アップしましたが、広告宣伝費が平均1800万ドルから2500〜3000万ドルに高騰しました。

97年、ディズニーとピクサーが10年間に5本のCGIアニメーションを作る契約を結びます。MPAAが「映画製作、マーケティングの費用が平均6000万ドルで、過去10年間で148％」と発表。SF『メン・イン・ブラック』『エイリアン4』、翌98年には『タイタニック』が『スター・ウォーズ』を抜いて興収で歴代1位、全米の興収が前年度8・3％増の62億4000万ドルとなり、史上初めて60億ドル台を突破しました。

98年、AFIが「アメリカ映画ベスト1

90年代に活躍した監督たち

スパイク・リー
（『モ'・ベター・ブルース』、『ジャングル・フィーバー』『マルコムX』）

コーエン兄弟
（『ブラッド・シンプル』『赤ちゃん泥棒』『ミラーズ・クロッシング』『未来は今』『ファーゴ』『オー・ブラザー！』）

クエンティン・タランティーノ
（『レザボア・ドッグス』『パルプ・フィクション』）

ブライアン・シンガー
（『ユージュアル・サスペクツ』『X-メン』）

カーティス・ハンソン（『L.A.コンフィデンシャル』）

クリストファー・ノーラン（『メメント』）

ガイ・リッチー
（『ロック、ストック＆トゥー・スモーキング・バレルズ』）

デビッド・フィンチャー
（『セブン』『ファイト・クラブ』）

00」を発表、1位が『市民ケーン』。チョウ・ユンファ、ジャッキー・チェンがハリウッドデビューします。

99年、『スター・ウォーズ エピソード1／ファントム・メナス』が4億3000万ドルの興収を上げ、史上初のデジタル上映がアメリカの4つの映画館で行われた（09年には3Dのデジタル上映が1000館になる）。『ブレア・ウィッチ・プロジェクト』が1億2500万ドルの興収を上げ、史上最も利益率の良い映画となりました。そして、『マトリックス』が公開されます。

作品の質が劣化した2000年代

2002年以降は作品の質が劣化していると思います。観客が質の悪い映画を長い間、観続けますと、観ている側の作品眼も劣化すると思います。90年の後半ぐらいに『スター・ウォーズ エピソード1／ファントム・メナス』のデジタルの話を小林信彦さんとしました。「今後も俳優がいらなくなることはない。デジタルを使っても、それを作るのは人間だから、カメレオンのような名優のローレンス・オリビエを監督が作れるわけがない。餅屋は餅屋で、名優は様々なキャラクターを演じられる資質があるから、それはないでしょう。いろいろ変化はするけど、どうなるかねえ、21世紀のアメリカ映画は…」という話をしていた時に小林氏が映画の質が劣化すると言っていたんですが、宣伝マンも劣化するという時代がありました。

ハリウッドは90年代の終わり頃から題材が枯渇し始めて、ヨーロッパ映画をはじめ、日本映画、韓国映画など世界中のリメイク化権を買いまくって、映画を作っています。それにアメリカン・コミックの映画化が1社で成功すると、各社がどんどん追いかけていきました。成功したものもあれば、失敗したものもあります。確かに若い観客には認知されているものを映画だけではなく、マーチャンダイジングの部門も連動して、ビジネスとして成立させるのが一つのビジネス・スキームとしては面白いと思います。ただ、人を感動させたり、笑わせたり、驚かせたり、後世に残る、記憶に残るようなものはそういうものの中からはなかなか出てきません。例えば『300〈スリーハンドレッド〉』（07）などは観客側はカット割りが見えています。グラフィック・ノベル（絵のある本）の映画化、

「サタデー・ナイト・ライブ」（アメリカNBCで1975年から深夜に放送されているコメディ・バラエティ番組）は映画スタアを輩出してきていますが、エディ・マーフィ、スティーブ・マーチン、ビル・マーレイ、ダン・エイクロイド、ウィル・フェレル、今で言うとクリス・タッカー、アダム・サンドラーの作品はアメリカでは当たりますが、世界の言語、文化の違うところですべての笑いのスタンダードは、チャップリンの時代や一喜劇王がいたサイレントからフランク・キャプラ、ビリー・ワイルダーのコメディ、優れた作家、巨匠たちのコメディとは違い、どこにいても万人を感動させるというわけにはいきませ

ん。笑いの質が違いますから、日本では公開されなかったり、あるいはアメリカで1億5000万ドルの大ヒットになった映画が小さな単館で公開されたり、商品としての価値が変化したと思います。

模倣ばかりしていると、オリジナリティが欠落してきます。スタジオの作る側にいるクリエイティブの人たち、あるいはエージェントやマネージメントの人たちはいろいろな世界の映画を観ていないのではないですか。それと、ハリウッド・マネージメントの人たちはつねに自分が一番で正しいと思っていることがまちがいで、その傲慢な心を改め、柔軟な精神力を持つべきだと思います。作品の劣化というのは作っている側の総合力の劣化だと思います。日本でもそうですが、徒弟制度＝縦社会というのは映画の製作現場と大工、すし職人だけが明快で、あとは随分崩れたという話を税務署の人に聞いたことがあります。「アメリカ映画のベスト100」が10年に1回、77年、87年、97年、07年と発表していて、2017年も1位は1977年から変わらず『市民ケーン』で、2000年以降作られた映画が1本も入っていません。そういう状況ですから90年後半からの映画に私は驚かないです。むしろ驚くのは、ラテン系の監督さんが作った映画やヨーロッパのそれぞれの作家性の強い人たちが作った映画です。

ハリウッドというのはつねに何かが危なくなると、フォローして、先手を打ってきましたが、スタジオ各社がクラシック・ディビジョン、要するにソニー・クラシックス（SPE）、フォックス・サーチライト（FOX）、フォーカス・フィーチャー（UNI）、パラマウント・ヴァンテージ（PAR）、ワーナー・インディペンデント（WB）、ミラマックスをはじめ、他のインディペンデントもたくさんありますが、そこでは作家性のある映画がたくさんあります。日本で公開されなかったり、大きく当たらないから目立たないだけで、そこには素晴らしい才能がいます。世界を制覇するのは夏の超大作、フランチャイズ（続編）ばかりです。早くお金が回収出来るから、次の映画に投資できるという経営者の考えもあると思いますが、つねにブロックバスターが年に2本、3本あって、新しいものがうまく回転すればいいけれど、その幅（ジャンル）がちょっと狭くなってます。でもハリウッドというのはお話しした通り、何度も戦争や恐慌を経験し、様々なジャンルの人たちが住んでいて、立ち直ってきているわけですから、システムは変化しますけど、基本は変わっていないと思います。ただ、優れた作品の本数が本当に少なくなっています。

映画が娯楽の王者だった時から、娯楽が多様化して、今の時代は映画館産業としては2次、3次、4次使用のプラット・ホームです。映画製作と配給と興行がきちっと確立して、成功しないと、商品価値がどんどん落ちていくわけです。目茶苦茶な製作費、ギャラ、宣伝費になっていますが、ここはぼちぼち考えて次の手を打たないと、どこかで破綻して、大変なことになると思います。

「映画ビジネス」2007年8月下旬号より
発行：映画ビジネス社

社会現象を起こし、ブームの先駆けを作った邦・洋画の変遷

戦後のハリウッド映画はＧＨＱの占領下で統制される

日本が戦争に負けて、ハリウッド映画はマッカーサーのＧＨＱ占領下で全部統制されて公開されました。アメリカ映画協会の下に日本にセントラル・モーション・ピクチャー・エクスチェンジという組織を置いて、アメリカン・メイジャー作品はその機構を通して日本で公開されたのです。当然、ＧＨＱの監査は厳しく、日本映画の脚本まですべてチェックされました。この時代は大体50本前後の洋画をセントラル・モーション・ピクチャー・エクスチェンジの支配人たちがＧＨＱと相談しながら公開していきました。「アメリカ民主主義はこんなにいいんだよ」というのが大前提で、社会的テーマの強いもの、たとえばジョン・フォードの『怒りの葡萄』（40／ＦＯＸ）やエリア・カザンのユダヤ人の人種差別問題を描いた『紳士協定』（47／ＦＯＸ）といった社会的意義のある、作家性の強い映画はほとんど公開されないで、アメリカ民主主義のプロパガンダ映画が主流で公開されました。そして１９５１年に外国映画の輸入統制権がＧＨＱから日本政府に移管され、大蔵省が管理することになりました。差し当たり前年度の日本映画の製作本数を翌年の輸入総枠として各会社別の割り当て、いろいろな要素を考慮して計算する方式で大変厳しく公開作品が選ばれた時代でした。

私はアメリカン・メイジャーのいろいろな人たちのお話を聞いていますが、インディペンデントの映画は、洋画の老舗の東和（現・東宝東和）さんが川喜多長政社長の元で元気に配給していました。その後、松竹傘下の松竹映配という会社やイタリフィルム（後の東京第一フィルム）、後に日本ヘラルド映画になる会社もありました。特にこの場ではアメリカ映画についてお話しすると、アメリカと同時公開の映画はほとんどありませんでした。

『風と共に去りぬ』
写真協力：公益財団法人川喜多記念映画文化財団

『風と共に去りぬ』（ＭＧＭ）は１９３９年に製作されていますが、日本ではその13年後の１９５２年に初めて公開されました。この頃の配給は洋画は全部フリーブッキング（１本１本の作品によって売買契約をする）で、まず東京と大阪でロードショーをやってから９大都市に流れて、一般公開はある期間を置いて、２番館、３番館、４番館へ流れていった時代です。フィルムは７年間ぐらい使用し、洋画の場合はどんな大作でもすべての都道府県県庁所在地で一度に上映されることはなかったです。邦画の場合は自社の傘下にブロックブッキングを持っていたので、いわゆる第１封切、２番館、３番館、４番館とありました。邦画は60年代に向かって量産体制に入っていったので、１週間や２週間で公開を打ち切り、超大作は４週興行のような形で順次下に落ちていく形です。ただ、量産していると、フィルム倉庫がいっぱいになってしまうので、７年も置かないで、名画座用の本数だけをキープして、１年間回していたという状況でした。

　調べてみますと、１９５０年の平均入場料金は50円、映画館は４１００館、映画人口は４億１０００万人であったのが、翌51年には４３５０館、４億５０００万人、52年には５億人強、53年には６億人強、54年には８億人、55年には８億６８００万人、56年には９億９０００万人強、57年には10億９９００万人になり、58年には11億２７４５万人を突破しています。映画が娯楽の王者である時代に、先ほど書いたように『風と共に去りぬ』が製作されて13年後に初めて日本で公開されました。この映画はご存知のように、歴史に残る超大作で、当時、６００万ドルの製作費で、今のレートで言うと４億ドル以上

『風と共に去りぬ』公開劇場スカラ座に集まった観客たち
写真協力：公益財団法人川喜多記念映画文化財団

もかかっています。南北戦争のシーンでの死体の山は今だったらＶＦＸやＣＧＩでできますが、すべてエキストラを使って撮っているのですから、製作当時の日本軍の上層部や内閣官僚があの映画をご覧になっていれば、こんな国と戦争をしてはいけないんじゃないかと言う人が出てきてもいいはずです。映画に投資する製作費から配給のシステムに至るまで今とはすべて違います。当時、ハリウッドには確固たる大監督、大脚本家、大プロデューサー、名カメラマン、名録音マン、名編集者がいて、各メイジャーの会社にはシンフォニー・オーケストラがありました。そのくらいオートマティカルに夢の工場としてスタアを星の数の如く用意して、映画が量産体制に入っていた時代です。

メイジャーのセールスが2~3本の作品を1~3年かけて売り歩く

その頃、『風と共に去りぬ』の他には、娯楽の王者であるアメリカ映画の1つのジャンルとして西部劇が戦前からありました。日本人の大好きな『シェーン』(ＰＡＲ)が53年に公開され、ほとんど同時公開でプリント本数は何と28本、今のグロス(興行収入)にすると80億円強売上げているわけです。今はこのクラスの当たった映画になると８００スクリーンくらい開けますから、公開の規模から言っても、いかに映画を長く見せるか、ロードショーで4ヵ月、5ヵ月、半年、そして間を置いて9大都市に落ちてきて、一般公開(今でいう拡大公開)になり、東京では浅草、錦糸町、池袋、吉祥寺、上野などで、他に川崎、横浜、東宝の洋画系で言えばＴＹ紅・白系、松竹・東急のＳＴチェーンなどがあったので、それから名画座まで落ちてくるのに、3~4年はかかりました。

当時、各メイジャーにはセールスマンがいて、自分が預かるプリントは2本か3本なんです。例えば東海道地区は横浜、川崎を除いた神奈川県から静岡県、名古屋の手前までを3本のフィルムを1年から3年かけてどうやって売っていくか。独立館が多かったので、そういうところに強い写真(映画)を入れ、東京、大阪で当たったというのが最初のニュースになるわけです。ブロックブッキングと同じで、契約で「これは4週だよ」「5週だよ」と言っても、各劇場が週アベレージを持っていますから、悪ければ切ってしまう。その場合、前の当たった映画で穴埋めするとか、あるいは少し繰り上げてもらう時代だったわけです。当時、東京のロードショー館で映画を観られる人はほんの15%ほどです。でも、娯楽の王者でしたから、邦画各社は季節ごとに定番の作品を製作していましたし、年末には『赤穂浪士　天の巻・地の巻』(56/東映)など、〝忠臣蔵もの〟を各社が競って作り、子供からお父さん、お母さん、おじいさん、おばあさんまで家族揃って観に行きました。若い人は不良性感度のある石原裕次郎さんの映画を観るとか、小さい子は中村錦之助さんの『新諸国物語紅孔雀』や『新諸国物語　笛吹童子』を観る時代でした。

洋画では54年にオードリー・ヘプバーンが登場してきます。『ローマの休日』（53／ＰＡＲ）は公開されるや、空前のロングランで半年近くロードショーを行って全女性の心を捉えた映画です。当然、女性が映画館に行けば、男性も引っ張られて行きますので、ティーンにまで年齢層が下がった映画です。当時の平均入場料金は60円で、９４６万９４７３人を動員、興行収入が１２１億６８２７万円（前年の平均入場料金で換算、以下同）『麗しのサブリナ』（54／65億３０１０万円）もずっとメイン・ストリートのロードショー館に出ていました。彼女は一度引退し、しばらくして『ロビンとマリアン』（76／コロンビア）でカムバックするのですが、昔の興行力は落ちてしまいました。スポーツの選手でも4年、5年不在にすると、次の力ある選手が出てきてしまうということだと思います。この頃に、後に『十戒』（56／ＰＡＲ）を作るセシル・Ｂ・デミルの『地上最大のショウ』（52／ＰＡＲ）という映画がありました。アメリカのリングリング・ブラザーズ＆バーナム＆ベイリーというサーカスを舞台にしたドラマで、チャールトン・ヘストンとジェームズ・スチュワートが主演、映画史上最初に列車の脱線シーンをアクチュアルに撮って話題になった映画です。７００万人近く動員し、89億８３６６万円稼いでいます。54年、入場料金60円の時に、文部省が「15円で小・中・高校生は全員、映画館に行きなさい」と言って観せた映画がウォルト・ディズニーの長編ドキュメンタリー『砂漠は生きている』（53）です。各エリアで公開の仕方が違うので、人口が多いところから少ない県に落ちていき、名画座まで落ちるのに5年ぐらいかかるわけです。この映画は54年に94億５４７８万円、55年には学校動員が加算されたので１１９億３８０８万円を売上げ、合計で２１３億９２８６万円、１６６４万８１４５人動員しています。

この頃、アメリカで映画の人気が少しずつ落ち始めてきたので、映画の上映プロセスを開発して、ＦＯＸがシネマスコープという4チャンネルの立体音響（ステレオ・サウンド）、パラマウントが56年にビスタビジョンを開発、その頃3台の映写機を使うシネラマもできました。当時のシネラマは３Ｄや4ＤＸみたいなものです。55年に『シネラマ・ホリデー』が公開されて、１１０

『ローマの休日』
写真協力：公益財団法人川喜多記念映画文化財団

億７０６７万円を売上げています。ディズニーがジュール・ベルヌの原作を映画化したリチャード・フライシャー監督、カーク・ダグラス、ジェームズ・メイソン主演の『海底二万哩』は、55年に74億５２０万円、翌56年が89億３４８７万円で計１６３億４００万円売上げ、約１２７１万人動員しています。同じ頃、ジェームズ・ディーンが出てきます。１９５５年９月30日に愛車のポルシェでの事故で惜しくも若くして亡くなったのですが、その時に彼の映画は日本では１本も公開されていない。その後、ワーナー・ブラザースから『エデンの東』『理由なき反抗』『ジャイアンツ』が公開され、『エデンの東』は55年に公開されて68億５８４８万円、『ジャイアンツ』は56年に公開されて90億８６１万円稼いでいます。３本の遺作で、彼はあの若さのまま、お客さんのイメージの中にずっと生きているわけです。後に日活の赤木圭一郎さんも事故で若くして亡くなりましたが、スタアと言われる特殊な才能を持った人たちが亡くなると、人々の心の中には永遠にその若さのまま残っているということの証左ではないでしょうか。

『ジャイアンツ』
写真協力：公益財団法人川喜多記念映画文化財団

日本映画最初のブロックバスターは『君の名は』

当時の日本映画で驚異的なのが、菊田一夫さんのお涙頂戴のラジオドラマを映画化した『君の名は』です。松竹が53〜54年に３部作で映画化して、監督は大庭秀雄さん、主演は当時の美男美女の最高峰である佐田啓二さんと岸惠子さんです。53年の邦画の興収１位は第２部で、１３２億９６４４万円、２位が第１部で、１１１億83万円。翌54年は第３部が１位で１４１億４３６２万円稼いでいる、日本映画最初のブロックバスターです。この映画はマービン・ルロイ監督の『哀愁』(40／ＭＧＭ＝セントラル)で、ビビアン・リーと二枚目のロバート・テイラーが主演、第２次世界大戦で知り合って、その後別れて、悲劇が待っているという話から少しヒントを得ています。映画というものは先人たちが作ったもののオマージュ、あるいは引用をうまくしているもので、日本の当時の時勢と日本女性の涙を搾り取った映画で、この後、泣ける映画が映画のジャンルの中に生きてくるわけです。映画以外に娯楽がない時代ですからね。『君の名は』は日本で最初のリピーターを生んだ映画だと思います。1人で2回、3回観ないと、そういう数字にはならない。記録に残る映画と記憶に残る映画は違います。今まで記録に残る映画を紹介してきましたが、記憶に残る映画というのは、動員は少なくても、ずっとその人の人生にインパクトを与えて、いつまで経っても廃れていかないもの。それが映画の力です。ストーリーの良さ、キャラクターの良さ、映画の良いエッセンスを持っているものは強い。『七人の侍』(54)は3位で、興収114億円を売上げていますから。

この時代からお家芸の『忠臣蔵』がずっと続きます。54年の松竹の『忠臣蔵　花の巻・雪の巻』は興収124億5101万円、56年の東映の『赤穂浪士　天の巻・地の巻』は片岡千恵蔵さん、中村錦之助さん、東千代之介さん、月形龍之介さんといったオールスターが出演し127億7244万円、松竹は57年にもう一度『大忠臣蔵』を公開して、興収111億3700万円を売上げています。東映は61年にも『赤穂浪士』を公開し131億1544万円。大映が58年に長谷川一夫さんで『忠臣蔵』を製作し、164億9526万円を売上げて邦画の1位です。これはお正月映画という1つのジャンルです。浅草などでは映画を観て美味しいものを食べて、お参りするということが1つの行事になっていました。当時、邦画には指定席がなく、入替なしの全席立見で、暖房も冷房もない時代ですから、映画を観るのも大変だったと思います。

ほかにも54年は錦之助さんの『紅孔雀』(東映)が103億5956万円、木下恵介監督の傑作映画『二十四の瞳』(松竹)は記録にも記憶にも残る名作で、99億7615万円売上げています。三船敏郎さんの『宮本武蔵』(東宝)が70億円強、『ゴジラ』(東宝)が約65億円。この年にヘプバーンの2作目、ビリー・ワイルダー監督の『麗しのサブリナ』(PAR)が65億3010万円を売上げています。

57年は東映の『任侠清水港』が146億3619万円を稼いで、任侠ものの基礎を築き、黒澤監督の『蜘蛛巣城』(東宝)が82億円を売上げています。ここで裕次郎さんが登場します。『太陽の季節』(日活)は脇役ですが、それでも76億9292万円を売上げていて、とにかく映画館のドアが閉まらないほど観客が入りました。元SKDの男装の麗人であった水の江滝子プロデューサーが裕次郎さんを連れてきて、10年間走り続けるわけです。この時代は活字がスタアを作りました。ラジオからは歌が流れてくる時代で、春日八郎や三橋美智也、美空ひばり、江利チエミ、雪村いずみ等アメリカンポップスの流れを汲む人たちと正統派の歌手が両立した時代でした。当時は地方に大きなホールも公民館もないですから、日劇や国際劇場、あるいは川崎東映などで彼らが幕間で歌を歌っていました。映画の入場料が安かった時代ですから、特別料金で映画を公開したわけです。

映画の作品の質と興行が真逆の世界になる

その後、アメリカ映画の作品の全体的な質が落ちてきて、ヨーロッパから『赤い風船』(56)や『沈黙の世界』(56)などが入ってきました。監督としてはイタリアのロベルト・ロッセリーニ監督、フェデリコ・フェリーニ監督、ビットリオ・デ・シーカ監督、ルキノ・ビスコンティ監督が活躍しました。この後、遅れてフランスのヌーベルバーグの人たち、イタリアからミケランジェロ・アントニオーニ監督や、スウェーデンのイングマール・ベルイマン監督ら世界のアート系の作家たちが出てくる時代です。57年はデビッド・リーン監督の『戦場にかける橋』が洋画の1位で80億8055万円を売上げています。

驚異的なのは、新東宝が嵐寛寿郎主演で製作した『明治天皇と日露大戦争』で224億9819万円、1750万8319人動員しています。この年と翌年は日本映画、あるいは日本の映画界がピークを迎える年です。東映のオールスターの『水戸黄門』が146億4240万円、裕次郎さんの『嵐を呼ぶ男』『錆びたナイフ』の2本で、それぞれ4週間の封切で計247億円の興収を上げています。翌年に観客動員が史上最高記録の11億2745万人になり、映画館数も7067館になりました。後に大監督になる市川崑さん、増村保造さんらが台頭してきたのもこの年です。

洋画はセシル・B・デミルが『十戒』(PAR)をチャールトン・ヘストン主演で製作・監督して142億7100万円を売上げ、ウィリアム・ワイラー監督も『ベン・ハー』製作の前年の58年に正統派西部劇の超大作『大いなる西部』を同じチャールトン・ヘストンとグレゴリー・ペック主演で製作、59年にかけてロングランされ、計131億4778万円を記録。ヘストンがここから大スタアになっていくわけです。

59年には独立プロの大躍進で、新藤兼人監督、今村昌平監督、大島渚監督がデビュー。アメリカではシドニー・ルメット監督、ポーランドからアンジェイ・ワイダ監督、フランスからルイ・マル監督、ジャン＝リュック・ゴダール監督、クロード・シャブロル監督、フランソワ・トリュフォー監督が出てきます。映画の作品の質と興行が真逆の世界になってきて、フランス映画なども入ってきますが、アラン・ドロンを一躍スタアにした『太陽がいっぱい』は59億円を売上げています。

公開本数は邦画の方が圧倒的に多いですし、邦画専門館が多いのが理由です。洋画の専門館は少なく、邦画混成館が2本立、3本立の下番線にありましたから、当時、下番線はフラットで、1本数万円で売っていました。ですから2番館、3番館に上映が移動すると、フィルムは劣化して、寿命が短くなっていくわけです。あとどんな町にも映画館があったので、フィルムの本数が間に合わなくなると、かけ持ちするために、自転車で15分ぐらいのタームで運ぶという状況もありました。そういう流れで、社会現象を起こすツールは一番最初はラジオです。次にアメリカの超大作映画は公開の1年以上前から撮影しているので、撮影中からプレミア上映まですべてニュースにして、毎週ムービーニュースを洋画館でかけるわけです。テレビが普及する前は「中日新聞ニュース」「パラマウント・ニュース」「FOXムービートーン・ニュース」をはじめ、いろいろなニュース社がニュースを流していました。映画を観たい人たちにはこういう映画がありますよということで、予告編替わりに1年ぐらい前から上映するわけです。あと宣伝のツールとしては新聞・雑誌です。この頃にはメイジャー紙やスポーツ紙があって、メイジャー紙の金曜日の終面をどうやって取るか。邦画優先契約でしたので、本数の多い邦画は終面を取ることが出来たのですが、最後は会議をやって、各社に割るようにしたわけです。

「月刊平凡」「月刊明星」は200万部売れていた時代で、歌本が付いていました。みんなそれが欲しくて買います。カラーテレビが普及するのは明仁天皇のご成婚（59年）と東京オリンピック（64年）がきっかけで、もう少し後ですから、当時は新聞と雑誌、特に芸能雑誌の「週刊明星」「週刊平凡」、64年頃になると「平凡パンチ」「週刊プレイボーイ」が出てきて、各種漫画雑誌も若者たちにリーチしていきました。

戦前からやっていた南部圭之助先生の「スタア」という雑誌で淀川長治先生がアルバイトからスタート。双葉十三郎さんが既に映画評論を書いていました。当然、「キネマ旬報」があり、その後に「映画の友」「SCREEN」が出来て、地方にいる映画少年・少女や映画青年や女性はその情報を知っていても、映画を観られるのは1年後、2年後という状況でした。しかもそういう雑誌が本屋には6冊か、10冊しか来ない。予約しておかないと売れてしまうので、首を長くして待っていた時代です。その代わり深くリーチしていて、残像効果がずっとあった。スチールを1枚1枚覚えてしまうほどです。52年公開のイタリアのジョゼッペ・デ・サンティス監督の『にがい米』（製作は48年）ではシルヴァーナ・マンガーノが太股まで出して田植えをしている姿にムラっときたり、『島の女』（57）でソフィア・ローレンが胸の谷間を出すとか、男優でもアラン・ドロンの『太陽がいっぱい』（60）でヨットを操縦している上半身裸の写真等のスチールはみんな覚えています。

先ほど記憶に残る映画と書きましたが、『にんじん』（32）、東和が50年代に公開した『禁じられた遊び』（52）、ジャン・ルノワール監督の映画やマルセル・カルネ監督の『天井桟敷の人々』（45）などが代表的なものではないでしょうか。当時はブロックバスターにはなっていませんが、名作として残っています。

60年代に入り、70ミリの大作映画の時代を迎える

60年代に入ると、ロードショーの最高峰

の映画で1年以上帝国劇場と大阪で上映したのが、ウィリアム・ワイラー監督の『ベン・ハー』(59)です。ここから70ミリの時代になるんです。入場料金は72円だったので、興収が210億7192万円、70ミリがある劇場で上映して、それから半年ぐらい置いて、一般封切を35ミリで上映しました。同じ年の『アラモ』(60)も70ミリで95億5117万円、『スパルタカス』(60)は翌年と合わせて103億8339万円、『ウエスト・サイド物語』は61年から2年間のロングランで89億2110万円、63年は『アラビアのロレンス』が100億6000万円、『大脱走』も89億円を売上げています。

邦画では日活の『天下を取る』が115億6394万円、『闘牛に賭ける男』が104億648万円、『喧嘩太郎』が98億7783万円、『あじさいの歌』が96億5220万円と裕次郎作品は軒並み高い興収を上げています。この後、日活はゴルフ場やホテルなど経営をどんどん拡張していって、後に大きな痛手を受けるわけです。62年には黒澤監督の『椿三十郎』が136億1100万円、『用心棒』が106億1424万円を記録したほか、裕次郎さんの『あいつと私』が120億984万円、東映の『宮本武蔵』が92億2320万円を売上げています。翌63年は黒澤監督の『天国と地獄』が103億848万円の興収を上げて、日本映画の1位になっています。

また、『クレオパトラ』(63)がエリザベス・テイラーの病気や世紀の恋があって、今でいうと7億ドルくらいの製作費がかかってしまい、元FOX社長、独立プロデューサーのダリル・F・ザナックが62年に世界中から大スタアを集めて、「リーダーズ・ダイジェスト」に載った「ザ・ロンゲスト・デイ」の映画化となる『史上最大の作戦』(62)を製作。35ミリで、当時50本のプリントを用意して、62年、63年と興収ランキング1位。東劇、浅草大勝館、渋谷パンテオン、新宿ミラノ座で上映して毎回人が溢れてしまい、バスでは間に合わないので、砂利運搬用のトラックを週10台用意して運んだ逸話が残っているほどです。そう、どうしても観せるのだと言って。この映画はなんと302億8100万円、2356万人動員しています。この時はドキュメンタリーも大ブームになって『世界残酷物語』は旧スカラ座で上映して90億円以上を売上げています。『ハタリ!』(62)は日比谷映画で上映して75億6000万円、この両作品は半年後の正月に2本立でTY系で4週上映しています。配給会社が違うのですが、東宝興行部と各配給会社が相談して、これは通常よりも倍儲かるからというので競合他社との2本立にして公開したという例もあるわけです。

『クレオパトラ』は63年〜64年で計161億5444万円上げていて、全世界で5年かかって製作費を回収しています。70ミリの『北京の55日』(63)は57億3469万円、ヘプバーンの『シャレード』(63)も2年間で77億7465万円、『マイ・フェア・レディ』(64)は70億円弱売上げています。

『007／ゴールドフィンガー』は64年と65年の2年間で157億9956万円。『ゴールドフィンガー』と同じ64年に出た『007／危機一発』が38億2758万円です。この作品で一番良かったコンセプトは、ケネディ大統領が愛読したスパイ小説でした。少し話が飛びますが、67年に70ミリ、シネラマで公開の『グラン・プリ』は56億3568万円、同じく70ミリの『プロフェッショナル』は50億5481万円、『風と共に去りぬ』も70ミリでリバイバル公開して32億7000万円を売上げています。

余談ですが、『クレオパトラ』にしろ、『マイ・フェア・レディ』にしろ、リズやオードリーが契約書にサインし、撮影したニュースが流れるんです。『クレオパトラ』では、ローマのチネチッタ撮影所に滅茶苦茶なセットを組んで、大雨で全部流れてしまい、役者はFOXがスティーブン・ボイドを気に入らないので、リチャード・バートンに代わりましたが、バートンは不倫しているんじゃないかという噂もあったりしていろいろと大変でした。宣伝では衣裳を日本橋の三越本店に持っていき、三越が全ページ広告を打つなど、当時では珍しいことをやりました。ともかくニュースが凄かったです。また、マリリン・モンローがジョー・ディマジオと来日した時も、「FOXムービートーン・ニュース」のスタッフが羽田に行って映像を撮り、帝国ホテルまで来て記者会見も撮ってくれてました。独占で世界に配給するわけです。

65年は『東京オリンピック』が、学校動員もあり177億1350万円、1387万4824人動員したのです。その年に小品の『愛と死をみつめて』(日活)が69億8250万円、『日本侠客伝』(東映)は11本が製作されるシリーズとなり、主役が錦之介さんから高倉健さんに交代していきます。この後、健さんの『網走番外地』シリーズが続くわけです。『網走番外地』は1本では28億円ですが、年に2本か3本公開されていたのです。

63年に邦画5社が初めて旧作のテレビ放出を決定。松竹、大映が無配になり、64年には大蔵省が外国映画の輸入を自由化し、それ以降は何本入れようが自由なわけです。しかし、映画館の数が5000館を割り、65年には映画人口が4億人を割ります。そんな中、ジュリー・アンド

『サウンド・オブ・ミュージック』

発売中／¥5,980＋税／発売：20世紀フォックスホームエンターテイメント ジャパン

『007／サンダーボール作戦』
写真協力：公益財団法人川喜多記念映画文化財団

リュースの『サウンド・オブ・ミュージック』(65)が53億5859万円、『メリー・ポピンズ』(64)が50億3640万円と、2本のミュージカルが質、興行的にも大成功。66年は『007／サンダーボール作戦』が19億5800万円で1位です。『007』シリーズはずっと好調で興行の王者でした。68年には三船プロと石原プロが共同製作した『黒部の太陽』を公開して86億7018万円、『日本のいちばん長い日』(東宝)は48億1283万円を売上げています。このあたりから東宝の『クレージー映画』シリーズ、『若大将』シリーズが出てくるわけです。その年に日活の江守清樹郎専務が退陣して経営がおかしくなり、大映の危機と経営陣の若返りがありました。

『007』シリーズは日本でも受け入れられました。当時は米ソの冷戦時代で、シリアスなスパイ映画もあるのです。『空軍大戦略』(69)等を製作したプロデューサーのハリー・サルツマンがマイケル・ケイン主演でハリー・パーマー・シリーズ『国際諜報局』(64)、『10億ドルの頭脳』(67)などを製作しています。『寒い国から帰ったスパイ』(65)というのもありました。一方、『007』のガジェットや、靴の爪先から毒の入ったナイフが飛び出すというようなこの映画の世界観を日本の若者たちは全く知らなかったんです。そこで若者向けの雑誌が007はカッコいい車に乗って、最高のスーツを着て、女性にモテて、すべてがスーパーガイだという情報を載せたんです。また『007』の監督はイギリス人にしか撮らせない。イギリスが生んだ最大のヒット作だと思います。スティーブン・スピルバーグは断られたから『インディ・ジョーンズ』を作ったと言われています。『007』は冷戦が終結してからおかしくなったけれど、今の映画はユーモアがもう少しほしいです。

68年頃になるとアメリカ映画は儲からなくて、ボロボロになり、合理化がどんどん進んで、それが78年頃まで続くわけです。スタア・システムがだめになり、スタジオ・システムが70年には全部崩壊しました。日本も大体同じような状況です。その中にあって、『ハーロー』(65)や『大いなる野望』(64)等を製作したエンバシー・ピクチャーズのジョセフ・E・レビンというプロデューサーが、当時30歳そこそこのマイク・ニコルズ監督に作らせた映画が『卒業』(67)です。このあたりからしばらくは、なぜか東京ロードショーの数字しか出てこなくなります。

例えば、『続・猿の惑星』(70)は12億8564万円ということはないので、恐らく50億円くらいいっていると思います。『サウンド・オブ・ミュージック』のリバイバルを東京ロードショーだけで今の数字に換算すると12億2823万円、『シェーン』もリバイバルで8億7276万円。71年に1位の『ある愛の詩』(70)は23億円余ですが、120億円以上はいっていると思います。当時大作はフィルムが30本、40本の時代で拡大のシステムが違いますから。『エルビス・オン・ステージ』(70)も18億3264万円ですが、もっといっていると思います。『栄光のル・マン』然り。72年の1位『ゴッドファーザー』も東京ロードショーの数字しかなく、東京ロードショーが11億4717万円ならば100億円近くになる計算です。『ゴッドファーザー』3部作のうち1、2作は大傑作です。それから『バラキ』などマフィア・ブームも起きてきました。加えて、『俺たちに明日はない』『イージー・ライダー』『明日に向って撃て!』『M★A★S★H マッシュ』などアメリカン・ニューシネマが出てきたのも67年から70年代にかけてです。

この頃、日本では日活が製作縮小前の最後の作品となる山本薩夫監督の『戦争と人間』シリーズを製作しています。石原プロは『栄光への5000キロ』(69/松竹映配)、『富士山頂』(70/日活)、三船プロは『座頭市と用心棒』(70/大映)という形で独立プロが製作していて、配給だけは日活や大映で受ける形になったわけです。各社が弱り始め、70年に東宝は映画製作部門を切り離しました。映画を作っていたのは東映だけです。

邦画は本数が多い分だけ数字が上がりますが、洋画は本数が少ないので、各社とも大作がない時はリバイバルをするわけです。MGMが困った時は『風と共に去りぬ』、FOXが困った時は『サウンド・オブ・ミュージック』、パラマウントが困った時は『シェーン』か『十戒』『ローマの休日』と決まっていたわけです。そうするとベスト10の上位に入る。7年以上経つと新しい時代がきますから。その頃の邦画は、『男はつらいよ』『昭和残侠伝』『網走番外地』といったお馴染みのシリーズもの、藤純子(富司純子)の引退映画『関東緋桜一家』(72)、『女囚さそり』『仁義なき戦い』シリーズなどが目立った成績を残しています。

パニック映画、オカルト映画がブームになる

70年からメイジャーの合理化が始まり、ユニバーサルとパラマウントが海外配給機構としてCICを設立。FOX日本支社の人員が65人から24人になり、MGMとユナイトが閉鎖、フィルムビルの売却など合理化に70年から8年かかっているわけです。それと同じようなことがこれから起こると思います。人数が少なくなりすぎて、映画のマーケティングも営業もプロが少なくなっているのです。

73年には入場税が1000円以下は

５％の減税になると共に、映画興行も若干の復調を示します。東映の実録路線『仁義なき戦い』シリーズがヒットし、洋画では70ミリプリント７本、35ミリ32本で公開された『ポセイドン・アドベンチャー』(72)が56億５４００万円を売上げています。１５０本のプリントを用意した75年の『タワーリング・インフェルノ』は１２５億２１６０万円という大ヒットで、パニック映画がブームになりました。74年『エクソシスト』に始まり、『オーメン』(36億２４８万円)シリーズなどに続くオカルト映画も人気でした。一般公開では『ポセイドン・アドベンチャー』と『ゲッタウェイ』(72)を２本立てで公開したこともありました。

『ポセイドン・アドベンチャー』
発売中／¥7,407＋税／発売：20世紀フォックスホーム エンターテイメント ジャパン

日本のパニックものといえる『日本沈没』も興収１４５億３９４１万円、動員１１３１万４７２０人という驚異的な数字です。翌74年も上映して66億９１２０万円を記録しているので、合わせて２００億円を超えています。映画復興の声がかかる契機となりました。また、ブルース・リーの『燃えよドラゴン』(65億６８００万円)は空前絶後の人気で、子供たちはみんなヌンチャクを振り回していました。『妖怪ウォッチ』も、『ポケットモンスター』もそうですが、一点突破できるような何かに火がつくと、こうなります。

ブルース・リーは『燃えよドラゴン』の公開前に亡くなりました。前に撮った映画を東和が入れていて、(『ドラゴン危機一発』『ドラゴン怒りの鉄拳』(71)、『最後のブルース・リー／ドラゴンへの道』(72)は東映洋画配給)出来上がっていない『死亡遊戯』(78)まで完成させてしまったのです。ブルース・リーは歴史に残る人間、ＳＦＸみたいな凄い人ですね。その影響で40本ほどの空手、カンフー映画が日本に上陸しました。『エクソシスト』が興行パニックを呼んで１１１億４６５６万円を記録。大映倒産後、３年ぶりに紛争が解決し、徳間康快社長により大映映画株式会社となってスタートしたことも加えておきます。流れとしては『００７』、パニック映画の『ポセイドン・アドベンチャー』『タワーリング・インフェルノ』があり、『エクソシスト』などのオカルト映画につながる。一方で『エマニエル夫人』(74)が53億６６４０万円のスマッシュヒットとなり、アラン・ドロンの作品はつねに確実なヒットをキープしていました。

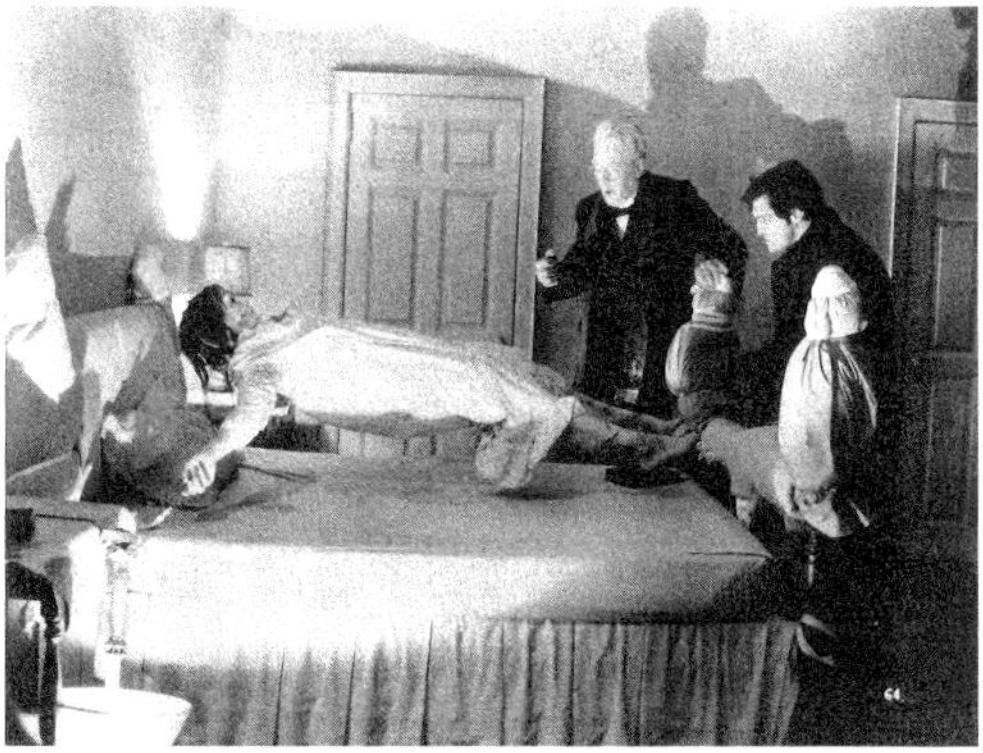
『エクソシスト』
写真協力：公益財団法人川喜多記念映画文化財団

70年代中盤には、スティーブン・スピルバーグは『激突！』(71)で注目されました。これはテレビ映画で、劇場用映画のデビューはゴールディ・ホーン主演の『続・激突！カージャック』(74)ですが、やはり『ＪＡＷＳ／ジョーズ』(75)でしょう。日本で１３５億９０００万円の大ヒットとなりましたが、アメリカにおける映画興行のあり方を変えたともいえます。拡大公開も何もなかった時代に全米６００館公開の『ＪＡＷＳ／ジョーズ』とルーカスの『スター・ウォーズ』は70ミリ、ドルビー・システムで43館からスタートしています。ルーカス監督、スピルバーグ監督は第9世代の映画作家です。

『JAWS／ジョーズ』
写真協力：公益財団法人川喜多記念映画文化財団

　第1世代はアメリカ映画の父と呼ばれたD・W・グリフィスで、その後節目節目に秀れた監督たちが出てきています。その後、ニューハリウッドと言われる時代があって、それがフランシス・F・コッポラ監督、『フレンチ・コネクション』(71)、『エクソシスト』(73)を監督したウィリアム・フリードキン、映画評論家出身の『ラスト・ショー』(71)、『ペーパー・ムーン』(73)『おかしなおかしな大追跡』(72)のピーター・ボグダノビッチ監督です。コッポラは映画学校を出て、『パットン大戦車軍団』(70)の脚本でアカデミー賞を受賞し、『ゴッドファーザー』2作（72、74）などを経て、『地獄の黙示録』(79)を作っています。パラマウントは大反対したけれど、正解だったのは、マーロン・ブランドにオーディションさせて出演させたんです。「あんな難しい奴は映画がオーバーバジェットするからやめろ！」と大反対されながら、結果的に歴史に残る傑作になりました。

　ニューハリウッドの次の世代がアメリカの大学の映画学科を出た第9世代の作家たちで、スピルバーグ、ルーカスの他に、ブライアン・デ・パルマ監督、マーティン・スコセッシ監督がいます。ただ、スコセッシはニューヨーク大学出身ですが、後輩にロバート・ゼメキスがいて、後にルーカスが面倒をみたり、スピルバーグがチャンスを与えた21世紀の頭までハリウッドを支えた人たちです。そこからフィルム派とデジタル派に分かれてくるのですが、フィルム派はスコセッシとスピルバーグで、スコセッシの『ヒューゴの不思議な発明』(11)などのデジタルを使わないと特撮が撮れないものを除いては、彼らがハリウッドに革命を与えたといえます。「Bピクチャー・ゴーズ・トゥ・ザ・Aピクチャー」になったんです。ハリウッド映画史の中で西部劇もそうですし、スペースオペラ、ギャング映画、連続活劇、アクション映画、ホラー映画はB級と呼ばれていましたが、それをA級に押し上げたのが彼らです。新しい技術をうまく使って、『ＪＡＷＳ／ジョーズ』も『スター・ウォーズ』も『未知との遭遇』もチープに見えない。こんな映画がよく撮れたという映画です。

もともとＳＦというのは、見世物が土台で、かつてはジョルジュ・メリエス監督の『月世界旅行』(１９０２)といった映画がありました。50年代に米ソの冷戦で宇宙人がやってくるというテーマの荒唐無稽な映画がたくさんありましたが、ロバート・ワイズ監督の『地球の静止する日』(51)など、優れた映画も何本かありました。ジャック・フィニイーの「盗まれた街」をドン・シーゲル監督が映画化した『ボディ・スナッチャー／恐怖の街』(56)は、後に『ＳＦ／ボディ・スナッチャー』(78)など何度もリメイクされていますが、最初の作品は日本では公開されていない。そのアシスタントをしたのがサム・ペキンパー監督です。友好的なエイリアンを初めて登場させたのが『地球の静止する日』で、その次に上手く作って大ヒットさせたのが『E.T.』(82)です。ＳＦというのは『ミクロの決死圏』(66)が出るまでは、レイ・ハリーハウゼン製作・特撮の『アルゴ探検隊の大冒険』(63)やストップモーション・アニメーションで作ったウィリス・Ｈ・オブライエンが特撮を手がけた『キングコング』(33)などが当てはまります。ドイツの大監督フリッツ・ラングの『メトロポリス』(26)に登場するロボットはＣ-３ＰＯの原型ですね。ＳＦというのはジャンルとしてあって、傑作もあるし、テーマ性の強いものもありますが、大娯楽映画の要素をうまくブレンドして突き詰めた人はいないと思います。

ルーカスは学生の頃に『ミクロの決死圏』と『猿の惑星』(68)を観て、あのような映画を作りたいと語っていた。そして『フラッシュ・ゴードン』を作りたいと思ったら、ディノ・デ・ラウレンティスが原作権を持っていたので映画化権が取れない。そこで影響を受けている黒澤監督の『隠し砦の三悪人』(58)などから引用もして『スター・ウォーズ』の脚本を書いたのです。『ミクロの決死圏』は、スタアは出ていないですが、監督は後に『トラ・トラ・トラ!』(70)を撮るリチャード・フライシャーです。当時のお金で製作費を４００万ドルくらい使った大作でアカデミー賞の美術賞と視覚効果賞を獲っています。そして当時600万ドルを投じたのが『猿の惑星』です。監督は後に『パットン大戦車軍団』『パピヨン』（73）を作るフランクリン・J・シャフナー。『大いなる西部』『ベン・ハー』のチャールストン・ヘストンという大スタアが、初めてSF映画に登場します。

その年に大傑作『2001年宇宙の旅』（68）が出ました。ルーカスは学生の頃に、J・リー・トンプソン監督の『ナバロンの要塞』（61）を作ったカール・フォアマンがグレゴリー・ペック主演で製作した西部劇『マッケンナの黄金』（69）とか、師匠のコッポラの『フィニアンの虹』（68）というフレッド・アステアのミュージカルのメイキングを作って、凄く評判が良かったんです。学生時代に作った『THX－1138』（71）はワーナーが配給してスプラッシュで2週間で切られてしまいました。その前に『地獄の黙示録』を作ろうと思って、フィリピンにロケハンに行ったら、こんなところでヘリコプターを飛ばして、ジャングルを燃やすなんて出来ないと。ジョン・ミリアスの脚本はそういう脚本だったので、最初はスティーブ・マックイーン、ジーン・ハックマン、ジェームズ・カーンが主演だったのですが、みんなあんなところへ行くのは嫌だといって、降りてしまい、マーロン・ブランドとロバート・デュバル、マーティン・シーンになったという映画です。

この年に大島渚さんがフランス資本でハードコアの『愛のコリーダ』（76）を製作しています。『JAWS／ジョーズ』が史上最高の興収135億9000万円を稼ぎ、MGM争議が2年4ヵ月ぶりに解決、ライオンマークが市場に復活します。75年には、松竹の屋台骨であった『男はつらいよ』が出てきました。こうやって見ると、戦争ものと任侠映画、『男はつらいよ』とジャンルが凄く狭いです。

71年の映画産業界は全国の映画館が3000館を割り、大映が倒産し30年の幕を閉じるという暗いニュースに続き、黒澤明監督が自殺を図りました。日活は堀久作社長が退陣し、製作を縮小、ロマンポルノがスタートします。東映は大川博社長が亡くなって、岡田茂新社長が登場、東宝は製作部門を切り離し、『ゴジラ』以外は一切作らなくなりました。映画配収でも邦画が156億円、洋画が148億円と洋画の配収が漸次増収していることが目立っていました。

東宝は2000年の頭までシネコン（ヴァージンシネマズ）を買う前までは金子操さん、越塚正太郎さん、石田敏彦さん、鎌田陸郎さん、その下に高井英幸さんがいた。高井さんは東宝映画に行きましたが、映画興行部が東宝の総利益の2分の1を稼いでいて、他部門は肩身が狭いという時代でした。

日活では石原裕次郎さんが一時代を築きました。裕次郎さんが日本映画に与えたインパクトは大きく、戦後最大のスタアです。石原プロという独立プロを作って、テレビであれだけ上手く生き延びた人はいないんじゃないでしょうか。惜しくも若くして逝ってしまいました。人柄、面倒見もいいし、親分肌だし、裕次郎組、小林旭組と分かれていて、大部屋の人たちの食事や生活の面倒を見ていた時代です。飲みに行く場所もかち合わないようにしていたそうです。

映画界にインパクトを与えたルーカスとスピルバーグの登場

スピルバーグは17歳の時にユニバーサル・スタジオの守衛と仲良くなって、スタジオ内に潜り込んで撮影技術を勉強しました。大学で映画を勉強していたから、あとは現場だったのです。彼の優れているところはカット割を全部覚えていることです。ウィリアム・ワイラーの『我等の生涯の最良の年』(46)、『ローマの休日』(53)、『大いなる西部』をはじめ、あらゆる名監督のカット割と編集のスタイルを知っているのです。昔のスタジオ・システムの監督のようです。

ルーカスは特撮のデザインから各部門のディテールに至るまですべてにおいて細かいんです。『ジュラシック・パーク』(93)の特撮もルーカスが完成させています。スピルバーグが『ジュラシック・パーク』を撮った後、『シンドラーのリスト』(93)の撮影のためポーランドに行ってしまったからです。

ルーカスは『スター・ウォーズ』を作ったものの、当たらないんじゃないかと不安になって、仲間にラッシュを見せた。「もう少しテーマ性の深いものを入れなくていいのか」と言われたり、いろいろな意見が出てきた中で、一番いいと言ったのがスピルバーグでした。スピルバーグとルーカス、フィリップ・カウフマン(『ライトスタッフ』(83)の監督)がハワイで休暇をとっている時に、スピルバーグが『００７』シリーズのプロデューサーのアルバート・R・ブロッコリに監督をやらせてほしいとオファーした話をして、「君は『ＪＡＷＳ／ジョーズ』など素晴らしい映画を作るけど、イギリス人じゃないからね。この映画はイギリス人のスピリットが溢れているので、イギリス人の監督にやってもらいたいのだ」と言われたそうです。その時にルーカスが「それじゃ、僕らがアイディアを出し合って、連続活劇を作ればいいんじゃないか」と言って、『レイダース／失われたアーク《聖櫃》』(81)の最初のアイディアをルーカスとフィリップ・カウフマンが書いたそうです。

82～83年に公開された『E.T.』は、配収94億円を当時、記録しました。『E.T.』は歴代の中でいまだに凄いけれど、１４４１万７０００人を動員。83年は『E.T.』と『南極物語』の大ヒットで日本の映画人口が1億７０００万人台に復活します。82年からは年に一度だった洋画の半額デーが3回になり、『E.T.』は12月4日から公開してトータルで２０１４年当時の平均入場料金で換算(以下同)すると興収２５４億８８００万円を売上げている。空前絶後です。しかも83年は『スター・ウォーズ／ジェダイの復讐』が85億円、『フラッシュ・ダンス』が73億円、『００７／オクトパシー』が43億5000万円、『ランボー』が27億5000万円、『愛と青春の旅だち』が23億8000万円、『トッツィー』が23億円とヒット作がバラエティに富んでいます。邦画も『南極物語』の132億円を筆頭に、『探偵物語』『時をかける少女』が66億800万円。翌84年は映画人口が1億5000万人強と大幅に減少しましたが、『インディ・ジョーンズ／魔宮の伝説』が69億4000万円、『里見八犬伝』が54億5000万円を売上げています。『スター・ウォーズ』シリーズに関しては他の章で解説します。

『E.T.』は、最初にスピルバーグが『ウォッチ・ザ・スカイ』という仮タイトルでコロンビアに持って行ったところ、当時の会長が蹴ってしまったので、ユニバーサルに持って行った。他にも何本か作っていこうという流れの中で、『E.T.』は一番安い製作費で、『ボーイズ・ライフ』という仮題で出しています。当時、MGMは同時製作で、トビー・フーパー監督で『ポルターガイスト』を製作していて、スピルバーグは『E.T.』を監督しながら、『ポルターガイスト』のプロデューサーでもあった。両方の作品をみなくてはいけなかったわけです。

日本で公開する時にUIPの武者さんが「どちらでも好きな方をどうぞ」と、東宝の越塚興行部長に言ったら、越塚さんは『ポルターガイスト』は製作費がかかっているし、『E.T.』は無名の少年が主人公で地球外生物の話だからと言って、製作費のかかっている『ポルターガイスト』を選んだのですが、僕は『E.T.』の方が絶対当たると見ていました。もともとスピルバーグは71年のテレビムービー『激突!』で注目され、ルーカスの『アメリカン・グラフィティ』は73年です。そう考えると2人は10年後の83年、さらに93年、2003年、そして現在まで大監督であり続けています。普通、スタアにしても40年以上も大スタア、大監督でいるということはあり得ない。というのは昔の監督は20歳ぐらいでデビューしているけれど、本数を撮っているから、大体60歳前に体が衰えてしまうのです。原爆実験を行った近くの砂漠で西部劇を撮っていたジョン・ウェインはガンになってしまった。ルーカスとスピルバーグの2人は友だちであり、切磋琢磨する資質が微妙に違います。ルーカスだったら特撮はILMでやれるし、スピルバーグは全部任せられると。いつも2人はお互いにラッシュを交換しながら観て、意見を言い合っていました。フィルムメーカーという名前が出てきたのは彼らの時代から。要するに彼らは単なる映画監督ではない。ルーカスの場合はマーチャンダイジングも、マーケティングのこともすべてわかる、偉大なるマーケティアです。

この時代はスピルバーグの会社アンブリンが一番牽引しました。一方で、ルーカスはロン・ハワードを育てたように、スピルバーグはロバート・ゼメキスやリチャード・ドナー、ジョー・ダンテらに監督の仕事を与えました。そういう意味では70年代から80年代、90年代はルーカス、スピルバーグの時代です。

新たなるアクション映画のシリーズを生み出す

80年代後半から90年代のFOXは『ダイ・ハード』(88)や『スピード』(94)など新たなアクション映画シリーズを生み出しました。もともとFOXは『地球の静止する日』『ミクロの決死圏』『猿の惑星』シリーズ、『スター・ウォーズ』シリーズ、『エイリアン』シリーズ、『インデペンデンス・デイ』(96)といった作品を公開。SFのFOXと言えます。1973年にパニック映画の火付け役となった『ポセイドン・アドベンチャー』はプリントが32本、70ミリが7本。TVスポットがない時代ですから、パブリシティで勝負して、5700万円（TVスポットなし）の宣伝費をかけて有楽座で公開したのですが、その後に『街の灯』のリバイバルが待っていたので、切らざるを得なかった。換算興収は56億5400万円ですが、今のシステムでは簡単に150億円以上いっています。

SFホラーの金字塔となった『エイリアン』(79)は社会現象になりました。『エイリアン』というのは異星人という意味で、何も材料がない時に、1年前から予告編をコンピューターグラフィックで作って宣伝

『エイリアン』を上映するテアトル東京

『エイリアン』
発売中／¥2,381＋税／
発売：20世紀フォックス ホーム
エンターテイメント ジャパン

しましたが、よく来ました。今度『エイリアン2』(86)の終わりから何十年後という設定で続編が予定されています。

『エイリアン』は『スター・ウォーズ』があったからできたSFホラーです。ヒロインがヒーローの映画でこんなにずば抜けている映画はないと思います。今でこそヒロイン・ヒーローの映画がいろいろありますが、銃を持ったヒロインがアカデミー賞主演女優賞候補になったのは『エイリアン2』のシガニー・ウィーバーが初めてです。

91年に公開された『ホーム・アローン』は8歳の坊やが1人で活躍。しかもコメディ映画で69億6000万円も売上げた映画はないのです。『ダイ・ハード』は高層ビルが舞台ですが、『ホーム・アローン』は2階建ての民家で、家を守るということで『ダイ・ハード』をうまく利用して売りました。

アクション映画の流れを考えてみると、ベトナム戦争時代で、アメリカン・ニューシネマになってからはアンチ・ヒーローの道行きの男たちは最後は死んでしまうとか、バイクに乗ったまま撃たれてしまう。『真夜中のカーボーイ』(69)ではニューヨークに夢を抱き、富と名声を得ようと、はるばるテキサスからやってきた1人のカウボーイとどん底で生きる男が厳しい現実に出会い、マイアミ行きのバスの中で死んでしまう。ジーン・ハックマンとアル・パチーノの男たちの道行きの『スケアクロウ』(73)もそう。その流れの中で、ジョン・ウェインが亡くなり、ヒーローが成立しなくなった。西部劇のヒーローはこうあるべきだという神話ですね。それがなくなった時、アクション映画がどのように変化したかというと、馬に乗った西部劇のヒーローが車に乗り、スティーブ・マックィーンの『ブリット』(68)が登場した。もっと変化したのは71年の『ダーティハリー』と『フレンチ・コネクション』です。キャラクターが野卑で冷笑的。普通じゃない。

しかも『ブリット』と『フレンチ・コネクション』は映画史上最高のカーチェイス映画で、プロデューサーは両作品ともフィリップ・ダントニです。『ブリット』の監督はピーター・イェーツというイギリスの新鋭、『フレンチ・コネクション』の監督もウィリアム・フリードキンという新鋭で、カーチェイスも許可を取らずに撮っているのです。それがあったうえで舞台をビルディングとテロに変えて誕生したのが『ダイ・ハード』です。『ダイ・ハード2』(90)は空港を、『ダイ・ハード3』(95)はニューヨークを舞台にする形で、先程書きましたバスを舞台にし

『ブリット』
写真協力：公益財団法人川喜多記念映画文化財団

『ダイ・ハード』製作30周年記念版

発売中／¥5,980＋税／
発売：20世紀フォックス ホーム
エンターテイメント ジャパン

『スピード』

発売中／¥2,381＋税 ／
発売：20世紀フォックス ホーム
エンターテイメント ジャパン

たのが『スピード』です。『ダイ・ハード3』（198館）は夏休みの公開になったので、興行収入は95億円近くを稼ぎました。『スピード』の監督のヤン・デ・ボンはオランダでポール・バーホーベンとコンビを組んでいて、後に『氷の微笑』（92）や『ダイ・ハード』、『リーサル・ウェポン』シリーズを撮った人です。『スピード』に関しては、ボン監督の友人全員から「やめろ。こんなものが3000万ドルで撮れるわけがない」と反対されたそうです。当時は7000万ドルぐらいが超大作の時代ですから、3000万ドルは安い。そういう意味では『スピード』（185館）はいい映画だと思います。興行収入は92億8000万円です。『スピード2』は舞台が船になり、キアヌが出ていないのですが、よく200本のプリントで興収40億8000万円いったと思います。

97年公開の『インデペンデンス・デイ』はブロックバスターでした。侵略がテーマで50年代に悪いエイリアンの映画がたくさん公開されましたが、大きな円盤が昼間に出てきたのは初めてです。これはローテクとCGIをうまく融合した製作費7000万ドルの映画です。同じ97年に公開した『タイタニック』と共に、詳しくは別の章を参照してください。

この年では宮崎駿監督の『もののけ姫』が日本で初めて配収100億円を超えました。宮崎駿さんが東映アニメーション時代からやってきた、アニメーターとしての高度な技術と物作りにこだわるエネルギーと情熱が作品に全て反映されていました。私は『ルパン三世　カリオストロの城』(79)を観た時に驚いた。丸の内東宝という地下の劇場で上映していたのですが、アクション映画のアングルでは撮れないと思って、何度も観ました。あの年の「キネマ旬報ベスト・テン」に入れていたのは映画評論家の石上三登志さんだけです。凄いなあと思っていたら、宮崎さんは84年に『風の谷のナウシカ』を作った後、スタジオジブリの創設に加わりました。初代の社長は徳間康快さんでしたし、私の知っている「アニメージュ」の編集長、尾形さんと、その部下だった鈴木敏夫さんたちとずっとやっていた。金は出すけれど、口は出さないという徳間さんは立派な大プロデューサーだと思いますが、宮崎さんがジブリに行ってアニメをきちっと作れる体制が出来たことが宮崎さんの作家としての幸せの始まりではないかと思います。それからはコンスタントに新作を発表して、『魔女の宅急便』(89)の興収は47億6000万円。加えてテレビでオンエアされれば高視聴率、キャラクター商品もどんどん売れた。ジブリがあれだけのクォリティーの高い作品を作り続けたからこそ、『もののけ姫』(97)にしても、『千と千尋の神隠し』(01)にしても子供がスクリーンから目を離さない。宮崎さんは天才以外の何ものでもない、黒澤明監督に匹敵するのではないかと思いました。『もののけ姫』は当時配収113億円いって『E.T.』を破っているのですから。

99年には『スター・ウォーズ』の新シリーズの『エピソード1／ファントム・メナス』(宣伝費10億7000万円)が当時最高の401館で公開され、130億2272万円、2002年公開の『エピソード2／クローンの攻撃』が98億3784万円、05年公開の『エピソード3／シスの復讐』が95億3784万円。他にも《特別篇》3部作が120館で興収20億円、3Dもあり好成績を収めています。世界的にはグロスで約3兆円。この数字は全世界の映画興行、ベータ・マックス、VHS、レーザーディスク、DVD、ブルーレイ、全世界のネットワークTV、ケーブルTV、BS、それにコミック、雑誌、ムック、メイキング本などのあらゆる出版物、何十種類も出ているレコードやCD、その他にもオモチャなどのマーチャンダイジングすべての売上げです。こんな映画は後にも先にもありません。詳しくは別の章でご紹介します。

「映画ビジネス」平成27年9月上旬・下旬号より
発行：映画ビジネス社

今明かされる角川映画のヒットの秘密

斜陽産業となった70年代の日本映画。そこに異業種より映画に参画した角川映画が登場する。映画を出版、テレビとメディアクロスさせて戦略的な宣伝を展開、大ヒットさせた。それが日本映画の活性化とつながっていく。今まで明かさなかった角川映画での仕事を公開しよう。

角川春樹氏との出会い

私が角川春樹さんと初めて会ったのは、69年秋のことでした。春樹さんは、その頃秘書を兼務していた角川書店営業部の井上泰一さん（のちの角川映画社長）と一緒に私を訪ねてきました。その要件とは、角川書店では洋画のノベライゼーションや原作の出版権を獲っているが、その本の表紙を今後は映画のポスター・ビジュアルと同じものにしたい。そのことで、ご協力願えないかということでした。この前年に大ヒットしたダスティン・ホフマン主演の『卒業』（68）の脚本をノベライゼーション化したチャールズ・ウェッブの小説が早川書房からソフトカバーの単行本で出版。映画とは全く違ったビジュアルの表紙にもかかわらず10万部を突破する売上げを記録しました。さらにこの作品では『サウンド・オブ・サイレンス』をはじめとするサイモン&ガーファンクルの既成楽曲が劇中で使われ、それもオリコンで1位になるなどヒットしていました。つまり『卒業』は映画をきっかけに、小説、音楽のヒットにつながった。ここに目を付けた春樹さんは、映画と小説を同じビジュアルにすることで、さらなる相乗効果を狙ったのです。

1時間ほど春樹さんと話した中で、私は今後公開される映画の中から原作が獲れそうなものも教えました。例えば「マッシュ」のリチャード・フッカーによる原作はすでに他に獲られていましたが、その続編「M★A★S★H2」がノベライゼーション化されているとか、その年12月に公開予定だった『ジョンとメリー』(69)のジョン・モーティマーの原作、『ひとりぼっちの青春』(69)のホレス・マッコイ、『フレンチ・コネクション』(71)のロビン・ムーア(「グリーン・ベレー－ベトナムのアメリカ特殊部隊－」の原作者)などはいかがですかと。この時、私は春樹さんと井上さんにすべての洋画会社の人間を紹介することにしました。さらに私は他の2、3年先の作品もわかるので、ふた月に1回くらい、洋画の新作情報を取りにきたらどうですかと提案しました。こういう付き合いがあったからこそ『オーメン』(76)、『スター・ウォーズ』(77)、『エイリアン』(79)などの原作を、角川書店がいち早く押えることが出来たのです。『スター・ウォーズ』の原作のアドバンス(前払い)なんて、春樹さんは1000ドルで買っていますから。その後、『スター・ウォーズ／帝国の逆襲』(80)のノベライゼーションの版権を取得するのに徳間書店はアドバンスに3万ドル払ったのとは大きな違いです。

映画の原作、ノベライゼーションで春樹さんが最初にヒットさせたのはエリック・シーガルの「ラブ・ストーリィ」。脚本からノベライズ化した小説が70年に全米で1200万部のベストセラーになった。この年の暮れに全米公開されたアーサー・ヒラー監督の映画も大ヒットしました。さらにフランシス・レイの音楽もヒットしましたが、その版権を春樹さんはアドバンス250ドルで取得しました。日本では『ある愛の詩』(70)の題名で71年3月に公開。3億2792万円(東京のみ)の配給収入を上げて、この年の配収1位となりました。公開に合せて「ラブ・ストーリィ　ある愛の詩」という書名で出した原作は100万部を売上げました。この成功によって洋画の原作、ノベライゼーションは角川書店の出版物の中で、大きな1つの柱になっていきました。

「ラブ・ストーリィ　ある愛の詩」のノベライズ(角川文庫)

そういう出版物に関するビジュアルなどのことで、春樹さんは洋画メイジャー会社の人たちと付き合いが深くなっていった。一方で当時の日本映画界は、斜陽の一途をたどっていました。71年には12月に大映が倒産して、日活は11月からロマンポルノに路線転換した。東宝も自社では映画製作をしなくなって事実上、かつての大手邦画会社の撮影所システムは崩壊しました。60年代末から70年代前半、若者たちの映画の関心は完全に洋画へ向いていた。日本映画と言えば〝ダサい、暗い、貧乏くさい〟というイメージでした。そんな時代を背景に春樹さんは、76年1月8日に角川春樹事務所を資本金600万円で立ち上げて、映画界に参入してきました。私と春樹さんとの映画原作に関するお付き合いは続いていましたが、その頃に「古澤さぁ、俺映画を作るんで、手伝ってもらえないか」と言われたのです。何を手伝えばいいのか聞くと、あらゆることで協力してほしいと。つまり私が専門にしている宣伝のことだけではなくて、配給、さらには監督、脚本家といったスタッフや俳優の人選まで、企画から公開に至るすべてに関わってほしいと言われたのです。そうなると20世紀フォックスにも相談しないといけないので即答は避けて、会社に相談しました。結果、当時の宣伝部長の松本憲義さんとフォックスの極東支社代表のディノ・トローニさんから、条件付きで了承を得ました。その条件とはフォックスの仕事には一切迷惑をかけない。角川映画の仕事は夜9時からやる。自分は黒子に徹して、一切名前を表に出さないこと。月10万でこの仕事を受けました。もちろん上司にも報告ずみで、実は角川映画に関わる前から、アルバイト的なことはやっていました。当時のFOXをはじめとする洋画メイジャー会社では、夜遅くまで働いてもお茶代くらいの接待費しか出ない。業界の方たちと飲んだり食べたりというお金は自分で出していました。深夜のタクシー代も然りです。そういうお金は、自分たちで原稿を書いて稼いでいました。私の場合、『トラ・トラ・トラ！』(70)の製作日誌を68年から書いていた。それを基に「週刊少年マガジン」で〝裏から見た『トラ・トラ・トラ！』〟という特集記事(表紙&カラー16頁)を書いたり、「週刊プレイボーイ」の映画欄を1ページ受け持ち、映画の紹介記事を70年から3～4年やっていました。こういう原稿書きのアルバイトは、雑誌の記事が出れば映画の宣伝にもなるので洋画各社で黙認されていました。そうやって稼いだお金を使い、映画だけでなく音楽とかいろんな業界の人と、夜の酒場で知り合いになっていきました。その人脈が、角川映画を作っていく時に役立ちました。

すでに進行中だった3つの企画

私が声をかけられた時、すでに春樹さんは3つの企画を進めていました。1つは松竹と提携した横溝正史さん原作の『八つ墓村』、2つ目はATGと提携した赤江瀑さん原作の『オイディプスの刃』、もう1つは笠原和夫さん脚本、深作欣二監督による東映と提携した、後に『いつかギラギラする日』とタイトルを改められた『実録・共産党』です。

一番早く進行していたのは『オイディプスの刃』で監督が村川透さん、主演は中山仁さん、松田優作さん、川口晶さんで、劇中で重要なポイントになるラベンダーを撮影するために1週間くらい、フランス・ロケもやりました。しかし春樹さんは、上がってきた脚本が気に入らなかった。結局中止になりました。映画『オイディプスの刃』は、その後86年に成島東一郎監督、古尾谷雅人さん主演で映画化されました。

『実録・共産党』は渡哲也さんを主演に想定して進んでいたのですが、春樹さんが公私混同した女優をキャスティングしようとしたので私は反対し、東映の岡田茂社長も企画に難色を示したのでやめました。

『八つ墓村』は横溝正史さんの原作ということが大きい。角川映画を立ち上げる前年、ATGで高林陽一監督の『本陣殺人事件』(75)が公開されました。原作は横溝正史さんの〝金田一耕助シリーズ〟の第1作。この時角川書店では横溝さんの小説を25点文庫化していて、映画の公開に合わせて〝横溝正史フェア〟を開催して、累計500万部を突破しました。映画もATGとしては異例の1億円の配給収入を上げた。また春樹さんは、宣伝協力費としてATGに50万円出資しています。その成功を受けて、映画『八つ墓村』ではもっと大規模に、文庫のフェアとメディア・ミックスした展開を考えました。春樹さんが横溝さんの小説を、角川文庫で集めたのには理由がありました。70年に今のJRが、旅行促進キャンペーンとして「ディスカバー・ジャパン」を展開。これによって地方の文化や伝説を見つめ直す機運が生まれてきたのです。横溝さんの小説には地方が舞台になった作品が多く、土俗的なものに根ざした物語が時代と合っていると春樹さんは感じたわけです。

ところが松竹では、映画を作るにあたって間接費として4億円を要求してきた。それは無茶だと言ったら2億円に下がり、次は1億円、最終的に7000万円になりました。間接費というのは、松竹は手数料のようなイメージだったのでしょう。でもこれだけ金額がどんどん変動する会社は信用できないと、春樹さんは松竹との提携をやめました。結局、松竹と角川映画は、82年の『蒲田行進曲』まで一緒に映画を作っていません。

そこで「八つ墓村」の映画化権は松竹が持っていたので諦め、当時東宝の営業本部長だった松岡功さんのところに配給の話を持っていき、その場で春樹さんが「犬神家の一族」をやりたいと言ったのです。すると松岡さんは、「それなら秋の日比谷映画を空けましょう。ただ邦画系ですので2本立ですよ」と言われた。その条件を春樹さんは呑んでしまったのです。これで映画『犬神家の一族』(76)は日比谷映画での先行ロードショーの後、『岸壁の母』(76)と2本立で公開されることになったわけです。あとで春樹さんは、「とんでもないことに、はまってしまったよ」と言っていましたが、当然そう思います。『岸壁の母』は当時大ヒットした二葉百合子さんの曲をモチーフにした、母と娘の人情話。確かにローカルにはその観客がいるかもしれないが、ミステリーの『犬神家の一族』の観客層とはリンクしません。邦画系はブロック・ブッキン

『犬神家の一族
角川映画 THE BEST』
DVD発売中／価格：¥1,800（税抜）／
発売元・販売元：株式会社KADOKAWA

グですから、公開期間は4週から6週で、ロングランはできない。しかも2本立は売上げが折半だから、明らかに分が悪い。またローカルでは番組編成がその土地の興行会社や劇場主のさじ加減でどうにでもなるから、2本立と言っても果たして『岸壁の母』が、どれだけ上映されたか。観客の多くは『犬神家の一族』を観にくるわけで、実情はわからない。この2本立の問題は、その後の作品でも尾を引くことになります。

宣伝に関しては、映画は角川春樹事務所が作り、角川書店がこれに出資、宣伝も行う。忘れてはいけないのが、春樹さんがなぜ映画を作ろうとしたか。なぜなら角川書店の本を売ることが一番の目的です。だから『犬神家の一族』でも製作費は、角川春樹事務所が5000万円で、角川書店が1億2000万円という内訳になっています。今回は『本陣殺人事件』の時よりも規模の大きな〝横溝正史フェア〟を開催して、横溝作品40点を集めた。フェアのための書店の棚を確保できたのは、角川歴彦さんと井上泰一さんの営業努力のおかげでした。このフェアでは文庫40点で1800万部を売上げ、「犬神家の一族」だけで200万部出ました。また横溝作品の文庫の表紙を杉本一文さんが描いたイラストで統一。映画の最初に作ったポスターもこのイラストを前面に押し出して連動したイメージを刷り込みました。またTVスポットも作りましたが、この時は映画というよりも角川書店の〝横溝正史フェア〟のCMでした。

映画自体の宣伝ではこの時代、一番大きなツールは一般紙やスポーツ紙の新聞広告で、他は雑誌や週刊誌でどれだけ評論家、ライターに映画のことを書いてもらえるか。さらにはテレビのワイドショーなどで、どれだけ取り上げてもらえるかが重要でした。そのためには仲間を作ることが大事だと思い、私は活躍していた多くの映画評論家を春樹さんに紹介したし、その人の映画の好みや傾向も教えました。また朝日と読売をはじめとする新聞記者、講談社や集英社、平凡出版（現・マガジンハウス）といった出版社の編集担当、さらにはＮＨＫを除く民放各局の人間まで、あらゆる人に引き合わせました。ただ角川春樹事務

所は飯田橋にあるマンションの一室でしたから、そこではいろんな人と会うことができない。それで夜9時になると春樹さんの事務所に連絡して、「今日は、どこにいるの？」と事務所のスタッフに電話して、私の会社にいる場所へコールバックしてもらう。それから私は春樹さんがいるところへ出向くんですが、この当時は銀座にあった〈魔里〉という文壇バーを使うことが多かったです。店の中には10人くらいが座れるソファーがあって、そこでいろんな人を引き合わせたし、俳優のオーディションもやったことがあります。大体毎日3時間ほどその店で話をして、さらに話があれば春樹さんの自宅へ行って深夜2時頃まで。私は翌日も9時からフォックスの仕事がありますから3時には家へ帰って寝たいと言って、2時には必ず帰りました。メディアの人たちに、私は影のプロデューサーと呼ばれていました。

その頃、テレビ局では映画のキャンペーンを取り上げることがあまりなかったので、話題作りが必要だと思ったのです。『犬神家の一族』が公開される1週間前、11月5日に東京プリンスホテルで行われた映画の完成披露パーティー。これを唐十郎さんに演出してもらいました。パーティー会場に白い棺が運び込まれ、この棺の蓋を破って佐清の仮面を被った、白いタキシード姿の春樹さんが現れるというサプライズをやりました。効果はてきめんで、翌日のスポーツ紙やテレビでこのパーティーの模様は話題になりました。

そういう宣伝に関する人脈を作りながら、映画の製作状況も私の耳には入ってきていました。『犬神家の一族』の監督に市川崑さんを春樹さんに推薦したのは当時日本ヘラルド映画の宣伝担当だった原正人さん。その脚本の第1稿は原さんが紹介した脚本家・長田紀生さんが書きました。ただ、これが上手くいかなくて、市川崑さんはサンケイスポーツにいた日高真也さんと一緒に書き直すと。その頃、市川さんは〝久里子亭〟という日高さんとの共同ペンネーム（当初は奥様の和田夏十さんとの）を持っていました。その日高さんと私は、以前から知り合いだった。市川さんがATGで『股旅』(73)を作る時に、市川さんから「古澤よぉ、『股旅』を作るにあたって、日高さんが『明日に向って撃て！』(69) の字幕を全部メモして持ってきてほしいと言っている」と。まだビデオがない時代ですからね。あの映画が持っていた、会話のユーモアを市川さんと日高さんは参考にしたかったんじゃないですか。しょうがないので、映画に字幕を打つ前に焼き付ける字幕のカードがあるんですけれど、そのカードを見ながら私が全部字幕を書き起こして渡したんです。そんなこともあったので、日高さんから脚本の進行具合も裏で聞いていました。結局脚本は、日高さんがベースになるものを書いて、それを市川さんと直していったそうです。

大いなる変革が始まる

また角川映画では、予告編を自分のところで作りました。それまで邦画の予告編は助監督が作ったりして、映画会社の内部で作っていました（60年代初めから、洋画は宣伝部のディレクションで外部に発注していた）。より作品のイメージを伝えるためには外部に発注して、インパクトのある予告編を作ろうとした。最初はかなり反発がありましたが、これを春樹さんの剛腕で押し通しました。今では予告編を作る専門の会社がほとんどやっていますが、その先駆けとなったのが角川映画です。

『犬神家の一族』は76年11月13日に公開され、その年の邦画第2位となる配収13億2００万円の大ヒット。この結果を受けて東宝の松岡さんは、もっと金田一耕助ものを作らないかと言ってきたんですが、春樹さんは続編をやる気はないと断った。それで東宝が独自に市川崑監督、石坂浩二さんの金田一耕助でシリーズを製作し、『悪魔の手毬唄』（77）、『獄門島』（77）、『女王蜂』（78）、『病院坂の首縊りの家』（79）が生まれていったのです。角川春樹事務所はこのシリーズに、企画として名を連ね、原作の文庫などで連動した宣伝をしていますね。また私は『犬神家の一族』と同時期に『オーメン』の宣伝をしていて、こちらも洋画第4位の12億円の配収を上げました。『オーメン』は聖書の黙示録を題材にしたオカルト映画ですし、

『犬神家の一族』も犬神伝説が絡んでオカルト色もありましたから、邦洋のオカルト映画としても盛り上げようと、『犬神家の一族』の新聞広告には「悪魔」という文字を使ったりしました。結果的には、映画界が冷え込む秋のシーズンにどちらの映画も大成功を収めましたが、映画と本の連動ではね。73年に小松左京さんの「日本沈没」が大ベストセラーになり、これを東宝が映画化して28億2868万円の配収を上げた。さらに74年には五島勉さんの「ノストラダムスの大予言」、松本清張さんの「砂の器」、山崎豊子さんの「華麗なる一族」が映画化されて、いずれもヒットしました。本と映画が相乗効果によってヒットする時代だったのです。そこへ春樹さんは本を売る目的で映画界に参画して、横溝正史ブームを出版界で作ることにより映画のヒットにもつなげていったわけです。それまでの映画界は閉鎖的でしたから、他の業界から人が来ることを喜ばなかったですが、そこに風穴を開けたのが春樹さんでした。ここから大いなる変革が始まっていったのです。

『人間の証明』で松田優作を起用

『犬神家の一族』を公開した直後から、角川映画第2弾『人間の証明』(77)の準備に入りました。横溝正史さんはかつて活躍されていた推理作家で、それを再発掘した形でしたが、「人間の証明」の原作者・森村誠一さんは当時新進気鋭の作家でした。春樹さんは74年に角川書店で新しい文芸誌「野性時代」を創刊し、75年に「人間の証明」を連載、第3回角川小説賞を受賞しています。ただ一般的な知名度は高くなかった。それでも春樹さんは次にこれを映画化したいと言ってきました。春樹さんが60年代末に海外の小説の版権を獲りに行ったのは、日本の作家が角川書店に作品をくれなかったからです。だから今度は自分のところから作家を生み出して、映画と連動させて本を売っていこうとした。原作を読んでみたのですが、監督には佐藤純彌さんがいいと思ったのです。私は佐藤監督の『陸軍残虐物語』（63）や『廓育ち』（64）が好きだったし、『トラ・トラ・トラ！』（71）では最初に黒澤明監督が日本パートを監督していた時に佐藤さんがセカンド・ユニットでついていた。私は製作日誌をつけていたので、その誠実な仕事ぶりも知っていました。だから佐藤監督を春樹さんに推薦し、監督は快く引き受けてくれました。

佐藤監督から最初に、主演は高倉健さんではどうかという提案がありました。しかし主人公の棟居刑事よりも高倉さんの方が年齢が上なので、イメージに合わない。ここで春樹さんから、松田優作さんではどうだという意見が出ました。企画は頓挫したけれど「オイディプスの刃」で優作さんをキャスティングしていたので、春樹さんはすでに会っていたんですね。優作さんは当時、「太陽にほえろ！」（73〜74）などのテレビドラマでは人気だったけれど映画はまだ代表作がない頃で、この話を引き受けてくれました。しかし現場ではうまくいかなくて。私は優作さんに、遅れてきた日活のアクション・スタアというイメージを持っていました。やはり体を動かして魅力が出る人で、棟居役は事件を捜査していく聞き役ですから本領を発揮できない感じがあったのでしょう。フラストレーションを溜めていった優作さんは、ニューヨーク・ロケをしている時に、現地コーディネーターのサイモン・ツェーを呼び出し殴ってしまったのです。スタッフに暴力を振るうのはいけない。この時春樹さんは優作さんに「（この作品から）切るぞ」と怒り、優作さんは土下座しました。その話を春樹さんから聞いていましたが、あの時の春樹さんはプロデューサーとして毅然としていました。その後、私は優作さんと親しくなった。角川映画でいろんな人と知り合いましたが、俳優で唯一、定期的に食事をしたり酒を飲んだりしていた人が優作さんでした。時々、「古澤さん、この後ちょっと空いていますか」と連絡してきて、私がよく行っていた店や優作さんが通っていた下北沢の〈レディ・ジェーン〉で会って、映画の話をしていました。ロバート・デ・ニーロの話をし出すと、2人で止まらなくなってね。『人間の証明』は本人としては大変だったと思うけれど、これがきっかけになり、その後も角川映画には『蘇える金狼』（79）、『野獣死す

『人間の証明
角川映画 THE BEST』
DVD発売中／価格：￥1,800（税抜）／
発売元・販売元：株式会社KADOKAWA

べし』（80）、『探偵物語』（83）に出演してくれました。

これで監督、主演が決まりましたが、何せ原作者に知名度がないから、話題作りが必要だと思ったのです。この頃脚本家の原稿料は、日活ロマンポルノが30万円、一般の映画が１００～１２０万円。最高額で３００万円が相場でした。だったら賞金５００万円で脚本を公募しようと。それを告知したらプロの脚本家たちが、なめられたと思ったんでしょう。応募は６６９通あった。プロの書き手の本もかなりありました。これを候補作13通に絞ったのですが、その中には俳優だった28歳の岡田裕介さんの作品もありました。これをさらに3通に絞り込み、最終選考しました。大賞は監督でもある脚本家の松山善三さん、入選作には推理作家の小林久三さん、脚本家の松田寛夫さんが選ばれ、入選者には２５０万円が贈られました。松山さんの脚本は文庫化され、5万部売りました。

配給は東映洋画部でしたが、上映は東宝の洋画系の劇場を使い、1本立でいくことにしました。邦画系の2本立によるブロック・ブッキング興行では、『犬神家の一族』で痛い目にあっていますから。劇場に関しては東宝の劇場編成を取り仕切っていた鎌田陸郎さんと話し、以後も鎌田さんと私で東宝に関しては劇場を決めていきました。また撮影所は日活を使うことにしました。日活には今村昌平監督の作品群で知られる撮影の姫田真佐久さんや録音の橋本文雄さん、紅谷愃一さん、編集の鈴木晄さんなど、素晴らしい技術を持ったスタッフが揃っていましたが、日活がロマンポルノに路線を転換したことで、腕の振るいようがなくなった。その方たちと、日活の撮影所を使うことで一緒に仕事をしたらどうかと、春樹さんに薦めたのです。私はまたその頃、伊藤勝男さんが経営していたジャズバー〈スピーク・ロウ〉によく顔を出していた。ここには音楽関係の人が集まっていたけれど、日活ロマンポルノの監督たちも来ていた。だから日活の人たちとは顔見知りでした。これによって配給は東映、劇場は東宝、撮影所が日活という、かつてない邦画3社を巻き込んだ態勢が組まれたのです。

ニューヨーク市警の刑事を演じたジョージ・ケネディ

映画と本と音楽の三位一体となった話題作り

『人間の証明』では映画の宣伝としてTVスポットを流すことにしました。麦わら帽子が飛ぶ映像に主題歌を被せたこのTVスポットは、話題になりました。宣伝費には4億円を投入しました。石岡瑛子さんをアート・ディレクターにして、《読んでから見るか。見てから読むか》という、映画と文庫を繋ぐ名キャッチ・コピーも生まれた。本の方では〝森村誠一フェア〟を開催して、「人間の証明」の原作は500万部を売上げました。同時に角川書店で出している全出版物3000万部に映画とフェアの宣伝折り込みやしおりを入れた。これも効果があったと思いますね。

またここから音楽が、角川映画にとって重要な要素になってくる。『犬神家の一族』でも大野雄二さんのテーマ曲が話題になりましたが、『人間の証明』ではジョー山中さんが歌う主題歌が大ヒットした。彼は映画にも出演していますが、その少年時代を演じたのがジョーさんの息子さんです。この息子さんのアップをキー・ビジュアルにして、松田優作さんをはじめとするスタアの顔を一切出さないポスターも画期的でした。角川映画は映画と本と音楽の三位一体となった話題作りで、日本映画界に変革をもたらしましたが、そのはじまりがこの『人間の証明』だったのです。この三位一体の発想は春樹さんから出たものですが、そのベースにはかつて『卒業』『ある愛の詩』で原作と映画、さらにフランシス・レイの音楽が連動して一大ブームを作ったことが影響しています。

また原作にはアメリカの場面はなかったんですが、松山さんの脚本には書かれていました。キャストにはプロデューサーとしても名を連ねている現地コーディネーターのサイモン・ツェーが、ジョージ・ケネディさんとブロデリック・クロフォードさんをキャスティングしてきました。私が「ギャラは安いか？」と聞いたら、サイモンは「安いです」と言っていましたが、日本映画に初めて参加したジョージ・ケネディさんは喜んでいま

角川春樹氏（右）と

『人間の証明』のニューヨーク・ロケ地にて。左からサイモン・ツェー、松田優作、フラン・ルーベル・クズイ、ジョー山中

映画評論家の南俊子さん、筈見有弘さん、河野基比古さんらをニューヨーク・ロケ地に連れて行き、ジョージ・ケネディを取材する

した。そこで春樹さんはアメリカのユニオンを通して現地クルーを70人雇い、ひと月半かけてニューヨーク・ロケを行ったんです。そのニューヨーク・ロケに、話題作りのためにもマスコミを連れていくべきだと私は言いました。映画評論家では南俊子さんや筈見有弘さん、河野基比古さん。新聞は読売新聞やスポーツ紙、番組で特集を組んでもらうために「11PM」のTVクルーも連れていくことにして、その段取りを私がやりました。このマスコミ・ツアーは77年のゴールデン・ウィーク中に行きました。フォックスの仕事がある私にはこの休日を使うのが一番良かったんです。ニューヨークではちょうど同時期にポール・マザースキー監督の『結婚しない女』(78)も撮影していて、急きょ、南さんと河野さんと一緒に主演のジル・クレイバーグのところへインタビューもしに行きました。このマスコミ・ツアーを終えて日本に帰って来た私は、ゴールデン・ウィーク最後の日に結婚式を挙げました。『人間の証明』のロケ隊も一緒に帰ってきて、松田優作さんや飛び入りで内田裕也さんもパーティーに出席してくれました。仲人はのちの評論家の河原畑寧さん(当時、読売新聞の映画記者)で、淀川長治さん、池波正太郎さんが挨拶してくれたのが嬉しかったです。

また春樹さんは、『人間の証明』公開に合わせて、クロスオーバー・メディア・マガジンを創刊したいと言ってきました。映画を中心に音楽、当時人気があり春樹さんとも仲の良かったつかこうへいさんをはじめとする演劇、テレビ、漫画など、いろんなメディアの情報を発信する雑誌を作りたかったのです。その雑誌が「バラエティ」で、77年9月に出た創刊号と第2号では『人間の証明』を大きくフィーチャーしました。その後もこの雑誌は角川映画の広報誌的な役割を果たすと共に、薬師丸ひろ子・原田知世・渡辺典子の角川三人娘がデビューしてからは、彼女たちの最新情報を伝えるファン・マガジンの色合いも併せ持っていった。私はこの雑誌を作るにあたって、映画に詳しい編集者を春樹さんに紹介するなど、影ながらバックアップしていました。

『人間の証明』は77年10月8日に公開され、配収は22億5000万円でこの年の邦画第2位。角川書店も、春樹さんが27歳の頃には売上げ18億円で経常利益5000万円だった会社が、35歳になったこの年に

角川春樹氏(右から2人目)、松田優作と

『人間の証明』の日本ロケ地で撮影したスタッフの記念写真

は売上げ130億円で経常利益25億円にまで成長しました。

薬師丸ひろ子の発掘

次の『野性の証明』(78)は、春樹さんが映画化を前提に森村誠一さんに執筆を依頼した小説が原作です。原作の単行本は77年9月に出版されましたが、その時にはすでに映画の話が進んでいました。だから自衛隊員姿の男が少女を背負っている表紙のイラストは、後の映画の場面をイメージさせるものになっています。佐藤純彌監督をはじめ、撮影＝姫田真佐久、音楽＝大野雄二という『人間の証明』と同じメインスタッフに頼んで、今度は高倉健さんの主演が実現しました。それには高倉さんが東映時代から一緒に仕事をしていた、プロデューサーの坂上順さんが出演交渉に動いてくれたのです。配給は東映洋画部に加えて日本ヘラルド映画も参加しましたが、これには裏で暗躍した人間がいる。その人物は自分の映画を製作したくてヘラルドに近づき、ヘラルドを配給に巻き込むことで分配金をもらったのです。これは氷山の一角で、大金が動くようになった角川映画を利用する人間がどんどん出てきました。そして劇場は、今度も東宝の洋画系を使いました。

78年は私にとって忘れられない年で、『スター・ウォーズ』(77)の日本公開があったんです。角川書店が年頭の1月4日付け朝日新聞には、『スター・ウォーズ』のノベライゼーションの刊行と、『野性の証明』の映画化を伝えるコラボレーション広告を出しました。その広告の中に、高倉さん演じる味沢の娘・長井頼子役を一般から公募するという告知を入れました。10歳から13歳の女の子を募集したのですが、応募総数は124人。最終選考には9人残って、その中に薬師丸ひろ子（当時は博子）さんがいました。2月28日に銀座ヤマハホールで行われた最終オーディションでは、選考委員として森村誠一さん、佐藤監督、姫田真佐久さん、坂上順さん、つかこうへいさん、「キネマ旬報」編集長の黒井和男さん、「野性時代」編集長の渡辺寛さ

角川書店が刊行した「バラエティ」誌創刊2号

78年1月4日付の朝日新聞に掲載された『スター・ウォーズ』のノベライゼーションの刊行と、『野性の証明』の映画化を伝えるコラボレーション広告

ん、そして春樹さんが顔を並べていました。ただ薬師丸さんは本命ではありませんでした。佐藤監督が推したのは荻野目慶子さんで、春樹さんは薬師丸さんを推していた。審査員の間で1時間以上話し合いをして、最終的には春樹さんの判断で薬師丸さんに決まりました。

『野性の証明』は78年10月7日公開され、21億5000万円の配収を上げて、この年の邦画第1位。ただクライマックス・シーンのために大々的なアメリカ・ロケを行って、その費用に4億8000万円かかったし、主演が高倉健さんということもあって規模が大きかった。ただこの頃の春樹さんは、映画だけで大きく儲けようということではなかったのです。繰り返しますが、あの人は本を売るのが目的で、映画はその手段の1つでした。

『野性の証明』の後、春樹さんから小松左京さん原作による『復活の日』(80)の企画を持ちかけられました。春樹さんは74年頃からその映画化を考えていて、「古澤よぉ、これを作ったら俺は映画を辞めてもいいよ」と、今まで以上に情熱を傾けていました。ここまでは年に映画1本でしたが、『復活の日』は世界各地でロケする大作で、その準備には時間がかかる。だから翌79年の『悪魔が来りて笛を吹く』と『白昼の死角』に春樹さんはプロデューサーとして参加していますが、製作の主導は東映です。ある時、春樹さんから高木彬光さんの原作の中で何が面白いかと聞かれたので、僕は「いやな感じ」が一番面白いと答えました。それを春樹さんが「白昼の死角」に映画と原作のタイトルを変えました。角川映画としては『金田一耕助の冒険』と『蘇える金狼』を作りましたが、それまでの作品と比べると規模は大きくない。もう1本、『戦国自衛隊』は力の入った作品でしたが、そのエネルギーの多くは『復活の日』の準備に注がれていました。

多彩な作家の原作を基にプログラム・ピクチャーを製作

79年頃になると、横溝正史さんと森村誠一さんの文庫フェアが成功したことで、角川書店にいろんな作

『野性の証明　角川映画 THE BEST』
DVD発売中／価格:¥1,800(税抜)／発売元・販売元:株式会社KADOKAWA

家の作品が集まってくるようになりました。春樹さんはその作家たちの作品を原作に、プログラム・ピクチャーを作ろうとした。『白昼の死角』は当時50点を文庫化して、累計2000万部を売上げていた高木彬光さんの原作だし、『悪魔が来りて笛を吹く』は東宝の金田一耕助シリーズで手を付けていない横溝正史さんの小説を映画化。『蘇える金狼』はちょっと事情が違っていました。この原作は大藪春彦さんです。大藪さんの作品は、徳間書店が新書版で62冊刊行していて、角川書店も20点を文庫化していた。そこで徳間書店と一緒に〝大藪春彦フェア〟を開催し、春樹さんが「蘇える金狼」と「傭兵たちの挽歌」を、徳間書店が『宇宙戦艦ヤマト』シリーズで知られるプロデューサー・西崎義展さんと組んで「汚れた英雄」を映画化するプロジェクトでした。結果的には徳間書店の方は映画にならず、春樹さんは『蘇える金狼』を皮切りに、『野獣死すべし』(80)、『汚れた英雄』(82)と、大藪作品を映画にしていきます。ただ『蘇える金狼』の公開に合わせた徳間書店との〝大藪春彦フェア〟は開催された。2つの出版社が組んだこのフェアは画期的なものでした。

この時期の作品だと、『悪魔が来りて笛を吹く』の監督に斎藤光正さんを推薦したのは私です。斎藤監督はもともと日活からデビューした映画監督ですが、この頃はテレビの「俺たちの旅」(75)や松田優作さんが出た「俺たちの勲章」(75)、さらに古谷一行さんが金田一耕助を演じた77年の「獄門島」の評判が良く、適任だと思ったのです。『戦国自衛隊』を任せたのも、タイムスリップものでアクションという作品を撮れる監督が、この当時はいなかった。だから斎藤監督に人間ドラマを作ってもらい、主演の千葉真一さんにアクション監督をやってもらうことで、何とか形にできればと思いました。『白昼の死角』と『蘇える金狼』の村川透監督は、幻に終わった「オイディプスの刃」で春樹さんが監督に起用したことがあった。またこの頃は松田優作さんと『最も危険な遊戯』(78)や『殺人遊戯』(78)を作り、アクション映画の旗手として活躍していました。もう1人、『金田一耕助の冒険』で大林宣彦監督が角川映画に初参加しました。

『蘇える金狼
角川映画 THE BEST』
DVD発売中／価格：¥1,800（税抜）／
発売元・販売元：株式会社KADOKAWA

大林監督は60年代に16ミリの自主映画を作っていて、その1本『EMOTION＝伝説の午後・いつか見たドラキュラ』(67)に出演した、赤坂サリというモデルがいました。私は70年頃から〈スピーク・ロウ〉に通っていて、そこで彼女に会いました。そんな縁もあって大林さんのことは前から知っていたし、大林さんが東宝から『HOUSE／ハウス』(77)で商業映画にデビューする時、東宝の助監督たちから猛反対にあってなかなか作品が作れなかったことも知っていました。だから影ながら大林さんを応援していました。それで『金田一耕助の冒険』を作る時に春樹さんに推薦したんですが、大林さんの実験映画になった。しかし春樹さんはその後も大林さんをよく使うようになり、角川映画では『ねらわれた学園』(81)、『時をかける少女』(83)、『少年ケニヤ』(84)、『天国にいちばん近い島』(84)、『彼のオートバイ、彼女の島』(86)とコンスタントに作品を発表するようになりました。

『復活の日』の教訓

こういうプログラム・ピクチャーを作る一方で、『復活の日』の準備は着々と進んでいきました。まずイラストレーターの生頼範義さんに25点のストーリーボードを描いてもらった。さらにゴールデン・ウィークには春樹さんとアメリカに渡って、FOXインターナショナルの社長ジャン・ルイ・ルバンと配給の話をしたり、映画に出てくる潜水艦のミニチュアを作ってもらうために、『未知との遭遇』(77)でマザーシップを製作したグレッグ・ジーンや、テレビシリーズ「スター・トレック」の宇宙船のデザイナーであるマイケル・マイナーと会って、名刺をもらってきた。後に彼らの作ったミニチュアは、映画の中で部分的に使っています。もう1人、『カプリコン・1』(77)でドラフトを書いたフランク・ノーウッドに会って、『復活の日』のドラフトを依頼しました。彼が書いてきたドラフトでは、登場人物たちが船で移動するのではなく、全部セスナ機を使うこ

『白昼の死角』
DVD発売中／価格：¥4,500円+税／
発売元：東映ビデオ　販売元：東映

『悪魔が来りて笛を吹く』
DVD発売中／価格：¥4,500円+税／
発売元：東映ビデオ　販売元：東映

とになっていて、展開がスピーディでした。あのドラフトを採用していれば、製作費は3分の2に抑えられたと思います。春樹さんは『復活の日』を世界配給しようと考えていて、海外の監督を起用することも検討していた。しかし深作欣二さんに監督を決めたのが、結果的には失敗だったと思うんです。深作さんはノーウッドのドラフトを読み、「こういうのは日本的ではない。ハリウッドの小さな映画みたいだ」と言って却下した。それで脚本は深作さんと高田宏治さん、グレゴリー・ナップの3人で書いたのですが、この本で世界に映画を売るのは難しいと思いました。後に深作さんは「日本人的でウェットすぎた。突っ込みも甘すぎた」と反省していますが、ご自身で脚本を書いていますから(笑)。お金もかけ過ぎました。北米、南米、ヨーロッパに半年間ロケハンして、その費用だけで５０００万円。当初は15～20億円の予算を組んでいましたが、最終的には直接製作費だけで24億５０００万円かかりました。その内8億円をＴＢＳが出資してくれました。撮影には延べ２００日間かかり、移動距離は14万キロメートル。廻したフィルムは25万フィートにもなりました。

また『復活の日』は、配給のことでも問題がありました。東映洋画部が『戦国自衛隊』と『復活の日』の記者会見を開きました。豪華な出演陣が揃った会見を見た東宝の松岡社長の命を受けて、再交渉をしてこいと言われた鎌田陸郎さんが深夜に私を探して電話をかけてきました。「この2本は、うちでやらせてほしい」と。私は『戦国自衛隊』は角川映画始まって以来の正月映画ですし、『復活の日』は大作だから、どうしても劇場は有楽座を押さえたかった。だから東宝に配給してもらうのに異存はないけれど、条件を出したのです。公開から最初の2週間は興収の70%をくれと。通常邦画は50%が相場ですから、これはあり得ない条件です。それを東宝側が呑み、この2本は東宝配給(『戦国自衛隊』の宣伝は東映洋画部)になりました。『復活の日』は80年6月28日に公開され、この年邦画第2位の配収24億円を上げましたが、製作費を考えると成功とはいえない。スケールは大きかったのですが、いろんな意味で脇が甘かった。

『復活の日
角川映画 THE BEST』
DVD発売中／価格：¥1,800（税抜）／
発売元・販売元：株式会社KADOKAWA

例えば今度も向こうの俳優を決めてきたプロデューサーのサイモン・ツェーは、イギリスの潜水艦の艦長役にアメリカ人のチャック・コナーズを起用した。そんなキャスティングをしていたら、とても海外の人間は観ようという気にならない。脚本、キャストなど様々な要因もあって、海外セールスをしたけれども大きな動きにはならなかった。世界進出を狙っていた春樹さんは、『復活の日』が思うような結果を出せなかったことで、映画に対する情熱が萎えた感じを受けました。

薬師丸ひろ子をはじめとするアイドル女優映画

そんな時にキティ・フィルムから薬師丸ひろ子さんを貸してほしいと言われました。この頃の薬師丸さんは学業優先でしたから、角川春樹事務所に所属していたけれど、『戦国自衛隊』の特別出演をしたり、テレビのＣＭに出たくらいで、それほど仕事はしていない。そこでキティ・フィルムが作る『翔んだカップル』（80）に貸し出すことにしました。この映画は相米慎二監督のデビュー作ですが、相米監督と薬師丸さんは気が合った。原作は柳沢きみおさんの漫画ですが、非常にチャーミングな青春映画になっていました。それまで角川映画が作っていた、大人が読む小説を原作とするプログラム・ピクチャーにはない魅力を持っていて、若者の人気も高かった。薬師丸さんはセーラー服を着て正座している姿が表紙のファースト写真集が３００万部売れた。人気はもちろんありましたが、この『翔んだカップル』によってその人気にさらに火が付きました。映画は7月26日公開されて、彼女のグラビアを掲載した雑誌「バラエティ」は右肩上がりに部数を伸ばしました。さらに12月に発売した2冊目の写真集が、またもや３００万部を売上げた。ここから角川映画でも、薬師丸さんをはじめとするアイドル女優映画を作ろうという機運が高まっていきました。

また80年には松田優作さん主演で村川透監督の『野獣死すべし』（80）も公開していますが、この映画で

生瀬氏による『復活の日』のストーリーボード

問題が起こった。ラストの方に優作さんの伊達邦彦と室田日出男さん扮する柏木が電車の中で対峙するシーンがあるんです。優作さんはこの映画のために奥歯を抜いて体重を8キログラム落とし、幽鬼のようなキャラクターを演じました。『蘇える金狼』の後に会った時、「僕はもう、拳銃は持たない」と言っていて、派手に動くアクション・スターから脱皮しようとしていました。電車の場面では観念的な演技をしていましたが、この年に公開されたフランシス・フォード・コッポラ監督の『地獄の黙示録』(79)に負けないものをやれたと、優作さんも村川監督も言っていました。でもこのシーンは尺が長かった。初号試写を観た東映の営業部長が、「あまりにも長すぎる。こんな観念的な映画はうちではやれない」と春樹さんに強烈に言ってきたのです。またこれは、斎藤光正監督の『ニッポン警視庁の恥といわれた二人組　刑事珍道中』(80)と2本立でしたから、確かに長すぎるのは困るのです。それで10分以上カットしたのですが、そういう文句は完成する前のオール・ラッシュの時に言うべきだと思います。この作品以降、村川監督は角川映画を撮っていないし、優作さんも『探偵物語』(83)まで距離を置くことになる。ただ私とは会っていて、この翌年でしたか、私が飲んでいた店にフラリと現れて、その感じが幽霊のようだった。「今度は幽霊の役をやるのかい」と聞いたら、「何でわかったんですか」と彼は応えた。ちょうどその時は、鈴木清順監督の『陽炎座』(81)に入る直前でした。

81年からは製作本数が増えていき、この年は6本。『スローなブギにしてくれ』(81)は藤田敏八さんが監督ですが、私は東陽一さんとどちらがいいのか迷いました。ただ片岡義男さんのバタ臭い原作は東さんには向かないと感じて、藤田さんにお願いした。ただ藤田監督は半年くらい何もせずにいたから、飲み屋で会った時に怒りました。やっと動き出したと思ったら脚本に内田栄一さんを連れてきたので、これは作家性の強い作品になるなと感じました。だから劇場もスカラ座を押さえて、損をしない程度でやろうと春樹さんに言いました。正直この映画は、藤田監督の関心が浅野温子さんと古尾谷雅人さんの若いカップル

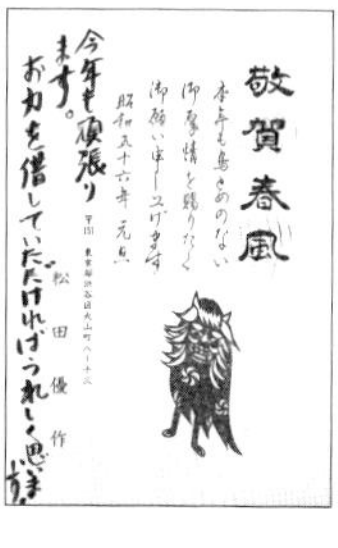

松田優作からの年賀状

よりも山﨑努さんの中年男の方に向いていて、バランスが悪かったですね。

『魔界転生』(81)は、春樹さんから「古澤よぉ、山田風太郎の中で何が一番面白い?」と聞かれて、「おぼろ忍法帖」と答えた。そのタイトルを「魔界転生」に変えて原作を出し直したのは、春樹さんのアイディアでした。『悪霊島』(81)は表現社の人から、「うちの篠田で角川映画をやれないか」と声をかけられて、篠田正浩監督に頼んだ作品。この時、横溝正史さんが金田一耕助ものの新作を発表したので、これをやらない手はないと「悪霊島」の映画化をお願いしました。金田一耕助役には鹿賀丈史さんを抜擢しました。鹿賀さんは『野獣死すべし』で優作さんの相棒を演じて、これが良かった。この作品ではビートルズの「レット・イット・ビー」を使いましたが、その楽曲使用料だけで2000万円かかりました。『悪霊島』と同時上映したのが、やはり横溝さん原作の『蔵の中』。主演にニューハーフの松原留美子さんを起用したことで話題になりました。監督は『本陣殺人事件』の高林陽一さんにやってもらいました。

他に薬師丸ひろ子さんの主演作が2本あった。7月11日公開の『ねらわれた学園』は、原作が眉村卓さんの青春SF小説で、監督は大林宣彦さん。薬師丸さんの相手役を一般から公募して、応募総数が約3万人来たことからも、その人気のほどが分かると思います。優勝したのは当時17歳の高柳良一君で、彼はその後も角川映画に出演しましたが、やがて俳優を辞めて角川書店の社員になりました。この作品で問題だったのは、大林監督と薬師丸さんが全く気が合わなかったことです。大林さんは俳優を素材として扱う監督で、薬師丸さんは相米監督の現場を経験したことで、感情をぶつけ合うやり取りに面白さを覚えていた。だから当時は電気紙芝居と言っていましたが、少しいびつな映画になってしまいました。またこれは、当時たのきんトリオで人気だった近藤真彦さん主演の『ブルージーンズメモリー』(81)と2本立で、東宝邦画系で公開された。宣伝費は五分五分という契約でしたが、蓋を開けて見たら『ブルージーンズメモリー』が70%、『ねらわれた学園』が30%の新聞広告のスペースになっていて、さすがに私は東宝の常務と

「魔界転生」
DVD発売中／価格:2,800円+税
発売元:東映ビデオ　販売元:東映

宣伝部長に、「こんなことをやったら筋が違ってしまう。天下の東宝が、こんな配給をやっていいのか」と怒りました。そんなことがあったから、もともと東宝配給だった、年末に公開された薬師丸さん主演の『セーラー服と機関銃』(81)は東映配給になった。東宝が配給させてくださいと言ってきたけれど、春樹さんは頑として許さなかったのです。

『セーラー服と機関銃』は『翔んだカップル』に続いて、キティ・フィルムが薬師丸さんを貸してくださいと言ってきたことから始まりました。春樹さんは、「もうひろ子の貸し出しはしない。彼女はうちの宝だ」と言って断ったんですが、相米慎二監督が薬師丸さんに会って、脚本を渡したんですね。その本を彼女が気に入って、やりたいということになった。でもこれは、赤川次郎さんの小説が原作で主婦と生活社から出ていた。だから春樹さんが版元と交渉して、角川文庫から原作を出す代わりに、著者の赤川さんだけでなく出版社にも、3年間に渡って定価の3%を支払うと。さらに赤川さんとは初版を100万部にして、光文社から出ていた『三毛猫ホームズ』シリーズを全部角川で文庫化する。また今後出す小説は他社に持っていってもいいけれど、角川書店で優先的に契約するという約束を取り交わしたのです。赤川さんは謙虚な人で、映画の内容に関しても何も注文が出ませんでした。原作のことがクリアになったところで、映画の製作は角川春樹事務所とキティ・フィルム、配給と興行、宣伝を角川映画が受け持つということで、話が進んでいきました。

81年の12月19日の公開された『セーラー服と機関銃』は、翌年の邦画配収第1位の23億円という大ヒット。82年夏には編集でカットされたシーンを加えた『完璧版』も公開されるほどのフィーバーぶりでした。本当に薬師丸さんの人気は凄かった。来生たかおさんが「夢の途中」という主題歌を作ったんですが、春樹さんがそのタイトルじゃだめだと。映画と同じく「セーラー服と機関銃」にして、歌うのは薬師丸さんで編曲してくれと言ったのです。薬師丸さんが初めて主題歌を歌ったこのデビュー・シングルは初版が84万枚で、オリコン第1位。サウンドトラック版のLPレコードも26万枚を売上げました。また新宿・アルタで開催した、薬師丸さんが主題歌を歌うイベント《ひろ子DEデート》には、1万5000人のファンが集まりました。映画の公開2日目には、大阪・梅田東映で薬師丸さんが舞台挨拶をする予定でしたが、徹夜組8000人を含めて約8000人のファンが上映する劇場3館に殺到して、機動隊が出動。結局警察の勧告によって舞台挨拶は中止になり、薬師丸さんは名古屋までタクシーで向かい、そこから新幹線に乗って帰京しなくてはいけませんでした。写真集が毎回300万部売れていることからもわかるように、ベースとなるファンの数がそれだけいたということです。ただこれはあまり知られていないことですが、薬師丸さんは当時10代で、毎月給料制でした。しかも歌唱印税をもらえていなかった。この時期から『Wの悲劇』(84)までの4年間、彼女の角川映画に対する貢献度を思うと、もっとお金をもらっておかしくなかったと私は思っています。国税局の査察が入って、5億円もの追徴金を支払ったという新聞記事を見ましたが、それならば彼女に年収1億円以上支払っても問題ないと思います。薬師丸さんは『Wの悲劇』を最後に、角川春樹事務所を辞めましたが、それは自分に対する待遇面のことでも思うところがあったと思います。彼女の独立を裏で画策していたのは角川映画のパブリシティの窓口をしていた東映洋画部のE君で、彼は彼女を雑誌の表紙や特集に掲載する際には集英社や学研から高額なコーディネート料を請求していました。薬師丸さんが20歳になると、ビール、車、化粧品などのコマーシャルに出演するようになりましたが、代理店は彼に30%のコーディネート料を支払ったという話をずっと後になって聞きました。彼は東映の製作に携わってた時も同様なことを繰り返していたようです。

『セーラー服と機関銃』の公開で、一番おいしい思いをしたのが東映です。これは東映が製作した真田広之さん主演のアクション映画『燃える勇者』と2本立の邦画系ブロック・ブッキングだった。全国の東映の直営館で上映しているから、どの映画をやるかは何とでもアレンジできます。特に地方では『燃える勇者』を上映している劇場は少なかったと思います。それで収益は2本で折半ですから、東映は儲かりますよ。直営館

薬師丸ひろ子さん見たい
8000人殺到 機動隊が出動
上映、舞台も中止

毎日大阪 1981年12月21日

アイドル パニック
8000人 上映中止

読売大阪 1981年12月21日

中・高生ら殺到

朝日大阪 1981年12月21日

と言っても、入場者数は操作できる。これは上映する劇場のさじ加減で、正直に申告してくる劇場もあるでしょうが、過少申告して売上げを〝抜く〟劇場もあった。さらにそれを取りまとめる映画会社が申告する数字も、会社によっては信用できなくて。角川映画はいろんな会社と配給で付き合いましたが、かなりの金額を〝抜かれている〟ことは確かです。例えば地方には洋画と邦画を混合で上映する独立館がたくさんあり、そういう映画館は自由に作品をブッキングしていた。そんな劇場では営業のセールスマンと劇場主の交渉次第で作品が決まります。昔の話ですが、『史上最大の作戦』(62)のフィルムを2本持って、静岡から東海道を西へ営業して回った営業マンが、それだけで3軒家が建つほど儲かったという話があります。劇場主はお客さんの入るフィルムを回してもらうと、観客数をごまかして申告する。配給会社からはチェッカーは来るけれども、そういう人に地方の興行会社の人間は一杯飲ませて、数字のことはうやむやにしてしまう。そういう名残が、まだこの時代にはあった。だから角川映画では、地方の興行会社でどれだけお金を〝抜かれた〟ことか。今となってはわかりませんけれどね。

あまりにも人気が一気に高まったこともあって、大学受験を控えた薬師丸さんはここから1年半休業することになりました。とはいえ、82年にも『セーラー服と機関銃』の『完璧版』が登場していますから、熱は続いていた。この82年には角川映画大型新人女優募集と題して、第2の薬師丸さんを求めてオーディションを開催しました。5万7480通の応募があり、4月18日に東京會舘で行われた最終審査で優勝が渡辺典子さん、準優勝に津田由香理さんと河合理英さんが選ばれました。原田知世さんが特別賞になりましたが、これは応募条件が15歳から20歳だったから。彼女は当時14歳で、条件に合わないけれど、落とすには惜しいということで特別賞になりました。渡辺典子さんは12月18日公開の『伊賀忍法帖』(82)で真田広之さんの相手役として映画デビューし、原田知世さんはテレビ版の「セーラー服と機関銃」に主演して女優デビューしました。

『セーラー服と機関銃
角川映画 THE BEST』
DVD発売中／価格：¥1,800（税抜）／
発売元・販売元：株式会社KADOKAWA

『蒲田行進曲』『Wの悲劇』による角川映画のイメージの変化

82年の角川映画は5本。渡瀬恒彦さん主演の『化石の荒野』(82)は西村寿行さんの小説を春樹さんが集めてきて、そのフェアをするために企画した作品です。監督に長谷部安春さんを推薦したのは私ですが、長谷部さんの『縄張《しま》はもらった』(68)とか『野良猫ロック』シリーズなど、日活ニューアクション作品が好きだったから。しかし結果は配収2億6000万円で、それまでの角川映画では最低の成績と惨敗。春樹さんには「お前の推薦した監督が悪い」と言われましたが、私は「監督じゃない。脚本が悪い。春樹さんがこの原作を選んだから、こういう映画になったんだ」と言い返しました。この映画はオホーツクや大雪山、中央アルプス、果ては鹿児島までロケしなくてはいけないお金がかかる作品で、製作費と題材が合っていなかったと思うのです。

最も評判になったのは、深作欣二監督の『蒲田行進曲』(82)でした。つかこうへいさんの第86回直木賞受賞作が原作のこの作品は、春樹さんが松竹から映画化を持ちかけられて、プロデュースはするけれどお金は出さないと、当時の松竹の副社長・奥山融さんに言ってしまったのです。私はつかさんとは前から仲が良かったし、自分のところで作ればよかったのにと思いました。ただ製作を任された松竹から、現場に出てくる人が一人もいなかった。奥山さん自身が、夜に春樹さんのやっていたクラブに訪ねてくる状況はかわいそうでした。それではまずいと社内的にもなって、升本喜年さんが製作担当で来てくれましたが、段々細かい話になるといろんな問題が出てくる。それで奥山さんから「助けてもらえませんか」と言われて、私が春樹さんとの橋渡しをしていました。またこれはタイトルが『蒲田行進曲』ですが、深作監督が当時はまだ存在していた松竹の大船撮影所では撮れないと言い出したのです。確かにつかさんは、クライマックスの新選組が池田屋を襲撃する場面を東映の時代劇をモデルに書いていますが、松竹で撮れないことはない。しかし深作さんは自分にとって古巣の東映京都で仕事がしたいのと、他にもプライベートで京都に行きたい理由があった（笑）。だから製作は松竹ですが、現場は東映京都に任せっぱなしでした。でもこの映画は第37回毎日映画コンクールや第6回日本アカデミー賞の作品賞に輝き、この年の映画賞を総なめにした感があった。配収も17億6300万円の大ヒットで、松竹は儲かったんです。またそれまで角川映画は、大量宣伝をしてヒットはさせても中身が薄いと言われていたけれど、『蒲田行進曲』によってそのイメージが変わりました。

『蒲田行進曲』の併映は、増村保造監督の『この子の七つのお祝いに』（82）。これは斎藤澪さんの第1回横溝正史賞受賞作の映画化で、春樹さんは製作に名を出しているけれど、実際はオフォス・ヘンミに丸投げした作品です。当時、オフィス・ヘンミには岡田裕介さんがプロデューサーとして所属していました。裕介さんはオフィス・ヘンミの逸見稔さんにスカウトされて、俳優になった人ですから。その流れで裕介さんが実質的なプロデュースをして、増村監督や主演の岩下志麻さんなど主要なスタッフ、キャストを決めて作った作品です。ただ2本立てですが、ローカルでは『蒲田行進曲』だけを上映した劇場がほとんどだったでしょうね。

角川春樹監督作の問題点

この年一番問題だと思ったのが、角川春樹さんの初監督作『汚れた英雄』（82）です。春樹さんは角川書店の社長をやって、角川春樹事務所で作る映画のプロデュースをするほか、クラブを経営したり、酒の輸入や旅行代理店的なことにも手を出したり、いろんなことを並行してやっていました。加えて今度は自分で映画監督をすると言い始めた。周りは何も言わなかったけれど、私は大反対でした。一人だけ反対し続けて、「じゃあ、出て行ってくれ」と春樹さんに言われ、一度出て行きました。その後も『愛情物語』（84）とか

『キャバレー』（86）を監督しましたが、春樹さんは自分が監督すると製作費の上限を考えなくなる。プロデューサーとしては鋭い感覚を持っているけれど、監督になると引いて物事が見られない。例えば、春樹さんが『愛情物語』を作っている時と同じ頃、森田芳光監督で『メイン・テーマ』（84）を沖縄で撮っていた。すると両方の現場に取材に来たマスコミが、待遇が違うと。弁当1つとっても『愛情物語』の方がいいし、宿泊するホテルから何からお金のかけ方が違っている。それは良くないと思いました。また、『汚れた英雄』は12月18日に公開され、配収は16億円だった。その結果を目の当たりにして、春樹さんは「『E.T.』（82）が96億2000万円で、何で俺の映画が16億円なんだ」と私に言ったんです。いつしか自分は一番であるという気持ちを持つようになっていた。

当初、角川映画を立ち上げた時には、あの人の映画を作ることへの狂気と熱情で周りを引っ張ってきた。年に1本のペースで作品を作っていた時代には、製作費をどれだけかければ、いくら自分のところにリクープするかの計算もできていて、収支がトントンになればいいという考え方だったのです。それがこの辺りから、変わってきたように感じました。また配給した東映のやり方にも疑問を感じました。『汚れた英雄』は渡辺典子さんの初主演作『伊賀忍法帖』と2本立でした。これは後に聞いた話ですが、渡辺さんが地方へキャンペーンのために舞台挨拶に行ったら、その劇場では自分の映画をやっていなかった。『汚れた英雄』だけを上映して、『伊賀忍法帖』はポスターすら貼っていなかったそうです。この対応はひどいですよね。

驚異の2本立『探偵物語』『時をかける少女』

83年の角川映画は4本。『幻魔大戦』（83）は初めてのアニメーションでしたけれど、平井和正さんの原作をアニメでやろうと言い出したのは春樹さんです。監督は『銀河鉄道999』（79）、『さよなら銀河鉄道9

99　アンドロメダ終着駅』(81)でヒットを飛ばしたりんたろうさんが、当時は一番適任だろうと。大友克洋さんをキャラクター・デザインに起用するというアイディアはりんたろうさんから出たものですが、春樹さんもすぐに乗りました。私は東宝の鎌田陸郎さんと、東宝東和の副社長・山下輝政さんのところに話を持っていきました。今まで付き合ったことのない会社と組んで配給してもらおうと思ったのです。角川映画では作品ごとに配給会社を変えてきました。それはまとめて作品を渡してしまうと、つねに自分のところに角川映画がくると思ってしまうから。つねに互いが緊張感を持ちながら共存していく状態を保たないと、箍《たが》が緩んで中間で〝抜く〟人間が出てきますから。3月12日に公開された『幻魔大戦』は配収10億6000万円でしたが、この作品をやったことで大友さんとアニメーションにつながりができ、後に大友さんが監督もした『AKIRA』(88)が生まれたことを思うと、やって良かったと思います。

　この年の目玉と言えるのが、休業から復帰した薬師丸さん主演の『探偵物語』(83)と、原田知世さん主演の『時をかける少女』(83)の2本立。『探偵物語』は薬師丸さんの相手役がなかなか決まらなくて困っていたら、東映セントラルフィルムの黒澤満さんが、「古澤さん、優作でいこうか」って言ってくれたのです。松田優作さんが出てくれるなら何の問題もない。角川時代にいろんなプロデューサーと付き合いましたけれど、黒澤さんは一番信頼できる方でした。お金に関しても綺麗でしたし。お陰で俳優は決まりましたが、監督の人選が難航しました。最初は『ライブイン茅ケ崎』(78)や『の・ようなもの』(81)を観ていて、森田芳光さんがいいと思いました。ただその後の日活ロマンポルノ作品は観ていなかったので、東映の試写室を土曜日と日曜日に借り切って、フィルムを取り寄せて『(本)噂のストリッパー』(82)と『ピンクカット　太く愛して深く愛して』(83)を観ました。それからすぐに森田さんとバーの〈魔里〉で会って話をすると、彼は「実はもうすぐ『家族ゲーム』(83)という作品に入るんです。凄く予算が低い映画なんですが、優作さんが出てくれるというので、次の作品まで待っていただけますか」と言ってきたんです。私が優作さんにその話を確かめると、「古澤

『時をかける少女
角川映画 THE BEST』
DVD発売中／価格：¥1,800（税抜）／
発売元・販売元：株式会社KADOKAWA

さん、森田が書いた脚本を読んだら3ミリ体が浮いたよ」って、森田さんの才能を優作さんは買っていました。でも『探偵物語』にも優作さんに出てもらうんですから、森田さんでまだいけると思ったんですね。そうしたら『家族ゲーム』が終わってすぐに、森田さんには『ときめきに死す』(84)の話が来て、結局『探偵物語』をやってもらうのは諦めました。代わりの候補に挙がったのが、根岸吉太郎監督でした。当時の根岸さんは『遠雷』(81)や『キャバレー日記』(82)で注目された若手監督でした。根岸さんに決めたものの、正直彼はエンターテインメントに向かないと思いました。根岸さんは長廻しでじっくり人間ドラマを撮るタイプで、テンポよくカット割りをする監督ではない。それが題材と合っていなくて、現場でも優作さんや撮影の仙元誠三さんとぶつかっていました。ただ興行的には、ファンが待ちに待った薬師丸さんの復帰作だったし、同時上映の『時をかける少女』も大林宣彦監督が青春SF映画としてうまくまとめてくれたので、この2本立は28億円の配収を上げて、この年邦画第2位の大ヒットになりました。

すぐさま薬師丸さんの主演作が企画され、深作欣二監督の『里見八犬伝』(83)に決まりました。実は角川映画をやり始めて間もなく、春樹さんから「古澤よぉ、何をやったらいいと思う」と聞かれて、私は「トールキンの『指輪物語』なんかいいんじゃないですか。ああいうクラシックで奇想天外な話は、いつの時代もアピールできますよ」と応えたその時に『里見八犬伝』を映画化する話をしていたのです。ところが深作監督が『宇宙からのメッセージ MESSAGE from SPACE』(78)を作った。あの映画はSFですが物語はほぼ『里見八犬伝』でしたから、私たちはその時点ではやらないことにしたのです。この時は薬師丸さんがトップスタアになったことと、『魔界転生』(81)、『伊賀忍法帖』(82)と角川映画にも出演して、真田広之さんがアクション・スタアとして育ってきたこともあり、今ならやれると思ったのです。ただ撮影は大変でした。12月10日に公開でしたが、夏に始まった撮影は秋になっても終わらず、公開ギリギリまで撮っていました。深作欣二監督の現場は〝深作深夜作業組〟と言われますが、この作品で東映京都撮影所の1作品における徹夜回数の新記録を作りました。何せ夜のスタッフ、キャストへの弁当代だけで2000万円かかりましたから。しかし『里見八犬伝』は23億2000万円の配収を上げて、84年の邦画1位になりました。

配給会社を作る提案に大反対

84年になると角川映画は9本作られましたが、当時これほど自社製作している邦画の映画会社はなかった。だからか春樹さんは、配給会社を作ろうと言い始めました。私は大反対しました。配給に手を出すと、海千山千の地方の興行会社の人間と渡り合わなくてはいけない。映画を製作することとは、まるで違った労力がいるのです。東映の岡田茂社長も協力できないと言ってきました。結局、『早春物語』(85)と『二代目はクリスチャン』(85)の2本立を角川春樹事務所は東映と共同配給しましたが、それ以降は配給に手を出しませんでした。また札幌に劇場を作り、映画館経営をしようとしましたが、これも上手くいかなかった。これまでだって映画を作ることを1つ1つ勉強しながらやってきたわけで、いきなり配給や劇場経営に手を広げようとしても無理があったのです。

年間9本も作品があると、とても私は監督や俳優の人選など、すべてを細かくやっていくわけにはいかない。そこで『晴れ、ときどき殺人』(84)と『湯殿山麓呪い村』(84)の2本立は、東映セントラルの黒澤さんが面倒を見てくれました。渡辺典子さんの角川映画第2作『晴れ、ときどき殺人』は『ガキ帝国』(81)を観ていたこともあり、井筒和幸監督を推薦しました。ただ春樹さんはこの2本立に力を入れていなかった。気持ちは夏に公開される自分の監督第2作、原田知世さん主演の『愛情物語』(84)の方に向いていました。

『愛情物語』の併映は、薬師丸さん主演の『メイン・テーマ』(84)。ここでやっと森田芳光監督を起用することができました。森田監督は『家族ゲーム』で一躍注目を浴び、自ら〝流行監督宣言〟もして、乗っている時でした。この映画では薬師丸さんの相手役を募集して2万3468人の応募があり、野村宏伸さんが選ばれました。『愛情物語』と『メイン・テーマ』の2本立は7月14日に公開されて18億5000万円の配収を上げ、この年の邦画第2位になっています。

またこの年の作品で忘れられないのが『麻雀放浪記』(84)です。これは和田誠さんが自分で書いた脚本を角川書店の編集者に持ち込んできて、企画が始まりました。その脚本をどう思うかと、春樹さんから意見を求められました。読んでみるとその本は、阿佐田哲也さんの長大な原作をダイジェストしたもので、そのまま映画にしたら3時間を超えると思いました。公開するとしたら、崔洋一監督の『いつか誰かが殺される』(84)と2本立ですからあまりにも長すぎる。

一方では薬師丸さんの年末公開の主演作『Wの悲劇』(84)の監督が決まらなくて困っていました。そこで私は澤井信一郎さんを推薦しました。澤井さんは『野菊の墓』(81)で監督デビューしましたが、その瑞々しい演出が素晴らしかった。しかも私が大好きなマキノ雅弘監督の助監督を長年務めていた人でもあるので、演出力は確かだし脚本も書ける。私が澤井さんに会いに行き、「この原作はもう何人かの監督に断られている。申し訳ないが、夏樹静子さんの原作をどのように料理してもいいですから、『Wの悲劇』を監督してくれませんか」とお願いしたのです。実はこの原作は、83年にTBSで前後編のスペシャルドラマになっていて、まだ記憶が新しいので真っ当な描き方だとインパクトに欠けると思われたのです。それを澤井さんは、原作のお話を劇中劇にして、大枠を女優志望の少女の成長物語にした。あの構造が見事でした。また私は『Wの悲劇』の撮影現場にも行きましたが、角川映画の監督で一番演出が上手かったのは澤井さんだと思いました。冒頭でヒロインが処女を失って、朝に帰ってくる時の歩き方など、具体的に動きの指示を出していました。それで『Wの悲劇』を進めながら、『麻雀放浪記』の脚本の手直しも澤井さんにお願いすることにしました。

『麻雀放浪記』では、私は鹿賀丈史さんが演じたドサ健の役を松田優作さんにやらせたかった。優作さんに監督の和田誠さんと会ってもらったんですが、その返事は「素人とはできない」と。和田さんは映画ファンとしては有名でしたが、実写映画を監督したことはなかった。優作さんはよく、「古澤さん、映画で遊ぼうよ」と言っていましたが、彼にとって遊び相手は映画のプロフェッショナルでなくてはいけない。そこにプライドと厳しさを持っていました。だから優作さんは諦めました。さらに和田さんが映画をモノクロで撮りたいと言い出した。この頃はもう、カラー映画ばかりになっていて、モノクロで撮ると割高だったんですけれどね。では今モノクロの映画を撮れるカメラマンは誰かと黒澤満さんを話し合って、安藤庄平さんに話を持っていきました。安藤さんは『泥の河』(81)で、見事なモノクロの映像を表現していましたから。和田さんが全カットの絵コンテを事前に描いていたこともあって、安藤さんはこの仕事を引き受けてくれて、『麻雀放浪記』はその映像も含めてクォリティの高い作品になりました。角川映画の中でも『蒲田行進曲』『麻雀放浪記』『Wの悲劇』は作品的にも評価の高かった映画だと思います。

『麻雀放浪記』の併映は、崔洋一監督の『いつか誰かが殺される』(84)。崔監督にはデビュー作の『十階のモスキート』(83)で注目していて、優作さんとテレビで「断線」(83)というドラマをやろうとしていた頃に、下北沢の〈レディ・ジェーン〉で会いました。まだ新人だったけれど、骨のある男でね。ロケ場所を見つけてくるのが上手かった。その後も崔さんは、『友よ、静かに瞑れ』(85)、『黒いドレスの女』(87)、『花のあすか組！』(88)と角川映画を監督していきました。後からいろんな人に言われましたが、その頃の助監督や新人監督たちは角川映画に使ってもらうのを、待っていたそうです。大手の邦画会社が自分たちで映画を作らなくなった時代に、角川では若手を起用。しかもメイジャーのマーケットで作品を上映していった。崔さんや森田さん、根岸さん、井筒さん、相米さんといった人たちに続きたかった人たちがたくさんいました。

『麻雀放浪記
角川映画 THE BEST』

DVD発売中／価格：¥1,800（税抜）／
発売元・販売元：株式会社KADOKAWA

サンダンス・カンパニー設立

84年になると角川春樹事務所では、薬師丸ひろ子さんと原田知世さんの企画で、作品を回している感じがありました。当初のように本を売るために映画の企画を考えるのではなくて、彼女たちに合うような原作を、例えば赤川次郎さんに書いてもらうとか、そういう形になってきました。また春樹さんが監督をする、自社配給をしたいとなっていき、私から見ると少し常軌を逸した感じになってきた。そんなこともあって『Wの悲劇』と『天国にいちばん近い島』の記者会見の時、春樹さんに「もう僕はやり尽くしたので、これからは東宝さんや東映さんと、ゆっくりやっていってください」と、角川映画の一線から距離を置きたいという話をしました。自分は洋画の宣伝に戻るし、他にやりたいこともあると。そして翌85年3月公開のアニメーション『カムイの剣』（85）の東映洋画部配給と日比谷映画での劇場編成まで決めて、角川映画からは手を引きました。春樹さんも、それは了解してくれました。

春樹さんと話をした後、私は東映の岡田茂さんから、うちで企画を作って年に2本ぐらい、映画を製作してみないかと声をかけられました。日本代表の松本さんとFOX本社社長にOKをもらい、85年のサンダンス・カンパニーを設立。角川映画に参加した時と同じく、私は基本的に20世紀フォックスの社員ですから、サンダンス・カンパニーでも役員にはならない、表に名前は出さないのが条件でした（企画・製作・プロデューサー等の名前は藤峰貞利に統一しました）。ただ会社の株は持っていいと。サンダンス・カンパニーで私が役員になったのは2003年からです。その代わり、接待費はかなり自由に使っていいことになりました。サンダンス・カンパニー第1弾として、私は森田芳光監督、松田優作さんの作品を84年秋には考えて動いていました。最初の映画は俺とやろうよと優作さんが言ってくれていて、森田さんも協力しますからと。これがやがて『それから』（85）になったのです。その後2人は映画で組んでいませんが、優作さんはつねに森田さんが今どんな映画を作っているのかを気にしていました。できれば2人のコンビで、もう1本作りたかった。

サンダンス・カンパニーを作ってから、優作さんとは『それから』1本だけでしたが、個人的な付き合いはその後も続いていました。お互い映画に対してクレイジーに情熱を注ぐところで、波長が合っていたんでしょうね。亡くなる3週間前くらいにも「古澤さん、お会いしたいんです。アメリカから帰ってきてから報告していないし、映画の話もしたいので」という電話がありました。それで彼と会った時はホテルオークラの〈オーキッド・バー〉で、5時間以上語り合いました。優作さんは『ブラック・レイン』(89)ができるまでの流れを全部話してくれて、「古澤さん、日本映画はハリウッドに負けていないよ」と言っていました。優作さんが言うには、ハリウッドには伝統があるけれど、今は映画を作ろうとするエネルギーよりも、どうすれば当たるかということしか彼らは考えていないと。私も全く同じ考えでした。その時彼は、「古澤さん、まだ(俺たち)頑張れますよね」と言ったので、「俺もお前もまだ若いじゃないか」と言い返したけれど、これが優作さんと会った最後になりました。亡くなった時は、まだ39歳でした。その後の日本映画のことを考えても、本当に惜しい男でしたよ。

角川映画は70年代後半に登場して、80年代に次々にヒット作を作りました。その背景には出版、音楽、映画を三位一体として連動させた春樹さんの革新的なメディア・ミックスの方法論があったけれど、一方でこれは過剰宣伝で映画を売る〝角川商法〟と呼ばれて、作品至上主義の評論家やライターからは批判を受けた。しかしTVスポットをはじめとしてその宣伝のやり方は、やがて日本映画のスタンダードになっていきました。その後作品本数が増え、角川映画も効率化を余儀なくされていったけれども、当初にやったことは、どれもが新しいことだった。後の製作委員会方式と違うのは、全権を握る春樹さんの情熱と強烈な個性が映画に反映されていて、その熱気に作る側も観る側も巻き込まれていったということです。

また角川映画登場の下地として、70年代初頭からのアメリカ映画の動きも無視できない。ハリウッドではスティーブン・スピルバーグやマーティン・スコセッシ、ブライアン・デ・パルマなど大学の映画学科出身の監督が次々に現れて、作家性のある映画をメイジャースタジオで作るようになっていった。彼らが作ったのはパニック映画、オカルト映画、SF映画やギャング映画で、かつては〝Bピクチャー〟と呼ばれたジャンルの作品です。それを最新の技術と若い感性を投入することで、観客にとてつもない驚きを与える〝Aピクチャー〟に変えていったのです。つまりエンターテインメントの在り様が大きく変化していった。そういうアメリカ映画の変化を受けて、日本映画も変わらなくては観客にアピールできない時代を迎えていたのです。そこに登場した角川映画は観る人が元気になるか、楽しくなるのか、驚くのかをいつも考えて作品を作っていました。だから暗い感じのする作品は少なかったと思います。そういうエンターテインメント色を押し出すことで、日本映画もまんざら捨てたものじゃないと若い人たちも思ってくれたし、次の世代にバトンを渡す役目を果たしたと思います。さらには『蒲田行進曲』『麻雀放浪記』『Wの悲劇』などクォリティの高い作品も生まれたし、薬師丸さんをはじめとする角川映画から生まれたスタアも輩出した。これだけ映画界を活性化させた会社は、あの頃なかったですから。

私個人で言えば、春樹さんと69年に知り合って84年に角川映画から手を引くまでの15年間は、本当に楽しかった。いろんな人とお会いできましたから。映画というのは、はじめに人ありきだと私は思っています。映画を宣伝するのも、映画を作るのも、映画を観るのも全部が人で、その人たちが映画全体を育ててくれる。私で言えば、お客さんに映画を渡すまでのすべてが仕事で、東宝、東映、松竹邦画番線、有楽座、日比谷映画、スカラ座、みゆき座、スバル座、渋谷パンテオン、松竹セントラル、新宿ミラノ座などのAチェーン、そして渋谷東急などのBチェーン、A級の洋画チェーンにブッキングができたことが良かった。それを角川映画では全部やれたのが楽しかったですね。とは言え、ここで書いた角川映画については、実は実際の5％強ぐらいの内容しか明らかにしていません。

映画を企画・製作・宣伝する哲学が詰まった
サンダンス・カンパニー

75年秋頃から角川映画を手伝うようになりました。FOXの仕事が終わった夜9時以降で、名前を出さないことを条件に会社から了解を得ました。その後（東映の）岡田茂さんから「うちで企画してみないか」とお声掛け頂き、お付き合いを始めたのが（サンダンス・カンパニー設立後の企画1作目）『それから』でした。

次が『野蛮人のように』『紳士同盟』『悲しい色やねん』。その次は、自社製作するために、ビクターから出資してもらい、東宝の（堀内實三）さん、高井（英幸）さんのところに行って『快盗ルビイ』をやりました。その後はバーニングプロダクション出資の『どっちにするの。』、東宝出資の『香港パラダイス』『おいしい結婚』などがあり、東宝から企画開発費をいただき製作した『学校の怪談』は大ヒットしたので毎年作っていました。その間『学校の怪談』を1回休み、『愛を乞うひと』も作りました。サンダンス・カンパニーとしては、企画製作、配給宣伝、封切宣伝、製作宣伝をやってきました。現場に宣伝スタッフがしょっちゅう入るので煙たがられました。

1985年2月に設立した株式会社サンダンス・カンパニー。会社の名前は古澤が大好きな映画『明日に向って撃て！』（"Bucth Cassidy and The Sundance Kid"）の原題から取られたものだ。サンダンス・カンパニーの業務内容は劇場用映画の企画・製作・宣伝と、洋画メイジャー作品のパブリシティ業務の2本柱である。初めて企画・製作を手がけた作品が85年の『それから』で、日本アカデミー賞をはじめ38の賞を受賞した。その後、88年の『快盗ルビイ』をきっかけに東宝と組み、95年から大ヒットシリーズ『学校の怪談』で大成功を収め、シリーズ累計の配給収入は52億円を記録した。98年に企画・製作した『愛を乞うひと』は高く評価され、日本アカデミー賞など67の賞を受賞した。

『それから』の製作で第5回藤本賞・奨励賞を受賞

サンダンス・カンパニーでの33年間は山あり谷ありの連続でしたが、その間、大きなトラブルも起きました。会社設立当時、私は週に1度、しかも夜遅く以外はサンダンスのための時間が取れませんでした。そのため現在の取締役副社長の木村典代さんが、1日の出来事とその時点での諸問題についてA4で10頁弱の報告書にまとめ、提出してくれました。そんな木村さんのおかげで様々なトラブルを克服し、サンダンスが継続できた7割は彼女の貢献があったからです。木村さんには心より感謝しています。私が53年間、働いてきて、最も仕事ができる人は木村さんで、彼女はあらゆる人たち（監督、スタッフ、配給会社など）から高いコミュニケーション能力を評価され、信頼されていました。どうもありがとう、です。

株式会社サンダンス・カンパニー取締役副社長、木村典代さんは古澤のことを「マーケティングの豊富な経験があるので、単に企画を上げるだけではなく、その作品をどうヒットさせるかまでも考えられるんです」と語る。

「古澤さんって、監督や脚本家の方々にとって象徴のような存在かもしれません。サンダンスには古澤がいる、その事実だけで、彼らが意識的に心がけることがある。古澤さんは『とにかくメイジャーな、エンターテインメントを目指せ』と繰り返し言いますね」

木村氏は80年に角川春樹事務所に入り、角川映画の影のプロデューサーだった古澤と出会った。85年6月からサンダンスに参加した木村氏は「当時は企画をするだけの会社で、毎週月曜の夜だけ稼働する感じでした。古澤さんがＦＯＸの仕事を終えて事務所に来ると、いろいろな業界にいる仲間が集まって夜中の2時、3時まで大酒を飲みながら話し合っているのを見ていました」

設立以来、東映との仕事が続いた後、１９８８年、サンダンスは『快盗ルビイ』を製作、配給元は東宝だった。

「洗練されたラブコメディの最たるもので、当時の東映作品とはカラーが違うということもあり、東宝の高井社長のところに古澤さんが相談に行ったそうです。小泉今日子さんの『快盗ルビイ』がヒットし、続いて中山美穂さんの『どっちにするの。』、さらに斉藤由貴さん主演で『香港パラダイス』『おいしい結婚』を作りました。ここまでは俳優をメインに考えた作品群。企画の面白さだけで勝負できるものを、となったのは『学校の怪談』以降ですね。以前は、長時間の雑談をもとにオリジナル・ストーリーを書いたりしてましたが、古澤さんが『ハリウッドではプロデューサーに対して10分で自分の映画を売り込めないと駄目だ。だから10分で俺を説得しろ』と。原作のあるものなら、あらすじや作者などの情報、想定する監督、脚本家、主演。そして、誰に観せるのか、年齢層や性別とセールスポイントに至るまでを明確に書けと言われました。宣伝をやってきた人が映画作りに携わり、キャリアをダイレクトに反映した考え方ですね。他社のラインナップを見ながら、ポジショニングのキーワードを示す。日本映画の場合、劇場、公開時期が決まっているのは非常に恵まれていることだと理解してくれる方が多いです」

２００２〜２０１１年まで東宝代表取締役社長だった高井英幸氏は古澤と共に映画製作に携わるようになる。

「サンダンスとの仕事は80年代後半からです。製作の仕事は彼がＦＯＸの業務をきちんと終えた後、夜の9時、10時に始まる。夜中まで続くから、呼び出しをくらうこっちは、もう（笑）。でも、絶対にＦＯＸには迷惑をかけなかったですね。彼はＦＯＸのもの凄いファンで、ありがたいことに東宝のファンでもあってくれた。ですから、ずっといい関係でここまで来られました。古澤さんは『資金はない。でも、才能はある』と言う（笑）。そこで、いくらかお金を預けて企画を開発してもらった中にあったのが『学校の怪談』と『愛を乞うひと』です。『学校の怪談』はその場でやると決めて、僕も社内を駆けずり回って説得し、実現しました。あれは成功して、夏の興行を4回務めましたね」

高井氏は、回収する手立てがなければ映画は作れないと語る。

「配給責任は１つの大きなリスクです。東宝がやるという前提があれば、回収の手立てが出来るし、全国１００館程度の劇場が保証されるから、安心して作れるでしょう。サンダンス作品の場合、製作の決め手となるのは企画自体はもちろん、古澤さんだから、という部分もある。彼はパブリシティのプロで、自分の作った映画について完ぺきな計画を立てる。通常は企画だけでの採点になりますが、さらに宣伝計画がセットになっていますから、企画だけなら70点でも、１００点、１２０点の価値がある。サンダンスの特徴は、製作宣伝やパブリシティまでプロダクション自体がやってしまうこと。これは大きな武器です。古澤さんは作ることだけじゃなく、映画が完成した後のことも考えている。ＦＯＸでの経験でしょう。アメリカからどんどん送られてくる作品の中にはしょうもないものもあるけど、それでもきちんと売るという仕事をしてきた。だから、企画の際、わりあい僕らと同じ見方が出来る。完成後のイメージが想像出来ないものはやらない方がいいのです。『愛を乞うひと』は難しい題材だけど、いいシャシンにはなるだろうということで。67の賞を貰いました。これには古澤さんと木村さんの強い執念がありました」

『それから』のパーティー。
サングラスの人物が松田優作

『それから』の完成パーティー

毎日映画コンクールで原田美枝子さん、
高井氏と

『快盗ルビイ』のクランクアップの
記念写真

『おいしい結婚』の撮影現場で。
三田佳子さんと

『おいしい結婚』のクランクアップの
記念写真

『快盗ルビイ』の小泉今日子さんと。
平山監督の出版パーティーのあとで

『愛を乞うひと』左から主演の原田美枝子
さん、古澤氏、宮本氏、高井氏、橋本氏

『どっちにするの。』のクランクアップの
記念写真

株式会社セントラル・アーツ取締役社長

黒澤 満

2018年11月30日、肺炎のため85歳で逝去した黒澤満《みつる》さん。映画製作畑で私がいちばん信頼できる人でした。満さんは松田優作を40歳で亡くし、先輩のキャスティング・ディレクター、飯塚さんも早くに失い、淋しかったのではなかったかなと思います。

満さんが優作と『最も危険な遊戯』(78)を作った時、「面白い作品を作りましたね。うちとも優作と一緒に何かやりましょうよ」と、当時、私がやっていた角川映画で『蘇る金狼』(79)、『野獣死すべし』(80)を作った。そしてサンダンス・カンパニーでも優作と「映画で遊ぼうよ」と話していたことが第1作『それから』(85)につながったのです。

◆

最初に古澤さんとお会いしたのは角川映画を通して。古澤さんが強く推薦した松田優作主演の『遊戯』シリーズを見た角川春樹さんから声がかかり、『蘇る金狼』『野獣死すべし』をやりました。実は『野獣死すべし』の時に角川さんと揉めたのです。列車内のシーンで優作の演技が「エンターテインメントとして行き過ぎだ、外してくれ」と言われ、「いや、駄目です」と。もちろん妥協点を見出したのですが、もう角川さんとは終わりだなと思っていました。そしたら2年近く経って、『化石の荒野』(82)を日活にいた長谷部安春監督でどうかと古澤さんから打診されたんです。以後、角川さんとの仕事が再スタート。古澤さんに間に入ってもらい、もう一度角川映画を製作できるようになったという意味では非常に恩に感じています。ちょっとオーバーかもしれませんが、私が今あるのは古澤さんのおかげだと(笑)。

古澤さんについて何より「ああ、いいな」と思うのは決断が早いこと。その反面、非常に緻密で慎重なところもある。ああいうタイプの人はなかなかいないです。パブリシティも本当に強かった。全部仕切ってくれました。だけど映画を作ることに関しては、最後まで自由にやらせてくれました。

角川作品で印象深いのは『探偵物語』(83)。薬師丸ひろ子さんの相手役が全然決まらなかった。僕は優作でやればいいなと思ったけど、彼は当時、鈴木清順さんや森田(芳光)と組んで、路線を変えていた。なので黙っていたら、いつになっても決まらない。ついに「じゃあ優作でどうなの?」と言っちゃったんです。すると古澤さんも「優作がやってくれるなら、何の問題もないよ!」と喜んでくれました。

セントラル・アーツは映画製作と共に松田優作のマネジメントも行っていました。優作は非常に頭のいい役者で弁も立つんですが、古澤さんは臆することなく、彼と真っ向から話し合いも何でもできた。そういうところで逃げたら優作とは駄目。大したもんだなと思って見ていました。優作は仕事に対して非常にシビアですから、いい加減に寄ってくる相手にはノーと言うけど、一度理解し合うとスムーズに流れる。古澤さんとも信頼関係を築いていましたね。古澤さんは相手が誰だろうと、こと映画に関してはつねに同じスタンスで話す。彼のいいところです。映画を熟知した上での意見だから、言い方は多少きつめであろうと納得できる。

古澤さんとは角川映画で8作品、サンダンス・カンパニーでも4作品一緒にやりました。その後は優作が亡くなったこともあり、僕自身も気勢が上がらなかったというか、気分が落ち込む時期がしばらく続きました。また、一緒にやりたいと思ってますよ。私の方はいつでもいいんですが（笑）。

映画監督

森田芳光

弟のようにかわいがっていた森田芳光が急逝したのは2011年12月20日。2017年に7回忌を迎えました。角川映画時代、森田に初めてオファーしにいったのは『家族ゲーム』（83）がクランクインする4カ月前。「まだ言っちゃいけないんですが、松田優作さんが出るんですよ」と。本当は『探偵物語』（83）をお願いしようとしていたんですが、『ときめきに死す』（84）が決まっていた。1年後、薬師丸ひろ子主演で『メイン・テーマ』をやりました。そして、彼は「流行監督宣言」をやった。そんな彼とは『それから』ほか、『悲しい色やね』（88）、『おいしい結婚』（91）をサンダンス・カンパニーで作りました。

◆

古澤さんとはプライベートでもよく遊びました。銀座を何軒かはしごして、朝近くに帰ることもありました。2人が話すのは当然、映画の話。古澤さんは知識も豊富だし、感性も鋭いので、映画の話はシビアです。ところが自分の会社の配給作品は、どんなにひどくても決してけなしません。いや異常にどれでも褒めます。「当たり前だ、モリタ！　みんなが汗水垂らして取り組んでいる自分とこの作品、どんなところでも良さを見つけて宣伝するさ」。海外からキャンペーンで来た俳優や監督が「フルサワさん！　フルサワさん！」と慕うわけです。

古澤さんは、僕を本当にかわいがってくれました。兄が弟に語るように、僕にいろいろな言葉を贈ってくれました。「モリタ、実れば実るほど頭をたれる稲穂かな、を忘れるな、いろんな周りの人に助けられて生きているんだからな」「モリタ、映画はエモーショナルなものが一番大事なんだ」。他にも王道教育をするように僕を励ましてくれました。

サンダンスの第1回作品が松田優作主演『それから』でヒットもして数々の賞を受けたことが古澤さんの財産なら、僕は少し、古澤さんにお返しができているのでしょうか。

角川映画時代、サンダンス・カンパニーでご一緒した監督からのメッセージ

澤井信一郎　古澤さんは単刀直入の人だ。あの当時、角川映画の企画ブレーンの中心にいた古澤さんから『Wの悲劇』の監督を引き受けてくれないかと電話があり、会うことになった。会うなり古澤さんは「この原作、もう何人かの監督に断られているんだよ」と単刀直入に切りだしてきた。人にものを頼むと時、普通こういうことは隠すものなのにあっけらかんと本当のことを言ってしまう。この単刀直入が、成功することも失敗することもあるのだが、古澤さんの魅力なのだと思う。

崔洋一　このおじさん、切れます。キレます。斬れません……と、いうのが僕と古澤さんの関係。良く知られていないことだが、デビュー作『十階のモスキート』も観てもらえなければその後の僕は多分ない。当時、角川映画のブレーンとして、強く、監督起用を薦めてくれたのが、誰であろう古澤さんなのである。若いエネルギーで、二股、三股と縦横無尽に洋画宣伝、組合闘争、企画、プロデューサーと大転換と大攻勢を押し進めていったのはみなさん周知。で、僕の古澤自慢。この人、差しで飲む時、実にやさしい男なのである。

平山秀幸　初めてお会いしたのは『快盗ルビイ』のチーフ助監督として。最初の印象はえらい威勢のいい方だなぁと。監督になってからも、企画を持ち込んだり、脚本作りを2年間くらいやらせていただいたのですが、形になった最初の作品は『学校の怪談』。「子供と一緒にお父さんやお母さんも楽しめる映画を作ろう。企画がお客さんを引っ張っていくんだ。この作品は絶対ヒットさせる」という古澤さんの言葉が印象的でした。一方で、全く違うタイプのハードな企画、『愛を乞うひと』は時代を先取りする感覚といい、木村典代さんとの足かけ7年の準備期間といい、よくぞ監督に起用していただいたと感謝しています。

金子修介　「古澤さんと出会わなければ、現在の私はない」というのは実に明白であります。『恐怖のヤッちゃん』の監督に抜擢され東映初登場。その後、古澤さんが若手映画人に与えていたチャンスの歴史を徐々に知っていった、という恐ろしいばかりの認識不足でありまして。逆に、知っていて「付け届け」なんかしていたら、嫌われたかも知れないなんて思ったり。さらに『どっちにするの。』でも、やはり突然の「お前さんの好きなビッグアイドルを押さえてるんだよ。誰だと思う?」という電話で抜擢され東宝初登場。再び東宝と斉藤由貴主演の『香港パラダイス』を、また『毎日が夏休み』では私のワガママを聞いていただくようにして映画にしてもらい、クズイエンタープライズ初登場。平山さんが築いたシリーズ『学校の怪談』の『～3』にも呼んでいただき、振り返ると本当に古澤さんと出会わなければどうなっていたであろう、と思うわけであります。

※すべてのコメントは2006年にいただいたものです。

それから

—1985年11月9日(土)公開／上映時間＝130分

高等遊民を自認する長井代助が永年秘めてきた必死の愛。親友・平岡常次郎の妻である三千代への告白は、友情、そして、彼をとりまく家族や社会との断絶をもたらし、あらゆる意味での破局を予感させた——破戒を愛のたまものを味わう者は、同時に愛の報いをも切実に味わわなければならないのか……。『それから』は、日本の近代文学を代表する文豪・夏目漱石の恋愛3部作「三四郎」「それから」「門」の1つ、最高傑作と評される同名小説の初の映画化である。

自然の風物が人々と共に匂いたつように生きていた明治後期の東京を舞台に、破綻を予期しながらも突き進んだ愛の運命を現代感覚の映像に表現。監督は森田芳光、主演は松田優作。『家族ゲーム』で昭和58年度のあらゆる映画賞を席巻し、世界の映画界から〝次代を担う重要な若い才能〟と注目されたグランプリ・コンビが、永遠の国民文学に真正面から挑んだ話題の文芸大作である。『ときめきに死す』『メイン・テーマ』と1作ごとに先鋭な感性に磨きをかけてきた森田演出が、一転して日本のクラシック世界にチャレンジした。そして『探偵物語』で大ヒットを飛ばしながらも、以後じっくりと好企画にめぐり逢うまで待ち続けたという松田優作が貯めこんだエネルギーをこの1作に噴出させる……。〝最高に官能的な大人の世界をテンション高く描いてみた〟——なんとなく物騒な予感をはらむ、映画ファン必見の力作が仕上がった。

共演は、三千代役にNHKの朝の連続ドラマ「心はいつもラムネ色」で広範な人気を集めた藤谷美和子。平岡常次郎には映画『風の歌を聴け』『湾岸道路』の小林薫が扮する。

<受賞リスト>

■山路ふみ子賞■報知映画賞　最優秀作品賞・最優秀監督賞(森田芳光)■毎日映画コンクール　日本映画優秀賞・撮影賞(前田米造)・音楽賞(梅林茂)・録音賞(橋本文雄・宮本久幸)・美術賞(今村力)■日本映画ペンクラブ賞　ベストワン(日本映画部門)■ヨコハマ映画祭　音楽賞(梅林茂)■キネマ旬報賞　日本映画ベスト10 1位・日本映画監督賞(森田芳光)・日本映画脚本賞(筒井ともみ)・助演男優賞(小林薫)■ブルーリボン賞　スタッフ賞■日本アカデミー賞　優秀作品賞・優秀監督賞(森田芳光)・優秀脚本賞(筒井ともみ)・優秀主演男優賞(松田優作)・優秀助演男優賞(小林薫)・最優秀助演男優賞(小林薫)・優秀撮影賞(前田米造)・最優秀撮影賞(前田米造)・優秀照明賞(矢部一男)・最優秀照明賞(矢部一男)・優秀録音賞(橋本文雄・宮本久幸)・最優秀録音賞(橋本文雄・宮本久幸)・優秀美術賞(今村力)・優秀音楽賞(梅林茂)■映画ポスタースチールコンテスト　日本映画第1位■予告編コンクール　銀賞■くまもと映画祭　スタッフ賞■おおさか映画祭　音楽賞(梅林茂)■日本映画テレビ技術協会賞　技術賞■日本映画照明協会　特別賞■文化庁芸術作品賞■文化庁優秀映画製作奨励金交付作品■藤本真澄賞奨励賞(黒澤満・藤峰貞利)以上38の賞を受賞

監督：森田芳光
製作：藤峰貞利(古澤利夫)、黒澤満
脚本：筒井ともみ／撮影：前田米造／美術：今村力／音楽：梅林茂
出演：松田優作、藤谷美和子、小林薫、美保純、森尾由美、イッセー尾形、羽賀健二、笠智衆、川上麻衣子、遠藤京子、泉じゅん、一の宮あつ子、草笛光子、風間杜夫、中村嘉葎雄
企画：サンダンス・カンパニー
配給：東映洋画部

Comment

「森田と優作と一緒に作る映画の企画をずっと考えていましたが、ヒントになったのはデビッド・リーン監督の『逢びき』。優作が大好きなロバート・デ・ニーロの話になって、ニューヨークで『恋におちて』(『逢びき』のリメイク)を撮っているという話をしました。そこからこの作品につながったのです。東映が製作・配給した作品の中で、今井正監督の「米』(57)以来、多数の賞を獲得した作品です」

野蛮人のように

1985年12月14日(土)公開／上映時間＝108分

女流小説家・珠子、裏の世界の漂流者・英二。住む世界の違う男と女が出会った時、物語は始まる。重なり合った偶然に追われて夜の六本木から海辺のコテージへと逃亡。そして捨て身の銃撃戦へ……。ハイスピードに展開するアクション映画としての軸を持つ本作品は、同時に、珠子が迷い込んだ〝此処より他の場所〟を組み込んで、密度の高い映像世界を作り上げることに成功している。夢と現実が交錯する珠子の心理描写、男と女の境遇、生き方の落差、都会の喧騒と静寂を象徴する波の音、めくるめく閃光と闇――川島透の鮮烈なイメージはコントラストを際立たせ、〝此処より他の場所〟を暗示する。

全体の3分の2を夜の六本木と海辺のロケで通したダイナミックかつ華麗な映像効果も興味を引くところである。スタッフには撮影・前田米造、照明・梅谷茂をはじめベテラン勢を起用。「時代の夢を体現するイベントとしての映画を撮りたい」と語る川島監督の言葉どおり、完成度の高さを持ちながらも斬新な感覚に溢れたエンターテインメント・ムービーが仕上がったといえる。

「以前から本格的なアクション映画に取り組んでみたかった」という薬師丸ひろ子念願のハードアクション映画。しかも演じるキャラクターは天才肌の小説家という設定。性格描写の難しい役柄のため力量が問われる作品、との見方も多かっただけに、それを見事に演じきった薬師丸の女優としてのスケールの大きさを実感させてくれる仕上がりとなっている。前作『Wの悲劇』から1年。数々の主演女優賞に輝いた薬師丸が、好企画に出会うまで待ったという甲斐あって、そのエネルギーを注ぎ込んだこの映画は、まさにひろ子ファン必見の待望作となった。

共演は柴田恭兵。軽快で奥行きのある芝居ができる男優・柴田と、人々の夢をきちんと体現できる女優・薬師丸。このインパクトに富んだ魅力のコンビも一つの話題となっている。ミュージカルで鍛えあげた柴田のスピード感のある動き、独特のリズムを持つ川島映画の世界、新しい薬師丸のプロフィールがどのように融合するか――。『野蛮人のように』はアイドル女優から完全脱皮し、ますます輝きを増した彼女の、今後の方向性を示唆するエポック的な作品となった。

監督・脚本・原作：川島透
プロデューサー：黒澤満
撮影：前田米造／美術：桑名忠之／録音：小野寺修／照明：梅谷茂／音楽：加藤和彦
出演：薬師丸ひろ子、柴田恭兵、河合美智子、太川陽介、清水健太郎、尾藤イサオ、ジョニー大倉、戸川純、高木美保、寺田農、佐々木すみ江
企画：サンダンス・カンパニー
配給：東映洋画部

Comment

「川島透監督の『竜二』を観て、彼はいけるよねと優作と話をしていたんです。スタア映画が撮れるかとちょっと悩んだんですが、そこからの発想でこの映画ができました。東映の岡田さんに企画を考えてほしいとお願いされて、彼に対するいいプレゼントになったと思います」

紳士同盟

―1986年12月13日(土)公開／上映時間＝102分

ヒロインの名は樹里野悦子、22歳。目下、大学4年生のジャーナリスト志望の、明るくキュートな娘であるが、無類のお人好しとあって、ちょくちょく詐欺の被害にみまわれてしまう。この半年の間にも、友人たちと出かけようとした海外旅行の詐欺、出版社の就職試験の詐欺とたて続けにダマされ、多額の借金を抱え、友人たちにはキッパリと見放されてオチこんでしまっていた。大金持ちの御曹子とコン・マンらとアクティブで魅力的な女子大生、それに関わるひとクセもふたクセもある人々の意表をつくドラマ、どんでん返しに次ぐどんでん返しが明るいテンポとユーモア、パワフルな演出によって展開されてゆく。

コン・ゲームとは被害者（カモ）を巧みな手段で信用させ、大金を投資させて、それをいただいてしまうが、彼らが働くのは被害者を幸せと感じさせたままでおく……悪の匂いを放たない、芸術的な詐欺。

原作は「オヨヨ大統領シリーズ」で人気を博し、「ぼくたちの好きな戦争」でベストセラーを生み、「極東セレナーデ」も人気の小林信彦の同名小説。原作のエッセンスを「ユー・ガッタ・チャンス」の丸山昇一がさらにエスカレーションさせて、どんでん返し、仕掛けが相次ぐドラマを生み出した。

コン・マンの神様に資質を認められ、そのチームのヒロイン・悦子になるのは『野蛮人のように』以来、1年ぶりの薬師丸ひろ子。美と機知に富んだ大人っぽい魅力でコン・マンたちと丁々発止のやりとりをくり拡げるキャラクターを演じる。また資産家の御曹子・民夫役には『海燕ジョーの奇跡』の時任三郎が扮する。薬師丸とは違ったフィールドで人気と個性を磨いてきた時任が、ナイーブであり、ピカロという複雑なキャラクターに挑んだ。

監督はロマンポルノの『セーラー服百合族』で名を高め、『ビー・バップ・ハイスクール』シリーズで一躍ヒットメーカーとなった那須博之。音楽は傑作『それから』で85年度のあらゆる映画賞の音楽部門を総ナメにした梅林茂が起用され、撮影を『ビー・バップ・ハイスクール』シリーズの森勝、美術には『キャバレー』の今村力が担当と、実力派、ベテランが揃って大型企画にふさわしい布陣が組まれた。

監督：那須博之
製作：藤峰貞利（古澤利夫）
プロデューサー：黒澤満、坂上順
原作：小林信彦
脚本：丸山昇一／撮影：森勝／照明：野口素胖／録音：福島信雅／編集：鈴木晄／美術：今村力／音楽：梅林茂
出演：薬師丸ひろ子、小林佳樹、夏樹陽子、内藤剛志、尾藤イサオ、伊武雅刀、仲村トオル、相築彰子、三宅裕司、八木昌子、財津一郎、時任三郎
配給：東映洋画部

Comment

「『野蛮人のように』の地方併映作品が『ビー・バップ・ハイスクール』で、非常に低予算なのに監督が頑張って作っていたので、那須監督と仕事をしたいと思っていました。以前にお手伝いしていた角川映画の時には監督とお付き合いできなかったので、その順番でお願いしました」

快盗ルビイ

―1988年11月12日(土)公開／上映時間＝96分

『麻雀放浪記』で風格あるモノクロ画面に鮮烈な青春群像を描いて見事な監督デビューを飾った和田誠の2作目。〝ルビイ〟という仇名のとんでもなくチャーミングなヒロインが巻き起こすオシャレでスリル満点のロマンティックな〝恋の物語〟……映画に夢があり、面白く、楽しかったハリウッド映画黄金時代を彷彿させ、なお観客のハートを摑んで離さない〝珠玉の和田誠シネマランド〟からの贈り物だ。

脚本は短編ミステリーの名手ヘンリイ・スレッサーの原作を、主人公の男から若いヒロインのドラマへと和田誠自ら仕立て直し、さらにユニークでとぼけた味のヒーローも生み出して愉快で洗練されたエピソードを綴ったもの。

タイトル・ロールの〝快盗ルビイ〟こと加藤留美には小泉今日子。今回は前2作『生徒諸君！』『ボクの女に手を出すな』とは全く違った大人の女としてのキャラクターへのトライアルを見事に演じきり、アクトレス・今日子の素材としての豊かさをいかんなく発揮した。その〝ルビイ〟にキリキリ舞いさせられながらもいつの間にか惹かれてゆく愛嬌あるヒーローの純情サラリーマン・林徹には真田広之。映画界の実績と共に最近は舞台にも進出して演技の幅を広げてきた。

この2人にからんで徹の母親役の水野久美ほかベテラン、個性派、演技派と意表をつく〝お楽しみゲスト〟が脇をかためている。

スタッフは『ウホッホ探険隊』『上海バンスキング』の撮影・丸池納、『光る女』の照明・熊谷秀夫、『永遠の1/2』の録音・橋本文雄、『木村家の人びと』の美術・中澤克巳、『バカヤロー！』の編集・冨田功ら、力量と意欲溢れる才人が勢揃いし、見事なチームワークのもとで和田誠映画の醍醐味をたっぷり盛り込むことに成功した。

<受賞リスト>

■報知映画賞　主演男優賞(真田広之)■日刊スポーツ映画大賞　助演男優賞(真田広之)■毎日映画コンクール　女優主演賞(小泉今日子)・日本映画ファン賞■日本映画ペンクラブ賞10位(日本映画部門)■ヨコハマ映画祭　主演男優賞(真田広之)・主演女優賞(小泉今日子)・日本映画ベスト10 6位■キネマ旬報賞　主演男優賞(真田広之)・読者選出日本映画ベスト10 2位・日本映画ベスト10 10位■ブルーリボン賞　最優監督賞(和田誠)・邦画ベストテン■日本アカデミー賞　優秀編集賞(冨田功)■くまもと映画祭　日本映画男優賞(真田広之)■読売新聞　日本映画ファイブベスト■たかさき映画祭　主演女優賞(小泉今日子)■ロードショー・シネマ大賞　邦画ベスト・スター賞(小泉今日子)以上18の賞を受賞

監督・脚本：和田誠
原作：ヘンリイ・スレッサー
製作：藤峰貞利(古澤利夫)
アソシエイト・プロデューサー：木村典代／撮影：丸池納／美術：中澤克巳／録音：橋本文雄／照明：熊谷秀夫／編集：冨田功／音楽：八木正生
出演：小泉今日子、真田広之、水野久美、加藤和夫、伊佐山ひろ子、天本英世、高見恭子、吉田日出子、斎藤晴彦、奥村公延、岡田眞澄、木の実ナナ、陣内孝則
企画：サンダンス・カンパニー
配給：東宝

Comment

「当初、和田さんは大竹しのぶさんと野々村真さんで撮りたかったのです。これは東宝に持って行った最初の映画ですが、東宝としては前年度にホイチョイ・プロダクションが作った『私をスキーに連れてって』を狙っていて。製作費は1億2000万円ですよ。サンダンスの木村さんが小泉今日子さんのマネージャーと知り合いで、彼女のおかげで出演してもらいました。アイドル映画で一番の傑作だと思います」

悲しい色やねん

—1988年12月10日(土)公開／上映時間＝102分

クールさを装っても生まれついての熱い血潮と燃える野心は流血の波紋を呼び、青春は悲しい色を帯びてゆく……エリート銀行マンから極道稼業の秘蔵っ子（サラブレッド）が動き出した時、男と男の〝友情〟がきしみ、親と子の〝情〟が涙し、男と女の〝愛〟がゆらめく。

いまもっとも刺激的で面白く最先端を走るビックタウン＝大阪を舞台に、ヤバイ稼業の男ども、それに関わる女たちがビジネスと恋と暴力に体を張り、ユーモラスでエネルギッシュにスクリーンに登場した。それぞれの〝青春像〟がそれぞれの〝運命（さだめ）〟と戦い、それぞれの〝悲しい色やねん〟として染めあげられる新しいエンターテインメントの誕生である。

書きおろし原作は「紳士同盟」「極東セレナーデ」「世間知らず」のヒットメイカー・小林信彦。入念な現地取材を重ね、過去の〝任侠・ヤクザ映画〟ではついぞ描かれなかったリアルで人間味あるキャラクター、ユニークな人物を表出したが、脚本・監督の森田芳光はそれを土台に独自の視点から極道世界に切り込み、フレッシュそのものの青春群像を創出して、個性溢れるエンターテインメント・ムービーを作り上げた。

『そろばんずく』以来実に2年ぶりの演出であるが、『家族ゲーム』や『それから』等で見せた定評ある現代感覚、シティ感覚が初のアクション大作へのトライアルで見事な結実をとげたのである。

血統正しき極道の秘蔵っ子・夕張トオルには仲村トオル。代表作『ビー・バップ・ハイスクール』「あぶない刑事」シリーズとはまるで違ったヒーローをスケール大きく、切れ味良く演じてまた大きな成長を見せてくれた。そのライバル・桐山には『トットチャンネル』『BU・SU』で1987年のあらゆる新人賞をさらった高嶋政宏が豪快に演じ、またトオルの父親役には高嶋の父親、高島忠夫が扮し、骨太な共演となった。

スタッフは『マルサの女』の撮影・前田米造、『それから』の照明・矢部一男、『永遠の½』の録音・橋本文雄、『木村家の人びと』の美術・中澤克巳ら才人が集まり、音楽は『それから』の梅林茂が担当。主題歌は永遠のスタンダード「悲しい色やね」、また挿入曲の「抱いてあげる……」は横須賀昌美が唄っている。

<受賞リスト>

■日本映画テレビプロデューサー協会賞　エランドール新人賞（高嶋政宏）受賞

監督・脚本：森田芳光
原作：小林信彦
企画：藤峰貞利（古澤利夫）
プロデューサー：黒澤満／撮影：前田米造／照明：矢部一男／録音：橋本文雄／美術：中澤克巳／編集：冨田功／音楽：梅林茂
出演：仲村トオル、高嶋政宏、藤谷美和子、石田ゆり子、橘ゆかり、森尾由美、秋野太作、イッセー尾形、上田正樹、小林薫、松居一代、津村鷹志、加藤善博、阿藤海、加藤武、北村和夫、江波杏子、高島忠夫
企画：東映 / サンダンス・カンパニー
配給：東映洋画部

Comment

「これは小林信彦さんに映画化を前提に原作を書いてもらって、このタイトルありきでした。『ビー・バップ・ハイスクール』で大人気だった仲村トオルさんを使おうということで。彼は東映の洋画部で育てた子なんですけど、邦画の番線が弱くなって、『トラック野郎』以降、当たる映画がなかったんです。そんな時代に作った映画です」

どっちにするの。

1989年8月26日(土)公開／上映時間=100分

夢いっぱいに〝キャリア〟を目指したのに、待っていたのはコピーにワープロ、お茶くみのサエない毎日。社内恋愛だってイイ男はいるにはいるけど、なりふりかまわずアタックするほどおバカさんにはなれない。持てあます若いエネルギーのはけ口はアフター5のオシャレとお喋りと遊びという、どこにでもいそうなフツーのワーキング・レディに突然ふってわいたのは〝副社長を命ず〟というショックな辞令⁉　恋か仕事か、仕事か恋か……とまどいつつも20歳のヒロイン・伸子の波乱万丈、華麗な日々が始まった。

主人公・伸子に扮したのは歌にドラマにCMにと人気ナンバー1の中山美穂。〝時代のヒロイン〟として支持されている彼女が、3年ぶりにスクリーンに帰ってきての初主演作。そのパワフルな輝きが最高値に発揮されるキャラクターに挑んだ。伸子の相手役、トレンディ社員・文彦には映画界からの熱いラブ・コールに応えて風間トオルが主演デビュー。既成のスタアにはない健康的な爽やかさが新鮮だ。伸子の会社の会長の孫娘・波子に『ぼくらの七日間戦争』の宮沢りえ、若き重役・山本には『快盗ルビイ』の真田広之、伸子の後輩・純子役には目下売り出し中の伊藤智恵理が大抜擢され、『リボルバー』の小林克也ほか、石橋蓮司、石井光三ら演技派が賑やかに競演する豪華なエンターテインメントだ。

ナンバー1ヒットメーカー・赤川次郎の単行本・文庫本上下併せて250万部のベストセラー「女社長に乾杯！」を原作に、異色作『1999年の夏休み』で内外から注目を集めている先鋭・金子修介が脚本・監督。

製作は『それから』『快盗ルビイ』の藤峰貞利。企画は『それから』で数々の賞を獲得、『野蛮人のように』『紳士同盟』のヒット作を生み、『快盗ルビイ』『悲しい色やねん』を手がけたサンダンス・カンパニー。製作総指揮は『さらば愛しき人よ』の周防郁雄。スタッフは『風の又三郎』の撮影監督・高間賢治、『快盗ルビイ』の美術・中澤克巳、『バカヤロー！』の録音・宮本久幸、『四月怪談』の照明・吉角荘介、『快盗ルビイ』の編集・冨田功ら、平均年齢20歳代の若き実力派が結集した。また音楽は『ドン松五郎の生活』の川崎真弘が担当、主題歌「VIRGIN EYES」は作詞・吉元由美、作曲・杏里の魅力のコンビによって中山美穂が歌う。

<受賞リスト>

■日刊スポーツ映画大賞　新人賞(宮沢りえ)受賞

監督・脚本:金子修介
原作:赤川次郎「女社長に乾杯！」
製作総指揮:周防郁雄
製作:藤峰貞利(古澤利夫)
撮影:高間賢治／美術:中澤克巳／録音:宮本久幸／照明:吉角荘介／編集:冨田功
音楽:川崎真弘
出演:中山美穂、風間トオル、宮沢りえ、伊藤智恵理、石橋蓮司、石井光三、山本清、片桐はいり、千うらら、石井富子、小林克也/真田広之
企画:バーニングプロダクション／サンダンス・カンパニー
配給:東宝

Comment

「中山美穂ちゃんありきで、バーニングプロダクションの周防社長から彼女の企画で何か面白いものを作ってもらえませんかということで製作した作品です。話が来たのは『快盗ルビイ』で小泉今日子さんの魅力を引き出せたからね。バーニング全額出資作品です。監督を金子修介にしたのは彼はアイドルオタクなので、一番合っているんじゃないかと。配収は9億8000万円です」

香港パラダイス

1990年4月28日(土)公開／上映時間＝98分

23歳の湯川真美子はミラクルな国際都市、香港を案内するツアー・コンダクターで、香港⇅東京を結ぶ奇想天外なノンストップ・アドベンチャーへと誘う、元気で魅力的なヒロイン。ツアー最初の夜、真美子は不思議な出来事に遭遇する。得体の知れぬ男たちが必死で追いかけている盗まれた秘宝のありかを示すキーワードを、そうとは知らず知ってしまう。香港での一夜で〝数億円の価値ある女〟になってしまった貴美子。ロマンを秘めた2対の秘宝〝キング&クイーン〟は香港？　それとも東京？

真美子をめぐって現れる謎めいた男たち。敵か味方か言葉巧みに彼女をエスコートしてゆく不思議な男・大石。頭が切れ、腕が冴える若い二枚目・氷室。そして凶暴そのものの男ども……スリルとユーモアと過激なアクションが、洒落た感動的な恋をはさんでハイ・ピッチで展開する、徹底したエンターテインメント作品だ。

ヒロイン・湯川真美子には斉藤由貴。定評ある彼女の〝動〟の魅力をさらにエスカレーションさせて初の本格的アクションに挑んだ。『君は僕をスキになる』で見せた大人のキャラクターをボリューム・アップし、胸せまるラブストーリーを演じた。真美子をリードする不思議な男・大石八郎には小林薫が扮する。この人にからむ謎の男・氷室は、音楽世界から映画初挑戦となる大沢誉志幸が演じる。

監督は『どっちにするの。』で大ヒットを生んだ若き旗手・金子修介で、初のアクション映画に挑戦した。脚本は同監督と『まんだら屋の良太』の高橋正康、長谷川隆の共作。撮影監督は『どっちにするの。』の高間賢治、美術監督は『ジパング』の木村威夫、録音は『快盗ルビイ』の橋本文雄、照明は『どっちにするの。』の吉角荘介、編集は『私をスキーに連れてって』の冨田功。主題歌は目下人気急上昇中の「GO-BANG'S」。音楽は『それから』の梅林茂が担当する。

企画は『それから』で数々の賞に輝き、『快盗ルビイ』『どっちにするの。』で大ヒットを呼ぶと共に日本映画の新たな展開へのアプローチを続けるサンダンス・カンパニー。製作は『それから』『快盗ルビイ』『どっちにするの。』の藤峰貞利。気鋭の苦手と映画を知り尽くした大ベテランがミックスされた意欲溢れる撮影クルーが組まれた。

<受賞リスト>

■ヨコハマ映画祭　主演女優賞(斉藤由貴)■ロードショー・シネマ大賞　邦画ベスト・スター賞(斉藤由貴)受賞

監督・脚本：金子修介
製作：藤峰貞利(古澤利夫)
アソシエイト・プロデューサー：木村典代
脚本：高橋正康、長谷川隆／撮影：高間賢治／美術：木村威夫／照明：吉角荘介／編集：冨出功／録音：橋本文雄／音楽：梅林茂
出演：斉藤由貴、小林薫、大沢誉志幸、相原勇、井森美幸、小野みゆき、淡路恵子
企画・原案：サンダンス・カンパニー
配給：東宝

Comment

「市村さんという東宝芸能の斉藤由貴ちゃんのマネージャーがいました。彼女と何本か映画をやっていきましょうという話をいただいて実現しました。彼らのことは以前から知っていましたし、彼らもサンダンスの動きを角川映画の時代からずっと見ています。由貴ちゃんは『トットチャンネル』を観ても、走っている時や動いている時に潑剌とした魅力があるし、コメディエンヌに挑んでもらいました」

おいしい結婚

1991年5月18日(土)公開／上映時間＝109分

『おいしい結婚』はヒト不在モノ優先の結婚に正面から取り組み、新たな結婚のありようを日本映画最高のスタッフ・キャストで堂々と描いた作品だ。物語は娘の結婚という日常の一大事をめぐって展開する。条件のいい見合い話を薦める母に対し、娘は相手は自分で選びたいと考えている。その母子の結婚観の違いに恋人やその父、母の友人たちがからみ、最良質のヒューマン・ストーリーが奏でられる。

脚本・監督は日本映画のエース・森田芳光。『の・ようなもの』でデビュー以来、『家族ゲーム』や『ウホッホ探険隊』などの作品で追究してきた〝人間同士のコミュニケーション〟を描く集大成として〝結婚〟に挑んだ。「結婚とは生命保険のようなモノではなく、新しい人間関係、ネットワークを広げるもので、本人同士だけでなく、2人を取り巻く人間関係こそ、本当の〝おいしい〟結婚なのだ」と独特な演出をする監督が、心温まるエンターテインメントを創り出した。

母親役には大女優の円熟をますます高めている三田佳子、娘役の若手女優ナンバー1の輝きを放つ斉藤由貴と夢の初共演が実現した。大学生の理想の母親像ナンバー1に選ばれた三田佳子が、「娘の結婚に生き生きと関わる90年型の母親像」を若々しく、しかも自立した母を豊かに演じた。一方の斉藤由貴は実際の年齢と同じ設定の役を、「テーマがあまりにも身近かすぎて本当に難しかった」と言いつつも、等身大のキャラクターを鮮やかに表出した。結婚相手の川又保にはTVドラマで人気の唐沢寿明が抜擢された。舞台で認められた実力を爽やかに発揮し、ニューヒーロー誕生を思わせる個性を光らせる。保の父・重樹は田中邦衛が演じる。

撮影・前田米造、照明・矢部一男、録音・橋本文雄、美術・今村力、編集・川島章正ら、〝森田組〟メンバーが揃い、その実力が最高に発揮された。音楽は野力奏一、主題歌はASKAの大ヒット曲「はじまりはいつも雨」がドラマを一層盛り上げる。企画は『それから』で数々の栄誉に輝き、『快盗ルビイ』『どっちにするの。』『香港パラダイス』と日本映画で新しい挑戦を続けるサンダンス・カンパニー。製作は『それから』『快盗ルビイ』『どっちにするの。』『香港パラダイス』の藤峰貞利が担当する。

<受賞リスト>

■キネマ旬報賞　新人賞(唐沢寿明)■日本アカデミー賞　優秀助演男優賞(橋爪功)・新人賞(唐沢寿明)受賞

監督・脚本：森田芳光
製作：藤峰貞利(古澤利夫)
アソシエイト・プロデューサー：木村典代／撮影：前田米造／美術：今村力／照明：矢部一男／編集：川島章正／録音：橋本文雄／音楽：野力奏一
出演：三田佳子、斉藤由貴、唐沢寿明、田中邦衛、橋爪功、小林稔侍、斎藤晴彦
企画：サンダンス・カンパニー
配給：東宝

Comment

「斉藤由貴ちゃんのマネージャーの市村さんは芝居もわかる人で、三田佳子さんと私と一緒にやりたいということで、製作が決まりました。最初、木村さんは由貴ちゃんの相手役に本木雅弘くんをオファーしていていたんだけど、彼とのスケジュールが合わなくて、どうしようもなかったです。博品館でよく芝居を見ていた木村さんが唐沢寿明くんが一所懸命やっていたのを観ていて、候補にしたんです」

毎日が夏休み

—1994年6月11日(土)公開／上映時間＝94分

誰もが待ち望む夢と希望に溢れた最高の季節〝夏休み〟。誰もが子供の頃の最も幸せな記憶として持っているあの〝幼い緑の天国〟のようなまぶしい永遠の夏休みを手に入れた1人の少女の物語である。

林海寺家は親が再婚同士の、いってみればスクラップ家族だが、この危機的状況を克服しようと、父親の発案でユニークな試みを始める。それは父親が社長、娘のスギナが副社長、母親が監査役という〝何でも屋〟林海寺社を設立することだった。この経験を通して、スギナは学校では決して得ることのできない、夏休みそのもののような自由とよろこびを獲得することになる。

日々の生活、仕事や勉強に追われている私たちの日常も、1つ見方を変えれば、全く違って見えてくる。現実と背中あわせの世界を、現代の家族を巡る類い稀なファンタジーとして描き出す。

大島弓子の作品群の中でも熱狂的ファンを持つ同名コミックを原作に、映画化を熱望した『1999年の夏休み』『どっちにするの。』の金子修介が脚本・監督。撮影・柴崎幸三、照明・吉角荘介の『ザ・中学教師』のコンビに、美術は『就職戦線異状なし』の及川一、録音も同作の林大輔、編集は冨田功、また音楽に大谷幸、主題歌は鈴木トオルという若手実力派が勢揃いした。企画はサンダンス・カンパニー。製作は『それから』『快盗ルビイ』『おいしい結婚』の藤峰貞利。

キャストは父親の林海寺成雪に、「誰にも言えない」の佐野史郎。全く新たな人物像を生み出すことに成功した。さらに母親役の良子には『無能の人』で数々の賞を獲得した風吹ジュン。大島弓子独特の母親像が、この実力派によってより可愛らしく、かつ人間味豊かに演じられた。

このドラマの主人公であり語り部となった14歳のヒロインのスギナには新人の佐伯日菜子が抜擢され、鮮やかなデビューを飾った。スギナというキャラクターが持つ率直さや明るさと、佐伯日菜子が生来持っているナイーブな清潔感、原石の持つ底知れない輝きがぴったりと重なり合い、絶えて久しくなかった映画から生まれた大型新人の誕生となった。

ひととき現実と違った世界で生きてみること——観客1人1人に、夢見る力と素晴らしい歓びを与えてくれる、第1級のエンターテインメント作品だ。

＜受賞リスト＞

■山路ふみ子賞　新人女優賞(佐伯日菜子)■日本アカデミー賞　新人賞(佐伯日菜子)■ヨコハマ映画祭　新人賞(佐伯日菜子)■撮影監督協会　三浦賞(柴崎幸三)■キネマ旬報賞　読者選出日本映画ベスト10 7位・日本映画ベスト10 10位受賞

監督・脚本：金子修介
原作：大島弓子
製作：藤峰貞利(古澤利夫)
共同プロデューサー：木村典代／撮影：柴崎幸三／照明：吉角荘介／美術：及川一／録音：林大輔／編集：冨田功／音楽：大谷幸
出演：佐野史郎、佐伯日菜子、風吹ジュン、高橋ひとみ
企画：サンダンス・カンパニー
配給：KUZUIエンタープライズ

Comment

「大島弓子さんの少女漫画が原作で、金子監督が作りたいと言ってましたが、お金を出してくれるところがなかったのです。結局、パイオニアLDCが出資してくれることになり、『この世界の片隅に』のプロデューサーの真木太郎氏が窓口でした。ヒロインを演じた佐伯日菜子さんはオーディションで決めました。演技経験がなかったので、クランクインまで6ヵ月に及ぶ演技レッスンをしました」

学校の怪談

―１９９５年７月８日(土)公開／上映時間＝１００分

１９８３年の夏に出現した〝口裂け女〟や〝人面犬〟の噂は、子供たちの間から生まれ、全国的に広がった。90年代という世紀末の時代、その噂の蔓延は今がピークになっている。その火付け役となったのが、この映画の原作。常光徹の「学校の怪談」（講談社ＫＫ文庫）は６巻で１００万部を、日本民話の会編纂の「学校の怪談」シリーズ（ポプラ社）は18巻で３００万部をそれぞれ超えるベストセラーとなった。

本作は、そんな子供たちの未知なるものへの好奇心、怖くて不思議な体験への興味――さらには、それらによってはぐくまれた自由奔放な創造力を心温まる冒険ファンタジーとして結実させた。

監督には『ザ・中学教師』で92年度の監督協会新人賞を獲得した平山秀幸。受賞作で見せた子供たちを等身大で描き出す確かな演出力と、抜群の映像感覚は、本作品でもいかんなく発揮された。脚本は『お引越し』の奥寺佐渡子を抜擢。恐怖とスリルを味わう子供たちの生態を生き生きと描き出す。

撮影は『ザ・中学教師』『毎日が夏休み』の柴崎幸三、美術は『病は気から』の中澤克巳、照明は『写楽』の水野研一、録音は『熱帯楽園倶楽部』の宮本久幸、編集は『ヒーローインタビュー』の川島章正というベスト・スタッフ。企画・製作は『それから』『快盗ルビイ』『どっちにするの。』『おいしい結婚』『毎日が夏休み』の藤峰貞利とサンダンス・カンパニー。その企画から東宝との提携作品が実現した。さらにＳＦＸはハリウッドの特撮ノウハウを自身の著書で紹介した中子真治を迎え入れ、斬新な映像を創り出す。

主演はテレビの世界で俳優としての力を着実につけ、今やそのフィールドを広げつつある野村宏伸。87年の『恋人たちの時刻』以来の映画主演となるが、待ちに待った7年ぶりの作品となる。共演には「あすなろ白書」の杉山亜矢子。透明感と存在感が同居する新鮮な個性が、スクリーンでより輝きを増す。さらに舞台で培った抜群のユーモアのセンスで知られるＷＡＨＡＨＡ本舗の佐藤正宏。そのほかに、７００人以上に及ぶオーディションで選び抜かれた個性豊かな子供たちが自由奔放な演技で加わり、さらに最高のスタッフが映像化する妖怪キャラクターがからんで、日本映画にこれまでなかったファミリー・ファンタジー映画が誕生した。

<受賞リスト>

■ゴールデングロス賞　銀賞・話題賞受賞

監督：平山秀幸
原作：常光徹（「日本民話の会」）
製作：藤峰貞利（古澤利夫）、高井英幸／共同プロデューサー：木村典代／脚本：奥寺佐渡子／撮影：柴崎幸三／美術：中澤克巳／照明：水野研一／録音：宮本久幸／編集：川島章正／SFXプロデューサー：中子真治
出演：野村宏伸、杉山亜矢子、佐藤正宏、笹野高史、余貴美子、遠山真澄、米澤史織、熱田一、塚田純一郎、町田昇平・耕平、岡本綾
企画：サンダンス・カンパニー
配給：東宝

Comment

「この作品の前から東宝に企画開発の費用をもらっていたんですが、何本か企画を出して製作していくという中で1番目の作品です。企画は『学校の怪談』と、海外ミステリー「音の手がかり」（目の見えないヒロインを主人公にしたサスペンススリラー）、それともう1本が『愛を乞うひと』でした。東宝が『ゴジラ』以外で全額出資したのはサンダンスの作品だけで、120館で公開して、配収が15億円を記録しました」

学校の怪談2

1996年7月20日(土)公開／上映時間＝103分

新学期を間近にひかえた4月4日、塾の合宿が行われているお寺のすぐ裏の小学校で、塔の大時計の針が4時44分を指した時、自称先生(!?)と子供たちが学校に閉じこめられる。お化けや怪奇現象に遭い、コワーイ体験をしながら、勇気を奮い起こし、友情と冒険心によって行動するのだ。

前作同様、怖くて、しかも心温まるファミリー・エンターテインメント性を保持しつつ、魅力的でユニークな冒険ファンタジーとして、友情、勇気、初恋、好奇心、冒険心、さらに大人の観客の心をゆさぶる痛切なノスタルジーもふくみ、新たなモチーフ、アイディアを豊富に盛り込んでいる。

登場キャラクターや舞台の設定はパート1から一新、新たな怪談話やキャラクターが続々登場。さらにグレードアップしたSFXによって、斬新な映像がスクリーンの上に躍動した。前作の〝口裂け女〟や〝人体標本〟、〝巨人〟など、子供たちを驚喜させ、大人もおおいに楽しませたキャラクターたちをしのぐ、個性豊かなお化けたちが、若きクリエーターたちによって作り出された。

監督は前作からの平山秀幸。このパート2でも子供たちからベテランまで、演技陣をダイナミックにまた緻密に演出している。脚本も前作に引き続き奥寺佐渡子。前作で抑え気味にしたユーモアをふんだんにくわえ、全く新しい冒険世界を描き上げた。撮影・柴崎幸三、美術・中澤克巳、録音・宮本久幸、編集・川島章正という日本映画の現在を支える技術陣に、SFXプロデューサー・中子真治を加えた前作のスタッフが再結集し、照明には上田なりゆき、音楽には寺嶋民哉が新たに参加、前作を越えたファンタスティックでエモーショナルなドラマを生み出す。

主演は野村宏伸。前作の小向先生とはちょっとちがったキャラクターとして今回は登場。ヒロイン役として、子供たちを引率する塾の先生に扮する西田尚美を抜擢。塾の合宿先のお寺の和尚さんに米倉斉加年、物語の主な舞台となる南小学校の校長先生に岸田今日子というベテランを配役。

主役の子供たちは、750人以上の候補の中からオーディションで選び抜かれ、その個性豊かで奔放な演技にお化けたちの多彩なエネルギーがぶつかった。

<受賞リスト>

■ゴールデングロス賞　銀賞・話題賞受賞

監督：平山秀幸
原作：常光徹(「日本民話の会」)
脚本：奥寺佐渡子
製作：藤峰貞利(古澤利夫)、高井英幸／プロデューサー：木村典代／撮影：柴崎幸三／美術：中澤克巳／照明：上田なりゆき／編集：川島章正／録音：宮本久幸／音楽：寺嶋民哉／SFXプロデューサー：中子真治
出演：野村宏伸、西田尚美、岸田今日子、米倉斉加年
企画：サンダンス・カンパニー
配給：東宝

Comment

「子供たちは『ドラえもん』や『クレヨンしんちゃん』などのアニメ映画しか観ていなかった。実写で子供が観たくなる作品、親子でも一緒に観ることができる映画を念頭において企画しました。第2弾は動員が350万人、配収が16億円ぐらいいきましたよ。当時、市川南氏がまだ宣伝担当をやっていました。前作から出演している野村宏伸は角川映画時代からよく知っていたので起用しています」

学校の怪談3

—1997年7月19日(土)公開／上映時間＝96分

「20年くらい前のこと、生まれつき体の弱かったタイチという生徒がこの世を去った。以来、運動会では2人3脚で転んだ子が姿を消した。学校にはタイチの幽霊がいた。タイチの鏡が他の鏡と合わせ鏡になった時、そこにいる者はタイチの世界に連れて行かれる」

　とある地方の小学校に伝わる噂話が現実となった。女性教師と生徒たちが運動会の夜に20年間行方不明だったタイチの鏡にひきこまれた。タイチの目的は何なのか？　彼らは無事に元の世界に戻ることができるのか？　全く新たな物語として、シリーズ最大の謎をはらんで展開する。

　監督は金子修介。映画初の日本SF大賞を受賞した『ガメラ』シリーズのスケール感溢れるダイナミックな手腕を発揮。脚本は名作アニメ劇場「ロミオの青い空」の島田満と金子監督との共同脚本となる。

　撮影・柴崎幸三、照明・上田なりゆき、録音・宮本久幸、編集・川島章正、SFXプロデューサー・中子真治をはじめとするシリーズ経験者が三たび結集した。加えて美術・及川一、音楽・大谷幸が新たに参加、またエンディングテーマ「スプラッシュ」はDual Dream（サウンドトラック／キングレコード）が担当し、実写班と特撮班が合体した『学校の怪談』シリーズならではのシステムで、前2作以上のアイディアと遊び心を発揮している。

　キャストは、主演の先生役に『学校の怪談2』でヒロイン役をコミカルに演じた西田尚美、コメディエンヌという言葉を復活させたといえる本年公開の主演作品『ひみつの花園』での快演を受けシリーズ再度の登場となる。バツイチの明るく元気な母親役には黒木瞳。デビュー作の『化身』や大ヒット作の『失楽園』に代表される情熱的なイメージから一転、再婚をきっかけに子供と擦れ違っていく母親の心情をどう演じるか注目を集める。子供たちの通う塾の先生として登場するのは、斬新な発想で演劇界をリードする野田秀樹。さらに、野田主宰の「夢の遊眠社」出身で豊富な舞台歴を持つ佐戸井けん太などの多彩な顔ぶれに加え、意外な豪華ゲストも多々交えて物語に幅を与える。オバケと怪奇現象を相手に、やがては自分の〝運命〟にも立ち向かうこととなる子供たちには、今回も800人に及ぶ候補の中から魅力的なキャラクターの子役7人が選ばれた。

＜受賞リスト＞

■日本アカデミー賞　新人賞(西田尚美)受賞

監督：金子修介
原作：常光徹「日本民話の会」
脚本：島田満、金子修介
製作：藤峰貞利(古澤利夫)、高井英幸／プロデューサー：木村典代、瀬田一彦／SFXプロデューサー：中子真治
出演：西田尚美、吉澤拓真、前田亜季、ヒガタケル、米澤史織、山田一統、豊永利行、野口由佳、黒木瞳、佐戸井けん太、野田秀樹、螢雪次朗、野村宏伸、津川雅彦、渡辺真知子
企画：サンダンス・カンパニー
配給：東宝

Comment

「最初、監督を滝田洋二郎さんにお願いしたんですが、断られたんですよ。それで『どっちにするの。』『毎日が夏休み』などで何度も組んでいる金子修介さんに話をしたら、ぜひやりたいということでお願いしました。野田秀樹さんが理科室にある人体模型で登場していますが、金子監督と小学校時代の同級生なのでお願いできました」

愛を乞うひと

1998年9月26日(土)公開／上映時間＝135分

山岡照恵は早くに夫を亡くし、娘の深草との二人暮らしを続けてきた中年女性。幼い頃に死んだ父、陳文雄の遺骨を探し出して弔おうとした時に、彼女の脳裏に忘れようと押し込めていた記憶が切れ切れに蘇ってくる。雨のなか、父が母親の豊子から彼女を引き離した情景。父の死後に施設に預けられていた彼女を豊子が迎えに来るが、豊子によって激しく折檻を受けることになる。

原作は処女小説にして発表時にセンセーションを巻き起こした下田治美の同名小説（角川文庫刊）。脚本は『月はどっちに出ている』の鄭義信。監督は平山秀幸。抑制のきいた演出のなかで、大胆にして細心の人間描写を披露。なにより衝撃的な素材、ともすればべたつきかねないテーマを、ハードボイルドといいたくなるスタンスで描き切り、深い感動を導き出してくる。

心に深い傷を負った照恵とエキセントリックな母親、豊子を演じるのは、『絵の中のぼくの村』でキネマ旬報主演女優賞をはじめ、各賞に輝いた原田美枝子。ここでの対照的な2役の熱演は、観客に圧倒的に迫っていく。陰影に富んだヒロインを、かくも強烈につくりあげた。現代日本映画界を代表する〝女優〟が誕生した。

陳文雄には、スケール感のある演技で日本映画界を支える中井貴一。役作りのために体重を大幅に落とし台湾語を特訓して印象的な演技を見せている。

<受賞リスト>

■モントリオール世界映画祭　国際批評家連盟賞■アジア太平洋映画祭　脚本賞（鄭義信）・助演男優賞受賞（中井貴一）■山路ふみ子映画賞　山路ふみ子映画賞（平山秀幸）■報知映画賞　最優秀主演女優賞（原田美枝子）■日本シナリオ作家協会　菊島隆三賞（鄭義信）■日刊スポーツ映画大賞　最優秀作品賞・最優秀監督賞受賞（平山秀幸）■キネマ旬報賞　日本映画監督賞（平山秀幸）・日本映画脚本賞（鄭義信）・日本映画主演女優賞（原田美枝子）・日本映画ベスト10 2位・読者選出日本映画ベスト10 2位■ヨコハマ映画祭　主演男優賞（中井貴一）・主演女優賞（原田美枝子）・日本映画ベスト10 5位■毎日映画コンクール　日本映画大賞・監督賞（平山秀幸）・女優主演賞（原田美枝子）・美術賞（中澤克巳）■おおさか映画祭　監督賞（平山秀幸）・脚本賞（鄭義信）・主演女優賞（原田美枝子）・新人賞（野波麻帆）・日本映画ベスト10 2位■日本映画ペンクラブ賞　1998年度ベストワン（日本映画部門）■優秀映画鑑賞会　1998年度ベスト10 1位（日本映画部門）■ブルーリボン賞　主演女優賞（原田美枝子）■日本アカデミー賞　優秀作品賞・最優秀作品賞・優秀監督賞（平山秀幸）・最優秀監督賞（平山秀幸）・優秀脚本賞（鄭義信）・最優秀脚本賞（鄭義信）・優秀主演女優賞（原田美枝子）・最優秀主演女優賞（原田美枝子）・優秀助演女優賞（野波麻帆）・優秀撮影賞（柴崎幸三）・最優秀撮影賞（柴崎幸三）・優秀照明賞（上田なりゆき）・最優秀照明賞（上田なりゆき）・ 優秀美術賞（中澤克巳）・最優秀美術賞（中澤克巳）・優秀録音賞（宮本久幸）・優秀編集賞（川島章正）・最優秀編集賞（川島章正）・優秀音楽賞（千住明）・新人賞（野波麻帆）■ゴールデンアロー賞　映画賞（原田美枝子）■日本映画批評家賞　新人賞（野波麻帆）■文化庁優秀映画作品賞■ゆうばり国際冒険ファンタスティック映画祭99　Max Factor AWARD「BEAUTY SPIRIT IN FILM」（内山いほ子）■東京スポーツ映画大賞　主演女優賞（原田美枝子）■全国映連賞　女優賞（原田美枝子）■日本映画テレビ技術協会、日本映画・テレビ録音技術協会日本映画技術賞　録音部門（宮本久幸）■日本映画テレビ技術協会日本映画　技術賞撮影部門（柴崎幸三）・照明部門（上田なりゆき）・美術部門（中澤克巳）■日本映画照明協会　最優秀賞（上田なりゆき）■予告編大賞　準グランプリ■わかやま市民映画祭　主演女優賞（原田美枝子）■朝日新聞　ファイブベスト ■読売新聞　ファイブベスト・今年を代表する監督（平山秀幸）・今年を代表する女優（原田美枝子）■文部省特選■優秀映画鑑賞会　特別推薦以上67の賞を受賞／米国アカデミー外国映画賞日本語作品の正式代表他全国約250の省庁・自治体・団体・組織などから推薦

監督：平山秀幸
脚本：鄭義信
原作：下田治美
製作：藤峰貞利（古澤利夫）、高井英幸／プロデューサー：木村典代、宮内眞吾／共同プロデューサー：瀬田一彦／撮影：柴崎幸三／美術：中澤克巳／照明：上田なりゆき／編集：川島章正／録音：宮本久幸
出演：原田美枝子、野波麻帆、中井貴一、國村隼、うじきつよし、小日向文世、熊谷真実
企画：サンダンス・カンパニー
配給：東宝

Comment

「木村さんが80年の企画会議から出し続けていた執念の企画です。彼女から勧められて原作を読んだら、いい本で、力もある。東宝の高井さんも同様の感想を持ち、企画が通りました。木村さんが『絵の中のぼくの村』で母親を演じた原田美枝子さんがいいですということで決定。東宝が全額出資した作品の中で、この作品は成瀬巳喜男監督の『浮雲』(55)以来、すべての映画賞を受賞しました」

学校の怪談4

1999年7月10日(土)公開/上映時間＝99分

高波と豪雨が襲う海辺の町に、夏休みを利用して東京から小学4年生の弥恵と、6年生の兄の恒がやってくる。この町では半世紀ほど前に、小学校の校舎が津波にさらわれるという悲しい過去があった。兄妹は従妹を通じて同じ年頃の子供たちと仲良くなるが、嵐の翌日から生々しい心霊現象、奇怪な事件が頻発。そればかりか、町の子供たちが1人、また1人と忽然と姿を消していく。神隠し。捜査団を組んで必死に探し回る大人たち、不安と恐怖に陥る子供たち。この町は呪われている……そんな想いに皆が囚われはじめた時、みえざる魔手は恒に伸びていく。

本作の撮影が行われたのは、98年の猛暑のさなか。しかも、イメージ通りの映像を目指して、全国各地でロケを敢行。愛知県の知多半島を皮切りに、1都12県に及んだ。

監督は『愛を乞うひと』で海外、国内数々の映画賞に輝いた平山秀幸。子供を描くことに定評があり、シリーズの原点を確立したともいえる平山監督が、これまでの枠にとらわれない自由な発想で、『学校の怪談』の新たな世界観を生み出した。前3作を支えた第1級のクリエイターたちが今回も結集し、意気込みを映像に焼き付けている。脚本は『よい子と遊ぼう』の奥寺佐渡子。撮影は『愛を乞うひと』の柴崎幸三。照明は『新・居酒屋ゆうれい』の上田なりゆき。美術には『愛を乞うひと』の中澤克巳。録音は『愛を乞うひと』の宮本久幸。編集は『おいしい結婚』の川島章正が担当。視覚効果は、第1作から参加の橋本満明が担当。音楽には、吉田拓郎の「蒼い夏」が挿入歌となるのに加えて、数々のヒット曲を手がけてきた宇崎竜童が妖しくも美しいスコアを作り上げている。

今回は子役のオーディションを一般公募にまで拡大。小学3~6年生で、調布の撮影所に通うことができることなど、細かい制約があるにもかかわらず、応募は6000名以上にのぼった。2ヵ月間にわたるオーディションの末、ヒロインの安西弥恵役には、一般公募の豊田眞唯(小学3年生)が、その新鮮な魅力で大抜擢された。弥恵が海辺で出会う不思議な老人に関西落語界の大御所、笑福亭松之助。あゆむの母親役に『愛を乞うひと』での演技が海外でも高い評価を得た原田美枝子が演じる。

<受賞リスト>

■朝日新聞　ファイブベスト■文化庁優秀映画作品賞受賞

監督:平山秀幸
原作:常光徹「日本民話の会」
脚本:奥寺佐渡子
製作:藤峰貞利(古澤利夫)、高井英幸/プロデューサー:木村典代、瀬田一彦/撮影:柴崎幸三/照明:上田なりゆき/美術:中澤克巳/録音:宮本久幸/編集:川島章正/音楽:宇崎竜童
出演:豊田眞唯、広瀬斗史輝、笑福亭松之助、原田美枝子、皆川優紀、坂井英人、竹島由夏、久保孝則、長者康之、塚田光
企画:サンダンス・カンパニー
配給:東宝

Comment

「シネマスコープで撮らないかという話があって、照明などにもお金がかかるのですが、それは構わないということで、シネマスコープによる撮影が採用されました。背景の映り込みが大きいので、インパクトのある画が撮れましたね。作る側の自由さを与えられた作品で、作家性を入れたいい作品に仕上がりましたよ。今回は子供が知っているお化けがあまり登場せず、大人向きな映画でした」

非・バランス

2001年6月2日(土)公開／上映時間＝95分

『非・バランス』は、13歳の少女・松本チアキと不思議なヒト“菊ちゃん”のひと夏の物語。身の回りに友達はおろか、話す相手さえ作ろうとしないチアキは、ふとしたきっかけで“菊ちゃん”と出逢う。チアキは、はるかに年上で、ちょっと変わった“菊ちゃん”と友情ともいえる“微妙で心地よい瞬間”を一緒に過ごす。過去に背負った心の傷が、2人の心を次第に引き寄せあっていく。互いの痛みを知った時、2人は心が真に通じ合ったことに気づき、過去から抜け出して未来に向かう決心をする。チアキはそれまでの深い心の闇から抜け出すために、傷つきながらも大きく飛び立つためのジャンプ台に立ち、“菊ちゃん”も新たな人生へと踏み出していく。少女の純粋さ、ひたむきさが、それを見つめるものにもたらす人生への選択と勇気。あまねく世代の心に深く焼き付き、不朽の感動を与える。

原作である「非・バランス」は、児童文学賞の中でも最も歴史の古い講談社児童文学新人賞の1995年度受賞作品。著者の魚住直子氏は、学校の抱える様々な問題をシビアに取り込みながらも、爽やかなストーリーを綴り、温かな感動を呼んだ。

ヒロイン・チアキ役には1000人を超えるオーディションの中から、現役中学生の新人・派谷恵美が選ばれた。チアキの相手役・桂川菊には小日向文世。今回初めて主演に挑む。さらにチアキの同級生・ミズエ役には14歳の新人、はたのゆう。チアキの母親役に日本映画界を代表する女優の原田美枝子。「夢の遊眠社」出身の羽場裕一、ミュージシャンとしても活躍中の柏原収史、『蟬祭りの島』の土屋久美子、『シン・レッド・ライン』の水上竜士、文学座出身の名優梅沢昌代らが脇を固める。

監督には冨樫森。長編デビュー作となる。脚本は『メロデ』などのインディーズ作品の名手として知られる風間志織があたる。撮影は『愛を乞うひと』の柴崎幸三が担当。照明は柴崎カメラマンの照明部チーフを務めた尾下栄治。美術には『ちんちろまい』の三浦伸一。録音は『草の上の仕事』の田中靖志。編集は『愛を乞うひと』『金融腐食列島―呪縛―』で2年連続日本アカデミー賞の最優秀編集賞を受賞した川島章正。音楽は『ユキエ』の川崎真弘が担当。若手・実力派のスタッフが冨樫監督のデビューを強力にサポートする。

<受賞リスト>

■ヨコハマ映画祭　新人監督賞(冨樫森)・新人賞(派谷恵美)・日本映画ベスト10 10位■日本映画プロフェッショナル大賞　監督賞(冨樫森)・日本映画ベスト10 7位受賞／第13回東京国際映画祭コンペティション公式参加作品

監督：冨樫森
原作：魚住直子「非・バランス」
製作：藤峰貞利(古澤利夫)
プロデューサー：木村典代／脚本：風間志織／撮影：柴崎幸三／照明：尾下栄治／美術：三浦伸一／録音：田中靖志／編集：川島章正
出演：派谷恵美、小日向文世、はたのゆう、中村桃花、原田美枝子、羽場裕一、柏原収史、土屋久美子、水上竜士、梅沢昌代、とまと
企画：サンダンス・カンパニー
配給：メディアボックス／日本ビクター

Comment

「本作で映画監督デビューをさせようと、平山監督の助監督をやっていた冨樫森を監督に抜擢。メディアボックスと日本ビクターが半額ずつ出資して、東京テアトルが持っているミニシアターでやることにしました。仙台でロケした映画で、予算がないけど作る側が幸せになれる作品でした。スーパー16ミリで撮影して、移動撮影も台車がないので、自転車を乗るシーンはリヤカーで撮影しました」

OUT

2002年10月19日(土)公開／上映時間＝119分

『OUT』が描くのは、犯罪そのものではない。人生の崖っぷちに立たされた女たちが絶体絶命の状況を乗り越えて、新たな人生に踏み出していく再生と出発の物語なのだ。時には友情で、時には金でつながり、協力し、いがみ合いながら運命を共にする女たちのしたたかな生きざまが、スリルとユーモアの中で描かれていく。バイタリティ溢れるキャラクターが、本作を爽快な脱出(＝OUT)活劇に仕立てている。

東京郊外にある弁当工場。夜明けまで繰り返される流れ作業を続ける深夜パートの4人の主婦たち。彼女たちにとって、日々の暮らしに夢や期待を抱く時期はとうに過ぎ去った。繰り返されるのは、人生への耐え難い不安と澱《おり》のように溜まっていく失望だけ。そんなある日、女たちの1人が日常の境界線を踏み越えてしまう。弥生による亭主殺しである。事件の秘密を知ったやくざと刑事たちの執拗な追及が迫る中、彼女たちは閉塞した状況から抜け出すためにそれぞれの人生への闘いを強いられていく。

4人のヒロインを演じる女優には、日本映画を支える錚々たる顔ぶれが揃った。香取雅子を演じるのは、『愛を乞うひと』で、その年の映画賞を席巻した原田美枝子。吾妻ヨシエを演じるのは、『うなぎ』をはじめ数々の作品で多くの映画賞を受賞した倍賞美津子。城之内邦子を演じるのは、映画、テレビ、バラエティと幅広い活躍を続ける一方、エッセイストとしても才能を発揮する室井滋。山本弥生を演じるのは、『ナビィの恋』を経て女優として鮮やかな成長を遂げた西田尚美。4人のアンサンブルによって、女たちの集団劇としての魅力も格段と増している。

監督を務めるのは俊英、平山秀幸。『愛を乞うひと』でキネマ旬報日本映画監督賞・日本アカデミー賞最優秀作品賞、最優秀監督賞をはじめ、国内外の69もの映画賞で評価された。脚本はキネマ旬報脚本賞、菊島隆三賞を受賞した『愛を乞うひと』に続き、平山監督とは二度目のコンビ作となる鄭義信。撮影は『学校の怪談』の柴崎幸三。照明には『ターン』の上田なりゆき。美術には、『家族ゲーム』の中澤克巳があたる。録音は『非・バランス』の田中靖志。編集は『地雷を踏んだらサヨウナラ』の川島章正が担当する。音楽を手がけるのは、『GONIN』『HYSTERIC』の安川午朗である。

<受賞リスト>

■毎日映画コンクール　監督賞(平山秀幸)・脚本賞(鄭義信)■日刊スポーツ映画大賞　助演男優賞(香川照之)■キネマ旬報日本映画ベスト10　4位■日本映画ペンクラブ賞　会員選出日本映画3位■日本アカデミー賞　優秀監督賞(平山秀幸)・優秀主演女優賞(原田美枝子)・優秀助演女優賞(倍賞美津子)受賞／米アカデミー賞外国語映画賞　日本代表に選出

監督:平山秀幸／原作:桐野夏生／脚本:鄭義信／製作:古澤利夫、木村典代／製作総指揮:諸橋健一／撮影:柴崎幸三／照明:上田なりゆき／美術:中澤克巳／録音:田中靖志／編集:川島章正／音楽:安川午朗
出演:原田美枝子、室井滋、西田尚美、香川照之、間寛平、大森南朋、千石規子、倍賞美津子
企画:サンダンス・カンパニー
配給:20世紀フォックス映画

Comment

「97年に体を壊して、1週間ほど入院しました。その時に、高村薫氏の「レディ・ジョーカー」と桐野夏生氏の「OUT」を読んで大変面白かったので、いずれ映画にしたいなと思っていました。当時、日本映画の興行の新しい活路を切り開くためには、FOX自体が日本映画を配給する必要があると感じていました。そこでムービーテレビジョンと組んで、製作することが決定し、配給はFOXにお願いしました」

あの空をおぼえてる

2008年4月26日(土)公開／上映時間＝115分

竹野内豊が7年ぶりにスクリーンに戻ってきたのは、「今だからこそ、作るべきだ」と思える本作との出会いだった。殺伐とした事件が続発する現代で、人が生きていくうえでの原点である家族と、人を思う気持ちを描きながら、愛と生、幸福という、シンプルでありながら、最も深遠なテーマに迫った感動作だ。

舞台はとある地方都市。親子4人と愛犬の幸せな暮らしが、突然ふりかかった不幸をきっかけに一変し、大きな悲しみに沈んだある家族の物語が始まる。自責の念に苛まれる父と、悲しみにくれながらも新しく生まれてくる命を守る母。両親の笑顔を取り戻したい、と小さな胸を痛めながら、健気にふるまう息子。絶望に打ちひしがれていた彼らはゆっくりと再生へと向かい、絆を深めながら懸命に生きていく。

父親、深沢雅仁を演じるのは竹野内豊。太陽のように明るく家族を包み込む母親、慶子には「踊る大捜査線」の水野美紀。父によく似た優しい心の持ち主である息子、英治には『涙そうそう』の広田亮平。家族の中でいきいきと輝く存在の妹、絵里奈はオーディション終了直前に奇跡のように現れた「天使の笑顔」を持つ吉田里琴が演じる。英治の心を開くスクールカウンセラーには、『非・バランス』の小日向文世。小池栄子、品川祐、中嶋朋子、高見のっぽ、徳井優と多彩な顔ぶれが揃った。

原作はジャネット・リー・ケアリー(「あの空をおぼえてる」／浅尾敦則訳・ポプラ社刊)。監督は冨樫森。人が生きていく勇気と希望が鮮やかに描かれている。製作は『それから』をはじめ、『学校の怪談』シリーズ、日本アカデミー賞最優秀賞の主要8部門を独占し、モントリオール国映画祭国際批評家連盟賞をはじめとする国内外の映画賞に輝いた『愛を乞うひと』、『OUT』などを企画・製作したサンダンス・カンパニーの古澤寿斗と木村典代。製作総指揮はソニー・ミュージックエンタテインメント代表取締役の北川直樹。脚本は『マリと子犬の物語』の山田耕大。撮影は『天使の卵』の中澤正行。美術は『愛を乞うひと』で日本アカデミー賞最優秀美術賞を受賞した中澤克巳。録音には『鉄人28号』の野中英敏、編集は『未来予想図～ア・イ・シ・テ・ルのサイン～』の森下博昭があたり、日本映画界で活躍する若手とベテランが一堂に会する布陣だ。

<受賞リスト>

■KINOTAYO (Festival du cinema japonais contemporain de Paris) 金の太陽・新人監督賞(富樫森)受賞

監督：冨樫森／原作：ジャネット・リー・ケアリー「あの空をおぼえてる」／脚本：山田耕大／製作：古澤寿斗、木村典代／製作総指揮：北川直樹／撮影：中澤正行／照明：木村匡博／美術：中澤克巳／録音：野中英敏／編集：森下博昭／音楽：中野雄太
出演：竹野内豊、水野美紀、広田亮平、吉田里琴、小池栄子、中嶋朋子、品川祐、小日向文世
企画・製作：ソニー・ミュージックエンタテインメント／サンダンス・カンパニー 提携作品／配給：ソニー・ピクチャーズ エンタテインメント

Comment

「映画をやりたいソニー・ミュージックと企画・製作の業務提携を交わしました。木村さんがコミックも含めて200冊ぐらいの本の中から、発見したこの原作を渡されたんですが、私は4時間ぐらいで読み終えて映画化を決定。キャスティングが決まる前に興行者と交渉して大体のポイントは押さえました。主演スタアが決まっていないのに、ブッキングが動いたというのは生まれて初めてです」

20世紀FOX日本支社
配給作品全リスト

親愛なる古澤さんへ

『ムーラン・ルージュ』というミュージカル映画の企画を始めた頃は、世界中のこんなに広い地域で受け入れられるのはほとんど不可能に思えました。正直に言いますが、20世紀フォックス・ジャパンのひるむことのない姿勢、献身、実行力、とりわけ、その勇気なくしては、この作品が達成した驚くべき成功を楽しむことはできなかったでしょう。

バズマーク・チーム全員は、あなたに心から感謝します。私たちの次なるアドベンチャーを期待しています。

バズ・ラーマン監督

親愛なる古澤さんへ

あなたの並外れた才能と、作品への並々ならぬ献身、そして疲れを知らない努力に対して感謝します。そのおかげで私たちは、予想外の結果を出すことができました。

あなたが成し遂げた素晴らしい成果を祝して

心よりの賛辞を込めて

ジェームズ・キャメロン監督

20世紀フォックス日本支社が配給した作品リスト

タイトル（製作年）リバイバル年

1939年

スエズ（38）
SUEZ
監督：アラン・ドワン／出演：タイロン・パワー、ロレッタ・ヤング、アナベラ

1946年

運命の饗宴（42）
TALES OF MANHATTAN
監督：ジュリアン・デュヴィヴィエ／出演：シャルル・ボワイエ、リタ・ヘイワース、トーマス・ミッチェル

1947年

極楽闘牛士（45）
THE BULLFIGHTERS
監督：マル・セント・クレア／出演：オリヴァー・ハーディ、スタン・ローレル、マーゴ・ウッド、リチャード・レーン

銀盤の女王（36）
ONE IN A MILLION
監督：シドニー・ランフィールド／出演：ソニア・ヘニー、アドルフ・マンジュー、ジーン・ハーショルト

荒野の決闘（46）
MY DARLING CLEMENTINE
監督：ジョン・フォード／出演：ヘンリー・フォンダ、リンダ・ダーネル、ヴィクター・マチュア

世紀の楽団（38）
ALEXANDER'S RAGTIME BAND
監督：ヘンリー・キング／出演：アリス・フェイ、タイロン・パワー、ドン・アメチー

1948年

センチメンタル・ジャーニー（46）
SENTIMENTAL JOURNEY
監督：ウォルター・ラング／出演：ジョン・ペイン、モーリン・オハラ、コニー・マーシャル

アンナとシャム王（46）
ANNA AND THE KING OF SIAM
監督：ジョン・クロムウェル／出演：アイリーン・ダン、レックス・ハリソン、リンダ・ダーネル

剃刀の刃（46）
THE RAZOR'S EDGE
監督：エドマンド・グールディング／出演：タイロン・パワー、ハーバート・マーシャル、クリフトン・ウェッブ

ステート・フェア（45）
STATE FAIR
監督：ウォルター・ラング／出演：ジーン・クレイン、ダナ・アンドリュース、ディック・ヘイムズ

ボストン物語（47）
THE LATE GEORGE APREY
監督：ジョセフ・L・マンキウィッツ／出演：ロナルド・コールマン、ペギー・カミンズ、ヴァネッサ・ブラウン

氷上の花（43）
WINTERTIME
監督：ジョン・ブラーム／出演：コーネル・ワイルド、ジャック・オーキー、ソニア・ヘニー

三十四丁目の奇蹟（47）
MIRACLE ON 34TH STREET
監督：ジョージ・シートン／出演：エドマンド・グウェン、モーリン・オハラ、ジョン・ペイン

1949年

激闘（42）
SON OF FURY
監督：ジョン・クロムウェル／出演：タイロン・パワー、ジョージ・サンダース、ジーン・ティアニー

聖処女（43）76
THE SONG OF BERNADETTE
監督：ヘンリー・キング／出演：ジェニファー・ジョーンズ、チャールズ・ビックフォード、リー・J・コッブ

西部魂（41）
WESTERN UNION
監督：フリッツ・ラング／出演：ロバート・ヤング、ランドルフ・スコット、ディーン・ジャガー

幽霊と未亡人（47）
THE GHOST AND MRS. MUIR
監督：ジョセフ・L・マンキウィッツ／出演：ジーン・ティアニー、レックス・ハリソン、ジョージ・サンダース

出獄（48）
CALL NORTHSIDE 777
監督：ヘンリー・ハサウェイ／出演：ジェームズ・スチュワート、リチャード・コンテ、リー・J・コッブ

鉄のカーテン（48）
THE IRON CURTAIN
監督：ウィリアム・A・ウェルマン／出演：ダナ・アンドリュース、ジーン・ティアニー、ジューン・ハヴォック

モホークの太鼓（39）
DRUMS ALONG THE MOHAWK
監督：ジョン・フォード／出演：クローデット・コルベール、ヘンリー・フォンダ、エドナ・メイ・オリヴァー

海の男（49）
DOWN TO THE SEA IN SHIPS
監督：ヘンリー・ハサウェイ／出演：ライオネル・バリモア、ディーン・ストックウェル、リチャード・ウィドマーク

愉快な家族（48）
SITTING PRETTY
監督：ウォルター・ラング／出演：ロバート・ヤング、モーリン・オハラ、クリフトン・ウェッブ

1950年

極楽ブギウギ（43）
JITTERBUGS
監督：マル・セント・クレア／出演：オリヴァー・ハーディ、スタン・ローレル、ヴィヴィアン・ブレイン

海の呼ぶ声（48）
DEEP WATERS
監督：ヘンリー・キング／出演：ダナ・アンドリュース、ジーン・ピータース、シーザー・ロメロ

殺人幻想曲（48）
UNFAITHFULLY YOURS
監督：プレストン・スタージェス／出演：レックス・ハリソン、リンダ・ダーネル、バーバラ・

ローレンス

哀しみの恋（47）
DAISY KENYON
監督：オットー・プレミンジャー／出演：ダナ・アンドリュース、ジョーン・クロフォード、ヘンリー・フォンダ

都会の叫び（48）
CRY OF THE CITY
監督：ロバート・シオドマク／出演：リチャード・コンテ、ヴィクター・マチュア、シェリー・ウィンタース

蛇の穴（48）
THE SNAKE PIT
監督：アナトール・リトヴァク／出演：オリヴィア・デ・ハヴィランド、マーク・スティーヴンス、レオ・ゲン

日曜は鶏料理（49）
CHICKEN EVERY SUNDAY
監督：ジョージ・シートン／出演：ダン・デイリー、セレステ・ホルム、コリーン・タウンゼント

アリゾナの決闘（48）
FURY AT FURNACE CREEK
監督：H・ブルース・ハンバーストン／出演：ヴィクター・マチュア、グレン・ランガン、コリーン・グレイ

春の珍事（49）
IT HAPPENS EVERY SPRING
監督：ロイド・ベーコン／出演：レイ・ミランド、ジーン・ピーターズ、ポール・ダグラス

ごくらく珍商売（43）
THE DANCING MASTERS
監督：マル・セント・クレア／出演：オリヴァー・ハーディ、スタン・ローレル、トルーディ・マーシャル

三人の妻への手紙（49）
A LETTER TO THREE WIVES
監督：ジョセフ・L・マンキウィッツ／出演：ジーン・クレイン、リンダ・ダーネル、アン・サザーン

嵐の園（48）
SCUDDA-HOO! SCUDDA-HAY!
監督：F・ヒュー・ハーバート／出演：ジューン・ヘイヴァー、ウォルター・ブレナン、ロン・マカリスター

海の征服者（42）
THE BLACK SWAN
監督：ヘンリー・キング／出演：タイロン・パワー、モーリン・オハラ、レアード・クリーガー

ワイオミングの緑草（48）
GREEN GRASS OF WYOMING
監督：ルイス・キング／出演：ペギー・カミンズ、チャールズ・コバーン、ロバート・アーサー

ごくらく珍爆弾（44）
BIG NOISE
監督：マル・セント・クレア／出演：オリヴァー・ハーディ、スタン・ローレル、アーサー・スペース

星は輝く（49）
COME TO THE STABLE
監督：ヘンリー・コスター／出演：ロレッタ・ヤング、セレステ・ホルム、ヒュー・マーロウ

ママは大學一年生（49）
MOTHER IS A FRESHMAN
監督：ロイド・ベーコン／出演：ロレッタ・ヤング、ベティ・リン、ヴァン・ジョンソン

ロッキーの春風（42）
SPRINGTIME IN THE ROCKIES
監督：アーヴィング・カミングス／出演：ベティ・グレイブル、ジョン・ペイン、シーザー・ロメロ

狐の王子（49）
PRINCE OF FOXES
監督：ヘンリー・キング／出演：タイロン・パワー、ワンダ・ヘンドリックス、オーソン・ウェルズ

私も貴方も（49）
EVERYBODY DOES IT
監督：エドマンド・グールディング／出演：ポール・ダグラス、セレステ・ホルム、リンダ・ダーネル

頭上の敵機（49）
TWELVE O'CLOCK HIGH
監督：ヘンリー・キング／出演：グレゴリー・ペック、ディーン・ジャガー、ヒュー・マーロウ

呪われた城（46）
DRAGONWYCK
監督：ジョセフ・L・マンキウィッツ／出演：ヴィンセント・プライス、ジーン・ティアニー、ウォルター・ヒューストン

幸福の森（48）
THE LUCK OF THE IRISH
監督：ヘンリー・コスター／出演：タイロン・パワー、リー・J・コッブ、アン・バクスター

他人の家（49）
HOUSE OF STRANGERS
監督：ジョセフ・L・マンキウィッツ／出演：エドワード・G・ロビンソン、リチャード・コンテ、ルーサー・アドラー

僕は戦争花嫁（49）
I WAS A MALE WAR BRIDE
監督：ハワード・ホークス／出演：ケイリー・グラント、アン・シェリダン、マリオン・マーシャル

小間使（46）
CLUNY BROWN
監督：エルンスト・ルビッチ／出演：シャルル・ボワイエ、ジェニファー・ジョーンズ、ピーター・ローフォード

戦慄の調べ（45）
HANGOVER SQUARE
監督：ジョン・ブラーム／出演：レアード・クリーガー、リンダ・ダーネル、ジョージ・サンダース

西部の王者（44）
BUFFALO BILL
監督：ウィリアム・A・ウェルマン／出演：ジョエル・マクリー、モーリン・オハラ、リンダ・ダーネル

わが谷は緑なりき（41）
HOW GREEN WAS MY VALLEY
監督：ジョン・フォード／出演：ウォルター・ピジョン、モーリン・オハラ、ドナルド・クリスプ

1951年

大空輸（50）
THE BIG LIFT
監督：ジョージ・シートン／出演：モンゴメリー・クリフト、ポール・ダグラス、コーネル・ボーチャーズ

一ダースなら安くなる（50）
CHEAPER BY THE DOZEN
監督：ウォルター・ラング／出演：クリフトン・ウェッブ、マーナ・ロイ、ジーン・クレイン

勝利の園（44）
HOME IN INDIANA
監督：ヘンリー・ハサウェイ／出演：ウォルター・ブレナン、ロン・マカリスター、ジーン・クレイン

若き日のリンカン（39）
YOUNG MR. LINCOLN
監督：ジョン・フォード／出演：ヘンリー・フォ

ンダ、アリス・ブラディ、マージョリー・ウィーヴァー

科学者ベル(39)
THE STORY OF ALEXANDER GRAHAM BELL
監督：アーヴィング・カミングス／出演：ドン・アメチー、ヘンリー・フォンダ、ロレッタ・ヤング

荒原の夕焼(47)
BOB, SON OF BATTLE
監督：ルイス・キング／出演：ロン・マカリスター、ペギー・アン・ガーナー、エドマンド・グウェン

Gメン対間諜(45)
THE HOUSE ON 92ND STREET
監督：ヘンリー・ハサウェイ／出演：ウィリアム・エイス、シグニ・ハッソ、ロイド・ノーラン

我輩は新入生(49)
MR. BELVEDERE GOES TO COLLEGE
監督：エリオット・ニュージェント／出演：クリフトン・ウェッブ、シャーリー・テンプル、トム・ドレイク

純愛の誓い(42)
THIS ABOVE ALL
監督：アナトール・リトヴァク／出演：タイロン・パワー、ジョーン・フォンテイン、トーマス・ミッチェル

地獄への道(39)
JESSE JAMES
監督：ヘンリー・キング／出演：タイロン・パワー、ヘンリー・フォンダ、ジョン・キャラダイン

懐しのスワニー(39)
SWANEE RIVER
監督：シドニー・ランフィールド／出演：ドン・アメチー、アンドレア・リーズ、アル・ジョルソン

暗黒の恐怖(50)
PANIC IN THE STREETS
監督：エリア・カザン／出演：リチャード・ウィドマーク、ポール・ダグラス、バーバラ・ベル・ゲデス

廃墟の群盗(48)
YELLOW SKY
監督：ウィリアム・A・ウェルマン／出演：アン・バクスター、グレゴリー・ペック、リチャード・ウィドマーク

イヴの総て(50)
ALL ABOUT EVE
監督：ジョセフ・L・マンキウィッツ／出演：ベティ・デイヴィス、アン・バクスター、ジョージ・サンダース

高原の白馬(45)
THUNDERHEAD-SON OF FLICKA
監督：ルイス・キング／出演：ロディ・マクドウォール、プレストン・フォスター、リタ・ジョンソン

折れた矢(50)
BROKEN ARROW
監督：デルマー・デイヴィス／出演：ジェームズ・スチュワート、ジェフ・チャンドラー、デブラ・パジェット

潜航決戦隊(43)
CRASH DIVE
監督：アーチー・L・メイヨ／出演：タイロン・パワー、アン・バクスター、ダナ・アンドリュース

拳銃王(50)
THE GUNFIGHTER
監督：ヘンリー・キング／出演：グレゴリー・ペック、ヘレン・ウェスコット、ミラード・ミッチェル

彼女は二挺拳銃(50)
A TICKET TO TOMAHAWK
監督：リチャード・セイル／出演：アン・バクスター、ダン・デイリー、ウォルター・ブレナン

1952年

血と砂(41)
BLOOD AND SAND
監督：ルーベン・マムーリアン／出演：タイロン・パワー、リンダ・ダーネル、リタ・ヘイワース

情無用の街(48)63
THE STREET WITH NO NAME
監督：ウィリアム・キーリー／出演：マーク・スティーヴンス、リチャード・ウィドマーク、ロイド・ノーラン

地獄への逆襲(40)
THE RETURN OF FRANK JAMES
監督：フリッツ・ラング／出演：タイロン・パワー、ヘンリー・フォンダ、ジョン・キャラダイン

南仏夜話・夫(ハズ)は偽者(51)
ON THE RIVIERA
監督：ウォルター・ラング／出演：ダニー・ケイ、ジーン・ティアニー、コリンヌ・カルヴェ

地球の静止する日(51)
THE DAY THE EARTH STOOD STILL
監督：ロバート・ワイズ／出演：マイケル・レニー、パトリシア・ニール、ヒュー・マーロウ

永遠のアムバア(47)
FOREVER AMBER
監督：オットー・プレミンジャー／出演：リンダ・ダーネル、コーネル・ワイルド、リチャード・グリーン

黒ばら(50)
THE BLACK ROSE
監督：ヘンリー・ハサウェイ／出演：タイロン・パワー、セシル・オーブリー、オーソン・ウェルズ

南海の劫火(51)
BIRD OF PARADISE
監督：デルマー・デイヴィス／出演：ルイ・ジュールダン、デブラ・パジェット、ジェフ・チャンドラー

脱獄者の秘密(51)
THE SECRET OF CONVINCT LAKE
監督：マイケル・ゴードン／出演：グレン・フォード、ジーン・ティアニー、エセル・バリモア

砂漠の鬼将軍(51)
THE DESERT FOX
監督：ヘンリー・ハサウェイ／出演：ジェームズ・メイソン、セドリック・ハードウィック、ジェシカ・タンディ

女海賊アン(51)
ANNE OF THE INDIES
監督：ジャック・ターナー／出演：ジーン・ピータース、ルイ・ジュールダン、デブラ・パジェット

死の接吻(47)
KISS OF DEATH
監督：ヘンリー・ハサウェイ／出演：ヴィクター・マチュア、ブライアン・ドンレヴィ、コリーン・グレイ

愛欲の十字路(51)
DAVID AND BATHSHEBA
監督：ヘンリー・キング／出演：グレゴリー・ペック、スーザン・ヘイワード、レイモンド・マッセイ

五本の指(52)
FIVE FINGERS
監督：ジョセフ・L・マンキウィッツ／出演：ジェームズ・メイソン、ダニエル・ダリュー、オ

スカー・カールウェイズ

征服への道（47）
CAPTAIN FROM CASTILE
監督：ヘンリー・キング／出演：タイロン・パワー、シーザー・ロメロ、ジーン・ピータース

暁前の決断（51）
DECISION BEFORE DAWN
監督：アナトール・リトヴァク／出演：リチャード・ベースハート、オスカー・ウェルナー、ヒルデガルド・ネフ

嵐を呼ぶ太鼓（52）
LYDIA BAILEY
監督：ジーン・ネグレスコ／出演：アン・フランシス、デイル・ロバートソン、ルイス・ヴァン・ルーテン

革命児サパタ（52）
VIVA ZAPATA!
監督：エリア・カザン／出演：マーロン・ブランド、ジーン・ピータース、アンソニー・クイン

1953年

狙われた駅馬車（51）64
RAWHIDE
監督：ヘンリー・ハサウェイ／出演：タイロン・パワー、スーザン・ヘイワード、ヒュー・マーロウ

キリマンジャロの雪（52）65
THE SNOWS OF KILLIMANJARO
監督：ヘンリー・キング／出演：グレゴリー・ペック、エヴァ・ガードナー、スーザン・ヘイワード

荒野の襲撃（52）
PONY SOLDIER
監督：ジョセフ・M・ニューマン／出演：タイロン・パワー、キャメロン・ミッチェル、ペニー・エドワーズ

ナイアガラ（53）63
NIAGARA
監督：ヘンリー・ハサウェイ／出演：マリリン・モンロー、ジョセフ・コットン、ジーン・ピータース

栄光何するものぞ（52）
WHAT PRICE GLORY
監督：ジョン・フォード／出演：ジェームズ・キャグニー、ダン・デイリー、コリンヌ・カルヴェ

ゴールデン・コンドルの秘宝（53）
TREASURE OF THE GOLDEN CONDOR
監督：デルマー・デイヴィス／出演：コーネル・ワイルド、コンスタンス・スミス、アン・バンクロフト

人生模様（52）
O. HENRY'S FULL HOUSE
監督：ヘンリー・コスター他／出演：チャールズ・ロートン、マリリン・モンロー、デイル・ロバートソン

わが心に歌えば（52）
WITH A SONG MY HEART
監督：ウォルター・ラング／出演：スーザン・ヘイワード、デヴィッド・ウェイン、ロリー・カルホーン

紳士は金髪がお好き（53）
GENTLEMEN PREFER BLONDES
監督：ハワード・ホークス／出演：マリリン・モンロー、ジェーン・ラッセル、チャールズ・コバーン

拾った女（53）
PICKPOCKET
監督：サミュエル・フラー／出演：リチャード・ウィドマーク、ジーン・ピータース、セルマ・リッター

哀愁の湖（45）
LEAVE HER TO HEAVEN
監督：ジョン・M・スタール／出演：コーネル・ワイルド、ジーン・ティアニー、ジーン・クレイン

蛮地の太陽（53）
WHITE WITCH DOCTOR
監督：ヘンリー・ハサウェイ／出演：スーザン・ヘイワード、ロバート・ミッチャム、ウォルター・スレザック

砂漠の鼠（53）
THE DESERT RATS
監督：ロバート・ワイズ／出演：リチャード・バートン、ジェームズ・メイソン、ロバート・ニュートン

綱渡りの男（53）
MAN ON A TIGHTROPE
監督：エリア・カザン／出演：フレデリック・マーチ、グロリア・グレアム、テリー・ムーア

真紅の女（53）
THE PRESIDENT'S LADY
監督：ヘンリー・レヴィン／出演：チャールトン・ヘストン、スーザン・ヘイワード、ジョン・マッキンタイア

西部の二国旗（50）
TWO FLAGS WEST
監督：ロバート・ワイズ／出演：ジョセフ・コットン、リンダ・ダーネル、ジェフ・チャンドラー

聖衣（53）65
THE ROBE
監督：ヘンリー・コスター／出演：リチャード・バートン、ジーン・シモンズ、ヴィクター・マチュア

1954年

百万長者と結婚する方法（53）
HOW TO MARRY A MILLIONAIRE
監督：ジーン・ネグレスコ／出演：マリリン・モンロー、ローレン・バコール、ベティ・グレイブル

壮烈カイバー銃隊（53）
KING OF THE KHYBER RIFLES
監督：ヘンリー・キング／出演：タイロン・パワー、テリー・ムーア、マイケル・レニー

ノックは無用（52）
DON'T BOTHER TO KNOCK
監督：ロイ・ウォード・ベイカー／出演：リチャード・ウィドマーク、ジーン・キャグニー、エリシャ・クック・Jr.

十二哩の暗礁の下に（53）
BENEATH THE TWELVE MILE REEF
監督：ロバート・D・ウェッブ／出演：ロバート・ワグナー、テリー・ムーア、ギルバート・ローランド

地獄と高潮（54）
HELL AND HIGH WATER
監督：サミュエル・フラー／出演：リチャード・ウィドマーク、ベラ・ダーヴィ、ヴィクター・フランセン

夜の人々（54）
NIGHT PEOPLE
監督：ナナリー・ジョンソン／出演：ブロデリック・クロフォード、グレゴリー・ペック、アニタ・ビョルク

帰らざる河（54）64
RIVER OF NO RETURN
監督：オットー・プレミンジャー／出演：ロバート・ミッチャム、マリリン・モンロー、ロリー・カルホーン

炎と剣（54）
PRINCE VALLIANT
監督：ヘンリー・ハサウェイ／出演：ジェー

ムズ・メイソン、ジャネット・リー、ロバート・ワグナー

ディミトリアスと闘士（54）
DEMETRIUS AND THE GLADIATORS
監督：デルマー・デイヴィス／出演：ヴィクター・マチュア、デブラ・パジェット、スーザン・ヘイワード

悪の花園（54）
GARDEN OF EVIL
監督：ヘンリー・ハサウェイ／出演：スーザン・ヘイワード、ゲイリー・クーパー、リチャード・ウィドマーク

ルビイ（52）
RUBY GENTRY
監督：キング・ヴィダー／出演：ジェニファー・ジョーンズ、チャールトン・ヘストン、カール・マルデン

折れた槍（54）63
BROKEN LANCE
監督：エドワード・ドミトリク／出演：スペンサー・トレイシー、ロバート・ワグナー、リチャード・ウィドマーク

愛の泉（54）
THREE COINS IN THE FOUNTAIN
監督：ジーン・ネグレスコ／出演：ドロシー・マクガイア、ジーン・ピータース、ロッサノ・ブラッツィ

1955年

エジプト人（54）
THE EGYPTIAN
監督：マイケル・カーティス／出演：エドマンド・パードム、ヴィクター・マチュア、ジーン・シモンズ

デジレ（54）
DESIREE
監督：ヘンリー・コスター／出演：マーロン・ブランド、ジーン・シモンズ、マイケル・レニー

ショウほど素敵な商売はない（54）
THERE'S NO BUSINESS LIKE SHOW BUSINESS
監督：ウォルター・ラング／出演：エセル・マーマン、ドナルド・オコナー、マリリン・モンロー

スピードに命を賭ける男（54）
THE RACERS
監督：ヘンリー・ハサウェイ／出演：カーク・ダグラス、ベラ・ダーヴィ、ギルバート・ローランド

野性の女（55）
UNTAMED
監督：ヘンリー・キング／出演：スーザン・ヘイワード、タイロン・パワー、アグネス・ムーアヘッド

恐怖の土曜日（55）
VIOLENT SATURDAY
監督：リチャード・フライシャー／出演：ヴィクター・マチュア、スティーヴン・マクナリー、J・キャロル・ネイシュ

白い羽根（55）
WHITE FEATHER
監督：ロバート・D・ウェッブ／出演：ロバート・ワグナー、ジョン・ランド、デブラ・パジェット

一攫千金を夢見る男（55）
SOLDIER OF FORTUNE
監督：エドワード・ドミトリク／出演：スーザン・ヘイワード、クラーク・ゲイブル、マイケル・レニー

東京暗黒街・竹の家（55）
HOUSE OF BAMBOO
監督：サミュエル・フラー／出演：ロバート・スタック、ロバート・ライアン、山口淑子

足ながおじさん（55）
DADDY LONG LEGS
監督：ジーン・ネグレスコ／出演：フレッド・アステア、レスリー・キャロン、テリー・ムーア

七年目の浮気（55）
THE SEVEN YEAR ITCH
監督：ビリー・ワイルダー／出演：トム・イーウェル、マリリン・モンロー、イヴリン・キース

慕情（55）
LOVE IS A MANY-SPLENDORED THING
監督：ヘンリー・キング／出演：ジェニファー・ジョーンズ、ウィリアム・ホールデン、イソベル・エルソム

たくましき男たち（55）
THE TALL MEN
監督：ラオール・ウォルシュ／出演：クラーク・ゲイブル、ジェーン・ラッセル、ロバート・ライアン

1956年

夢去りぬ（55）
THE GIRL IN THE RED VELVET SWING
監督：リチャード・フライシャー／出演：ファーリー・グレンジャー、レイ・ミランド、ジョーン・コリンズ

雨のランチプール（55）
THE RAINS OF RANCHIPUR
監督：ジーン・ネグレスコ／出演：マイケル・レニー、ラナ・ターナー、リチャード・バートン

美わしき思い出（55）
GOOD MORNING MISS DOVE
監督：ヘンリー・コスター／出演：ジェニファー・ジョーンズ、ロバート・スタック、マーシャル・トンプソン

スカートをはいた中尉さん（56）
THE LIEUTENANT WORE SKIRTS
監督：フランク・タシュリン／出演：トム・イーウェル、シェリー・ノース、リタ・モレノ

瓶の底（脱獄囚）（56）
THE BOTTOM OF THE BOTTLE
監督：ヘンリー・ハサウェイ／出演：ジョセフ・コットン、ルース・ローマン、ヴァン・ジョンソン

回転木馬（55）
CAROUSEL
監督：ヘンリー・キング／出演：ゴードン・マクレー、シャーリー・ジョーンズ、キャメロン・ミッチェル

灰色の服を着た男（56）
THE MAN IN THE GRAY FLANNEL SUIT
監督：ナナリー・ジョンソン／出演：グレゴリー・ペック、マリサ・パヴァン、ジェニファー・ジョーンズ

誇り高き男（56）
THE PROUD ONES
監督：ロバート・D・ウェッブ／出演：ロバート・ライアン、ヴァージニア・メイヨ、ジェフリー・ハンター

ある日あのとき（56）
THE PROUD ONES
監督：ロバート・D・ウェッブ／出演：ロバート・ライアン、ヴァージニア・メイヨ、ジェフリー・ハンター

王様と私（56）66
THE KING AND I
監督：ウォルター・ラング／出演：ユル・ブリンナー、デボラ・カー、リタ・モレノ

バス停留所（56）
BUS STOP
監督：ジョシュア・ローガン／出演：マリリン・モンロー、ドン・マレー、アーサー・オコンネル

襲われた幌馬車（56）
THE LAST WAGON
監督：デルマー・デイヴィス／出演：リチャード・ウィドマーク、フェリシア・ファー、スーザン・コーナー

ならず者部隊（56）
BETWEEN HEAVEN AND HELL
監督：リチャード・フライシャー／出演：ロバート・ワグナー、テリー・ムーア、バディ・イブセン

1957年

やさしく愛して（56）
LOVE ME TENDER
監督：ロバート・D・ウェッブ／出演：エルヴィス・プレスリー、リチャード・イーガン、デブラ・パジェット

追想（56）
ANASTASIA
監督：アナトール・リトヴァク／出演：ユル・ブリンナー、イングリッド・バーグマン、ヘレン・ヘイズ

無法の王者ジェシイ・ジェイムス（57）
THE TRUE STORY OF JESSE JAMES
監督：ニコラス・レイ／出演：ロバート・ワグナー、ジェフリー・ハンター、ホープ・ラング

島の女（57）
BOY ON A DOLPHIN
監督：ジーン・ネグレスコ／出演：アラン・ラッド、ソフィア・ローレン、クリフトン・ウェッブ

女はそれを我慢できない（56）
THE GIRL CAN'T HELP IT
監督：フランク・タシュリン／出演：ジェーン・マンスフィールド、トム・イーウェル、エドモンド・オブライエン

わかれ（57）
SEA WIFE
監督：ボブ・マクノート／出演：リチャード・バートン、ジョーン・コリンズ、ベイジル・シドニー

日のあたる島（57）
ISLAND IN THE SUN
監督：ロバート・ロッセン／出演：ジェームズ・メイソン、ハリー・ベラフォンテ、ジョーン・フォンテイン

夜を逃れて（57）
A HATFUL OF RAIN
監督：フレッド・ジンネマン／出演：ドン・マレー、エヴァ・マリー・セイント、アンソニー・フランシオサ

気まぐれバス（57）
THE WAYWARD BUS
監督：ヴィクトル・ヴィカス／出演：リック・ジェイソン、ジョーン・コリンズ、ダン・デイリー

よろめき休暇（57）
KISS THEM FOR ME
監督：スタンリー・ドーネン／出演：ケイリー・グラント、ジェーン・マンスフィールド、リーフ・エリクソン

1958年

眼下の敵（57）
THE ENEMY BELOW
監督：ディック・パウエル／出演：ロバート・ミッチャム、クルト・ユルゲンス、アル・ヘディソン

青春物語（57）
PEYTON PLACE
監督：マーク・ロブソン／出演：ラナ・ターナー、ダイアン・ヴァーシ、アーサー・ケネディ

武器よさらば（57）
A FAREWELL TO ARMS
監督：チャールズ・ヴィダー／出演：ロック・ハドソン、ジェニファー・ジョーンズ、ヴィットリオ・デ・シーカ

向う見ずの男（58）
MAN HUNT
監督：ヘンリー・ハサウェイ／出演：ドン・マレー、ダイアン・ヴァーシ、チル・ウィルス

再会（57）
FRAULEIN
監督：ヘンリー・コスター／出演：メル・ファーラー、ダナ・ウィンター、ドロレス・マイケルズ

若き獅子たち（58）
THE YOUNG LIONS
監督：エドワード・ドミトリク／出演：マーロン・ブランド、モンゴメリー・クリフト、ディーン・マーティン

秘めたる情事（58）
TEN NORTH FREDERICK
監督：フィリップ・ダン／出演：ゲイリー・クーパー、ダイアン・ヴァーシ、スージー・パーカー

無頼の群（58）
THE BRAVADOS
監督：ヘンリー・キング／出演：グレゴリー・ペック、ジョーン・コリンズ、スティーヴン・ボイド

追撃機（58）
THE HUNTERS
監督：ディック・パウエル／出演：ロバート・ミッチャム、メイ・ブリット、ロバート・ワグナー

ある微笑（58）
A CERTAIN SMILE
監督：ジーン・ネグレスコ／出演：クリスティーヌ・カレル、ブラッドフォード・ディルマン、ロッサノ・ブラッツィ

大戦争（58）
IN LOVE AND WAR
監督：フィリップ・ダン／出演：ロバート・ワグナー、ジェフリー・ハンター、ブラッドフォード・ディルマン

1959年

黒船（58）
THE BARBARIAN AND THE GEISHA
監督：ジョン・ヒューストン／出演：ジョン・ウェイン、安藤永子、サム・ジャッフェ

恋愛候補生（58）
MARDI GRAS
監督：エドマンド・グールディング／出演：クリスティーヌ・カレル、パット・ブーン、トミー・サンズ

自由の大地（58）
THE ROOTS OF HEAVEN
監督：ジョン・ヒューストン／出演：エロール・フリン、ジュリエット・グレコ、トレヴァー・ハワード

六番目の幸福（58）
THE INN OF THE SIXTH HAPPINESS
監督：マーク・ロブソン／出演：イングリッド・バーグマン、クルト・ユルゲンス、ロバート・ドーナット

白い砂（57）
HEAVEN KNOWS, MR. ALLISON
監督：ジョン・ヒューストン／出演：ロバート・ミッチャム、デボラ・カー

フォート・ブロックの決斗（58）
THESE THOUSAND HILLS
監督：リチャード・フライシャー／出演：ドン・マレー、リー・レミック、リチャード・イーガン

ワーロック（59）67
WARLOCK

監督・製作：エドワード・ドミトリク／出演：リチャード・ウィドマーク、ヘンリー・フォンダ、アンソニー・クイン

悶え（59）
THE SOUND AND THE FURY
監督：マーティン・リット／出演：ユル・ブリンナー、ジョアン・ウッドワード、フランソワーズ・ロゼー

アンネの日記（59）
THE DIARY OF ANNE FRANK
監督：ジョージ・スティーヴンス／出演：ミリー・パーキンス、シェリー・ウィンタース、ダイアン・ベイカー

ひとこと言って（59）
SAY ONE FOR ME
監督：フランク・タシュリン／出演：デビー・レイノルズ、ビング・クロスビー、ロバート・ワグナー

嘆きの天使（59）
THE BLUE ANGEL
監督：エドワード・ドミトリク／出演：クルト・ユルゲンス、メイ・ブリット、セオドア・バイケル

南太平洋（58）
SOUTH PACIFIC
監督：ジョシュア・ローガン／出演：ミッツィ・ゲイナー、ロッサノ・ブラッツィ、ジョン・カー

ゆきすぎた遊び（59）
BLUE JEANS
監督：フィリップ・ダン／出演：ブランドン・デ・ワイルド、キャロル・リンレー、ウォーレン・バーリンジャー

野獣部隊（59）
FIVE GATES TO HELL
監督：ジェームズ・クラヴェル／出演：ネヴィル・ブランド、ドロレス・マイケルズ、パトリシア・オーウェンズ

1960年

大都会の女たち（59）
THE BEST OF EVERYTHING
監督：ジーン・ネグレスコ／出演：ホープ・ラング、スティーヴン・ボイド、スージー・パーカー

悲愁（59）
BELOVED INFIDEL
監督：ヘンリー・キング／出演：グレゴリー・ペック、デボラ・カー、エディ・アルバート

カルメン（54）
CARMEN JONES
監督・製作：オットー・プレミンジャー／出演：ドロシー・ダンドリッジ、ハリー・ベラフォンテ、パール・ベイリー

地底探険（59）
JOURNEY TO THE CENTER OF THE EARTH
監督：ヘンリー・レヴィン／出演：パット・ブーン、ジェームズ・メイソン、ダイアン・ベイカー

賭場荒し（59）
SEVEN THIEVES
監督：ヘンリー・ハサウェイ／出演：エドワード・G・ロビンソン、ロッド・スタイガー、ジョーン・コリンズ

ビスマルク号を撃沈せよ！（59）
SINK THE BISMARCK!
監督：ルイス・ギルバート／出演：ケネス・モア、ダナ・ウィンター、カール・メーナー

カンカン（60）
CAN-CAN
監督：ウォルター・ラング／出演：シャーリー・マクレーン、フランク・シナトラ、モーリス・シュヴァリエ

砂漠の女王（60）
THE STORY OF RUTH
監督：ヘンリー・コスター／出演：スチュアート・ホイットマン、トム・トライオン、エラナ・イーデン

息子と恋人（60）
SONS AND LOVERS
監督：ジャック・カーディフ／出演：トレヴァー・ハワード、ディーン・ストックウェル、ウェンディ・ヒラー

地獄へ片足（60）
ONE FOOT IN HELL
監督：ジェームズ・B・クラーク／出演：アラン・ラッド、ドン・マレー、ダン・オハーリヒー

失われた世界（60）
THE LOST WORLD
監督・製作：アーウィン・アレン／出演：クロード・レインズ、マイケル・レニー、ジル・セント・ジョン

殺人会社（60）
MURDER INC.
監督：バート・バラバン、スチュアート・ローゼンバーグ／出演：スチュアート・ホイットマン、メイ・ブリット、ピーター・フォーク

孤独な関係（60）
FROM THE TERRACE
監督：マーク・ロブソン／出演：ポール・ニューマン、ジョアン・ウッドワード、マーナ・ロイ

恋をしましょう（60）
LET'S MAKE LOVE
監督：ジョージ・キューカー／出演：マリリン・モンロー、イヴ・モンタン、トニー・ランドール

1961年

ペルシャ大王（60）
ESTHER AND THE KING
監督：ラオール・ウォルシュ／出演：ジョーン・コリンズ、リチャード・イーガン、デニス・オディア

アラスカ魂（60）
NORTH TO ALASKA
監督：ヘンリー・ハサウェイ／出演：ジョン・ウェイン、スチュワート・グレンジャー、キャプシーヌ

バグダッドの魔術師（60）
THE WIZARD OF BAGDAD
監督：ジョージ・シャーマン／出演：ディック・ショーン、ダイアン・ベイカー、バリー・コー

燃える平原児（60）
FLAMING STAR
監督：ドン・シーゲル／出演：エルヴィス・プレスリー、ドロレス・デル・リオ、スティーヴ・フォレスト

七面鳥艦隊（61）
ALL HANDS ON DECK
監督：ノーマン・タウログ／出演：パット・ブーン、デニス・オキーフ、バーバラ・イーデン

ズール族の襲撃（61）
THE FIERCEST HEART
監督：ジョージ・シャーマン／出演：スチュアート・ホイットマン、ジュリエット・プラウズ、ケン・スコット

流血島の決戦（61）
BATTLE AT BLOODY BEACH
監督：ハーバート・コールマン／出演：オーディ・マーフィ、ゲイリー・クロスビー、ドロレス・マイケルズ

ビッグ・ショウ（61）
THE BIG SHOW

監督：ジェームズ・B・クラーク／出演：クリフ・ロバートソン、エスター・ウィリアムズ、ロバート・ヴォーン

地球の危機（61）
VOYAGE TO THE BOTTOM OF THE SEA
監督・製作：アーウィン・アレン／出演：ウォルター・ピジョン、ジョーン・フォンテイン、ピーター・ローレ

フランダースの犬（59）
A DOG OF FLANDERS
監督：ジェームズ・B・クラーク／出演：デヴィッド・ラッド、ドナルド・クリスプ、セオドア・バイケル

青春の旅情（61）
RETURN TO PEYTON PLACE
監督：ホセ・ファーラー／出演：キャロル・リンレー、ジェフ・チャンドラー、チューズデイ・ウェルド

嵐の季節（61）
WILD IN THE COUNTRY
監督：フィリップ・ダン／出演：エルヴィス・プレスリー、ホープ・ラング、チューズデイ・ウェルド

コマンチェロ（61）
THE COMANCHEROS
監督：マイケル・カーティス／出演：スチュアート・ホイットマン、ジョン・ウェイン、リー・マーヴィン

白雪姫と道化もの（61）
SNOW WHITE AND THE THREE STOOGES
監督：ウォルター・ラング／出演：キャロル・ヘイズ、ジョー・デリタ、ラリー・ファイン

1962年

ママは二挺拳銃（61）
THE SECOND TIME AROUND
監督：ヴィンセント・シャーマン／出演：デビー・レイノルズ、アンディ・グリフィス、スティーヴ・フォレスト

剣と十字架（61）
FRANCIS OF ASSISI
監督：マイケル・カーティス／出演：ブラッドフォード・ディルマン、ドロレス・ハート、スチュアート・ホイットマン

夜は帰って来ない（61）
TENDER IS THE NIGHT
監督：ヘンリー・キング／出演：ジェニファー・ジョーンズ、ジェイソン・ロバーズ・Jr.、ジョーン・フォンテイン

回転（61）
THE INNOCENTS
監督：ジャック・クレイトン／出演：デボラ・カー、マイケル・レッドグレーヴ、パメラ・フランクリン

独身（バチェラー）アパート（61）
BACHELOR FLAT
監督：フランク・タシュリン／出演：テリー・トーマス、セレステ・ホルム、リチャード・ベイマー

ハスラー（61）
THE HUSTLER
監督：ロバート・ロッセン／出演：ポール・ニューマン、ジャッキー・グリーソン、パイパー・ローリー

ステート・フェア（61）
STATE FAIR
監督：ホセ・ファーラー／出演：パット・ブーン、ボビー・ダーリン、トム・イーウェル

脱走（62）
LISA
監督：フィリップ・ダン／出演：スティーヴン・ボイド、ドロレス・ハート、ヒュー・グリフィス

誘惑の夜（62）
SATAN NEVER SLEEPS
監督：レオ・マッケリー／出演：ウィリアム・ホールデン、フランス・ニュイエン、クリフトン・ウェッブ

青年（62）
HEMINGWAY'S ADVENTURES OF A YOUNG MAN
監督：マーティン・リット／出演：リチャード・ベイマー、ダイアン・ベイカー、ポール・ニューマン

気球船探険（62）
FIVE WEEKS IN A BALLOON
監督・製作：アーウィン・アレン／出演：レッド・バトンズ、バーバラ・イーデン、ピーター・ローレ

史上最大の作戦（62）68
THE LONGEST DAY
監督：ケン・アナキン／出演：ジョン・ウェイン、ヘンリー・フォンダ、ジャン＝ルイ・バロー

スパルタ総攻撃（62）
THE 300 SPARTANS
監督：ルドルフ・マテ／出演：リチャード・イーガン、ラルフ・リチャードソン、ダイアン・ベイカー

1963年

ライオン（62）
THE LION
監督：ジャック・カーディフ／出演：ウィリアム・ホールデン、トレヴァー・ハワード、キャプシーヌ

求むハズ（60）
THE MILLIONAIRESS
監督：アンソニー・アスキス／出演：ソフィア・ローレン、ピーター・セラーズ、ヴィットリオ・デ・シーカ

喜劇の大将（62）
30 YEARS OF FUN
監督：バーナード・グリーン／出演：チャールズ・チャップリン、バスター・キートン、スタン・ローレル

H氏のバケーション（62）
MR. HOBBS TAKES A VACATION
監督：ヘンリー・コスター／出演：ジェームズ・スチュワート、モーリン・オハラ、ヴァレリー・バーグ

誘拐犯を逃がすな（63）
THE YELLOW CANARY
監督：バズ・キューリック／出演：パット・ブーン、バーバラ・イーデン、スティーヴ・フォレスト

七月の女（63）
THE STRIPPER
監督：フランクリン・J・シャフナー／出演：ジョアン・ウッドワード、リチャード・ベイマー、クレア・トレヴァー

怪人カリガリ博士（61）
THE CABINET OF DR. CALIGARI
監督：ロジャー・ケイ／出演：ダン・オハーリヒー、グリニス・ジョンズ、リチャード・ダグラス

マリリン・モンローの世界（63）
THE WORLD OF MARILYN MONROE MARILIN
監督：エルモ・ウィリアムズ／ナレーション：ロック・ハドソン

不死身の保安官（59）
THE SHERIFF OF FRACTURED JAW
監督：ラオール・ウォルシュ／出演：ケネス・モア、ジェーン・マンスフィールド、ハンリー・ハル

ジゴ（62）
GIGOT
監督：ジーン・ケリー／出演：ジャッキー・グリーソン、キャサリン・ケイス、アルバート・レミー

クレオパトラ（63）70、77
CLEOPATRA
監督：ジョセフ・L・マンキウィッツ／出演：エリザベス・テイラー、レックス・ハリソン、リチャード・バートン

1964年

山猫（63）
IL GATTOPARDO
監督：ルキノ・ヴィスコンティ／出演：バート・ランカスター、アラン・ドロン、クラウディア・カルディナーレ

恋愛留学生（63）
TAKE HER, SHE'S MINE
監督：ヘンリー・コスター／出演：ジェームズ・スチュワート、サンドラ・ディー、ロバート・モーレイ

暗殺5時12分（63）
NINE HOURS TO RAMA
監督：マーク・ロブソン／出演：ホルスト・ブッフホルツ、ホセ・ファーラー、ヴァレリー・ギアロン

女房は生きていた（63）
MOVE OVER, DARLING
監督：マイケル・ゴードン／出演：ドリス・デイ、ジェームズ・ガーナー、ポリー・バーゲン

残虐療法（64）
SHOCK TREATMENT
監督：デニス・サンダース／出演：スチュアート・ホイットマン、ローレン・バコール、キャロル・リンレー

情事の曲り角（63）
OF LOVE AND DESIRE
監督：リチャード・ラッシュ／出演：マール・オベロン、スティーヴ・コクラン、クルト・ユルゲンス

何という行き方！（64）
WHAT A WAY TO GO!
監督：J・リー・トンプソン／出演：シャーリー・マクレーン、ディーン・マーティン、ポール・ニューマン

不時着（64）
FATE IS THE HUNTER
監督：ラルフ・ネルソン／出演：グレン・フォード、ナンシー・クワン、ロッド・テイラー

リオ・コンチョス（64）
RIO CONCHOS
監督：ゴードン・ダグラス／出演：スチュアート・ホイットマン、リチャード・ブーン、ジム・ブラウン

1965年

訪れ（64）
THE VISIT
監督：ベルンハルト・ヴィッキ／出演：イングリッド・バーグマン、アンソニー・クイン、イリナ・デミック

誘惑されて棄てられて（64）
SEDOTTA E ABBANDONATA
監督：ピエトロ・ジェルミ／出演：ステファニア・サンドレッリ、サロ・ウルツィ、アルド・プリージ

大襲撃（64）
APACHE RIFLES
監督：ウィリアム・H・ウィットニー／出演：オーディ・マーフィ、マイケル・ダンテ、リンダ・ローソン

地獄の戦場（50）
HALLS OF MONTEZUMA
監督：ルイス・マイルストン／出演：リチャード・ウィドマーク、ロバート・ワグナー、ジャック・パランス

四月の恋（57）
APRIL LOVE
監督：ヘンリー・レヴィン／出演：パット・ブーン、シャーリー・ジョーンズ、ドロレス・マイケルズ

マドリードで乾杯（64）
THE PLEASURE SEEKERS
監督：ジーン・ネグレスコ／出演：パメラ・ティフィン、キャロル・リンレー、アン・マーグレット

長く熱い夜（58）
THE LONG HOT SUMMER
監督：マーティン・リット／出演：ポール・ニューマン、ジョアン・ウッドワード、オーソン・ウェルズ

サウンド・オブ・ミュージック（65）70、75、85、04
THE SOUND OF MUSIC
監督・製作：ロバート・ワイズ／出演：ジュリー・アンドリュース、クリストファー・プラマー、エレノア・パーカー

バタシの鬼軍曹（64）
GUNS AT BATASI
監督：ジョン・ギラーミン／出演：リチャード・アッテンボロー、ジャック・ホーキンス、ミア・ファロー

脱走特急（65）
VON RYAN'S EXPRESS
監督：マーク・ロブソン／出演：フランク・シナトラ、トレヴァー・ハワード、ブラッド・デクスター

ふるえて眠れ（64）
HUSH...HUSH, SWEET CHARLOTTE
監督：ロバート・アルドリッチ／出演：ベティ・デイヴィス、オリヴィア・デ・ハヴィランド、ジョセフ・コットン

アルトナ（63）
THE CONDEMNED OF ALTONA
監督：ヴィットリオ・デ・シーカ／出演：ソフィア・ローレン、フレデリック・マーチ、ロバート・ワグナー

モリツリ／南太平洋爆破作戦（65）
MORITURI
監督：ベルンハルト・ヴィッキ／出演：マーロン・ブランド、ユル・ブリンナー、トレヴァー・ハワード

その男ゾルバ（64）
ZORBA THE GREEK
監督：マイケル・カコヤニス／出演：アンソニー・クイン、アラン・ベイツ、イレーネ・パパス

素晴らしきヒコーキ野郎（65）
THOSE MAGNIFICENT MEN IN THEIR FLYING MACHINES OR I FLEW FROM LONDON TO PARIS IN 25 HOURS AND 11 MINUTES
監督：ケン・アナキン／出演：ジェームズ・フォックス、スチュアート・ホイットマン、石原裕次郎

海賊大将（65）
A HIGH WIND IN JAMAICA
監督：アレクサンダー・マッケンドリック／出演：アンソニー・クイン、ジェームズ・コバーン、ゲルト・フレーベ

渚のたたかい（65）
UP FROM THE BEACH
監督：ロバート・パリッシュ／出演：クリフ・ロバートソン、イリナ・デミック、レッド・バトンズ

銃殺指令（64）

MAN IN THE MIDDLE
監督：ガイ・ハミルトン／出演：ロバート・ミッチャム、トレヴァー・ハワード、フランス・ニュイエン

1966年

華麗なる激情（65）
THE AGONY AND THE ECSTACY
監督：キャロル・リード／出演：チャールトン・ヘストン、レックス・ハリソン、ダイアン・シレント

ボクいかれたヨ！（65）
DEAR BRIGITTE
監督：ヘンリー・コスター／出演：ジェームズ・スチュアート、フェビアン、グリニス・ジョンズ

かもめの城（65）
RAPTURE
監督：ジョン・ギラーミン／出演：パトリシア・ゴッジ、メルヴィン・ダグラス、ディーン・ストックウェル

荒野のスモーキー（66）
SMOKY
監督：ジョージ・シャーマン／出演：フェス・パーカー、ダイアナ・ハイランド、ケティ・フラド

ピストン野郎（64）
UN MONSIEUR DE COHPAGNIE
監督：フィリップ・ド・ブロカ／出演：ジャン＝ピエール・カッセル、カトリーヌ・ドヌーヴ、イリナ・デミック

電撃フリントGO! GO作戦（66）
OUR MAN FLINT
監督：ダニエル・マン／出演：ジェームズ・コバーン、リー・J・コッブ、エドワード・マルヘア

駅馬車（66）
STAGECOACH
監督：ゴードン・ダグラス／出演：アン・マーグレット、レッド・バトンズ、マイケル・コナーズ

凶人ドラキュラ（66）
DRACULA, PRINCE OF DARKNESS
監督：テレンス・フィッシャー／出演：クリストファー・リー、バーバラ・シェリー、アンドリュー・キア

蛇女の脅怖（66）
THE REPTILE
監督：ジョン・ギリング／出演：ノエル・ウィルマン、ジェニファー・ダニエル、レイ・バレット

飛べ！フェニックス（65）
THE FLIGHT OF THE PHOENIX
監督：ロバート・アルドリッチ／出演：ジェームズ・スチュアート、リチャード・アッテンボロー、ピーター・フィンチ

吸血ゾンビ（66）
THE PLAGUE OF ZOMBIES
監督：ジョン・ギリング／出演：アンドレ・モレル、ダイアン・クレア、ジョン・カーソン

白夜の陰獣（65）
RASPUTIN, THE MAD MONK
監督：ドン・シャープ／出演：クリストファー・リー、バーバラ・シェリー、リチャード・パスコ

ただいま熱愛中（65）
DO NOT DISTURB
監督：ラルフ・レヴィー／出演：ドリス・デイ、ロッド・テイラー、ハーマイオニー・バドリー

唇からナイフ（66）
MODESTY BLAISE
監督：ジョセフ・ロージー／出演：モニカ・ヴィッティ、テレンス・スタンプ、ダーク・ボガード

妖婆の家（65）
THE NANNY
監督：セス・ホルト／出演：ベティ・デイヴィス、ウェンディ・クレーグ、ジル・ベネット

ブルー・マックス（66）
THE BLUE MAX
監督：ジョン・ギラーミン／出演：ジョージ・ペパード、ジェームス・メイスン、アーシュラ・アンドレス

ミクロの決死圏（66）71
FANTASTIC VOYAGE
監督：リチャード・フライシャー／出演：スティーブン・ボイド、ラクウェル・ウェルチ、エドモンド・オブライエン

天地創造（66）76
THE BIBLE ...IN THE BEGINNING
監督：ジョン・ヒューストン／出演：マイケル・パークス、ウラ・ベルグリッド、リチャード・ハリス

おしゃれ泥棒（66）71
HOW TO STEAL MILLION
監督：ウィリアム・ワイラー／出演：オードリー・ヘップバーン、ピーター・オトゥール、イーライ・ウォラック

ジェリー・ルイスの月世界宙がえり（66）
WAY, WAY OUT
監督：ゴードン・ダグラス／出演：ジェリー・ルイス、コニー・スチーブンス、アニタ・エクバーグ

ブルーライト作戦（66）
I DEAL IN DANGER
監督：ウォルター・E・グローマン／出演：ロバート・グーレ、クリスチーヌ・カレル、ドナルド・ハロン

1967年

いっちょう頂き（63）
LA BONNE SOUPE
監督：ロベール・トマ／出演：アニー・ジラルド、マリー・ベル、ジェラール・ブラン

さらばベルリンの灯り（66）
THE QUILLER MEMORANDUM
監督：マイケル・アンダーソン／出演：ジョージ・シーガル、アレック・ギネス、マックス・フォン・シドー

恐竜１００万年（66）
ONE MILLION YEARS B.C.
監督：ドン・チャフィ／出演：ラクウェル・ウェルチ、ジョン・リチャードソン、パーシー・ハーバート

バットマン（66）
BATMAN
監督：レスリー・H・マーティンソン／出演：アダム・ウエスト、バート・ワード

砲艦サンパブロ（66）
THE SAND PEBBLES
監督・製作：ロバート・ワイズ／出演：スティーヴ・マックイーン、キャンデス・バーゲン、リチャード・アッテンボロー

電撃フリント・アタック作戦（67）
IN LIKE FLINT
監督：ゴードン・ダグラス／出演：ジェームズ・コバーン、リー・J・コップ、ジーン・ヘイル

おしゃれスパイ 危機連発（67）
CAPRICE
監督：フランク・タシュリン／出演：ドリス・デイ、リチャード・ハリス、レイ・ウォルストン

いつも2人で（67）
TWO FOR THE ROAD
監督：スタンリー・ドーネン／出演：オードリー・ヘプバーン、アルバート・フィニー、ジャクリーン・ビセット

聖バレンタインの虐殺　マシンガン・シティ（67）
THE ST. VALENTINE'S DAY MASSACRE
監督：ロジャー・コーマン／出演：ジェイソン・ロバーズ、ジョージ・シーガル、ラルフ・ミーカー

フランケンシュタイン　死美人の復讐（67）
FRANKENSTEIN CREATED WOMAN
監督：テレンス・フィッシャー／出演：ピーター・カッシング、スーザン・デンバーグ、ロバート・モリス

ミイラ怪人の呪い（67）
THE MUMMY'S SHROUD
監督：ジョン・ギリング／出演：アンドレ・モレル、ジョン・フィリップス、デヴィッド・バック

空から赤いバラ（67）
FATHOM
監督：レスリー・H・マーティンソン／出演：アンソニー・フランシオーサ、ラクウェル・ウェルチ、ロナルド・フレイザー

虐殺の女王（67）
THE VIKING QUEEN
監督：ドン・チャフィ／出演：ドン・マレー、ロナルド・ヒューストン、カリタ

太陽の中の対決（67）
HOMBRE
監督・製作：マーティン・リット／出演：ポール・ニューマン、フレドリック・マーチ、リチャード・ブーン

プレイラブ48章（67）
A GUIDE FOR THE MARRIED MAN
監督：ジーン・ケリー／出演：ウォルター・マッソー、ロバート・モース、インガー・スティーヴンス

ドリトル先生不思議な旅（67）
DOCTOR DOLITTLE
監督：リチャード・フライシャー／出演：レックス・ハリソン、サマンサ・エッガー、リチャード・アッテンボロー

西部の男ダニエル・ブーン（66）
DANIEL BOONE, FRONTIER TRAIL RIDER
監督：ジョージ・シャーマン／出演：フェス・パーカー、エド・エームス、パトリシア・ブレア

1968年

虐殺砦の群盗（67）
PECOS CLEANS UP
監督：モーリス・A・ブライト／出演：ロバート・ウッズ、エルノ・クリサ、ルチアナ・ギリ

プレイガール白書　甘い戯れ（66）
PLAYGIRL
監督・製作・脚本：ウィル・トレンパー／出演：エヴァ・レンツィ、ポール・ハブシュミット

拳銃無頼（67）
POKER WITH PISTOLS
監督：ジョゼフ・ウォレン／出演：ジョージ・イーストマン、ジョージ・ヒルトン、トレス・メディナ・ホセ

ごきぶりギャング（帰ってきたギャング）（66）
CLOPORTES
監督：ピエール・グラニエ・ドフェール／出演：リノ・ヴァンチュラ、シャルル・アズナヴール、ピエール・ブラッスール

猿の惑星（68）
PLANET OF THE APES
監督：フランクリン・J・シャフナー／出演：チャールトン・ヘストン、モーリス・エヴァンス、リンダ・ハリソン

地獄からきた男（67）
DANGER HAS TWO FACES
監督：ジョン・ニューランド／出演：ロバート・ランシング、ダナ・ウィンター、マレイ・ハミルトン

女と女と女たち（67）
WOMAN TIMES SEVEN
監督：ヴィットリオ・デ・シーカ／出演：シャーリー・マクレーン、ピーター・セラーズ

狂った白夜（66）
THE COFFIN
監督：ラルス＝マグヌス・リンドグレン／出演：グンナール・ビョルンストランド、エシー・ペルソン、カトリン・ベステルルンド

ある戦慄（67）
THE INCIDENT
監督：ラリー・ピアース／出演：トニー・ムサンテ、マーティン・シーン、ボー・ブリッジス

恋とペテンと青空と（67）
THE FILM-FLAM MAN
監督：アーヴィン・カーシュナー／出演：ジョージ・C・スコット、スー・リオン、マイケル・サラザン

魚が出てきた日（67）
THE DAY THE FISH CAME OUT
監督：マイケル・カコヤニス／出演：トム・コートネイ、キャンディス・バーゲン、サム・ワナメーカー

トニー・ローム　殺しの追跡（67）
TONY ROME
監督：ゴードン・ダグラス／出演：フランク・シナトラ、ジル・セント・ジョン、リチャード・コンテ

メキシコで死ね（65）
THE REWARD
監督：セルジュ・ブールギニョン／出演：マックス・フォン・シドー、エフレム・ジンバリストJr.、イヴェット・ミミュー

少年勇者ギルドン（67）
A STORY OF HONG-GIL DONG
監督：シン・ドンホン／出演：キム・スイル、キム・スーンウォン

猛将カスター（68）
THE LEGEND OF CUSTER
監督：ウィリアム・グレアム／出演：ウェイン・マウンダー、スリム・ピケンズ、マイケル・ダンテ

ロビン・フッドの逆襲（67）
A CHALLENGE FOR ROBIN HOOD
監督：C・M・ペニントン＝リチャーズ／出演：バリー・インガム、ジェームズ・ヘイター、レオン・グリーン

哀愁の花びら（67）
VALLEY OF THE DOLLS
監督：マーク・ロブソン／出演：バーバラ・パーキンス、パティ・デューク、シャロン・テイト

スター！（68）
STAR!
監督：ロバート・ワイズ／出演：ジュリー・アンドリュース、リチャード・クレンナ、マイケル・クレイグ

バンドレロ（68）
BANDOLERO!
監督：アンドリュー・V・マクラグレン／出演：ジェームズ・スチュアート、ディーン・マーティン、ラクウェル・ウェルチ

七人の王女（62）
SEVEN PRINCESSES
監督：チェン・チャンホー／出演：キム・スンホンホウ、ジェオン・スーク・ムーン、チュ・ジュンニョ

魔獣大陸（68）
THE LOST CONTINENT
監督：マイケル・カレラス／出演：エリック・

ポーター、ヒルデガード・クネフ、スザンナ・リー

燃える洞窟(68)
THE VENGEANCE OF SHE
監督:クリフ・オーウェン/出演:ジョン・リチャードソン、オリンカ・ベローワ、エドワード・ジャッド

刑事(68)
THE DETECTIVE
監督:ゴードン・ダグラス/出演:フランク・シナトラ、リー・レミック、ラルフ・ミーカー

甘い暴走(68)
THE SWEET RIDE
監督:ハーヴェイ・ハート/出演:アンソニー・フランシオーサ、マイケル・サラザン、ジャクリーン・ビセット

かわいい毒草(68)
PRETTY POISON
監督:ノエル・ブラック/出演:アンソニー・パーキンス、チューズデイ・ウェルド、ビヴァリー・ガーランド

悪いことしましョ!(67)
BEDAZZLED
監督:スタンリー・ドーネン/出演:ピーター・クック、ダドリー・ムーア、エリナー・ブロン

天使のいたずら(68)
PRUDENCE AND THE PILL
監督:フィールダー・クック/出演:デボラ・カー、デヴィッド・ニーヴン、ロバート・クート

絞殺魔(68)
THE BOSTON STRANGLER
監督:リチャード・フライシャー/出演:トニー・カーティス、ヘンリー・フォンダ、ジョージ・ケネディ

1969年

セメントの女(68)
LADY IN CEMENT
監督:ゴードン・ダグラス/出演:フランク・シナトラ、ラクウェル・ウェルチ、ダン・ブロッカー

100挺のライフル(69)
100 RIFLES
監督:トム・グリース/出演:ジム・ブラウン、ラクウェル・ウェルチ、バート・レイノルズ

ジョアンナ(68)
JOANNA
監督:マイケル・サーン/出演:ジュネヴィエーヴ・ウェイト、クリスチャン・ドーマー、ドナルド・サザーランド

ゲバラ!(69)
CHE!
監督:リチャード・フライシャー/出演:オマー・シャリフ、チェザーレ・ダノヴァ、ジャック・パランス

0の決死圏(69)
THE CHAIRMAN
監督:J・リー・トンプソン/出演:グレゴリー・ペック、アン・ヘイウッド、アーサー・ヒル

殺しが静かにやって来る(68)
THE GREAT SILENCE
監督:セルジオ・コルブッチ/出演:ジャン=ルイ・トランティニャン、クラウス・キンスキー、フランク・ウォルフ

国際泥棒組織(67)
YOUR TURN TO DIE
監督:ミケーレ・ルーポ/出演:クラウディオ・ブルック、ダニエラ・ビアンキ、シドニー・チャップリン

逆襲死の谷(69)
DESPERATE MISSION
監督:アール・ベラミー/出演:リカルド・モンタルバン、スリム・ピケンズ、ジム・マクミラン

大いなる男たち(69)
THE UNDEFEATED
監督:アンドリュー・V・マクラグレン/出演:ジョン・ウェイン、ロック・ハドソン、トニー・アギラ

アレキサンドリア物語(69)
JUSTINE
監督:ジョージ・キューカー/出演:アヌーク・エーメ、ダーク・ボガード、ロバート・フォスター

ミス・ブロディの青春(69)
THE PRIME OF MISS JEAN BRODIE
監督:ロナルド・ニーム/出演:マギー・スミス、パメラ・フランクリン、ロバート・スティーヴンス

殺人美学(69)
HARD CONTRACT
監督:S・リー・ポゴスティン/出演:ジェームズ・コバーン、リー・レミック、リリー・パルマー

謀略都市(67)
THE CAPE TOWN AFFAR
監督:ロバート・D・ウェッブ/出演:クレア・トレヴァー、ジェームズ・ブローリン、ジャクリーン・ビセット

ハロー・ドーリー!(69)
HELLO, DOLLY!
監督:ジーン・ケリー/出演:バーブラ・ストライサンド、ウォルター・マッソー、マイケル・クロフォード

ジョンとメリー(69)
JOHN AND MARY
監督:ピーター・イェーツ/出演:ダスティン・ホフマン、ミア・ファロー、マイケル・トーラン

1970年

明日に向って撃て!(69)75
BUTCH CASSIDY AND SUNDANCE KID
監督:ジョージ・ロイ・ヒル/出演:ポール・ニューマン、ロバート・レッドフォード、キャサリン・ロス

タッチャブル(68)
THE TOUCHABLE
監督:ロバート・フリーマン/出演:ジュディ・ハクスタブル、エスター・アンダーソン、マリリン・リチャード

愛と死の果てるまで(69)
A WALK WITH LOVE AND DEATH
監督:ジョン・ヒューストン/出演:アンジェリカ・ヒューストン、アサフ・ダヤン、アンソニー・コーラン

栄光への賭け(70)
THE GAMES
監督:マイケル・ウィナー/出演:マイケル・クロフォード、スタンリー・ベイカー、ライアン・オニール

パリの秘めごと(68)
A FLEA IN HER EAR
監督:ジャック・シャロン/出演:レックス・ハリソン、ローズマリー・ハリス、ルイ・ジュールダン

シシリアン(69)
THE SICILIAN CLAN
監督:アンリ・ヴェルヌイユ/出演:ジャン・ギャバン、アラン・ドロン、リノ・ヴァンチュラ

クレムリンレター/密書(69)
THE KREMLIN LETTER
監督:ジョン・ヒューストン/出演:ビビ・アンデション、リチャード・ブーン、ナイジェル・グリーン

パットン大戦車軍団（70）
PATTON
監督：フランクリン・J・シャフナー／出演：ジョージ・C・スコット、カール・マルデン、マイケル・ベイツ

蜜がいっぱい（66）
THE BIRDS, THE BEE AND THE ITALIANS
監督：ピエトロ・ジェルミ／出演：ヴィルナ・リージ、ガストーネ・モスキン、アルベルト・リオネロ

M★A★S★H マッシュ（70）76
M★A★S★H
監督：ロバート・アルトマン／出演：ドナルド・サザーランド、エリオット・グールド、トム・スケリット

続・猿の惑星（70）
BENEATH THE PLANET OF THE APES
監督：テッド・ポスト／出演：チャールトン・ヘストン、キム・ハンター、ジェームズ・フランシスカス

ふたりは恋人（69）
STAIRCASE
監督：スタンリー・ドーネン／出演：レックス・ハリソン、リチャード・バートン、キャスリーン・ネスビット

トラ・トラ・トラ！（70）
TORA! TORA! TORA!
監督：リチャード・フライシャー、舛田利雄、深作欣二／出演：マーティン・バルサム、山村聡、ジョゼフ・コットン、ジェイソン・ロバーツ

燃える戦場（70）
TOO LATE THE HERO
監督：ロバート・アルドリッチ／出演：マイケル・ケイン、クリフ・ロバートソン、高倉健、ヘンリー・フォンダ

濡れた欲望（70）
COVER ME BABE
監督：ノエル・ブラック／出演：ロバート・フォスター、ソンドラ・ロック、スザンヌ・ベントン

ワイルド・パーティー（70）
BEYOND THE VALLEY OF THE DOLLS
監督：ラス・メイヤー／出演：ドリー・リード、シンシア・マイヤーズ、マーシア・マクブルーム

マイラ（70）
MYRA BRECKINRIDGE
監督：マイケル・サーン／出演：メエ・ウェスト、ジョン・ヒューストン、ラクウェル・ウェルチ

この愛にすべてを（70）
THE ONLY GAME IN TOWN
監督：ジョージ・スティーヴンス／出演：エリザベス・テイラー、ウォーレン・ベイティ、チャールズ・ブラスウェル

ひとりぼっちの青春（69）
THEY SHOOT HORSES, DON'T THEY?
監督：シドニー・ポラック／出演：ジェーン・フォンダ、マイケル・サラザン、スザンナ・ヨーク

ハロー・グッドバイ（70）
HELLO–GOODBYE
監督：ジーン・ネグレスコ／出演：マイケル・クロフォード、クルト・ユルゲンス、ジュヌビエーヴ・ジル

1971年

さすらいの旅路（69）
DAVID COPPERFIELD
監督：デルバート・マン／出演：ロビン・フィリップス、リチャード・アッテンボロー、イディス・エヴァンス

ボクサー（70）
THE GREAT WHITE HOPE
監督：マーティン・リット／出演：ジェームズ・アール・ジョーンズ、ジェーン・アレキサンダー、ルー・ギルバート

皆殺しのジャンゴ（68）
VIVA DJANGO
監督：フェルディナンド・バルディ／出演：テレンス・ヒル、ホルスト・フランク、ジョージ・イーストマン

愛の贈りもの（70）
JENNY
監督：ジョージ・ブルームフィールド／出演：マーロ・トーマス、マリアン・ヘイリー、アラン・アルダ

ソング・オブ・ノルウェー（70）
SONG OF NORWAY
監督：アンドリュー・L・ストーン／出演：トラルフ・モースタット、フローレンス・ヘンダーソン、クリスティーナ・ショリン

バニシング・ポイント（71）
VANISHING POINT
監督：リチャード・C・サラフィアン／出演：バリー・ニューマン、ディーン・ジャガー、クリーヴォン・リトル

新・猿の惑星（71）
ESCAPE FROM THE PLANET OF THE APES
監督：ドン・テイラー／出演：ロディ・マクドウォール、キム・ハンター、ブラッドフォード・ディルマン

最後の谷（71）
THE LAST VALLEY
監督・製作・脚本：ジェームズ・クラベル／出演：オマー・シャリフ、マイケル・ケイン、フロリンダ・ボルカン

ウェスタン・ロック　ザカライヤ（71）
ZACHARIAH
監督：ジョージ・イングランド／出演：ジョン・ルビンスタイン、パット・クイン、ドン・ジョンソン

痴情の森（69）
A VERY COMPLICATED GIRL
監督：ダミアーノ・ダミアーニ／出演：カトリーヌ・スパーク、フロリンダ・ボルカン、ジャン・ソレル

殺意の海（70）
A QUIET PLACE TO KILL
監督：ウンベルト・レンツィ／出演：キャロル・ベイカー、ジャン・ソレル、ルイス・ダヴィラ

B★S★アイ・ラブ・ユー（71）
B.S. I LOVE YOU
監督：スティーヴン・H・スターン／出演：ピーター・カストナー、ジョアンナ・キャメロン、ルイス・ソレル

傷だらけの挽歌（71）
THE GRISSOM GANG
監督・製作：ロバート・アルドリッチ／出演：キム・ダービー、スコット・ウィルソン、トニー・ムサンテ

特攻決戦隊（70）
EAGLES ATTCK AT DAWN
監督：メナヘム・ゴーラン／出演：リック・ジェイソン、ピーター・ブラウン、イェホラム・ガオン

ふたりの誓い（70）
LOVERS AND OTHER STRANGERS
監督：サイ・ハワード／出演：ベアトリス・アーサー、ボニー・ベデリア、マイケル・ブランドン

色情愚連隊（70）
LOVE BY RAPE
監督：ロジャー・フリッツ／出演：ヘルガ・アンダース、クラウス・レビッチ、アーサー・ブラウス

スウェーデン㊙性書（70）
THE LUSTFUL VICAR
監督：トルグニー・ウィックマン／出演：カール・ボールセン、アルギット・カールクビスト、アン・グレーテ・ニッセン

歓びの毒牙（きば）（70）
THE BIRD WITH THE CRYSTAL PLUMAGE
監督：ダリオ・アルジェント／出演：トニー・ムサンテ、スージー・ケンドール、エンリコ・マリア・サレルノ

哀しみの街かど（71）
THE PANIC IN NEEDLE PARK
監督：ジェリー・シャッツバーグ／出演：アル・パチーノ、キティ・ウィン、アラン・ヴィント

恍惚の7分間　ポルノ白書（71）
THE SEVEN MINUTES
監督：ラス・メイヤー／出演：ウェイン・モウンダー、フィリップ・ケリー、マリアンヌ・マックアンドリュー

殺し屋の烙印（69）
CHARRO!
監督・製作：チャールズ・マーキス・ウォーレン／出演：エルヴィス・プレスリー、アイナ・バリン、ヴィクター・フレンチ

テキサス魂（70）
THE CHEYENNE SOCIAL CLUB
監督・製作：ジーン・ケリー／出演：ジェームズ・スチュアート、シャーリー・ジョーンズ、ヘンリー・フォンダ

エル・コンドル（70）
EL CONDOR
監督：ジョン・ギラーミン／出演：ジム・ブラウン、リー・ヴァン・クリーフ、パトリック・オニール

ローリング・ストーンズ・イン・ギミー・シェルター（70）
GIMME SHELTER
監督：デイヴィッド・メイズルス、アルバート・メイズルス、シャーロット・ズウェリン／出演：ローリング・ストーンズ

1972年

クリスチーヌの性愛記（70）
THE GRASSHOPPER
監督：ジェリー・パリス／出演：ジャクリーン・ビセット、ジム・ブラウン、ジョゼフ・コットン

㊙ナナの欲情記（70）
NANA
監督：マック・アールバーグ／出演：アンナ・ゲール、ジュリア・ヒルズ、ラーシュ・ルノー

フレンチ・コネクション（71）
THE FRENCH CONNECTION
監督：ウィリアム・フリードキン／出演：ジーン・ハックマン、フェルナンド・レイ、ロイ・シャイダー

知りすぎた17才（71）
MAKING IT
監督：ジョン・アーマン／出演：クリストファー・タボリ、マーリン・メイソン、ボブ・バラバン

ガンマン大連合（70）
COMPANEROS
監督：セルジオ・コルブッチ／出演：フランコ・ネロ、ジャック・パランス、トーマス・ミリアン

わらの犬（71）
STRAW DOGS
監督：サム・ペキンパー／出演：ダスティン・ホフマン、ピーター・ヴィーガン、スーザン・ジョージ

コッチおじさん（71）
KOTCH
監督：ジャック・レモン／出演：ウォルター・マッソー、デボラ・ウィンタース、フェリシア・ファー

大自然の闘争／驚異の昆虫世界（71）
HELLSTROM CHRONICLE
監督・製作：ワロン・グリーン／出演：ローレンス・プレスマン

ホット・ロック（72）
THE HOT ROCK
監督：ピーター・イェーツ／出演：ロバート・レッドフォード、ジョージ・シーガル、ロン・リーブマン

受胎の契約／ベビーメーカー（70）
THE BABY MAKER
監督：ジェームズ・ブリッジス／出演：バーバラ・ハーシー、スコット・グレン、コリン・ウィルコックス＝ホーン

美しき冒険旅行（71）
WALKABOUT
監督：ニコラス・ローグ／出演：ジェニー・アガター、リュシアン・ジョン、デヴィッド・ガルピリル

猿の惑星・征服（72）
CONQUEST OF THE PLANET OF THE APES
監督：J・リー・トンプソン／出演：ロディ・マクドウォール、ドン・マーレー、ナタリー・トランディ

ソルジャー・ボーイ（72）
WELCOME HOME, SOLDIER BOYS
監督：リチャード・コンプトン／出演：ジョー・ドン・ベイカー、アラン・ヴィント、ポール・コスロ

悪魔のワルツ（71）
THE MEPHISTO WALTZ
監督：ポール・ウェンドコス／出演：アラン・アルダ、ジャクリーン・ビセット、バーバラ・パーキンス

吸血鬼サーカス団（72）
VAMPIRE CIRCUS
監督：ロバート・ヤング／出演：エイドリアン・コリ、ローレンス・ペイン、ソーリー・ウォルターズ

キャバレー（72）
CABARET
監督：ボブ・フォッシー／出演：ライザ・ミネリ、マイケル・ヨーク、ヘルムート・グリーム

盲目ガンマン（72）
BLINDMAN
監督：フェルディナンド・バルディ／出演：トニー・アンソニー、リンゴ・スター、アグネタ・エクミール

わたしは目撃者（71）
THE CAT O'NINE TAILS
監督：ダリオ・アルジェント／出演：カール・マルデン、ジェームズ・フランシスカス、カトリーヌ・スパーク

ジュニア・ボナー／華麗なる挑戦（72）
JUNIOR BONNER
監督：サム・ペキンパー／出演：スティーヴ・マックイーン、ロバート・プレストン、アイダ・ルピノ

バングラデシュのコンサート（72）
THE CONCERT FOR BANGLADESH
監督：ソール・スイマー／出演：エリック・クラプトン、ボブ・ディラン、ジョージ・ハリソン

ザルツブルグ・コネクション（72）
THE SALZBURG CONNECTION
監督：リー・H・カッツィン／出演：バリー・ニューマン、アンナ・カリーナ、クラウス・マリア・ブランダウアー

国際秘密警察　悪の城塞（71）
THE EVIL WITHIN
監督：ランベルト・V・アベラナ／出演：ディヴ・アナンド、ジーナット・アマン、キュウ・チン

1973年

フィルモア　最后のコンサート（72）
FILLMORE
監督：リチャード・T・ヘフロン／出演：サンタナ、ビル・グレアム、ボズ・スキャッグス

ポセイドン・アドベンチャー（72）
THE POSEIDON ADVENTURE
監督：ロナルド・ニーム／出演：ジーン・ハックマン、アーネスト・ボーグナイン、レッド・バトンズ

男の出発（たびだち）（72）
THE CULPEPPER CATTLE CO.
監督：ディック・リチャーズ／出演：ゲイリー・グライムス、ビリー・グリーン・ブッシュ、ルーク・アスキュー

野獣戦争（72）
TROUBLE MAN
監督：アイヴァン・ディクソン／出演：ロバート・フックス、ポール・ウィンフィールド、ラルフ・ウェイト

愛欲の道づれ（72）
WHAT BECAME OF JACK AND JILL?
監督：ビル・ベイン／出演：ヴァネッサ・ハワード、モナ・ウォッシュボーン、ポール・ニコラス

探偵〈スルース〉（72）
SLEUTH
監督：ジョセフ・L・マンキウィッツ／出演：ローレンス・オリヴィエ、マイケル・ケイン、アレック・コーソーン

呪いの館（66）
KILL BABY KILL
監督：マリオ・バーヴァ／出演：ジャコモ・ロッシ＝スチュアート、フェビエンヌ・ダリ、エリカ・ブラン

悪を呼ぶ少年（72）
THE OTHER
監督：ロバート・マリガン／出演：ユタ・ヘーゲン、ダイアナ・マルダー、クリス・ユドヴァーノキー

ふたり自身（72）
THE HEARTBREAK KID
監督：エレイン・メイ／出演：チャールズ・グローディン、シビル・シェパード、ジェーニー・バーリン

最後の猿の惑星（73）
BATTLE FOR THE PLANET OF THE APES
監督：J・リー・トンプソン／出演：ロディ・マクドウォール、クロード・エイキンズ、ナタリー・トランディ

ショック療法（73）
THE SHOCK TREATMENT(TRAITEMENT DE CHOC)
監督・脚本：アラン・ジェシュア／出演：アラン・ドロン、アニー・ジラルド

深海征服（73）
THE NEPTUNE FACTOR
監督：ダニエル・ペトリー／出演：ベン・ギャザラ、イヴェット・ミミュー、ウォルター・ピジョン

サウンダー（72）
SOUNDER
監督：マーティン・リット／出演：シシリー・タイソン、ポール・ウィンフィールド、ケヴィン・フックス

ラスト・アメリカン・ヒーロー（73）
THE LAST AMERICAN HERO
監督：ラモント・ジョンソン／出演：ジェフ・ブリッジス、ヴァレリー・ペリン、ジェラルディン・フィッツジェラルド

相続人（73）
THE INHERITOR
監督：フィリップ・ラブロ／出演：ジャン＝ポール・ベルモンド、カルラ・グラヴィーナ、ジャン・ロシュフォール

ぐうたらバンザイ！（68）
ALEXANDER LE BIENHEUREUX
監督・製作：イヴ・ロベール／出演：フィリップ・ノワレ、マルレーヌ・ジョベール、フランソワーズ・ブリオン

北国の帝王（73）
EMPEROR OF THE NORTH
監督：ロバート・アルドリッチ／出演：リー・マーヴィン、アーネスト・ボーグナイン、キース・キャラダイン

1974年

狼は天使の匂い（72）
AND HOPE TO DIE
監督：ルネ・クレマン／出演：ロバート・ライアン、ジャン・ルイ＝トランティニャン、レア・マッサリ

ペーパーチェイス（73）
THE PAPER CHASE
監督・脚本：ジェームズ・ブリッジス／出演：ティモシー・ボトムズ、リンゼイ・ワグナー、ジョン・ハウスマン

三銃士（73）
THE THREE MUSKETEERS
監督：リチャード・レスター／出演：オリヴァー・リード、ラクウェル・ウェルチ、リチャード・チェンバレン

シンデレラ・リバティー（73）
CINDERELLA LIBERTY
監督・製作：マーク・ライデル／出演：ジェームズ・カーン、マーシャ・メイソン、カーク・キャロウェイ

燃えつきた納屋（73）
LES GRAEGES BRIEES
監督・脚本：ジャン・シャポー／出演：アラン・ドロン、シモーヌ・シニョレ、ポール・クローシェ

重犯罪特捜班　ザ・セブン・アップス（73）
THE SEVEN UPS
監督・製作：フィリップ・ダントニ／出演：ロイ・シャイダー、ヴィクター・アーノルド、ジェリー・レオン

未来惑星ザルドス（74）
ZARDOZ
監督・製作・脚本：ジョン・ブアマン／出演：ショーン・コネリー、シャーロット・ランプリング、セーラ・ケステルマン

ヘルハウス（73）
THE LEGEND OF HELL HOUSE
監督：ジョン・ハフ／出演：パメラ・フランクリン、ロディ・マクドウォール、クライヴ・レヴィル

愛しのクローディン（74）
CLAUDIN
監督：ジョン・ベリー／出演：ダイアン・キャロル、ジェームズ・アール・ジョーンズ、ローレンス・ヒントン＝ジェイコブス

ダーティ・メリー／クレイジー・ラリー（74）
DIRTY MARY CRAZY LARRY
監督：ジョン・ハウ／出演：ピーター・フォンダ、スーザン・ジョージ、アダム・ロアーク

くたばれカポネ！（73）

EVEN ANGELS EATS BEENS
監督・製作・脚本：E・B・クラッチャー／出演：ジュリアーノ・ジェンマ、バッド・スペンサー、ロバート・ミドルトン

マッシュ〝イタリアーノ〟全員集合（73）
COLONELLO BUTTIGLIONI
監督：ミーノ・ゲリーニ／出演：ジャック・デュフィロー、アルド・マチオーネ、ミシェール・ガンミノ

1975年

ゴードンの戦い（73）
GORDON'S WAR
監督：オジー・デイヴィス／出演：ポール・ウィンフィールド、カール・リー、デヴィッド・ダウニング

暗黒街抗争実録 マフィア（73）
HONOR THY FATHER
監督：ポール・ウェンドコス／出演：ジョセフ・ボローニャ、ブレンダ・ヴァッカロ、ラフ・ヴァローネ

エミリアンヌ（75）
EMILINENNE
監督：ギイ・カザリル／出演：ベティ・マルス、ピエール・オードレイ、ナタリー・ゲラン

ニューヨーク↕パリ　大冒険（73）
THE MAD ADVENTURE OF RABBIE JACOB
監督：ジェラール・ウーリー／出演：ルイ・ド・フュネス、シュジ・ドレール、マルセル・ダリオ

離愁（73）
LE TRAIN
監督・脚本：ピエール・グラニエ＝ドフェール／出演：ロミー・シュナイダー、ジャン＝ルイ・トランティニャン、ニク・アリギ

みどりの讃歌（74）
THE GOLDEN VOICED ORPHAN
監督：ヴェルナー・ヤコブス／出演：ハインチェ、ハインツ・ラインケ、ガーリンデ・ロッカー

新・おしゃれ泥棒（74）
11 HARROW HOUSE
監督：アラム・アヴァキアン／出演：キャンディス・バーゲン、チャールズ・グローディン、ジョン・ギールグッド

コンラック先生（74）
CONRACK
監督・製作：マーティン・リット／出演：ジョン・ヴォイト、ポール・ウィンフィールド、マッジ・シンクレア

ルシアンの青春（74）
LACOMBE LUCIEN
監督：ルイ・マル／出演：ピエール・ブレーズ、オーロール・クレマン、オルガー・ローウェンアドラー

ファントム・オブ・パラダイス（74）
PHANTOM OF THE PARADISE
監督：ブライアン・デ・パルマ／出演：ポール・ウィリアムズ、ウィリアム・フィンレイ、ジェシカ・ハーパー

潮騒（74）
LE HASARD ET LA VIOLENCE
監督：フィリップ・ラブロ／出演：イヴ・モンタン、キャサリン・ロス、リカルド・クッチョーラ

フレンチ・コネクション2（75）
FRANCH CONNECTION 2
監督：ジョン・フランケンハイマー／出演：ジーン・ハックマン、フェルナンド・レイ、ベルナール・フレッソン

バルスーズ（74）
LES VALSEUSES
監督：ベルトラン・ブリエ／出演：ジェラール・ドパルデュー、ミュウ＝ミュウ、パトリック・ドベール

ヤング・フランケンシュタイン（75）
YOUNG FRANKENSTEIN
監督：メル・ブルックス／出演：ジーン・ワイルダー、ピーター・ボイル、マーティ・フェルドマン、マデリーン・カーン

地獄の貴婦人（74）
LE TRIO INFERNAL
監督：フランシス・ジロー／出演：ミシェル・ピッコリ、ロミー・シュナイダー、マーシャ・ゴムスカ

危険旅行（74）
LES SUSPECTS
監督・脚本：ミシェル・ウィン／出演：ミムジー・ファーマー、ポール・ムーリッス、ミシェル・ブーケ

ジャン＝ポール・ベルモンドの交換結婚（72）
DOCTEUR POPAUL
監督：クロード・シャブロル／出演：ジャン＝ポール・ベルモンド、ミア・ファロー、ラウラ・アントネッリ

悪魔の追跡（75）
RACE WITH THE DEVIL
監督：ジャック・スターレット／出演：ピーター・フォンダ、ウォーレン・オーツ、ロレッタ・スイット

ハリーとトント（74）
HARRY AND TONTO
監督・製作・脚本：ポール・マザースキー／出演：アート・カーニー、エレン・バースティン、チーフ・ダン・ジョージ

1976年

四銃士（74）
THE FOUR MUSKETEERS
監督：リチャード・レスター／出演：オリヴァー・リード、ラクウェル・ウェルチ、リチャード・チェンバレン

マシンガン・パニック（73）
THE LAUGHING POLICEMAN
監督・製作：スチュアート・ローゼンバーグ／出演：ウォルター・マッソー、ブルース・ダーン、ルイス・ゴセット・ジュニア

哀しみの伯爵夫人（74）
LA GRANDE BOURGEOISE
監督：マウロ・ボロニーニ／出演：カトリーヌ・ドヌーヴ、ジャンカルロ・ジャンニーニ、フェルナンド・レイ

ラッキー・レディ（75）
LUCKY LADY
監督：スタンリー・ドーネン／出演：ジーン・ハックマン、ライザ・ミネリ、バート・レイノルズ

オスロ国際空港／ダブル・ハイジャック（75）
THE TERRORISTS
監督：キャスパー・リード／出演：ショーン・コネリー、イアン・マクシェーン、ノーマン・ブリストー

グリニッチ・ビレッジの青春（76）
NEXT STOP, GREENWICH VILLAGE
監督・製作・脚本：ポール・マザースキー／出演：レニー・ベイカー、シェリー・ウィンタース、エレン・グリーン

ミステリー島探検 地底人間の謎（73）
THE MYSTERIUOS ISLAND OF CAPTAIN NEMO
監督：ファン・アントニオ・バルデム、アンリ・コルピ／出演：オマー・シャリフ、フィリップ・ニコー、ジェラール・ティチー

ロッキー・ホラー・ショー（75）
THE ROCKY HORROR PICTURE SHOW

監督：ジム・シャーマン／出演：ティム・カリー、スーザン・サランドン、バリー・ボストウィック

オーメン（76）
THE OMEN
監督：リチャード・ドナー／出演：グレゴリー・ペック、リー・レミック、デヴィッド・ワーナー

夕映え（74）
THE TAMARIND SEED
監督：ブレイク・エドワーズ／出演：ジュリー・アンドリュース、オマー・シャリフ、アンソニー・クェイル

うず潮（75）
LE SAUVAGE
監督：ジャン＝ポール・ラプノー／出演：イヴ・モンタン、カトリーヌ・ドヌーヴ、ルイジ・ヴァンヌッキ

スカイ・ライダーズ（76）
SKY RIDER
監督：ダグラス・ヒコックス／出演：ジェームズ・コバーン、スザンナ・ヨーク、ロバート・カルプ

殺し屋ハリー　華麗なる挑戦（74）
99 AND 44/100% DEAD
監督：ジョン・フランケンハイマー／出演：リチャード・ハリス、エドモンド・オブライエン、ブラッドフォード・ディルマン

1977年

サイレント・ムービー（76）
SILENT MOVIE
監督：メル・ブルックス／出演：メル・ブルックス、マーティ・フェルドマン、ドム・デ・ルイーズ

走れ走れ！救急車（76）
MOTHER, JUGS & SPEED
監督・製作：ピーター・イェーツ／出演：ビル・コスビー、ハーヴェイ・カイテル、ラクウェル・ウェルチ

大いなる決闘（76）
THE LAST HARD MEN
監督：アンドリュー・V・マクラグレン／出演：チャールトン・ヘストン、ジェームズ・コバーン、バーバラ・ハーシー

大陸横断超特急（76）
SILVER STREAK
監督：アーサー・ヒラー／出演：ジーン・ワイルダー、ジル・クレイバーグ、リチャード・プライヤー

怒りの山河（76）
FIGHTING MAD
監督：ジョナサン・デミ／出演：ピーター・フォンダ、リン・ローリー、ジョン・ドゥーセット

ブレーキング・ポイント（76）
BREAKING POINT
監督：ボブ・クラーク／出演：ボー・スヴェンソン、ロバート・カルプ、ベリンダ・J・モンゴメリー

Mr.ビリオン（76）
MR. BILLION
監督：ジョナサン・カプラン／出演：テレンス・ヒル、ヴァレリー・ペリン、ジャッキー・グリーソン

世界が燃えつきる日（76）
SURVIVAL RUN
監督：ジャック・スマイト／出演：ジャン＝マイケル・ヴィンセント、ジョージ・ペパード、ドミニク・サンダ

新シャーロック・ホームズ　－おかしな弟の大冒険－（76）
THE ADVENTURE OF SHERLOCK HOLMES SMARTER BROTHER
監督：ジーン・ワイルダー／出演：ジーン・ワイルダー、マデリーン・カーン、マーティ・フェルドマン

わが心の詩（73）
PIANGE IL TELEPHONE
監督：ルチオ・デ・カルロ／出演：ドメニコ・モドゥニョ、マリー・イボンヌ・ダノー、ルイ・ジュールダン

ランナウェイ（77）
THUNDER AND LIGHTNING
監督：コリー・アレン／出演：デヴィッド・キャラダイン、ケイト・ジャクソン、ロジャー・C・カーメル

ビッグ・ボス（75）
CAPONE
監督：スティーヴ・カーヴァー／出演：ベン・ギャザラ、スーザン・ブレイクリー、ハリー・ガーディノ、シルヴェスター・スタローン

ワイルド・トレイル（75）
TAKE A HARD RIDE
監督：アンソニー・ドーソン／出演：ジム・ブラウン、リー・ヴァン・クリーフ、フレッド・ウィリアムソン

非情の標的（73）
REVORVER
監督：セルジオ・ソリーマ／出演：オリヴァー・リード、アゴスティーナ・ベリ、ファビオ・テスティ

海の狼（73）
DER SEAWOLF
監督：ヴォルフガング・シュタウテ／出演：エドワード・ミークス、ライモンド・ハームストロフ、ブァトリス・カードン

縄張はもらった！（74）
CHARLESTON
監督・脚本：E・B・クラッチャー／出演：ジュリアーノ・ジェンマ、リッキー・ブルッチ、ローラ・ベケレリ

1978年

デキシー・ダンスキングス（75）
W.W. AND DEXIE DANCEKINGS
監督：ジョン・G・アヴィルドセン／出演：バート・レイノルズ、アート・カーニー、コニー・ヴァン・ダイク

ローヤル・フラッシュ（75）
ROYAL FLASH
監督：リチャード・レスター／出演：マルコム・マクドウェル、アラン・ベイツ、フロリンダ・ボルカン

真夜中の向う側（77）
THE OTHER SIDE OF MIDNIGHT
監督：チャールズ・ジャロット／出演：マリー＝フランス・ピジェ、ジョン・ベック、スーザン・サランドン

アンとアンディーの大冒険（77）
RAGEDDY ANN AND ANDY: A MUSICAL ADVENTURE
監督：リチャード・ウィリアムズ／出演：ディディ・コーン、マーク・ベイカー、メイソン・アダムス

愛と喝采の日々（77）
THE TURNING POINT
監督：ハーバート・ロス／出演：アン・バンクロフト、シャーリー・マクレーン、ミハイル・バリシニコフ、レスリー・ブラウン

ジュリア（77）
JULIA
監督：フレッド・ジンネマン／出演：ジェーン・フォンダ、ヴァネッサ・レッドグレイヴ、

ジェイソン・ロバーズ、メリル・ストリープ

スター・ウォーズ(77)
STAR WARS
監督・脚本：ジョージ・ルーカス／出演：マーク・ハミル、ハリソン・フォード、キャリー・フィッシャー、アレック・ギネス

結婚しない女(78)
AN UNMARRIED WOMAN
監督・脚本：ポール・マザースキー／出演：ジル・クレイバーグ、アラン・ベイツ、マイケル・マーフィー

フューリー(78)
THE FURY
監督：ブライアン・デ・パルマ／出演：カーク・ダグラス、ジョン・カサヴェテス、エイミー・アーヴィング

メル・ブルックス／新・サイコ(77)
HIGH ANXIETY
監督・製作：メル・ブルックス／出演：メル・ブルックス、マデリーン・カーン、クロリス・リーチマン

1979年

オーメン2／ダミアン(78)
DAMIEN:OMEN II
監督：ドン・テイラー／出演：ウィリアム・ホールデン、ジョナサン・スコット＝テイラー、リー・グラント

マジック(78)
MAGIC
監督：リチャード・アッテンボロー／出演：アンソニー・ホプキンス、アン・マーグレット、バージェス・メレディス

ウエディング(78)
A WEDDING
監督・製作：ロバート・アルトマン／出演：キャロル・バーネット、ポール・ドゥーリー、エイミー・ストライカー

エイリアン(79)
ALIEN
監督：リドリー・スコット／出演：トム・スケリット、シガニー・ウィーヴァー、ヴェロニカ・カートライト

新・明日に向って撃て！(79)
BUTCH AND SUNDANCE: THE EARLY DAYS
監督：リチャード・レスター／出演：ウィリアム・カット、トム・ベレンジャー、ジェフ・コーリー

ノーマ・レイ(79)
NORMA RAE
監督：マーティン・リット／出演：サリー・フィールド、ボー・ブリッジス、ロン・リーブマン

1980年

ヤング・ゼネレーション(79)
BREAKING AWAY
監督・製作：ピーター・イェーツ／出演：デニス・クリストファー、デニス・クエイド、ダニエル・スターン

ルナ(79)
LA LUNA
監督：ベルナルド・ベルトルッチ／出演：ジル・クレイバーグ、マシュー・バリー、エリザベータ・カンペティ

少年と鮫(81)
SEAKILLER
監督：フランク・C・クラーク／出演：デイトン・ケイン、マレン・ジェンセン、キャスリーン・スワン

スター・ウォーズ／帝国の逆襲(80)
THE EMPIER STRAKIES BACK
監督：アーヴィン・カーシュナー／出演：マーク・ハミル、ハリソン・フォード、キャリー・フィッシャー、ビリー・D・ウィリアムス

インフェルノ(80)
INFERNO
監督：ダリオ・アルジェント／出演：リー・マクロスキー、アイリーン・ミラクル、サッシャ・ピトエフ

ローズ(79)
THE ROSE
監督：マーク・ライデル／出演：ベット・ミドラー、アラン・ベイツ、フレデリック・フォレスト

ブルベイカー(80)
BRUBAKER
監督：スチュアート・ローゼンバーグ／出演：ロバート・レッドフォード、ヤフェット・コットー、ジェーン・アレキサンダー

1981年

フラッシュ・ゴードン(80)
FLASH GORDON
監督：マイク・ホッジス／出演：サム・ジョーンズ、メロディ・アンダーソン、マックス・フォン・シドー

名探偵ベンジー(80)
OH HEAVENLY DOG
監督・製作：ジョー・キャンプ／出演：チェヴィー・チェイス、ジェーン・シーモア、オマー・シャリフ

9時から5時まで(80)
9 TO 5
監督：コリン・ヒギンズ／出演：ジェーン・フォンダ、リリー・トムリン、ドリー・パートン

テラー・トレイン(80)
TERROR TRAIN
監督：ロジャー・スポティスウッド／出演：ベン・ジョンソン、ジェイミー・リー・カーティス、ハート・ボックナー

オーメン／最後の闘争(81)
THE FINAL CONFLICT
監督：グラハム・ベイカー／出演：サム・ニール、ロッサノ・ブラッツィ、ドン・ゴードン

1982年

底抜け再就職も楽じゃない(81)
HARDLY WORKING
監督：ジェリー・ルイス／出演：ジェリー・ルイス、スーザン・オリヴァー、ロジャー・C・カーメル

面会時間(82)
VISITING HOURS
監督：ジャン＝クロード・ロード／出演：マイケル・アイアンサイド、リー・グラント、リンダ・パール

タップス(81)
TAPS
監督：ハロルド・ベッカー／出演：ジョージ・C・スコット、ティモシー・ハットン、ロニー・コックス、トム・クルーズ、ショーン・ペン

ザ・アマチュア(81)
THE AMATEUR
監督：チャールズ・ジャロット／出演：ジョン・サヴェージ、クリストファー・プラマー、マルト・ケラー

フォー・フレンズ―4つの青春―(81)
FOUR FRIENDS
監督：アーサー・ペン／出演：ジョディ・シーレン、クレイグ・ワッソン、ジム・メッツラー

コナン・ザ・グレート(82)

CONAN THE BARBARIAN
監督：ジョン・ミリアス／出演：アーノルド・シュワルツェネッガー、ジェームズ・アール・ジョーンズ、サンダール・バーグマン

ハイスクール・グラフティー／渚のレッスン（81）
PUBERTY BLUES
監督：ブルース・ベレスフォード／出演：ネル・スコフィールド、ジャッド・キャペリア、ジェフ・ロー

炎のランナー（81）
CHARIOTS OF FIRE
監督：ヒュー・ハドソン／出演：ベン・クロス、イアン・チャールソン、ナイジェル・ヘイヴァース、イアン・ホルム

わたしは女優志願（82）
I OUGHT TO BE IN PICTURES
監督：ハーバート・ロス／出演：ウォルター・マッソー、アン・マーグレット、ダイナ・マノフ

メーキング・ラブ（82）
MAKING LOVE
監督：アーサー・ヒラー／出演：マイケル・オントキーン、ケイト・ジャクソン、ハリー・ハムリン

エンティティー　―霊体―（83）
THE ENTITY
監督：シドニー・J・フューリー／出演：バーバラ・ハーシー、ロン・シルヴァー、デヴィッド・ラビオサ

ポーキーズ（81）
PORKY'S
監督：ボブ・クラーク／出演：ダン・モナハン、マーク・ヘリアー、ワイアット・ナイト

1983年

食人族（80）
CANNIBAL HOLOCAUST
監督：ルッジェロ・デオダート／出演：ロバート・カーマン、フランチェスカ・チアルディ

目撃者（81）
EYEWITNESS
監督・製作：ピーター・イェーツ／出演：ウィリアム・ハート、シガニー・ウィーヴァー、クリストファー・プラマー

評決（82）
THE VERDICT
監督：シドニー・ルメット／出演：ポール・ニューマン、シャーロット・ランプリング、ジェームズ・メイソン

マイ・ハート、マイ・ラブ（80）
TRIBUTE
監督：ボブ・クラーク／出演：ジャック・レモン、ロビー・ベンソン、リー・レミック

スター・ウォーズ／ジェダイの復讐（83）
RETURN OF THE JEDI
監督：リチャード・マーカンド／出演：マーク・ハミル、ハリソン・フォード、キャリー・フィッシャー

パイレーツ・ムービー（82）
THE PIRATE MOVIE
監督：ケン・アナキン／出演：クリスティ・マクニコル、クリストファー・アトキンズ、テッド・ハミルトン

ポーキーズ2（83）
PORKY'S II: THE NEXT DAY
監督・製作：ボブ・クラーク／出演：ダン・モナハン、ワイアット・ナイト、マーク・ヘリアー

天使の失踪（83）
WITHOUT A TRACE
監督・製作：スタンリー・R・ジャッフェ／出演：ケイト・ネリガン、ジャド・ハーシュ、デイヴィッド・デュークス

1984年

メル・ブルックス／珍説・世界史ＰＡＲＴ1（81）
HISTORY OF THE WORLD: PART 1
監督・製作・脚本：メル・ブルックス／出演：メル・ブルックス、ドム・デルイーズ、マデリーン・カーン

ニール・サイモンのキャッシュマン（83）
MAX DUGAN RETUENS
監督：ハーバート・ロス／出演：マーシャ・メイソン、ジェイソン・ロバーズ、ドナルド・サザーランド

メル・ブルックスの大脱走（83）
TO BE OR NOT TO BE
監督：アラン・ジョンソン／出演：メル・ブルックス、アン・バンクロフト、ティム・マティソン

スーパー念力マン（81）
MODERN PROBLEMS
監督：ケン・シャピロ／出演：チェヴィー・チェイス、パティ・ダーバンヴィル、メアリー・ケイ・プレイス

セカンド・チャンス（83）
TWO OF A KIND
監督：ジョン・ハーツフェルド／出演：ジョン・トラヴォルタ、オリヴィア・ニュートン・ジョン、チャールズ・ダーニング

バイオレント・サタデー（83）
THE OSTERMAN WEEKEND
監督：サム・ペキンパー／出演：ルトガー・ハウアー、ジョン・ハート、デニス・ホッパー

初恋キッパーパン（82）
PTANG,YONG,KIPPERBANG
監督：マイケル・アプテッド／出演：アリソン・ステッドマン、ギャリー・クーパー、ジョン・アルバシニー

密殺集団（83）
THE STAR CHAMBER
監督：ピーター・ハイアムズ／出演：マイケル・ダグラス、ハル・ホルブルック、ヤフェット・コットー

アフリカ残酷物語・食人大統領アミン（81）
AMIN: THE RISE AND FALL
監督：シャラド・パテル／出演：ジョゼフ・オリタ、ジェフリー・キーン、デニス・ヒルズ

ザ・ファイト（83）
TOUGH ENOUGH
監督：リチャード・フライシャー／出演：デニス・クエイド、ウォーレン・オーツ、カーリン・ワトキンズ

殺したいほど愛されて（84）
UNFAITHFULLY YOURS
監督：ハワード・ジーフ／出演：ダドリー・ムーア、ナスターシャ・キンスキー、アーマンド・アサンテ

ロマンシング・ストーン―秘宝の谷―（84）
ROMANCING THE STONE
監督：ロバート・ゼメキス／出演：マイケル・ダグラス、キャスリーン・ターナー、ダニー・デヴィート

ヤァ！ブロード・ストリート（84）
GIVE MY REGARDS TO BROAD STREET
監督：ピーター・ウェッブ／出演：ポール・マッカートニー、リンゴ・スター、ブライアン・ブラウン

1985年

独身SaYoNaRa! バチェラー・パーティ（84）
BACHELOR PARTY

監督：ニール・イズラエル／出演：トム・ハンクス、トーニー・キテイン、エイドリアン・ズメド

三人の女（77）
3 WOMEN
監督・製作・脚本：ロバート・アルトマン／出演：シェリー・デュヴァル、シシー・スペイセク、ジャニス・ルール

火山のもとで（84）
UNDER THE VOLCANO
監督：ジョン・ヒューストン／出演：アルバート・フィニー、ジャクリーン・ビセット、アンソニー・アンドリュース

イウォーク・アドベンチャー（84）
THE EWOKE ADVENTURE
監督：ジョン・コーティ／出演：エリック・ウォーカー、ワーウィック・デイヴィス、フィニュラ・フラナガン

レディホーク（85）
LADYHAWKE
監督：リチャード・ドナー／出演：マシュー・ブロデリック、ルトガー・ハウアー、ミシェル・ファイファー

ドライブ・アカデミー／全員免停（85）
MOVING VIOLATIONS
監督：ニール・イズラエル／出演：ジョン・マレイ、ジェニファー・ティリー、ジェームズ・キーチ

キスミー・グッバイ（82）
KISS ME GOODBYE
監督：ロバート・マリガン／出演：サリー・フィールド、ジェームズ・カーン、ジェフ・ブリッジス

コクーン（85）
COCOON
監督：ロン・ハワード／出演：ドン・アメチ、ウィルフォード・ブリムリー、ヒューム・クローニン、ジェシカ・タンディ

ノスフェラトゥ（79）
NOSFERATU: PHANTOM DER NACHT
監督・製作・脚本：ヴェルナー・ヘルツォーク／出演：クラウス・キンスキー、イザベル・アジャーニ、ブルーノ・ガンツ

1986年

コマンドー（85）
COMMANDO
監督：マーク・L・レスター／出演：アーノルド・シュワルツェネッガー、レイ・ドーン・チョン、ダン・ヘダヤ

ナイルの宝石（85）
THE JEWL OF THE NILE
監督：ルイス・ティーグ／出演：マイケル・ダグラス、キャスリーン・ターナー、ダニー・デヴィート

クラブ・ラインストーン　今夜は最高！（84）
RHINESTONE
監督：ボブ・クラーク／出演：シルヴェスター・スタローン、ドリー・パートン、リチャード・ファーンズワース

第5惑星（85）
ENEMY MINE
監督：ヴォルフガング・ペーターゼン／出演：デニス・クエイド、ルイス・ゴセット・Jr.、ブライオン・ジェームズ

ポーキーズ／最後の反撃（85）
PORKY'S REVENGE
監督：ジェームズ・コマック／出演：ダン・モナハン、ワイアット・ナイト、トニー・ガニオス

エイリアン2（86）
ALIENS
監督・脚本：ジェームズ・キャメロン／出演：シガニー・ウィーヴァー、マイケル・ビーン、ポール・ライザー

赤ちゃんに乾杯！（85）
3 HOMMES ET UN COUFFIN
監督：コリーヌ・セロー／出演：ローラン・ジロー、ミシェル・ブージュノー、アンドレ・デュソリエ

バイオ・インフェルノ（85）
WARNING SIGN
監督：ハル・バーウッド／出演：サム・ウォーターストン、キャスリーン・クインラン、ヤフェット・コットー

未来世紀ブラジル（85）
BRAZIL
監督：テリー・ギリアム／出演：ジョナサン・プライス、ロバート・デ・ニーロ、キャサリン・ヘルモンド

1987年

ザ・フライ（86）
THE FLY
監督：デヴィッド・クローネンバーグ／出演：ジェフ・ゴールドブラム、ジーナ・デイヴィス、ジョン・ゲッツ

ゴースト・ハンターズ（86）
BIG TROUBLE IN LITTLE CHINA
監督：ジョン・カーペンター／出演：カート・ラッセル、キム・キャトラル、デニス・ダン

クロコダイル・ダンディー（86）
CROCODILE, DUNDEE
監督：ピーター・フェイマン／出演：ポール・ホーガン、ジョン・マイロン、リンダ・コズラウスキー

ブラック・ウィドー（87）
BLACK WIDOW
監督：ボブ・ラフェルソン／出演：デブラ・ウィンガー、テレサ・ラッセル、デニス・ホッパー

ジャンピン・ジャック・フラッシュ（86）
JUMPIN' JACK FLASH
監督：ペニー・マーシャル／出演：ウーピー・ゴールドバーグ、スティーヴン・コリンズ、ジョン・ウッド、ジョナサン・プライス

プレデター（87）
PREDATOR
監督：ジョン・マクティアナン／出演：アーノルド・シュワルツェネッガー、カール・ウェザース、ジェシー・ヴェンチュラ

飛べ、バージル　プロジェクトX（87）
PROJECT X
監督：ジョナサン・カプラン／出演：マシュー・ブロデリック、ヘレン・ハント、ビル・サドラー

レジェンド　光と闇の伝説（85）
LEGEND
監督：リドリー・スコット／出演：トム・クルーズ、ミア・サーラ、ティム・カリー

ベティ・ブルー　―愛と激情の日々―（86）
37-2 LE MATIN
監督：ジャン＝ジャック・ベネックス／出演：ベアトリス・ダル、ジャン＝ユーグ・アングラード、コンスエロ・デ・ハヴィランド

1988年

赤ちゃん泥棒（87）
RAISING ARIZONA
監督：ジョエル・コーエン／出演：ニコラス・ケイジ、ホリー・ハンター、トレイ・ウィルソン

ウォール街（87）
WALL STREET
監督：オリヴァー・ストーン／出演：チャー

リー・シーン、マイケル・ダグラス、ダリル・ハンナ

ブロードキャスト・ニュース（87）
BROADCAST NEWS
監督・製作・脚本：ジェームズ・L・ブルックス／出演：ウィリアム・ハート、アルバート・ブルックス、ホリー・ハンター

悪夢の惨劇（88）
BAD DREAMS
監督：アンドリュー・フレミング／出演：ジェニファー・ルービン、ブルース・アボット、リチャード・リンチ

サイゴン（88）
SAIGON
監督：クリストファー・クロウ／出演：ウィレム・デフォー、グレゴリー・ハインズ、フレッド・ウォード

ビッグ（88）
BIG
監督：ペニー・マーシャル／出演：トム・ハンクス、エリザベス・パーキンス、ロバート・ロジア

グレート・ブルー（88）
THE BIG BLUE
監督：リュック・ベッソン／出演：ロザンナ・アークェット、ジャン＝マルク・バール、ジャン・レノ

1989年

バチカンの嵐（82）
MONSIGNOR
監督：フランク・ペリー／出演：クリストファー・リーヴ、ジュヌヴィエーヴ・ビジョルド、フェルナンド・レイ

ダイ・ハード（88）
DIE HARD
監督：ジョン・マクティアナン／出演：ブルース・ウィリス、ボニー・ベデリア、アラン・リックマン

ピックアップ・アーチスト（87）
THE PICK UP ARTIST
監督：ジェームズ・トバック／出演：モリー・リングウォルド、ロバート・ダウニー・Jr.、デニス・ホッパー

ルーカスの初恋メモリー（86）
LUCAS
監督：デヴィッド・セルツァー／出演：コリー・ハイム、ケリー・グリーン、チャーリー・シーン

レス・ザン・ゼロ（87）
LESS THAN ZERO
監督：マレク・カニエフスカ／出演：アンドリュー・マッカーシー、ジャミー・ガーツ、ロバート・ダウニー・Jr.

エルム街の悪夢4　ザ・ドリームマスター　最後の反撃（88）
A NIGHTMARE ON ELM STREET 4 : THE DREAM MASTER
監督：レニー・ハーリン／出演：ロバート・イングランド、ダニー・ハッセル、アンドラス・ジョーンズ

ザ・フライ2／二世誕生（89）
THE FLY II
監督：クリス・ウェイラス／出演：エリック・ストルツ、ダフニ・ズーニガ、リー・リチャードソン

ワーキング・ガール（88）
WORKING GIRL
監督：マイク・ニコルズ／出演：ハリソン・フォード、シガニー・ウィーヴァー、メラニー・グリフィス

運転免許証（88）
LICENSE TO DRIVE
監督：グレッグ・ビーマン／出演：コリー・ハイム、コリー・フェルドマン、キャロル・ケイン

エイリアン・ネイション（88）
ALIEN NATION
監督：グレアム・ベイカー／出演：ジェームズ・カーン、マンディ・パティンキン、テレンス・スタンプ

コクーン2　遥かなる地球（88）
COCOON: THE RETURN
監督：ダニエル・ペトリー／出演：ドン・アメチ、ウィルフォード・ブリムリー、コートニー・コックス

スキン・ディープ（89）
SKIN DEEP
監督：ブレイク・エドワーズ／出演：ジョン・リッター、ヴィンセント・ガーディニア、アリソン・リード

セイ・エニシング（89）
SAY ANYTHING...
監督：キャメロン・クロウ／出演：ジョン・キューザック、アイオン・スカイ、ジョン・マホーニー

1990年

アビス（89）
THE ABYSS
監督：ジェームズ・キャメロン／出演：エド・ハリス、メアリー・エリザベス・マストラントニオ、マイケル・ビーン

ローズ家の戦争（89）
THE WAR OF THE ROSES
監督：ダニー・デヴィート／出演：マイケル・ダグラス、キャスリーン・ターナー、ダニー・デヴィート

3人の婚約者（89）
WORTH WINNIG
監督：ウィル・マッケンジー／出演：マーク・ハーモン、マデリーン・ストウ、レスリー・アン・ウォーレン

敵、ある愛の物語（89）
ENEMIES, A LOVE STORY
監督・製作：ポール・マザースキー／出演：ロン・シルヴァー、アンジェリカ・ヒューストン、レナ・オリン

ダイ・ハード2（90）
DIE HARD 2
監督：レニー・ハーリン／出演：ブルース・ウィリス、ボニー・ベデリア、ウィリアム・サドラー

フォード・フェアレーンの冒険（90）
THE ADVENTURES OF FORD FAIRLANE
監督：レニー・ハーリン／出演：アンドリュー・ダイス・クレイ、ウェイン・ニュートン、プリシラ・プレスリー

愛と青春の鼓動（90）
VITAL SIGNS
監督：マリサ・シルヴァー／出演：ダイアン・レイン、エイドリアン・パスダー、ジミー・スミッツ

ヤングガン2（90）
YOUNG GUNS II
監督：ジョフ・マーフィー／出演：エミリオ・エステヴェス、キーファー・サザーランド、ルー・ダイアモンド・フィリップス

エクソシスト3（90）
THE EXORCIST III
監督：ウィリアム・ピーター・ブラッティ／出演：ジョージ・C・スコット、エド・フランダース、ブラッド・ドゥーリフ

1991年

プレデター2（90）

PREDATOR 2
監督：スティーヴン・ホプキンス／出演：ダニー・グローヴァー、ゲイリー・ビジー、ビル・パクストン

パシフィック・ハイツ(90)
PACIFIC HEIGHTS
監督：ジョン・シュレシンジャー／出演：メラニー・グリフィス、マシュー・モディン、マイケル・キートン

愛と哀しみの旅路(90)
COME SEE THE PARADISE
監督：アラン・パーカー／出演：デニス・クエイド、タムリン・トミタ、サブ・シモノ

愛がこわれるとき(91)
SLEEPING WITH THE ENEMY
監督：ジョセフ・ルーベン／出演：ジュリア・ロバーツ、パトリック・バーギン、ケヴィン・アンダーソン

ロビン・フッド(91)
ROBIN HOOD
監督：ジョン・アーヴィン／出演：パトリック・バーギン、ユマ・サーマン、ジェローン・クラッベ

ミラーズ・クロッシング(90)
MILLER'S CROSSING
監督：ジョエル・コーエン／出演：ガブリエル・バーン、マーシャ・ゲイ・ハーデン、ジョン・タトゥーロ

死の標的(90)
MARKED FOR DEATH
監督：ドワイト・H・リトル／出演：スティーヴン・セガール、ベイジル・ウォレス、キース・デヴィッド

ホーム・アローン(90)
HOME ALONE
監督：クリス・コロンバス／出演：マコーレー・カルキン、ジョー・ペシ、ダニエル・スターン

シザーハンズ(90)
EDWARD SCISSORHANDS
監督：ティム・バートン／出演：ジョニー・デップ、ウィノナ・ライダー、ダイアン・ウィースト

メル・ブルックス 逆転人生(91)
LIFE STINKS
監督・製作：メル・ブルックス／出演：メル・ブルックス、レスリー・アン・ウォーレン、ジェフリー・タンバー

オーメン4(91)
OMEN IV: THE AWAKENING
監督：ホルヘ・モンテシ、ドミニク・オートナン・ジェラール／出演：フェイ・グラント、マイケル・ラーナー、マイケル・ウッズ

訴訟(91)
CLASS ACTION
監督：マイケル・アプテッド／出演：ジーン・ハックマン、メアリー・エリザベス・マストラントニオ、コリン・フリールズ

レネゲイズ(89)
RENEGADES
監督：ジャック・ショルダー／出演：キーファー・サザーランド、ルー・ダイアモンド・フィリップス、ジャミー・ガーツ

ホット・ショット(91)
HOT SHOTS!
監督：ジム・エイブラハムズ／出演：チャーリー・シーン、ケアリー・エルウィズ、ロイド・ブリッジス

愛の選択(91)
DYING YOUNG
監督：ジョエル・シューマカー／出演：ジュリア・ロバーツ、キャンベル・スコット、ヴィンセント・ドノフリオ

1992年

あぶない週末(91)
DRIVING ME CRAZY
監督：ピーター・フェイマン／出演：エド・オニール、イーサン・エンブリー、ジョベス・ウィリアムズ

フォー・ザ・ボーイズ(91)
FOR THE BOYS
監督：マーク・ライデル／出演：ベット・ミドラー、ジェームズ・カーン、ジョージ・シーガル

嵐の中で輝いて(92)
SHINING THROUGH
監督：デヴィッド・セルツァー／出演：マイケル・ダグラス、メラニー・グリフィス、リーアム・ニーソン

ミュータント・ニンジャ・タートルズ2(91)
MUTANT NINJA TURTLES II: THE SECRET OF DOZE
監督：マイケル・プレスマン／出演：ペイジ・ターコウ、デヴィッド・ワーナー、ミケラン・システィ

オンリー・ザ・ロンリー(91)
ONLY THE LONELY
監督・脚本：クリス・コロンバス／出演：ジョン・キャンディ、モーリーン・オハラ、アリー・シーディ

わが街(91)
GRAND CANYON
監督：ローレンス・カスダン／出演：ダニー・グローヴァー、ケヴィン・クライン、スティーヴ・マーティン

エイリアン3(92)
ALIEN 3
監督：デヴィッド・フィンチャー／出演：シガニー・ウィーヴァー、チャールズ・S・ダットン、チャールズ・ダンス

ディス・イズ・マイライフ(92)
THIS IS MY LIFE
監督：ノーラ・エフロン／出演：ジュリー・カヴナー、サマンサ・マシス、ギャビー・ホフマン

キスへのプレリュード(92)
PRELUDE TO A KISS
監督：ノーマン・ルネ／出演：アレック・ボールドウィン、メグ・ライアン、キャシー・ベイツ

ホーム・アローン2(92)
HOME ALONE 2: LOST IN NEW YORK
監督：クリス・コロンバス／出演：マコーレー・カルキン、ジョー・ペシ、ダニエル・スターン

1993年

ラピッド・ファイアー(92)
RAPID FIRE
監督：ドワイト・H・リトル／出演：ブランドン・リー、パワーズ・ブース、ニック・マンキューソ

バッフィ・ザ バンパイア・キラー(92)
BUFFY THE VAMPIRE SLAYER
監督：フラン・ルーベル・クズイ／出演：クリスティ・スワンソン、ドナルド・サザーランド、ポール・ルーベンス

いとこのビニー(92)
MY COUSIN VINNY
監督：ジョナサン・リン／出演：ジョー・ペシ、ラルフ・マッチオ、マリサ・トメイ

ハード・プレイ(92)
WHITE MEN CAN'T JUMP
監督：ロン・シェルトン／出演：ウェズリー・スナイプス、ウディ・ハレルソン、ロージー・ペレズ

トイズ(92)
TOYS

監督：バリー・レヴィンソン／出演：ロビン・ウィリアムズ、ジョーン・キューザック、ロビン・ライト

ホット・ショット2（93）
HOT SHOTS! PART DEUX
監督：ジム・エイブラハムズ／出演：チャーリー・シーン、ロイド・ブリッジス、ヴァレリア・ゴリノ

ホッファ（92）
HOFFA
監督：ダニー・デヴィート／出演：ジャック・ニコルソン、ダニー・デヴィート、アーマンド・アサンテ

ライジング・サン（93）
RISING SUN
監督：フィリップ・カウフマン／出演：ショーン・コネリー、ウェズリー・スナイプス、ハーヴェイ・カイテル

失踪（93）
THE VANISHING
監督：ジョルジュ・シュルイツァー／出演：ジェフ・ブリッジス、キーファー・サザーランド、ナンシー・トラヴィス、サンドラ・ブロック

みんな愛してる（93）
JACK THE BEAR
監督：マーシャル・ハースコヴィッツ／出演：ダニー・デヴィート、ロバート・J・ステンミラー・Jr.、マイコ・ヒューズ

1994年

アビス　完全版（93）
THE ABYSS:SPECIAL EDITION
監督・脚本：ジェームズ・キャメロン／出演：エド・ハリス、メアリー・エリザベス・マストラントニオ、マイケル・ビーン

ビバリー・ヒルビリーズ　じゃじゃ馬億万長者（93）
THE BEVERLY HILLBILLIES
監督：ペネロープ・スフィーリス／出演：ジム・ヴァーニー、エリカ・エレニアック、ディードリック・ベイダー

ミセス・ダウト（93）
MRS. DOUBTFIRE
監督：クリス・コロンバス／出演：ロビン・ウィリアムズ、サリー・フィールド、ピアース・ブロスナン

危険な遊び（93）
THE GOOD SON
監督：ジョセフ・ルーベン／出演：マコーレー・カルキン、イライジャ・ウッド、ウェンディ・クルーソン

がんばれ！ルーキー（93）
ROOKIE OF THE YEAR
監督：ダニエル・スターン／出演：トーマス・イアン・ニコラス、ゲイリー・ビジー、アルバート・ホール

ミュータント・ニンジャ・タートルズ3（93）
TEENAGE MUTANT NINJA TURTLES III
監督：スチュアート・ギラード／出演：エリアス・コティーズ、ペイジ・ターコウ、スチュアート・ウィルソン

ハードロック・ハイジャック（94）
AIRHEADS
監督：マイケル・レーマン／出演：ブレンダン・フレイザー、スティーヴ・ブシェーミ、アダム・サンドラー

バッド・ガールズ（94）
BAD GIRLS
監督：ジョナサン・カプラン／出演：マデリーン・ストウ、メアリー・スチュアート・マスターソン、アンディ・マクドウェル

スピード（94）
SPEED
監督：ヤン・デ・ボン／出演：キアヌ・リーヴス、デニス・ホッパー、サンドラ・ブロック、ジェフ・ダニエルズ

34丁目の奇跡（94）
MIRACLE ON 34TH STREET
監督：レス・メイフィールド／出演：リチャード・アッテンボロー、エリザベス・パーキンス、マラ・ウィルソン

1995年

パラダイスの逃亡者（94）
TRAPPED IN PARADISE
監督・脚本：ジョージ・ギャロ／出演：ニコラス・ケイジ、ジョン・ロヴィッツ、ダナ・カーヴィ

赤ちゃんのおでかけ（94）
BABY'S DAY OUT
監督：パトリック・リード・ジョンソン／出演：ジョー・マンティーニャ、ララ・フリン・ボイル、ジョー・パントリアーノ

死の接吻（95）
KISS OF DEATH
監督：バーベット・シュローダー／出演：デイヴィット・カルーソ、ニコラス・ケイジ、サミュエル・L・ジャクソン

雲の中で散歩（95）
A WALK IN THE CLOUDS
監督：アルフォンソ・アラウ／出演：キアヌ・リーヴス、アイタナ・サンチェス・ギヨン、アンソニー・クイン

ダイ・ハード3（95）
DIE HARD:WITH A VENGEANCE
監督：ジョン・マクティアナン／出演：ブルース・ウィリス、ジェレミー・アイアンズ、サミュエル・L・ジャクソン

ブレイブハート（95）
BRAVEHEART
監督：メル・ギブソン／出演：メル・ギブソン、ソフィー・マルソー、パトリック・マクグーハン

9か月（95）
NINE MONTHS
監督・脚本：クリス・コロンバス／出演：ヒュー・グラント、ジュリアン・ムーア、トム・アーノルド

1996年

ブロークン・アロー（96）
BROKEN ARROW
監督：ジョン・ウー／出演：ジョン・トラヴォルタ、クリスチャン・スレーター、サマンサ・マシス

ため息つかせて（95）
WAITING TO EXHALE
監督：フォレスト・ウィテカー／出演：ホイットニー・ヒューストン、アンジェラ・バセット、レラ・ローコン

マクマレン兄弟（95）
THE BROTHERS McMULLEN
監督・脚本：エドワード・バーンズ／出演：シャーリー・アルバート、コニー・ブリトン、エドワード・バーンズ

パワー・レンジャー（95）
POWER RAMGERS:THE MOVIE
監督：ブライアン・スパイサー／出演：カレン・アシュレイ、ジョニー・ヨン・ボストン、スティーヴ・カーデナス

潜望鏡を上げろ！（96）
DOWN PERISCOPE
監督：デヴィッド・S・ウォード／出演：ケルシー・グラマー、ローレン・ホリー、ロブ・シュナイダー

好きと言えなくて（96）
THE TRUTH ABOUT CATS & DOGS
監督：マイケル・レーマン／出演：ユマ・サーマン、ジャニーン・ガラファロ、ベン・チャップリン

魅せられて（96）
STEALING BEAUTY
監督：ベルナルド・ベルトルッチ／出演：リヴ・タイラー、ジェレミー・アイアンズ、カルロ・チェッキ、レイチェル・ワイズ

ガール6（96）
GIRL 6
監督・製作：スパイク・リー／出演：テレサ・ランドル、イサイア・ワシントン、スパイク・リー

チェーン・リアクション（96）
CHAIN REACTION
監督：アンドリュー・デイヴィス／出演：キアヌ・リーヴス、モーガン・フリーマン、レイチェル・ワイズ

戦火の勇気（96）
COURAGE UNDER FIRE
監督：エドワード・ズウィック／出演：デンゼル・ワシントン、メグ・ライアン、ルー・ダイアモンド・フィリップス、マット・デイモン

インデペンデンス・デイ（96）
INDEPENDENCE DAY
監督：ローランド・エメリッヒ／出演：ウィル・スミス、ビル・プルマン、ジェフ・ゴールドブラム

ジングル・オール・ザ・ウェイ（96）
JINGLE ALL THE WAY
監督：ブライアン・レヴァント／出演：アーノルド・シュワルツェネッガー、リタ・ウィルソン、ジェイク・ロイド

リチャードを探して（96）
LOOKING FOR RICHARD
監督：アル・パチーノ／出演：アル・パチーノ、アレック・ボールドウィン、エステル・パーソンズ、ケヴィン・スペイシー

1997年

彼女は最高（96）
SHE'S THE ONE
監督・脚本：エドワード・バーンズ／出演：エドワード・バーンズ、ジェニファー・アニストン、キャメロン・ディアス

すべてをあなたに（96）
THAT THING YOU DO!
監督・脚本：トム・ハンクス／出演：トム・エヴェレット・スコット、リヴ・タイラー、ジョナサン・シャーチ

ロミオ&ジュリエット（96）
ROMEO + JULIET
監督：バズ・ラーマン／出演：レオナルド・ディカプリオ、クレア・デインズ、ジョン・レグイザモ

クルーシブル（96）
THE CRUCIBLE
監督：ニコラス・ハイトナー／出演：ダニエル・デイ＝ルイス、ウィノナ・ライダー、ポール・スコフィールド

スター・ウォーズ《特別篇》（97）
STAR WARS : SPECIAL EDITION
監督：ジョージ・ルーカス／出演：マーク・ハミル、ハリソン・フォード、キャリー・フィッシャー

スター・ウォーズ／帝国の逆襲《特別篇》（97）
THE EMPIRE STRIKES BACK
監督：アーヴィン・カーシュナー／出演：マーク・ハミル、ハリソン・フォード、キャリー・フィッシャー

スター・ウォーズ／ジェダイの復讐《特別篇》（97）
RETURN OF THE JEDI
監督：リチャード・マーカンド／出演：マーク・ハミル、ハリソン・フォード、キャリー・フィッシャー

スピード2（97）
SPEED 2 : CRUISE CONTROL
監督：ヤン・デ・ボン／出演：サンドラ・ブロック、ジェイソン・パトリック、ウィレム・デフォー

素晴らしき日（96）
ONE FINE DAY
監督：マイケル・ホフマン／出演：ミシェル・ファイファー、ジョージ・クルーニー、メイ・ホットマン

秘密の絆（97）
INVENTING THE ABBOTTS
監督：パット・オコナー／出演：ホアキン・フェニックス、ビリー・クラダップ、キャシー・ベイカー

ボルケーノ（97）
VOLCANO
監督：ミック・ジャクソン／出演：トミー・リー・ジョーンズ、アン・ヘッチ、ギャビー・ホフマン

フル・モンティ（97）
THE FULL MONTY
監督：ピーター・カッタネオ／出演：ロバート・カーライル、トム・ウィルキンソン、マーク・アディ

タイタニック（97）
TITANIC
監督：ジェームズ・キャメロン／出演：レオナルド・ディカプリオ、ケイト・ウィンスレット、ビリー・ゼイン

1998年

エイリアン4（97）
ALIEN : RESURRECTION
監督：ジャン＝ピエール・ジュネ／出演：シガニー・ウィーヴァー、ウィノナ・ライダー、ロン・パールマン

ザ・ワイルド（97）
THE EDGE
監督：リー・タマホリ／出演：アンソニー・ホプキンス、アレック・ボールドウィン、エル・マクファーソン

ファイアーストーム（97）
FIRESTORM
監督：ディーン・セムラー／出演：ハウィー・ロング、スコット・グレン、ウィリアム・フォーサイス

ソウル・フード（97）
SOUL FOOD
監督：ジョージ・ティルマン・Jr.／出演：ヴァネッサ・L・ウィリアムズ、ヴィヴィカ・A・フォックス、ニア・ロング

大いなる遺産（98）
GREAT EXPECTATIONS
監督：アルフォンソ・キュアロン／出演：イーサン・ホーク、グウィネス・パルトロウ、アン・バンクロフト

普通じゃない（97）
A LIFE LESS ORDINARY
監督：ダニー・ボイル／出演：ユアン・マクレガー、キャメロン・ディアス、ホリー・ハンター

オスカーとルシンダ（97）
OSCAR AND LUCINDA
監督：ジリアン・アームストロング／出演：レイフ・ファインズ、ケイト・ブランシェット、トム・ウィルキンソン

ホーム・アローン3（97）
HOME ALONE 3
監督：ラジャ・ゴズネル／出演：アレックス・D・リンツ、オレック・クルパ、リヤ・キールステッド

アナスタシア（97）
ANASTASIA
監督・製作：ドン・ブルース、ゲイリー・ゴールドマン／出演：メグ・ライアン、ジョン・キューザック、ケルシー・グラマー

従妹ベット（98）
COUSIN BETTE
監督：デス・マカナフ／出演：ジェシカ・ラング、エリザベス・シュー、ボブ・ホスキンス

X-ファイル　ザ・ムービー（98）
X-FILES：THE MOVIE
監督：ロブ・ボウマン／出演：デヴィッド・ドゥカヴニー、ジリアン・アンダーソン、マーティン・ランドー

私の愛情の対象（98）
THE OBJECT OF MY AFFECTION
監督：ニコラス・ハイトナー／出演：ジェニファー・アニストン、ポール・ラッド、アラン・アイダ

ドクター・ドリトル（98）
DR.DOLITTLE
監督：ベティ・トーマス／出演：エディ・マーフィ、オジー・デイヴィス、オリヴァー・プラット

1999年

メリーに首ったけ（98）
THERE'S SOMETHING ABOUT MARY
監督：ピーター・ファレリー、ボビー・ファレリー／出演：キャメロン・ディアス、マット・ディロン、ベン・スティラー

微笑みをもう一度（98）
HOPE FLOATS
監督：フォレスト・ウィテカー／出演：サンドラ・ブロック、ハリー・コニック・Jr.、ジーナ・ローランズ

エバー・アフター（98）
EVER AFTER
監督：アンディ・テナント／出演：ドリュー・バリモア、アンジェリカ・ヒューストン、ダグレイ・スコット

ニュートン・ボーイズ（98）
THE NEWTON BOYS
監督：リチャード・リンクレイター／出演：マシュー・マコノヒー、イーサン・ホーク、スキート・ウーリッチ

ブルワース（98）
BULWORTH
監督：ウォーレン・ベイティ／出演：ウォーレン・ベイティ、ハル・ベリー、ドン・チードル

25年目のキス（99）
NEVER BEEN KISSED
監督：ラジャ・ゴズネル／出演：ドリュー・バリモア、モリー・シャノン、デヴィッド・アークウェット

スター・ウォーズ　エピソード1／ファントム・メナス（99）
STAR WARS：EPISODE1-THE PHANTOM MENACE
監督・脚本：ジョージ・ルーカス／出演：リーアム・ニーソン、ユアン・マクレガー、ナタリー・ポートマン、ジェイク・ロイド

エントラップメント（99）
ENTRAPMENT
監督：ジョン・アミエル／出演：ショーン・コネリー、キャサリン・ゼタ・ジョーンズ、ヴィング・レイムス

ブロークダウン・パレス（99）
BROKEDOWN PALACE
監督：ジョナサン・カプラン／出演：クレア・デインズ、ケイト・ベッキンセイル、ビル・プルマン

娼婦ベロニカ（99）
A DESTINY OF HER OWN
監督：マーシャル・ハースコヴィッツ／出演：キャサリン・マッコーマック、ルーファス・シーウェル、オリヴァー・プラット

ファイト・クラブ（99）
FIGHT CLUB
監督：デイヴィッド・フィンチャー／出演：エドワード・ノートン、ブラッド・ピット、ヘレナ・ボナム・カーター

2000年

狂っちゃいないぜ（99）
PUSHING TIN
監督：マイク・ニューウェル／出演：ジョン・キューザック、ビリー・ボブ・ソーントン、ケイト・ブランシェット、アンジェリーナ・ジョリー

バニラ・フォグ（99）
SIMPLY IRRESISTIBLE
監督マーク・ターロフ／出演：サラ・ミシェル・ゲラー、ショーン・パトリック・フラナリー、パトリシア・クラークソン

アンナと王様（99）
ANNA AND THE KING
監督：アンディ・テナント／出演：ジョディ・フォスター、チョウ・ユンファ、バイ・リン

ラビナス（99）
RAVENOUS
監督：アントニア・バード／出演：ロバート・カーライル、デヴィッド・アークウェット、ガイ・ピアース

真夏の夜の夢（99）
A MIDSUMMER NIGHT DREAM
監督・脚本：マイケル・ホフマン／出演：ケヴィン・クライン、ミシェル・ファイファー、ルパート・エヴェレット

完全犯罪（99）
BEST LAID PLANS
監督：マイク・バーカー／出演：アレッサンドロ・ニヴォラ、リース・ウィザースプーン、ジョシュ・ブローリン

マーシャル・ロー（98）
THE SIEGE
監督：エドワード・ズウィック／出演：デンゼル・ワシントン、アネット・ベニング、ブルース・ウィリス

ザ・ビーチ（00）
THE BEACH
監督：ダニー・ボイル／出演：レオナルド・ディカプリオ、ティルダ・スウィントン、ヴィルジニー・ルドワイヤン

ノー・ルッキング・バック（98）
NO LOOKING BACK
監督・製作・脚本：エドワード・バーンズ／出演：エドワード・バーンズ、ローレン・ホリー、ジョン・ボン・ジョヴィ

クール・ドライ・プレイス（99）
A COOL DRY PLACE
監督：ジョン・N・スミス／出演：ヴィンス・ヴォーン、ジョーイ・ローレン・アダムス、モニカ・ポッター

地上《ここ》より何処《どこ》かで（99）
ANYWHERE BUT HERE
監督：ウェイン・ワン／出演：スーザン・サランドン、ナタリー・ポートマン、ボニー・ベデリア

ボーイズ・ドント・クライ（99）
BOYS DON'T CRY

監督：キンバリー・ピアース／出演：ヒラリー・スワンク、クロエ・セヴィニー、ピーター・サースガード

クローサー・ユー・ゲット（00）
THE CLOSER YOU GET
監督：アイリーン・リッチー／出演：イアン・ハート、シーン・マクギンリー、ニアマ・キューザック

タイタンA.E.（00）
TITAN A.E.
監督：ドン・ブルース、ゲイリー・ゴールドマン／出演：マット・デイモン、ビル・プルマン、ジョン・レグイザモ

X-メン（00）
X-MEN
監督：ブライアン・シンガー／出演：ヒュー・ジャックマン、パトリック・スチュワート、イアン・マッケラン

愛ここにありて（00）
HERE ON EARTH
監督：マーク・ピズナルスキー／出演：クリス・クライン、リリー・ソビエスキー、ジョシュ・ハートネット

悪いことしましょ！（00）
BEDAZZLED
監督：ハロルド・ライミス／出演：ブレンダン・フレイザー、エリザベス・ハーレイ、フランシス・オコナー

ホワット・ライズ・ビニース（00）
WHAT LIES BENEATH
監督：ロバート・ゼメキス／出演：ハリソン・フォード、ミシェル・ファイファー、ダイアナ・スカーウィッド

ウーマン・オン・トップ（00）
WOMAN ON TOP
監督：フィナ・トレス／出演：ペネロペ・クルス、ムリロ・ベニチオ、ハロルド・ペリノー・Jr.

2001年

ふたりの男とひとりの女（00）
ME, MYSELF & IRENE
監督：ボビー・ファレリー、ピーター・ファレリー／出演：ジム・キャリー、レニー・ゼルウィガー、クリス・クーパー

ビッグ・ママス・ハウス（00）
BIG MOMMA'S HOUSE
監督：ラジャ・ゴズネル／出演：マーティン・ローレンス、ニア・ロング、ポール・ジアマッティ

あなたのために（00）
WHERE THE HEART IS
監督：マット・ウィリアムズ／出演：ナタリー・ポートマン、アシュレイ・ジャッド、ストッカード・チャニング

バガー・ヴァンスの伝説（00）
THE LEGEND OF BAGGER VANCE
監督：ロバート・レッドフォード／出演：ウィル・スミス、マット・デイモン、シャーリーズ・セロン

タップ・ドッグス（00）
BOOT THE MEN
監督：デイン・ペリー／出演：アダム・ガルシア、サム・ワーシングトン、ソフィー・リー

隣のヒットマン（00）
WHOLE NINE YARDS
監督：ジョナサン・リン／出演：ブルース・ウィリス、マシュー・ペリー、ロザンナ・アークェット

クイルズ（00）
QUILLS
監督：フィリップ・カウフマン／出演：ジェフリー・ラッシュ、ケイト・ウィンスレット、ホアキン・フェニックス

ザ・ダイバー（00）
MEN OF HONOR
監督：ジョージ・ティルマン・Jr.／出演：ロバート・デ・ニーロ、キューバ・グッディング・Jr.、シャーリーズ・セロン

ドクター・ドリトル2（00）
DR. DOLITTLE 2
監督：スティーヴ・カー／出演：エディ・マーフィ、クリスティ・ウィルソン、レイヴン＝シモーネ

PLANET OF THE APES／猿の惑星（01）
PLANET OF THE APES
監督：ティム・バートン／出演：マーク・ウォールバーグ、ティム・ロス、ヘレナ・ボナム・カーター

タイガーランド（00）
TIGERLAND
監督：ジョエル・シューマカー／出演：コリン・ファレル、マシュー・デイヴィス、クリフトン・コリンズ・Jr.

恋する遺伝子（01）
SOMEONE LIKE YOU
監督：トニー・ゴールドウィン／出演：アシュレイ・ジャッド、グレッグ・キニア、ヒュー・ジャックマン

サベイランス─監視─（01）
ANTI-TRUST
監督：ピーター・ハウイット／出演：ライアン・フィリップ、レイチェル・リー・クック、ティム・ロビンス

ムーラン・ルージュ（01）
MOULIN ROUGE
監督：バズ・ラーマン／出演：ニコール・キッドマン、ユアン・マクレガー、ジョン・レグイザモ

ロード・キラー（01）
JOY RIDE
監督：ジョン・ダール／出演：スティーヴ・ザーン、ポール・ウォーカー、リリー・ソビエスキー

モンキーボーン（01）
MONKEYBONE
監督：ヘンリー・セリック／出演：ブレンダン・フレイザー、ブリジット・フォンダ、ウーピー・ゴールドバーグ

バンディッツ（01）
BANDITS
監督：バリー・レヴィンソン／出演：ブルース・ウィリス、ビリー・ボブ・ソーントン、ケイト・ブランシェット

2002年

フロム・ヘル（01）
FROM HELL
監督：ヒューズ・ブラザーズ／出演：ジョニー・デップ、ヘザー・グラハム、イアン・ホルム

エネミー・ライン（01）
BEHIDE ENEMY LINES
監督：ジョン・ムーア／出演：オーウェン・ウィルソン、ジーン・ハックマン、ガブリエル・マクト

キューティ・ブロンド（01）
LEGALLY BLONDE
監督：ロバート・ルケティック／出演：リース・ウィザースプーン、ルーク・ウィルソン、セルマ・ブレア

サウンド・オブ・サイレンス（01）
DONT SAY A WORD
監督：ゲイリー・フレダー／出演：マイケル・ダグラス、ショーン・ビーン、ブリタニー・マーフィ

愛しのローズマリー（01）
SHALLOW HAL

監督：ボビー・ファレリー、ピーター・ファレリー／出演：グウィネス・パルトロウ、ジャック・ブラック、ジェイソン・アレクサンダー

ハイ・クライムズ（02）
HIGH CRIMES
監督：カール・フランクリン／出演：アシュレイ・ジャッド、モーガン・フリーマン、ジェームズ・カヴィーゼル

スター・ウォーズ　エピソード2／クローンの攻撃（02）
STAR WARS : EPISODE II - ATTACK OF THE CLONES
監督・製作総指揮：ジョージ・ルーカス／出演：ユアン・マクレガー、ナタリー・ポートマン、ヘイデン・クリステンセン

アイス・エイジ（02）
ICE AGE
監督：クリス・ウェッジ／出演：レイ・ロマーノ、デニス・リアリー、ジョン・レグイザモ

ウインドトーカーズ（02）
WINDTALKERS
監督：ジョン・ウー／出演：ニコラス・ケイジ、アダム・ビーチ、クリスチャン・スレーター

ロード・トゥ・パーディション（02）
ROAD TO PERDITION
監督：サム・メンデス／出演：トム・ハンクス、ポール・ニューマン、ジュード・ロウ、ダニエル・クレイグ

ＯＵＴ（02）
OUT
監督：平山秀幸／出演：原田美枝子、倍賞美津子、室井滋、西田尚美

ブラック・ナイト（02）
BLACK KNIGHT
監督：ジル・ジュンガー／出演：マーティン・ローレンス、マーシャ・トマソン、トム・ウィルキンソン

至福のとき（02）
HAPPY TIMES
監督：チャン・イーモウ／出演：チャオ・ベンシャン、ドン・ジエ、フー・ビアオ

ウェイキング・ライフ（01）
WAKING LIFE
監督：リチャード・リンクレイター／出演：ワイリー・ウィギンズ、イーサン・ホーク、ジュリー・デルピー

リーマン・ジョー！（01）
JOE SOMEBODY
監督：ジョン・パスキン／出演：ティム・アレン、ジュリー・ボーウェン、ケリー・リンチ

マイノリティ・リポート（02）
MINORITY REPORT
監督：スティーヴン・スピルバーグ／出演：トム・クルーズ、コリン・ファレル、サマンサ・モートン

2003年

運命の女（02）
UNFAITHFUL
監督：エイドリアン・ライン／出演：ダイアン・レイン、リチャード・ギア、オリヴィエ・マルティネス

クン・パオ！燃えよ鉄拳（02）
KUNG POW:ENTER THE FIST
監督：スティーヴ・オーデカーク／出演：スティーヴ・オーデカーク、ロン・フェイ、レオ・リー

ストーカー（02）
ONE HOUR PHOTO
監督・脚本：マーク・ロマネク／出演：ロビン・ウィリアムズ、コニー・ニールセン、ミシェル・ヴァルタン

KISSING ジェシカ（02）
KISSING JESSICA STEIN
監督：チャールズ・ハーマン＝ワームフェルド／出演：ジェニファー・ウェストフェルト、ヘザー・ジャーゲンセン、スコット・コーエン

００７／ダイ・アナザー・デイ（02）
007 / DIE ANOTHER DAY
監督：リー・タマホリ／出演：ピアース・ブロスナン、ハル・ベリー、トビー・スティヴンス

プール（02）
SWIMFAN
監督：ジョン・ポルソン／出演：ジェシー・ブラッドフォード、エリカ・クリステンセン、シリ・アップルビー

デアデビル（03）
DAREDEVIL
監督・脚本：マーク・スティーヴン・ジョンソン／出演：ベン・アフレック、ジェニファー・ガーナー、マイケル・クラーク・ダンカン

きみの帰る場所／アントワン・フィッシャー（02）
ANTWONE FISHER
監督：デンゼル・ワシントン／出演：デレク・ルーク、コリー・ホッジス、デンゼル・ワシントン

Ｘ－ＭＥＮ２（03）
X-MEN 2
監督：ブライアン・シンガー／出演：ヒュー・ジャックマン、パトリック・スチュワート、ファムケ・ヤンセン

バンガー・シスターズ（02）
THE BANGER SISTERS
監督：ボブ・ドルマン／出演：ゴールディ・ホーン、スーザン・サランドン、ジェフリー・ラッシュ

ソラリス（02）
SOLARIS
監督：スティーヴン・ソダーバーグ／出演：ジョージ・クルーニー、ナターシャ・マケルホーン、ジェレミー・デイヴィス

ブロンド・ライフ（02）
LIFE OR SOMETHING LIKE IT
監督：スティーヴン・ヘレク／出演：アンジェリーナ・ジョリー、エドワード・バーンズ、トニー・シャルーブ

28日後…（02）
28 DAYS LATER
監督：ダニー・ボイル／出演：キリアン・マーフィ、ナオミ・ハリス、クリストファー・エクルストン

リーグ・オブ・レジェンド／時空を超えた戦い（03）
THE LEAGUE OF EXTRAORDINARY GENTLEMEN
監督：スティーヴン・ノリントン／出演：ショーン・コネリー、スチュアート・タウンゼント、ペータ・ウィルソン

恋は邪魔者（03）
DOWN WITH LOVE
監督：ペイトン・リード／出演：レニー・ゼルウィガー、ユアン・マクレガー、デヴィッド・ハイド・ピアース

ジャスト・マリッジ（03）
JUST MARRIED
監督：ショーン・レヴィ／出演：アシュトン・カッチャー、ブリタニー・マーフィ、クリスチャン・ケイン

キューティ・ブロンド／ハッピーMAX（03）
LEGALLY BLONDE 2: WHITE & BLONDE
監督：チャールズ・ハーマン＝ワームフェルド／出演：リース・ウィザースプーン、サリー・フィールド、ルーク・ウィルソン

フォーン・ブース(02)
PHONE BOOTH
監督：ジョエル・シューマカー／出演：コリン・ファレル、フォレスト・ウィテカー、ケイティ・ホームズ

イン・アメリカ／三つの小さな願いごと(02)
IN AMERICA
監督：ジム・シェリダン／出演：サマンサ・モートン、パディ・コンシダイン、ジャイモン・フンスー

2004年

ギャンブル・プレイ(02)
THE GOOD THIEF
監督：ニール・ジョーダン／出演：ニック・ノルティ、チェッキー・カリョ、エミール・クストリッツァ

悪霊喰(03)
THE ORDER
監督：ブライアン・ヘルゲランド／出演：ヒース・レジャー、シャニン・ソサモン、ベンノ・フユルマン

エイリアン／ディレクターズ・カット(79)
ALIEN : DIRECTOR'S CUT
監督：リドリー・スコット／出演：トム・スケリット、シガニー・ウィーヴァー、ヴェロニカ・カートライト

アップタウン・ガールズ(03)
UPTOWN GIRLS
監督：ボアズ・イェーキン／出演：ブリタニー・マーフィ、フィッシャー・スティーヴンス、ダコタ・ファニング

スパニッシュ・アパートメント(03)
L'AUBERGE ESPAGNOLE
監督：セドリック・クラピッシュ／出演：ロマン・デュリス、ジュディット・ゴドレーシュ、オドレイ・トトゥ

ドラムライン(02)
DRUMLINE
監督：チャールズ・ストーン三世／出演：ニック・キャノン、ゾーイ・サルダナ、オーランド・ジョーンズ

ル・ディヴォース／パリに恋して(03)
LE DIVORCE
監督：ジェームズ・アイヴォリー／出演：ケイト・ハドソン、ナオミ・ワッツ、ジャン＝マルク・バール

ヒューマン・キャッチャー(03)
JEEPERS CREEPERS 2
監督：ヴィクター・サルヴァ／出演：レイ・ワイズ、ジョナサン・ブレック、エリック・ネニンジャー

デイ・アフター・トゥモロー(04)
THE DAY AFTER TOMORROW
監督：ローランド・エメリッヒ／出演：デニス・クエイド、ジェイク・ギレンホール、イアン・ホルム

アイ，ロボット(04)
I, ROBOT
監督：アレックス・プロヤス／出演：ウィル・スミス、ブリジット・モイナハン、ブルース・グリーンウッド

二重誘拐(04)
THE CLEARING
監督：ピーター・ジャン・ブルージ／出演：ロバート・レッドフォード、ヘレン・ミレン、ウィレム・デフォー

ガーフィールド(04)
GARFILED : THE MOVIE
監督：ピーター・ヒューイット／出演：ブレッキン・メイヤー、ジェニファー・ラヴ・ヒューイット、スティーヴン・トボロウスキー

ネバー・ダイ・アローン(04)
NEVER DIE ALONE
監督：アーネスト・ディッカーソン／出演：デヴィッド・アークエット、マイケル・イーリー、クリフトン・パウエル

五線譜のラブレター DE LOVELY(04)
DE-LOVELY
監督：アーウィン・ウィンクラー／出演：ケヴィン・クライン、ジョナサン・プライス、アシュレイ・ジャッド

エイリアンvs.プレデター(04)
ALIEN VS. PREDATOR
監督：ポール・W・S・アンダーソン／出演：サナ・レイサン、ラウル・ボヴァ、ランス・ヘンリクセン

ふたりにクギづけ(03)
STUCK ON YOU
監督・製作：ボビー・ファレリー、ピーター・ファレリー／出演：マット・デイモン、グレッグ・キニア、エヴァ・メンデス

2005年

TAXI NY(04)
TAXI
監督：ティム・ストーリー／出演：クイーン・ラティファ、ジミー・ファロン、ジゼル・ブンチェン

サイドウェイ(04)
SIDEWAY
監督：アレクサンダー・ペイン／出演：ポール・ジアマッティ、トーマス・ヘイデン・チャーチ、ヴァージニア・マドセン

フライト・オブ・フェニックス(04)
FLIGHT OF THE PHOENIX
監督：ジョン・ムーア／出演：デニス・クエイド、ジョヴァンニ・リビシ、ミランダ・オットー

ハイド・アンド・シーク／暗闇のかくれんぼ(05)
HIDE AND SEEK
監督：ジョン・ポルソン／出演：ロバート・デ・ニーロ、ダコタ・ファニング、ファムケ・ヤンセン

ドッジボール(04)
DODGEBALL : A TRUE UNDERDOG STORY
監督：ローソン・マーシャル・サーバー／出演：ヴィンス・ヴォーン、クリスティーン・テイラー、ベン・スティラー

ホワイト・プリンセス(04)
FIRST DAUGHTER
監督：フォレスト・ウィッテカー／出演：ケイティ・ホームズ、マーク・ブルカス、マイケル・キートン

キングダム・オブ・ヘブン(05)
KINGDOM OF HEAVEN
監督・製作：リドリー・スコット／出演：オーランド・ブルーム、エヴァ・グリーン、リーアム・ニーソン

エレクトラ(05)
ELEKTRA
監督：ロブ・ボウマン／出演：ジェニファー・ガーナー、ゴラン・ヴィシュニック、ウィル・ユン・リー

メリンダとメリンダ(04)
MELINDA AND MELINDA
監督：ウディ・アレン／出演：シャロム・ハーロウ、ジョシュ・ブローリン、ラダ・ミッチェル

スター・ウォーズ エピソード3／シスの復讐(05)
STAR WARS : EPISODE III - REVENGE OF THE SITH
監督・製作総指揮：ジョージ・ルーカス／出演：ユアン・マクレガー、ナタリー・ポートマン、ヘイデン・クリステンセン

ロボッツ(05)
ROBOTS
監督:クリス・ウェッジ/出演:ユアン・マクレガー、ハル・ベリー、ロビン・ウィリアムズ

Be Cool/ビー・クール(05)
BE COOL
監督:F・ゲイリー・グレイ/出演:ジョン・トラヴォルタ、ユマ・サーマン、ヴィンス・ヴォーン

ファンタスティック・フォー[超能力ユニット](05)
FANTASTIC FOUR
監督:ティム・ストーリー/出演:ヨアン・グリフィズ、ジェシカ・アルバ、クリス・エヴァンス

ゲス・フー/招かれざる恋人(05)
GUESS WHO
監督:ケヴィン・ロドニー・サリヴァン/出演:バーニー・マック、アシュトン・カッチャー、ゾーイ・サルダナ

イントゥ・ザ・ブルー(05)
INTO THE BLUE
監督:ジョン・ストックウェル/出演:ポール・ウォーカー、ジェシカ・アルバ、スコット・カーン

イン・ハー・シューズ(05)
IN HER SHOES
監督・製作:カーティス・ハンソン/出演:キャメロン・ディアス、トニ・コレット、シャーリー・マクレーン

綴り字のシーズン(05)
BEE SEASON
監督:スコット・マクギー、デヴィッド・シーゲル/出演:リチャード・ギア、ジュリエット・ビノシュ、フローラ・クロス

2006年

悪魔の棲む家(05)
THE AMITYVILLE HORROR
監督:アンドリュー・ダグラス/出演:ライアン・レイノルズ、メリッサ・ジョージ、ジェシー・ジェームズ

ウォーク・ザ・ライン/君につづく道(05)
WALK THE LINE
監督:ジェームズ・マンゴールド/出演:ホアキン・フェニックス、リース・ウィザースプーン、ジニファー・グッドウィン

ナイト・ウォッチ/NOCHNOI DOZOR(04)
NIGHT WATCH
監督:ティムール・ベクマンベトフ/出演:コンスタンチン・ハベンスキー、ウラジーミル・メニショフ、マリア・ポロシナ

アイス・エイジ2(06)
ICE AGE: THE MELTDOWN
監督:カルロス・サルダーニャ/出演:ジョン・レグイザモ、デニス・リアリー、レイ・ロマノ

ピンクパンサー(06)
THE PINK PANTHER
監督:ショーン・レヴィ/出演:スティーヴ・マーティン、ケヴィン・クライン、ビヨンセ・ノウルズ

ステイ(05)
STAY
監督:マーク・フォースター/出演:ユアン・マクレガー、ナオミ・ワッツ、ライアン・ゴズリング

オーメン(06)
THE OMEN
監督:ジョン・ムーア/出演:リーヴ・シュレイバー、ジュリア・スタイルズ、ミア・ファロー

2番目のキス(05)
FEVER PITCH
監督:ボビー・ファレリー、ピーター・ファレリー/出演:ドリュー・バリモア、ジミー・ファロン、ジャック・ケーラー

幸せのポートレート(05)
THE FAMILY STONE
監督:トーマス・ベズーチャ/出演:サラ・ジェシカ・パーカー、ダイアン・キートン、クレア・デインズ

X-MEN:ファイナル ディシジョン(06)
X-MEN:THE LAST STAND
監督:ブレット・ラトナー/出演:ヒュー・ジャックマン、ハル・ベリー、イアン・マッケラン

ザ・センチネル/陰謀の星条旗(06)
THE SENTINEL
監督:クラーク・ジョンソン/出演:マイケル・ダグラス、キーファー・サザーランド、エヴァ・ロンゴリア

ガーフィールド2(06)
GARFIELD:A TAIL OF TWO KITTIES
監督:ティム・ヒル/出演:ブレッキン・メイヤー、ジェニファー・ラヴ・ヒューイット、ビリー・コノリー

サンキュー・スモーキング(06)
THANK YOU FOR SMOKING
監督:ジェイソン・ライトマン/出演:アーロン・エッカート、サム・エリオット、ケイティ・ホームズ

トリスタンとイゾルデ(06)
TRISTAN & ISOLDE
監督:ケヴィン・レイノルズ/出演:ジェームズ・フランコ、ソフィア・マイルズ、ルーファス・シーウェル

プラダを着た悪魔(06)
THE DEVIL WEARS PRADA
監督:デヴィッド・フランケル/出演:メリル・ストリープ、アン・ハサウェイ、エミリー・ブラント

エラゴン 遺志を継ぐ者(06)
ERAGON
監督:シュテフェン・ファンマイアー/出演:エド・スペリーアス、ジェレミー・アイアンズ、シエンナ・ギロリー

リトル・ミス・サンシャイン(06)
LITTLE MISS SUNSHINE
監督:ジョネサン・デイトン&ヴァレリー・ファリス/出演:グレッグ・キニア、スティーヴ・カレル、トニ・コレット

2007年

Gガール ―破壊的な彼女―(06)
MY SUPER EX-GIRLFRIND
監督:アイヴァン・ライトマン/出演:ユマ・サーマン、ルーク・ウィルソン、アンナ・ファリス

ネバー・サレンダー 肉弾凶器(06)
THE MARINE
監督:ジョン・ボニート/出演:ジョン・シナ、ロバート・パトリック、ケリー・カールソン

ラストキング・オブ・スコットランド(06)
THE LAST KING OF SCOTLAND
監督:ケヴィン・マクドナルド/出演:フォレスト・ウィッテカー、ジェームズ・マカヴォイ、ケリー・ワシントン

ナイト ミュージアム(06)
NIGHT AT THE MUSEUM
監督:ショーン・レヴィ/出演:ベン・スティラー、ロビン・ウィリアムズ、カーラ・グギーノ

サンシャイン2057(07)
SUNSHINE
監督:ダニー・ボイル/出演:キリアン・マー

フィ、真田広之、ミシェル・ヨー

リンガー！替え玉★選手権（05）
THE RINGER
監督：バリー・W・ブラウスタイン／出演：ジョニー・ノックスヴィル、ブライアン・コックス、キャサリン・ハイグル

ロッキー・ザ・ファイナル（06）
ROCKY BALBOA
監督：シルヴェスター・スタローン／出演：シルヴェスター・スタローン、バート・ヤング、アントニオ・ターヴァー

ボラット　栄光ナル国家カザフスタンのためのアメリカ文化学習（06）
BORAT : CULTURAL LEARNINGS OF AMERICA FOR MAKE BENEFIT GLORIOUS NATION OF KAZAKHSTAN
監督：ラリー・チャールズ／出演：サシャ・バロン・コーエン、ケン・ダヴィティアン、ルネル

あるスキャンダルの覚え書き（06）
NOTES ON A SCANDAL
監督：リチャード・エアー／出演：ジュディ・デンチ、ケイト・ブランシェット、ビル・ナイ

鉄板英雄伝説（07）
EPIC MOVIE
監督・脚本：ジェイソン・フリードバーグ、アーロン・セルツァー／出演：カル・ペン、アダム・キャンベル、ジェニファー・クーリッジ

ダイ・ハード4・0（07）
LIVE FREE OR DIE HARD
監督：レン・ワイズマン／出演：ブルース・ウィリス、ジャスティン・ロング、ティモシー・オリファント

ファウンテン　永遠につづく愛（06）
THE FOUNTAIN
監督・脚本：ダーレン・アロノフスキー／出演：ヒュー・ジャックマン、レイチェル・ワイズ、エレン・バースティン

ファイアー・ドッグ　消防犬デューイの大冒険（07）
FIREHOUSE DOG
監督：トッド・ホランド／出演：ジョシュ・ハッチャーソン、ブルース・グリーンウッド、ダッシュ・ミホク

ファンタスティック・フォー：銀河の危機（07）
FANTASTIC FOUR:RISE OF THE SILVER SURFER
監督：ティム・ストーリー／出演：ヨエン・グリフィス、ジェシカ・アルバ、クリス・エヴァンス

ウェイトレス　～おいしい人生のつくりかた（07）
WAITRESS
監督・脚本：エイドリアン・シェリー／出演：ケリー・ラッセル、ネイサン・フィリオン、シェリル・ハインズ

ザ・シンプソンズ　MOVIE（07）
THE SIMPSONS MOVIE
監督：デヴィッド・シルヴァーマン／出演：ダン・カステラネタ、ジュリー・カヴナー、ナンシー・カートライト

その名にちなんで（06）
THE NAMESAKE
監督：ミーラー・ナーイル／出演：カル・ペン、タブー、イルファン・カーン

光の六つのしるし（07）
THE SEEKER
監督：デヴィッド・L・カニンガム／出演：アレクサンダー・ルドウィグ、クリストファー・エクルストン、イアン・マクシェーン

AVP2／エイリアンズvs.プレデター（07）
ALIENS VS. PREDATOR : REQUIEM
監督：ザ・ストラウス・ブラザーズ／出演：レイコ・エイルスワース、ジョン・オーティス、スティーヴン・パスカル

2008年

28週後…（07）
28 WEEKS LATER
監督：ファン・カルロス・フレスナディージョ／出演：ロバート・カーライル、ローズ・バーン、ジェレミー・レナー

デイ・ウォッチ（06）
DNEVNOY DOZOR
監督：ティムール・ベクマンベトフ／出演：コンスタンチン・ハベンスキー、マリア・ポロシナ、ウラジーミル・メニショフ

ジャンパー（08）
JUMPER
監督：ダグ・リーマン／出演：ヘイデン・クリステンセン　ダイアン・レイン　サミュエル・L・ジャクソン

ダージリン急行（07）
THE DARJEELING LIMITED
監督・脚本ウェス・アンダーソン／出演：オーウェン・ウィルソン、エイドリアン・ブロディ、ジェイソン・シュワルツマン

ヒットマン（07）
HITMAN
監督：ザヴィエ・ジャン／出演：ティモシー・オリファント、ダグレイ・スコット、オルガ・キュリレンコ

大いなる陰謀（07）
LIONS FOR LAMBS
監督：ロバート・レッドフォード／出演：ロバート・レッドフォード、トム・クルーズ、メリル・ストリープ

幸せになるための27のドレス（08）
27 DRESSES
監督：アン・フレッチャー／出演：キャサリン・ハイグル　ジェームズ・マースデン、マリン・アッカーマン

JUNO／ジュノ（07）
JUNO
監督：ジェイソン・ライトマン／出演：エレン・ペイジ、マイケル・セラ、ジェニファー・ガーナー

ホートン　ふしぎな世界の国ダレダーレ（08）
HORTON HEARS A WHO!
監督：ジミー・ヘイワード、スティーヴ・マーティノ／出演：ジム・キャリー、スティーヴ・カレル、キャロル・バーネット

ハプニング（08）
THE HAPPENING
監督：M・ナイト・シャマラン／出演：マーク・ウォールバーグ、ズーイー・デシャネル、ジョン・レグイザモ

ベガスの恋に勝つルール（08）
WHAT HAPPENS IN VEGAS
監督：トム・ヴォーン／出演：キャメロン・ディアス、アシュトン・カッチャー、ロブ・コードリー

シャッター（08）
SHUTTER
監督：落合正幸／出演：奥菜恵、ジョシュア・ジャクソン、ロブ・コートリー、レイチェル・テイラー

アルビン　歌うシマリス3兄弟（07）
ALVIN AND THE CHIPMUNKS
監督：ティム・ヒル／出演：ジェイソン・リー、デヴィッド・クロス、キャメロン・リチャードソン

X－ファイル：真実を求めて（08）
THE X-FILES: I WANT TO BELIEVE

監督：クリス・カーター／出演：デヴィッド・ドゥカブニー、ジリアン・アンダーソン、アマンダ・ピート

地球が静止する日（08）
THE DAY THE EARTH STOOD STILL
監督：スコット・デリクソン／出演：キアヌ・リーヴス、ジェニファー・コネリー、ジェイデン・スミス

ミラーズ（08）
MIRRORS
監督：アレクサンドル・アジャ／出演：キーファー・サザーランド、ポーラ・パットン、エイミー・スマート

2009年

フェイク シティ ある男のルール（08）
STREET KINGS
監督：デヴィッド・エアー／出演：キアヌ・リーヴス、フォレスト・ウィテカー、クリス・エヴァンス

オーストラリア（08）
AUSTRALIA
監督：バズ・ラーマン／出演：ニコール・キッドマン、ヒュー・ジャックマン、デヴィッド・ウェナム

DRAGONBALL EVOLUTION（08）
DRAGONBALL EVOLUTION
監督：ジェームズ・ウォン／出演：ジャスティン・チャットウィン、ジェームズ・マースターズ、周潤發

リリィ、はちみつ色の秘密（08）
THE SECRET LIFE OF BEES
監督・脚本：ジーナ・プリンス=バイスウッド／出演：クイーン・ラティファ、ダコタ・ファニング、ジェニファー・ハドソン

マーリー 世界一おバカな犬が教えてくれたこと（08）
MARLEY & ME
監督：デヴィッド・フランケル／出演：オーウェン・ウィルソン、ジェニファー・アニストン、エリック・デイン

マックス・ペイン（08）
MAX PAYNE
監督：ジョン・ムーア／出演：マーク・ウォールバーグ、ミラ・クニス、ボー・ブリッジス、オルガ・キュリレンコ

バビロンA.D.（08）
BABYLON A.D.
監督：マチュー・カソヴィッツ／出演：ヴィン・ディーゼル、ミシェル・ヨー、ジェラール・ドパルデュー

群青 愛が沈んだ海の色（09）
COBALT BLUE
監督：中川陽介／出演：長澤まさみ、福士誠治、佐々木蔵之介

アイス・エイジ3／ティラノのおとしもの（09）
ICE AGE: DAWN OF THE DINOSAURS
監督：カルロス・サルダーニャ／出演：レイ・ロマノ、ジョン・レグイザモ、デニス・リアリー

ナイト ミュージアム2（08）
NIGHT AT THE MUSEUM: BATTLE OF THE SMITHSONIAN
監督：ショーン・レヴィ／出演：ベン・スティラー、ロビン・ウィリアムズ、エイミー・アダムス

96時間（08）
TAKEN
監督：ピエール・モレル／出演：リーアム・ニーソン、マギー・グレイス、ファムケ・ヤンセン

ウルヴァリン：X-MEN ZERO（09）
X-MEN ORIGINS: WOLVERINE
監督：ギャヴィン・フッド／出演：ヒュー・ジャックマン、リーヴ・シュレイバー、ライアン・レイノルズ

サイドウェイズ（09）
SIDEWAYS
監督：チェリン・グラック／出演：小日向文世、生瀬勝久、鈴木京香

アバター（09）
AVATAR
監督：ジェームズ・キャメロン／出演：サム・ワーシントン、ゾーイ・サルダナ、シガーニー・ウィーヴァー

2010年

（500）日のサマー（09）
500 DAYS OF SUMMER
監督：マーク・ウェブ／出演：ジョセフ・ゴードン＝レヴィット、ゾーイー・デシャネル、ジェフリー・エアンド

パーシー・ジャクソンとオリンポスの神々（10）
PERCY JACKSON & OLYMPIANS THE LIGHTNING THIEF
監督：クリス・コロンバス／出演：ローガン・ラーマン、ブランドン・T・ジャクソン、アレクサンドラ・ダダリオ

クレイジー・ハート（09）
CRAZY HEART
監督：スコット・クーパー／出演：ジェフ・ブリッジス、マギー・ギレンホール、ロバート・デュヴァル

プレデターズ（10）
PREDATORS
監督 ニムロッド・アーントル／出演：エイドリアン・ブロディ、トファー・グレイス、ローレンス・フィッシュバーン

特攻野郎AチームTHE MOVIE（10）
THE A-TEAM
監督：ジョー・カーナハン／出演：リーアム・ニーソン、ブラッドリー・クーパー、シャールト・コプリー

ナイト&デイ（10）
KNIGHT AND DAY
監督：ジェームズ・マンゴールド／出演：トム・クルーズ、キャメロン・ディアス、ピーター・サースガード

2011年

アンストッパブル（10）
UNSTOPPABLE
監督：トニー・スコット／出演：デンゼル・ワシントン、クリス・パイン、ロザリオ・ドーソン

ウォール・ストリート（10）
WALL STREET: MONEY NEVER SLEEPS
監督：オリヴァー・ストーン／出演：マイケル・ダグラス、シャイア・ラブーフ、ジョシュ・ブローリン

ナルニア国物語／第3章：アスラン王と魔法の島（10）
CHRONICLES OF NARNIA : THE VOYAGE OF THE DAWN TREADER
監督：マイケル・アプテッド／出演：ベン・バーンズ、ジョージー・ヘンリー、スキャンダー・ケインズ

わたしを離さないで（10）
NEVER LET ME GO
監督：マーク・ロマネク／出演：キャリー・マリガン アンドリュー・ガーフィールド、キーラ・ナイトレイ

ガリバー旅行記（10）
GULLIVER'S TRAVELS
監督：ロブ・レターマン／出演：ジャック・ブ

ラック、エミリー・ブラント、アマンダ・ピート

ブラック・スワン（10）
BLACK SWAN
監督：ダーレン・アロノフスキー／出演：ナタリー・ポートマン、ヴァンサン・カッセル、ミラ・クニス

X-MEN：ファースト・ジェネレーション（11）
X-MEN: FIRST CLASS
監督：マシュー・ヴォーン／出演：ジェームズ・マカヴォイ、マイケル・ファスベンダー、ジェニファー・ローレンス

127時間（10）
127 HOURS
監督・脚本：ダニー・ボイル／出演：ジェームズ・フランコ、ケイト・マーラ、アンバー・タンブリン

glee／グリー ザ・コンサート3Dムービー（11）
GLEE: THE 3D CONCERT MOVIE
監督：ケヴィン・タンチャローエン／出演：ディアナ・アグロン、クリス・コルファー、ダレン・クリス

はやぶさ／HAYABUSA（11）
HAYABUSA
監督：堤幸彦／出演：竹内結子、西田敏行、髙嶋政宏

猿の惑星：創世記（ジェネシス）（11）
RISE OF THE PLANET OF THE APES
監督：ルパート・ワイアット／出演：ジェームズ・フランコ、アンディ・サーキス、フリーダ・ピント

ラブ＆ドラッグ（10）
LOVE AND OTHER DRUGS
監督：エドワード・ズウィック／出演：ジェイク・ギレンホール、アン・ハサウェイ、オリヴァー・プラット

2012年

TIME／タイム（11）
IN TIME
監督：アンドリュー・ニコル／出演：ジャスティン・ティンバーレイク、アマンダ・セイフライド、キリアン・マーフィー

スター・ウォーズ　エピソード1／ファントム・メナス　3D（12）

タイタニック　3D（12）

Black & White／ブラック&ホワイト（12）
THIS MEANS WAR
監督：マックG／出演：リース・ウィザースプーン、クリス・パイン、トム・ハーディ

ファミリー・ツリー（11）
THE DESCENDANTS
監督：アレクサンダー・ペイン／出演：ジョージ・クルーニー、シェイリーン・ウッドリー、ボー・ブリッジス

幸せへのキセキ（11）
WE BOUGHT A ZOO
監督：キャメロン・クロウ／出演：マット・デイモン、スカーレット・ヨハンソン、トーマス・ヘイデン・チャーチ

プロメテウス（12）
PROMETHEUS
監督：リドリー・スコット／出演：ノオミ・ラパス、マイケル・ファスベンダー、ガイ・ピアース

リンカーン／秘密の書（12）
ABRAHAM LINCOLN: VAMPIRE HUNTER
監督：ティムール・ベクマンベトフ／出演：ベンジャミン・ウォーカー、ドミニク・クーパー、アンソニー・マッキー

カラスの親指（12）
CROW'S THUMB
監督：伊藤匡史／出演：阿部寛、村上ショージ、石原さとみ

ルビー・スパークス（12）
RUBY SPARKS
監督：ジョナサン・デイトン／出演：ポール・ダノ、ゾーイ・カザン、アントニオ・バンデラス

2013年

96時間／リベンジ（12）
TAKEN 2
監督：オリヴィエ・メガトン／出演：リーアム・ニーソン、マギー・グレイス、ファムケ・ヤンセン

ライフ・オブ・パイ／トラと漂流した227日（12）
LIFE OF PI
監督：アン・リー／出演：スラージ・シャルマ、イルファン・カーン、タブー

マリーゴールド・ホテルで会いましょう（11）
THE BEST EXOTIC MARIGOLD HOTEL
監督：ジョン・マッデン／出演：ジュディ・デンチ、ビル・ナイ、ペネロープ・ウィルトン

ダイ・ハード／ラスト・デイ（13）
A GOOD DAY TO DIE HARD
監督：ジョン・ムーア／出演：ブルース・ウィリス、ジェイ・コートニー、セバスチャン・コッホ

DRAGON BALL Z 神と神（13）
Dragon Ball Z: Battle of Gods
監督：細田雅弘／出演：野沢雅子、鶴ひろみ、堀川りょう

ヒッチコック（12）
HITCHCOCK
監督：サーシャ・ガヴァシ／出演：アンソニー・ホプキンス、ヘレン・ミレン、スカーレット・ヨハンソン

リンカーン（12）
LINCOLN
監督：スティーヴン・スピルバーグ／出演：ダニエル・デイ＝ルイス、サリー・フィールド、ジョセフ・ゴードン＝レヴィット

ウルヴァリン：SAMURAI（13）
THE WOLVERINE
監督：ジェームズ・マンゴールド／出演：ヒュー・ジャックマン、真田広之、TAO

クロニクル（12）
CHRONICLE
監督：ジョシュ・トランク／出演：デイン・デハーン、アレックス・ラッセル、マイケル・B・ジョーダン

トランス（13）
TRANCE
監督：ダニー・ボイル／出演：ジェームズ・マカヴォイ、ヴァンサン・カッセル、ロザリオ・ドーソン

パーシー・ジャクソンとオリンポスの神々／魔の海（13）
PARCY JACKSON: SEA OF MONSTERS
監督：トール・フロイデンタール／出演：ローガン・ラーマン、ブランドン・T・ジャクソン、アレクサンドラ・ダダリオ

悪の法則（13）
THE COUNSELOR
監督：リドリー・スコット／出演：マイケル・ファスベンダー、ペネロペ・クルス、キャメロン・ディアス

セッションズ（12）

THE SESSIONS
監督：ベン・リューイン／出演：ジョン・ホークス、ヘレン・ハント、ウィリアム・H・メイシー

ウォーキング with ダイナソー（13）
WALKING WITH DINOSAURS 3D
監督：ニール・ナイチンゲール、バリー・クック／出演：ジョン・レグイザモ、ジャスティン・ロング、スカイラー・ストーン

2014年

ザ・イースト（13）
THE EAST
監督：ザル・バトマングリッジ／出演：ブリット・マーリング、アレクサンダー・スカルスガルド、エレン・ペイジ

LIFE!／ライフ（13）
THE SECRET LIFE OF WALTER MITTY
監督：ベン・スティラー／出演：ベン・スティラー、クリステン・ウィグ、シャーリー・マクレーン

おとなの恋には嘘がある（13）
ENOUGH SAID
監督：ニコール・ホロフセナー／出演：ジュリア・ルイス＝ドレイファス、ジェームズ・ガンドルフィーニ、トニ・コレット

X-MEN：フューチャー＆パスト（14）
X-MEN: DAYS OF FUTURE PAST
監督：ブライアン・シンガー／出演：ヒュー・ジャックマン、ジェームズ・マカヴォイ、マイケル・ファスベンダー

グランド・ブダペスト・ホテル（13）
THE GRAND BUDAPEST HOTEL
監督：ウェス・アンダーソン／出演：レイフ・ファインズ、F・マーレイ・エイブラハム、マチュー・アマルリック

猿の惑星：新世紀（ライジング）
DAWN OF THE PLANET OF THE APES
監督：マット・リーヴス／出演：アンディ・サーキス、ジェイソン・クラーク、ゲイリー・オールドマン

ゴーン・ガール（14）
GONE GIRL
監督：デヴィッド・フィンチャー／出演：ベン・アフレック、ロザムンド・パイク、ニール・パトリック・ハリス

2015年

96時間／レクイエム（14）
TAKEN 3
監督：オリヴィエ・メガトン／出演：リーアム・ニーソン、フォレスト・ウィテカー、ファムケ・ヤンセン

エクソダス：神と王（14）
EXODUS: GODS AND KINGS
監督：リドリー・スコット／出演：クリスチャン・ベイル、ジョエル・エドガートン、ジョン・タートゥーロ

きっと、星のせいじゃない。（14）
THE FAULT IN OUR STARS
監督：ジョシュ・ブーン／出演：シェイリーン・ウッドリー、アンセル・エルゴート、ナット・ウルフ

ナイト ミュージアム／エジプト王の秘密（14）
NIGHT AT THE MUSEUM: SECRET OF THE TOMB
監督：ショーン・レヴィ／出演：ベン・スティラー、ロビン・ウィリアムズ、オーウェン・ウィルソン

バードマン あるいは（無知がもたらす予期せぬ奇跡）（14）
BIRDMAN or (The Unexpected Virtue of Ignorance)
監督・脚本：アレハンドロ・ゴンサレス・イニャリトゥ／出演：マイケル・キートン、ザック・ガリフィナーキス、エドワード・ノートン

メイズ・ランナー（14）
THE MAZE RUNNER
監督：ウェス・ボール／出演：ディラン・オブライエン、ウィル・ポールター、カヤ・スコデラーリオ

わたしに会うまでの1600キロ（14）
WILD
監督：ジャン＝マルク・ヴァレ／出演：リース・ウィザースプーン、ローラ・ダーン、トーマス・サドスキー

ファンタスティック・フォー（15）
FANTASTIC FOUR
監督 ジョシュ・トランク／出演：マイルズ・テラー、マイケル・B・ジョーダン、ケイト・マーラ

メイズ・ランナー2：砂漠の迷宮（15）
MAZE RUNNER: THE SCORCH TRIALS
監督：ウェス・ボール／出演：ディラン・オブライエン、カヤ・スコデラーリオ、トーマス・ブローディ＝サングスター

I LOVE スヌーピー THE PEANUTS MOVIE（15）
THE PEANUTS MOVIE
監督：スティーヴ・マーティノ／出演：ノア・シュナップ、ビル・メレンデス、ハドリー・ベル・ミラー

わたしはマララ（15）
HE NAMED ME MALALA
監督：デイヴィス・グッゲンハイム／出演：マララ・ユスフザイ

2016年

ブリッジ・オブ・スパイ（15）
BRIDGE OF SPIES
監督：スティーヴン・スピルバーグ／出演：トム・ハンクス、マーク・ライランス、エイミー・ライアン

オデッセイ（15）
THE MARTIAN
監督 リドリー・スコット／出演：マット・デイモン、ジェシカ・チャステイン、クリステン・ウィグ

マリーゴールド・ホテル 幸せへの第二章（15）
THE SECOND BEST EXOTIC MARIGOLD HOTEL
監督：ジョン・マッデン／出演：ジュディ・デンチ、ビル・ナイ、ペネロープ・ウィルトン

レヴェナント：蘇えりし者（15）
THE REVENANT
監督：アレハンドロ・ゴンサレス・イニャリトゥ／出演：レオナルド・ディカプリオ、トム・ハーディ、ドーナル・グリーソン

デッドプール（16）
DEADPOOL
監督：ティム・ミラー／出演：ライアン・レイノルズ、モリーナ・バッカリン、エド・スクライン

ブルックリン（15）
BROOKLYN
監督：ジョン・クローリー／出演：シアーシャ・ローナン、ドーナル・グリーソン、エモリー・コーエン

インデペンデンス・デイ：リサージェンス（16）
INDEPENDENCE DAY: RESURGENCE
監督：ローランド・エメリッヒ／出演：リアム・ヘムズワース、ジェフ・ゴールドブラム、ジェシー・アッシャー

X-MEN：アポカリプス（16）
X-MEN: APOCALYPSE
監督：ブライアン・シンガー／出演：ジェームズ・マカヴォイ、マイケル・ファスベンダー、ジェニファー・ローレンス

2017年

ミス・ペレグリンと奇妙なこどもたち（16）
MISS PEREGRINE'S HOME FOR PECULIAR CHILDREN
監督：ティム・バートン／出演：エヴァ・グリーン、エイサ・バターフィールド、クリス・オダウド

アサシン クリード（16）
ASSASSIN'S CREED
監督：ジャスティン・カーゼル／出演：マイケル・ファスベンダー、マリオン・コティヤール、ジェレミー・アイアンズ

LOGAN／ローガン（17）
LOGAN
監督：ジェームズ・マンゴールド／出演：ヒュー・ジャックマン、パトリック・スチュワート、ボイド・ホルブルック

エイリアン：コヴェナント（17）
ALIEN: COVENANT
監督：リドリー・スコット／出演：マイケル・ファスベンダー、キャサリン・ウォーターストン、ビリー・クラダップ

ドリーム（16）
HIDDEN FIGURES
監督：セオドア・メルフィ／出演：タラジ・P・ヘンソン、オクタヴィア・スペンサー、ジャネール・モネイ

猿の惑星：聖戦記（グレート・ウォー）（17）
WAR FOR THE PLANET OF THE APES
監督：マット・リーヴス／出演：アンディ・サーキス、ウディ・ハレルソン、スティーヴ・ザーン

gifted／ギフテッド（17）
GIFTED
監督：マーク・ウェブ／出演：クリス・エヴァンス、マッケナ・グレイス、リンゼイ・ダンカン

オリエント急行殺人事件（17）
MURDER ON THE ORIENT EXPRESS
監督：ケネス・ブラナー／出演：ケネス・ブラナー、ペネロペ・クルス、ウィレム・デフォー

2018年

キングスマン：ゴールデン・サークル（17）
KINGSMAN: THE GOLDEN CIRCLE
監督：マシュー・ヴォーン／出演：コリン・ファース、ジュリアン・ムーア、タロン・エガートン

スリー・ビルボード（17）
THREE BILLBOARDS OUTSIDE EBBING, MISSOURI
監督：マーティン・マクドナー／出演：フランシス・マクドーマンド、ウディ・ハレルソン、サム・ロックウェル

グレイテスト・ショーマン（17）
THE GREATEST SHOWMAN
監督：マイケル・グレイシー／出演：ヒュー・ジャックマン、ザック・エフロン、ミシェル・ウィリアムズ

シェイプ・オブ・ウォーター（17）
THE SHAPE OF WATER
監督：ギレルモ・デル・トロ／出演：サリー・ホーキンス、マイケル・シャノン、リチャード・ジェンキンス

レッド・スパロー（18）
RED SPARROW
監督：フランシス・ローレンス／出演：ジェニファー・ローレンス、ジョエル・エドガートン、マティアス・スーナールツ

犬ヶ島（18）
ISLE OF DOGS
監督：ウェス・アンダーソン／出演：エドワード・ノートン、ビル・マーレイ、野村訓市

デッドプール2（18）
DEADPOOL 2
監督：デヴィッド・リーチ／出演：ライアン・レイノルズ、ジョシュ・ブローリン、モリーナ・バッカリン

メイズ・ランナー：最期の迷宮（18）
MAZE RUNNER: THE DEATH CURE
監督：ウェス・ボール／出演：ディラン・オブライエン、カヤ・スコデラーリオ、トーマス・ブロディ＝サングスター

バトル・オブ・ザ・セクシーズ（17）
BATTLE OF THE SEXES
監督：ヴァレリー・ファリス／出演：エマ・ストーン、スティーヴ・カレル、ジョナサン・ディトン

ザ・プレデター（18）
THE PREDATOR
監督：シェーン・ブラック／出演：ボイド・ホルブルック、ジェイコブ・トレンブレイ、オリヴィア・マン

ボヘミアン・ラプソディ（18）
BOHEMIAN RHAPSODY
監督：ブライアン・シンガー／出演：ラミ・マレック、ルーシー・ボーイントン、グウィリム・リー

2019年

女王陛下のお気に入り（18）
THE FAVOURITE
監督：ヨルゴス・ランティモス／出演：エマ・ストーン、レイチェル・ワイズ、オリヴィア・コールマン

アリータ：バトル・エンジェル（18）
ALITA: BATTLE ANGEL
監督：ロバート・ロドリゲス／出演：ローサ・サラザール、クリストフ・ヴァルツ、ジェニファー・コネリー

妻たちの落とし前
WIDOWS
監督：スティーヴ・マックイーン

アド・アストラ
AD ASTRA
監督：ジェームズ・グレイ

X-MEN：ダーク・フェニックス
X-MEN: DARK PHOENIX
監督：サイモン・キンバーグ

フォード vs. フェラーリ
FORD V. FERRARI
監督：ジェームズ・マンゴールド

ウーマン・イン・ザ・ウィンドウ（原題）
THE WOMAN IN THE WINDOW
監督：ジョー・ライト

ターミネイター（仮）
UNTITLED TERMINATOR REBOOT
監督：ティム・ミラー

キングスマン：グレイト・ゲーム（原題）
KINSMAN: THE GREAT GAME
監督：マシュー・ヴォーン

野性の呼び声（仮）
CALL OF THE WILD
監督：クリス・サンダース

解説　「映画の力」……

パイプでもくゆらせながら読みたい本である。著者自身、パイプくわえて楽しそうに書いた気配があるのだから。いまどき、たとえばの話にしても、たばこを持ち出すのは適切ではないかもしれない。だいたい女性にパイプはそぐわないことだし。実を言うと、著者の古澤さんはパイプをふかさないし、私は禁煙して久しい。にもかかわらず、ゆったり漂うパイプの煙を思い描いたのには、もちろんわけがある。

この本、机に向かって、襟を正して、おもむろにページを繰るといった類の書物ではないですよね。順を追って読む必要があるといった体の本でもない。どこからでも、興味を持ったところから読んで一向に差し支えがない。のどかな気分で、さて、と一服しながら(愛煙家ならですよ。こだわるようですが)ひもとく感じの本なのである。

それにしても、内容はえらく多岐にわたる。対談あり、座談会あり、名作の紹介あり、古澤さんの懐旧談あり……突然、女性映画の話になったり、日本映画の話になったりする。それに、タイアップ・プロモーションの全容などという詳細なデータが添えられていることにも驚かされる。はて、この本の体裁を何と呼んだらいいものか。とにかく、ここにはいろいろな情報、古澤さんの映画人生の全てがごったに入り交じっている。言い替えれば、この本はまことに多層的な構造になっているのである。

まず、古澤さんの自叙伝的な側面が濃厚だ。20世紀ＦＯＸの宣伝部時代から退職後の仕事まで。当然のことながら、彼の人柄、人生観が自ずとにじみ出ている。たとえば、彼は若い女性通訳たちの座談会を司会して、こんなふうに述懐している。

映画というのは売る側も書く側もそうだけれど、誠実であれ、だよ。
義理と人情を守らないとね。
それで情熱もあって、忍耐もないと――。

「誠実」「義理と人情」「情熱」「忍耐」。一般には観念的に使われるこれらの言葉が、古澤さんの場合には、溌剌たる意味をもっていることを、長い付き合いの私は知っている。これらの言葉の意義を煎じ詰めれば、〈全身映画人〉の実体という一語に突き当たる。

この人の履歴は、自然と、映画の歴史と重なる。この本は従って、ハリウッドの、日本映画の簡便な映画史という一面をもつ。これが第二の層である。ここで『スター・ウォーズ』関連事項が多いのは仕方があるまい。なにしろ、『スター・ウォーズ』の全作品にかかわった宣伝マンは世界中で彼一人だけなのだ。しかもＦＯＸ退社後もルーカス本人から日本の宣伝を一任されているのだ。

そして第三の層が資料集という側面。在任中のＦＯＸの全作品、サンダンスの全作品、わけても『スター・ウォーズ』の微に入り細を穿った消息などファンの垂涎ものだろう。

一般の映画ファンからマニアまで包括して読者とする幅の広い本、映画がますます好きになるような面白い本を古澤さんは書いたのである。

日曜の昼さがり、ロッキングチェア、コーヒー辺りが、やはりこの本を読む無難な道具立てでしょうか。

映画評論家　秋山　登

［著者略歴］ 10代の頃から映画業界に入り、1966年2月に20世紀フォックス映画 日本支社に入社。97年12月20日公開の『タイタニック』で、当時の日本興行収入史上最高の263億円を上げる。フォックス在社37年間に宣伝・配給に携わった作品は502本。その大ヒット作の多くでゴールデン・グロス賞最優秀金賞・銀賞、読売映画・演劇広告賞最優秀賞、毎日映画コンクール宣伝賞最優秀賞を受賞。また、映画界での長年の実績を評価され、98年に第5回南俊子賞、99年に第8回淀川長治賞を受賞。03年、健康上の理由から20世紀フォックス映画を依願退職。退職後も、ジョージ・ルーカスより直接『スター・ウォーズ エピソード3／シスの復讐』の宣伝を依頼された。また、角川映画（75～84年35作品）、ルーカスフィルム、ソニー・ミュージック、ソニー・ピクチャーズ エンタテインメント（03～08年）、UIP映画（03～07年）からも配給・マーケティングの特別顧問を委嘱された。2018年までの53年間に宣伝・配給、企画・製作に携わった作品が817作品。宣伝・配給、興行・製作の全方位を眺望する稀有の《全身映画人》。著書に「明日に向って撃て！ ハリウッドが認めた！ ぼくは日本一の洋画宣伝マン」（文春文庫）がある。

［編集協力］
遠藤　薫
岡崎優子
大谷隆之
金澤　誠
（P.360–395、P.238–241）
清水　節
冨永由紀

［協力］
映画ビジネス社
株式会社KADOKAWA
公益財団法人 川喜多記念映画文化財団
株式会社 キネマ旬報社
合同通信社
株式会社 ザ・シネマ
株式会社 サンダンス・カンパニー
情報プレス社
ゼータ イメージ
ソニー・ピクチャーズ エンタテインメント
東映ビデオ株式会社
20世紀フォックス映画
20世紀フォックス エンタテインメント ジャパン
ワーナー・ブラザース ホームエンターテイメント

映画の力

スター・ウォーズ／タイタニック／ID4／女性映画／角川映画

2019年2月15日　　第1版発行

著　者：古澤利夫
発行者：唐津　隆
発行所：株式会社ビジネス社
〒162-0805　東京都新宿区矢来町114番地　神楽坂高橋ビル5階
電話：03（5227）1602（代表）
FAX：03（5227）1603
http://www.business-sha.co.jp

印刷・製本：株式会社シナノ パブリッシング プレス
編集：岡崎優子、松下元綱
デザイン：守屋高明
営業：山口健志

乱丁・落丁本はお取り替えいたします。
ISBN978-4-8284-2076-9